走向正义

刑事司法改革与刑事诉讼法的修改

主　编　樊崇义

副主编　申君贵　杜　邈　胡志风

撰稿人（以撰写章题为序）

樊崇义　吴光升　胡志风

杜　邈　申君贵　艾　静

戴　莹　李玉萍

中国政法大学出版社

2011·北京

作者简介

樊崇义，男，1940 年 11 月生，河南省内乡县人。1965 年毕业于北京政法学院（现中国政法大学），留校从教至今。现任中国政法大学诉讼法学研究院名誉院长，教授，博士研究生导师。享有突出贡献政府津贴。兼任最高人民检察院专家咨询委员会委员，公安部特约监督员，中国法学会检察学会副会长，中国行为法学会副会长，并兼该会侦查行为研究会会长，中国警察学会学术委员，北京市诉讼法学会副会长等社会职务。曾任教育部法学教育指导委员会委员，教育部人文社会科学重点研究基地——中国政法大学诉讼法学研究中心主任。同时任国家检察官学院、国家法官学院、国家行政学院、中纪委培训中心等院校兼职教授。

樊崇义教授长期从事法学大专、本科、硕士研究生、博士研究生的教学和科研工作，讲授"刑事诉讼法学"、"证据法学"、"中国司法制度"和"律师学"等课程。其科研成果丰硕，独著和合著作品 20 余部，发表论文百余篇，多部著作获教育部、北京市科研奖。代表作有 1991 年出版的《刑事诉讼法学研究综述与评价》，2001 年出版的《刑事诉讼法实施问题与对策研究》（获北京市哲学社会科学一等奖、教育部二等奖），2003 年出版的《诉讼原理》被教育部指定为全国研究生专用教材，2004 年出版的《刑事诉讼法修改专题研究报告》（获北京市社科二等奖），2006 年出版的《迈向理性刑事诉讼法学》（获第一届中国出版政府奖提名奖），2007 年出版的《刑事诉讼法再修改理性思考》（获司法部第三届全国优秀教材科研成果二等奖），2009 年出版的《侦查讯问程序改革实证研究》（获北京市社科一等奖）。其编著的《刑事诉讼法》、《证据法学》教材被司法部、教育部命名为高等院校法学国家级规划教材和"十五"国家级教材。其主编的《诉讼法学文库》，已出版 80 余本，着力于发掘青年才俊和推介高水平的诉讼法学研究成果。

在长期的刑事诉讼法学、证据法学理论和实务研究中，樊崇义教授提出的许多学术观点和学术成果都得到了广泛的认同和应用，在学术界产生了深远影响。例如，他早在 1996 年就提出的证明标准上的"法律真实观"，2000 年提出的"诉讼认识论"和"刑事诉讼法律观的转型"，2002 年提倡的"刑事诉讼人本主义"，还有他倡导的实证研究方法，即侦查讯问中的录音、录像和律师在场等三项制度，在理论界和实务界都产生了重大影响，不仅具有较高的学术价值，而且对司法实务走向科学和民主均有指导作用。

樊崇义教授除不断推出学术成果和完善实证研究方法之外，亦经常与国外同行进行交流。近几年来，在由他主持与组织的"刑事审前程序改革国际研讨会"、"侦查讯问程序改革国际研讨会"，以及他参加的美国哈佛大学举办的"法学实证研究方法研讨会"上，其发言和学术成果，都得到了海外学者与同行的高度评价和赞扬。

说　明

　　《走向正义——刑事司法改革与刑事诉讼法的修改》是樊崇义教授及其所带领的学术团队近两年来关于刑事司法改革与刑事诉讼法再次修改中的一些重点和难点问题，进行了专题研究形成的成果汇集而成的。党中央于2004年转发中央司法改革领导小组《关于司法体制的司法工作机制改革的初步意见》，四年后又于2008年底转发了《中央政法委员会关于深化司法体制和工作机制改革若干问题的意见》，从优化司法职权配置、落实宽严相济刑事政策、加强政法队伍建设和政法经费保障等四个方面六十个专题，就深化司法改革工作作出了总体部署。近两年来，在党中央的统一领导下，司法改革的热潮在全国掀起，并取得了明显的成效。在司法改革的推动下，我国刑事诉讼法的修改也加快了步伐，现正在紧张地进行。刑事司法改革的许多成果与刑事诉讼法修改的内容直接相关，因此本书把刑事司法改革与刑事诉讼法的修改联系在一起进行了专题研究，每一个专题侧重于诉讼原理与诉讼实务相结合，做到立足国情，解决问题，并坚持改革和创新精神，以推进我国民主与法治的进程为追求，发表了作者有创建性的意见，对立法和实务工作，以及诉讼理论研究，均有参考价值。当然，文中的观点属作者一家之言，愿与广大读者商榷，并敬请批评指正！

　　本书由樊崇义教授任主编，申君贵博士、杜邈博士、胡志风博士任副主编，具体编写分工如下（以撰写章题为序）：

　　樊崇义　第一章，第二章第一、二、三、九题，第三章第一、二、五、七题，第四章第一、二、十题，第五章第一、二、五题；

　　吴光升　第一章第二题；

　　胡志风　第二章第四、五、六、七、九题，第四章第二题，第五章第三、五、七题；

杜　邈　第二章第八、十题，第三章第六、七题，第四章第二题；

申君贵　第三章第三、四、八题，第四章第八题，第六章；

艾　静　第四章第三、四、五、六、七、九题；

戴　莹　第四章第二题，第五章第四题；

李玉萍　第五章第六题。

其中，第一章第二题由樊崇义、吴光升合写；第二章第九题、第五章第五题由樊崇义、胡志风合写；第三章第七题由樊崇义、杜邈合写；第四章第二题由樊崇义、杜邈、胡志风、戴莹合写。

作　者

2011 年 3 月 25 日

目 录

第一章　总　论

第一题　修改刑事诉讼法的理性思考

刑事诉讼法的修改已经正式启动了，作为一名刑事诉讼法学的专业工作者，听到这一消息后，激动不已，十分兴奋。因为已经盼了十年了，全国人大早在上一个五年就把刑诉法的再修改纳入了立法计划，由于种种原因一直拖到了这一个五年，本届人大的最后一年，把刑诉法的修改列入今年的立法计划，现在正紧张进行，修改的成果指日可待，作为一位从事刑事诉讼法学事业的理论工作者，当然是高兴不已，甚至有时还夜不入眠，思考着如何把刑诉法修改好，如何使"中华人民共和国刑事诉讼法"达到正当、科学的水准。为此，我撰写本文，从四个方面对刑事诉讼法再修改进行一些理性的思考。

一、与时俱进，吃透国情，修改要有针对性

我国刑事诉讼法典的诞生，大家知道是在党的十一届三中全会总结历史的经验，特别是文化大革命的惨痛教训，做出了把党和国家工作的重点从以阶级斗争为纲转移到社会主义现代化建设上的战略决策，并着重指出必须在"发展社会主义民主，健全社会主义法制"[1] 的背景下而制订和出台的。当时的针对性就是解决"林彪、'四人帮'横行时期那种滥行逮捕拘留，侵犯干部和群众人身权利的严重问题。"[2]

经过16年，我国刑事诉讼法于1996年3月17进行了第一次修订，把1979年刑事诉讼法从164条增加到225条。这次大范围修改，是针对"刑事诉讼法实施16年来，我国社会主义民主和法制建设不断发展，社会情况有了变化，司法实践中积累了不少经验，也反映出一些问题，需要总结实践经验，联系现代法制的发展，对刑事诉讼法进行补充修改"[3] 这次修订重点解决的问题有四：一是完善刑事诉讼过

---

[1] 王汉斌访谈录之一："迈出健全社会主义法制关键的一步"，载《法制日报》2010年10月20日，第3版。

[2] 王汉斌访谈录之三："迈出健全社会主义法制关键的一步"，载《法制日报》2010年12月25日，第3版。

[3] 顾昂然：《关于中华人民共和国刑事诉讼法修正案（草案）的说明》，中国方正出版社1998年版，第77页。

程中的强制措施，取消收容审查；二是进一步保障诉讼参与人的权利，确立不经人民法院判决不得定罪，修改律师参与诉讼的时间，保障犯罪嫌疑人、被告人的诉讼权利，同时强化对被害人的权利保障；三是完善庭审方式，并对职能管辖、免予起诉等进行了修改；四是加强了刑事诉讼各个环节的监督。这些问题的解决，一方面总结我们司法实践的经验，把成功的经验法典化，另一方面标志着我国民主与法制的进程，要适应现代法制的进展，充分凸现程序的价值，尤其是关于"无罪推定"合理内核的吸收，即未经人民法院判决不得确定任何一个公民有罪，还有大大提前律师介入诉讼的时间和被害人法定地位的变化，以及赋予被害人的各项权利等等，在世界范围内反响强烈，西方媒体纷纷评论，中国民主与法制的进程所取得的成绩可谓"举世瞩目"！

刑事诉讼立法所取得的成绩和经验已经告诉我们，这次刑诉法的修改必须继续坚持与时俱进、吃透国情，做到修改要有针对性。

1996年刑诉法距今已经有15个年头了，15年来国家的变化可谓翻天覆地，民主与法制进程中所积累的经验需要认真总结，前进中出现的新情况新问题更需慎重反思，尤其是社会、政治、经济、思想、文化等方方面面发生的变化，对刑事诉讼活动所产生的深刻影响，要求立法者要开动机器，认真思考。否则，就很难做到有针对性地解决实际问题，更难做到科学修法。

我们认为这次刑诉法的修改，需要认真思考的一个重点问题就是如何正确地评估和认识中国现实社会的阶段性特征问题，这一问题全面制约和决定着刑事诉讼程序的修改、完善和设计。近年来由于经济体制的改革与转型，市场经济在逐步地形成与转轨，城市化进程的加快，全球化和风险社会时代的到来，社会利益分配格局发生着巨大的变化，引发了大量的社会问题，产生了许多管理的真空和"盲点"。我国已经从一个"整体社会"（或曰一元化社会）转变为"多样化的社会"，即经济成分和经济利益分配多样化，社会生活多样化，社会组织形式多样化，就业岗位和就业形式多样化。基于这些变化所出现和产生的新问题，人民内部矛盾凸现，贫富之间的差距拉大，社会纠纷和刑事犯罪不断地攀升，社会事务大量出现。信访多，告状多，土地、拆迁、物业等矛盾纠纷引发的群体性事件多，网络沉迷现象严重。同时，由于现代社会又是一个高风险、全球化、信息化的社会，风险的传输、扩散，放大了风险危机的影响，如司法机关处理的一件小小的案件而产生的不公或冤假错的问题，进入媒体、网络后，很快就会引起社会震荡和强烈的反响，对和谐社会的建构带来不利影响。鉴于此，党中央对司法工作及时地提出了"化解社会矛盾，创新社会管理，廉洁公正执法"等三项重点工作要求，这次刑诉法修改就是要针对上述问题的解决，在刑事诉讼法程序的设计上加以体现。例如，针对上访、告状、翻案等，如何完善上诉、抗诉、申诉程序？为化解社会矛盾，促进社会和谐，如何构建当事人和解程序？如何保障和完善犯罪嫌疑人、被告人的诉讼权利，包括律师辩护制度的完善？如何保障被害人的权利构建被害人救助制度？对未成年人犯罪的刑事案件的处理程序，老年人犯罪案件的处理程序，更应特别关照，可否做出特别规定，以促进社会的和谐和矛盾的化解等。

另外，对于不断增多的刑事犯罪案件，我们也要具体情况具体分析，许多调研报告显示，90%以上的刑事犯罪均属人民内部矛盾性，有数字显示，可能判处3年以下的案件要占30%左右，可能判处5年以下的刑事案件要占65%左右，真正与我为敌的刑事犯罪，包括恐怖犯罪、毒品犯罪，极其严重的腐败犯罪，毕竟是少数，甚至不到5%。对于这种认识和评估，反映在刑诉立法上，如何在程序设计上贯彻区别对待、宽严相济的刑事政策，也是一个重大课题，它关系到刑事和解的范围和条件，关系到不起诉的扩大与处置，更关系到简易程序的设置与设计等等。

在新的形势下，对社会危害比较严重的刑事犯罪的处置，人民群众比较关心，因为它关系到群众的安全感和社会的公平正义问题，因此，刑事诉讼立法关于特别严重的刑事案件的处理，如群众关心的腐败案件的处理程序，"三股势力"的破坏行为的处理，毒品犯罪，洗钱犯罪，严重的杀人、放火等暴力犯罪，等等，刑诉法的修改仍然要坚持"惩罚与保护"相结合的原则，要强化对这些少数犯罪行为依法进行严厉惩罚，在程序的设计上，要给手段，给时间，给方法，要体现一个"严"字，要区别于90%以上的普通刑事案件的处理程序。这是我们在强调权利保障的同时，决不可忽视的一个问题。

综上，这次刑诉法的修改，形势的发展，时代的不同，我们在指导思想上，必须坚持"与时俱进，吃透国情，解决实际问题，做到有针对性。"

二、司法改革，成效显著，改革的成果要进法典

近年来，党中央一直高度重视司法体制机制改革工作，继2004年转发中央司法改革领导小组《关于司法体制和工作机制改革的初步意见》后，又于2008年底转发了《中央政法委员会关于深化司法体制和工作机制改革若干问题的意见》，从优化司法职权配置、落实宽严相济刑事政策、加强政法队伍建设、加强政法经费保障四个方面，就深化司法改革工作作出了总体部署。在党中央的统一领导和具体部署下，近两年来，就以四个方面，列出六十个专题，分工到各个政法工作部门，通过调查座谈，试点实验，实证研究，专家论证等各种方法，在全国范围内掀起了大规模的司法改革热潮，现已取得了明显的成效。这些成果与刑事诉讼法的修改有关的内容，主要表现在两个方面：一是政法机关的职权划分进一步明确，职权配置更加科学，上下级关系更加协调，司法监督进一步完善，人民群众反映强烈的执法不作为、乱作为等问题得到了有效缓解，执法活动更加公开公正，法律制度进一步健全；二是着力完善政策法律，在落实宽严相济刑事政策上取得新成绩[1]。以上两个方面的成果主要体现在以下经中央批准而已经下发生效执行的各个司法解释的法律性文件之中：最高人民法院、最高人民检察院、公安部、国家安全部、司法部（下称两高三部）于 2010 年 6 月 13 日颁发，7 月 1 日生效执行的《关于办理死刑案件审查判断证据若干问题的规定》和《关于办理刑事案件排除非法证据若干问题的规定》（下称两个规定）；于 2010 年 9 月 13 日"两高三部"颁发了《关于规范量刑程序若干问题的意见》，10 月 1 日起在全国各级人民法院试行；于 2010 年 7 月 26 日最高人民检察院和公安部联合下发了《关于刑事立案监督有关问题的规定（试行）》，本规定于 10 月 1 日起在全国范围内试行；"两高三部"2010 年 8 月 30 日又联合发布了《关于司法工作人员在诉讼活动中的渎职行为加强法律监督的若干规定（试行）》；于 2010 年 8 月 31 日最高人民检察院、公安部联合颁发了《关于审查批捕阶段讯问犯罪嫌疑人的规定》，也于 10 月 1 日起施行；两高三部于 2010 年 9 月联合出台《关于进一步建立和完善办理未成年人刑事案件配套工作体系的若干意见》；于 2010 年 7 月 2 日，中央政法委第 14 次全体会议及司法体制改革第六次主题汇报会，中央政法委书记周永康同志要求"要加强执法工作信息化建设，在讯问、拘押、庭审、监管场所实行全程录音录像，要大力推进'阳光执法'。"最高人民法院于 2010 年 8 月 16 日颁发了《关于庭审活动录音录像的若干规定》。两高《关于调阅诉讼卷宗有关问题的通知》2010 年 225 号 6 月 17 日发布；2010 年 5 月 9 日最高检发布《人民检察院扣押、冻结涉案款物工作的通知》（共 6 章 54 条）（发布之日生效）；2010 年 10 月最高检关于《检察官职业行为基本规范》（职业使命、履职行为、职业纪律、职业作风、职业礼仪、职务外行为等等）（发布之日起试行）。还有《关于侦查活动监督有关问题规定》、《关于人民检察院对搜查、扣押、冻结等侦查措施进行法律监督的规定》等等。

以上这些作为我国司法改革的成果，以国家最高司法机关联合颁发的司法解释文件为主，其内容丰富，涵盖面宽广，每一项文件都是经过艰苦的实证研究之后形成的，它是广大司法干警辛勤劳动的结晶，也是司法实务经验的总结，它更是人民群众关心的热点与难点问题。因此，要逐项加以提炼、抽象，凡是与刑事诉讼法有关的内容，理所当然进法典。其重点应当包括：

1. 诉讼职权配置方面有五：一是着力加强诉讼中监督制约机制，包括立案监督、侦查监督，看守所监督程序，建立审查批捕阶段讯问犯罪嫌疑人制度等等。二是解决诉讼监督手段单一，监督刚性不足的问题，按照最高检会同最高法、公安部、国家安全部、司法部联合下发的《关于对司法工作人员在诉讼活动中的渎职行为加

---

[1] 孙春英、李恩树："我国司法体制机制改革呈现良好态势"，载《法制日报》2011 年 1 月 28 日，第 1 版。

强法律监督的若干规定（试行）》，明确检察机关对司法工作人员在诉讼活动中的渎职行为可以采取调查、建议更换办案人员等方式进行监督。三是针对职务犯罪案件的侦查、逮捕在同一检察院内操作，制约效果不明显的问题，决定省级以下人民检察院立案侦查的案件，需要逮捕的犯罪嫌疑人，报经上级人民检察院审查决定。四是强化人民检察院内部监督制约机制和全面推行的人民监督员制度。五是加强辩护职能，改革完善刑事辩护制度，以解决我国刑辩率低下和辩护难的问题。例如，新律师法所确立的律师在诉讼中的会见权、阅卷权、有限的案件事实调查权和庭审言论的豁免权等必须进刑诉法典，以提高诉讼权利的法律位阶；还有律师的会见不受监督，取消侦查人员在场的问题，阅卷的范围问题，介入诉讼的时间，把在侦查阶段的介入从法律帮助权上升为辩护职能的行使等等，确定进行改革和完善，要采取坚决的措施，改变我国的刑辩率低下的状况。

2. 诉讼程序改革的重大成果有四：一是将量刑纳入庭审程序。最高人民法院近两年来全面推行量刑规范化改革试点工作，先后在全国120多个中级人民法院和一些基层人民法院进行量刑程序改革的实证研究，改变了过去量刑程序不公开的传统做法，使量刑程序从秘密转变为在阳光下进行，增加了庭审的透明度，使当事人及人民群众看得见，摸得着公平正义在哪里。各个试点的经验已经证明"刑事案件的上诉率、抗诉率、发回改判率大幅度下降。"[1] 由此可见，这一改革成果的重要性，刑诉法的修改，一定要增设量刑程序。二是关于二审程序、审判监督程序和死刑复核程序的改革和完善问题，对于这三个诉讼程序在96年刑诉法修改后所暴露出来的问题，根据司法改革中出台的一些对策与举措，一定要加以吸收和修订。例如，在二审程序中全面彻底贯彻和实行上诉不加刑的原则，对于二审发回重审的案件，应当立法规定明确的范围、条件、发回的次数，以保障上诉不加刑原则的彻底贯彻执行；还有二审的审理方式的改革，如何坚持做到"以开庭审理为原则，以不开庭审理为例外"；再如二审程序的全面审查规则的贯彻，如何从实际出发，保证全面审查与重点审查相结合，真正解决上诉、抗诉的事实与理由，以确实当事人的上诉权和检察机关的抗诉权。同时，还要注意，在诉讼结构方面，保持控辩平等对抗，以确保二审程序的权利救济和纠错功能。关于审判监督程序的改革，一方面要解决"申诉难"的问题，尤其是当前出现的"缠访"、"缠诉"，与申诉程序的缺陷密不可分，在诉讼程序的设计上，要完善申诉程序，确保当事人的申诉权；另外一方面对审判监督程序的启动和审理程序存在的问题，要先易后难，逐步解决，诸如，如何科学地规定启动再审的理由，将再审理由具体化、法典化。明确再审的期限和次数，乃

〔1〕 参见孙春项、李思树："我国司法体制机制改革呈现良好态势"，载《法制日报》2011年1月28日，第1版。

至是否建立一个独立的再审程序，不受原来审理程序和审级之影响，以及再审中的法律援助和被害人的救助制度的设立，都是值得在修法中给以考虑和研究的问题。关于死刑复核程序的改革问题，根据现实的国情，还不宜搞什么三审终审制，更不能实行完全的诉讼化改造，笔者认为，要从现实出发，在原有死刑复核程序规定的基础上，要采取措施往前推进一步，诸如辩护律师的介入、参与问题，死刑案件到二审程序全部开庭问题，如何从诉讼程序上严格地控制和减少死刑问题，还有死刑立即执行的在裁判前核准的合议庭会见被告（包括视频方式）问题等等，在这次修改中应把这些改革的成果加以明确规定和吸收。三是提起公诉程序的改革，包括在新的形势下，为促进和谐社会的建构，如何改进不起诉制度，扩大不起诉的范围，在司法改革中许多检察机关有创造性地通过试点、实验"附条件不起诉"的作法，能否上升为法律，应该认真研究和总结。还有在诉讼中如何加强各个诉讼环节的监督问题，立案监督、侦查监督、监所监督、执行监督等，出台的一些新举措，新方法，包括检察机关内部制约和监督措施，都有一些新的改革成果，对于这些成果均应加以吸收。四是侦查程序的改革与完善，其一，是对法定的拘留、逮捕、取保候审、监视居住等强制措施的完善，尤其是在加强其实用性、操作性方面，刑诉法应作出较为详细、具体的规定。其二是对侦查手段，尤其是对技术侦查、秘密侦查、特殊侦查措施的增加与适用程序，现在我国适用这些措施的条件已经具备，需要立法加以明确和规范；对于这些手段如何在职务犯罪中加以适用，是一个更为慎重的问题，笔者认为，当前，我国职务犯罪的侦查手段十分欠缺，不利于反腐斗争的深入展开，同时，职务犯罪的特点与普通刑事犯罪不同，技术手段、秘密手段应当赋予检察机关独立适用，要改变当前由公安、安全代为行使的做法。其三，是讯问犯罪嫌疑人程序的改革与完善，要重点解决刑讯逼供、"车轮战"、超期羁押等问题，增加规定讯问过程中的录音、录像制度，严格规定传唤、拘传以及讯问时间，尤其是应当保证犯罪嫌疑人有必要的饮食、休息的时间等等。其四，涉案财产的处理程序，包括当事人不服的救济机制和检察机关对涉案财产的监督机制。

3. 证据制度改革的成果。在这次司法改革中，关于证据制度的改革成效更为显著，其突出表现是最高人民法院、最高人民检察院、公安部、国家安全部、司法部于2010年6月13日印发的《关于办理死刑案件审查判断证据若干问题的规定》和《关于办理刑事案件排除非法证据若干问题的规定》。这两项重要法律文件，归纳起来有四大成果可进刑诉法典：一是刑事证据规则的确立，包括证据裁判原则、非法证据排除规则、程序法定规则、质证规则、证据关联性规则、意见证据排除规则、原始证据优先规则、补强证据规则；二是排除非法证据的程序；三是对法定的物证、书证、证人证言、被害人的陈述、犯罪嫌疑人、被害人的陈述与辩解、现场勘验、检查笔录、鉴定人的意见、视听资料、电子数据证据等九种证据的收集、审查、判

断程序；四是对全案证据的综合审查、判断程序和证明对象与标准。另外，对诉讼
中证据的收集和运用，必须按照现代法制的要求，确立"不得强迫任何一个公民自
证其罪"的规则，立法必须作出明确规定。还有证人、鉴定人、侦查人员出庭作证
问题，证据种类的增加，把电子证据列入诉讼证据等等。

三、区别对待，宽严相济，程序的设计要落到实处

宽严相济刑事政策不仅适用于刑事案件的实体处理，也适用于刑事案件的诉讼
程序，宽严相济不仅是个实体法问题，也是个程序法问题。程序本身体现了对犯罪
行为人的处理是宽还是严。其主要体现在以下几个方面：一是某些程序措施或手段
的采用会改变当事人的处境而影响到当事人的合法权益，在这种情况下，是否采取
某种措施实际已经体现了对该当事人的处理是宽还是严。最明显的如对犯罪嫌疑人、
被告人采取的强制措施，由于不同强制措施的严厉程度是不一样的，是否采取强制
措施，采取逮捕措施，还是取保候审，就已明显地体现了对犯罪嫌疑人、被告人的
处理是宽还是严。二是起诉和不起诉体现了从严或从宽处理。因为不起诉将被不起
诉人及时从诉讼程序中解脱出来，其本身就已体现了对被不起诉人的从宽处理。三
是适用普通程序还是简易程序，是自诉程序还是公诉程序，是基层法院管辖还是中
级以上法院管辖的选择等也体现了处理的宽或严。因为根据我国刑事诉讼法，适用
简易程序、被告人认罪程序、自诉程序或由基层法院管辖的案件一般处刑较轻，而
适用普通程序、公诉程序或由中级法院以上法院管辖的案件一般处刑较重，适用何
种程序进行审理实际已预示了被告人将会判处何等刑罚，从而也体现了案件处理是
从宽还是从重。

程序是保证宽严相济刑事政策得以正确贯彻实施的重要条件。刑事政策与法律
规范相比较，灵活性是其本质。"刑事政策的变动性与刑事法律的稳定性之间形成一
种互动关系，恰恰是刑事政策发挥作用的一个基本前提。"[1] 这种灵活性在宽严相
济刑事政策中的体现是司法机关可以在法律规定的范围内根据犯罪行为、犯罪人的
主观恶性以及社会危害性等，结合当时的犯罪与社会治安情况选择从宽或从重处理。
这种选择权也就是我们常说的自由裁量权。因此，实行宽严相济的刑事政策也就意
味着刑事法律必须赋予司法机关相应的自由裁量权，没有这种自由裁量权，刑事政
策在司法中也就没有存在的余地。但这种自由裁量权真正是一把双刃剑，合理使用
可以克服法律形式正义的缺陷，实现实质正义；如被滥用则容易引起腐败或反复无
常，[2] 刑事政策的目的难以达致。为了抑制宽严相济刑事政策这消极的一面，必须

---

[1] 参见陈兴良："宽严相济刑事政策研究"，载《法学杂志》2006 年第 1 期。

[2] 参见［美］劳伦斯·M. 弗里德曼：《法律制度》，李琼英、林欣译，中国政法大学出版社 1994 年
版，第 41 页。

通过诉讼程序来规范司法机关的自由裁量权。因为程序实际上是一种角色分派体系，其内容在很大程度上是一种角色规范，目的是使管理和决定非人情化，从而限制恣意、专断和过度的裁量，保证一种理性的选择。[1] 因此，通过诉讼程序，使法官保持中立，诉讼当事人有机会参与法官的决定过程，对犯罪行为人的处理过程和结果置于公众监督之下，就可以使宽严相济刑事政策在刑事司法实践中被正确地贯彻实施，对犯罪行为人"严"得恰当，"宽"得合理。

基于上述理由，近两年司法改革的过程中，中共中央《关于深化司法体制和工作机制改革若干问题的意见》中，把落实宽严相济刑事政策作为司法改革的一项重要内容，它不仅对刑法改革定罪量刑提出了具体的指导意见，还对建立健全宽严相济的刑事诉讼程序提出了具体要求，而且这些要求经过近两年的实践，已经取得了明显的效果，其主要内容包括：一是完善保护国家安全和打击恐怖活动犯罪、黑社会性质组织犯罪的诉讼程序。同时建立健全查处流动性、团伙性、跨区性犯罪案件的管辖制度和工作程序。二是建立和完善从宽处理的法律制度和程序。包括未成年人案件特别诉讼程序的建立，老年人犯罪案件的从宽处理机制，自诉案件和轻微刑事案件的刑事和解程序，轻微刑事案件的速决程序，扩大简易程序的适用，建立非监禁刑的执行和社会防控机制，推进社区矫正的立法工作等等。三是建立健全贯彻宽严相济刑事政策的协调制度。包括完善立撤案标准，完善逮捕条件，健全宽严相济的审查起诉制度，设立附条件不起诉，建立健全行刑执法有效衔接制度，使因从宽处理未追究刑事责任的人依法受到党政纪或治安行政处分。四是健全贯彻宽严相济刑事政策的保障制度。诸如完善错案认定标准和错案追究制度，建立被害人救助制度，完善刑事赔偿制度，健全法律援助制度，构建贯彻宽严相济刑事政策的法律监督制度等等。

总之，在刑事诉讼立法中如何贯彻宽严相济的刑事政策问题，不仅是一个重大的理论问题，更重要的是一个实践问题。从 2008 年以来，广大司法干警踊跃探索，在法律允许范围内，对以上种种程序都进行了科学的实验和论证，有许多项目已经取得了很好的社会效果，诸如未成年案件诉讼程序、当事人和解程序、附条件不起诉、简易程序、被害人救助制度、社区矫正等等，笔者认为，要认真总结实践经验，有计划有步骤地使这些成果在刑事诉讼法典中有所体现，把宽严相济的刑事政策实实在在地落实在诉讼的过程中。

四、放眼世界，遵循规律，修改的内容要正当、科学

2011 年 1 月 24 日吴邦国委员长在《形成中国特色社会主义法律体系座谈会上的

---

〔1〕 参见季卫东：《法律程序的意义——对中国法制建设的另一种思考》，中国法制出版社 2004 年版，第 25～26 页，第 98 页。

讲话》中明确指出："党的十七大，强调要坚持科学立法、民主立法，完善中国特色社会主义法律体系，坚定不移地发展社会主义民主政治，对新时期立法工作提出了新的要求"。笔者认为，党中央对立法工作的新要求的核心是立法的质量问题，立法的质量又决定了法律规定的内容是否正当，是否科学。在新的历史时期，立法工作要实践科学发展观，法律的正当性与科学性的标准，首先要遵循规律，违背规律当然就会失去正当性与科学性。当前，我国正处于转型时期，刑事诉讼法的修改的正当性与科学性，应该是既要放眼世界，又要着眼于中国特色，既要认真理解和学习作为全人类共同探索和遵循的诉讼规律，又要解决中国的实际问题。学会处理这两个方面的正确关系，以防止走偏方向，其正当性和科学性才能显现出来。结合这次刑事诉讼法的修改，按照诉讼规定的要求，我认为有以下几个突出问题，必须认真对待：

1. 关于刑事诉讼法指导思想和任务的规定中，一定要把"保护人民"，修改为"保障人权"。这不仅是因为我国于2004年把"尊重和保障人权"写入了宪法，还因为任何一个国家的刑诉法的任务与功能都把惩罚犯罪与保障人权作为定性和定位的二元价值目标，这是全人类的一项共同的诉讼规则。因此，这一次刑诉法之修改应予重视并落实。

2. 关于诉讼的结构和方式。任何一个国家的刑事诉讼，近现代刑事诉讼结构的标准，就是要科学地配置控诉、辩护、审判三种职能，缺少或削弱任何一种职能，这个诉讼必然是一种不完整或者不健康的诉讼，针对此三种诉讼职能的要求和标准，当前我国刑事诉讼仍有70%左右的刑事案件律师辩护缺位，形成这种格局的原因多多，其中法律规定不完备是一个主要因素，我们一定要做出最大的努力，把刑事辩护制度的完善问题，作为修法的一个重点，尤其是新律师法所确立的刑辩律师的权利保障问题，即律师的会见权、阅卷权、调查权、法庭上的言论豁免权等，一定要提高立法位阶，使这些内容进入基本法——刑事诉讼法，以展示我国刑事诉讼制度科学性。

3. 坚持世界各国共同奉行的刑事案件证明责任的理论和标准，即在刑事案件中的证明责任由控方承担，犯罪嫌疑人、被告人不负证明责任，而且在刑事诉讼活动中不能随意搞什么证明责任"倒置"。按照这一全人类共同的诉讼规则，对我国《刑事诉讼法》第93条所规定的"犯罪嫌疑人对侦查人员的提问，应当如实回答"的规定应予废除，因为这一规定适用的结果，必然要把案件的证明责任转嫁到被告人身上。因此，1996年刑诉法保留的这一做法，在国内外反映强烈，不少国内外会议上对此规定提出了质疑。

4. 增加诉讼的透明度和公开性，防止用行政手段代替诉讼手段，严格限制暗箱操作。透明、公开是刑事诉讼的一项重要的原理和原则。我国现行刑诉法违背这一原则的地方比较多，例如公开审判原则的贯彻存在相当差距，尤其是二审开庭问题，证人出庭问题，书面审理问题，"审者不判，判者不审"的问题，还有执行中的诉讼问题的解决，减刑、假释程序的公开问题，死刑复核程序的行政性问题，上下级人民法院的关系问题，还有侦查讯问律师在场问题，如此等等，其透明性和公开性都存在相当差距，我们要积极创造条件，对这些问题逐一加以解决，按照先易后难的原则，在这次刑诉法的修改中给予高度重视，以推动刑事诉讼制度的科学、民主的进程。

5. 正确处理监督与制约的关系，既要按照诉讼规律搞好诉讼分工、制约和配合，又要强化诉讼中的法律监督。刑事诉讼法律关系告诉我们，监督和制约是两个既有联系又有明显区别的概念，诉讼的过程不能混淆适用，必须做到准确定位而不错位，否则就会影响诉讼的质量。人民检察院是国家的法律监督机关，对刑事诉讼的法律监督，理所当然，不容质疑，司法改革中已初步解决了不敢监督、不会监督，把监督逐步地由软变硬。但是，与此同时，我们必须正确处理两个关系：一是诉讼监督与诉讼职能的关系；二是监督与制约的关系，要注意尊重诉讼规律，把监督变得更加正当而科学。

第二题　宽严相济与刑事诉讼

一、宽严相济政策的内涵

（一）宽严相济刑事政策的具体内涵

宽严相济刑事政策的内涵是什么？对此问题，虽然论述比较多，但是分歧并不大。从有关论述来看，一般认为宽严相济刑事政策的核心是区别对待，具体包括这几个方面：一是该严则严，当宽则宽；二是宽中有严，严中有宽；三是宽严适度；四是宽严适时。[1] 有的则认为在此基础上还应当包含一个"多数从宽，少数从严"的要求。[2] 有的还认为，宽严相济刑事政策相比较于惩办与宽大相结合的刑事政策，它的重点体现在"宽"上，[3] 实质要义是呼唤刑事立法、刑事司法和刑事执行的"宽和"。[4]

---

[1] 参见马克昌："宽严相济刑事政策刍议"，载《人民检察》2006年第10期（上）。

[2] 参见庄建南、叶建丰："宽严相济刑事政策与刑罚完善"，载《浙江大学学报（人文社会科学版）》2006年第6期。

[3] 参见黄京平："宽严相济刑事政策的时代含义及实现方式"，载《法学杂志》2006年第4期。

[4] 参见王顺安："宽严相济的刑事政策之我见"，载《法学杂志》2007年第1期。

　　我们认为，宽严相济刑事政策是一种在有效打击犯罪、维护社会秩序与保障人权、尊重人性之间进行合理平衡的刑事政策，它的内涵应当包括以下几方面：

　　1. 宽严相济刑事政策体现的是一种合理的区别对待，这种区别对待包括两个方面内容：一是横向的区别对待，二是纵向的区别对待。横向的区别对待也就是在同一时期对不同地区、不同犯罪人根据不同犯罪情节、不同社会形势给予不同的处理。这主要体现为以下几点：首先是该严则严。何为"严"，陈兴良教授认为，它包括严密法网和处以较重刑罚两方面。[1] 我们认为，虽然案件的实体处理最能直观地反映对犯罪人的处理是宽是严，但处理刑事案件的程序本身也能反映这种处理的宽与严，刑事诉讼程序也是体现宽严相济刑事政策的重要方面。因此，宽严相济中的"严"，除陈兴良教授所说的外，还包括一种程序上的"严"，如采取逮捕等较严厉的强制措施。该严则严，相应地包括三个方面的含义：一是该依法作为犯罪处理就必须作为犯罪处理，而不能有罪不立案、不起诉或不定罪处罚；二是该依法判处较重刑罚的就判处较重刑罚，而不能重罪或具有从重情节的也轻判；三是在诉讼过程中该采取强制措施的必须采取强制措施，该逮捕的必须逮捕。其次是该宽则宽。何为"宽"，与严相对应，也包括非犯罪化、处以较轻刑罚和在程序上给予宽缓处理三个方面。该宽则宽，相应地包括应当适时根据社会发展情况将某些行为非犯罪化和对罪行较轻、主观恶性较小的人从实体和程序上都给予从宽处理等几方面，而不能不该作犯罪处理也作为犯罪处理、轻罪或具有从轻情节的也重判、不该采取强制措施的也采取强制措施等。再次是宽中有严，严中有宽。也就是即便所犯罪行严重，如果有法定或酌定从宽处理情节的，也应当从宽处理；即便所犯罪行较轻，如果有法定从重处罚情节的，也应当从重处罚；即使要采取强制措施也可以采取较严厉的或较轻的强制措施。最后是应当根据不同地区的不同社会治安情况对同一种犯罪行为是否犯罪化、是否判处刑罚以及是否采取宽缓程序上适当地作不同处理。如在经济发达地区或城市可适当地将有关财产犯罪立案标准提高，而在经济欠发达地区或农村可将立案标准适当降低等。纵向的区别对待，也就是审时度势，根据不同时期的犯罪和社会治安情况，可将不同的犯罪作为不同时期的重点打击对象，并采取不同的处理措施。这也就是罗干同志所说的"什么犯罪突出就重点打击什么犯罪"。

　　2. 严有度、宽有节。不管是宽是严都应当依法进行，不能突破法律的规定。灵活性虽然是刑事政策与法律规定得以区别的一个重要特征，但这种灵活性必须是在法律规定范围之内的灵活性，而不能与法律规定相违背。因此，宽严相济刑事政策中的宽与严都应当依法进行，打击犯罪不能不择手段，严要有度；任何权力都不是绝对的，宽要有节。具体来讲，也就是宽或严都必须根据犯罪社会危害性、犯罪人

---

〔1〕　参见陈兴良："宽严相济刑事政策研究"，载《法学杂志》2006年第1期。

的主观恶性和案件的社会影响，以及当时的社会治安形势，具体情况具体分析，依法从宽或从重处理，不能违背罪刑法定、罪刑相适应、法律面前人人平等原则，也不能违背程序法的规定。

3. 宽严应当"相济"。"济"，也就是帮助、配合、协调之意。宽与严"相济"，实际也就是要求宽与严应当相互体现、相互配合与相互统一。具体而言，就是要求在刑事立法与刑事司法中对重罪处以较重刑罚要能体现出轻罪所处刑之轻，对轻罪处以较轻刑罚也要能体现出重罪所处刑之重。"争取伪军伪警则必须打击与争取、强迫与教育兼施，方能收敛"，"对于敌伪的政治攻势进行得越广泛越深入，对于顽固的汉奸武装打击得越严厉，则伪军伪警内部必越加动摇，越加感到没有出路，我们对他们的瓦解与争取工作才越容易进行。"[1] 彭真同志的这些话虽然是针对敌对斗争而言，但其中打击与争取之间的辩证关系也可适用于刑事政策中的宽与严的使用。只有合理使用"重"，才能使"轻"收到应有效果；只有适时使用"轻"，才能使"重"的作用得以发挥。要做到这一点，除了要求刑罚结构轻重合理以外，还要求在刑事司法过程中必须合理考虑犯罪行为人的各种情节，适当使用轻重不一的刑罚措施和宽严不同的刑事程序。

（二）宽严相济刑事政策与"严打"政策的关系

准确把握宽严相济刑事政策，不能不厘清宽严相济刑事政策与"严打"政策之间的关系。如何理解宽严相济刑事政策与"严打"政策的关系，目前有两种不同的观点：一是认为依法从重从快的"严打"政策与宽严相济刑事政策是相符合的，两者之间是一种具体政策与基本政策之间的关系，"严打"政策是宽严相济刑事政策的重要体现和重要内容之一；二是认为"严打"政策和宽严相济刑事政策是两种不同的刑事政策，在"严打"时期，"严打"政策是实然的刑事政策，而惩办与宽大相结合的刑事政策是应然的刑事政策；"严打"政策体现的只是惩办的一面，"严打"政策在其内容上与惩办与宽大相结合刑事政策是存在抵触的，我国在 1997 年修改刑法典时之所以将 1979 年《刑法》第 1 条规定的惩办与宽大相结合刑事政策删除，主要还是为了给"严打"刑事政策让路。[2]

我们认为，对此问题应当作具体分析。首先是对"严打"政策的理解。我们知道，"严打"政策是在 20 世纪 80 年代初，我国进入社会转型时期，犯罪压力极大，社会治安状况严峻的情况下提出来的，其标志性的文件和法律是邓小平在 1983 年 7 月所作的《关于严厉打击刑事犯罪活动》的谈话、1983 年 8 月的《中共中央关于严厉打击刑事犯罪活动的决定》、1983 年 9 月 2 日第六届全国人大常委会第二次会议通

---

[1] 参见《彭真文选（1941—1990）》，人民出版社 1991 年版，第 93 页。
[2] 参见陈兴良："宽严相济刑事政策研究"，载《法学杂志》2006 年第 1 期。

过的《关于严惩严重危害社会治安的犯罪分子的决定》和《关于迅速审判严重危害社会治安的犯罪分子的程序的决定》。从这几个文件与法律来看，它主要包括这么几个内容：一是"严打"打击的对象是特定的，限于严重危害社会治安的犯罪分子。如邓小平同志谈话中针对的是"对严重刑事犯罪分子，包括杀人犯、抢劫犯、流氓犯罪团伙分子、教唆犯、在劳改劳教中继续传授犯罪技术的惯犯，以及人贩子、老鸨儿等"，《关于严惩严重危害社会治安的犯罪分子的决定》针对的是流氓、故意伤害致人重伤、死亡、拐卖人口、非法制造、买卖、运输或盗窃、抢夺枪支、弹药、爆炸物、组织反动会道门、引诱、容留、强迫妇女卖淫、传授犯罪方法罪等，而《关于迅速审判严重危害社会治安的犯罪分子的程序的决定》提到的是杀人、强奸、抢劫、爆炸和其他严重危害公共安全应当判处死刑的犯罪分子。由于《关于严惩严重危害社会治安的犯罪分子的决定》的目的在于提高 1979 年《刑法》有关规定的法定刑，因此，其所列举的犯罪行为应当不足以包含"严打"政策的打击对象。根据邓小平的谈话内容来看，严打政策的打击对象应当是严重危害社会治安的犯罪分子。二是"严打"的"严"体现在从重和从快以及集中司法资源予以打击等方面。如邓小平《关于严厉打击刑事犯罪活动》的谈话就明确提到，"现在是非常状态，必须依法从重从快集中打击，严才能治住"。"必须依法杀一批，有些要长期关起来。"《关于严惩严重危害社会治安的犯罪分子的决定》要求对严重危害社会治安的犯罪分子必须予以严惩，可以在刑法规定的最高刑期以上处刑，直到判处死刑，而《关于迅速审判严重危害社会治安的犯罪分子的程序的决定》则规定对严重危害社会治安的犯罪分子审判时，起诉书、传票、通知书的送达期限可不受刑事诉讼法规定的期限的限制，对这些案件的上诉或抗诉期限只有 3 日，而不是《刑事诉讼法》规定的 10天。三是"严打"必须依法进行，而不能违反有关法律。对此，《中共中央关于严厉打击刑事犯罪活动的决定》还专门就从重从快惩处与法制的关系予以明确，要求"严打"时必须严格遵守法律，只是决不能把法律条文的含义和量刑的幅度硬往有利于罪犯而不利于人民的方面去解释。另外从"严打"政策最后是由全国人大常委会以决定的形式作出也说明了这一问题，因为全国人大常委会的决定也属于一种法律。因此，从"严打"的这些规定内容来看，"严打"政策并没有什么不合理，它是符合事物发展过程中的对立统一规律的，不同时期的主要矛盾不一样，工作的重点理应不一样。但问题是这并不是我们实践中所看到和感觉到的"严打"政策，我们在实践中所看到和感觉到的其实是另一种"严打"政策，如果把前者称为法律文件中的"严打"政策的话，那后一种"严打"政策可以称为实践中的"严打"政策。实践中的这种"严打"政策就像某些学者所说的，在时间上几乎年年"严打"；在打击对象上几乎每种犯罪都要"严打"；从重变成了多杀重判，不顾规格和标准，从快变成了越快越好，以至于公检法三机关联合办案，上级法院提前介入办案，依法从重从快已没有"依法"的限制。[1] 在这种"严打"政策下，由于惩办与宽大相结合刑事政策中从宽的一面完全被虚置，它当然与惩办与宽大相结合刑事政策或宽严相济刑事政策相抵触。这也就是说，其实上述两种观点所说的"严打"政策并不是同一内涵的"严打"政策，第一种观点所指的"严打"政策实际是指法律文件上的"严打"政策，而第二种观点所说的"严打"政策则为实践中的"严打"政策，所指不同得出的结论自然会有差异。

其次是对宽严相济刑事政策的理解。如前所述，宽严相济刑事政策中的"宽"与"严"不仅是静态的、横向的"宽"与"严"，即同一时期不同地区、不同犯罪人之间的"宽"与"严"的区别，而且也是一种动态的、纵向的"宽"与"严"，即应当适当地"世轻世重"，根据不同时期的犯罪与社会治安形势在法律规定的范围之内从宽或从严处理。如果仅把宽严相济刑事政策理解为静态的宽严相济，由于"严打"政策除了强调在某一时期对严重危害社会治安的犯罪分子依法从重从快打击外，还强调在不同时期有宽有严，宽严相济刑事政策自然会与"严打"政策有抵触。

综上，我们认为，本意上的"严打"政策是在某一时期依法从重从快打击某些严重危害社会治安的犯罪分子，它既不排除在同一时期对其他犯罪分子予以从宽处理，也不排除在其他时间尤其是社会治安缓和时期对这些犯罪分子从宽处理。因此，"严打"政策并不与宽严相济刑事政策相抵触，它是宽严相济刑事政策中从严的重要内容之一。"严打"政策之所以会在司法实践中出现这样或那样的问题，并不是"严打"政策本身有问题，而主要是实践中片面理解甚至曲解"严打"政策所造成的，现在的问题不是要不要"严打"政策的问题，而是如何保证"严打"政策被正确依法执行的问题。

二、宽严相济刑事政策的理论依据

作为一种公共政策，宽严相济刑事政策必须具有坚实的理论依据，否则就无异于空中楼阁。归纳起来，宽严相济刑事政策主要有以下理论依据：

1. 对立统一规律。对立统一规律是唯物辩证法的核心，也是我们认识世界的一种重要方法。根据对立统一规律，决定事物发展的是其本身内部存在的矛盾，在事物的发展过程中，有许多矛盾存在，其中有主要矛盾，也有次要矛盾，决定事物发展方向的是主要矛盾，次要矛盾则处于次要和服从的地位；矛盾的两个方面既对立又统一，缺少其中一面就不会有另一面，矛盾的两个方面也有矛盾主要方面和次要方面之别，对矛盾起主导作用的是矛盾的主要方面；但不管是事物的主要矛盾，还是矛盾的主要方面，都只是相对的，在条件成熟时都有可能转化为次要矛盾或矛盾

---

〔1〕 参见储槐植、赵合理："构建和谐社会与宽严相济刑事政策之实现"，载《法学杂志》2007 年第 1 期。

的次要方面。因此，在解决问题时，必须抓住事物的主要矛盾和矛盾的主要方面，而不能搞均衡主义。一国的社会发展其实也是一样，是由多层次的矛盾组成的。在社会整体发展层面上，一般情况下，主要矛盾是社会经济的发展程度与人民需求之间的矛盾，其次是社会治安差与人民的安全需要之间的矛盾以及其他的矛盾。为此，在正常时期国家应当把精力放在经济发展上，而在社会治安已经严重影响经济发展时，这一次要矛盾已转化为主要矛盾，国家这时应当适当集中资源打击犯罪分子，优先满足人民的安全需要。从这点来看，我国的几次"严打"运动并不是没有道理。在社会治安的治理层面上，影响社会治安的主要因素是严重危害社会治安的犯罪分子，在这一层面上的主要矛盾是严重犯罪行为与人民安全需要之间的矛盾，轻微犯罪行为与人民安全需要之间的矛盾是次要的。因此，作为维护社会治安的主要手段，刑事政策应当以打击严重犯罪为主，打击轻微犯罪为辅，对严重犯罪分子要严，而对轻微犯罪分子要宽。其中的严与宽，其实也就是矛盾的两个方面，它们也是既对立又统一的，只有严而没有宽，也就不存在严，相反亦然。打击犯罪必须实行宽严相济的刑事政策。

2. 正义论。"正义是社会制度的首要价值，正像真理是思想体系的首要价值一样。一种理论，无论它多么精致和简洁，只要它不真实，就必须加以拒绝或修正；同样，某些法律和制度，不管它们如何有效率和有条理，只要它们不正义，就必须加以改造或废除。"[1] 正因为正义价值的这一不可替代的重要性，自古希腊以来，何为正义，如何实现正义，就一直是各个时代的思想家尤其是哲学家、伦理学家、政治学家、法学家们苦苦思考的问题。但遗憾的是，虽然有关这些问题的著作已是汗牛充栋，却直到现在仍无人可以给出一个使人普遍接受的答案。"自古以来，什么是正义这一问题是永远存在的。为了正义的问题，不知多少人流了宝贵的鲜血与痛苦的眼泪，不知有多少杰出思想家，从柏拉图到康德，绞尽了脑汁，可是现在和过去一样，问题依然未获解决。"[2]"正义有着一张普洛透斯似的脸，变幻无常、随时可呈不同形状并具有极不相同的面貌。"[3] 虽然现在对于"正义"一词还存在诸多争议，但在刑事司法领域，美国当代伦理学家麦金尔太的正义定义"正义是给每个人——包括给予者本人——应得的本分"[4] 还是很恰当的，其表现就是刑法的罪刑相适应原则和刑事诉讼中的比例原则，罪重者应处以较重处理，罪轻者处以较轻处

---

〔1〕　参见［美］约翰·罗尔斯：《正义论》，何怀宏等译，中国社会科学出版社1988年版，第3页。

〔2〕　参见转引自张文显：《二十世纪西方法哲学思潮研究》，法律出版社1996年版，第575页。

〔3〕　参见［美］博登海默：《法理学：法律哲学与法律方法》，邓正来译，中国政法大学出版社1999年版，第252页。

〔4〕　参见［美］麦金太尔：《谁之正义？何种合理性?》，万俊人等译，当代中国出版社1996年版，第56页。

理。具体来讲，刑事司法领域的正义可分为实体正义和程序正义。实体正义最基本的内容是犯罪行为人应当受到应有的处罚，重罪重罚，轻罪轻罚，而不能重罪轻罚甚至不罚，或轻罪重罚甚至无辜者也受罚；程序正义包括当事人的人格尊严应当受到尊重、法官中立、当事人能够平等地富有意义地影响判决结果的作出等。宽严相济刑事政策要求对重罪或具有从重情节的犯罪分子予以从严处理，对轻罪或具有从轻或减轻情节的犯罪分子从宽处理，且严中有宽，宽中有严，它不仅是刑事司法正义的重要体现，也是刑事司法正义得以实现的保障。

3. 效益论。效益，从经济学的角度来看，也就是使产出与资源投入的比例得以最大化。刑事司法是一种高成本的活动，它也有一个效益的问题。刑事司法领域的效益概念虽然远比经济学的效益概念复杂，内涵更为丰富，但产出与资源投入之间的比例关系也是其最基本的因素，目的也是在于如何合理配置资源，使有限资源发挥最大的效能。如果不管重罪、轻罪都平均着力，投入相当量的追诉资源或判处相差不大的刑罚，就有可能使严重复杂的刑事案件因缺乏追诉力量而无法将犯罪行为人绳之以法，简单轻微的刑事案件则浪费司法资源，或一方面导致对严重犯罪分子因处刑太轻而难以产生应有的威慑力，社会治安状况难以好转；另一方面导致对轻微犯罪分子处刑太重反而使他获得社会的同情，使他产生仇视情绪而将其推向社会的对立面，增加社会不稳定因素。宽严相济刑事政策对重者严，对轻者宽，不仅在重者之间区分宽与严，在轻者之间也区分严与宽，不仅可以节省对轻微犯罪的诉讼成本，使主要司法资源能够集中用于有效打击严重犯罪分子，使刑罚措施发挥其应有的威慑效果，而且还利于教育感化轻微犯罪分子，减少社会不稳定因素。

4. 以人为本。以人为本，也就是将人本身视为最高价值而主张尊重人、关心人，关注人的合理需要。再简单一点，也就是如康德所说的，人是目的而不是手段。"人，实则一切有理性者，所以存在，是由于自身是个目的，并不是只供这个或那个意志任意利用的工具，因此，无论人的行为是对自己的或是对其他有理性者的，在他的一切行为上，总是要把人认为是目的。"[1] 德国法学家耶林曾言，一切法律制度的基础毫无疑问是人，[2] 以人为本也是法律制度的应有含义。体现在刑事法律中，以人为本，也就是要求刑罚的实施不应当以惩罚、报复为目的，而应当以包括犯罪行为人在内的所有人的全面发展为目的。更何况刑罚是一把双刃剑，用之不当国家和个人两受其害，"故刑罚之界限应当是内缩的，而不是外张的，而刑罚该是国家为

---

[1] 参见转引自周玉华、秦秀春："'宽严相济'刑事政策的历史与哲学基础"，载《山东审判》2006年第4期。

[2] 转引自黄明儒、黄义华："论刑事政策的人性化"，载谢望原、张小虎主编：《中国刑事政策报告》（第一辑），中国法制出版社2007年版，第330页。

达其保护法益与维持法秩序的任务时的最后手段。能够不使用刑罚，而以其他手段亦能达到维持社会共同生活秩序及保护社会与个人法益之目的时，则务必放弃刑罚手段。"[1] 因此，在刑事司法中，对于轻微犯罪分子，如果通过其他方法能够达到保护被害人和社会公共利益的，就应当从宽处理，或从轻，或缓刑，或不作犯罪处理，使犯罪行为人在领略法律威严的一面的同时，也使其能够看到法律人性的一面。

三、宽严相济政策在刑事诉讼程序中的贯彻与实施

（一）刑事诉讼程序与宽严相济政策

宽严相济刑事政策不仅适用于刑事案件的实体处理，也适用于刑事案件的诉讼程序，宽严相济不仅是个实体法问题，也是个程序法问题。

1. 程序本身体现了对犯罪行为人的处理是宽还是严。这主要有这么几种情况：一是某些程序措施或手段的采用会改变当事人的处境而影响到当事人的合法权益，在这种情况下，是否采取某种措施实际已经体现了对该当事人的处理是宽还是严。最明显的如对犯罪嫌疑人、被告人采取的强制措施，由于不同强制措施的严厉程度是不一样的，是否采取强制措施，采取逮捕措施，还是取保候审，就已明显地体现了对犯罪嫌疑人、被告人的处理是宽还是严；二是起诉和不起诉体现了从严或从宽处理。因为不起诉将被不起诉人及时从诉讼程序中解脱出来，其本身就已体现了对被不起诉人的从宽处理；三是适用普通程序还是简易程序，是自诉程序还是公诉程序，是基层法院管辖还是中级以上法院管辖的选择等也体现了处理的宽或严。因为根据我国刑事诉讼法，适用简易程序、被告人认罪程序、自诉程序或由基层法院管辖的案件一般处刑较轻，而适用普通程序、公诉程序或由中级法院以上法院管辖的案件一般处刑较重，适用何种程序进行审理实际已预示了被告人将会判处何等刑罚，从而也体现了案件处理是从宽还是从重。

2. 程序是保证宽严相济刑事政策得以正确贯彻实施的重要条件。刑事政策与法律规范相比较，灵活性是其本质。"刑事政策的变动性与刑事法律的稳定性之间形成一种互动关系，恰恰是刑事政策发挥作用的一个基本前提。"[2] 这种灵活性在宽严相济刑事政策中的体现是司法机关可以在法律规定的范围内根据犯罪行为、犯罪人的主观恶性以及社会危害性等，结合当时的犯罪与社会治安情况选择从宽或从重处理。这种选择权也就是我们常说的自由裁量权。因此，实行宽严相济的刑事政策也就意味着刑事法律必须赋予司法机关相应的自由裁量权，没有这种自由裁量权，刑事政策在司法中也就没有存在的余地。但这种自由裁量权真正是一把双刃剑，合理使用可以克服法律形式正义的缺陷，实现实质正义；如被滥用则容易引起腐败或反

---

〔1〕 参见林山田：《刑罚学》，台湾商务印书馆1985年版，第128页。

〔2〕 参见陈兴良："宽严相济刑事政策研究"，载《法学杂志》2006年第1期。

复无常，[1] 刑事政策的目的难以达致。为了抑制宽严相济刑事政策这消极的一面，必须通过诉讼程序来规范司法机关的自由裁量权。因为程序实际上是一种角色分派体系，其内容在很大程度上是一种角色规范，目的是使管理和决定非人情化，从而限制恣意、专断和过度的裁量，保证一种理性的选择。[2] 因此，通过诉讼程序，使法官保持中立，诉讼当事人有机会参与法官的决定过程，将犯罪行为人的处理过程和结果置于公众监督之下，就可以使宽严相济刑事政策在刑事司法实践中被正确地贯彻实施，对犯罪行为人"严"得恰当，"宽"得合理。

（二）宽严相济政策与刑事立案程序

刑事立案，也就是指公安司法机关对于报案、控告、举报、自首以及自诉人起诉的材料按职能管辖审查后，认为有犯罪事实发生并需要追究刑事责任时，决定将其作为刑事案件进行侦查或审判的一种诉讼活动。虽然现在学界有人对立案程序是否应当作为一个独立诉讼阶段甚至是否应当存在提出疑问，但根据我国刑事诉讼法的规定，除紧急情况外，只有经过合法立案程序后才能进行侦查、起诉和审判，否则便是程序违法。因此，从刑事司法过程来看，宽严相济刑事政策在刑事司法中最先体现在刑事立案程序中。立案程序可分为公诉案件与自诉案件的立案程序，两者在要求与程序上都有不同。其中，对于自诉案件的立案程序，根据我国《刑事诉讼法》第 171 条的规定和《最高人民法院关于执行〈中华人民共和国刑事诉讼法〉若干问题的解释》第 186 条和第 188 条的规定，只要符合法律规定的形式条件，法院就必须立案受理，没有裁量的余地，宽严相济刑事政策在法院自诉案件的立案程序很少有适用的空间。被害人及其近亲属虽然可以在案件发生后决定是否提起自诉，有选择的余地，但与刑事政策的适用主体必须是国家机关的要求不符合。因此，以下仅就公诉案件的情况进行分析。

在公诉案件中，由于立案程序的结果只是决定是否作为刑事案件进行侦查，即决定案件能否进入侦查程序，其结果只具有程序上的意义，并不会涉及被追诉人的实体权利与义务。而且，立案机关在此阶段面对的只是一些只能证明犯罪事实是否发生的材料，至于犯罪行为人是谁、是何种性质的犯罪、犯罪情节如何等决定定罪量刑的证据材料一般很少，都是进入侦查程序才能查清的东西。因此，在公诉案件立案程序中，宽严相济刑事政策中的"宽"与"严"主要体现在严格案件材料审查关，使无辜者或不应当受刑事处罚之人不受刑事追究，同时严密法网，使有罪者不

---

〔1〕 参见［美］劳伦斯·M. 弗里德曼：《法律制度》，李琼英、林欣译，中国政法大学出版社 1994 年版，第 41 页。

〔2〕 参见季卫东：《法律程序的意义——对中国法制建设的另一种思考》，中国法制出版社 2004 年版，第 25～26 页、第 98 页。

致逃脱刑事责任两方面。

严密法网，在此体现的是宽严相济中"严"的一面。前面已论述过，宽严相济中的"严"，不仅指刑罚措施的严厉，或判死刑，或判处较长时间的徒刑，也包括刑事责任的严密，防止该承担刑事责任者侥幸逃脱法网的现象出现。因为"对犯罪最强有力的约束力不是刑罚的严酷性，而是刑罚的必定性"，"即使刑罚是有节制的，它的确定性也比联系着一线不受处罚希望的可怕刑罚所造成的恐惧更令人印象深刻。"[1] 根据我国《刑事诉讼法》第86条的规定，公诉案件的立案条件有二：一是有证据证明有犯罪事实发生；二是根据该犯罪事实需要追究行为人的刑事责任，只要符合这两个条件就应当立案。对于第一个条件，一般认为包括事实性质的要求和证据的要求两方面，即在事实上，审查的事实必须是触犯刑法的事实，而不是一般违法或一般违反党纪、政纪的行为，更不能是民事纠纷；在证据上，必须有能够证明犯罪事实已经发生的证据，但并不是要求有能够证明有关定罪量刑情节的所有证据。对于第二个条件，一般认为只要不具有《刑事诉讼法》第15条规定的情形之一就应当追究刑事责任。应当说，我国刑事诉讼法规定的立案条件是比较低的，但也是必要的。因为立案机关此时面对的只是所有犯罪证据中的一小部分，有时甚至只是一些证据线索，收集其他证据那是立案以后要做的工作。如果将立案条件设置得再高一些，或是要求犯罪事实基本清楚，或是要求更多的证据，就有可能将的确存在犯罪事实且需要追究刑事责任的案件拒之诉讼程序之外，从而导致放纵罪犯的现象发生。因此，如何在公诉案件的立案中贯彻宽严相济的"严"，首先一点就是严格依照法律的规定，只要有一定的证据证明犯罪事实发生，且没有《刑事诉讼法》第15条规定的情形之一，就应当立案。其次，在此阶段贯彻宽严相济刑事政策，还有一个及时性的问题，也就是立案机关应当在收到有关案件材料后及时审查并作出是否立案的决定。刑罚的确定性，不仅仅是一个该不该追究刑事责任的问题，还有一个能不能将刑事责任变成现实刑罚的问题。如果有犯罪事实发生，也应当追究刑事责任，但因为时过境迁或遭人为破坏没有证据证明，刑罚的确定性也不可能实现。因此，在公诉案件立案阶段严密法网，贯彻宽严相济刑事政策，还要求立案机关及时地对案件材料进行审查并做出决定，以免贻误收集犯罪证据的最佳时机，导致犯罪行为人逃脱法网。

宽严相济刑事政策中的"宽"，从我国刑事诉讼法的规定来看，主要体现在对行为情节显著轻微不予立案的规定上。从《刑事诉讼法》第86条规定的立案条件来看，没有犯罪事实不能立案，有犯罪事实也不一定能够立案，还需要有追究刑事责

---

〔1〕 参见［意］切萨雷·贝卡里亚：《论犯罪与刑罚》，黄风译，中国大百科全书出版社1993年版，第59页。

任的必要时才能立案。没有犯罪事实不能立案，这不在宽严相济刑事政策所关注的范围内，有犯罪事实而立不立案才是宽严相济刑事政策在立案阶段关注的问题。根据《刑事诉讼法》第15条的规定，有犯罪事实而不能追究刑事责任的有以下六种情况：一是情节显著轻微、危害不大，不认为是犯罪的；二是犯罪已过追诉时效的；三是经特赦令免除刑罚的；四是依照刑法告诉才处理的犯罪，没有告诉或撤回告诉的；五是犯罪嫌疑人、被告人死亡的；六是其他法律规定免予追究刑事责任的。有裁量的余地，这是宽严相济刑事政策存在的前提条件。上述六种情形之中，后五种情形有的虽然本身也体现了从宽的一面，但因它只能按法律规定予以处理，立案机关没有裁量的余地，不属于宽严相济从宽的一面，只有情节显著轻微、危害不大，不认为是犯罪这种情形才属于宽严相济从宽的考量范围。

情节显著轻微、危害不大，这涉及一个事实的认定问题，而立案阶段，立案机关所面对的事实材料一般很少，以很少的事实材料作为依据就能对案件事实进行认定，这种情况恐怕少见。因此，首先要明确的是，在立案阶段贯彻宽严相济刑事政策必须谨慎从宽，只有现有材料确实能证明情节显著轻微时才予以从宽而作不立案处理，如果存在疑问，应当实行遇疑从有原则，应当立案查清事实后才作是否从宽的处理，否则就有可能放纵罪犯。其次是何为情节显著轻微、危害不大。不管是情节，还是危害，这两个词都比较抽象而很难确定一个具体的标准，即使在财产案件中也是一样，涉案财产的数量并不是唯一的考量标准。立案的目的在于追究犯罪行为人的刑事责任，在于通过给犯罪行为人定罪判刑来实现社会正义和维护社会秩序。而是否需要定罪判刑，是由很多因素决定的。因此，确定犯罪情节是否轻微，危害是大是小，能否予以从宽而作不立案处理，必须从影响定罪量刑的各个因素来综合考虑。从我国刑法规定与司法实践来看，主要是应当考虑以下三个方面的因素：一是犯罪的社会危害性，这包括犯罪侵害的客体、情节、手段和后果等；二是犯罪人的主观恶性，包括犯罪时的主观方面、犯罪后的态度和平时的表现等；三是案件的社会影响，即案件是否引起以及多大范围的民愤、案件发生时的社会治安情况等。

（三）宽严相济政策与侦查程序

在侦查程序中，虽然有不少方面都体现了宽严相济刑事政策，如不同性质案件的侦查羁押期限的规定、针对不同案件采用的侦查措施等，但从目前来看，最能体现也最需要用宽严相济刑事政策来处理的还是两个方面：一是强制措施的适用；二是案件侦查终结后的处理。

1. 宽严相济刑事政策与强制措施。我国刑事诉讼中的强制措施，是指公安机关、检察机关和审判机关为了保证刑事诉讼程序的顺利进行而依法对犯罪嫌疑人、被告人的人身自由进行一定限制或剥夺的各种强制性方法、手段。根据《我国刑事诉讼法》的规定，这些强制措施从轻到重有拘传、取保候审、监视居住、拘留、逮捕五种。逮捕可羁押较长时间，拘留虽然与逮捕一样是剥夺自由，但时间较短，监视居住虽然没有完全失去人身自由，但却受到限制，取保候审有人身自由，但需要提出保证人或交纳保证金，被拘传的对象虽然在拘传时人身受到了一定的强制，但平时没有人身自由的限制，也不需要提出保证人或交纳保证金。各种强制措施严厉程度不一，它们的适用对象也各有不同。按照比例性原则，重者适用于人身危害性程度和犯罪性质严重的犯罪嫌疑人、被告人，轻者则相反。如逮捕适用于可能判处徒刑以上刑罚、采取取保候审、监视居住等方法尚不足以防止发生社会危险性的犯罪嫌疑人、被告人；取保候审和监视居住适用于可能判处管制、拘役或独立适用附加刑的犯罪嫌疑人、被告人或虽可能判处徒刑以上刑罚，但采用取保候审或监视居住不致发生社会危险性的犯罪嫌疑人、被告人；拘传则只能适用于未被羁押的犯罪嫌疑人、被告人。因此，从我国《刑事诉讼法》的上述相关规定来看，虽然强制措施只是一种程序性保障措施，但因这些措施的适用实际已造成犯罪嫌疑人、被告人人身自由大小不同的限制，且适用的根据是犯罪嫌疑人、被告人的犯罪性质和人身危险性，强制措施的适用有必要在宽严相济刑事政策的指导下进行，我国有关强制措施的法律规定实际也已在一定程度上体现了宽严相济的刑事政策。2006 年 12 月通过的《最高人民检察院关于在检察工作中贯彻宽严相济刑事司法政策的若干意见》第 7 条针对实践中存在的逮捕措施滥用问题，提出在审查批捕时，除把握事实证据条件和可能判处刑罚条件外，还要正确理解"有逮捕的必要"这一条件，要求在审查批捕时应综合考虑以下具体因素：一是主体是否属于未成年人或者在校学生、老年人、严重疾病患者、盲聋哑人、初犯、从犯或者怀孕、哺乳自己婴儿的妇女等；二是法定刑是否属于较轻的刑罚；三是情节是否具有中止、未遂、自首、立功等法定从轻、减轻或者免除处罚等情形；四是主观方面是否具有过失、受骗、被胁迫等；五是犯罪后是否具有认罪、悔罪表现，是否具有重新危害社会或者串供、毁证、妨碍作证等妨害诉讼进行的可能；六是犯罪嫌疑人是否属于流窜作案、有无固定住址及帮教、管教条件；七是案件基本证据是否已经收集固定、是否有翻供翻证的可能等。相反，对于罪行严重、主观恶性较大、人身危险性大或者有串供、毁证、妨碍作证等妨害诉讼顺利进行的可能，符合逮捕条件的，应当批准逮捕。对于不采取强制措施或者采取其他强制措施不至于妨害诉讼顺利进行的，应当不予批捕；对于可捕可不捕的坚决不捕。这一规定，使我国刑事侦查中有关强制措施的规定在体现宽严相济刑事政策上就更加鲜明而又具体了。

由于逮捕是几种强制措施中最严厉的一种，直接关系到犯罪嫌疑人、被告人的人身自由和人权保障问题，它是我国刑事诉讼强制措施中比较容易出问题的一种，也是影响宽严相济刑事政策在侦查程序中能否得以贯彻的最重要因素。最高人民检察院的上述意见由于其具体性和可操作性，对于解决实践中存在的不符合宽严相济刑事政策的高逮捕率确实起到了很重要的作用。但是，我们也必须对此保持清醒的认识，而不能过于乐观，这不仅因为该意见只是解决了侦查和起诉程序中的逮捕问题，而且还因为我国强制措施中存在的与宽严相济刑事政策不相符合的问题并不仅仅是逮捕的滥用问题，还有一个强制措施在实施过程中与立法规定以及立法的预期目标有很大距离的问题。从《刑事诉讼法》的规定来看，在五种强制措施中，由于拘留适用时机的紧急性，它实际上应当是一种临时性的措施，其处理结果可能是逮捕，也可能是取保候审、监视居住，或不采取强制措施而予以释放，这样在强制措施的体系安排上从重到轻应是逮捕、监视居住、取保候审和拘传。按宽严相济刑事政策，采用取保候审不足以防止发生社会危险性但又不能逮捕的，应当采取监视居住措施，如可能判处管制、拘役或独立适用附加刑的犯罪嫌疑人、被告人。而且，由于强制措施在性质上是一种预防措施，其目的在于防止犯罪嫌疑人、被告人逃避侦查、起诉和审判以及毁灭、伪造证据、继续犯罪等妨害刑事诉讼的行为，是监视居住还是取保候审，其依据应当是犯罪嫌疑人、被告人所犯罪行性质、犯罪嫌疑人、被告人的人身危险性以及是否有妨碍诉讼进行的各种可能性。但是在司法实践中却并非如此，不仅使用监视居住的依据不是上述各种因素，而是犯罪嫌疑人、被告人是否有钱交纳保证金或能否提出保证人，在大部分情况下依据的是个人及其家庭的财产情况，而且由于采用监视居住需要派专人实施，在办案人员不足的情况下对公安机关很不利，导致公安机关在侦查程序中很少使用监视居住措施，能采用取保候审的就尽量采用取保候审，不能采用的就予以拘留或提请逮捕，只有少数情况下才不采取强制措施。在这种情况下，即使已进入审查起诉程序或审判程序，由于考虑到公安机关的"难处"，检察机关或法院也是尽量使用取保候审或逮捕。监视居住在取保候审和拘留、逮捕的人为"压挤"下实际已成为一种虚置的强制措施。这不仅与宽严相济刑事政策不相符合，而且也导致实践中的高逮捕率与某些司法机关通过取保候审谋取非法利益。

如何解决这一问题？从实践来看，导致监视居住措施适用较少的原因：一是因为法律规定监视居住统一由公安机关执行，而我国公安机关警力常常严重不足，难以抽出部分力量来执行监视居住的决定，这样公安机关在侦查案件时一般不愿意采取监视居住措施，即使检察机关和法院做出监视居住的决定，公安机关往往不愿意执行；二是监视居住在执行方式上不好把握，限制太严就有可能变成变相羁押，限制太松就无法监视，从而无异于"放任自流"，其严厉程度反而低于取保候审。如实践中将犯罪嫌疑人的行动限制在某一指定场所实际就相当于限制了人身自由，只是场所不同而已；另一种要求犯罪嫌疑人定期到指定地点报告的执行方式，虽然和没有采取任何强制措施不一样，但其严厉程度肯定低于取保候审，而且还有可能造成犯罪嫌疑人脱逃后不受任何损失。因此，要改变监视居住适用率低的问题，一是改善公安机关的执行条件，在人、财、物上给予保障，有条件的成立专门机构，配备专门的警力执行监视居住措施；二是完善执行的方式。关于监视居住的执行方式，这是一个关系到监视居住能否发挥其应有作用而又不是很好掌握的问题，需要根据各地不同的情况以及不同的犯罪嫌疑人来决定。但有两点是必须注意的：一是准确理解监视居住措施的特点和要求，一方面要注意到监视居住在严厉程度上要大于取保候审，因此对犯罪嫌疑人、被告人的人身自由作一些限制是必要的；另一方面也要注意到监视居住毕竟不同于逮捕与拘留，不能对其人身自由作太多的限制。二是法律有规定的必须严格按照法律规定来执行，不能以方便执行为由任意指定场所进行监视居住，而应当以其住处作为执行场所，只有实在没有固定住处时才指定场所。

2. 宽严相济刑事政策与侦查终结的处理。根据我国《刑事诉讼法》的规定，检察机关也有侦查权，检察机关的侦查部门在案件侦查终结时也要根据不同情况作出撤销案件意见书、起诉意见书或不起诉意见书，然后送本院的检察长或检察委员会、公诉部门，最终的对外结果是该检察机关的撤销案件决定、起诉或不起诉，而不是该侦查部门的处理决定，检察机关侦查部门的侦查终结处理实际上只是一种内部处理意见，对外没有实际意义。因此，我们在此只讨论公安机关侦查终结案件的处理，至于检察机关的起诉、不起诉以及撤销案件决定留在后面再讨论。

根据我国《刑事诉讼法》第 129 条和第 130 条的规定，公安机关在案件侦查终结以后，只能做出两种处理决定：一是犯罪事实清楚、证据确实、充分时移送检察机关的起诉意见书；二是发现不应对犯罪嫌疑人追究刑事责任的撤销案件决定。不应当对犯罪嫌疑人追究刑事责任，一般认为除了犯罪嫌疑人没有犯罪事实以外，就是符合《刑事诉讼法》第 15 条规定的情形之一。如前所述，我国《刑事诉讼法》第 15 条规定的几种情形之中，除了第一种情形"情节显著轻微、危害不大，不认为是犯罪的"之外，其他几种情形没有裁量的余地。因此，从我国《刑事诉讼法》的规定来看，公安机关在侦查终结的处理时，虽然可根据案件具体情况来决定犯罪情节是否显著轻微，危害是否不大来从宽或从严处理，从而在一定程度上体现了宽严相济刑事政策，但总体来讲，宽严相济刑事政策据此而适用的空间范围极其有限。

正是由于公安机关侦查终结后处理权限过小，不利于迅速解决一些由于轻微犯罪造成的纠纷，有些地方的实务界已开始通过对《刑事诉讼法》第 15 条第一种情形的扩大理解而扩大侦查机关在侦查终结时的处理权限，让其可以对一些双方当事人已经和解的轻微刑事案件以撤销案件处理。有的地方甚至还就此规定了一些规范性文件或政策性文件。如 2003 年北京市政法委员会发布的《关于北京市政法机关办理轻伤害案件工作研讨会纪要》，2004 年 7 月浙江省高级法院、浙江省检察院和浙江省公安厅联合发布的《关于当前办理轻伤害案件适用法律若干问题的意见》，还有 2005 年安徽省公安厅会同省法院和省检察院共同出台的《办理故意伤害案（轻伤）若干问题的意见》。与此相应，不少学者也从刑事和解与构建社会主义和谐社会的理念出发，对扩大侦查机关的侦查终结处理权限进行了论述。但是，不管是实务界，还是学界，侦查机关可酌情从宽而作撤销案件处理的范围是非常有限的，一般只限于轻伤害案件、交通肇事案件和盗窃案件。如有的学者提出，公安机关作为犯罪的侦查机关，如果对刑事案件有过大的实体处理权，可能会产生随意放纵犯罪的弊端，在社会上造成不良影响，因此公安机关有权处理的刑事和解案件范围不宜过宽，应当以轻微刑事案件为限，重点为可能判处徒刑以下刑罚的有被害人的案件、轻伤害案件、交通肇事案件等实践中和解可能性较大的案件。[1]

在有被害人的案件中，对犯罪带来的痛楚感受最深的是被害人及其家属，从这一点来看，刑法要救济的最大利益是被害人及其家属的利益，对犯罪分子从宽还是从严处理，被害人及其家属的创伤是否得以抚慰是一个很重要的考虑因素。只要被害人及其家属的合法利益已得以满足，而且犯罪所侵害的公共利益较小，都应当可以基于双方当事人的刑事和解而终结案件，侦查机关此时也可以据此作撤销案件处理。因此，我们认为，从宽严相济刑事政策的贯彻角度来看，侦查机关基于刑事和解而撤销案件从宽处理的案件范围不应当限于上述学者与实务界提出的轻伤害案件、交通肇事案件等，而应适当放宽刑事和解或调解的范围，包括有和解可能的未成年人犯罪、过失犯罪、初犯、偶犯等都可刑事和解或调解。

首先，从效果上看，在侦查终结时侦查机关组织双方当事人和解并据此作撤销案件处理更能提高诉讼效益和有效解决纠纷。提高诉讼效益、化解社会矛盾，这是刑事和解的主要目的，也是宽严相济刑事政策的出发点之一。一般来讲，处理一个案件所占用的时间和资源越少，其效益也就越高。这种效益不仅是物质上，也包括伦理上的，因为所占用时间越少，纠纷解决越快，双方当事人因此而遭受的精神损失越少，社会效益也就越高。虽然即使案件移送到检察机关后，甚至检察机关起诉到法院后，都可以和解结案，但侦查终结时和解与起诉阶段和审判阶段的和解比较起来，在解决纠纷的及时性、彻底性与诉讼成本节约上明显要高一筹。对于被害人来说，在侦查终结时就和解结案，不仅可以及时抚慰其精神上和物质上的损害，尤其是受伤需治疗的，而且也省去为实现损害赔偿而来回奔走的麻烦；对于犯罪嫌疑人来说，由于在侦查终结时就可能通过诉讼和解而释放或免去牢狱之忧，他更有可能接受被害人提出的赔偿要求而与被害人达成和解协议，从而彻底解决纠纷；对于司法机关来说，由于案件没有进入审查起诉阶段就结案，也就省去在审查起诉或审判时需投入的司法资源。实践中的一些相反做法也说明这一点。如根据北京市检察机关的实证调查，从2003年7月1日至2005年12月31日，在北京市7个区检察机

[1] 参见陈光中、葛琳："刑事和解初探"，载《中国法学》2006年第5期。

关受理的全部轻伤害案件中，通过刑事和解结案的共有 667 件，适用率为 14.5%；其中检察机关经过刑事和解程序，移送公安机关撤销案件的达 534 件，占全部刑事和解案件的 80.1%[1] 试想，如果这部分案件在侦查机关侦查终结时就以刑事和解撤销案件处理，能省去多少司法资源？当事人为此会少花多少时间与财物？

其次，赋予以独立地位参加刑事案件侦查的侦查机关以相应的实体处理权也是各国一般做法。从国外来看，确实有的国家如大陆法国家的警察机关很少有刑事案件的实体处理权。但是，我们也应看到，这些国家的警察机关虽然是实际上的侦查机关，大部分刑事案件侦查任务都是由它们来承担，但在法律上，警察机关在从事侦查任务时并不具有独立的诉讼地位，而只是检察机关的辅助机构。既然只是检察机关的辅助机构，作为实际侦查机关的警察机构自然不具有实体处理权，而只能在侦查终结时将所有案件资料送交检察机关处理。相反，在侦查机关独立于检察机关的英美国家，侦查机关侦查终结后，即使认为犯罪事实清楚、证据充分，只要认为没有起诉必要的，也可以其他方式处理而不移送检察机关起诉。如在英国，警察侦查结束后，对于一些他们认为已经犯罪的人常以不符合"公共利益"为由，以告诫、训诫或警察警告代替移送起诉来处理，其内政部的一些指导方针也规定，告诫的前提条件是存在足够的证据起诉、犯罪嫌疑人承认犯罪与接受告诫[2] 在有大陆法传统的日本也是一样，由于警察机关在刑事案件侦查上并不隶属于检察机关，而是一种平等合作关系，虽然一般情况下，警察侦查后要将案件移送检察机关，但对于一些"检察官指定的案件"包括各地检事正指定的犯罪情节轻微、数额较小的盗窃、欺诈、贪污、赌博等案件，不需要移送起诉而由警察机关作最终处理，然后每月集中向检察官报告一次[3] 如根据 1993 年的统计，在成年人轻微犯罪处理中，48.9%的普通刑法案件给予轻微犯罪处理，盗窃罪是 58.8%，非法侵占遗失物是 93%[4] 对于我国公安机关与检察机关在侦查中的关系，虽然目前在学界有不少争论，但从法律来看，公安机关在进行侦查活动时是有独立的法律地位的。与这种独立的法律地位相适应，公安机关在侦查终结后不能仅具有一种程序性的权力，也应当有一定的实体处理权。

当然，上述主张公安机关不能有太大实体处理权的学者的担忧也不无道理。公

---

[1] 参见陈瑞华："刑事诉讼的私力合作模式——刑事和解在中国的兴起"，载《中国法学》2006 年第 5 期。

[2] 参见［英］麦高伟、杰弗里·威尔逊主编：《英国刑事司法程序》，姚永吉等译，法律出版社 2003 年版，第 142 页。

[3] 参见［日］松尾浩也：《日本刑事诉讼法》（上册），丁相顺译，中国人民大学出版社 2005 年版，第 89 页。

[4] 参见［日］田口守一：《刑事诉讼法》，刘迪等译，法律出版社 2000 年版，第 97 页。

安机关自己侦查，然后又自己作出相应的实体处理，这虽然不影响到犯罪嫌疑人的实体权利，但影响被害人的合法利益，有导致权力被滥用的危险。但是，也不能因噎废食，因为只要没有合理的程序和有效的制约，任何权力都有被滥用的可能。因此，此问题的关键不是有没有实体处理权，而是如何保证该实体处理权被恰当地行使。从我国目前来看，要保证该从宽的权力被恰当的使用，除了要采取措施保证刑事和解是建立在被害人与犯罪嫌疑人充分协商的基础上外，还应当采取措施加强侦查监督，保证检察机关能对刑事和解的过程、协议以及撤销案件的决定进行有效监督。

除此之外，作为侦查机关，充分行使和发挥其侦查职能，尤其是破案中关于案件证据的收集，把案件事实搞清、搞准，使证明从宽从严的事实情节的证据准确无误，为起诉、审判提供良好的基础和前提，我们认为，此乃贯彻执行宽严相济刑事政策之应有之义，绝非有人所说的，宽严相济是法院的事，与公安机关无关。

（四）宽严相济政策与审查起诉

审查起诉，是指由有关机关对侦查机关侦查终结移送起诉的案件进行审查，依法决定是否向法院提起公诉的一种诉讼程序。一般来说，在各国的刑事诉讼中，公诉案件在侦查终结之后、提起公诉之前，都有一个对之进行审查以便决定是否起诉的过程。在 19 世纪中叶以前，由于有罪必罚的功利主义刑罚理论以及为了防止行政机关通过检察机关干涉司法、统一起诉标准等原因，世界各国广泛采用一种起诉法定主义，即只要刑事案件符合法律规定的事实和证据方面的起诉条件，检察机关必须提起公诉，没有任何裁量的余地。但 19 世纪后半期后，由于新技术的采用，劳动生产率的提高，自由竞争的资本主义逐渐向垄断的资本主义过渡，人口大量流向都市，贫富差距进一步扩大，犯罪尤其是盗窃之类的财产犯罪急剧上升，累犯、常习犯显著增多，少年犯罪的现象也不断上升。为了抑制犯罪激增的现象，同时解决追诉资源紧张的问题，刑罚理论逐渐从报应刑转向教育刑。随着这种变迁，有罪必诉的起诉法定主义逐渐转向赋予检察机关相应自由裁量权的起诉便宜主义，或转向以起诉法定主义为主、起诉便宜主义为辅。前者的典型为日本、美国、英国。如日本《刑事诉讼法》第 248 条规定："根据犯人的性格、年龄及境遇、犯罪的轻重及情节和犯罪的情况，没有必要追诉时，可以不提起公诉。"后者主要为德国、法国等大陆法系国家。如德国《刑事诉讼法典》第 152 条明确规定："除法律另有规定外，在有足够的事实根据时，检察院负有对所有的可予以追究的犯罪行为作出行动的义务"，但又同时规定对一些轻微的犯罪在符合相应条件后可作不起诉处理。具体到我国，根据《刑事诉讼法》第 141 条到第 143 条的规定，我国在审查起诉的问题上采取的是一种以起诉法定主义为主，起诉便宜主义为辅的政策。因为根据这些规定，检察机关除了对犯罪事实清楚、证据确实充分、依法应当追究刑事责任的案件必须起诉，对根据《刑事诉讼法》第15条规定的不能追究刑事责任的案件绝对不能起诉，对证据不足的案件不起诉外，还可以对犯罪情节轻微，依照《刑法》规定不需要判处刑罚或免除刑罚的案件作不起诉处理。

由于我国在审查起诉上实行的是一种以起诉法定主义为主、起诉便宜主义为辅的政策，检察机关对于犯罪情节、依照《刑法》规定不需要判处刑罚或免除刑罚的案件可以作不起诉处理，不仅其本身就体现了宽严相济刑事政策，而且也为在审查起诉阶段贯彻宽严相济刑事政策创造了前提条件。但是在2006年之前的司法实践中，由于检察机关可根据具体情况从宽处理的主要是《刑事诉讼法》第142条第2款规定，即相对不起诉，而相对不起诉的条件从法律规定来看限制比较严，必须是犯罪行为情节轻微且依照刑法规定不需要判处刑罚或免除刑罚才行。[1] 这样，由于检察机关实际可自由裁量的范围太窄，实践中能作相对不起诉的并不多，宽严相济刑事政策在审查起诉阶段真正体现得并不多。但自2006年12月最高人民检察院下发《关于在检察工作中贯彻宽严相济刑事司法政策的若干意见》、《人民检察院办理未成年人刑事案件的规定》后，这种状况有了明显改变，相对不起诉范围扩大了许多，宽严相济刑事政策在审查起诉阶段的体现更明显。现在，从刑事诉讼法以及上述《意见》、《规定》和《关于依法快速办理轻微刑事案件意见》等司法解释来看，检察机关审查起诉程序对宽严相济刑事政策的体现主要有以下几个方面：

首先是从宽的体现。由于以前的审查起诉程序主要注重从严的一面，对从宽一面体现不是很充分，最高人民检察院最近的几个司法解释主要体现的是从宽的一面。一是慎用强制措施尤其是逮捕这种强制措施。如《人民检察院办理未成年人刑事案件的规定》除了明确规定未成年人犯罪案件有7种情形可不予以逮捕外，还规定未成年犯罪嫌疑人被羁押的，检察机关应当审查是否有必要继续羁押，可捕可不捕的不捕。《关于在检察工作中贯彻宽严相济刑事司法政策的若干意见》也规定要注重对"有逮捕必要"条件的正确理解和把握，要综合考虑主体是否属于未成年人或者在校学生、老年人、严重疾病患者、盲聋哑人、初犯、从犯或者怀孕、哺乳自己婴儿的妇女以及法定刑是否属于较轻的刑罚，情节是否具有中止、未遂、自首、立功等，主观方面是否具有过失、受骗、被胁迫等，犯罪后是否具有认罪、悔罪表现，是否具有重新危害社会或者串供、毁证、妨碍作证等，犯罪嫌疑人是否属于流窜作案、

---

[1] 当然，学界对此条件的理解有较大分歧，有的认为只要是犯罪情节轻微，或依照刑法规定不需要判处刑罚或免除刑罚都可以作相对不起诉处理，而有的认为，必须犯罪情节轻微和依照刑法规定不需要判处刑罚或免除刑罚两个条件都具备才能作相对不起诉处理。从法律上讲，应当是前者的理解正确，但从逻辑上讲应是后者的理解正确，因为犯罪情节轻微实际已包含了依照刑法规定不需要判处刑罚或免除刑罚这种情况，如果是作前者的理解，就会有逻辑上的矛盾。

有无固定住址及帮教、管教条件，案件基本证据是否已经收集固定，是否有翻供翻证的可能等因素，可捕可不捕的不捕。二是借鉴国外暂缓起诉制度，对轻微案件慎重起诉。所谓暂缓起诉，也称为起诉犹豫或附条件的不起诉，它是指检察机关对已经符合起诉条件的案件，并不是立即提起公诉，而是规定一定的考验期，如果在此考验期被告人没有违反规定，就不再对其提起公诉。它也是起诉便宜主义的一种体现。现在实行这种制度的主要有美国、德国、俄罗斯联邦以及荷兰等国家。上述司法解释借鉴国外暂缓起诉制度的合理因素，扩大了相对不起诉的范围。如《人民检察院办理未成年人刑事案件的规定》在第 20 条规定对于犯罪情节轻微，并具有下列情形之一，依照刑法规定不需要判处刑罚或者免除刑罚的未成年犯罪嫌疑人，一般应当依法作出不起诉处理：被胁迫参与犯罪的；犯罪预备、中止的；在共同犯罪中起次要或者辅助作用的；是又聋又哑的人或者盲人的；因防卫过当或者紧急避险过当构成犯罪的；有自首或者重大立功表现的；其他依照刑法规定不需要判处刑罚或者免除刑罚的情形外，还在第 21 条规定对于未成年人实施的轻伤害案件、初次犯罪、过失犯罪、犯罪未遂的案件以及被诱骗或者被教唆实施的犯罪案件等，情节轻微，犯罪嫌疑人确有悔罪表现，当事人双方自愿就民事赔偿达成协议并切实履行，符合《刑法》第 37 条规定的，人民检察院可以依照《刑事诉讼法》第 142 条第 2 款的规定作出不起诉的决定。由于不起诉是以双方当事人达成并履行民事赔偿协议为前提之一的，第 21 条的规定实际已借鉴了暂缓不起诉制度。《关于在检察工作中贯彻宽严相济刑事司法政策的若干意见》也是一样，除规定对于初犯、从犯、预备犯、中止犯、防卫过当、避险过当、未成年人犯罪、老年人犯罪等案件，符合不起诉条件的，可以依法适用不起诉，可诉可不诉的不诉外，还在第 12 条规定，对因亲友、邻里及同学同事之间纠纷引发的轻微刑事案件，犯罪嫌疑人认罪悔过、赔礼道歉、积极赔偿损失并得到被害人谅解或者双方达成和解并切实履行，社会危害性不大的，可以依法不起诉。三是对确需提起公诉的轻微刑事案件在提起公诉的同时提出从宽处理的意见。如《关于在检察工作中贯彻宽严相济刑事司法政策的若干意见》要求对于初犯、从犯、预备犯、中止犯、防卫过当、避险过当、未成年人犯罪、老年人犯罪以及亲友、邻里、同学同事等纠纷引发的案件，确需提起公诉的，可以依法向人民法院提出从宽处理、适用缓刑等量刑方面的意见。四是快速办理轻微刑事案件。是宽还是严，从某种程度上讲，关键在于对被处罚人造成的生理和精神上痛苦，其中精神上的痛苦很大部分是由于身处某种不确定状态，对未来命运的忧虑造成的，这种不确定状态持续的时间越长，其痛苦也就越严重。从这一点来讲，诉讼程序在时间上拉得越长，给被追诉人造成的痛苦也就越大。案件办理得快，其实也是对被追诉人的一种从宽处理。《最高人民检察院关于依法快速办理轻微刑事案件意见》要求对未成年人、在校学生、70 岁以上的老年人、盲聋哑人、怀孕或哺乳自己未满一周岁婴儿的妇女、主观恶性较小的初犯、过失犯、亲友、邻里之间以及具有法定从轻、减轻或免除处罚情节的简单轻微刑事案件，如果犯罪嫌疑人、被告人承认被指控犯罪的，一般应当在 20 日内，案多办案人员少的在 30 内作出是否起诉的决定，其实也就是对这些案件的被追诉人的一种从宽处理。

其次是从严的方面。一是体现在加强对某些严重犯罪案件的打击，该逮捕的就捕，该起诉的就起诉。如《关于在检察工作中贯彻宽严相济刑事司法政策的若干意见》就规定，对严重危害社会治安犯罪、严重破坏市场经济秩序犯罪、贪污贿赂、渎职侵权等国家工作人员职务犯罪、对极少数插手群体性事件、策划、组织、指挥闹事的严重犯罪分子以及进行打砸抢等犯罪活动的首要分子或者骨干分子，要依法严厉打击，该逮捕的坚决逮捕，该起诉的坚决起诉。二是对于严重犯罪案件要及时处理，但不适用快速办理机制。如最高人民检察院《关于依法快速办理轻微刑事案件意见》规定，对于危害国家安全犯罪案件、涉外刑事案件、故意实施的职务犯罪案件以及其他疑难复杂刑事案件应从重从快，但不适用快速办理机制。

虽然从以上规定来看，我国的审查起诉在很多方面都体现了宽严相济刑事政策的精神，但从实践的运作来看，也存在严重不足。最主要的是我国审查起诉的方式难以保障以上规定都能落到实处。

关于刑事案件的审查起诉方式，从各国来看，主要有三种方式：书面审查式、调查审查式和听审式。书面审查式是指检察机关或者其他有关机构在决定是否起诉时，审查活动是秘密的，犯罪嫌疑人及其律师不能参加，审查主体只是对侦查机关移送的各种证据材料和法律文件进行书面审查，然后就决定是否起诉。现在实行这种审查方式的主要是英国和俄罗斯联邦。调查审查式是指检察机关在审查起诉时，并不仅仅对警察移送的卷宗材料进行审查，必要时还可以自己亲自进行调查，然后根据审查和调查结果决定是否起诉。采用这种方式的主要是日本、德国、法国以及美国的检察官审查起诉制度。听审式是指公诉审查主体不是通过审查侦查终结移送的书面文件和证据材料而是通过听取口头指控和证人证言，审查有关物证和书证后决定是否起诉。现在使用这种审查方式的主要是美国的大陪审团审查起诉制度。我国的审查起诉方式，从我国《刑事诉讼法》的规定与实践来看，虽不是完全的书面审查式，但书面审查的色彩还是很浓。因为根据有关法律规定和司法实践，我国检察机关在审查起诉时，一般是在受理移送审查起诉的案件后，指定承办人进行审查，承办人在审查有关材料的同时还需讯问犯罪嫌疑人、听取被害人和犯罪嫌疑人、被害人委托的人的意见，另外还可以询问证人，鉴定、重新鉴定等，承办人对案件审查后，提出审查意见，经审查起诉部门负责人审核，报请检察长或者检察委员会决定。虽然承办人在审查起诉时，并不仅仅根据侦查机关移送的卷宗材料，还需要听取当事人及其委托人的意见，必要时还可以调查取证，颇有上述三种审查方式的特征。但是，我国的审查起诉方式和上述三种审查方式实际并不一样，首先是该程序存在陈瑞华教授所言的"控辩双方如何参与，检察机关是否同时听取双方的意见和陈述，负责侦查的侦查人员可否到场陈述，甚至审查起诉是否保持类似开庭审理的形式等"问题[1]；其次是具体审查人并没有权力作出是否起诉的决定，而是由没有具体审查的部门负责人、主管检察长甚至检察委员会决定是否起诉。而这些人或者机构在决定是否起诉时，其唯一的根据就是承办人的审查终结报告，责任心强一些的负责人或主管检察长也许会亲自审查报告书所附的相关证据。因此，我国的审查起诉方式书面审查色彩还是很浓。

由于书面审查色彩浓，这种审查起诉方式正如有的学者指出的："中国的审查起诉程序基本上按照行政方式运行，缺少基本的诉讼特征。"[2] 由于缺少诉讼特征，也就难以保证作出的起诉或不起诉决定符合宽严相济刑事政策的基本精神。首先，我国的审查起诉方式不能保证有效起诉，从而对严重犯罪分子从严处理。对严重犯罪分子从严处理，不仅表现在判处较重刑罚，还体现在惩罚的及时性与确定性上。因此，审查起诉的一个目的就是对侦查行为进行补正，使案件在起诉前就达到事实清楚、证据确实充分、符合起诉条件。但在我国这种审查起诉方式下，由于检察机关在审查起诉时审查的对象只是侦查机关移送的材料，其对犯罪嫌疑人的讯问一般也是就其认为有怀疑的地方进行讯问，律师因此时刚刚介入辩护活动，且不能阅读全部的案卷材料，也很难有针对性地提出辩护意见，侦查机关所提出的证据材料在此阶段并没有受到真正的质疑。很多检察机关自认为事实清楚，证据确实充分的案件，在法庭上几乎一经辩护人攻击就破。为完成公诉任务，检察人员不得不按法律规定，在法庭上频频提出延期审理、补充侦查的建议，这不仅无法体现及时性，还有可能放纵罪犯。其次，准确从宽难以完全实现。一般来说，侦查机关一旦将案件移送检察机关，其目的就是希望能对其侦查结果作出一个正面的评价，即检察机关提起公诉，法院作出定罪判刑的判决。为了达到这一目的，侦查机关移送的材料往往都是经过其精心加工的不利于犯罪嫌疑人的材料。在没有听取辩护方有效辩护意见的情况下，检察机关仅靠审查侦查机关移送的意见书及有关诉讼材料，就能准确作出不起诉的决定实在很难！

因此，我们认为，对于现行的审查起诉方式，虽不能完全按抗辩式进行改革，但也应在原来的基础上进行一定的完善，以使检察机关能准确作出起诉与不起诉的决定，从而使宽严相济刑事政策精神得以实现。具体而言，可从以下几个方面进行改革：一是加强辩方的抗辩能力，为检察机关从宽处理提供充分的信息基础。这主

---

[1] 参见陈瑞华：《刑事诉讼的前沿问题》，中国人民大学出版社 2000 年版，第 269 页。
[2] 参见陈瑞华：《刑事诉讼的前沿问题》，中国人民大学出版社 2000 年版，第 276 页。

要包括扩大辩护律师在审查起诉阶段的阅卷权，建立证据展示制度，在一些特别重大的案件，如可能判处无期徒刑或死刑的案件，赋予辩护律师在讯问犯罪嫌疑人时的在场权等。二是建立一种审前听证制度。即在必要的时候，可由检察机关主持一个听证程序，让侦查机关和辩方就有关事项进行质证，以保证准确、及时地提出公诉，惩罚严重犯罪分子。所谓必要的时候，主要是指辩方要求或检察机关认为有必要的时候。三是加强检察官的独立性，使承办案件的检察官在审查有关案件材料和进行必要的听证之后，能依法合理地作出从宽或从严的决定。虽然检察一体化原则是刑事检察的基本原则之一，但这并不排除检察官具有相对的独立性，因为刑事检察活动尤其是检察侦查以外的刑事检察活动与审判活动一样，也有一个亲历性要求。因此，对于我国的审查起诉活动，应当赋予承办案件检察官一定的独立性，使其能对一般的刑事案件是否起诉具有决定权，一方面可以明确案件的责任承担者，提高案件承办人的责任心，另一方面也可以借此防范其他机关或个人通过检察机关的领导和部门负责人不正当地干预案件的办理。当然，对比较重大、复杂、疑难案件，在我国目前检察官的素质很难承担起这一重担的情况下，部门负责人和主管检察长可以参与决定，但必须尽量自己参与审查证据材料和听证活动，而不能仅凭案件承办人的书面报告作出决定。

（五）宽严相济政策与刑事审判

毋庸置疑，在刑事审判过程中，最能体现宽严相济刑事政策的莫过于法官根据案件事实对被告人作出的实体处理决定，即在刑法规定的范围判较重的刑罚，还是判较轻的刑罚或定罪免刑。但是，它并不是唯一的，在刑事审判过程中选择何种程序或方法也能体现宽严相济刑事政策的应用。

在刑事司法中，处理是宽还是严，主要是以处理方式对被追诉人所造成的痛苦或损害为基准的。从严处理，也就意味着被追诉人因此而受到的痛苦越严重，从宽则相反。这些痛苦既有生理上的，也有精神上的。在审判过程中，不仅所判处的刑罚措施可以对被追诉人造成生理和精神上的痛苦，作出审判的程序也可能对被追诉人造成程度不一的生理和精神痛苦。首先，审判过程中的强制措施会给被告人造成生理或精神上的痛苦。我们知道，强制措施往往会限制或短期剥夺人身自由，人身自由被限制或剥夺往往会带来各种痛苦，如精神压抑、焦虑，甚至监管人或其他人的殴打等。因此，在审判过程中是否采用强制措施往往会反映被告人受到的待遇如何。其次，审判时间的长短会对被告人产生严重的影响。被告人在审判中遭受的精神痛苦很大部分是因为对不可预期的未来命运的焦虑造成的，这种焦虑一般与程序持续的时间成正比，结果出来得越早，被告人因焦虑而产生的痛苦也就越少，相反则越强。再次，程序本身就可能反映了将来对被告人的处罚程度。影响被告人焦虑强度的不仅有程序持续的时间，还有程序结果的可预期性，因为被告人焦虑的原因无非就是想知道最终判决结果是什么。结果越不可预期，其产生的恐惧也越大。如果将不同程序或某种程序的结果相对确定下来，就可因增加结果的可预期性而减少被告人所遭受的痛苦。正是因为程序对被告人具有以上影响，设置并使用不同的程序对被告人进行审判，往往也会起到一种从宽或从严处理的相同效果。

在我国，虽然《刑事诉讼法》在一审程序中只规定了普通程序与简易程序两种审判程序，但根据有关司法解释，我国在司法实践已存在三种不同的审判程序：普通程序、简易程序以及被告人认罪案件的审理程序即常说的普通程序简易审程序。

简易审判程序，根据《刑事诉讼法》和最高人民法院、最高人民检察院、司法部《关于适用简易程序审理公诉案件的若干意见》的规定，它主要适用于告诉才处理的案件、被害人起诉的有证据证明的轻微刑事案件、案件事实清楚、证据充分、被告人及辩护人对所指控的基本犯罪事实没有异议的、依法可能判处 3 年以下有期徒刑、拘役、管制或单处罚金的公诉案件。根据《刑事诉讼法》第 178 条的规定，对于适用简易程序审理的案件，法院应当在 20 日内审结。被告人认罪审判程序，根据最高人民法院、最高人民检察院、司法部 2003 年发布的《关于适用普通程序审理"被告人认罪案件"的若干意见（试行）》的规定，它一般只适用于被告人对被指控的基本犯罪事实无异议，并自愿认罪但不属于以下几种情况的公诉案件：一是被告人系盲、聋、哑人的；二是可能判处死刑的；三是外国人犯罪的；四是有重大社会影响的；五是被告人认罪但经审查认为不可能构成犯罪的；六是共同犯罪案件中，有的被告人不认罪或不同意适用本程序审理的；七是其他不宜适用本程序审理的案件。对于适用该程序审理的案件，可以对认罪的被告人酌情从轻处罚。普通程序的适用对象是适用上述两种程序以外的案件。对于适用普通程序审理的案件，根据《刑事诉讼法》第 168 条规定，一般应一个月内宣判，至迟不得超过一个半月，有《刑事诉讼法》第 126 条规定情形之一的，可经高级人民法院批准或决定再延长一个月。从这些相关规定来看，普通程序由于判处的刑罚没有限制，上到死刑，下到定罪免刑，都可以适用，适用普通程序一般是比较严重的案件；适用简易程序的案件一般只能判处 3 年有期徒刑以下的刑罚，且必须在 20 日内审结，主要适用于轻微刑事案件；而被告人认罪程序审理的案件可以酌情从轻处罚，在适用的案件性质上是居于严重与轻微之间的。因此，从我国有关审判程序的这些规定来看，适用不同的审判程序也就意味着可能得到宽严不同的处理，我国审判程序的设置和选择也在一定程度上体现了宽严相济的刑事政策。

但是，从前面有关审判程序对被告人的影响来看，我国审判程序对宽严相济刑事政策的贯彻还不是很明显，它应当可以对宽严相济刑事政策在刑事审判阶段的体现发挥更大的作用。首先对于简易程序来说，除了在程序持续时间和刑罚的可预期性上与普通程序有差别而体现一种从宽处理外，在是否采取强制措施上并没有体现出来，因为它并没有规定适用简易程序的被告人是否需要采取强制措施；其次对于被告人认罪程序来说，它仅仅规定可以酌情从轻处罚，并没有规定应当从轻以及从轻的幅度，对提高刑罚的可预期性并没有太多的作用，而且它也没有规定审判的期限是否应当相应缩短和对被告人是否应当变更强制措施，为此，其与普通程序在宽严上并没有太大区别。正是由于普通程序、被告人认罪程序、简易程序这三种程序在宽与严上没有体现太多区别，被告人在程序的选择上没有感觉到强烈的宽与严的差别待遇，被告人对于程序的选择并没有强烈的动机，很多本可以通过简易程序或被告人认罪程序审理的案件往往因为被告人的拒绝而只能按部就班地走普通程序，浪费本来就紧张的司法资源。

如何在刑事审判程序上更好地体现宽严相济刑事政策，我们认为，除了在实体上制定比较科学的量刑制度，使每个被告人被判处的都是与其刑事责任相称的刑罚处罚外，还应当改革和完善刑事审判程序，建立宽严不同的审判程序，使在对被告人审判的程序上也能体现宽严相济的刑事政策。具体来讲，一是引入和解制度，完善现有的简易程序。在简易程序中，不管是公诉案件，还是告诉才处理的案件与被害人有证据证明的轻微刑事案件，被告人的人身危险比较小，侵犯也主要是被害人的利益，公共利益较少。因此，在审判过程中，法院一方面应当少用强制措施，或使用比较轻缓的强制措施，而不能使用逮捕措施；另一方面如果被告人能与被害人和解，并履行和解协议，法院就应当对被告人减轻刑罚或免除刑罚，或尽量判处缓刑，以体现简易程序的宽缓性。二是在被告人认罪程序中明确可以从宽判处的刑罚，使用轻缓的强制措施。一方面，被告人对指控的犯罪事实予以承认，本身就说明该被告人的人身危险性以及伪造证据、串供的可能性都比较小，对其适用强制措施尤其是逮捕的必要性不大，完全可以使用一些轻缓的强制措施而没有必要使用逮捕措施；另一方面，被告人认罪后，不仅因为其人身危险性低，从罪刑相适应的角度应当判处较轻刑罚，而且因为其认罪后，国家可以节省一笔不小的追诉资源与审判资源，作为对其认罪的"奖励"，国家应当明确"奖励"的幅度，增加认罪结果的可预期性。只有把"坦白从宽"的政策落到实处，才能促使被告人认罪服法。

（六）宽严相济政策与刑事执行

1. 宽严相济刑事政策与社区矫正。社区矫正（Community Correction），也称社区处遇，一般认为是相对于监狱矫正（Prison Correction）而言的一种罪犯矫正措施。但对于何为社区矫正，到目前为止还没有一个统一的说法。美国《国家咨询委员会刑事司法准则与目标》将社区矫正定义为社区中的所有犯罪矫正措施，而美国学者福克斯（V. Fox）则将社区矫正定义为发生在社区，运用社区资源并具有补充、协助和支持传统犯罪矫正功能的各种措施。[1] 但不管如何定义，社区矫正最基本的一点就是利用社区资源促使不需要监禁的罪犯再社会化的各种措施。以上是我们通常所说的社区矫正。另外还有一种比较广义的社区矫正，它不仅对罪犯适用，还适用于判决之前的犯罪嫌疑人、被告人以及不需要判处刑罚的具有违法行为之人，不仅适用于判决生效后，也适用于判决之前的各个阶段。这就是联合国 1990 年 9 月 7 日通过的《非拘禁措施最低限度标准规则》（东京规则）中所规定的非拘禁措施。如其第 2.1 条规定："本规则的各项有关规定应在刑事司法执行工作的各个阶段适用于所有受到起诉、审判或执行判决的人。为了本《规则》的目的，这类人通称为罪犯，不论其为嫌疑犯、被告或被判刑者。"从目前西方国家来看，社区矫正主要有三种类型：一是监督型，主要包括社区服务、罚金等；二是寄宿型，主要包括寄养之家（foster Home）、生活训练营（Camp Program）等；三是释放型，主要包括中途之家（Half – way House）、假释（Probation）、监外就业（Work Release）和探视制度（Furlough Programs）等。[2] 应该说，社区矫正作为一种与监禁矫正相对应的罪犯矫正方式，在我国并不是近年来才出现的新鲜事物。在 20 世纪 30 至 40 年代，革命根据地所实施的回村执行、保外服役及战时假释的监外执行措施和新中国成立以后曾对反革命分子实行的管制制度，其实就属于一种社区矫正措施，只是当时并没有使用社区矫正这一概念，另外在程序上有所差别而已。现在，社区矫正也已成为我国罪犯矫正的重要组成部分。根据现行《刑法》与《刑事诉讼法》以及最高人民法院、最高人民检察院、公安部、司法部《关于开展社区矫正试点工作的通知》、最高人民法院《关于执行〈中华人民共和国刑事诉讼法〉若干问题的解释》等司法解释的规定，我国社区矫正的适用对象主要包括 5 种罪犯：一是被判处管制的。二是被宣告缓刑的。三是被暂予监外执行的，具体包括：有严重疾病需要保外就医的；怀孕或者正在哺乳自己婴儿的妇女；生活不能自理，适用暂予监外执行不致危害社会的。四是被裁定假释的。五是被剥夺政治权利，并在社会上服刑的。其中，在符合上述条件的情况下，对于罪行轻微、主观恶性不大的未成年犯、老病残犯，以及罪行较轻的初犯、过失犯等，应当作为重点对象实施社区矫正。

社区矫正由于是在社会上进行矫正，不受关押而具有很大的人身自由。因此，社区矫正较之于监禁矫正，可以说是一种从宽处理，对某些人适用监禁矫正，而对另一些人适用社区矫正，这也是一个宽严相济的问题。从我国《关于开展社区矫正试点工作的通知》中规定的可以适用社区矫正的对象来看，由于在这几种适用对象中，被判处管制、宣告缓刑、被裁定假释的人根据我国《刑法》和《刑事诉讼法》

---

〔1〕 参见陈晓明：《修复性司法的理论与实践》，法律出版社 2006 年版，第 60 页。
〔2〕 参见陈晓明：《修复性司法的理论与实践》，法律出版社 2006 年版，第 61 页。

都是一些犯罪情节轻微的人，尤其是作为重点适用对象的主观恶性不大的未成年犯、老病残犯、罪行较轻的初犯、过失犯都是社会危险性很小的人，即使被暂予监外执行的人，其对社会的危险性也比较低，我国的社区矫正制度实际是对社会危险性不大的罪犯的一种从宽处理，它已体现了一种宽严相济的基本精神，是宽严相济刑事政策在刑罚执行阶段的一个重要体现。

该严则严、该宽则宽，这对社区矫正制度来说显得尤为必要。首先，由于社区矫正是将罪犯放到社会上行刑与矫正，故只能适用于不会对社会造成危险的罪犯，否则，无异于"放虎出笼"，引起公众、被害人的恐慌。其次，社区矫正的罪犯相对于监禁矫正的罪犯来说，其人身自由受到的限制很少，享受的权利更多，可以说，社区矫正是众多被判决有罪之人积极追求的目标之一。在这种情况下，如果该适用社区矫正的不适用，不该适用的反而适用的话，就有可能挫伤罪犯改造的积极性，社区矫正的目的和刑罚的目的都难以达到。正是出于这一原因，各国除从实体上对社区矫正制度不断进行完善，提高对罪犯再犯可能性的预测能力外，就是对社区矫正的适用程序进行不断完善，以期通过合理程序准确适用社区矫正。一是设立专门机构或由法院决定是否适用社区矫正或撤销社区矫正，以防止相关权力的滥用而导致不公正现象的出现。如美国就是由假释委员会来决定社区矫正的适用，而大陆法系国家一般是由法院来决定。如《德国刑事诉讼法典》第453条和第454条就规定缓刑和假释由法院来裁定。《欧洲社区制裁与措施规则》第12条规定："判处或者撤销某种社区制裁或者审前措施的决定，应当由司法机关作出。"二是通过专门的审理程序或听证程序来决定社区矫正的适用，被害人、罪犯以及有关刑罚执行机构有权参与该程序，并提出意见。如美国《模范刑法典》第305条附10条规定，假释委员会在决定假释时，应考虑受刑人、辩护人、被害人等的意见。德国《刑事诉讼法典》第454条规定，法院在裁定假释时，要听取检察机关、被判决人和监狱的意见。

因此，在我国社区矫正工作中如何贯彻宽严相济刑事政策，关键在于建立合理程序，使宽恰于其所，保证社区矫正措施准确适用于积极改造、不再具有人身危险性的罪犯。从这一点来看，我国有关程序是有欠缺的。

首先，程序缺乏公开性。阳光是最好的防腐剂。但我国的假释和暂予监外执行的决定程序以及这两者与缓刑的撤销程序却缺乏最起码的公开性。虽然根据我国有关法律规定，对于假释案件必须由法院组成合议庭对执行机关假释建议材料进行审查才能作出假释的裁定，对于暂予监外执行也必须是由省、自治区、直辖市监狱管理机关在监狱暂予监外执行建议书的基础上审查批准，但该裁定程序和审查批准程序由于缺乏具体法律规定，在实践中既不向罪犯和被害人公开，也不向检察机关公开，更不用说向社会公众公开了，完全是由这些决定机关在审查有关材料的基础上作出。对假释、缓刑和暂予监外执行的撤销程序更是如此，批准假释的裁定、准予暂予监外执行的决定还需送达人民检察院，接受其监督，而撤销裁定或决定，不仅其过程不向被害人、罪犯以及人民检察院公开，而且作出的裁定、决定也不用向人民检察院送达，不受其监督。正义不仅要实现，而且要以看得见的方式实现。假释、缓刑、暂予监外执行程序不公开，姑且不论其不能保证结果的公正，就是其结果公正，也难让人相信其中不存在黑箱操作。

其次，书面裁定不能保证准确适用社区矫正。不具有再犯可能性，这是对罪犯实施社区矫正的前提条件。是否具有再犯可能性，目前最好的办法就是充分审查利益相冲突的双方提出的证据材料后再作出决定。而我国的社区矫正中，除了缓刑、管制、剥夺政治权利的决定是通过法律规定的审判程序作出的以外，其他的假释、暂予监外执行的决定完全是对执行机关一方提出的书面证据材料进行审查后作出。由于是通过书面审查方式作出，决定机关在作出决定之前根本不可能听到相反的意见，再加上决定机关没有参与刑罚执行，对罪犯的表现不了解，其作出什么样的决定完全取决于执行机关提出的书面材料，导致决定机关在实践中往往成为执行机关对罪犯予以假释与暂予监外执行的"橡皮图章"[1]。既然是"橡皮图章"，决定机关对社区矫正适用对象的把关作用能发挥几成也就可想而知。

再次，权力缺乏有效制约，难免权力滥用现象。不受制约的权力容易产生腐败。长期以来的实践证明，只要有权力介入的地方，这条规律都会屡试不爽。从目前来看，可以说，社区矫正决定权和撤销权是刑事司法中最不受有效制约的权力。这不仅表现在这些权力的行使不受被害人、罪犯合法权利的制约（当然，从我国的法律传统来看，即便法律规定了这些权利，也很难形成对权力的制约），而且还表现在宪法规定的专门法律监督机关检察机关也无法以权力来有效制约这些权力的合法行使。根据《刑事诉讼法》的规定，有关机关在作出暂予监外执行的决定、假释的裁定后，应当将决定、裁定送达检察机关，检察机关认为准予暂予监外执行的决定、批准假释的裁定不当的，应当在规定期限内提出书面纠正意见，有关机关收到书面意见后应当重新审核或审理。但由于缺乏有效法律措施，有关机关即便有错误也不改，检察机关也无能为力。而且，从法律规定来看，需将决定送达检察机关，检察机关能提出纠正意见的也只限于准予暂予监外执行的决定和批准假释的裁定，对于不准暂予监外执行的决定，还有撤销缓刑的裁定、撤销暂予监外执行的决定和撤销假释的裁定，有关决定机关根本不需要将有关决定或裁定送达检察机关，检察机关无法也无具体法律依据进行即便是形式上的监督与制约。

针对我国社区矫正程序存在的上述不足，其完善的方向应当是按正义与效益的原则，将其改造为正当法律程序。具体言之，包括以下几个方面：

---

[1] 参见张波："假释制度的困境与出路：一个实证的考察"，载《法律适用》2005年第11期。

（1）增加相关程序的透明度，将书面裁定与决定程序改造为听证程序。程序是否透明在一定程度上取决于所采用的是书面式审查还是言词辩论式审查。如果书面式审查，一般也就是不公开的审查，而言词辩论式审查也就意味着公开，至少意味着向有关利害关系人公开。因此，要提高我国社区矫正程序的透明度，首先一点就是必须将有关决定是否实施社区矫正的程序改造成为一种听证程序。具体来说，也就是将执行过程中的是否假释、是否暂予监外执行和撤销假释、暂予监外执行以及罪犯是否因违反法律、行政法规或者国务院公安部门有关缓刑的监督管理规定而需要撤销缓刑的决定，通过有被害人、罪犯和刑罚执行机关参与的听证程序来作出。在听证程序中，被害人和罪犯都有权或者通过自己委托的人提出证据来证明是否应当予以社区矫正，是否应当撤销社区矫正。听证过程中，有关社会公众也可以参加并提出意见。只有这样才有可能使有关机关是否对某一罪犯实施社区矫正的决定建立在比较合理的根据上，社区矫正的适用对象才可能做到准确，权力滥用和黑箱操作才有可能避免。

（2）切实保障被害人、罪犯等利害关系人和社会公众的程序参与权，以权利制约权力，保证程序结果的准确性。具体来讲，就是在上述决定的听证程序中，必须给被害人、罪犯和有关社区社会公众参与程序的机会和条件，有关决定机关只有在充分听取被害人、罪犯和相关社会公众的意见后才能作出相应的决定。被害人和罪犯在必要的时候可以委托代理人调查取证，代为参加听证程序。对于有关机关作出的决定不服的，被害人和罪犯还可以向上级机关提出复议、复查的要求。

（3）设立专门机构行使社区矫正的决定权和监管权。这是社区矫正程序改革最重要的部分，直接关系到其他部分的改革能否成功。是否需要设立专门的机构来行使社区矫正的决定权和监管权，有的人认为没有必要，相反主张应当将现在监狱管理机关的暂予监外执行决定权移交法院行使。[1] 我们认为，除了缓刑决定权和管制、剥夺政治权利的决定权由于不能与刑事审判程序相剥离而只能法院执行外，其他的暂予监外执行、假释的决定权与撤销权、缓刑中因为违反相关规定的撤销权应由专门机构来行使，而不是由法院来行使。对此，不少学者进行了论证，提出了不少理由，如刑罚执行权属于行政权、法院对刑罚执行不了解、对罪犯服刑情况不熟悉等。[2] 但我们认为，除了这些理由外，现实的需要也是设立专门机构一个重要理由。我国社区矫正程序之所以存在前述缺陷，除了在思想观念上重实体轻程序，重报应轻矫正外，一个现实的原因就是每年需要裁定的判刑、假释案件数量大，法院无力承担起有效决定、监管社区矫正的重任。如有人统计，重庆市法院系统每年受理的

---

〔1〕 参见金干林："暂予监外执行应统由人民法院裁定"，载《人民检察》1999 年第 10 期。

〔2〕 参见周国强："完善我国假释运作机制的思考"，载《政治与法律》2004 年第 6 期。

减刑、假释案件达 8600 余件，尤其是重庆市第一中级法院每年受理减刑、假释案件近 6000 件。[1] 而且，在很多情况下，执行机关都是成批地移送案件。在这种情况下，鱼和熊掌不可兼得的现象难免发生：以听证方式进行虽可保障被害人和罪犯的程序参与权、保证适用准确性，但就是将整个法院的审判力量全部投入也难保证任务的完成；以书面审查方式进行虽可完成任务，但无法保障被害人和罪犯的程序参与权和适用对象的准确性。因此，如果让法院承担所有社区矫正的决定权和撤销权，无异于雪上加霜，被害人和罪犯的权利、程序的公开性更难以保障，程序改革的初衷更难以实现。

另外，由于检察机关在我国的法律监督地位，应当赋予检察机关参与听证程序的权力，从事后监督转变为事前、事中监督，以使其能有效地完成执行监督之职能，并赋予其纠正意见相应的法律效力。

2. 宽严相济刑事政策与减刑程序。减刑，也就是对原判决所确定的刑罚措施予以减轻的一种刑罚执行制度。这也是刑罚目的由报应转向矫正的结果。在以报应作为刑罚终极目的的时代，对罪犯所判处的刑罚就相当于罪犯给社会与被害人所造成损害的等价物，损害不可能因为罪犯的悔改而减少，作为其等价物的刑罚也就不可能因为罪犯积极改造而减刑。只有在刑罚是以矫正、教育罪犯，使其重返社会为目的的情况下，才有可能因为罪犯的悔改而减轻其刑罚。减刑也是我国刑罚执行的一个重要制度，根据《刑法》第 78 条的规定，被判处死刑缓期二年执行的罪犯，被判处无期徒刑、有期徒刑、拘役、管制、缓刑的罪犯在服刑期间接受教育改造，确有悔改或有立功表现的，可以适当减轻原判刑罚。由于我国的减刑是以罪犯在服刑期间有积极接受教育改造，并有悔改或立功等良好表现为前提的，它实际上也就是对这些罪犯的一种从宽处理，是我国宽严相济刑事政策的重要体现。

与社区矫正一样，减刑制度虽然也有利于激励罪犯积极改造重返社会，但由于其对象和条件的特殊性，适用不恰当也可能起到"放虎出笼"和有违公平正义等与宽严相济刑事政策不相符合的副作用。因此，如何在减刑过程中恰当地体现宽严相济刑事政策，关键也在于减刑程序是否能保证减刑适用对象确实有悔改或立功表现。

根据我国《刑法》和《刑事诉讼法》的有关规定，在减刑程序上，随适用对象的不同而有所不同：对于被判处死刑缓期二年执行的罪犯的减刑，由罪犯服刑地的高级人民法院根据省、自治区、直辖市监狱管理机关审核同意的监狱减刑建议书裁定；对于被判处无期徒刑的罪犯的减刑，由罪犯服刑地的高级人民法院根据省、自治区、直辖市监狱管理机关审核同意的监狱减刑建议书裁定；对于被判处有期徒刑（包括减为有期徒刑）的罪犯的减刑，由罪犯服刑地的中级人民法院根据当地执行机

[1] 参见张波："假释制度的困境与出路：一个实证的考察"，载《法律适用》2005 年第 11 期。

关提出的减刑建议书裁定；对于被判处拘役、管制的罪犯的减刑，由罪犯服刑地的中级人民法院根据当地同级执行机关提出的减刑建议书裁定；对于被宣告缓刑的罪犯，在缓刑考验期限内确有重大立功表现，需要予以减刑，并相应缩短缓刑考验期限的，由负责考察的公安派出所会同罪犯的所在单位或者基层组织提出书面意见，由罪犯所在地的中级人民法院根据当地同级执行机关提出的减刑建议书裁定；对于公安机关看守所监管的罪犯的减刑，由罪犯所在的看守所提出意见，由当地中级人民法院根据当地同级执行机关提出的减刑建议书裁定。人民法院受理减刑案件时，应当依法组成合议庭，在审查执行机关移送的材料包括减刑建议书，终审法院的判决书，裁定书，历次减刑裁定书的复制件，罪犯确有悔改或者立功、重大立功表现的具体事实的书面证明材料，罪犯评审鉴定表，奖惩审批表等的基础上作出裁定。作出减刑裁定后，应当及时送达执行机关、同级人民检察院以及罪犯本人。人民检察院认为人民法院的减刑裁定不当，应当在收到裁定书副本后 20 日内，向人民法院提出书面纠正意见。人民法院收到书面纠正意见后，应当重新组成合议庭进行审理，并在 1 个月内作出最终裁定。

从上述程序规定来看，我国减刑程序与社区矫正程序尤其是与假释程序一样，也存在一些不利于准确适用减刑的问题。首先，我国的减刑程序既不听取罪犯的意见，也不听取被害人这方的意见，完全是在审查执行机关一方提出的具有很强倾向性的材料后就作出决定。罪犯与被害人对减刑裁定不服的，也没有有效的救济途径。为此也就缺少了一股有力制约权力滥用的力量。其次，程序公开既是保证结果公正的必要条件，也有利于促使有关利害关系人接受程序结果，即便是对其不利的结果。而我国的减刑程序完全是一书面式、不公开的审批程序，由司法机关行使却又不按正常司法程序而是按行政程序进行，以司法之名行行政之实。这不仅与法院的裁判权不相符合，也与正当程序最起码的要求不相符合。再次，减刑决定权缺乏必要的制约。根据我国《刑事诉讼法》的规定，检察机关有权对减刑程序进行监督，但由于法律只规定法院的减刑裁定应送达检察机关，检察机关认为裁定不当的应当提出书面纠正意见，而对于检察机关提出纠正意见后，法院不采纳意见或根本就没有重新进行审理应如何处理缺乏具体规定，法院的减刑权实际没有任何实质的制约。正是由于减刑程序的上述缺陷，导致实践中滥用减刑权，以钱赎刑，权钱交易的现象屡见不鲜，宽严相济没有得到正确的贯彻与实施。如在实践中，有的法官收钱后常向罪犯及其家属许诺，即便在审判程序中不能对罪犯判处较轻的刑罚，还可以在刑罚执行过程中对罪犯进行减刑或假释。

针对我国减刑程序存在的上述问题，应当如同社区矫正程序一样，对减刑决定程序实行程序正当性的改造，以防止减刑权的滥用，使被减刑者确实是该从宽者。具体来说，一是设立专门机构决定减刑的适用。如前所述，减刑的工作量很大，而且又大多集中于审判工作繁重的中级法院，如让其承担减刑审查工作，势必影响到减刑程序改革的落实。当然，在具体设置时，可将其与社区矫正设立一个统一的监管机构，没有必要单独设置。二是将目前有名无实的书面式减刑审理程序改为公开的减刑听证程序，规定有关机构必须听取罪犯、被害人方以及检察机关的意见后才能作出减刑的决定；罪犯和被害人方不服减刑决定的，可以提交上级机构复议、复查。三是加强检察机关对决定程序的监督，规定检察机关可以参与减刑的决定程序，而不是在决定后送达减刑决定。检察机关认为减刑决定不当的，也可以要求上级机构复议、复查，而不能只通过纠正意见书来监督。

第二章　立案和侦查制度

第一题　规范侦查行为的几个现实问题

党中央为贯彻落实"十七大"报告关于司法改革的精神，把规范司法行为作为深化司法改革的重要内容作了具体部署。中央《关于深化司法体制和工作机制改革若干问题的意见》中明确提出："要完善政法干警的行为规范。总结政法机关严格管理的实践经验，研究制定政法干警职业道德规范和执法行为规范，重点规范容易发生徇私枉法、权钱交易的岗位和环节的执法行为，容易发生违规、违法办案、执法不文明的岗位和环节的执法行为，容易发生玩忽职守、执法不作为的岗位和环节的执法行为，容易发生地方保护、部门保护、违法干预办案的岗位和环节的执法行为。建立和完善审务、检务、警务、狱（所）务督察制度，强化对政法干警违反行为规范的惩戒措施。"全国各政法机关近期都在"大学习，大讨论"，并联系实际制定解决这些问题的具体方案。在学习和讨论的过程中，提出的问题，争议的观点，以及调研中制作的解决方案等，涉及方方面面的问题，我们试就规范侦查行为所涉及的问题进行分析，并提出解决对策。

一、警察权问题

侦查行为隶属于司法行为，党中央提出规范司法行为问题，应当包括侦查行为。这是我们当前深化司法改革中首先遇到的第一个现实问题。为解决这个问题，首先需要对我国警察权的定性、定位和职权分工问题要有一个正确的理解。

关于警察权的性质与定位，虽然世界上不同国家和地区的警察体制各不相同，但是，"不管是什么体制的警察，所有警察的共同职能就是维护国内安全，实施法律，维持社会和政治秩序"。"警察组织是国家政治和社会制度的外延，其社会职能就是实施它所在国家的各项社会法规，维护国家安全。""警察是政府的一个职能机构，它们相互依赖，共同生存，有什么制度的政府，就有什么体制的警察组织为其服务，以保证国家政权的实现。"[1] 由此可见，任何国家和地区的警察，不管其国

---

[1]　[美]哈罗德·K. 贝克尔、唐娜·L. 贝克尔：《世界警察概览》，刘植荣译，山西人民出版社 1991年版，第 2 页。

家的体制和政权的性质如何，承担治安行政管理、维护治安秩序，以及预防、侦查违法犯罪活动都是其最基本的职责。因此，我们可以把警察这两个方面的权力，分别称为治安行政管理权和对刑事犯罪的刑事侦查权。前者属于行政权的范畴，后者属于司法权。

我国也是同样，虽然我国的公安机关在国家机关的隶属上属于行政机关，但它在职责分工上又拥有刑事侦查权，这一部分权力或曰行为，属于诉讼行为，亦称司法行为。所以，我们认为侦查行为应是司法行为的一个部分，中央规范司法行为，理所当然也包括侦查行为。我们不能把侦查行为同司法行为对立起来，甚至把它降低为一般的行政行为。

在深化司法改革的过程中，我们应当按照司法行为的标准规制侦查行为。就我国刑事诉讼的职权配置和诉讼结构而言，侦查权和侦查行为的质量如何，将直接关系到司法行为的好坏，或曰诉讼质量的高低，直接关系到司法的权威，更是能否取信于民的关键环节。

侦查行为必须依法规制。这是因为在现代法治国家，无论行政活动还是司法活动，都必须纳入法治的轨道。依照法定程序行使职权是法治的基本原则。对于行政权力来说，由于其自身具有天然的自我膨胀性，各国都是从体制到法律给予严格限制。警察作为一支具有武装性质的行政力量，它能够限制、剥夺公民的人身、财产权利与自由，本身具有强制性。而且出于维护治安和打击犯罪的需要，它比任何其他行政权力更具有膨胀性、扩张性。因此，各国、各地区在对警察权进行配置时，除了考虑警察权应当及时、高效、有效之外，还特别注重对警察权进行制约与控制，以防止权力的滥用。这是因为"没有足够的权力和稳定的秩序，正义是不存在的。然而，过多的权力也会腐蚀社会机制，导致社会秩序的混乱。建立在权力基础上的警察组织，必须保证政府各种权力理性地实施，这样，才能维持社会秩序的稳定，在这样的社会里才能有真正的正义。但是，政府也不能滥施警察权，让政府的权力完全被在大庭广众面前的制服警察表现出来，否则，就会增加人们潜在的攻击因素，使社会秩序更加难以控制，甚至会发生大规模的动乱。为了保护整个社会的利益，警察必须在道义允许的范围内实施法律，并要设法赢得公众的支持。"[1]

二、刑讯逼供问题

遏止刑讯逼供是规范侦查行为必须下决心解决的一个顽症。"严禁刑讯逼供"是我党从革命根据地时期的延安整风运动，一直到建国以来的历次政治运动，乃至"文革"期间的一贯主张，也是我们党和国家长期奉行的刑事政策。尤其是"文革"

---

〔1〕 〔美〕哈罗德·K.贝克尔、唐娜·L.贝克尔：《世界警察概览》，刘植荣译，山西人民出版社1991年版，第5页。

期间，毛主席多次严厉批评采用酷刑的方法审查干部，批评刑讯是法西斯式的审查方法。但是时至今日，刑讯逼供禁而不止，特别是在侦查行为中，不仅发生率较高，而且由于刑讯取证、暴力取证导致的冤假错案时有发生，因此，我认为进行严禁刑讯的教育是必要的，但是，只靠说教式的教育活动是不能真正解决问题的，我们必须从立法上创设一种制度，用制度卡住野蛮的侦查行为，应该说这是我们多年来的一个教训，只靠说教不能真正解决问题。在深化司法改革的过程中，中央司法改革的意见特别提出：对于"容易发生违规、违法办案，执法不文明的岗位和环节的执法行为"，"建立和完善警务、狱（所）务督察制度，强化对政法干警违反行为规范的惩戒制度。"从政法干警的自身建设角度，建立完善警务督察制度和惩戒制度是完全必要的。但是，我认为自律只是事情的一个方面，有时自律会在传统观念的影响下失灵，会在地方保护、部门保护之下，起不到教育和惩戒的作用，解决刑讯的根本作法还是要在国家法律制度方面下功夫，当前应借助我国刑事诉讼法的再修改之机，从以下三个方面解决刑讯逼供问题：

第一，在我国刑事诉讼法中规定和确立"不得强迫自证其罪"原则，这一原则是我国已签署的联合国《公民权利和政治权利国际公约》第 14 条第 3 项中（庚）的规定，该规定指出，在判定提出的任何刑事指控时，"不被强迫作不利于他自己的证言或强迫承认犯罪。"[1] 我们把该规定抽象为"不得强迫自证其罪"，这一规定已经成为世界多数国家奉行的一条国际刑事司法规则，我国已于 1998 年 10 月 5 号签署了联合国《公民权利和政治权利国际公约》，现正在酝酿批准中。"不得强迫自证其罪"原则，按照国际公约的规定，其含义有二：一是对被指控者不得强迫其作不利于自己的证言；二是不得强迫其承认犯罪。其核心是不得使用强迫或曰强制手段。这一规定，不是不要口供，反对的是使用强迫手段。从这一含义出发，我认为这一原则是一项重要的人权保护原则，是一项重要的禁止刑讯和暴力取供的原则，归根结底，它是被指控人的一项特权。

作为一项权利，被指控人可以作出"自白"而放弃，它是一项积极的选择权利，就是在不使用强迫手段的情况下，被指控人可以自愿坦白，这就是我们所说的"自白原则"。对于"自白"，按照坦白从宽的刑事政策，当然要从宽处理。因此，如果我国立法在规定不得强迫自证其罪的前提下，还要规定坦白从宽的刑事政策，并要规定如何从宽从轻的激励被指控人自白的具体措施。

"不得强迫自证其罪"原则的规定是遏制刑讯的一条重要的刑事司法准则，更是一条现代化的刑事司法理念。反对强迫自证其罪特权源于英国的普通法，在英美法国家有两条古老的法律格言：一是任何人都没有背叛自己的义务；二是任何人都没

---

〔1〕　杨宇冠：《刑事司法准则》，中国人民公安大学出版社 2003 年版，第 434 页。

有指控自己的义务。美国宪法继承了这一传统，其宪法第五修正案规定："任何时候不得被强迫在任何刑事诉讼中做反对自己的人"，把反对强迫自证其罪作为公民的基本宪法权利。在近现代刑事司法理念中，这一特权实质上赋予被追诉人两项权利：一项是被指控人是否陈述或曰交代问题享有不受强迫的特权，另一项是赋予被追诉人是否陈述，以及是否提供不利于己的陈述享有选择的权利。由此可见，我们不论在立法还是在司法中，只要承认或确立这一原则，不仅可以从根本上解决刑讯逼供，更重要的是把文明司法往前大大地推进了一步。另外，它的确立还为我们贯彻和落实已经签署的联合国《公民权利和政治权利国际公约》作出了自己的贡献。其意义重大，影响深远。

第二，从立法上确立"非法证据排除"规则。确立非法证据排除规则的目的是规范刑事侦查行为、遏制刑讯、保障人权、确保司法正义。其实质是彰扬程序制裁措施，从证据采用的法律后果上，对刑讯逼供等非法行为给予程序上的制裁，把非法取得的证据排除在定案证据之外。当然，就该证据规则的内涵、适用范围、程序、方法等，都是要加以研究、试验，取得经验后，才能立法。但是，根据我国的情况，当前迫在眉睫的是要下决心把这一规则在法律上加以规定，给它应有的法律地位。

我国刑事诉讼法没有明确规定非法证据排除规则，仅仅在最高人民法院和最高人民检察院的司法解释中有所规定。1998 年 6 月 29 日通过的《最高人民法院关于执行〈中华人民共和国刑事诉讼法〉若干问题的解释》第 61 条明确规定："严禁以非法的方法收集证据。凡经查证确实属于采用刑讯逼供或者威胁、引诱、欺骗等非法的方法取得的证人证言、被害人陈述、被告人供述，不能作为定案的根据。"1998 年 12 月 16 日最高人民检察院修订的《人民检察院刑事诉讼规则》第 265 条规定："严禁以非法的方法收集证据。以刑讯逼供或者威胁、引诱、欺骗等非法的方法收集的犯罪嫌疑人供述、被害人陈述、证人证言，不能作为指控犯罪的根据。人民检察院审查起诉部门在审查中发现侦查人员以非法方法收集犯罪嫌疑人供述、被害人陈述、证人证言的，应当提出纠正意见，同时应当要求侦查机关另行指派侦查人员重新调查取证，必要时人民检察院也可以自行调查取证。"这些规定，只是原则上确立了非法证据的排除，在具体的操作上还不完善，甚至还存在严重的缺陷，特别是对侦查行为的规制还比较软弱。尤其是何谓"非法行为"？我国立法经常使用"刑讯逼供、威胁、利诱、欺骗"等用语，许多侦查人员不清楚在正常的审讯中，经常使用的一些讯问方式，例如讯问态度严厉，声东击西，"共同行为中其他人都交代了，你还等待何时？""自动交代可从宽从轻处理"，等等，这些算不算非法行为。的确，我们认为"刑讯逼供、威胁、利诱、欺骗"这些用语不规范、不确切，合法与非法的界限不明，它对规范侦查行为不力，因此，在确立非法证据排除规则之时，首先从规制侦查行为是否合法为重点，科学地介绍"非法行为"。对这个问题，作者认为对于

"非法行为"的科学界定,要紧紧围绕是否侵犯了犯罪嫌疑人、被告人的人身权、住宅安全等宪法所规定的基本权利,要把一般违法和严重违法相区分,还要把侵犯公民的宪法性权利和一般的程序违法相区分。按照这一基本原则,结合我国已经签署的禁止酷刑的国际公约所规定的基本精神,所谓"非法行为"可界定为四项:一是暴力取证;二是用残忍、不人道或有辱人格的方法收集证据;三是运用精神折磨的方法取证;四是使用麻醉药品取证。这样规定就把非法证据的概念与国际标准相衔接,同时,这样规定,界限明确,也便于区分和认定。

第三,规范侦查行为,解决刑讯逼供问题,必须改革侦查讯问程序,在讯问中适用全程录音、录像,重大案件也可以指定律师到场。在侦查讯问程序中全程录音、录像和律师在场(下称三项制度),已经过近五年的试点、试验,尤其是在职务犯罪侦查讯问中的试用,已经取到明显的效果。试点经验告诉我们,凡是采用这种方式讯问的案件,实现了文明办案和"零刑讯",即杜绝刑讯逼供现象,案件经过起诉、审判,质量提高了,做得好的地方已经呈现出"零上诉"、"零申诉"、"零上访"局面。个别地方刑讯禁而不止,甚至在看守所出现打死人的严重问题,对此,必须引起侦查机关的高度重视。我国在 2009 ~ 2010 年人权行动计划中,明确指出,在看守所的讯问工作,一方面要实行物理隔离,另一方面犯罪嫌疑人入所前要进行身体检查,记录在案,这是我国通过人权行动计划向世界人民的承诺。由此可见,规范侦查行为,在讯问时全程录音录像,个别重大案件还可以指定律师到场,已势在必行,它不仅是禁止刑讯的得力措施,更是公安机关取信于民,提高公安司法机关公信力行之有效的方法。

至于"三项制度"如何走向规范化,如何提升证据的效力与地位,尚需经过实践,逐步提高,总结经验,走向规范,乃至走进刑事诉讼法典,是我们努力践行的奋斗目标,以保证侦查行为规范、合法,取信于民。

三、侦查潜规则问题

破除潜规则,规范侦查行为,走正当法律程序之路。当前规范侦查行为的一个突出问题,就是要破除侦查行为中的一些潜规则,引导广大干警严格依法办案,走正当法律程序之路。

所谓侦查潜规则,是不为正式法律所确认,甚至是被法律宣告为违法,而被人们"心领神会"、"心照不宣"地奉行和适用,指导和制约着侦查行为的一些错误的理念和作法。任何社会任何行业都存有一系列的潜规则。美国著名律师、法学家德肖薇茨在《最好的辩护》一书中在论及潜规则时指出:"几乎所有的刑事被告实际上都是有罪的";"用违反宪法的手段去认定被告有罪,比在宪法允许范围内通过审判认定要容易;在某些情况下,不违反宪法就根本无法认定被告有罪";"几乎所有警察在被问到他认为为了认定被告有罪是否违反宪法时都不说真话";"大部分一审法官都明知警察在撒谎还相信他们的证词⋯⋯"[1] 在我国刑事侦查工作中也不例外，形形色色的潜规则大量存在，影响和制约着侦查行为，并导致案件质量下滑，甚至出现冤假错案，我们在研究和规范侦查行为时，必须逐渐破除这些潜规则，才能实现侦查行为的法治化。

在证据的收集方面，表现为"两重一轻"，即重感觉、重经验、轻证据，用"感觉代替证据，用经验代替证据"。例如，对于杀人案的侦破，进入现场后，勘验尸体、血迹，杀人的刀、碎尸的斧子等证据，均已扣押，破案后被告人也承认，即认为本案已成"铁案"，可谓"事实清楚，证据确实充分"，但庭审中，被告人翻供，公诉人出示的刀和斧子同本案的关联性何在？由于没作技术鉴定，证据的关联性没法构成证明锁链，导致庭审法官没法认定，只好退回补充侦查。许多案例证明，必须坚持证据裁判原则，不能只凭自己的直观感觉或个人办案经验。特别是那些现场抓获、本人认罪的案件，更是如此，不能只凭个人办案经验和感觉定案。诉讼追求的目标是经过起诉、审判，从法律上进行的认定。法律认定或曰诉讼认定，只能依合法的证据为依据，靠证据与证据间的关联性来定案，杀人的刀、碎尸的斧子，之所以成为本案的作案工具，必须要经过科学技术鉴定，找出它的关联性，构成完整的证明体系之后，事实才能清楚。主观的感觉或个人的经验如何，在法庭上是起不到任何作用的！因此，解决"两重一轻"、规范侦查行为，必须贯彻证据裁判原则，在证据的收集、保全、固定方面，一定要作到以下几点：

（1）对证据的原物、原件要妥善保管，不得损毁、丢失或者擅自处理。

（2）对与查明案情有关需要鉴定的物品、文件、电子数据、痕迹、人身、尸体等，应当及时进行刑事科学技术鉴定，并将鉴定报告附卷。

（3）涉及命案的，应当通过被害人近亲属辩认、DNA 鉴定、指纹鉴定等方式确定被害人身份。

（4）对现场遗留的与犯罪有关的具备同一认定检验鉴定条件的血迹、精斑、毛发、指纹等生物物证、痕迹、物品，应当通过 DNA 鉴定、指纹鉴定等刑事科学技术鉴定方式与犯罪嫌疑人的相应生物检材、生物特征、物品等作同一认定。

（5）侦查机关应当将用作证据的鉴定结论告知犯罪嫌疑人、被告人，犯罪嫌疑人、被告人不服，申请补充鉴定或重新鉴定的，应予允许。

在侦查讯问程序中先入为主，有罪推定，"进来必有罪"这一潜规则，在侦查行为中的表现形形色色，有的侦查人员在审讯中声称："世界上那么多人为什么专抓你呀？""我们是干啥的呀！抓了你，就是因为你已犯了罪！"甚至适用形形色色的逼供手段，强迫其自认其罪，把证明责任转嫁到嫌疑人、被告人身上。由于先入为主，

_____

[1] ［美］艾伦·德肖微茨：《最好的辩护》，唐交东译，法律出版社 1994 年版，第 11 页。

有罪推定作祟，致伤、致残、致死的案例时有发生，导致的冤假错案不乏其例。形成这一潜规则的主要原因，一方面是由于侦查人员的职业操守形成的一种习惯，为了工作而怀疑一切，另一方面是由于我国长期以来的封建专制司法有罪推定的理念根深蒂固，无罪推定的现代司法理念尚未形成。因此，解决这个问题的关键是要深入学习、理解和贯彻无罪推定的现代司法理念，尤其是对刑事诉讼证明责任的理论要深入地学习和理解，这是无罪推定原则的核心，证明有罪的责任在警方，而不是被告方，强迫自证其罪，实质上是把证明责任转嫁到被告人身上，这是违背诉讼原则而不规范的侦查行为。

在侦查中，对涉案财产的扣押、冻结、查询、发还、移送等手段行政化，"首长负责，主管局长批准，办案人员实施"已成惯例，严格讲这是自立、自侦、自办的单方面行政手段，制约、制衡、监督缺位，因此，近年来案件中经济问题混乱，当事人不服者大有人在，为此而引发的上访、告状、申诉、翻案之风不断兴起。这一现象必须引起高度重视，特别是在"保民生、保增长、保稳定"的大背景下，要深入研究涉案财产中被害人的利益，民营企业中的广大职工的利益，老板出了问题，财产、账号封存，生产、经营停止，成千上万的职工如何安排，如此等等，我们必须从规范侦查行为、促进"三保"、服务大局的高度思考和处理这一问题。中央关于司法改革的决定中特别指出要"建立诉讼当事人对侦查机关采取搜查、查封、扣押、冻结等措施不服，提请检察机关或上一级检察机关进行监察的制度。"作者认为，贯彻落实中央的这一改革的决定，首先要从立法和司法中，改变对涉案财产的不妥规定，同时变"局长批准，办案人员照办"的行政手段为法定的诉讼手段。我国《公安机关办理刑事案件程序规定》第 205 条规定："为了收集犯罪证据、查获犯罪人，经县级以上公安机关负责人批准，侦查人员可以对犯罪嫌疑人以及可能隐藏罪犯或者犯罪证据的人的身体、物品、住处和其他有关地方进行搜查。"第 225 条规定："向银行或者其他金融机构、邮电部门查询犯罪嫌疑人的存款、汇款，应当经县级以上公安机关负责人批准，制作《查询存款、汇款通知书》，通知银行或其他金融机构、邮电部门执行。"第 216 条还规定："不需要继续扣押的时候，应当经县级以上公安机关负责人批准，签发解除扣押通知书……"从上述各条规定中不难看出，我国在刑事诉讼中凡涉案财物、款项的扣押、查询、冻结等经济司法措施的适用，均适用属于行政手段的公安机关负责人批准的方法，这是不符合诉讼原理的。因为它缺少一种制约、监督措施，属于自立、自侦、自办的首长负责制，诉讼中适用行政手段的办法是违背司法规律的。世界各国对于诉讼中涉案财物措施的适用均采取司法审查措施，即由法院批准下达令状方可实施。我们认为，在我国，可根据具有中国特色的司法制度，关于物权强制措施的批准权，应当由法律监督机关人民检察院批准，以体现诉讼的制约、分权和监督，以此规范关系到涉案财产的侦查行为。

除此之外，还要构建一系列工作机制，以规范目前侦查中的无序现象。这些机制包括：①建立涉案财物的扣押、查询、冻结等收集、保全、保管、移送、发还、上交等一整套程序机制，尤其是为保护被害人利益，为"保民生、保增长、保稳定"，对涉案民营企业或其他企事业单位的经济发展和经营问题，更应精心安排，依法及时发还，以免一人违法犯罪，全厂职工遭殃。②构建当事人不服的申诉、救济机制。即凡是对扣押、冻结、查封等手段不服的，可以向扣押机关提出申请复议，复议后仍不服的有权申请向上一级领导机关申请复核。个别重大严重事项，涉案财物数额特别巨大的，还可以向法院提起诉讼，由法院加以裁决。③人民检察院对涉案财产的法律监督要到位，建立检察机关提前介入、跟踪机制。④构建对涉案财物违法乱纪行为的惩处机制，以查处贪污、挪用、私分等违规犯法行为。

"口供第一"，"口供是证据之王"是制约侦查行为的另一个潜规则。长期以来，由于受口供主义的影响，再加上我国的侦查工作受经济、科学技术发展的制约，导致侦查手段落后，科技证据的适用提不到议事日程，技术侦查、秘密侦查手段不能采用，使侦查工作长期处于落后状态，侦查人员只能以拿口供为主，"突击审讯"、"疲劳审讯"以及"刑讯"，就成为侦查人员的优先选择，在证据的收集与运用上，以"口供为本"导致侦查行为不规范，甚至出现种种错案的事件时有发生。

破除口供主义的方法和措施有二：一是在证据的收集方面，必须实现战略转移，即从"口供本位"转向"物证本位"，把"重证据不轻信口供"落到实处，收集证据的重点从拿口供转向实物证据的收集，在程序的处理上，改变"先捕人后取证"的做法，办案人员首先要有一种物证观念和物证意识。其次是要深入实际，深入群众，深入到经济活动和社会生活的每一个环节每一个流程之中，克服走捷径、怕麻烦、图省事的不良作风，做好艰苦细致的调查研究工作，对案件事实的认定，让证据说话，以实物为证，只有这样才能真正制服犯罪分子。二是要为侦查人员增加办案手段。当前，我国科学技术证据立法的条件已经成熟，从立法方面增加技术侦查手段和秘密侦查手段的时机已经到来。中央关于司法改革的决定中明确指出："改革和完善侦查措施和程序。适应新形势下依法打击重大刑事犯罪的需要，明确技术侦查、秘密侦查措施的使用主体、适用范围、审批程序以及取得证据的法律地位。"这一决定是我国侦查工作步入现代化、科技化的一个重要的标志，我们要抓住这一契机，完善立法，为侦查工作从"口供本位"转向"物证本位"提供法律根据。同时，它也是提高案件质量的一项有力的改革措施，有了它就可有力地制止翻供风和翻案风，因为以实物证据为据和以口供为据，显然其法律效果是不同的，其道理是科技证据、实物证据与言词证据相比，其法律地位和证明价值是不能等同的。

综上，仅对侦查行为当前存在的几个突出的现实问题进行了简单论述。侦查行为的规范问题，是建设公正高效权威的社会主义司法制度的重要内容之一，从党的

"十七大"报告到党中央关于司法改革的决定，均有重要的论述和改革意见。它所涉及的范围和内容，极为广泛，包括每一个侦查环节和侦查流程，其表现形式也是多种多样的。我们必须以科学发展观为指导，用科学的思维和科学的方法，深入进行研究。在立法方面要按照法律正当程序的理论，结合中国实际情况，对侦查手段、侦查程序加以规范。在执法方面要严格要求自己，提高执法素养，努力践行科学执法，按诉讼规律办案，为在全社会实现公平正义做出自己的贡献。

第二题　"侦查讯问录音、录像和律师在场"项目实证研究

一、基本情况

在侦查讯问中录音、录像和律师在场（下称"三项制度"）实证研究，从 2002 年 7 月获批准立项以来，历时八年的风风雨雨，已经取得可喜的成果和进展。

第一，得到检察机关在全国反贪职务犯罪侦查中的批准与应用。最高人民检察院于 2005 年 11 月颁发了《人民检察院讯问职务犯罪嫌疑人实行全程同步录音录像的规定（试行）》，继而在全国各级检察机关都建立了专门的办案工作区，安装了比较现代化的录音、录像设备。而且这项工作已步入良性发展的轨道，全国各级检察机关为了搞好这一工作，分别出台了《工作区使用管理规定》、《全程同步录音录像工作流程》、《全程同步录音录像规范用语》，还有《同步录音录像申请表》、《全程同步录音录像移交单》、《全程录音录像归档登记、密封办法》等等。目前这项工作处于总结、评估、交流经验阶段。

第二，"三项制度"，尤其是录音录像已经得到立法和最高司法机关的承认，并已经写入了具有法律效力的司法解释之中。我国两高三部于 2010 年 6 月 17 日颁布的《关于办理刑事案件排除非法证据若干问题的规定》第 7 条明确指出，排除非法证据的证明方法"公诉人应当向法院提供讯问笔录、原始的讯问过程录音录像或者其他证据。"这一规定就是把录音录像制度给予合法化。另外，最高人民法院又于 2010 年 8 月 16 日颁布了《关于庭审活动录音录像的若干规定》，这一规定的第 3 项明确指出："庭审录音录像应当由书记员或者其他工作人员自案件开庭时开始录制，并告知诉讼参与人，至闭庭时结束。除休庭和不宜录音录像的调解活动外，录音录像不得间断。"

第三，录音、录像制度已经在普通刑事案件诉讼全过程中全面运用。中央政法委于 2010 年 7 月 2 日第 14 次全体会议及司法体制改革第 6 次专题汇报会上，中央政法委书记周永康指出："坚持公正廉洁执法，维护社会公平正义，是政法机关的生命线"。会议明确要求，"要加强执法工作信息化建设，在讯问、拘押、庭审、监管场

所实行全程录音录像，要大力推进'阳光执法'，依法保障和落实群众的知情权、监督权，真正以公开促公正，以透明保廉明"。根据以上指示，目前，我国各地公安机关、看守所，都在积极地抓落实，把侦查讯问全程录音录像制度建立起来，并使之完善起来。

第四，本课题实证研究工作的进展。课题组已于2009年分别组织15人，深入全国总结经验，进行评估、专题交流，研究"三项制度"如何"制度化、程序化、法治化"。五个先进单位的先进经验已经形成，江苏省无锡市、浙江省宁波市、广东省广州市海珠区、湖北省武汉市汉阳区、云南省普洱市。这些单位经验的基本点就是录音、录像制度如何严格规范运用，已经凸现出"制度、程序、法治"的特点。

二、全程录音录像存在的问题

实证研究中遇到的困难和问题还是比较多的，基本的问题是由于中国地广人多，市场法治条件下刑事犯罪还在不断攀升，日益繁重的侦查任务与保持社会稳定，同实行"三项制度"之间的矛盾和冲突，在二者关系的处理上，表现出发展不平衡的现象，一是职务犯罪与其他刑事犯罪之间适用的不平衡；二是发达地区与欠发达地区的不平衡；三是城乡之间的不平衡；四是录音录像的适用与律师在场三项制度之间的不平衡。这种发展的不平衡需要经过若干年的努力才能全盘落实。

全程录音录像存在的问题有五个：一是录制的场所和地点问题。一方面是看守所的录制，虽然已经建立了严格的制度和程序控制，但看守所的管理体制仍未中立，当事人的信任度不强；另一方面是一些地方和检察机关自己建立办案区或办案基地，犯罪嫌疑人要在办案区与办案基地专门时间地点讯问、拘押，有人称之为"第二看守所"，即对办案基地、办案区的合法性提出了质疑。二是讯问的人数，刑诉法规定不得少于2人，实行这一规定没什么问题。但实施录音录像制度后，多数场所与主管领导联线，与上级侦查机关联线，个别地区还建立了专案组，集中大家的智慧，联线联网审讯，这些做法实质上使讯问人数大大增加，这是否合法？三是录音录像与审讯笔录的关系与适用产生了矛盾和质疑。全程录音录像，是否还同时制作审讯笔录？如果形成讯问笔录，其与录音录像二者的关系如何？作为定案根据的证据适用时，是以笔录为据，还是依录音录像为据？录音录像的制作、保管的问题，如剪辑、伪造、变造，如何审查判断与防伪？四是录音录像的证据效力问题。立法尚未作出完善的规定，其作为证据适用的条件、审查判断的程序与方法，有待研究和规定。五是全程录音录像时间之长、数量之大，如何适用，如何保管，保管多少时间，作为证据适用，是全程播放还是节录播放？另外法庭上播放时，需要保密的侦查手段与方法，尤其是部分案情需要暂时保密的，如何处理等等。

三、律师在场权存在的问题

我国新律师法对律师辩护时的会见权、阅卷权、调查权，以及辩护律师在法庭上言论的豁免权，都作了相应的规定，而律师在侦查讯问时的在场权尚未赋予，对于这一诉讼权利在最近"两高一部"颁发的非法证据排除规则若干问题的规定中，关于排除非法证据的证明责任和证明方法的学习讨论中，全国各地纷纷提出，若干问题的规定中所确认的证明方法，都不如由在场律师到法庭上给予证明，因此，大家纷纷要求，赋予侦查讯问时律师在场权。但是，对于这一权利的确认和得到立法的承认，仍面临着许多困惑，难以破辩。

由我发起并主持进行的"侦查讯问时录音、录像和律师在场"三项制度的实验实证研究，从 2002 年 7 月获批准立项以来，已历时八年了，其中侦查讯问全程录音、录像的实验和实证研究效果较好，并在全国相继推开，更重要的是得到立法和司法解释的承认，而律师在场一直在困惑之中。

律师在场实证研究情况。2002 年 9 月 12 日至 9 月 26 日，由我带领 2001 级刑事诉讼法专业博士生在珠海市人民检察院进行了贪污贿赂案件第一次讯问犯罪嫌疑人律师在场试验的工作。9 月 20 日，在珠海市人民检察院下辖的斗门区人民检察院侦讯室进行了两件案件讯问，一件是受贿案，犯罪嫌疑人朱某某原系某镇的副镇长；另一件是行贿案，犯罪嫌疑人赵某某系某建筑公司负责人，涉嫌向前一案件嫌疑人朱某某行贿。9 月 23 日，在珠海市人民检察院反贪污贿赂局侦讯室进行讯问，犯罪嫌疑人胡某某原系某法院副院长，涉嫌收受贿赂多人多次，数额巨大。珠海市律师协会指派某律师事务所的两名律师在场参与了侦查人员对该三名犯罪嫌疑人进行讯问的全过程。其他项目参加人员通过闭路电视系统观看了该三次讯问时律师在场的整个过程。

2003 年 1 月 13 日至 4 月 20 日，项目组成员一行 15 人在北京市海淀公安分局进行了普通刑事案件第一次讯问犯罪嫌疑人律师在场试验的工作。该试验历时 70 余天，共对 220 个犯罪嫌疑人进行了第一次讯问时律师在场的试验，并对部分案件进行了现场录音录像。

2005 年至 2006 年项目组选择了有代表性的北京市海淀区公安局、河南省焦作市公安局和甘肃省白银市公安局，对 382 人进行了律师在场和讯问时全程录音、录像的试验，其中律师参与全程讯问的有 64 人。通过以上实证研究取得了很好的效果，全国有 20 多家媒体进行了宣传报道，不仅维护了当事人的权利，而且保证了案件的质量。

第一，律师在场能够遏制刑讯逼供和其他违法现象，三个阶段的实验所涉 300 多名犯罪嫌疑人，没有发生一例暴力、威胁等刑讯逼供现象。

第二，律师在场能够强化审讯文明。通过试验，侦查人员大都反映，以前讯问犯罪嫌疑人没有律师和其他人在场，他们想怎么问就怎么问，其间难免有不文明的语言或举止。这次试验有律师在场，大家都比较注意讯问的方式和语言，没有粗暴对待犯罪嫌疑人的现象发生。由此也使犯罪嫌疑人回答讯问时不因恐惧心理而屈就于侦查人员的压力。例如，邱云龙涉嫌销赃案，邱反复强调其收赃是因为偷盗者欠其钱，而且并不是一贯收赃、销赃，并对办案人员说，"律师和警察都在场，我就能平心气和地把事情讲清楚"。

第三，律师在场能够平衡被告人的心理，保证口供的质量，减少翻供。在试验中，有些犯罪嫌疑人与公安人员处于极度对抗的状态，使得审讯很难进行。例如，秦某某涉嫌盗窃一案情节脉络清晰，本人已做过认罪口供，且与其他证据相互印证。但是，当他在看守所被讯问时得知律师在场后，就试图翻供。因为秦某某在派出所如实交代了盗窃事实后还挨了讯问人员一顿意在教训的殴打。后经在场律师解释说服，其自知翻供无望才作罢，还希望律师能够就其被殴打一事进行反映。

在试验过程中，项目组还对部分犯罪嫌疑人进行了跟踪调查，发现律师在场时讯问的犯罪嫌疑人，只要承认犯罪的，在法庭上都没有翻供。律师在讯问后与一些犯罪嫌疑人交流时，也问到他们对讯问时承认的罪行，到法庭上会不会翻供。犯罪嫌疑人表示，讯问时承认罪行都是自愿的，警察没有刑讯逼供，有在场律师作证，以后应当不会翻供，因为这种情况也翻不了供。

第四，律师在场能够缓和侦查人员与犯罪嫌疑人的对抗情绪，提高办案质量和效率。在讯问过程中，警察和犯罪嫌疑人之间基本上是互不信任的。例如，刘某某涉嫌使用假身份证一案，侦查人员认为刘某某对其朋友为其制作假身份证是事先明知和许可的，但不论侦查人员怎样讯问，刘某某还是顾左右而言他，不做正面回答。近两小时的讯问毫无结果，讯问陷入僵局。后经在场律师解释法律，做说服工作，刘某某端正了态度，开始正面回答侦查人员的讯问，使讯问工作进展顺利。

第五，律师在场能够纠正侦查人员所作笔录中的错误，保障笔录内容的真实性。在实践中，讯问人员为了追求效率，尽快审结案件，在作讯问笔录时往往不能客观、如实地记录，而是有选择地进行记录，甚至把自己对案件的主观判断记入笔录，而犯罪嫌疑人在笔录上签名捺手印前，不少人对笔录的审核很不细致，甚至根本不审核直接就在笔录上签名捺手印。有时也有个别犯罪嫌疑人想对笔录进行认真审核，遇此情况侦查人员往往会不耐烦地催促其赶快看，并强调笔录不会有错，没有必要仔细查看。再加上犯罪嫌疑人多数都不懂法律，不清楚笔录对他们的重要性，也不清楚笔录中哪些关键点应当特别注意，因此很难在较短的时间内发现笔录中存在的问题。

例如，在一起非法经营盗版光盘案中，预审员首先对嫌疑人郭某进行了审讯，他是一家个体音像店的伙计，刚来该店工作几天。预审员问郭某是否知道销售的是盗版盘，郭回答说，"老板告诉过他简包的是盗版盘，盒装的是正版盘"。随后，预审员对该共同犯罪案的另一嫌疑人音像店的老板李某进行了审讯。预审员问李某，他的伙计郭某等人是否知道那些被收缴的光盘，无论简包装盘还是盒装盘都是盗版盘,李某答"不清楚他们是否知道"。可是,侦查人员却将李某的回答记录为"知道"。犯罪嫌疑人李某看过笔录后并未发现这一问题,在笔录上签字捺了手印。在场律师向预审员指出笔录中的这个问题后,预审员一方面认为音像店的伙计肯定知道哪些是盗版盘哪些不是,老板的话不可信,同时也对笔录中的问题做了更正。

第六,律师在场能够保障犯罪嫌疑人依法行使诉讼权利。在对一起吸毒案的审讯中,共有三名犯罪嫌疑人。首先审讯的是黎某某,他声称从未吸食过毒品,要求给他重新验血或验尿,或者问他的家人及他家乡的警方调查。他说他是到一家旅馆找人时被无辜抓来的。预审员问他有一份他的尿液检测呈阳性的报告是怎么回事,他说在派出所审查时因心情过度紧张无法排出小便,引起警察愤怒,就不再要求他提供尿液,而将吸毒者的尿液作为他的送检。他要求对他的尿液重新检测,以弄清事实真相。随后,预审员分别提审了另两位犯罪嫌疑人,他们均供认在旅馆的客房里吸食了毒品,同时都说黎某某是到旅馆找人被抓的。然而预审人员认为黎某某等人的说法完全是谎言,并坚信派出所的警察不会做出黎某某所说的事情来,所以不同意对其尿液重新检测或做进一步的调查。

我们认为,既然证据之间存在着明显的矛盾,就有必要进一步调查核实,做到万无一失。一旦建立了规范、健全的律师在场制度,就可以保障犯罪嫌疑人依法行使诉讼权利,促使侦查人员满足犯罪嫌疑人的正当要求,以查明案件事实。

第七,律师在场能够解决非法证据的证明责任问题。我国目前司法实践中存在着屡禁不止的刑讯逼供问题,并且刑讯的手段也在不断变换。对于刑讯逼供很难提出证据加以证明。例如,在张某涉嫌奸淫幼女案的审理中,张某提出其侦查阶段的供述是刑讯逼供的结果。侦查机关出具了"经查,该案侦查人员在讯问犯罪嫌疑人时没有刑讯逼供,程序合法"的证明。虽然在庭审过程中,张某当场脱掉衣服,让审判人员查看自己身上留下的被刑讯殴打的伤痕,法庭仍然没有认可张某的辩解,以奸淫幼女罪对其定罪量刑。如果采用律师在场制度,则警察是否刑讯逼供可以通过律师的笔录和律师的证言来证明,增强证明的效力和可操作性。

对于律师在场权的实证研究,近年来许多实务部门在司法改革的热潮中,也进行了一些实验,并取得了较好的效果。例如江苏省徐州市某区检察院,在职务犯罪的侦查中,坚持律师在场的实证研究,拿出7宗案件讯问时指定律师到场,其中6宗案件的质量得以保障,一审终审,出现了零上诉、零上访、零翻案、零告状,保持了社会稳定,检察院的公信力也大大提高。

经过近八年的努力,我们认为各个试点的经验是成功的,实证研究的方法是科学的,但是,经验的推广仍处于步履艰难,很难推开的状况。对于这一困惑和难题,我们也经过调查研究,究其原因有:

第一,对刑事辩护制度的认识缺位。由于近现代刑事辩护制度在中国产生发展的历史短暂，真正现代意义的刑事辩护制度的产生和发展，也是近三十年的事情。因此，刑事辩护制度是不是一个进步的制度在许多人的头脑和观念中仍存在疑惑，再加上长期以来在中国的传统作法，是重打击，轻保护，对诉讼中的人权保护观念极为淡薄，我国的"尊重与保障人权"入宪才刚刚过去几年。因此，人们对侦查讯问时，让律师到场，参与侦讯，许多人看不惯，也不参与，个别人还认为这是在为坏人助力，不认为这是一件好事，更认识不到它的重要性与可行性。各个试点的经验已经证明，每个试点都经历了一个从想不通到想得通再到积极去办，有的试点的侦查人员说："过去是要我做，现在是我要做"，因为经试点证明，律师在场权，对侦查质量的保证，发挥了重大作用。就目前的状况而言，我国多数地区仍处于想不通、或观望动摇、疑问的状态，这种思想认识对律师在场的全面推广，是一种无形的阻力。

第二，对近现代刑事诉讼结构的要件和标准认识不足。近现代刑事诉讼结构的要素，由控诉职能、辩护职能和审判职能构成，这三种职能缺少任一种，或者削弱任何一种职能，这一个诉讼应该说就是一种不完善或者说不健康的诉讼。就我国刑事诉讼结构而言，我国刑事案诉讼法经过 1996 年的修改，虽然把辩护律师参与刑事诉讼的时间，由开庭前十天延伸到审查起诉阶段，而且《刑事诉讼法》第 96 条还规定"犯罪嫌疑人在被侦查机关第一次讯问后或者采取强制措施之日起，可以聘请律师为其提供法律咨询，代理申诉、控告……"但是，律师在侦查阶段的辩护权，仍没落到实处，辩护律师在诉讼结构中仍处于劣势，更谈不上侦查讯问时律师到场权。由此可见，从立法到实务工作，辩护职能在诉讼中的地位与参与程度，距近现代刑事诉讼结构的标准，仍相差很远。即使《刑事诉讼法》第 96 条规定的有限的权利，在实务工作中也很难落实，新律师法规定的会见权、调查权和阅卷权至今还未完全落实，谈何讯问时律师到场权？这种诉讼结构上的缺失，正是刑诉法再修改时的一个重点和难点。

第三，对刑事证据的运用，受口供主义的影响，坚持"口供为本"的观念和作法，是侦查讯问律师到场不易落实的一个重大障碍。在我国的刑事诉讼中，对证据的收集和运用，一方面由于受封建专制证据制度的影响，长期以来，习惯于以口供为本，习惯于靠口供定案，办案人员的时间和精力，甚至运用形形色色的侦查讯问手段录口供；另外一方面刑事侦查手段落后，技术手段，秘密侦查手段不完备，不先进，不会用，导致侦查工作的重点就是审讯被告，取得口供。在这种传统的理念和陈旧的侦查模式中，与律师到场权的矛盾是显而易见的，多数侦查人员习惯封闭起来审讯，不愿意让律师到场。因此，解决律师到场权，必须转变对证据运用的观念，转变现存的侦查模式。

第四，刑事辩护边缘化状况，为推进和落实律师在场权制造了障碍。如前所述，由于传统的诉讼文化和重打击轻保护的理念，无论从诉讼理论还是从诉讼实践上，刑事辩护制度，包括律师在场权的地位都处于边缘化的状态。即使当前我国的司法改革起诉、审判程序的改革，检察权与审判权的优化配置等均已提上议事日程，但关于律师辩护制度的改革与完善却提及很少，律师如何参与诉讼？律师如何参与量刑程度的改革？律师如何面对刑事和解？律师如何参与死刑复核程序？众多改革的项目中，律师如何做？律师群体并未形成改革的主流，听不到改革的呼声，就律师队伍而言，总是处于一个松散的状态，处在边缘化的位置，司法改革主力军的地位尚未形成。刑事辩护边缘化不可忽视的另一个问题，就是刑辩律师自身的问题，诸如重民轻刑，不愿参与刑事辩护，更不愿意介入侦查。刑事辩护风险论，有的律师从功利主义出发，认为刑事辩护工作利少弊多，挣钱少，更有甚者，个别律师违法辩护，违背律师职业道德而出现了问题，实际上这是自己把自己置于边缘化的地位。这也是律师在场没法实现的一个重要原因，人家不相信律师，存有种种戒心，这一难题，根据试点的经验，必须由参与律师自己破解，依法参与，老老实实做人，干干净净行使在场权，用自己公平正义的行为回答一些人的偏见，以清除律师在场权的障碍。

四、解决对策

为推进侦查讯问律师在场权的实现，必须解决以下几个问题：

第一，解放思想、深化改革、转变观念，为刑事辩护制度正名，为律师在场权提供一个坚实的制度基础。在人类发展的历史上，为什么说刑事辩护制度是一个进步的制度？一个民主与法治的国家不可缺少的一种制度？对于这几个问题的答案，针对我国刑辩制度选择的历史，在观念上必须解决三个问题：一是诉讼中的人权保障观念，把尊重与保护人权落实到刑事辩护制度之中，把律师在场权作为辩护权一个重要方面。二是我国不断攀升的刑事犯罪之间的矛盾和冲突，解决的方法与模式，必须从刑事犯罪控制型转向正当法律程序型，要严格依法打击，严格依照法定的程序制服犯罪嫌疑人。脱离程序、脱离宽严相济的刑事政策，重"严打"轻"保护"，必然架空刑辩制度与措施，律师在场权就无法加以落实。三是诉讼模式的转型，要把长期以来控审结合的职权主义模式，转向控、辩、审三种职能互动的当事人主义模式，从诉讼结构上加以调整，给刑事辩护律师以应有的法律地位。尤其是当前刑诉的再修改，刑辩律师介入侦查，侦查模式和结构从根本上加以改变，修改《刑事诉讼法》第96条之规定，把侦查中律师帮助权修改为实实在在的辩护权，只有这样才能为律师在场权提供一个可靠的法律依据和制度基础。

第二，改革证据制度，增加侦查手段，变"口供本位"为"物证为本"，为落实律师在场权创造条件。因为只有淡化了口供的运用，把侦查的重点转向实物证据的收集，把认定案件事实的证据重点放在口供以外的证据上，才能为讯问时律师在场权创造一种有利的空间和条件。目前的侦查模式和重点是以口供为本，律师是犯罪嫌疑人聘请或办案人员指定，从心理学上的角度，侦查讯问人员必然会产生一种恐惧戒备之心，唯恐律师参与会强化对抗，为口供的收集制造障碍。因此，落实律师在场权，在当前这种侦查模式下，难度较大，只有淡化口供之运用，把证据收集的重点转向实物证据，包括一些地方搞的零口供案件，律师在场权就迎刃而解了，诚然，实现这种转变，必须为侦查人员增加侦查手段，特别是技术侦查和秘密侦查手段，完善配套措施。

第三，鉴于推广律师在场权之难度，试点的试验告诉我们，要坚持先易后难，由点到面，逐步推开的思路。因为全面推广这一做法，客观条件还尚不具备，特别是律师队伍人数全国仅有 15 万人，从事刑事辩护律师的人数更少，全国还有 213 个县没有律师事务所。同时，人们观念的转变也尚需时日，要有一个过程。因此，从立法到实施，必须遵守循序渐进的做法，由小到大逐步推行。目前解决的重点应放在少数的死刑案件或可能判处 10 年以上的重刑案件，还不能扩大到全部的刑事案件。在具体的做法上，由点到面，逐步推行，各个省市都要搞好试点试验工作，总结经验逐步推行。我们不主张一哄而上，全面推广，这样做往往会因人力、经验不足出现偏差，把律师在场权这一进步的制度措施扼杀于摇篮之中。

第三题 技术侦查、秘密侦查诉讼价值平衡论

党中央《关于深化司法体制和工作机制改革的若干问题的意见》中对于改革和完善侦查措施和程序明确指出："适应新形势下依法打击重大刑事犯罪的需要，明确技术侦查、秘密侦查措施的使用主体、适用范围、审批程序以及收集证据的法律地位。"中央的这一决定吹响了我国侦查手段迈向现代化的号角，翻开了我国刑事侦查史新的一页。因为关于技术侦查、秘密侦查措施在我国的立法上基本上还属于空白，只有 1993 年颁布的《中华人民共和国国家安全法》（以下称国家安全法）第 10 条规定："国家安全机关因侦查危害国家安全行为的需要，根据国家有关规定，经过严格的批准手续，可以采取技术侦察措施"。1995 年颁布的《中华人民共和国人民警察法》（以下称人民警察法）第 16 条规定："公安机关因侦查犯罪的需要，根据国家有关规定，经过严格的批准手续，可以采取技术侦察措施。"这两个原则性的规定，只确立了可以采取技术侦查措施。至于什么是技术侦查？如何使用技术侦查？其内容和程序均无规范性规定。因此，该用不用，不该用的滥用的混乱局面，就是当前我国关于技术侦查、秘密侦查的现状。时代的发展，现实的呼唤，要求技术侦查、秘密侦查走侦查法治之路，以实现打击犯罪和人权保护的双重价值目标。

技术侦查、秘密侦查与人权保障的平衡是法治社会侦查程序的价值追求。"在现代刑事诉讼中,存在着两种截然不同的价值观,一种是实体真实的价值观,另一种是正当程序的价值观。如何妥善处理二者之间的冲突,乃是现代刑事诉讼制度的核心问题。"[1] 所谓实体真实的价值观,就是刑事诉讼中必须以发现案件的事实真相为前提,诉讼中的各种制度、程序、手段都不过是为发现案件事实真相而设置,只要有助于发现案件事实真相,采用何种手段,再所不论。所谓正当程序的价值观,就是在刑事诉讼中,不仅要依法查明案件事实,而且要兼顾公平、公正,使诉讼沿着法定的程序进行,在查明案件事实的同时,还要尊重与保护人权,使刑事诉讼成为"人们可以看得见的公正"。实现侦查中两种价值观的平衡,在我国的立法和实务工作中,经历了一个曲折的认识过程和实践过程。长期以来,实体真实的价值观,成为侦查工作的主流认识和做法,把侦查工作定位为"破案和收集证据",甚至提出"命案必破"的口号,一切侦查手段都服务于破案,甚至不惜一切代价,采取一切手段,查明事实真相。其中违法办案刑讯查证,滥用技术手段,侵犯公民合法权利的人和事时有出现,由此造成的冤假错案时有发生。尤其是随意适用技术手段和秘密侦查手段,使公民的隐私权受到破坏的案例不断出现,在人民群众中造成了很坏的影响。

在刑事立法方面,技术侦查和秘密侦查的立法也存有相当缺失,这些缺失导致侦查不力,严重的影响着对刑事犯罪的打击效果。其主要表现是大量的侦查行为如秘密监听、拦截通讯、诱惑侦查、强制采样等等,均缺乏正式的法律依据,仅仅是通过侦查机关内部文件加以规定。影响这些手段走向法制化的一个巨大的阻力,就是时至今日还有不少人认为适用技术侦察和秘密侦查手段是对公民隐私权的侵犯。我们认为立法的空缺与有法可依,滥用上述各种手段,侵犯公民的隐私权,这是两个问题。严格立法,规范技术侦查和秘密侦查行为,这正是对公民隐私权的保护。以隐私权的保护为借口,全盘否认技术侦查、秘密侦查的立法工作,这是极端错误的。大家知道,在英国,通过国家权力截获通讯大约在200年前就开始了。但是,在1985年以前,英国并无任何单独刑事程序方面的法律对监听进行规范,而是通过政府行政机构指定的行政条例对部分监听行为进行规制,内政大臣有权发出令状授权侦察人员截取邮讯和电报通讯。监听通讯受行政程序而非法定司法程序的控制。在美国,禁止非法监听通讯的州立法可以追溯到1862年,但在二战以前,美国最高法院判例认为,警察的监听行为既没有物理入侵犯罪嫌疑人的住所,也没有扣押嫌疑人的"物品",因此不受宪法第四修正案中关于侦查和扣押的正当程序约束。[2]

---

〔1〕　孙长永:《侦查程序与人权保障》,中国法制出版社2009年版,第2页。

〔2〕　Olmstesd v. United States, 277U. S 438, 48 S. Ct 564, 72 l. Ed. 944 (1928); Goldman v. United States, 316 U. S. 129, 62 S. ct. 993, 86 l. Ed. 1322 (1942).

1934 年，针对监听行为的滥用，美国国会制定了《联邦通讯法》，该法第 605 节规定："任何未经通讯发送者的授权的个人，不得窃听任何通讯，也不得就被窃听到的通讯的存在、要旨、涵义、影响和意义向任何人透露或公布。"[1] 但是，该法适用对象仅限于有线电话交谈，对有线通讯以外的其他通讯监听并不禁止，也不适用于经通讯一方同意的电话交谈。[2] 非法监听所得材料可作为证据指控被监听人以外的刑事被告人。[3] 法国在 1991 年以前并未在法律上对监听进行明确的规定。根据法国《刑事诉讼法》第 81 条第 1 款关于预审法官"依法进行其认为有益于查明案件事实真相的一切侦查行动"的规定，电话窃听手段在侦查实务中经常性地被使用。[4] 在欧洲人权法院判决和国内舆论的压力之下，法国于 1991 年 7 月 10 日通过第 91 - 646 号法律，就电话窃听的一般条件、权限以及程序作了明确的规定。从整体上讲，法国监听制度在控制犯罪与保障人权的价值取向上，更注重查明事实而忽略对公民隐私和通讯自由的保障。在监听的案件适用范围、实施、证据运用上采用比较宽松的尺度，并缺乏有效的救济措施。在德国，规范监听通讯的法律渊源是基本法和刑事诉讼法。例如，监听通讯包括信件检查、有线电话交谈、邮件、电子通讯监听以及电子监控和各种通讯记录资料的获取。《德国基本法》第 10 条第 1 款规定："信件的秘密性以及邮件和电子通讯的秘密性不可侵犯。"但是联邦议会通过对《刑事诉讼法》的多次修订，确立了一些适用监听的例外情形。《德国刑事诉讼法》第 99 条至 101 条规定了对上述通讯进行检查和监听的案件适用范围、条件、程序及监督救济制度。根据该法第 100a、100b、100c 条规定，监听适用的案件范围仅限于政治性或军事性犯罪、最重大的犯罪、烟毒麻醉药品犯罪、有组织犯罪以及一些特定的依外国人及难民程序法规定的犯罪等五类犯罪。适用监听的条件为，在有一定的事实认为某人具有实施了上述之一犯罪行为嫌疑的，在以其他方式不能或者难以查明案件事实或者犯罪嫌疑人居所的情况下，可以对电话通信进行监听和录音，并允许使用技术手段窃听、录制非公开的言论（即口头交谈）。德国联邦议会 1998 年通过的《基本法》第 13 条也允许在特定情况下对被指控人所在的住所使用监听的技术手段。日本的通讯监听立法大量借鉴了美国的立法经验，但同时又具有自己的特色。如在案件的适用范围上及实质要件的要求上规定得更加严格，在最小程度原则以及防止监听资料的篡改上采取的是见证人在场制度和当场封缄制度。日本在借鉴外国立法经验上的一些具体做法，对我国监听制度的构建具有很强的启示意义。对其立法和实

---

〔1〕 Former 47 U. S. C. A. §605，转引自 Warne R. Lafave &Jerold H. Israel，p. 246.

〔2〕 Rathbun v. Unite States，355U. S. 107，78 S. Ct. 161，2 l. E2d 134（1957）.

〔3〕 Goldstein v. Unite States，316 U. S. 114，62 S. Ct. 1000，86 l. ed. 1312（1942）.

〔4〕 孙长永：《侦查程序与人权保障》，中国方正出版社 2000 年版，第 142 页。

务进行详细的研究，不无裨益。日本有关监听通讯的立法分为两个部分，有线电话及其它电气通讯由《关于犯罪侦查中监听通讯的法律》专门规定，口头交谈则由《刑事诉讼法》和判例阐发的解释进行规范。

从以上几个主要国家关于监听等秘密手段的立法可以看出，随着刑事犯罪分子作案手段的不断变换，以及科学技术的发展，侦查中技术手段、秘密侦查手段的立法势在必行。即使在一些发达的国家，不仅立法产生早，而且对各种手段的法律规制也更加严格，实现了技术侦查、秘密侦查与人权保障的价值平衡。

诚然，随着刑事犯罪发展趋势和斗争形势的变化，加强技术手段、秘密侦查手段的立法，势在必行。但在这的立法中，侦查手段与人权保障，即实体真实的价值与程序价值之间平衡，各个历史时期也会存在不同的变化。例如，美国在"9.11"事件以后，于2001年10月25日通过了《爱国者法案》，在Title Ⅲ指定的罪行里新增了网络犯罪如电脑欺诈，恐怖主义犯罪如化学武器犯罪、跨境恐怖主义暴力犯罪、与支持恐怖主义的国家有财务交易犯罪、为恐怖主义个人以及组织提供实质帮助犯罪。针对上述犯罪，允许调查和执法人员在没有法官允许的情况下，可以截取"受保护电脑"系统内的入侵者正在传送的通讯。"受电脑保护"系统包括用作州际或国际商业及通讯用途的电脑，以及联邦政府或金融机构使用的电脑系统。《爱国者法案》对《通讯记录/监测法则》也作出了修订，大大扩张了司法警察的权利。该法则规定，对调查罪行有司法管辖权的法院，可以发出在美国全境有效的监测命令，对电话号码、电子邮件地址、电子及声音邮件、通讯记录进行截取。根据该法修订前的规定，依据该法发出的监测令仅限于对电话号码、电子邮件地址、通讯记录的监测。若欲对电子通讯内容进行监听，必须按照Title Ⅲ所规定的程序和条件申请监听令状。监测令的获取，较监听令状的获取要简单。不需要高级司法官员的授权，联邦任一检察官可代表联邦政府提起申请，检察官只需证明将要截取的通讯与正在调查的罪行有关，法官也无须对申请所载事项的真实性进行审查。

在实现技术侦查、秘密侦查与人权保障的诉讼价值的平衡中，如何对待公民的隐私权。我认为，对这一矛盾的解决，必须遵守公民基本权利的相对性与公共利益的绝对性或曰优先性原则，才能保持二者的平衡。

公民的基本权利受宪法保护并不被随意侵犯。2004年3月14日，第十届全国人大第二次会议通过的宪法修正案明确规定："国家尊重和保障人权"。《宪法》第33条至第47条对公民的基本权利做出了全面的规定，其中很多的条款的规定与侦查程序密切相关。例如：

第37条规定："中华人民共和国公民的人身自由不受侵犯。任何公民，非经人民检察院批准或者决定或者人民法院决定，并由公安机关执行，不受逮捕。禁止非法拘禁和以其他方法非法方法剥夺或者限制公民的人身自由，禁止非法搜查公民的身体。"这一规定涉及到刑事诉讼中侦查机关限制或者剥夺公民人身自由的权力，如拘留、逮捕、留置、拘传、取保候审、监视居住等。

第38条规定："中华人民共和国公民的人格尊严不受侵犯。禁止用任何方法对公民进行侮辱、诽谤和诬告陷害。"根据这一规定，侦查机关对于任何人，包括确定无疑的罪犯，也必须充分尊重并保障其人格尊严，不得以侵犯人格尊严的方法获取口供或其他证据。

第39条规定："中华人民共和国公民的住宅不受侵犯。禁止非法搜查或者非法侵入公民的住宅。"这一规定要求通过立法的形式对搜查、扣押等侦查权力进行严格的限制，以保障公民的住宅不受非法侵犯。

第40条规定："中华人民共和国公民的通信自由和通信秘密受法律保护。除因国家安全或者追查刑事犯罪的需要，由公安机关或者检察机关依照法律规定的程序对通信进行检查外，任何组织或者个人不得以任何理由侵犯公民的通信自由和通信秘密。"根据这一规定，侦查机关即使出于追查犯罪的需要对通信进行检查时，也必须遵守法律规定的程序。

为了保障宪法权利，我国《刑事诉讼法》对侦查、起诉和审判的基本程序做了较为详尽的规定，其中关于侦查程序的规定占据了立法篇幅的将近1/5。

但是，宪法和法律所规定的公民享有的这些基本权利并不具有绝对性，在为保护国家安全、维护社会秩序、增进公共利益和避免紧急危难之时，可以限制公民个人一些的权利。因为，世界上并不存在绝对的权利。同时，"大河没水小河干"，"国家危难民遭殃"，这些朴实的民众谚语，已经讲明其中之理。我国台湾地区有学者认为："如将人民权利与刑事诉讼之紧张关系排列位阶次序，第一位阶为人民在宪法上之基本权，第二位阶为刑事诉追之利益，第三位阶为行政目的之利益。以第三位阶行政目的之利益，并不能构成直接限制人民之基本权，仅有基于刑事诉讼之目的，方有必要限制人民之基本权。"[1]即公民的宪法性权利位于第一，但也可进行限制。英国学者也认为："没有绝对的隐私权，只有免遭'蛮横'或'不合理'的干涉个人隐私、住宅或通讯的权利。"[2]可见，为公共利益的需要，公民在一定程度上有忍受侵扰之义务。公共利益在一定条件下具有绝对性或优先性。孟德斯鸠说，共和

---

[1] 江舜明："监听界限与证据排除"，载《法学丛刊》1998年第171期。

[2] 1948年《世界人权宣言》和1966年《公民权利与政治权利国际公约》便用了"arbitrary"（蛮横的）一词。不过，《美国宪法修正案》第4条和1982年《加拿大权利与自由宪章》第8条所用的表述则是unreasonable searches（不合理的搜查）。1950年《欧洲人权公约》采用了推定的绝对权利的表达手法，这种权利因而可以由公共权力当局"根据法律的规定"在防范犯罪的"必要"程度上废除。转引自〔英〕麦高伟、杰弗里·威尔逊主编：《英国刑事司法程序》，姚永吉等译，法律出版社2003年版，第55页。

政体"要求人们不断地把公共利益置于个人利益之上"。日本学者浦部法穗则认为，日本公认的见解和判例是"所有人权都受到公共福利的制约。"[1] "个人权益对公共利益的合理避让是整个社会良性、和谐发展的基本条件，个人权利的绝对至上只会导致社会发展的紊乱和社会秩序的动荡，国家和法也就失去了存在的基础。当然，公共利益和个人利益是统一的，公共利益也是以个人利益为前提的。"[2] 卢梭在《社会契约论》中就认为，个人利益服从公共利益，只不过是社会成员服从自己的理由而已；国家和全体社会成员强迫个别社会成员服从公共利益，只是强迫他服从自己的利益。在犯罪控制中，公共利益优先，时常表现为公权力在某种程度上的扩张性，特别是在一些严重的刑事犯罪猖獗的地方和时期，公权力会急速扩大，此时人们对公权力的扩张也比较包容。如在英国，"20世纪期间产生了一种近乎普遍的共识：为实现有效的犯罪控制，必须为警察配备控制和监管公民的广泛权力"。[3] 英国近年来秘密侦查手段得以广泛实施的观念基础也正是这种共识形成的结果。如前所述，美国在"9·11事件"以后，国会迅速通过了《爱国者法》，该法包括允许执法机构窃听恐怖嫌疑分子的所有电话以及允许司法部门在提出犯罪指控和驱逐之前将有犯罪嫌疑的外国人拘留7天等内容，大大扩张了侦查机关的权力。公共利益的优先性和公民个人基本权利的非绝对性原则使技术侦查和秘密侦查手段得到了正当根据。

我国学者正面临着对技术侦查、秘密侦查手段的立法问题。对犯罪嫌疑人采用这些手段与对公民隐私权的保护，形似矛盾和冲突，实为从根本上对公民基本权利的实际最大化保障，即从根本上保护宪法和法律所规定的公民的各项基本权利。采用这些手段也要严格依法定程序进行，公民的隐私权不会从根本上受到侵犯的，即使在个别场合下受到一点限制，那也是每个公民对公共安全、社会公共利益应尽的一点义务。

建构我国技术侦查、秘密侦查制度的基本思路。如前所述，我国关于技术侦查、秘密侦查的立法基本上属于空白。但是，从我国犯罪情势来看，随着电子通讯等科学技术手段的迅速发展和广泛应用，不仅使一些传统犯罪变得更加隐蔽，还出现了一些智能型、隐蔽型、组织化、国际化的新型犯罪。传统的犯罪侦查手段对这类案件很难奏效，而这类犯罪本身对电子等科学技术具有高度依赖性，监听等科技手段、

---

[1] [日]浦部法穗："宪法学教室Ⅰ"，载沈宗灵、黄楠森主编：《西方人权法学说》（下），四川人民出版社1994年版，第100页。

[2] 孙长永：《侦查程序与人权保障》，中国法制出版社2009年版，第30页。

[3] [英]麦高伟、杰弗里·威尔逊主编：《英国刑事司法程序》，姚永吉等译，法律出版社2003年版，第50页。

秘密侦查手段是侦破新型犯罪的有效手段。从各国立法及实务来看，将科学技术和秘密侦查手段作为法定的侦查手段，并对之进行严格规范是刑事诉讼发展的必然趋势。科学技术和秘密侦查手段在法律上的隐讳地位不仅无助于公民通讯自由和个人隐私的保障，也不利于对犯罪的控制。我国在科学技术和秘密侦查手段上的立法滞后，已经严重影响到人权保障和控制犯罪的双重价值目标的实现。技术侦察手段的落后限制了我国控制犯罪的能力，而控制犯罪的能力的不足又反过来成为制约我国推进正当程序改革、实现人权保障的严重瓶颈。鉴于上述，构建特殊技术侦查制度已成为我国刑事诉讼制度和证据制度改革的当务之急。关于这一改革的基本思路，应当遵循上述诉讼价值平衡的理念进行设计。

1. 基本原则。我国技术侦查、秘密侦查手段的立法和实务，应当借鉴域外一些国家所遵循的"权利平衡模式"，以此来建构我国特殊侦查制度。在"权利平衡"指导下，还要贯彻以下几项基本原则：①程序法定原则；②严格审批制度（或曰是有中国特色的司法审查原则）；③必要性原则；④比例原则；⑤全面监察、监督原则；⑥非法证据排除规则；⑦惩戒和救济原则。

2. 界定和规范各种秘密侦查手段的概念和严格适用范围。对于什么是科学技术和秘密侦查手段，各种手段的内涵和外延，必须通过立法作出界定或解释，以防止对每一种手段在适用时的随意性。同时，还要明确规定每一种手段使用的案件范围。只有这样，才能指导人们严格依法进行侦查，才能实现侦查与人权保障的价值平衡。例如，关于监听的概念及适用范围。我国监听通讯的含义界定，应与我国《宪法》所保障的"通信自由和通信秘密"权利相对应，监听应作广义的界定。凡是按照社会的通常理解，公民对某种通讯方式进行的信息通讯具有合理隐私期待，无论其传输信息之内容为何种表现形式，对该种通讯进行监听都应纳入通讯监听法的规范范围。为了便于实践操作，具体可将通讯定义为"利用有线及无线电信设备发送、存储、传输或者接收的符号、文字、影像、声音或其他信息以及邮件、书信和自然谈话。但以受监听人对上述通讯内容具有合理隐私期待为限"。而将监听可以定义为"对他人正在进行或者已经储存的通讯，为探知其内容，不经该通讯当事人任何一方的同意，而予以截取的行为"。对于适用监听的案件范围，应限于危害国家、社会以及公民重大利益的犯罪，如危害国家安全和社会公共安全的重大案件、重大经济犯罪案件、危害公民人身和财产的重大犯罪案件。在立法上可以将适用监听的案件范围限制为最轻本刑为5年有期徒刑以上的犯罪。3年有期徒刑是我国划分重罪与轻罪的标准，以最低刑期为标准来划分适用监听的案件范围，也是世界主要法治国家和地区的通例。不过，结合我国的现实情况，以3年有期徒刑为界，我认为施之过宽，作为对"重大犯罪"的理解，我同意以5年有期徒刑为界。

3. 严格审批程序。严格的程序控制，是保障人权和防止技术侦查、秘密侦查滥用的关键。程序控制机制的薄弱是英国、法国、德国以及我国台湾地区在实务中屡屡发生滥用技术侦查、秘密侦查，侵犯公民隐私权事件的重要原因。我国台湾地区于1999年通过《通讯保障及监察法》至今，其程序控制机制的薄弱——而非监听的应用范围——一直备受学界和社会的诟病。由于程序控制机制薄弱，以至于当初执法机关监听行为法治化的立法初衷难以贯彻，实践中滥用监听、侵犯人权的现象严重。英国、法国以及我国台湾地区对监听令状的签发，都缺乏独立的司法审查机制，而德国则对非法监听缺乏严格的证据排除规则。立法上的这种缺陷也往往是造成保障人权与犯罪控制冲突的原因。鉴于此，在特殊侦查的立法上应当设置严格的程序控制机制。具体建议如下：公安机关对职权范围内的侦查案件应当提起申请，以书面形式向同级人民检察院提出，申请书的提起必须经过地市级公安局长或指定的副职授权提起。人民检察院对自侦案件所采取的特殊侦查手段的申请，应以书面的形式向同级人民法院提出，申请书的提起应经市级检察院院长或者指定副职授权提起。令状的签发，必须有合理理由相信同时存在下列实质要件：①犯罪嫌疑人正在、已经或者即将实施的犯罪案件属于可以实施法定的技术侦查、秘密侦查案件适用范围；②通过特殊侦查手段可以获得该犯罪的有关内容；③适用的时间地点何种手段及设施等；④常规侦查措施已经失败或不可能成功或过于危险。令状申请书应附具上述要件的证明材料或申请人员认为存在上述要件的合理解释。

4. 令状的实施及记录的制作。各种技术侦查及秘密侦查手段的实施，从刑事诉讼法制的角度来看，它都是一种侦查行为，必须按照侦查行为的规格和授权加以实施。例如实施时不得少于两个侦查人员，有些手段还必须要有见证人参加。例如，实施监听应该有第三人在场见证，在电信设备上安装监听设备时应由该设备的管理人或可以代替他的其他人在场见证；见证人可以就该监听的实施向检察官和司法警察员陈述意见。监听过程应坚持最小程度原则。对于监听到的通讯内容，必须全部录音或以其他适当方法进行记录。中断或终止监听时，对于监听记录的载体，应立即要求见证人封印。如果在监听过程中更换了记录载体，则所有记录载体在记录结束时都必须有见证人进行封印。所有参与监听的人员，不得泄露监听事实和监听内容。封印之前，可以依法制作复制品。但原始记录载体连同记载监听情况的书面报告，应不迟延地提交签发令状的检察官或法官的所在检察院或法院，并由检察官和法官指示适当的地方予以保存。

5. 资料的使用及处理。为了确保各种技术侦查和秘密侦查所获得的资料的有效利用，防止特殊侦查手段收集资料的滥用，资料的原件应当在封存后由法官指定地点存放，妥善保管，保管期至少为5年，期限届满时，应当在法官和当事人在场的情况下予以销毁。如果犯罪嫌疑人或被告人对作为证据的资料提出异议，法官认为必要时，可以调出原始记录，进行审阅或复制。对于复制的资料，可以分为两种情况进行处理：①对于依法可以作为证据使用的资料，应该由侦查机关负责保管，并在移送起诉时随案移送给检察院，作为检察院决定是否起诉的证据以及起诉以后指控被告人有罪的证据。当事人或辩护人可以复制并使用资料。作为证据使用的资料不得提供给其他机关、团体或个人，也不得在其他诉讼中使用，除非其他诉讼中的被告人被指控犯了依法属于可以适用该技术手段的犯罪。②对于依法不能作为证据使用的资料（主要指与案件事实无关的资料），应当在当事人在场的情况予以销毁。③对于超越法定授权范围的所获取的资料，严格按非法证据排除规则给以排除。④对于涉及第三人犯罪或者犯罪嫌疑人涉嫌的其他犯罪的资料，如果第三人涉嫌的犯罪或者犯罪嫌疑人涉嫌的其他犯罪属于依法可以适用技术侦查的犯罪，则该资料可以在另案或本案诉讼中作为侦查线索或者证据使用；如果第三人涉嫌的犯罪或者犯罪嫌疑人涉嫌的其他犯罪不属于依法可以技术侦查的犯罪，则该资料应当被销毁，不得作为证据使用。

6. 对适用不当的救济。对违法适用技术侦查和秘密侦查手段的，当事人可以通过以下几种渠道寻求救济：一是申请复议。当事人对适用决定不服的，可以向法院申请复议一次，请求撤销决定，但不得提起上诉。法院复议后，认为该决定不当的，应当裁定撤销决定，被撤销的视为自始无效，由此所获得的资料应当在当事人在场的情况下予以销毁。二是申请排除所获取资料作为证据使用。对于违法所获得的资料，除法律另有规定的除外，不得作为指控被告人有罪的证据。对此，应当通过非法证据排除程序加以排除。三是提起诉讼。对没有法定授权而非法采用技术侦查和秘密侦查的，受到损害的当事人可以提起民事和刑事诉讼，要求追究有关人员的责任。对执行人员和协助执行的工作人员非法泄露、提供或使用所查获的资料者，当事人可以直接提起诉讼，追究有关人员的民事和刑事责任，并有权请求国家赔偿。

7. 检察监督。由于技术侦查和秘密侦查行为，同属于侦查活动，根据我国《刑事诉讼法》第 8 条关于"人民检察院依法对刑事诉讼实行法律监督"的规定，检察机关应当对技术侦查和秘密侦查行为实行法律监督，并及时纠正其违法活动，以保障各种特殊侦查行为严格依法进行。检察机关在实施法律监督活动中，应严格按照"客观义务"原则，客观全面的进行，不仅要保证技术侦查、秘密侦查的实效性，而且还要完整保障公民法定的基本权利不受侵犯，使技术侦查、秘密侦查措施在我国能公正合法高效的实施。

第四题　关于我国刑事立案标准的探讨

我国刑事诉讼中的立案，是指各专门机关对于报案、控告、举报、自首以及自诉人起诉等材料，按照职能管辖范围进行审查后，依法决定是否将其作为刑事案件进行侦查或审判的一种诉讼活动。

一、我国刑事立案标准概述

为了正确掌握立案条件，提高立案质量，所以制定了立案的标准。一般意义上的立案标准，是指司法机关决定对犯罪案件开始追究时所应掌握的衡量犯罪案件是否成立的规格和尺度，换句话说，立案标准主要是解决一个案件罪与非罪问题的规格和尺度。司法实践中立案的标准，是对刑法、刑事诉讼法关于犯罪和立案规定的具体化，是具体化了的立案条件。

（一）我国的刑事立案标准

根据《刑事诉讼法》第86条的规定："人民法院、人民检察院或者公安机关对于报案、控告、举报和自首的材料，应当按照管辖范围，迅速进行审查，认为有犯罪事实需要追究刑事责任的时候，应当立案；认为没有犯罪事实，或者犯罪事实显著轻微，不需要追究刑事责任的时候，不予立案"，该条款一般被认为是刑事案件立案的总标准，或者基本性准则，而《公安机关办理刑事案件程序规定》（以下简称《程序规定》）第162条又将此规定细化为："公安机关受理案件后，经过审查，认为有犯罪事实需要追究刑事责任，且属于自己管辖的，由接受单位制作《刑事案件立案报告书》，经县级以上公安机关负责人批准，予以立案"。可见，公安机关侦办刑事案件立案的一般条件或衡量准则、标准包括：①认为有犯罪事实且需要追究刑事责任；②属于公安机关管辖。

（二）我国刑事立案标准存在的问题——刑事立案困境

刑事立案困境是从立法和实践两个方面对刑事立案所做的一种样态表述，具体可以说指的是这样一种状态，由于立法规制方面的缺陷，导致司法机关在执行与否上左右为难，群众在依法与否上左右为难，罪犯在服法与否上左右为难，从而形成一种刑事立案在法律实践上进退维谷、左右两难的一种局面。

1. 刑事立案标准在立法上存在的问题。现行立法将立案标准界定为"有犯罪事实并需要追究刑事责任"，在对该立案条件进行立法理解时存在前后矛盾的问题。从根本上讲，是由于对"刑事责任"的理解和把握存在模糊，导致现行立法在立案条件前后表述上存在矛盾，实践中可能产生到底是只有定罪的才能立案还是只有量刑的才能立案的混乱。

2. 刑事立案标准在实践中存在的问题。根据现行立法确定的立案标准——有犯罪事实并需要追究刑事责任，从程序的角度讲，事实上要求是很严格的，并且这种严格超过了必要之限度。因为程序上要求之严格超过了必要之限度，因而具体到刑事诉讼的实践中，效果也就不是很理想。实践中，经常有侦查人员借立案条件的高标准之便，将应当按刑事案件办理的案件当成一般性的治安案件予以处理，大案化小、重罪化轻、以罚代刑的现象时有发生，这使得对重大刑事案件侦查不及时，导致后期案件久拖不决，使犯罪分子逃脱了法律的严惩，在一定程度上使刑事诉讼打击犯罪保障人权的目标无从实现。

（三）刑事立案困境之原因分析

1. 立案标准偏高。我们知道，在立案时，许多案件的事实尚处于不确定、不清晰的状态，案件事实要在立案之后，依照法律的有关规定开展侦查工作逐一查清查实。从认识论的角度讲，要在立案阶段就查明"不需要追究刑事责任"的情形，并通过认定没有"不需要追究刑事责任"的情形的排除法来确定立案的合理性是不科学也不合理的。虽然在立法上规定"符合情形之一"即可认为不符合立案的法律条件，然而即使这样，在诉讼的初始阶段就要进行如此排查，也是过于苛刻的。此外，实践中案件的繁简程度多有不同，要进行如此细致、周到、准确的判断是很有难度的。

刑侦人员对案件的认识和对案件性质的判断是一个逐渐深入的过程，是利用自身掌握的专业知识对案情不断进行分析判断的过程。从认识论的角度讲，认识是一个复杂的渐进过程，从对事物的感性认识到发现事物的本质需要经历一定的过程。要实现对事物本质的认识，在实践基础上要实现感性认识到理性认识的飞跃，首先必须通过实践和调查，取得十分丰富而又合乎实际的感性材料，这是实现由感性认识到理性认识飞跃的基础；其次要对感性材料进行"去粗取精、去伪存真、由此及彼、由表及里"的辩证思考，这是实现由感性认识到理性认识飞跃的关键。从感性认识到理性认识的飞跃是认识的两次飞跃中的第一次，是实现理性认识向实践飞跃的基础，是认识过程中的质变，是通过现象达到本质，从而获得规律性认识的过程。因此，可以说认知规律决定了立案标准不能偏高。自从受案之后，对于那些实际发生、具有潜在刑事法律意义的特定犯罪案件的认识始终处于一种动态之中。案件所牵涉的对象和内容并非一开始就十分清晰明确，彻底查清犯罪案件的全部要素和完备内容是在随后程序的逐步展开中得到落实的。换句话说，就是我们对案件认知程度的不断地深化与明晰是伴随着诉讼程序的逐步推进而实现的。立案程序处在刑事诉讼的初始阶段，这也就是说此时对案件的认识也只是刚刚开始，因而不可能对案件事实有一个全然、清晰的认识。因此，从认知规律的角度来讲，严苛的立案标准是缺乏科学性与可行性的。需要明确的是，立案从根本上讲应定位于一种启动程序，其主要功能就是启动追诉程序。从程序的功能性角度讲，立案决定并不要求必须对案件事实做出准确判定，因此它不需要以确实充分的犯罪事实为基础，立案的事实也不一定就是犯罪事实，"在案件发现和程序启动的最初阶段，具体措施的采取其实是一种直觉行动，它不是纯粹理性辩论的场合，行动实施者依凭一种实践理性的秉赋，以相应措施对已经发生的事件做出回应，但是他却不能对自己行动的法律性质做出判断，也不能确定案件就是犯罪性质"[1]。

如果立案标准偏低，案件经过简单的审查就能符合标准而立案，那么立案程序的过滤功能被虚置，其程序价值受到减损，其地位趋同于立案登记，由此寄托在立案程序之上的人权保障诉求也无从实现。显然，这与我国立案程序设计的理念发生冲突。偏高的立案标准虽然可以很好地吻合上人权保障的理念，并且有利于强化立案决定的独立性，使得立案程序和后续程序严格分开。同时较高的立案标准决定了对案件材料的接受以及审查的重要性，因为要满足苛刻的立案标准，管辖机关必然重视案件材料的接受及审查，由此使得立案程序的过滤功能得到了充分的发挥。

但是，立案标准偏高则在一定程度上必然导致立案标准与侦查标准的趋同，并且从理论上讲可能产生以下后果：第一，对立案前的审查行为产生争议。为了查明案件是否达到立案标准，立案管辖机关必须采取必要的审查措施。为了限制国家强制力对公民权利的可能性侵犯，法律严格限制了刑事强制性措施在立案程序中的使用。但是，偏高的立案标准，使得立案机关为了查明"有犯罪事实需要追究刑事责任"，在一般性措施不能满足需要时，侦查机关在两难选择中无所适从，最终还是在审查案件材料的名义下广泛适用原本属于侦查程序阶段的侦查措施，这正是过分强调立案高标准所带来的直接后果。第二，高立案标准与侦查标准具有趋同性。以"有犯罪事实需要追究刑事责任"为立案标准，其中"有犯罪事实"理解为只要有犯罪的客观方面和客体即可，但是对"需要追究刑事责任"的判断则离不开对犯罪主体和主观方面的把握。这样的立案标准事实上是要求对犯罪的构成要件要全面掌握，在此基础上才能准确做出是否立案的判断。显然，这个标准已经与侦查起诉的标准毫无二致了，换句话说，立案的同时意味着破案，那么立案程序和侦查程序从根本上讲也就没有什么实质性的区别了，这在根本上与刑事诉讼法的有关规定是相冲突的。

从实践上讲，立案标准偏高不仅很难实现保障人权的目的，而且对于立案、撤案的定性也会产生消极的影响。具体来说：第一，影响保障人权目的实现。对于一般的刑事案件，立案与否的决定权在于侦查机关，因而立法希图通过立案标准限制侦查权扩张适用的这一法律目的受到来自人性弱点的挑战，并由此影响人权保障目的的实现。第二，严格的立案标准对立案、撤案的定性产生消极影响。根据相关法律的规定，立案必须满足"有犯罪事实需要追究刑事责任"，换句话说就是，一旦立案的案件都应当能够被提起公诉且审判量刑，否则，就说明对立案标准把握不准或者立案失当。因此，立案被想当然地看作是对犯罪案件的"定性"，而撤案则被等同于错案。

---

[1]　韩德明："刑事立案程序有关问题及其制度完善"，载《山东警察学院学报》2005 年第 5 期。

此外，从制度运行的效果上来看，严苛的立案标准在一定意义上是当前普遍存在的"不破不立"、"先破后立"等违法行为的重要诱因。为了避免所谓的"错案发生"，确保案件诉得出，同时在方方面面考核指标的影响下，公安机关"最理性"的做法只能是不轻易立案，或者采取"先破后立"、"不破不立"、该立不立而做降格处理等变通做法来应对各种压力。不仅如此，刑事诉讼法所追求的人权保障在实践中也未能全然实现。为了符合立案标准，追求立案的准确性，侦查手段或者其他的变通性强制措施在立案前的使用成了必然和必要，而这一切都在法定程序之外，这使得嫌疑人的权利面临着更加巨大的风险。

2. 具体立案标准与指导性立案标准[1]相脱节。对于刑事立案标准，可以分两个方面进行探讨：第一，从刑事基本法律的层面进行探讨。《刑事诉讼法》第86条规定，有犯罪事实需要追究刑事责任的，应当立案。这一规定是立法者对立案标准概念的基础性界定或宏观性界定，因为具体到个案，什么样的事实需要追究刑事责任，该标准没有做出相应的具体规定。因此，这一标准可以被称为指导性标准，在具体个案中是不具有实际操作性的。第二，从部门规章、规定及司法解释的层面进行探讨。刑事诉讼法只是对立案标准做了原则性的规定，而具体到一个案件，什么样的事实是犯罪事实，达到什么样的危害程度需要追究刑事责任，仅凭这两条原则性的规定，在实践中往往难以决定是否应当立案。要解决这个问题，就必须以立案标准为指导，将立案标准具体化，规定出各种具体犯罪的立案标准。基于此，我们把公安部依职权制定的立案标准，称之为具体标准，它是指导性标准的具体化，是具体衡量刑事案件是否成立的规格和尺度。指导性标准和具体标准的关系应是：前者是纲，是原则，是后者制订的依据，而后者则是前者的具体化。后者不能突破前者，二者在实践中形成相互依存，缺一不可的关系。实践中，具体标准是基层公安机关执法办案的依据，是区分罪与非罪的界限。

根据我国刑事诉讼法的规定，立案标准：一是认为有犯罪事实，二是认为需要追究刑事责任，这两条是刑事案件立案的基础性必备条件。有无犯罪事实的存在是判断是否应该立案的先决条件；是否需要追究刑事责任是判断是否需要立案的必要

---

[1] "指导性标准"主要是指公安部单独或联合制定的有关立案标准的规范性文件，主要有：①1979年12月24日公安部《关于刑事侦查部门分管的刑事案件及其立案标准和管理制度的规定》。②1986年8月20日林业部、公安部《关于森林案件管辖范围及森林刑事案件立案标准的暂行规定》。③1988年7月13日公安部《关于毒品案件立案标准的通知》。④1991年1月16日公安部关于《扰乱社会秩序等六类刑事案件立案标准》和《严重暴力案件立案标准》。⑤1992年3月17日公安部《关于修改盗窃案件立案统计办法的通知》。⑥1992年11月19日公安部关于《伪造货币、有价证券犯罪案件立案标准（试行）》。⑦1994年5月25日林业部、公安部《关于陆生野生动物刑事案件的管辖及其立案标准的规定》。

条件,需要追究刑事责任才需要立案,能够立案就意味着能够追究犯罪嫌疑人的刑事责任,不需要追究犯罪嫌疑人的刑事责任就不能立案。因此,立案的最低标准应该就是该罪的起刑标准。然而在司法实践中,刑事案件的立案标准往往与起刑标准相脱节,即多数情形是刑事案件的立案标准往往低于该罪的起刑标准。公安部、最高人民检察院和最高人民法院根据刑事诉讼法的有关规定,对各自管辖的案件分别或联合制定了具体的立案标准,将立案标准具体化,如,1998年3月26日,最高人民法院、最高人民检察院、公安部联合制定了《关于盗窃罪数额认定标准问题的规定》[1](法发〔1998〕3号)。最高人民法院、最高人民检察院、公安部分别或联合制定的一系列刑事案件立案标准,对公安司法机关办案实践起到了具体的指导作用,是刑事诉讼活动必不可少的参照标准。然而,细究相关具体标准,不难发现实践中的具体立案标准对指导性标准存在不一致的现象,而且公安机关制定的具体标准与检察机关等制定的追诉标准及起刑点存在差异,并引发了许多执法问题。

二、确定立案标准应考量的因素

一个科学合理的立案标准的确定不仅应当考虑制度设计本身的功能,以及制度设计所应遵循的价值理念,而且应当给予其可操作性以应有的关注。此外,立案标准是在衡量立案审查的程度及功效的基础上设定的,因此在某种程度上讲,从立案审查的角度对立案标准进行可操作性分析是十分必要的。

(一)立案制度的功能:输入功能、过滤功能

对立案标准的理解与确定,从根本上取决于立案制度在刑事诉讼中的功能,即输入功能和过滤功能。

立案作为刑事诉讼的启动程序,其首要功能就是能发现业已发生的犯罪行为,让其进入刑事诉讼程序的视野,提高刑罚的兑现率。根据各国刑事诉讼法对侦查程序的不同规定,侦查发动可分为随即型侦查发动和程序型侦查发动。在程序型侦查启动模式当中,立案程序处在刑事诉讼的最前端,发挥初步排查的功能。它的这种功能体现在两个方面:一是输入功能,即通过立案程序将有犯罪事实发生、需要追究刑事责任的案件纳入刑事追诉的视阈,实现打击犯罪的一般目标;二是过滤功能,即将案件线索中的虚假信息以及不需要国家追诉的情形予以排除。上述两个功能既是优化使用国家刑事诉讼资源的必然要求,也是保障无辜者不受刑事追诉的人权保障要求。就我国而言,一方面受前苏联立法模式的影响,另一方面受我国传统文化中讲求结构完整性理念的影响,我国刑事诉讼法采取了程序型侦查启动模式。从根

---

〔1〕《关于盗窃罪数额认定标准问题的规定》中对盗窃罪数额认定标准做如下规定:①个人盗窃公私财物"数额较大",以500元至2000元为起点;②个人盗窃公私财物"数额巨大",以5000元至20000元为起点;③个人盗窃公私财物"数额特别巨大",以30000元至100000元为起点。

本上讲，这种模式的选择不仅符合我国法律体系中权力限制和权利保障之需要，而且还满足了我国刑事诉讼通过程序保障人权的立法本意。在侦查阶段，权利对权力的对抗相对清晰。依靠立案程序的输入和排除功能，一方面保障了国家揭露、查明、打击犯罪的权力，另一方面又有效地防止了在初始阶段对公民进行的不当刑事追究，从而有效避免错案的发生，切实保障公民的合法权益，在某种意义上讲这也是确立独立的立案程序的法理基础。

（二）立案标准的功能定位

立案标准的功能定位对于立案标准的确定具有决定作用，即，立案标准的具体确定须满足其制度设计的价值功能需求。从原则上讲，立案标准的确定应符合立案程序本身的功能定位，立案程序的功能主要体现在对案件的输入与过滤。因此，对于立案标准的确定既要考虑满足程序对于案件的输入功能，也不能忽略对案件的过滤功能，即案件的立案标准不能仅仅满足输入功能而放弃过滤功能，也不能强调过滤功能而扩大案件的输入量。科学合理的立案标准应该能够使得立案程序对于案件的输入功能与过滤功能在动态中保持一种相对的平衡，即，实现对案件输入功能的同时确保对案件的应然过滤。

（三）立案标准在实践中的可操作性

一般来说，立案标准仅有指导性标准是不能满足司法实践之需求的，例如，盗窃、抢夺等侵财类罪名，《刑法》规定数额较大才构成犯罪，但数额具体到多少即可立案，则需要具体标准。此外，即使是行为犯，根据《刑法》总则第13条的规定，也要有一个程度标准，例如非法拘禁、介绍他人卖淫，都需要达到一定的危害程度才能够立案并追究刑事责任。虽然在我国当前的相关立法中，除了《刑事诉讼法》规定的指导性立案标准之外存在一些具体的立案标准，但是现有的关于刑事立案标准的司法解释、规章等文件，从总体上看是繁杂且陈旧的，是不能够很好的实现指导具体立案实践之功能的，这不仅不利于具体执行人员进行规范性立案操作，而且对于立案程序功能的本身的实现也产生一定的消极影响。立案标准的可操作性对于规范立案行为，实现立案程序的制度设计目的是十分重要的。要使得立案标准具有可操作性首先应对现有文件进行整理，在此基础上根据当前的社情民意，以指导性标准为原则设计出具有可操作性的具体立案标准。鉴于案件种类繁多，可以对频发性犯罪，如盗窃犯罪，先制定出规范的、可操作性强的立案标准。在就各类犯罪制定具体立案标准时，应遵循《刑事诉讼法》第86条的规定，结合各罪别的相关立法、司法解释以及国情要求为基础确定立案标准。至于在法律事实方面，案件事实符合刑事案件标准的立刑事案件，符合一般治安案件标准的立治安案件，不能人为地抬高或降低立案标准。

三、改革我国的刑事立案标准为"有证据证明有犯罪事实发生"

（一）目的：降低立案标准，增强启动程序的输入功能

设置独立的立案程序，并赋予立案主体必要的审查措施，这不仅有助于对案件进行过滤和分流，而且在现阶段，就我国司法实践的现状而言也是必要的，是符合我国国情的。较高标准的立案条件，很容易使立案程序虚置，在实践中没有将一部分实际上构成犯罪的行为纳入刑事诉讼，这极大地影响了刑事诉讼程序输入功能的发挥，即应该输入的案件没有输入，不仅如此，程序的过滤功能也未能很好的得到实现，即不该过滤的案件被过滤掉了。

《刑事诉讼法》将"有犯罪事实发生，需要追究刑事责任"确定为立案标准，这一立案标准无论是与英美国家的"合理怀疑"，还是与大陆法系国家中法国的"有犯罪事实发生"和德、日两国的"知悉犯罪"相比较，都是较高的。较高的立案标准势必弱化刑事诉讼启动程序的案件输入功能，毕竟在没有对案件展开具体的侦查活动时，仅仅靠对案件原材料的分析是很难判断涉案人是否需要承担刑事责任的，而若一定要做出确定，那么这一确定也是在显然的状态下做出的。

笔者认为，我国的立案标准应定位为"有证据证明有犯罪事实"即可。从证明的角度来看，这一证明标准符合立案的特点，即只要有证据证明有犯罪事实存在，就可以立案而不必查明是否需要追究刑事责任。这样可以加大诉讼启动程序的案件输入功能。当然，这有可能扩大了刑事追诉面，但是随着诉讼程序的逐步完备，司法机关可以在不同的诉讼阶段及时地通过撤案、不起诉、宣告无罪来纠正。并加强司法审查的力度，对强制性侦查行为采取令状主义，并听取犯罪嫌疑人、被告人及其辩护人的意见，采取动态的控制。正如有学者建议，重新设计"公检法"三机关的关系，在侦查程序中构建中立的司法机构审查和控制机制。[1]

（二）方式——以高度盖然性标准证明"有犯罪事实发生"

盖然性（probability, likely, possible）的一般含义是指搀杂不确定因素的事物发生的可能性[2]，是指事物发生的相对可能性的程度[3]。在证据法上，盖然性是指根据情理或者经验的一致性，或者以现在最好证据或者理由所做出的推断或者推测的真实可靠性；是指证明特定案件事实成立的本证多于反证所产生的常态[4]。根据上述定义，证据法上的盖然性是指由特定证据证明的案件事实成立的可能性程度。所谓盖然性规则，是调整盖然性的法律意义及其应用的证据法规范。盖然性原本不是

---

〔1〕　陈瑞华："刑事侦查构造之比较研究"，载《政法论坛》1999 年第 5 期。

〔2〕　参见薛波主编：《元照英美法词典》，法律出版社 2003 年版，第 1097 页。

〔3〕　参见〔美〕加纳主编：《牛津现代法律用语词典》，法律出版社 2003 年版，第 693 页。

〔4〕　参见《布莱克法律词典》，1979 年英文版，第 1081 页。

一个法律概念，具有相当大的弹性。相对而言，盖然性的要求是对证明程度最低限度的要求。盖然性是分等级的，不同的等级，证明也相应地要求达到不同的证明程度。由此便有了高度的盖然性的证明标准。德国历史上形成的"高度盖然性"的公式，即有罪认定除要求法官的诚实、良心和基于此而产生的有罪的内心确信外，还要求通过证据在质和量上的积累而使待证事实达到客观的"高度盖然性"。[1] 所谓高度的盖然性，一方面是指在公开的法庭上，通过证据的提出和调查以及当事人双方的辩论而逐渐形成的证据在质和量上的客观状态，以及这种客观状态所反映出来的要证事实的明白性和清晰性；另一方面，高度盖然性也指法官对这种客观状态的认识，即证据的客观状态作用于法官的心理过程而使其达到的确信境地。从某种角度讲，高度盖然性规则不仅约束当事人，更重要的是约束法官的心证。只有从实质意义上理解的高度盖然性规则才能将当事人履行举证责任和法官形成心证统一起来。

在立案程序中所要解决的是决定是否需要将案件作为刑事案件来对待，并进一步的对该案件进行侦查或审判的问题。高度盖然性证明标准的特点充分满足了解决这一问题的需求。第一，高度盖然性是一个形式真实与实质真实相统一的证明标准。"高度"要求盖然性必须达到一定的程度，即足以形成一定的确信，当然确定的举证仅仅优于否定的反证，并不足以促使判断者形成内心确信，也就是说高度盖然性规则对证据既有质的要求，又有量的要求。也就是说，在审查立案材料的过程中，不仅对证据材料的质量有一定的要求，而且对证据材料的数量也有一定的要求，即通过对立案材料的审查，立案主体就可以形成是否需要作为刑事案件予以立案的内心确信。第二，高度盖然性规则具有一定的弹性。"高度"并非对双向证据的盖然性进行机械比较的结果，而是根据案件的性质以及诉讼结果的社会效果不同而有所不同。相对而言，案件性质越严重，社会影响越大，立案时所要求的"高度"的幅度就越低，反之幅度就越高。也就是说，在立案中适用高度盖然性规则时，案件的性质、案件事实发生的可能性以及做出某种认定可能产生的社会影响都是确定高度盖然性时应予以考虑的。

（三）方法（手段）：用自由证明方法证明"有犯罪事实发生"

证明有严格证明和自由证明的区分。严格证明与自由证明这一对概念本由德意志诉讼法上的理论而来，二者是从其立证是否设有严格的客观法则之限制加以区别。关于诉讼客体（即犯罪事实存否之问题及关于刑罚权范围之问题）之立证，应适用严格客观法则，关于其他事实之立证，则委诸裁判官之裁量。基于客观的立证法则（证据法）之证明，为严格的证明；而关于程序形式之立证，并未直接设其客观法则，即委诸于裁判官之裁量，则对此之立证，为自由的证明。因之，严格事实，故

---

[1] 参见樊崇义主编：《证据法学》，法律出版社 2003 年版，第 308 页。

应经严格的证明；而自由事实，则以经自由的证明为已足。严格的证明与自由的证明，不特因其证明事实之不同而异其证明方法，且其性质及机能，亦有若干差异。[1]

一般认为，严格证明与自由证明的差别，主要表现在证据方法和调查程序两个方面。①证据方法。严格证明必须以法律规定的证据方法进行，该项要求又包括两个层面上的要求：一是用以严格证明的证明方法在形式上必须合乎法律规定；二是该证据方法依法必须具有证据能力。自由证明可以"以一般实务之惯例"选择适当的证明手段，"亦即可不拘任何方式来获取可信性（如以查阅案卷或电话询问之方式）。"[2] ②证明过程（即证据调查程序）。严格证明必须以法律规定的法庭调查程序进行。对于自由证明，立法则没有明文规定必须适用的调查程序，而委诸法院根据具体情况裁量而定。

在立案程序中使用自由证明的证明方法，主要基于以下几点考虑：①达到一定的证明标准须适用相应的证明方法。在立案程序中，有证据证明有犯罪事实发生只需要达到高度盖然性的证明标准，与高度盖然性证明标准相对应的是自由证明方法，换句话说，就是达到一定的证明标准需要适用一定的证明方法或手段。②在立案程序中，对于立案材料的审查无需适用严格证明的方式。在立案程序中，只要查明立案材料的可信性即可，鉴于诉讼及时性的要求，无需繁琐严格的程序来限制。

第五题　刑事强制措施亟待解决的若干问题

刑事强制措施，是指公安司法机关为了保证刑事诉讼活动顺利进行，依法对犯罪嫌疑人、被告人采取的暂时限制或者剥夺其人身自由的各种法定强制方法的总称。刑事强制措施是刑事诉讼中的一项重要制度，它在保障刑事诉讼顺利进行和保障人权方面发挥着重要的作用。随着社会对人权保障的高度强调，刑事强制措施的民主化、科学化成为人们追求的目标，同时刑事强制措施从只注重追究犯罪向在追究犯罪的同时注重人权保障方面转变。而当前在刑事诉讼法再修改之际，刑事强制措施改革和完善要基于追究犯罪与人权保障的双重目的来展开。《中央政法委员会关于深化司法体制和工作机制改革若干问题的意见》（以下简称《意见》）就刑事强制措施体系的改革采取的是坚持完善的态度。《意见》中提到了当前刑事强制措施中亟待解决的几个问题，如拘传时间的适当延长问题，完善监视居住、取保候审措施的适用条件和执行方式问题。对于刑事强制措施制度的完善应当从细化法律规定、提高司

---

[1]　参见陈朴生：《刑事证据法》，台湾三民书局1979年版，第275～285页。

[2]　参见［德］克劳思·罗科信：《德国刑事诉讼法》，吴丽琪译，法律出版社2003年版，第208页。

法实践中的可操作性入手，在总结司法实践经验的基础上，适当延长拘传时间；构建原则加例外的取保候审条件体系，明确必须取保候审和不得取保候审的特殊情形；改变监视居住适用条件模糊、界限难以把握的现状，完善监视居住的相关立法。下面我们就这几个问题进行探讨。

一、拘传时间的适当延长

拘传是强制被告人或犯罪嫌疑人到案接受讯问的一种强制措施，是五种刑事强制措施中强度力最轻的一种，是公安机关、人民检察院和人民法院对于未被羁押的犯罪嫌疑人、被告人，强制其到指定的地点接受讯问的一种方法。关于拘传的立法是较为粗疏的，[1] 不仅现行《刑事诉讼法》规定得过于简略，而且所有的相关立法也不过 13（不包括其中完全重复的）个条文，即《刑事诉讼法》2 个条文、《公安机关办理刑事案件程序规定》和《关于适用〈中华人民共和国刑事诉讼法〉若干问题的解释》各 3 个条文以及《人民检察院刑事诉讼规则》5 个条文。根据上述法律规定，可以对拘传做如下解读：拘传强制犯罪嫌疑人、被告人到指定的地点接受讯问，对人身自由的限制是比较短暂的。当讯问一结束，拘传的强制力即自行消失，被告人的人身自由就不再受到限制。拘传持续的时间最长不得超过 12 小时；不得以连续拘传的形式变相拘禁被拘传人。如果在讯问以后，认为需要限制或者剥夺犯罪嫌疑人、被告人的人身自由时，应当依法采取其他强制措施。拘传的地点应在犯罪嫌疑人、被告人所在的市、县。对犯罪嫌疑人、被告人采取拘传措施时，必须经过公安机关、人民检察院或人民法院负责人批准。拘传犯罪嫌疑人应当持有《拘传证》，如果犯罪嫌疑人、被告人抗拒拘传，可以使用械具。综合上述解读，拘传具有以下特点：①拘传的对象为犯罪嫌疑人与被告人，对其他妨害诉讼顺利进行的参与人不得适用拘传；②拘传的情形主要为"根据案件情况"，而"经过依法传唤，无正当理由拒不到案（庭）"为辅助性情形；③拘传的时限为 12 小时，自到案后开始计算，并由办案人员在拘传令状上予以注明；④拘传的间隔因禁止连续拘传而产生，但因缺乏应有的配套措施而没有实质意义；⑤执行拘传时必须出示拘传证，即使在紧急情

---

〔1〕《刑事诉讼法》分散在两处关于拘传的规定是相当简略的，实务所需的具体规则只能由司法解释及其他规范性文件来制定。为此，公安部制定的《公安机关办理刑事案件程序规定》（1998 年 5 月 14 日，以下简称《规定》）、最高人民法院制定的《关于适用〈中华人民共和国刑事诉讼法〉若干问题的解释》（1998 年 9 月 8 日，以下简称《解释》）、最高人民检察院制定的《人民检察院刑事诉讼规则》（1999 年 1 月 18 日，以下简称《规则》）先后出台。而在上述三个规范性文件之前的最高人民法院、最高人民检察院、公安部、国家安全部、司法部、全国人大常委会法制工作委员会制定的《关于刑事诉讼法实施中若干问题的规定》（1998 年 1 月 19 日）和之后最高人民检察院、公安部联合制定的《关于适用刑事强制措施有关问题的规定》（2000 年 8 月 28 日）都没有涉及到拘传的任何内容。

况下也不得无证拘传。适用拘传的目的是保障诉讼的顺利进行，但是拘传的相关立法却使得拘传在实践中缺乏可操作性。

（一）拘传在运行中存在的主要问题

1. 适用率低。司法实践中拘传的适用率是很低的。在检察机关，拘传的适用率也存在普遍较低的情况，如通过对 27 省适用强制措施情况的调查，全国检察机关 2007 年度在侦查职务犯罪案件中，拘传的适用率仅为 5.88%[1]。

2. "不得以连续传唤、拘传的形式变相拘禁犯罪嫌疑人"的理解存在问题。《刑事诉讼法》第 92 条规定：不得以连续拘传的形式变相拘禁犯罪嫌疑人。但缺乏进一步的配套措施和制约的规定，何为"连续拘传的形式"内容不明确。如果 12 小时的拘传时间不够，下一次采用拘传需要间隔多长时间才能认为不是变相拘禁？因为《刑事诉讼法》和相关司法解释中并没有明确规定两次拘传之间的间隔时间，在实践中，侦查人员在执行拘传时不好操作，普遍要求使之更具体，更具可操作性。

（二）存在上述问题的原因

1. 留置盘查对拘传形成冲击。《人民警察法》第 9 条规定，公安机关的人民警察对有违法犯罪嫌疑的人员，经当场盘问、检查发现有四种法定情形之一的，可以将其带至公安机关进行继续盘问（留置）[2]。同时还规定："对被盘问人的留置时间自带至公安机关之时起不超过 24 小时，在特殊情况下，经县级以上公安机关批准，可以延长至 48 小时，并应当留有盘问记录。"《公安机关适用继续盘问规定》第 8 条规定，对有违法犯罪嫌疑人当场盘问、检查后，不能排除其违法犯罪嫌疑，且具有四种情形之一的，人民警察可以将其带至公安机关继续盘问[3]。同时第 11 条还规定："继续盘问的时限一般为 12 小时；对在 12 小时以内确实难以证实或者排除其违法犯罪嫌疑的，可以延长至 24 小时；对不讲真实姓名、住址、身份，且在 24 小时以内仍不能证实或者排除其违法犯罪嫌疑的，可以延长至 48 小时。"由此看出，留置盘查限制犯罪嫌疑人的人身自由最长可达 48 小时，在事实上形成了《刑事诉讼法》规定之外的又一种强制措施，在一定程度上较拘传更为严厉。实践中，部分司法机关根据侦查办案的需要，为了尽量延长对犯罪嫌疑人的实际控制时间，以期一次获得相对充分的证据，为进一步采取强制措施奠定基础，往往对本应适用拘传的对象变为留置盘查甚至延长留置时间，而不论其是否符合留置盘查的适用条件，这就形成了

---

〔1〕 王建民："论职务犯罪侦查强制措施及其立法完善"，载《法律科学》2008 年第 3 期。

〔2〕 具体指以下四种情形：被指控有犯罪行为的；有现场作案嫌疑的；有作案嫌疑身份不明的；携带的物品有可能是赃物的。

〔3〕 具体包括以下四种情形：①被害人、证人控告或者指认其有犯罪行为；②有正在实施违反治安管理或者犯罪行为嫌疑的；③有违反治安管理或者犯罪嫌疑且身份不明的；④携带物品可能是违反治安管理或者犯罪的赃物的。

对拘传的冲击，导致拘传这一强制措施的使用率大大降低，这在一些基层公安机关是极为普遍的现象。[1]

2. 拘传时限的规定缺乏合理性和科学性。根据现行《刑事诉讼法》的规定，每次拘传持续的时间最长不得超过 12 个小时。对此，侦查机关普遍反映时间太短，实践中公安机关比较倾向于采用留置盘查措施而不愿意采用拘传，或将拘传与留置盘查混用以及在极短时间内连续拘传等问题的存在都与争取讯问时间有很大关系。[2]法律对拘传持续时间不得超过 12 小时的规定严重脱离了职务犯罪侦查实际。侦查部门的实践表明，这一规定明显不符合侦查工作的实际。从实践看，要在拘传后 12 小时之内取得案件实质性突破的可能性很小，主要原因在于：

第一，缺乏合理性——规定本身脱离了侦查工作的实际。1996 年《刑事诉讼法》修改实施以来，实践证明多数案件难以在 12 小时之内取得突破。之所以在 12 小时难以突破，原因是多方面的。一方面，随着社会经济文化的不断发展，侦查对象的反侦查能力在不断的提高，要在 12 小时的拘传时限内，实现讯问的目的是有相当难度的。另一方面，当前侦查手段严重不足、措施滞后、科技含量低，在有限的 12 小时内突破案件是很困难的。

第二，缺乏科学性——规定不符合侦查讯问的客观规律。从侦查心理学的角度讲，犯罪嫌疑人从心理上接受讯问直到认罪需要有一个过程，需经历抵触、试探、动摇、交待等几个阶段的心理历程。犯罪嫌疑人从最初的抵触到愿意供述犯罪事实，内心的斗争始终存在，而这种斗争在 12 小时内完成质的转变显然是不现实的。基于这些原因，实践中侦查机关迫于公众对打击犯罪的期待，以及在考核要求的压力下不得已而采取种种变通措施规避对拘传的适用。

（三）延长拘传时间有其必要性

从原则上讲有关刑事强制措施的立法必须兼顾打击犯罪与保障人权，因此人权保障原则理应贯穿于刑事强制措施的立法之中。但是当前在诸多因素的影响下，我国恶性刑事案件发案率呈逐年上升、居高不下之势，严重危害社会治安，破坏社会主义市场经济秩序，甚至影响当政者威信和形象的犯罪也频繁发生，加强对犯罪嫌疑人、被告人的权利保障较之迅速有效地惩治犯罪而言，难以获得社会的普遍支持，也无法具有较为广泛的社会基础。此外，从我国的现实国情出发，由于我国是一个经济相对落后的发展中国家，长期以来，国家对司法资源的投入不足，也对刑事诉

---

〔1〕 通过对司法实践中留置盘查与拘传的综合考察，我们发现留置盘查对拘传形成冲击的原因不限于留置盘查时间的相对宽松，还有一个重要原因在于相对于拘传，留置盘查的适用缺乏必要的实施性细则。

〔2〕 陈卫东主编：《刑事诉讼法实施问题调研报告》，中国方正出版社 2001 年版，第 11 页。

讼中公民权利保障的加强构成了限制。特别是侦查资源的严重不足，在这种情形下，对公安、检察机关提出过高的人权保障要求是不现实的，也较为困难。拘传作为一种强制措施应保障相对人的合法权利，但拘传作为一种防范措施也应保障办案的顺利进行。从世界其他各国的相关规定看，一些国家和地区的法律规定警察对任何公民"无证逮捕"后的羁押时间一般不得超过 24 小时，但经具有较高警衔的警官批准，可以将这一期间延长 12 小时。在上述期间之外如果还要延长对犯罪嫌疑人的羁押期间，须经治安法院或其他法院的合法授权，但最长的期限一般不得超过 96 小时。[1] 也就是说，国外法律规定对犯罪嫌疑人的一次传唤、拘传的时间，一般可分为 24 小时、36 小时和 96 小时这样三个层次。[2] 因此根据司法实践需要，参照国外立法规定，有必要将拘传的时限延长到 24 小时，并且以到案时间为计算起点。

延长拘传的时限，将其规定为最长不得超过 24 小时，具有重要意义。这不仅有助于保证办案的实际需要，而且可以更好地与国家赋予公安机关行使的滞留相对人权力的其他行政法律法规[3]相协调。此外，延长拘传时限至 24 小时，在某种意义上，也是强化拘传作为一种刑事强制措施理应具有的相对于其他性质的处分、处罚或处置而言更强的力度或至少应力度相当。同时，留置盘查对拘传形成的冲击也会在一定程度上被弱化。

二、取保候审适用条件的改革与完善

取保候审是我国《刑事诉讼法》所规定的强制措施之一，它是指公安机关、人民检察院、人民法院责令犯罪嫌疑人、被告人提供保证人或缴纳保证金，以保证犯罪嫌疑人、被告人不逃避或妨碍侦查、起诉和审判并随传随到的一种强制方法。取保候审的适用率在一定程度上反映了一个国家的刑事司法人权保障的状况，而据相关数据显示，从 2003 年到 2008 年我国取保候审的适用率是呈逐年上升的态势，但是仍然很低。[4] 取保候审适用率低迷的现状与我国当前的社会政治经济的发展是不协调的，2009 年 4 月《国家人权行动计划（2009～2010 年）》的发布更加凸显了这种不协调性。在我国，取保候审适用率低的这一现状在很大程度上与立法关于取保候

---

[1] 陈瑞华：《刑事诉讼的前沿问题》，中国人民大学出版社 2000 年版。

[2] 王建明、詹复亮："论检察机关的职务犯罪侦查权"，载孙谦、郑成良主编：《司法改革报告——中国的检察院、法院改革》，法律出版社 2004 年版。

[3] 这些法律法规包括：《治安管理处罚法》第 83 条规定，对违反治安管理行为人，公安机关传唤后应当及时问查证，询问查证的时间不得超过 8 小时；情况复杂，依照本法规定可能适用行政拘留处罚的，询问查证时间不得超过 24 小时。《集会游行示威法实施条例》第 26 条规定，依照该法第 33 条规定需要拘留的，公安机关应当在 24 小时之内讯问。

[4] 陈卫东、刘计划："英国保释制度及其对我国的借鉴意义"，载陈卫东主编：《保释制度与取保候审：保释制度国际研讨会论文集》，中国检察出版社 2003 年版，第 116 页。

审的适用条件有关，换句话说就是因为取保候审的适用条件缺乏科学性和合理性，所以造成适用困难的现状。下面文章在分析取保候审运行中所存在的问题的基础上，提出了关于改革和完善取保候审适用条件的建议。

（一）取保候审运行中存在的问题

1. 取保候审适用条件的宽泛性。根据《刑事诉讼法》和公安司法机关的有关规定，犯罪嫌疑人、被告人有下列情形之一的，可以取保候审：①可能判处管制、拘役或者独立适用附加刑的；②可能判处有期徒刑以上刑罚，采取取保候审不致发生社会危险性的；③对被拘留的人，需要逮捕而证据还不充足的；④应当逮捕但患有严重疾病的；⑤应当逮捕但正在怀孕或者哺乳自己婴儿的；⑥犯罪嫌疑人、被告人被羁押的案件，不能在法定的侦查、审查起诉、一审、二审的期限内办结，需要继续查证、审理的；⑦公安机关对检察机关不起诉的案件需要复议、复核的；⑧持有效护照或者其他有效出境证件，可能出境逃避侦查，但不需要逮捕的。[1] 与此同时，立法在给出了可以适用取保候审的情形后，又以明确立法的形式给出了不得取保候审的情形，即《刑事诉讼法》第 60 条第 1 款规定："对有证据证明有犯罪事实，可能判处徒刑以上刑罚的犯罪嫌疑人、被告人，采取取保候审、监视居住等方法，尚不足以防止发生社会危险性，而有逮捕必要的，应即依法逮捕。"《人民检察院刑事诉讼规则》第 38 条规定："人民检察院对于严重危害社会治安的犯罪嫌疑人，以及其他犯罪性质恶劣、情节严重的犯罪嫌疑人不得取保候审。"公安部制定的《公安机关办理刑事案件程序规定》第 64 条规定："对累犯、犯罪集团的主犯，以自伤、自残办法逃避侦查的犯罪嫌疑人，危害国家安全的犯罪、暴力犯罪，以及其他严重犯罪的犯罪嫌疑人，不得取保候审。"由此，在适用取保候审这种强制措施时要综合考量上述所有的条件，在符合所有的法律规定的情况下，方能适用。这样的立法在客观上造成选择适用的条件过于宽泛的现实，在实践中很难形成统一的证明要求，并直接影响取保候审正当化的实现。此外，从这些法律规定的适用范围来看，立法对取保候审规定的范围不但很宽泛，而且明确了取保候审的羁押替代性措施之功能——超期结案的可以取保候审，这在客观上造成了取保候审的适用条件缺乏可操作性，使得取保候审的可适应范围狭窄。

2. 取保候审适用率的低迷性。根据最高人民检察院工作报告，2003 年至 2007

年，全国审前羁押平均比率约为90.2%，取保候审率不足10%[1]，2008年全国审前羁押平均比率约为83.28%，取保候审率不足17%。[2] 以某市检察系统为例，2004、2005、2006三年检察机关取保候审率分别为12%、16%、17%。[3] 通过上述数据，我们发现近年来，相关部门为了调整、规范和加大取保候审的适用力度出台了一些重要的法律和规定，这些法律法规的适用在一定程度上提高了取保候审的适用率，但提高的幅度还是有限的。现实情况是，取保候审的适用率仍然处于低迷状态，这种状况与我国当前社会政治经济发展的不契合性不容乐观。

在司法实践中，取保候审的适用基本上都是一些不够罪的，或者可能判处缓刑、管制、拘役或者独立适用附加刑的非暴力或轻微暴力犯罪，明显呈现轻罪化倾向。究其原因和其适用理由有着密切的关系，具体到操作标准上为"罪行轻微"和"证据不足"。其中体现"罪行轻微"标准的情形有两种：①不够罪的。这一标准被囊括于逮捕的适用条件中，即，一般的"不够罪不捕"，进而"不捕变更为取保候审"，故此"不够罪适用取保候审"。②判缓刑的。但在实践中是反向操作这一标准的，即有可能判实刑的案件不能适用取保候审。因此从制度规范到规范执行层面的角度可以这样理解取保候审适用的演变过程：从刑事诉讼法规定的"比较宽泛"，到公检法三机关解释的"进一步限定"，最后到司法实践中成为"不够罪不捕的，或者判缓刑、拘役和管制的"适用取保候审，其他情况均以例外适用而存在于实践中。[4] 这一过程使得取保候审的适用范围逐步地被缩小，从而使得取保候审的适用率呈现较低的态势。

从另一个角度说，刑事诉讼法关于取保候审的条件，根据可能判处的刑罚幅度不同区分为两种情形：①可能判处有期徒刑以下刑罚的，可以取保候审；②可能判处

---

〔1〕 最高人民检察院工作报告—2008年3月10日在第十一届全国人民代表大会第一次会议上做的报告，报告中显示2003年至2007年，共批准逮捕各类刑事犯罪嫌疑人4 232 616人，提起公诉4 692 655人，由此计算出审前羁押率，但是由于批准逮捕与移送起诉之间的时间差，同一年内，前一数字并不一定被后一数字所包括，所以此处的审前羁押率只能做一个粗略估计。文中所显示的比率为移送审查起诉的案件中取保候审的适用比率。

〔2〕 最高人民检察院工作报告—2009年3月10日在第十一届全国人民代表大会第二次会议上做的报告，报告中显示2008年全年共批准逮捕各类刑事犯罪嫌疑人952 583人，提起公诉1 143 897人，由此计算出审前羁押率，但是由于批准逮捕与移送起诉之间的时间差，同一年内，前一数字并不一定被后一数字所包括，所以此处的审前羁押率只能做一个粗略估计。文中所显示的比率为移送审查起诉的案件中取保候审的适用比率。

〔3〕 傅强、翟小雷："宽严相济形势政策模式下取保候审的实证分析及制度重构——兼议对英国保释制度的理性借鉴"，载《形势政策》2008年第3期。

〔4〕 门金玲："对我国取保候审适用的实证研究——以某市基层侦查机关为视角"，载《北京人民警察学院学报》2008年第2期。

有期徒刑以上刑罚的，取保候审不致发生社会危险性的，可以取保候审。而"不致发生社会危险性"缺乏明确的考量性指标，缺乏可操作性，并且逮捕条件中也有"采取取保候审、监视居住等方法，尚不足以防止发生社会危险性"的规定。这种关于取保候审和逮捕条件的模糊性规定，也在客观上导致了取保候审适用率极低的情况。

（二）改革与完善取保候审适用条件的建议

犯罪嫌疑人审前羁押是常态还是例外在某种意义上反映着一个国家在刑事诉讼中对人权保障理念的秉持样态与实然状态。具体到我国，取保候审的适用情况不仅反映了审前犯罪嫌疑人被羁押的规模和普遍性程度，而且在某种意义上表明单纯从理论上构建一个合理的制度以期实现我国刑事司法领域人权保障的目标和理念是不切合实际的，人权保障理念与目标的实现需要一个循序渐进的过程，并且在此过程中要有明确的具有可操作性的法律规范来支持。法律的可操作性特征要求法律不能不考虑社会实践的水平，法律的规范性特征又要求其不能迁就社会生活中大量存在的不合理之处。有人认为要确立以取保候审为原则、羁押为例外的审前羁押原则，但是我们认为要将取保候审常态化作为制度设计所坚持的目标，但这个目标的实现是需要一个过程的，而体现这个目标实现进程的具体指数在特定的社会发展阶段应该是具体的历史的，需要综合考虑社会的控制力、社会对犯罪率的承受力、刑事侦查的水平、人权保障理念的发展进度、整个社会诚信体系的建立。[1] 因此，针对取保候审运行中存在的问题，要结合当前的国情，以适度扩大取保候审的适用、缩小审前羁押规模，强化人权保障理念为基本准则，对取保候审的适用条件进行改革与完善。

研究表明，我们需要综合考量多种情形、因素建立取保候审风险评估机制[2]，进一步对犯罪嫌疑人、被告人的"社会危险性"进行评估。据统计分析得出，有以下风险因素的犯罪嫌疑人、被告人重新犯罪的比例更高：①初次犯罪年龄较小；②犯有抢劫、伤害类罪行；③有前科劣迹；④单亲家庭；⑤受教育程度低；⑥有吸毒史。有以下风险因素的犯罪嫌疑人、被告人妨碍司法程序的可能性更大：①知道并且能找到检举人、证人、被害人及其家属；②有未被发现或未被抓获的同伙；③有未被查获的赃物、凶器或其它罪证。有以下风险因素的犯罪嫌疑人、被告人弃保潜逃的可能性更大：①保证人对其无控制力或控制力较弱；②无固定学校、工作、住所、通讯方式；③不讲真实姓名、住址、身份不明；④有流窜作案、多次作案、

---

〔1〕 门金玲："对我国取保候审适用的实证研究——以某市基层侦查机关为视角"，载《北京人民警察学院学报》，2008 年第 2 期。

〔2〕 邬庆祥："对少年犯罪嫌疑人、被告人取保候审风险评估办法的设想"，载徐建主编：《英国保释制度与中国少年司法制度改革》，中国方正出版社 2005 年版，第 301 页。

结伙作案重大嫌疑；⑤可能被判处 10 年以上有期徒刑、无期徒刑、死刑。[1] 因此，在确定对犯罪嫌疑人、被告人是否适用取保候审时应当结合平时表现、犯中表现、犯罪后的表现进行综合评估，最终决定罪嫌疑人、被告人是否可以取保候审。

目前无论是学界还是实务界都有观点表明，取保候审的适用对象应当尽量放宽，前提是无论罪轻罪重，只要取保候审期间不会再犯新罪，不干扰证人作证，不逃避追究，都可以考虑适用取保候审。但是鉴于人们的认可度和社会的承受能力，可以考虑分步实施最终实现。有人认为，对于取保候审的适用可以分四个层次：首先，在未成年人、老年人、残疾人、妇女犯罪案件中适用。这些人的社会危险性相对小一些。其次，在过失犯罪案件中适用。过失犯罪人的主观恶性不深，社会危险性相对较小。再次，在职务犯罪案件中适用。职务犯罪嫌疑人、被告人，在案件证据已经固定，犯罪嫌疑人、被告人已经认罪的情况下可以适用取保候审措施。最后，除杀人、抢劫、强奸、放火、投毒、爆炸、黑社会性质组织犯罪等严重危害社会治安秩序的犯罪外，都可以考虑适用取保候审。[2] 事实上，这种观点认为，在确定是否适用取保候审时，应当综合考量两个方面的内容，即犯罪嫌疑人、被告人和案件具体情况，对此我们表示赞同，但是考虑到立法应具有可操作性，关于取保候审适用条件的改革与完善，提出如下建议。

建议刑事诉讼法本着坚持保护公众、保护证据、避免被取保人潜逃三大原则，对于不得取保候审的情形采取列举的方式，从以下两个方面加以明确规定。一方面，针对犯罪嫌疑人、被告人的具体情况，确定适用取保候审与否应当考虑的基本要素，主要审查并确定犯罪嫌疑人、被告人：①是否可能继续犯罪；②是否会逃避侦查、检察和审判；③是否可能毁灭、伪造证据，串供、干扰证人作证或报复证人；④是否有自杀迹象等。凡是有证据和事实表明可能发生以上情形的，原则上应当不适用取保候审。另一方面，针对案件的具体情况，应当考虑以下要素作为不得取保候审的依据：①案件的性质。如危害国家安全的犯罪、暴力型的严重犯罪等，这些案件的犯罪嫌疑人、被告人继续犯罪、逃避审判和刑罚惩罚的可能性相对于其他案件的可能性较大；②可能的量刑幅度。如可能判处 5 年以上有期徒刑者，不得适用取保候审，因为可能被判处的刑罚越重，弃保逃避审判或继续犯罪的可能性也就越大；③是否累犯或是否有过违反取保候审规定的记录；④是否属于有组织犯罪的首犯或主要成员、是否流窜犯罪或多次多地犯罪等。[3] 这些要素都可能导致被取保者弃保

---

〔1〕 傅强、翟小雷："宽严相济形势政策模式下取保候审的实证分析及制度重构——兼议对英国保释制度的理性借鉴"，载《形势政策》2008 年第 3 期。

〔2〕 李忠诚："论取保候审制度的完善"，载《中国刑事法杂志》2003 年第 6 期。

〔3〕 周伟："保释解读与我国取保候审制度改革"，载《法学》2004 年第 12 期。

或继续犯罪、毁灭证据、报复甚至杀害证人，因此属于不可取保候审的情形之列，除此之外，原则上都应当适用取保候审。

三、监视居住的改革与完善

监视居住是公安机关、人民检察院和人民法院责令犯罪嫌疑人、被告人在一定期限内未经批准不得擅自离开住处或指定居所，并对其行动加以监视的强制方法。在规范层面，监视居住通常适用于符合羁押条件，但犯罪情节轻微或者社会危害不大、有患病或怀孕或哺乳情形的犯罪嫌疑人，个别情况下也可以在证据不足时作为侦查羁押的一种变更适用方式。被监视居住的犯罪嫌疑人不得离开其住所，不得干扰证人作证、毁灭伪造证据或串供，在传讯时应及时到案；对侦查机关而言，在监视居住期间不得中止对案件的侦查。[1] 监视居住从根本上讲是为了防止犯罪嫌疑人逃避诉讼而适用的在一定程度上限制其人身自由的诉讼手段，但在强制性上又远未达到羁押程度，从而在某种意义上具备了替代羁押的功能。事实上，在刑事诉讼法规定的五种强制措施中，监视居住虽然倍受争议，但是在理论研究方面，较少为学界所关注，在实践中，也较少为公安司法机关所采用，在《刑事诉讼法》即将进行的再修改之际，再一次面临着存废之争。[2] 有学者在拟定的《刑事诉讼法（第二修正案）学者拟制稿》中，明确取消了监视居住措施。[3] 而也有学者在拟定的《刑事诉讼法再修改专家建议稿》[4]、《模范刑事诉讼法典》[5] 中，保留了监视居住措施。我们的观点是，在《刑事诉讼法》再修改时主张保留监视居住。监视居住在司法实践中虽然表现不尽如人意，没有达到法律制度设计之初的应然效果，但是如果对监视居住简单地废除，未必是理性的选择。不可否认的是监视居住有其特定的适用价值，有保留的必要性，合理的做法是针对其在立法和实践中存在的问题加以改革完善，使其充分发挥在刑事诉讼中应有的效用。

（一）监视居住运行中存在的主要问题

1. 监视居住的适用率低。监视居住的适用率低已是不争的事实。很多学者对该问题进行了相关的调研，如，某刑事强制措施课题调查组调查了西部某省某基层公

---

〔1〕 参见《中华人民共和国刑事诉讼法》第57、58条，公安部《公安机关办理刑事案件程序规定》第103条。

〔2〕 在1996年刑事诉讼法第一次修正之前，监视居住就曾经有过废之争，最后立法保留了该措施。樊崇义主编：《刑事诉讼法学研究综述与评价》，中国政法大学出版社1991年版，第128页。

〔3〕 徐静村：《中国刑事诉讼法（第二修正案）学者拟制稿及立法理由》，法律出版社2005年版，第362页。

〔4〕 陈光中：《中华人民共和国刑事诉讼法再修改专家建议稿与论证》，中国法制出版社2006年版，第58页。

〔5〕 陈卫东：《模范刑事诉讼法典》，中国人民大学出版社2005年版，第207页。

安机关监视居住的适用情况，调查的案件范围为 2004、2005、2006 年 3 年的刑事案件。[1] 3 年中的被追诉人分别为 170 人、129 人、165 人，而采取监视居住的被追诉人分别为 2 人、2 人、0 人。这说明监视居住制度没有发挥应有作用。其他调查材料也说明了同样的问题。据某法院统计资料表明，1999 年 1 月至 2000 年 12 月的两年时间内，刑事案件犯罪嫌疑人、被告人采取取保候审和监视居住的比例 56:0。[2] 东莞市人民检察院 2003 年至 2004 年两年来采取监视居住措施的也仅为 1 起 1 人次。[3] 在职务犯罪侦查中，绝大多数办案机关基本不适用监视居住。有调研显示，2000 年至 2004 年，A 地人民检察院适用监视居住人数仅为 1 人，B 地适用监视居住人数为 0。[4]

2. 监视居住羁押化及由此引发的相关问题。监视居住制度在实际的执行中被异化为羁押是一个非常突出的现象。监视居住本身是限制公民自由的刑事强制措施，而在具体的执行中大量出现由办案人员陪同被监视居住的公民，一起吃住。这就等于被监视居住的公民没有了自由，只是被羁押的地点不在看守所而已。《刑事诉讼法》第 57 条规定，监视居住的执行场所是被监视居住的犯罪嫌疑人、被告人的住所，无固定住所的，执行场所是执行机关指定的居所。因此，在监视居住的执行中，以犯罪嫌疑人、被告人的住所为原则，指定居所为例外。但在调查中发现，许多办案机关不论犯罪嫌疑人、被告人在本地有无住所，多将其放在"指定的居所"执行。据对监视居住执行情况的相关调查显示，某市公安分局监视居住的 603 人中，放在拘留所执行的就有 588 人，放在犯罪嫌疑人、被告人住所执行的仅 15 人。[5] 还有的办案机关将被监视居住人放在招待所、宾馆等场所执行，由专人"监视"，使被监视居住人的人身自由受到很大限制。除此之外，即使是在被监视居住人的住所执行，实践中也存在着诸多问题。据某市公安局对近 3 年内办理的监视居住案件的统计分析，只有 5% 的被监视居住人员是"单身居住"，[6] 其余都是"混合居住"。[7] 而针对"混合居住"的犯罪嫌疑人、被告人，在对其适用监视居住这一强制措施时就涉

〔1〕 该课题调查组为杨正万教授主持的国家社科基金项目《刑事强制措施的理论与实践研究》。
〔2〕 杨正万："监视居住制度的困境与出路——基于保留立场的分析"，载《凯利学院学报》2009 年第 1 期。
〔3〕 余辉胜："现行监视居住制度的隐忧与反思"，载《西南政法大学学报》2007 年第 6 期。
〔4〕 宋英辉："职务犯罪侦查中强制措施的立法完善"，载《中国法学》2007 年第 5 期。
〔5〕 陈建新："对监视居住措施实施现状的调查与思考"，载《人大研究》2003 年第 3 期。
〔6〕 所谓"单身居住"，是指犯罪嫌疑人、被告人独身居住的住所，不跟第三人居住在一起。
〔7〕 所谓"混合居住"，是指犯罪嫌疑人、被告人跟第三人居住在同一住所，如"中心家庭"或"核心家庭"（目前我国把家庭成员只有父母子女的称之为"中心家庭"或"核心家庭"）、单位集体宿舍、与他人合租的住所、享用公共设施等。

及到对第三人的权利保护问题。从原则上讲，对那些与被监视居住人"混合居住"的第三人来说，他们没有理由为他人的过错承担什么不利的后果。然而在现实的司法实践中，情况却并非如此。

（二）监视居住适用条件之改革与完善

监视居住在运行过程中之所以出现适用率低、监视居住羁押化现象的常态化以及由此引发的相关问题，是多种因素综合使然，但是从根本上讲最为重要的是监视居住适用条件的相关立法存在问题。要解决当前监视居住运行中存在的问题，最为关键的是对监视居住适用条件的改革与完善。

为了避免监视居住对象随意扩大，保障法律的严肃性，《刑事诉讼法》在修改时应对规范监视居住的适用条件予以特别关注。建议在修改《刑事诉讼法》时做如下考虑：

1. 适用对象的范围。①取消对可能判处管制、拘役或独立适用附加刑的犯罪嫌疑人、被告人可以采取监视居住的规定，因为此类案件轻微，社会危害性相对较小，对其进行监视居住一方面不符合优化司法资源配置的基本理念，另一方面有违刑事诉讼所坚持的比例性基本原则。②将"可能判处有期徒刑以上刑罚，对其进行监视居住不至于发生社会危害性的"的规定作为对犯罪嫌疑人、被告人的一般性适用条件，即这是基础性的条件，是必要性要件。③增加"累犯、犯罪集团的主犯、以自伤、自残等方法逃避侦查、起诉、审判的犯罪嫌疑人、被告人，危害国家安全的犯罪、暴力型犯罪以及其它严重犯罪的犯罪嫌疑人、被告人，不具备逮捕条件的，或虽然符合逮捕条件，但因患有严重疾病或者是怀孕或者正在哺乳自己未满一周岁婴儿的妇女而不适合逮捕的，可对其采取监视居住的强制措施"的规定，之所以这样规定是因为这类犯罪人的人身危险性较大、如果对其采取取保候审则容易放纵犯罪，而且侦查此类案件需要的时间相对较长，采取监视居住有利于为办案机关争取较多的时间。④针对持有有效护照或其他有效出境证件，可能出境逃避侦查，但不符合逮捕条件的犯罪嫌疑人、被告人，为防止其以逃离中国境内的方式逃避、妨碍或破坏刑事诉讼活动的顺利进行，也应规定可对其采取监视居住措施。⑤对于职务犯罪案件一般可以考虑适用监视居住。

2. 监视居住的地点选择。一般情况下应当是在被监视居住人的住处执行，但是对于流动人口、异地作案、不能提供保证人或缴纳保证金的特定人员，确定监视居住的适用场所，应当排除"住处"，统一规定为司法机关指定的居所，以有效避免或消除侵犯第三人合法权利的可能性。

3. 执行方式的选择。对于在司法机关指定的居所进行监视居住的可以实行集中监视的方式执行；对于在住处执行监视居住的，则以由专人进行分散监视的方式执行。

第六题　留置盘查的法律适用问题

留置盘查对于维护社会秩序、保障社会安全具有重要的意义，但是由于留置盘查行为本身具有强制性，且可能会对公民个人权利与自由形成一定的限制与威胁，这使得留置盘查的适用须符合一定标准方能充分发挥其作用。许多法治国家都根据盘查行为的性质属性，秉承现代法治原理，对盘查启动标准，盘查过程中强制力触及的范围与深度作出了相对具体的规定，与此同时对于遭受违法盘查的当事人也提供了一定的救济途径。但是在我国却有所不同，虽然我国在诸多法律文件中都确认了警察的盘查权，并且初步形成了一定的制度规范体系，但其无论是与法治国家的盘查制度相比，还是基于盘查法律实践的需求，这些制度规范都存在着明显的不足。而这些制度规范上的缺失也就导致了实践中的留置盘查处于一种无程序可遵循与无规范可恪守的状态，对此感受最深的莫过于被盘查人，他们的合法权利受到了不同程度的侵害。鉴于此，我们以厘清留置盘查实践中存在的问题为基础，对留置盘查的法律适用问题进行探讨。[1]

一、我国留置盘查的现状与存在的问题

在我国，留置盘查是人民警察为维护社会治安而依法行使行政职权的行为，是法律赋予公安机关打击违法犯罪活动的一种权力，为维护社会稳定、打击违法犯罪提供了强有力的法律支持和制度保障。留置盘查制度的实施对于维护社会治安、查处各类违法犯罪活动起到了积极的作用。最突出的表现是留置盘查与刑事司法活动密切相关，许多违法犯罪活动就是在警察的留置盘查中发现的，在某种意义上，留置盘查甚至已成为一种"准刑事程序"、"准强制措施"。留置盘查制度对于"维稳"的积极意义是必须予以肯定的，但是其中存在的问题也是不容忽视的。下面就留置盘查的现状与问题进行阐释，并以此为前提分析问题存在之原因。

---

[1]《中国人民共和国人民警察法》第9条规定："为维护社会治安秩序，公安机关的人民警察对有违法犯罪嫌疑的人员，经出示相应证件，可以当场盘问、检查；经盘问、检查，有下列情形之一的，可以将其带至公安机关，经公安机关批准，对其继续盘问：①被指控有犯罪行为的；②有现场作案嫌疑的；③有作案嫌疑身份不明的；④携带的物品有可能是赃物的。"从条文可以看出，盘查有两种，即当场盘查和留置盘查。当场盘查和留置盘查的行为性质并无差异，主要区别在于时间和空间上的不同。留置盘查是当场盘查的继续，也称为继续盘问。与当场盘查相比，留置盘查涉及到对公民人身自由的限制，因而违法留置盘查对公民人身权利的潜在威胁更大，在实践中存在的问题也更多，因而对留置盘查的法律适用问题进行探讨。

（一）现状

1. 立法现状。我国留置盘查的相关制度规范的内容主要在以下几部法律和司法解释中：《人民警察法》[1]、《公安部关于公安机关执行〈人民警察法〉有关问题的解释》[2]、《城市人民警察巡逻规定》[3]《公安机关办理刑事案件程序规定》[4]、《中华人民共和国居民身份证法》[5]、《公安机关适用继续盘问规定》[6]。从我国留置盘查制度的相关规定来看，我国的留置盘查制度主要规定在行政法律中，在很大程度上是将它作为一种行政警察活动来调整，而不是一种刑事司法活动，换句话说，就是它主要受行政法律的调整，而刑事诉讼法律对留置盘查行为并无约束力。

2. 实务现状："不愿用、不敢用"与"滥用"并存。《中华人民共和国人民警察

---

〔1〕 1995 年 2 月 28 日第八届全国人大常委会第十二次会议审议通过的《中华人民共和国人民警察法》第 9 条，"为维护社会治安秩序，公安机关的人民警察对有违法犯罪嫌疑的人员，经出示相应证件，可以当场盘问、检查；经盘问、检查，有下列情形之一的，可以将其带至公安机关，经该公安机关批准对其继续盘问：①被指控有犯罪行为的；②有现场作案嫌疑的；③有作案嫌疑身份不明的；④携带的物品有可能是赃物的。对被盘问的人留置时间自带至公安机关之时起不超过 24 小时，在特殊情况下，经县级以上公安机关批准，可以延长至 48 小时，并应当留有盘问笔录。对于批准继续盘问的，应当立即通知其家属或者其所在单位。对于不批准继续盘问的，应当立即释放被盘问人。经继续盘问，公安机关认为对被盘问人需要依法采取拘留或者其他强制措施的，应当在前款规定的期间作出决定；在前款规定的期间不能作出上述决定的，应当立即释放被盘问人。"

〔2〕 1995 年 7 月 15 日，公安部在《公安部关于公安机关执行〈人民警察法〉有关问题的解释》第 1 条中，对盘问、检查进一步作了规定，"依照人民警察法第 9 条的规定，公安机关的人民警察在执行追捕逃犯、侦查案件、巡逻执勤、维护公共场所治安秩序、现场调查等职务活动中，经出示表明自己人民警察身份的工作证件，即可以对行迹可疑、有违法犯罪嫌疑的人员进行盘问、检查。检查包括对被盘问人的人身检查和对其携带物品的检查"。该解释比较详细地规定了盘查的程序、留置室（侯问室）的设置以及被留置人员权益保障等。

〔3〕 根据 1994 年 2 月 24 日公安部令第 17 号《城市人民警察巡逻规定》第 5 条规定："人民警察在巡逻值勤中依法行使以下权力：①盘查有违法犯罪嫌疑的人员，检查涉嫌车辆、物品；②查验居民身份证……"

〔4〕 公安部令第 35 号 1998 年 5 月 14 日发布的修改后的《公安机关办理刑事案件程序规定》第 132 条规定："对被留置盘问的犯罪嫌疑人需要拘留、逮捕、取保候审或者监视居住的，应当在留置期间内办理法律手续。"

〔5〕 2003 年 6 月 28 日第十届全国人民代表大会常务委员会第三次会议通过的《中华人民共和国居民身份证法》第 15 条规定了人民警察在执行任务时，有查验居民身份证的权力，查验身份证是警察行使盘查权的重要形式之一。

〔6〕 2004 年 7 月 12 日公安部发布了《公安机关适用继续盘问规定》，涵盖了立法目的、依据，公安机关适用继续盘问必须遵循的原则，继续盘问的适用对象和时限，继续盘问的审批和执行，侯问室的设置、建设和管理，执法监督和责任追究等各个环节。对继续盘问工作从实体到程序作了明确的规定，充分体现了从严控制适用继续盘问，严格执法程序，减少随意执法空间，维护公平、公正，以及保障公民合法权益的宗旨和精神。

法》及相关的司法解释对留置盘查这一权力的规定过于笼统，加上一些社会因素，在实际执行过程中出现了一些带有普遍性的问题：超范围盘查、超时留置、留置盘查期间刑讯逼供等各种违法违纪行为时有出现。尤其是 2004 年之前，全国各地接二连三地发生被留置盘问人员非正常死亡事件。公安部根据当时情况的需要出台了《公安机关适用继续盘问规定》，并于 2004 年 10 月 1 日在全国公安机关正式实施，该规定包含了公安机关适用盘问、留置继续盘问的各个环节，涉及到遵循的原则、适用对象、时限、审批和执行、候问室的设置、建设和管理及监督、责任追究等方方面面的内容。国内法学界认为，与 1995 年的规定相比，2004 年的规定在保护人权方面有着实质性的突破。但是由于 2004 年的规定，在审批、法律文书、留置报备等一整套程序上作了详细的规定，这使得部分基层民警觉得操作较为复杂，且容易出错，怕被追究责任，因而开始减少使用留置盘查而改用其它措施。尤其是在 2009 年 4 月进行的针对牢头狱霸现象而涉及到的"规范公安机关留置盘查制度"中，检察机关强力介入，并在专项检查中承担四项职能。[1] 这更加促使留置盘查的适用率再次下降。但是与此同时，滥用留置盘查的现象也依然存在，忽略程序规定或者对程序进行擦边处理，如对违法犯罪嫌疑人进行传唤后，采用留置盘查；对犯罪嫌疑人进行刑事拘留或刑事传唤后，在法定期限内查无确切的犯罪证据，拟作治安行政处理而转为留置盘查；有些公安机关为了争取办案时间，对有较充分的证据可以证明实施了犯罪行为的犯罪嫌疑人先行留置，留置期限一到转为刑事拘留，这样就很"合法"地延长了限制嫌疑人人身自由的时间。

留置盘查从最初的滥用，到目前许多警察"不愿用、不敢用"与"滥用"并存的现象，使得留置盘查这一打击违法犯罪、维护社会稳定的有力武器，既得不到有效利用，也发挥不了其应有的作用。

（二）存在的问题

1. 留置盘查制度运行中出现的问题。

（1）留置盘查的适用对象不当扩大。立法对留置盘查适用的标准、范围和深度规定不清，导致留置盘查权的滥用，最突出的就是适用对象不当扩大。《中华人民共和国人民警察法》第 9 条只规定对符合四种情形的违法犯罪嫌疑人采取留置盘问，对于具体适用的标准未作出规定。虽然 2004 年公安部出台的《公安机关适用继续盘问规定》对于《中华人民共和国人民警察法》第 9 条所列的四种情形作了相对详细的解释性规定，但是对警察的留置盘查权却未作应有的限制。现实中留置盘查主要依靠警察的个人主观判断，只要认为有可疑之处即可对当事人采取留置盘问，主观

---

[1] 最高人民检察院、公安部："牢头狱霸整治纪实：规范公安机关留置盘查制度"，载《人民日报》2009 年 4 月 29 日。

性明显大过法律所许容之限度。盘查对象被随意扩大，加之确有一部分警察素质较低，导致一系列侵犯人权的现象发生成为必然。

（2）留置盘查的强度过大。法律保留原则是现代法治的一项基本原则，其要求对公民基本权利的干预必须有法律的明确授权。盘查作为查缉违法犯罪嫌疑人的手段，其功能在于发现违法犯罪事实、初步控制嫌疑人，为下一步的行政处理或刑事侦查提供基础。作为查缉手段，盘查启动的标准相对较低，事前的程序控制几乎没有，因而，其对公民权利的限制应在较轻限度内进行。如果发现嫌疑人涉嫌犯罪而需采取进一步措施，则应采取刑事强制措施。法律对留置盘查具体行使过程控制的缺位使刑事强制手段在盘查实务中被大量使用，导致盘查力度超越了其应有的范围。如在涉嫌出售毒品的酒吧、夜总会等特定营业场所进行盘查时，将该场所所有人带至公安机关强制取样检查，并对部分人员做留置继续盘问的处理。

（3）留置盘查的时间过长。留置盘查作为一种具有强制性的限制公民人身自由的职能行为，具有临时性的特征，这决定了适用留置盘查的时间不应该过长。而我国《人民警察法》规定留置盘问的时间一般为24小时，特殊情况可延长至48小时，而传唤、拘传最长才12小时。留置盘问后又拘传的，时间可长达60小时，严重限制了公民的人身自由。从理论上讲，留置盘查的强度要明显低于刑事强制措施，因而其适用时间理应短于刑事强制措施体系中的任何一种强制措施。但是根据相关的法律与司法解释的规定，留置盘查的时间事实上比刑事传唤和拘传的时间要长。这使得实践中，公安机关在对违法犯罪嫌疑人员进行处置时，就会首先选择适用留置盘查，这种趋势如果不加以遏制，将会在架空拘传的同时对公民权利加大潜在威胁。从世界各国的规定看，英国规定，在任何情况下留置时间都不得超过搜查必要的时间；德国规定留置不得超过查明其身份所必要的时间，而且在任何情况下都不得超过12小时；法国司法警察警官可以规定当事人在扣留时间内不得离开规定的场所，但扣留时间一般不得超过4小时，警察行使留置权的时间限制，应具体情况具体分析，对有迹象实施犯罪或即将犯罪的可延长至24小时。因此，我国的留置盘查时间过长，有必要缩短留置盘问的时间。

2. 作为一项法律制度，留置盘查缺少必要的制度配合。

（1）留置盘查缺乏法律监督。我国《刑事诉讼法》第8条规定："人民检察院依法对刑事诉讼实行法律监督。"人民检察院是我国的法律监督机关，依法对刑事诉讼的立案、侦查、起诉、审判、执行等各个环节实行法律监督，保障刑事诉讼的合法、公正。由于留置盘查法律性质不清，未列入刑事诉讼的范围，故留置盘查不受刑事诉讼程序的约束，也就不受人民检察院的刑事法律监督。公安机关兼具行政机关和司法机关的双重身份，行使行政警察职权和刑事司法职权，集留置盘查决定权、执行权于一身，如果缺乏有效的监督和制约，必然导致权力的滥用。实践中正因为监督的缺乏,公安机关滥用留置盘问权的现象较为普遍,从而导致一系列侵犯人权的现象发生。

(2) 留置盘查缺乏与刑事强制措施的协调一致。留置盘查在司法实践中大量使用,成为一种"准强制措施",甚至成为刑事强制措施的前置措施,虽然弥补了拘传、拘留等强制措施在适用中的一些缺陷,但也与拘传、拘留存在不协调之处,并冲击了我国的刑事强制措施体系。拘传的时间不得超过 12 小时,对公安机关来说,多数案件难以在此期间内查清犯罪事实,而留置盘查时间可达 48 小时,实际效果要好于拘传。留置盘查在一定程度上有效弥补了拘传时间过短之缺陷,正是由于此优势,实践中,公安机关往往愿意适用留置盘查而不愿适用拘传,从某种角度讲,拘传的实际功能已为留置盘查所取代。甚至在实践中为便于调查取证,查清事实,存在留置盘查与拘传交叉使用的现象,即,对当事人先适用留置盘查,然后再适用拘传,这样一来限制当事人人身自由的时间可长达 60 小时。或者在拘传后,因时间短,问题没有查清,对当事人适用继续盘查。事实上,严格意义上讲,留置盘查措施是不能与拘传措施混用或交叉使用的,公安机关采用留置盘问措施后,经讯问查证后,根据案件的具体情况,或进行治安管理处罚,或采取拘留、逮捕等刑事强制措施,或排除违法犯罪嫌疑而立即放人,绝不能在留置盘查程序结束后又加以拘传,否则虽然延长了办案时间,但却损害了当事人的合法权益。留置盘查的情形与拘留有交叉之处,适用留置盘查的四种情形基本涵盖了适用拘留的七种情形,但两种措施在适用对象、适用期限、法律后果等方面却根本不同,相近的情形却规定了不同的措施,存在明显的不协调,致使在司法实践中容易产生混乱。且由于错误拘留、逮捕要承担国家赔偿责任,而错误留置盘查只需立即放人即可,不必承担国家赔偿责任,故公安机关在本应直接适用拘留、逮捕强制措施时,却适用了留置盘查,这事实上是变相延长了羁押期限。

(3) 留置盘查缺乏司法救济。无救济即无权利,无救济,权利必然难以落实。留置盘查作为一种限制公民人身自由的措施,使用不当会侵犯公民合法权益,被盘问人有权寻求法律救济。我国《人民警察法》第 50 条规定:"人民警察在执行职务中,侵犯公民或者组织的合法权益造成损害的,应当依照《中华人民共和国国家赔偿法》和其他有关法律、法规的规定给予赔偿。"《公安机关适用继续盘问规定》第 40 条规定:"被盘问人认为公安机关及其人民警察违法实施继续盘问侵犯其合法权益造成损害,依法向公安机关申请国家赔偿的,公安机关应当依照国家赔偿法的规定办理。"虽然我国法律对留置盘查的司法救济做了一些规定,但对损害的界定、侵犯行为的确认等有关内容的规定过于原则,缺乏具体的依据和标准,这使得现实中当事人难以寻求行之有效的司法救济。仅仅依靠《国家赔偿法》也不能解决所有问题,因为《国家赔偿法》的规定比较模糊,在何种情况下获得赔偿,如何赔偿,都未作出明确规定。此外，被盘问人的合法权益受到侵害以后，是否有权申请行政复议、提起行政诉讼，现行法律均无明确规定，在《公安机关适用继续盘问规定》中也无此方面的内容。这使当事人完全处于被动地位，不利于保护犯罪嫌疑人的合法权益。因此，国家应完善相关的法律制度，给当事人以事前、事中、事后的司法救济权利，一旦出现侵权行为，可以通过司法救济渠道保护被盘问人的合法权利。

（三）原因分析

1. 理念问题："两重两轻"（重实体、轻程序，重打击、轻保护）。留置盘查制度的确立本身是存在理念偏颇的，而理念上的偏颇将直接导致行为的过激，这种过激具体表现在留置盘查制度本身的设计上——重实体、轻程序，重打击犯罪、轻人权保障。

在我国"两重两轻"的思想由来已久、根深蒂固，无论是立法还是司法都过分强调实体价值而轻视程序价值，强调打击犯罪而轻视人权保障。留置盘查程序简单，适用灵活，只要公安机关认为有违法犯罪嫌疑即可对当事人留置盘查，不仅如此，为了查清案情，超时间、超范围留置盘查，不表明身份，不履行审批手续，不通知当事人的家属等一系列违背程序、轻视权利的事情时有发生。这种执法价值取向直接损害了当事人的合法权益，是缺乏程序意识、缺乏人权保障理念的一种突出反映。

2. 对留置盘查制度本身的认识问题。我国留置盘查制度运行的现状和存在的问题，事实上说明对于留置盘查制度本身的认识存在问题。

第一，对留置盘查的法律性质认识不清。由于我国立法对留置盘查的法律性质规定不清，使得事实上兼具行政性和司法性的留置盘查游离于刑事诉讼程序之外，无法接受人民检察院的监督。公安机关既行使行政警察职权，又行使刑事司法职权，警察权力膨胀，其结果是留置盘查权的滥用，超时间、超范围适用留置盘查，从而导致一系列侵犯人权现象的发生。由于法律性质不清，对错误的留置盘查措施也缺乏相应的救济，既不能提起行政复议、行政诉讼，也无法提起国家赔偿。可以说，留置盘查法律性质的不清是造成一切问题的根源，要解决以上诸问题，必须首先明确留置盘查的法律性质。

第二，实践中对于留置盘查制度的定位存在问题。设置留置盘查制度之初衷在于维护社会治安，侦查犯罪，防止危害发生，这是为世界各国立法所确认的。[1] 而且，根据各国对留置盘查进行的相关制度设计，可以肯定的是留置盘查制度在很大程度上是定位于预防犯罪行为的发生，而非以侦查犯罪为原始动力。但是警察的留

---

[1] 对于我国设置留置盘查制度的初衷，我们认为，因为在立法中明确将其界定为一种行政强制措施，而非刑事强制措施，因此，在很大程度上是将留置盘查制度的功能定位于预防危害发生之目的，而非侦查已然犯罪之目的，但是，并不排除为查获已然犯罪而实施的留置盘查行为的存在。

置盘查权作为一种"低能见度"[1] 的权力，如若定位存在偏差，则其在实践中的样态与制度设计之初衷必定会发生偏离。恰如我国的留置盘查制度，实践中的样态与制度设计初衷是不一致的，这从根本上讲是对留置盘查制度的定位存在问题。

3. 立法不完善造成实践中的执行缺乏规范性。我国的留置盘查制度主要规定在《中华人民共和国人民警察法》、《公安机关适用继续盘问规定》等一系列行政法律中，《刑事诉讼法》未对此作出规定，使得留置盘查主要受行政法律关系的调整，而不受刑事诉讼程序的调整，而留置盘查与刑事司法活动密切相关，已成为绝大多数刑事案件的必经程序，这就造成公安机关在刑事司法活动中运用留置盘查时缺乏相应的法律依据，滥用留置盘查权成为法律存在疏漏情况下出现的一种必然现象。《人民警察法》、《公安机关适用继续盘问规定》只是概括规定了适用留置盘查的情形，而没有规定适用的标准、范围和深度，很大程度上权力适用依赖于警察的个人素质，这也是导致公安机关滥用盘查权的一个因素。此外，留置盘查的规定与我国《刑事诉讼法》中规定的拘传、拘留等刑事强制措施存在不协调之处，拘传的实际功能已部分为留置盘查所取代，而拘留的适用情形与留置盘查又存在交叉之处，导致实践中适用的混乱。

二、留置盘查存在之必要性与可行性分析

因为留置盘查在实践中存在诸多问题，致使人们开始质疑留置盘查存在的必要性，有相当学者主张取消留置盘查制度[2]，而实务界虽然对留置盘查制度有所偏爱，但是鉴于实践中存在的问题也不得不收敛态度。我们认为，虽然留置盘查无论是在立法上还是在实践中都存在着诸多问题，但是留置盘查制度的存在有其必要性。不可否认，它是符合我国当前国情的一项具有积极意义的制度，但是鉴于存在的问题有必要进一步规范，亦即加强其可行性。

（一）必要性之分析

通常情况分析一项制度是否有存在之必要，要从应然和实然两个方面加以分析。

---

[1] 英国学者汉森和史密斯就曾对警察的盘查权做过一番考察，发现了一些具有共性的问题——这些权力具有（很大的）裁量性和被允许性，其运用的频繁程度和方式在很大程度上取决于警官个人的观念和举动。而且，它的发生常常又是在上级和公众的视野之外，事实上很难为上级、律师或法院所监控。也正因为此，有人将其归入到"低能见度"的权力之列。

[2] 田圣斌等："关于留置盘问的法理思考"（基金项目：最高人民检察院"强制性侦查措施监督机制研究"的研究成果之一），载《探索与争鸣》2009年第8期。我们认为，"没有必要设置一个介于行政强制措施和刑事强制措施之间的强制措施，否则，模糊了行政与刑事案件之间的界限，给执法者留下滥用权力侵犯人权的可能。对于一时不能确定性质的案件，肯定是先作为行政案件调查处理，当发现案件行为人的行为达到犯罪程度时，再移送有关部门处理或者采取刑事强制措施。并且，现行的行政强制措施已经有传唤、强制传唤等措施，不论从理论上还是从实践需要出发，就没有必要再保留或完善留置这种强制措施"。

一般来说，法律世界中有两个意义上的应然和实然：一种是，法律中的应然和实然意味着规范与规范的实现（包括遵守与违反）；另一种意义上的应然和实然，即法律原则、理念与这些原则和理念在法条文本以及司法判决中的实际体现[1]。在探讨留置盘查存在之必要性时，我们选取第二种意义上的应然与实然。

1. 从制度本身的应然性方面分析。制度本身的应然性往往是一些抽象的理念、概念、范畴、原则或者思想。具体到留置盘查制度，就是设立留置盘查制度的理念、原则、范畴等。盘查制度在设立之初是国家有关机关为维护和实施社会公共秩序的管理，预防和制止社会危害事件与违法行为的发生与存在，针对特定公民、法人或者其他组织的人身、行为、及财产所采取的临时性约束或处置的限权性行为。人们在设计盘查制度之初，就对其做了预设，或者说对盘查制度的社会效果有了一定的期待。留置盘查不是我国的首创，更不是独创。基于打击犯罪的现实需要，盘查在揭露犯罪方面具有突出的高效性和实用性，不论是大陆法系国家还是英美法系国家，均在其正式立法或司法实践中认可警察运用盘查权的合法性。而且盘查已成为世界各国警察在治安管理活动中最常用、也最有效的管理手段之一。

2. 从制度本身的实然性方面分析。制度本身的实然性在某种意义上就是制度本身的贯彻执行情况和效果。就留置盘查制度而言，其实然性在一定程度上更容易为人们所感受，因而也就更能表明其存在的必要性。一般来说，对制度实然性的认定，多是从司法质量评估的角度进行的，具体来说就是制度的社会时效性，具体到留置盘查就是指留置盘查在社会安全防控中所发挥的作用。盘查是世界范围内警察均享有的权力，其基本意义在于"预防犯罪于未然，或获得犯罪侦查之线索，或达成维护公共秩序之所谓警察目的"[2]。正是由于盘查具有犯罪预防与追诉犯罪的巨大功效，在各国的警务实践中盘查都被高度重视与充分运用。"盘查虽不属于刑事强制措施，但在公安机关实践中，被大量运用，为查获各类刑事案件起到了重要作用"[3]。而"英国政策研究所调查显示，伦敦警察每年拦阻嫌疑人150万人次，从而发现违法犯罪者10万人左右。另据英国内政部调查，伦敦警察总局每年通过盘查而逮捕的罪犯约占该局逮捕总数的一半"[4]。可见，盘查作为一项公共安全管理措施，因为其对预防和查处违法犯罪的有效性，其本身所发挥的实际功效是得到广泛认同的。

就我国来说，留置盘查制度发挥的功效主要表现在以下几个方面：①留置盘查

---

[1] 白建军：《法律实证研究方法》，北京大学出版社2008年版，第286~287页。

[2] 曾吉丰："旧本警官职务执行法关于盘查之规定"，载《警学丛刊》1989年第12期。

[3] 蒋连舟、李新钰："论警察盘查权与人权保障"，载《河北法学》2006年第4期。

[4] 缪济东："英国、美国警察的盘查权力"，载《国外警学研究集粹》，中国人民公安大学出版社1999年版，第116页。

是获取犯罪消息的重要来源，这对于公安机关发现犯罪并迅速开展侦查，极大的减少犯罪活动的社会危害性有积极的意义。②留置盘查有效弥补了个别强制措施适用中存在的缺陷。留置盘查以程序简便和适用对象较拘传具有不特定性、宽泛性的特点弥补了拘传的缺陷，即，拘传只用于犯罪嫌疑人和被告人，而留置盘查则适用于违法犯罪嫌疑人。③留置盘查有效衔接了行政强制措施与刑事强制措施的适用。在实践中，有相当比例的留置盘查案件会进入刑事诉讼程序（即治安案件转为刑事案件），适用到刑事强制措施，在这种情况下，留置盘查的适用就起到了很好的衔接作用。

综上分析，留置盘查制度的存在无论是从制度的应然设计还是实然社会效果，都是有其必要性的。

（二）可行性之分析

留置盘查的存在是适合我国当前社会治安发展需要的，但是需要并不代表没有问题，留置盘查制度从立法到司法依然存在很多问题。对其进行可行性分析主要是就立法和实践可能的预期来做的分析。

第一，从立法的角度。留置盘查在维护社会秩序与实现公共利益上的重要价值是与盘查行为本身的制度危险性并存的。而要彰显其在实现公共利益上的社会价值，弱化其本身所具有的制度危险性，最佳的途径就是通过立法加以规范和制约。事实上，立法是完全有能力、有条件、有可能解决这一矛盾的。在我国，留置盘查之所以遭到质疑，很大程度上是因为立法中存在的问题在实践中的做了扩大化的表现。从世界范围来看，许多国家的留置盘查制度运行良好，并在社会中发挥着积极的功效，这完全能够说明立法完备条件下的留置盘查制度是可行的。

第二，从实践的角度。留置盘查制度的司法实践从正反两个方面反映着其作为一项制度所具有的维护社会秩序和侵犯公民权益的品质。任何一项制度都必然存在这样两个方面的内容，而之所以该制度依然有生命力，是因为公民对此制度具有许容性。人们为了保障个人的自然权利不受到威胁与侵犯，而让渡出自己的部分自然权利，即所谓"两害相权取其轻"。但是，民众的许容度是有一定底线的，只要不跨越底线，就能被接受。换句话说，留置盘查制度只要在实践中得到良好的规范，将对公民权益的侵犯弱化到最低点，那么这一制度的实践是能够得到支持的。实践中的规范执行是可以预期的，当然也是可以实现的。

三、留置盘查的法律适用问题之一般探讨

（一）理念与原则

1. 设计留置盘查制度应遵循的理念。

第一，打击犯罪与保障人权的平衡。在打击犯罪与保障人权中实现动态的平衡，是现代刑事司法活动的基本价值取向，也是留置盘查制度确立之理念基础。两大法系关于留置盘查制度的设计均体现了这一理念——在立法精神上强调打击犯罪与保障人权的平衡。鉴于盘查措施程序简洁但又不失强制性，警方采用盘查措施比采取刑事强制措施更为便捷，因而两大法系均倾向于赋予警察适度的盘查自由裁量权。为了规范裁量权的行驶，起于防止裁量权滥用的目的，两大法系均通过设计严格详尽的盘查程序对警察的盘查行为加以规范。这事实上是对打击犯罪与保护人权之价值的平衡。盘查制度对于预防打击犯罪及维护治安具有积极的意义，因而有必要赋予警方适度的自由裁量权；但是在强调制度所具有的积极意义的同时，又要防止权力被滥用，因此通过事前的程序控制及事后的违法制裁来对该制度加以规制，以保证其实现上述价值的平衡。在法治框架下行使司法权力，是创造以法治文明为核心的政治文明的内在要求，二者在促进社会发展和保护人民利益方面具有内在的统一性，在刑事司法活动中应当并重而不能偏废，应当在动态中形成平衡。对于留置盘查制度应当既认识到它所具有的积极性，也要认识到制度体系内的警察权对于公民权利存在的潜在威胁。在对其进行具体制度设计时，要发挥其在打击犯罪中的积极作用，更要将对公民权利的侵犯尽可能的最小化，实现打击犯罪与保障人权的平衡。

第二，个人权利与公共秩序的平衡。留置盘查制度的适用应当在个人权利与公共秩序之间寻求一个相对平衡的状态。个人权利对公共秩序是存在威胁的：一方面，个人任意扩展权利的范围和内容，除了会侵害其他公民的权利之外，还会威胁整个公共秩序与安全，直至导致整个社会陷入一种无政府状态；另一方面，公民个人之间的权利实现与权利利益存在冲突，这种冲突在一方面伤及公民个体权利实现的同时，也会破坏整个公共秩序。[1] 而公共秩序对个人权利天然的存在一定的干预，过度的干预，将影响公民个人权利的实现，并必然导致制度难以运行；干预不足，又无益于公民权利的实现。因此，为了获取更大范围内的自由与权利，公民必须在一定限度内忍受警察权对个人权利的干预与限制。而留置盘查制度只有在个人权利与公共秩序的相对平衡中才能够在实现其社会价值的同时满足个体的需求。

2. 设计留置盘查制度应遵循的原则。

第一，必要性原则（合理性与公共性之要求）。必要性原则是指立法机关或行政机关在能够相同有效地实现目标的诸多手段中，应该选择对个人权利最小侵害的措施。故对必要性精神的把握，就转化为对"相同有效"、"个人权利"和"最小侵害"等相关概念的正确理解。而合理性和公共性之要求则为必要性之最低限度之内容。合理性原则要求，只有在存在导致合理怀疑的迹象时，才能启动盘查权展开调查。合理性原则是基于现代国家权力运用理性化的要求而对警察盘查权的一种实质

---

〔1〕 ［美］杰弗里·C.亚历山大：《社会学的理论逻辑》（第1卷），商务印书馆2008年版，第117页。

规制，其目的是防止盘查权的轻易乃至随意启动，进而侵犯公民基本人权[1]。不论是英美法上的"合理怀疑"，还是日本法上的"合理判断后有相当理由足以怀疑"，抑或德国法上的"具体事实"，其启动都是以合理性为基础的。而公共性原则要求盘查作为一项公权力，其启动应当以维护公共秩序为目标。因此，留置盘查的适用要以合理性和公共性为基础才能具有必要性。

第二，比例性原则。比例原则又称"禁止过度原则"，其主要功能在于防止国家一切措施（包括立法、司法及行政）的过度干预，确保基本人权的实现，因此是最足以保障人民基本权利之制度，是公法里的帝王条款[2]。比例原则要求盘查主体的行为不能超过必要限度，行为的实施与其所追求的目的之间要保持一定的平衡，具体来说应当包含三层含义：①采取的方法应有助于目的之达成；②有多种同样能达成目的的方法时，应选择对人民权益损害最少者；③采取的方法所造成之损害不得与欲达成目的之利益显失平衡。总的来说，即执法主体面对多种选择的处置时，应选择与法律目的最接近且给公民权益损害最小的手段和方式。

第三，法律保留原则。法律保留原则是源于德国的一项法治原则。其基本内容是，国家的某些事务必须保留给立法者以法律规定之，否则行政权不得为之。换言之，对于特定领域的行政行为，没有法律的明文依据，行政机关不得为之。警察盘查权关乎公民的人身自由，没有法律的明确授权，警察机关不得享有。

（二）留置盘查的适用标准

留置盘查在不同法系的国家有着不同的适用标准。一般来说，适用标准的确立与法文化环境以及法文化传统是密切相关的。如，在美国将"合理怀疑"作为盘查的启动标准，合理怀疑是警察根据当时的事实，依据其执法的经验，作出的合理推论或推理。英国的适用标准是"合理理由怀疑"，日本的适用标准为"合理判断后有相当理由足认"，德国为"具体危险"，即依一般生活经验客观判断，预料短时间内极可能形成伤害的一种状况。上述关于留置盘查的适用标准虽然在表述上有所不同，在内容上也存在差异，但是经过比较研究，不难发现他们之间存在以下三方面的相似之处：①它们的内容是趋同的，怀疑犯罪可能正在发生、即将发生或已经实施完毕；②这些标准都是相对灵活的具有弹性的概念，所提倡的是一种普通人的常识性判断标准；③上述标准的适用通常都属于自由证明模式的范畴。

（三）留置盘查的基本构成要件

1. 主体要件。一般来说，世界各国都将盘查的实施主体限定于警察，不同的是有的将该权力授予行政警察，有的则授予司法警察。但是无论是授予哪种警察，制

---

〔1〕　万毅："论盘查"，载《法学研究》2006 年第 2 期。

〔2〕　陈新民：《德国公法学基础理论》，山东人民出版社 2003 年版，第 389 页。

度设计的初衷是趋同的，而且盘查行为的实施主体是确定的，即，除法律授权的主体，其他任何人不得行使该权力。

2. 适用对象。在英美法系国家，以英国和美国为例。英国警察盘查权的启动标准是有合理理由怀疑，相应的法律涉及到的盘查对象为，警察有合理理由怀疑人身或车辆或车内或车上所载物品是赃物、违禁物时，有权对其实施搜索。美国警察盘查权的启动标准是合理怀疑，与之相对的盘查对象为，警察有合理理由怀疑人身或车内所载物品是赃物、违禁物时，有权对其实施拦停、搜索。美国实务界判断盘查合法性的指导性规则"Terry原则"的精神内涵实际上就是，依行为人不寻常举动而使警察有特定、可以清晰陈述之事实产生合理怀疑，进而判断犯罪活动可能即将发生，警察即可加以拦阻盘查。在大陆法系国家，以法、日为例。法国警察盘查权实施的对象为法国领土内的所有人，在具备下列情形之一时，警察都有权对其实施检查：一是警察有理由怀疑当事人已经实施犯罪；二是警察有理由怀疑当事人即将犯罪；三是当事人是知情人员，即当事人能够在重罪或轻罪的侦查方面为警察提供有用的资讯；四是当事人是司法官所命令侦查的对象；五是在国境周围，警察有理由怀疑当事人没有法定的证明材料；六是警察有理由怀疑当事人对治安尤其是人命或财产安全有危害。日本警察盘查权实施的对象，包括两种：一是犯罪嫌疑人员；[1]二是犯罪的知情人员。[2]

通过上述介绍，我们发现盘查适用对象的确定在很大程度上受适用标准的影响，亦或者说适用标准决定着适用对象的范围。但是无论是在怎样的适用标准下确定的适用对象，他们事实上都具有一定的共性，即，①不特定的人；②有合理理由怀疑其有违法犯罪嫌疑。

3. 程序要件。虽然盘查具有程序简洁的特点，但其启动与运行仍须符合相应的程序性要求。通常，各国对盘查设定了以下几类程序性要件：①通过事先确定盘查的区域和场所来限制警察的自由裁量权。例如，英国要求由一定级别以上的警官对盘查的区域进行指定许可，获取许可的警察应尽快向内政部长报告。②由司法机关对检查、核查活动理由的可行性、合法性、真实性进行事后的审查监督。③立法严格设定盘查的具体程序。例如，德国规定警察对相对人负有理由告知义务与通知义务。英国规定被盘查人在一定时期内可要求获取的被盘查的证明文书，凭此申请权利救济。[3]

程序性要件在一定程度上还可以弥补实体要件的不足。因实体要件较低，致使

---

〔1〕 有相当理由足以认定某人有犯罪嫌疑时，警察有权将该人拦停盘问。

〔2〕 警察对其认为已发生犯罪的知情人或即将实施犯罪的知情人实施拦停盘查行为。

〔3〕 高峰："比较法视野下的盘查措施"，载《现代法学》2006年第3期。

警察滥用盘查措施风险较大的情形下，有的国家采取提高程序要件的方式来控制警察的自由裁量权。例如，在美国以固定卡哨方式进行的例行路检中，警察有权在不具有合理怀疑的情形下对过往的一切车辆进行检查，这一实体要件显然不足以防止警察滥用路检权。美国判例法不允许执行路检的警察自行确定检查站的位置或路检的区域，并且要求警察不能有"筛选性"地检查部分车辆，而必须对经过的一切车辆进行路检，如果仅对部分车辆路检，则须具有对该车辆违法的"合理怀疑"[1]。

4. 监督机制。任何一项法律制度，尤其是制度的运行可能触及公民权益的法律制度，都需要相应的监督机制与之配套，方能确保法律制度的顺畅运行。一个完整的运行良好的监督机制包括内部监督体系和外部监督体系两个部分，对留置盘查的监督也不例外。留置盘查制度的内部监督主要是来自部门内的监督，这种监督可以通过规范执行程序予以实现，也可以单独设立专门的部门进行监督。一般来说，从司法资源优化配置的角度以及运行制度尽可能便宜的角度讲，留置盘查的内部监督大都是以规范执行程序的方式予以实现，如果违反执行程序则承担相应的后果。就两大法系而言，在立法精神上，两大法系均倾向于赋予警方适度的盘查自由裁量权，但是为了防止裁量权的滥用，两大法系均设计严格详尽的盘查程序并对警察盘查行为加以规范，促使其在法治化轨道内运行。如果盘查行为超越了规范，那么将承担相应的后果。而外部监督则主要是部门间的监督，一般是由作为法律监督机关的部门对执法机关的行为进行监督。如果发现问题则引发必要的制裁与救济措施的实施。

5. 制裁与救济措施。法治国家均规定，实施盘查行为的人违法时，尤其是有暴力攻击行为时，负民事赔偿责任、刑事责任及行政惩戒责任，同时规定通过盘查所获取的证据不得在法庭上使用。此外，不同的国家对盘查的相对人所提供的救济模式不尽一致。例如美国只存在刑事诉讼内部救济而不存在行政救济，而德国、日本等大多数国家同时设定了行政救济与刑事诉讼内部救济两种方式[2]。

四、留置盘查的立法建议

现有的关于留置盘查的规范，相当一部分内容是通过司法解释的方式来规范的，但是我们必须认识到，立法解释只是让不确定的法律概念获得了相对的确定性，而不可能彻底根除不确定的法律概念的不确定性。[3] 因此，要充分发挥留置盘查这一措施的优势和作用，就必须通过立法的形式对相关内容加以明确，以消除或弱化其

---

[1] Michigan Department of State Police v. Sitz, 496 U. S. 444 (1990).

[2] 郑善印："警察临检法制问题之研究"，载《中国刑事法杂志》2002 年第 5 期。

[3] 余凌云：《对不确定的法律概念予以确定化之途径—以警察盘查权的启动条件为例》，基金项目：教育部"新世纪优秀人才支持计划"，资助项目（NCET‐07‐0496）；北京市社会科学基金资助项目（07BAFX0305）。

不确定性。

（一）立法体例的选择

就立法体例而言，可以借鉴德国、日本以及我国台湾地区的经验，采用刑事诉讼法与警察法相结合的立法模式，首先由刑事诉讼法对留置盘查作出授权性规定，然后再由警察法对盘查的启动标准、盘查权行使的界限和强制力度等程序性问题作出详细、明确的规定。

（二）明确启动标准：合理怀疑

我国留置盘查的启动没有明确的标准，警察只要认为有违法犯罪嫌疑，即可对当事人进行盘问、检查，事实上，盘查的启动在很大程度上是依靠警察的经验判断，具有很强的主观性。如果仅以"违法犯罪嫌疑"作为启动留置盘查的标准，那么这个标准过于模糊和宽泛，容易扩大留置盘查权的范围。我国有必要遵循合理性和公共性两项原则，确立启动留置盘查的标准。具体来说，根据合理性原则的要求，人民警察应根据现场情况和个人经验，对有合理理由怀疑有违法犯罪嫌疑的人，才可以当场进行盘问、检查，在确有必要的情况下才可以进行留置盘查；根据公共性原则，留置盘查作为一项公权力，应当以维护公共秩序为目标，要求警察只能在公共场所行使盘查权，且在有合理理由的情况下才能进一步实施留置盘查。因此，可以将"合理怀疑"作为启动标准。

（三）规范执行程序

1. 登记程序。人民警察将嫌疑人带回公安机关后应立即填写"留置登记表"，注明将嫌疑人留置的具体时间以及留置的理由，并由执法人员与嫌疑人共同签名。

2. 审批程序。在履行完必要的登记手续以后，立即报公安机关负责人审批，审查留置盘查是否符合条件，并依法做出批准或不批准的决定。做出不批准决定的，应将嫌疑人立即释放；做出批准决定的，应当立即通知其家属和所在单位。

3. 盘查程序。盘查程序是留置盘查适用的核心程序。建议盘查程序可以比对刑事强制措施的相关程序进行设计。作为一般要求，盘查应有两名执法人员在场。在盘问正式开始以前，执法人员应履行告知义务，告知嫌疑人其所享有的权利。在盘问过程中，嫌疑人应当配合调查，有义务针对执法人员对其怀疑的事项做出明确解释，并应提供相应证据，否则将承担不利后果。盘问超过12小时未做出任何决定的，嫌疑人有权向该机关负责人提出停止留置盘查之要求。

（四）检察机关介入监督

一个切实可行并有效的法律制度必须以民众的广泛接受为前提，而有利于民众接受的方式，就是确立必要的监督。就当前的形式而言，强化留置盘查的外部监督，对于留置盘查的正确适用是十分重要的。外部监督的最佳路径是让检察机关介入。做此设计起于以下几个方面的考虑：第一，检察机关的法律监督地位使得其具有天然的条件和优势行使监督职权。第二，检察机关监督刑事强制措施的适用，而留置盘查的案件中，有很大一部分案件都会进行刑事诉讼程序，并根据情况使用不同的强制措施。检察机关作为监督机关，既监督留置盘查的正确适用，又对强制措施的适用进行审批，这便于工作转型与衔接。同时也是对司法资源的有效节省，先前审核监督过的案件在后期刑事强制措施的审批中可以省略先前审查过的部分。第三，从机关职能的角度讲，公安机关应当主动接受检察院的监督。留置盘查的实施目的也是为了预防、打击违法犯罪，检察机关对其监督，既合乎情理，又不违背法律。

（五）完善司法救济制度

根据我国的相关法律规定，留置盘查被明确定性为一种行政强制措施，因而从刑事诉讼的角度讲，违法留置盘查行为不具有可诉性。况且，我国刑事诉讼中尚未建立程序性制裁制度，即便是转入刑事诉讼程序的留置盘查案件也无法得到救济，因此，盘查的相对人是无法在刑事诉讼内获取救济的。鉴于维护法的稳定性，在不改变现有的制度结构的情况下，最可取的莫过于将留置盘查的救济纳入行政诉讼法，完善国家赔偿，使得留置盘查的相对人的合法权益遭到侵害时有法律依据获得救济。尤其是在《国家人权行动计划（2009～2010年)》中关于"人身权利的保障"中明确提出"完善预防和救济措施，在执法、司法的各个环节，依法保障人身权利。""完善对受害者的经济赔偿、法律救济、恢复名誉等措施，对造成非法拘禁、错误羁押、超期羁押的责任人进行责任追究和处罚。"在这种大的政治背景和趋势下，在当前社会民众对人权保障以及执法提出更高要求的情势下，确立行之有效的与留置盘查相关的司法救济制度就显得格外重要而迫切。

第七题　物权强制措施的诉讼化问题

强制措施在刑事诉讼中占据极为重要的地位。强制措施是在刑事诉讼中为了搜求各种诉讼证据，确保刑事诉讼的顺利进行而依法对人或物采取的具有限制性的各种强制方法。[1] 一个相对完整的强制措施体系至少应当包括以下两个方面的内容：①对人身自由的强制措施；②对物（财产权）的强制措施。但是，我国刑事诉讼法中规定的强制措施实际上仅仅是对人的强制措施。对物的强制措施，如搜查、扣押、查封、冻结等则是在"侦查"的章节中有所规定。这些对物所适用的强制措施却被冠以"侦查行为"的名号，这不仅不利于规范物权强制措施的实施，而且也不利于

---

〔1〕　樊崇义主编：《刑事诉讼法实施问题与对策研究》，中国人民公安大学出版社2001年版，第125～127页。

公民有关的合法财产不受侵害的宪法权益的保护。

适应中国特色社会主义法治的发展，对我国物权强制措施进行诉讼化改造，使其运行符合刑事法治化的基本要求，符合刑事诉讼的基本规律，值得深入探讨。

一、物权强制措施的厘定、性质及衡量标准

物权强制措施是一项非常重要的诉讼制度，它既关涉到诉讼程序的延展状态，又对诉讼中物权强制措施的相对人的宪法基本权利存在着极为重要的影响。为了便于对该问题进行深入的探讨，对衡量物权强制措施是否科学合理有一个初步的认识，我们有必要对物权强制措施的内涵予以厘定，并以此为前提对物权强制措施的性质加以明晰。

（一）物权强制措施的厘定

物权强制措施是依托国家的强制力实施的，是强制措施体系完整构成之必要组成部分。物权强制措施隶属于强制措施体系，因而其必然接受强制措施的一般规范，但是物权强制措施是针对物权而实施的行为，因此必然有其特殊性。

1. 物权强制措施的基本概念。物权强制措施，是对物实施的强制措施，而该强制措施行为的发生必然对物权产生影响。我们知道，所谓物权是指直接支配物，并排除他人干涉的民事财产权。具体说就是指自然人、法人直接支配不动产或者动产的权利，包括所有权、用益物权和担保物权。一般来说：①物权的标的是物，且总是特定的物和独立的物；②物权的权利主体是特定的人，义务主体则不是特定的人，权利主体得向其自身以外的一切人主张其所享物权，故物权是对世权和绝对权；③物权的内容是对标的物的直接支配，权利主体无需义务主体得协助，即可行使其权利；④物权有优先效力、追击效力，并产生物上请求权。[1] 物权强制措施虽说是针对物实施的强制行为，但是该强制行为的必然后果是对物的权利主体产生影响，因为该强制行为的实施发生的直接后果是对物权的归属与支配产生影响，而归属与支配涉及到的是相对人的权利。需要明确的是，物权强制措施是依托国家强制力实施的，是不以物权强制措施相对人的意志为转移的，是以确保刑事诉讼的顺利进行为基本目标的，以相关的刑事法律为规范的，对物实施的强制方法。

综上所述，所谓刑事物权强制措施就是指，在刑事诉讼中依托国家强制力，为保障刑事诉讼的顺利进行而依法采取的保全涉案证据、财物等对当事人的物权发生影响的法定的强制方法。

2. 物权强制措施的基本内容。考察西方法治发达国家关于物权强制措施的规定，我们发现，对于物权强制措施很多国家并未用专门的法律章节对其加以规范，大多数

---

〔1〕《中国法学大辞典》编委会编：《中华法学大辞典》（简明本），中国检察出版社 2003 年版，第 732 页。

国家的做法是根据其在诉讼中的不同表现、作用以及作用方式而将其规定在刑事诉讼法、证据法、警察法或其他相关法律中。这在某种意义上表明物权强制措施发挥作用的途径与意义,即通过证据的方式以及行为的实施对刑事诉讼程序产生影响。

一般来说,在刑事诉讼中涉及物权变更或对标的物的支配暂时变更的强制措施都是刑事物权强制措施,如,搜查、扣押、查询、冻结、查封等。需要明确的是,物权强制措施在某种意义上是一个动态发展的概念,其内容也将随着社会经济、文化、法制的不断发展而不断延展。但是无论怎样延展,有一个基本的判断标准是不能逾越的,即以国家授权为依托,涉关物权且以强制方法所为。

(二) 物权强制措施性质的明晰

1. 物权强制措施具有暂时性、变更性、且不具有实体惩罚性。物权强制措施是限制或者剥夺犯罪嫌疑人对物的所有权的一种暂时性的强制方法,是为了保障诉讼的顺利进行所采取的临时性措施。物权强制措施最突出的特点是具有暂时性和灵活变更性。以扣押为例,西方国家都对扣押的具体实施做了严格的规定,这些规定都在不同程度上对扣押的临时性和变更性予以确认,如英国[1]、美国[2],包括我国的相关法律也明确规定,如果发现与案件没有关系,不应当扣押的,应当及时退还。此外,从物权强制措施的属性分析,它不具有实体惩罚性,适用物权强制措施有其相对具体而明确的目的。从世界范围来看,大陆法系国家实施物权强制措施的目的主要是着眼于保全证据,而英美法系国家规定物权强制措施的着眼点则是确保诉讼的顺利进行。

2. 物权强制措施具有诉讼性。从根本上讲,物权强制措施的适用是发生在诉讼过程中为诉讼服务的,其临时性、变更性说明其应当根据诉讼程序的发展适时改变状态,其作为诉讼程序的有机组成部分对诉讼程序整体具有一定的影响。既然它是诉讼程序的组成部分,那么就具有当然的诉讼性。说明其具有当然的诉讼性的充要理由在于物权强制措施行为的实施不仅满足诉讼行为的一般成立要件,而且满足诉讼行为的特别成立要件。一般来说,[3]诉讼行为的成立要件,是左右该诉讼行为存在与否的要件。在成立要件中,为一般诉讼行为所共有的是一般成立要件,属于法

---

[1] 英国 1984 年颁布的《警察与刑事证据法》,对搜查、扣押的相关问题做了极为具体的规定,其中要求一旦扣押行为遭到合理质疑,并有相关证据予以支持质疑之主张,则扣押行为即存在发生变更之可能。

[2] 在美国的《刑事诉讼法》中突出表现了,鉴于无必要的、缺乏合理性的物权强制措施行为必然导致对物权强制措施行为相对人合法权利的侵害,因此不仅对物权强制措施的启动做了十分谨慎的规定,而且对于物权强制措施的适时变更也做了细致的规定。其中对于扣押行为的实施与变更就提出了"可能的理由"(Probable Cause)之主张。

[3] 宋英辉:《刑事诉讼原理》,法律出版社 2003 年版,第 200~202 页。

律对于某些诉讼行为有特别要求的为特别成立要件。诉讼行为的一般成立要件有两个，即主体要件和行为要件。诉讼行为的主体是诉讼行为的实施者，而作为诉讼行为的实施者必须具备以下两个条件：①诉讼行为的主体必须具有实施该诉讼行为的权力能力；②诉讼行为的实施者必须适格。至于行为要件则是指主体必须实施了某种刑事诉讼法上的行为。物权强制措施的适格实施主体不仅具有实施该诉讼行为的权力能力，而且实施的是刑事诉讼法中规定的行为，由此，不难看出物权强制措施行为是符合诉讼行为一般构成要件的。对于特别成立要件，其范围是凡仅属于法律对某些诉讼行为有特别要求的，即为特别成立要件，其中最为典型的表现就是意思表示与法律效果之间具有直接关系。而我们知道，物权强制措施的适用所发生的法律效果与意思表示之间有着直接关系。因此，综上所述，物权强制措施无论是其所处的法环境还是其行为特征都使得其法律定位应当是诉讼行为，具有诉讼性。

（三）衡量物权强制措施是否科学合理的标准

物权强制措施制度设计的合理与否不但直接关系到刑事诉讼法的宗旨是否能够得到有效实施，以及物权强制措施本身是否能够在良性运行中发挥其应有的积极作用，而且更为关键的是与犯罪嫌疑人的财产权是否能够得到应有的保障密切相关。一般来说，科学合理的物权强制措施至少应当满足以下两个方面的基本要求：

1. 符合程序法定原则。程序法定原则一般包含两层含义：一是立法方面的要求，就物权强制措施的立法而言，物权强制措施的相关程序应当由法律事先明确规定；二是司法方面的要求，就物权强制措施的司法实践而言，物权强制措施活动的实施应当依据国家法律规定的相关刑事程序来运行。物权强制措施实质上是发生在公民和国家之间的一种权益冲突，即，作为国家公权组成部分的物权强制措施的行使权与公民权利之间的冲突。而这种冲突的缓解方式就是基于保障社会秩序和安全的需要，公民适度让渡权利接受国家公权在必要时所实施的强制性侵犯，但是必须有一个界限，需要通过法律对国家权力进行划分和控制来加以确定。也就是说，公权力在干预公民的财产权等基本权利时，必须获得法律上的授权，必须有明确的法律上的依据；对于可能侵犯公民基本权利的行为，刑事诉讼法应尽可能地规定其实施的方式、条件和步骤等，在具体实施中也必须严格遵守法律所设定的方式、条件和步骤。

2. 法律适用上的可操作性。任何一项法律制度的良好运行都离不开具有可操作性的具体的制度设计。科学合理的物权强制措施的制度设计应当具有可操作性。鉴于物权强制措施的适用将不同程度的对公民的财产权产生影响，法律对于物权强制措施手段的适用应予以明确限定，以确保物权强制措施的实施和运行是严格依据法律规定的程序和条件进行的。对于各种物权强制措施体系内的各种措施的适用主体、适用对象、适用条件、适用期限、执行程序等相关的规范都应当有具体而明确的规定。这种明确的规定不仅利于物权强制措施的规范化行使，使执法人员执法中有法可依，而且对于公民财产权的保护也有积极的意义。

二、我国的物权强制措施的现状与问题

（一）我国的物权强制措施

在我国的相关法律中没有明确的物权强制措施之概念，只在刑事诉讼法中对强制措施做了概括性的规范。而且根据《刑事诉讼法》的规定，强制措施又称为刑事强制措施，是指侦查、检察和审判机关为保证刑事诉讼的顺利进行，依法对犯罪嫌疑人、被告人所采取的在一定期限内暂时限制或剥夺其人身自由的法定的强制方法。具体讲就是，针对犯罪嫌疑人、被告人所适用的拘传、取保候审、监视居住、拘留和逮捕这五种强制措施。《刑事诉讼法》的这一界定，事实上将刑事强制措施的范畴做了狭义化的定位，即将刑事强制措施仅仅规限于对人实施的强制措施，这在某种意义上弱化了对物权强制措施所具有的诉讼性认可。

我们知道就我国的刑事诉讼而言，物权强制措施就是侦查、检察和审判机关为了保障诉讼的顺利进行，为了保全涉案证据、财物等而依法对犯罪嫌疑人、被告人的物权所采取的在一定期限内暂时限制或剥夺其物权的法定的强制方法。一般来说，就目前的刑事司法现状而言，涉及物权的强制措施[1]常用的有以下几种，搜查、扣押、查询和冻结等。①搜查。根据《刑事诉讼法》、公安部《公安机关办理刑事案件程序规定》和最高检《人民检察院刑事诉讼规则》的规定可知，搜查是为了收集证据、查获犯罪人，由侦查人员对犯罪嫌疑人以及可能隐藏罪犯或者罪证的人的身体、物品、住处和其他有关场所进行搜索的一种侦查活动。②扣押。根据《刑事诉讼法》及相关的司法解释的规定，侦查人员在勘验、搜查中发现的可用以证明犯罪嫌疑人有罪或者无罪的各种物品和文件，应当扣押；与案件无关的物品、文件，不得扣押。③查询、冻结。查询、冻结犯罪嫌疑人的存款、汇款，是侦查犯罪的重要措施，也是打击犯罪的有效手段。在我国的《刑事诉讼法》中明确赋予侦查机关查询、冻结犯罪嫌疑人存款、汇款的权力，但具体何时、在何种情况下行使该项权力，有关司法解释仅作出根据"侦查犯罪的需要"的含糊规定。

（二）我国物权强制措施中存在的问题

目前，我国有关物权强制措施的立法规定，主要见于《刑事诉讼法》、《最高人民检察院刑事诉讼规则》、《公安机关办理刑事案件程序规定》以及《关于走私犯罪侦查机关办理走私犯罪侦查案件适用刑事诉讼程序若干问题的通知》、《关于执行

---

[1] 物权强制措施事实上涉及的内容远远超过了搜查、扣押、查询、冻结这几种最为常见的措施，比如勘验、检查、查封等等都属于物权强制措施，但是限于文章篇幅有限，只就我国目前司法实践中存在问题较多的这几种措施加以论释。

〈中华人民共和国刑事诉讼法〉若干问题的解释》、《人民检察院侦查协作暂行规定》、《人民检察院扣押、冻结款物的管理规定》等司法机关的若干司法解释中。综合来看，我国的物权强制措施主要存在以下几个问题：

1. 立法赋予物权强制措施的行政性多于诉讼性。搜查、扣押、查封以及查询和冻结等物权强制措施从本质上讲是归属于诉讼行为的，但是我国立法对它们所做的规定却凸显了其行政性弱化了其诉讼性的本质。[1]典型表现在：①用司法解释及具有行政法规范性质的法律规范物权强制措施这一诉讼行为。物权强制措施的具体实施依据多出自最高检的司法解释[2]及其他行政法规。对物权强制措施的法律规定除很少的部分规定在刑事诉讼法中外，相当比例的内容是规定在最高检的《人民检察院刑事诉讼规则》、《人民检察院扣押、冻结款物管理规定》，公安部的《公安机关办理刑事案件程序规定》中的。换句话说就是，公安机关实施物权强制措施要遵守公安部门的规章，检察机关实施的物权强制措施要遵守检察系统的司法解释，对于物权强制措施的实施没有一个具体划一的规范性实施标准。从某种角度讲，这几部法律都是规范行业行为的具有一定相对行政性的法律，用具有相对行政性的法律来规范本应由诉讼法规范的内容，这就使得诉讼行为具有了一定的行政性，也即，物权强制措施在某种意义上被行政化了。②物权强制措施的决定权与执行权同属一个法律执行主体，有违诉讼性中权力制衡的诉讼性要求。刑事诉讼法及相关的司法解释规定，实施搜查、扣押、查封以及查询和冻结金融机构存款等物权强制措施，由侦查机关决定并由其具体执行，这与诉讼性中权力的授予与权力的实施不得为同一主体的基本要求是相背离的。③物权强制措施启动时证明标准的缺失强化了其行政性。《刑事诉讼法》第114条规定，"在勘验、搜查中发现的可用以证明犯罪嫌疑人有罪或无罪的各种物品和文件，应当扣押"。《公安机关办理刑事案件程序规定》第211条规定，"在现场勘查或搜查中需要扣押物品、文件的，由现场指挥人员决定"。《人民检察院刑事诉讼规则》第189条第2款规定"不能立即查明是否与案件有关的可疑文件、资料和其他物品，也可以扣押，但是应当及时审查"。根据这些规定，物权强制措施的启动是没有一个具体的证明标准的，是否启动物权强制措施是由办案人员根据情况自行做出决定的，这一现实强化了物权强制措施的行政性。

---

[1] "所有与诉讼相关的活动，不问其方式为何，都可以称为诉讼行为。"林钰雄：《刑事诉讼法学》（上册总论篇），中国人民大学出版社2005年版。

[2] 根据《最高人民检察院关于印发〈最高人民检察院司法解释工作暂行规定〉的通知》（高检发研字〔1996〕7号）中的《最高人民检察院司法解释工作暂行规定》第8条规定，司法解释文件采用"解释"、"规定"、"意见"、"通知"、"批复"等形式。于是《人民检察院刑事诉讼规则》就不能划归到司法解释的序列，而该规则又是规范检察机关刑事诉讼行为的规章制度，且只适用于检察机关，因此可以说该规则是规范行业内行为的法规，在一定意义上讲是具有行政性的法规。

2. 立法对于程序法定的要求体现不足。根据程序法定原则的要求，在实施干预犯罪嫌疑人、被告人权利的行为时，必须获得法律的授权，必须有明确的法律依据，不得随意实施无法律授权和无根据的强制措施。就物权强制措施而言，我国的刑事诉讼立法中没有规定一些必要的法定启动标准和程序。事实上，鉴于物权强制措施这种诉讼行为关涉到公民基本权利的保障问题，根据程序法定原则的基本精神，原则上必须由作为民意代表的立法机关制定的刑事诉讼法予以明确规定，而对于刑事诉讼法没有明确授予的权力，有关机关则不得行使。但是，《公安机关办理刑事案件程序规定》以及《人民检察院刑事诉讼规则》虽然在开篇明确指出，"为了保障《中华人民共和国刑事诉讼法》的贯彻实施……制定本法"，但实际上其内容超越了《刑事诉讼法》的既有内容，存在自行授权的问题，这是有违程序法定原则的。

3. 正当程序原则未得到充分体现。一个良好的诉讼程序应当是能够满足正当程序的基本要求的，正当程序对公民权利保障的要求主要在于两个方面：一是公民权利被干预时，当事人享有被告知的权利；二是被干预权利的当事人具有获得听审的权利。我国物权强制措施基本上是不能完全满足正当程序对公民权利的保障要求的。第一，在物权强制措施中没有告知程序的具体设计，只是在《刑事诉讼法》中做了原则性的规定，对于没有履行告知义务的行为并未作出相应的处置程序设计。第二，对于所谓的听审权更是没有相应的程序规制。在法治国家，依据正当程序的精神，规定紧急变卖扣押物时必须依照一定的程序进行，要求决定紧急变卖扣押物之前应当听取被指控人、物主和其他物权人的意见；如果对变卖、拍卖决定不服的，当事人可以请求由受理案件的法院进行裁判。[1] 但是我国的《刑事诉讼法》对此没有做出必要的规定，虽然在有关的部门规章中做了如何处理被扣押物品的规定，但是并未赋予当事人发表意见的权利。

4. 司法审查机制缺位。我国侦查程序行政化的趋势是十分明显的，侦查活动由享有侦查权的侦查机关独立行使，对于侦查活动的实施，法院无从介入，也就无所谓对侦查机关的强制措施具有司法审查的可能，因而对于侦查机关实施的违法物权强制措施是缺少有力监督的，换句话说就是行政化的侦查模式使侦查行为缺乏有效的外部制约。物权强制措施由于司法审查机制的缺位，使得其行政性在一定程度上更加强化。例如搜查制度中关于搜查证的核发。搜查证的核发是由侦查机关内部审批，查封、扣押、查询、冻结等物权强制措施的适用也是由侦查机关自行决定的，实行的是内部审批机制，因此在某种意义上物权强制措施的适用是侦查机关内部的行政性事务，在适用过程中是不需要其他部门审核与监督的。这种境况对于权力的正确行使以及公民权利的保障是十分不利的。

----

〔1〕 王彬：《刑事搜查制度研究》，中国人民公安大学出版社 2008 年版，第 279 页。

5. 救济与制裁机制不完善。在立法、司法层面均缺乏对违法物权强制措施的救济途径；被实施对象不仅很难获得实体权利的补救，在程序问题上也缺乏补偿。物权强制措施实施过程中的种种违法行为，大多使嫌疑人遭受利益损害：某些是实体权利方面的，如人身自由遭受不当限制，或者是人格尊严、隐私等权利遭受侵犯，或者是财产权利、住宅安全受到损害；某些是程序权利方面的，主要是嫌疑人在遭受刑事追诉时享受正当程序的权利被损害。"没有救济就没有权利"，考察我国有关权利救济制度，笔者发现：对于大多数违法物权强制措施行为而言，现行法律并没有提供明确的救济手段，即属于"不可诉"或"不赔偿"之范围；而即使是那些被明确列入救济范围的违法物权强制措施行为的受害者，也往往难以找到有效、快捷的救济路径。这主要表现在以下两个方面：

第一，《行政诉讼法》和《国家赔偿法》对于非法物权强制措施的救济和制裁是十分微弱的。因为物权强制措施的授权是由《刑事诉讼法》规定的，针对非法物权强制措施提起的诉讼就不能被纳入行政诉讼的范畴[1]，相应的非法物权强制措施的受害人不能以侦查机关为被告向人民法院提起行政诉讼。同样令非法物权强制措施的受害人感到尴尬的是，根据《国家赔偿法》的有关规定，被非法搜查而没有损失的人是无法获得赔偿的，对于非法查封、扣押、冻结等行为只有原则上的规定而没有具体的程序性制裁机制。

第二，《刑法》、《刑事诉讼法》的消极不作为。《行政诉讼法》和《国家赔偿法》无力于对非法物权强制措施的救济似乎是情有可原的，毕竟物权强制措施的实施从理论上讲应当与行政性有一定距离的，但是《刑法》和《刑事诉讼法》在这方面的消极表现就实在令人费解。《刑法》中关于追究刑事责任的相关罪名主要是非法搜查罪和滥用职权罪，但是据相关调查[2]，因为非法搜查而受到追诉的情况很少见。出现这种局面是由于刑事诉讼法对于搜查程序所做的规定太笼统、简略，使得司法实践中对于非法搜查的行为难以认定。滥用职权罪中涉及到的因为查封、扣押、冻结等物权强制措施的非法使用而受到追诉的更是少得可怜，其原因也是因为刑事诉讼法中的对于程序的消极规定。

从程序制裁的角度讲，一般的刑事诉讼制度针对非法搜查行为，大都从行为后果上作出排除，制定相应的排除规则，但是我国的《刑事诉讼法》没有针对非法物权强制措施制定出排除规定，而且虽然非法物权强制措施的当事人可以针对非法物

---

〔1〕《最高人民法院关于执行〈中华人民共和国行政诉讼法〉若干问题的解释》第1条规定，公民、法人或者其他组织对公安、国家安全等机关依照刑事诉讼法的明确授权实施的行为不服提起诉讼的，不属于人民法院行政诉讼的受案范围。

〔2〕闵春雷：《妨害证据犯罪研究》，吉林大学出版社2004年版，第122页。

权强制措施提起申诉，但是这并不是一种法定的诉权行使方式，并不必然的引发相应的救济程序。而人民检察院因缺失必要程序和规则也不能很好的履行法律监督职能。

我国物权强制措施之所以出现上述的状况，其症结在于对涉及物权强制措施的国家权力的制约不足，对公民基本权利的保障只停留在宪法的有关规定中，在司法实践中重视不够。之所以存在这种现状，不可否认有立法技术方面的原因，但是更为深层次的还是法律文化传统与观念方面的原因。

三、关于我国物权强制措施诉讼化问题的基本思考和立法建议

鉴于物权强制措施被行政化的现状，我们有必要对我国物权强制措施诉讼化的问题进行探讨，使之彰显其本身所具有的诉讼性。

（一）以平衡理论为指导，对物权强制措施进行诉讼化改造

物权强制措施诉讼化的改造应当与整个刑事侦查制度的改革和完善以及侦查法治化改革所坚持的刑事程序的基本价值相一致，即将保障人权与控制犯罪放在并重的位置进行考量，使二者在动态中保持相对平衡。这是对物权强制措施进行诉讼化改造的指导思想。事实上，权利的保障和权力的制约是一个问题的两个方面，对于物权强制措施诉讼化的改造要切实加强对侦查机关权力的制约，同时也要明确规定犯罪嫌疑人、被告人的应有权利，并规定相应的救济措施。从另一方面讲，目前的物权强制措施在打击犯罪方面发挥的积极作用是不可忽视的，但也不能单一强调权利保障、强化权力制约，而弱化打击犯罪，不讲诉讼效率。因此要树立平衡理念，树立打击犯罪与保障人权并重的观念，树立公正与效率并重的观念，要使保障人权与控制犯罪在动态中保持平衡，这是解决安全与自由、正义与效率之间冲突的最佳选择。

（二）具体制度的设计要遵循程序法定原则

主要包括：①主体法定。也就是说无论是决定主体还是执行主体都应当由法律明确规定，只有获得立法机关授权，才具有合法的主体地位，这是法治国家行使权力正当性的应然要求。②程序法定。也就是说物权强制措施实施的申请程序、执行程序和救济程序都由法律明确规定，其执行必须符合法定条件，恪守一定程序，不得超越法定程序任意实施，这是保证物权强制措施在法制轨道内运行的基本条件，也是公民的权益得到保障的合理期待。③监督法定。要保障权力的正确行使，保障物权强制措施的执行是按照法定程序进行的，那么一整套完备的监督体制是不可或缺的。④救济方式法定。物权强制措施体系要求执法主体不当或者错误适用强制措施给适用对象的财产权益造成损害时，法律应当规定采取适当的方式补救，以体现法律的公正性。对于物权强制措施误用后予以积极的补救是必要的而且是必须的。立法必须明确规定，物权强制措施误用侵犯到公民的合法权益时，公民可以通过一套完整的救济程序来保障自己的合法权益。

（三）物权强制措施诉讼化的立法建议

刑事诉讼法关于物权强制措施的规定应当与宪法的有关精神保持高度一致，不得违背宪法精神，对物权强制措施的具体授权问题应作出具体规定，避免在部门法中出现自我授权的问题，对与物权强制措施有关的程序作尽可能周延的设计。具体来讲，主要包括以下四个方面的内容：①明确物权强制措施的法律地位。物权强制措施诉讼性的法律地位的明确对于物权强制措施诉讼化来说具有基础性的作用。将搜查、扣押、查询、冻结、勘验、检查等涉及物权的强制措施形成一个完整的物权强制措施体系，明确规定在有关章节中，要明确其所具有的诉讼性。②明确实施物权强制措施的审批主体与实施主体。根据诉讼性的基本要求，审批主体与实施主体不得为同一主体。③明确物权强制措施的相关实施程序。对每一种物权强制措施的具体实施程序都做相应的规定，这些具体的程序从申请实施开始到具体实施以及对实施情况的报告等都要有相对细致的规定。此外，对于物权强制措施的启动，应当具有必要的启动证明标准，这种证明标准的确立将在很大程度上抑制物权强制措施启动的随意性。[1] ④明确物权强制措施的救济机制、制裁机制。当非法物权强制措施行为发生时，不仅其相对人可以通过有效的救济途径实施救济，而且对于非法物权强制措施本身也可以通过法定的程序加以制裁。

第八题　批准逮捕制度的完善

逮捕作为最严厉的刑事强制措施，既关系到刑事诉讼能否顺利进行，又与犯罪嫌疑人的人权保障问题密切相关。在不同的国家，"逮捕"一词有着不同的具体内涵，英美法系与大陆法系国家的逮捕与羁押相对分离，逮捕相当于"抓捕"，主要是对正在实施犯罪的行为人或有证据足以怀疑或有合理理由相信行为人有可能实施犯罪而实施的抓捕措施；如需羁押，还需经过批准。[2] 在我国，逮捕既包括抓捕又包括羁押，是指人民法院和人民检察院为防止犯罪嫌疑人、被告人逃避或妨碍侦查和

---

[1] 但是究竟该确立怎样的启动证明标准，这个问题需要我们进行深入研究。目前，我国物权强制措施启动的证明标准在很大程度上可以归纳为"自由心证"状态，就是物权强制措施的启动只需要侦查机关的负责人内心确信可能会发现犯罪证据就会搜查，或者搜查到的可疑物品虽不能立即查明是否与案件有关，但是仍然可以扣押，只要他们内心确信有可能与案件有关。事实上这种法律规定对于规范物权强制措施行为是十分不利的，缺乏统一实施启动的标准对于行为本身就会缺乏约束力。

[2] 参见贺恒扬："审查逮捕的证明标准"，载《中国刑事法杂志》2006年第2期；曹文智："中美逮捕制度之比较"，载《中国人民公安大学学报（社会科学版）》2004年第4期。

审判的顺利进行，防止其继续实施危害社会的行为，依照法定程序和方法采取的暂时剥夺其人身自由，在一定期限内予以羁押的强制措施。与之相应，批准逮捕制度是指检察机关就侦查机关（侦查部门）提请批准逮捕的犯罪嫌疑人，经审查作出批准逮捕或不批准逮捕决定的司法活动。正是由于中外制度内涵上的差异，如何改革与完善批准逮捕制度一直以来都是理论与实务界关注的重点和难点。近年来，随着我国法治建设的不断发展，现行批准逮捕制度在司法实践中暴露出了不少问题，批准逮捕工作面临着情况新、任务重、难度大、要求高的考验。因此，对目前的批准逮捕制度进行全面考量，并在此基础上对其进行改革与完善具有重大的理论与实践意义。

一、职务犯罪案件的批准逮捕制度

2009 年 9 月，最高人民检察院正式下发《关于省级以下人民检察院立案侦查的案件由上一级人民检察院审查决定逮捕的规定（试行）》（以下简称《规定》），随着这一规定的实行，职务犯罪的批准逮捕迅速成为社会各界关注的热点问题。

（一）职务犯罪案件批准逮捕制度的现状与问题

我国的职务犯罪批准逮捕制度是随着人民检察制度在民主革命的过程中逐渐萌芽，在建国后开始发展，在 1978 年检察机关恢复重建后逐渐完善起来的。经过多年的发展演变，在《规定》之前已经形成了较为固定的批准逮捕程序。具体而言，反贪污贿赂、反渎职侵权部门在受理、立案侦查后，认为需要逮捕犯罪嫌疑人的，移送本院侦查监督部门审查，由侦查监督部门承办人审阅案卷，核实有关证据，讯问犯罪嫌疑人，然后制作《审查逮捕案件意见书》，报部门负责人签署意见，最后由检察长或者检察委员会决定是否逮捕。目前根据《规定》的要求，省级以下（不含省级）检察院立案侦查的案件，需要逮捕犯罪嫌疑人的，应当报请上一级检察院审查决定。完善职务犯罪案件的批准逮捕制度是一项重大检察改革，对于加强对职务犯罪案件的监督、保证办案质量和保障人权具有十分重要的意义。但是，职务犯罪案件的批准逮捕制度仍存在以下问题：

第一，法律依据有待完善。随着新的职务犯罪批准逮捕模式在实践中的确立，立法空缺与司法实践的冲突也越来越明显，最高人民检察院的《规定》也只是为新的审查模式制定了一个初步的规范性框架，并没有明确的法律依据，由此造成了许多新旧规定不一致的问题。例如，根据《刑事诉讼法》第 124 条规定："对犯罪嫌疑人逮捕后的侦查羁押期限不得超过二个月。案情复杂、期限届满不能终结的案件，可以经上一级人民检察院批准延长一个月"。《人民检察院刑事诉讼规则》第 221 条规定："基层人民检察院，分、州、市人民检察院和省级人民检察院直接立案侦查的案件，案情复杂、期限届满不能终结的案件，可以经上一级人民检察院批准延长一个月。"职务犯罪案件批捕权上提一级后，职务犯罪侦查权与决定逮捕权分别由两级检察机关行使，对作出批准延长羁押期限的上一级人民检察院究竟是指哪一级人民检察院不明确。又如，《人民检察院刑事诉讼规则》第95条规定，人民检察院办理检察机关直接立案侦查的案件审查逮捕工作，应当报上一级人民检察院备案。上级人民检察院对报送的备案材料应当进行审查，发现错误的，应当在10日以内将审查意见通知报送备案的下级人民检察院或者直接予以纠正。职务犯罪案件批捕权上提一级后，基层检察院不再具有批捕决定权，当然无需上报备案材料，这就需要对上述规定进行完善。

第二，操作程序不够完备。根据《刑事诉讼法》规定，公安机关认为人民检察院的不捕决定有误，可以要求复议；如果意见不被接受，可以向上一级人民检察院提请复核。那么，职务犯罪案件批捕权上提一级后，由于侦查权与决定逮捕权分别由两级检察机关行使，下级检察机关认为上级检察机关的不予逮捕决定有误，能否提出及如何提出复议复核？由于职务犯罪案件的批准逮捕还缺乏完备的操作程序，下级检察院的意见很难得到充分表达和保障。

第三，实际操作的难度增加。根据我国法律及相关司法解释的规定，侦查监督部门的审查逮捕期限在犯罪嫌疑人被拘留的情况下不得超过7天。根据《规定》，即使批捕权上提一级，下级检察院侦查部门对职务犯罪嫌疑人报请上一级检察院逮捕时仍要先经本院侦查监督部门审查，报本级院检察长或检委会审批后，再报上级院审查决定。这就带来新的问题：在上下两级检察院都需要进行阅卷、讯问犯罪嫌疑人的情况下，7天时间明显过于紧张，很难保质保量地完成审查工作；如果不需要上级检察院阅卷、讯问犯罪嫌疑人，则无法保证上一级检察院审查逮捕案件的质量。

（二）职务犯罪案件批准逮捕制度的完善

目前，理论界对于检察机关行使职务犯罪案件的批捕权仍存在争议。有观点认为，审查批捕制度的虚化是职务犯罪侦查过程中最为突出的问题之一，故检察机关不宜继续行使职务犯罪案件的批准逮捕权[1]。基于此，应由人民法院来行使该权力，通过设置上诉程序来保障其公正实现[2]。还有观点认为，应当继续由检察机关行使职务犯罪案件的批捕权，但其合理性则存在缺陷，为了弥补这一缺陷，应当使检察机关决定逮捕的案件具有可诉性，即当事人对检察机关的逮捕决定不服的，除要求人民监督员监督外，还可向法院申请重新审查，法院经审查认为不应当逮捕的，有权释放犯罪嫌疑人[3]。

我们认为，职务犯罪案件的批捕权仍应当由检察机关行使。这不仅是由我国的

[1] 宋英辉："职务犯罪侦查中强制措施的立法完善"，载《中国法学》2007年第5期。
[2] 郝银钟："论批捕权的优化配置"，载《法学》1998年第6期。
[3] 朱孝清："中国检察制度的几个问题"，载《中国法学》2007年第2期。

宪法和法律所规定的，更是由我国的司法体制所决定的。如果由法院行使批捕权，就使得法院在审判前陷于与审判结果的利害关系之中，无论怎样将批捕法官与庭审法官相分离，都不能完全杜绝审前"预断"。将批捕权交由法官行使，将造成审判权与批捕权合一，也就失去了检察机关的监督，在法院批准逮捕后，犯罪嫌疑人认为法院批捕的决定不适当时无法寻求司法救济。另外，由法院行使批捕权则需要建立一套新的体系与结构，涉及到整个司法体系架构的调整问题，这需要大量的人力、物力、财力，难度与风险都很大。因此，虽然目前在理论界，由法院行使职务犯罪案件批捕权的呼声很高，但保留检察机关的批捕权仍是主流观点。

此外，对于检察机关内部职务犯罪批捕权配置的问题，主要有以下几种观点："维持现状说"认为应坚持现有的审查逮捕方式，强调通过内部明确有效的职能分工来达到监督制约的效果；"事后备案审查说"也就是下级检察院对职务犯罪的逮捕决定应当报上级检察院备案审查，该制度实际上已于2005年正式施行；"转由上一级检察院行使说"即主张人民检察院自侦案件的批捕由上级人民检察院决定。在这三种观点中，"转由上一级检察院行使说"最符合我国目前的司法体系与权力分配格局，改革的阻力也最小，最高人民检察院发布的《规定》正是采纳了此种观点。我们建议，对职务犯罪案件的批准逮捕制度应做以下完善：

第一，以批捕权上提一级为中心完善相关立法。我国《刑事诉讼法》应明确将省级以下检察机关自侦案件的批捕权交由上级院。同时，将《人民检察院刑事诉讼规则》第109条修改为："人民检察院办理直接立案侦查的案件，需要逮捕犯罪嫌疑人的，填写逮捕犯罪嫌疑人意见书，连同案卷材料一并提请上级人民检察院审查。省级人民检察院直接立案侦查的案件，需要逮捕犯罪嫌疑人的，由侦查部门填写逮捕犯罪嫌疑人意见书，连同案卷材料一并送交同级人民检察院侦查监督部门审查。犯罪嫌疑人已被拘留的，在拘留的同时应报告上一级人民检察院，并在拘留后3日以内将案件送交上一级人民检察院审查。特殊情况下，移送审查的时间可以延长1日至4日"；将第110条至第114条中的"本院侦查部门"修改为"下一级人民检察院"、"审查逮捕部门"修改为"侦查监督部门"。

第二，改革审查逮捕的工作方式。除了采取必要的技术手段以外，有条件的检察机关可以积极尝试、努力探索，在不违背法律的前提下，改进工作方法，提高工作效率，保质保量地完成职务犯罪案件的批准逮捕工作。在实践中，可采取网络传输、专网报送、案卷扫描、调取全程录音录像资料、委托讯问等办法，优化工作方式，加快办案进度；加强对职务犯罪案件的提前介入工作，以熟悉案情和证据，为及时审查逮捕做好准备；正确处理监督和配合的关系，上一级院侦查监督部门在审查案件过程中，既要按照法定逮捕条件认真审查把关，又要加强与侦查部门的沟通配合，依法及时作出决定。[1] 对于重大、疑难案件，以及交通不便地区的案件，上级院侦查监督部门可派员提前介入，参加下级院自侦部门的案件讨论与决策。同时，上下级侦捕信息资源整合应实现常规化，制定职务犯罪类案件证据规则，定期进行交流。

第三，妥善处理与原有批捕制度的衔接问题。一是分、州、市检察院在完成审查逮捕工作后是否仍需报送其上级机关也就是省级检察机关备案。对此有两种不同的意见：一种意见认为，基于人力、精力等因素的考虑，没有必要再把职务犯罪案件上报省级检察机关备案，否则省级检察院审查的备案材料无疑会数量巨大。[2] 另一种意见认为，应当继续执行上报备案审查制度，防止使备案程序成为一种形式，不能发挥其应当发挥的作用。[3] 我们认为，分、州、市检察院审查决定逮捕的职务犯罪案件仍然需要上报省级检察机关备案审查。因为，对法律规定程序的遵守是刑事诉讼活动的一个基本准则，在相关规定没有更改的情况下，应当按照规定的程序上报审查，这既是依法办事、尊重法律的体现，也是更好地保证审查逮捕工作质量的必然要求。至于省级检察院工作压力增大的问题，可以通过内部人员调整、增加工作岗位、提前汇报等方式进行化解。二是如何确定批准一个月的延长侦查羁押期限的上一级院。对此也有两种意见：第一种意见认为，作出批准延长羁押期限的上一级人民检察院，是指作出逮捕决定的人民检察院的上一级人民检察院。第二种意见认为，作出批准延长羁押期限的上一级人民检察院，是指直接立案侦查的人民检察院的上一级人民检察院。[4] 我们认为第二种意见是可取的。如按照第一种意见，基层人民检察院立案侦查的案件，需要经省级人民检察院批准延长羁押期限一个月；分、州、市人民检察院立案侦查的案件，则需要经最高人民检察院批准延长羁押期限一个月，与公安机关立案侦查案件的延长审批权不平衡，与我国司法实践也不相符。

第四，赋予下级检察机关复议申请权。对此主要有以下观点：第一种观点认为，下级检察机关认为上级检察机关的不予逮捕决定，可以提出复议但不能提出复核；第二种意见认为，上级检察机关与下级检察机关之间是领导与被领导的关系，上级检察机关作出的决定下级检察机关应当服从，下级检察机关对上级检察机关的不予逮捕决定，不能提出复议、复核；第三种意见认为，下级检察机关对上级检察机关

---

[1] 徐日丹："以改革为契机提高职务犯罪侦查水平"，载《检察日报》2009 年 9 月 5 日。
[2] 印仕柏："职务犯罪案件审查逮捕方式的审视与重构"，载《中国刑事法杂志》2008 年第 6 期。
[3] 王晓民："批捕权上提不得不面对的几个问题"，载《东方法眼网》2009 年 8 月 8 日。
[4] 邵义祖、张少林、吕颖："检察机关自侦案件逮捕权上提一级问题研究"，载《政治与法律》2009 年第 7 期。

不予逮捕决定，可以提出复议、复核。[1] 我们赞同第一种观点，将审查逮捕决定权上提一级的主要目的就是为了加强对职务犯罪案件批捕工作的监督，提高工作质量，其中的监督不仅仅是上级对下级的监督，下级当然也有权力对上级的工作提出意见或建议。赋予下一级检察机关复议申请权，能够对批捕工作进行多重监督，为上下级之间的沟通提供渠道，有利于高质量地完成审查逮捕工作。

第五，强化对批准逮捕工作的保障。职务犯罪案件批捕权上提必然导致市级检察机关批捕工作量陡增，为此，需要进行检察机关内部的人员调整，将有大量经验丰富的办案人员充实到该级检察机关中，并在省市级人民检察院侦监部门增设办理职务犯罪审查逮捕岗位或专业办案科室，增配相关干部编制，负责自侦案件的审查逮捕、沟通协调等工作，实现人员基本固定及办案专业化的要求。

二、批准逮捕阶段的讯问制度

讯问犯罪嫌疑人是落实侦查监督工作的重要环节，对于保障犯罪嫌疑人的合法权益、查明案件事实具有重要意义。最高人民检察院在《人民检察院审查逮捕质量标准（试行）》中规定了在批准逮捕阶段对以下五类案件的犯罪嫌疑人在决定是否批准逮捕前必须进行提审讯问：犯罪嫌疑人是否构成犯罪、是否需要予以逮捕等关键问题有疑点的；案情重大复杂疑难的；犯罪嫌疑人系未成年人的；侦查活动可能存在刑讯逼供、暴力取证等违法行为的；犯罪嫌疑人要求讯问的。其余案件可以讯问，未讯问的也要发放“听取犯罪嫌疑人意见书”。就批准逮捕阶段的讯问而言，理论界也存在一定的质疑。如有观点认为，检察机关审查决定、批准逮捕案件都必须讯问犯罪嫌疑人的作法欠妥，其原因包括：检察机关对审查决定、批准逮捕案件都必须讯问犯罪嫌疑人，不符合诉讼经济的原则；讯问犯罪嫌疑人是核实批捕证据的一种审查案件的手段，并不是发现和纠正违法的唯一途径；对于事实清楚、证据确实充分，不存在超期羁押现象的案件，可以不再讯问被告人，对于案件事实清楚，依法无逮捕必要的案件，也可以对犯罪嫌疑人不再进行讯问；检察机关提前介入，引导侦查的批捕案件，检察机关对案件的事实、证据以及定性已经有了基本全面的了解和认识，可以不再讯问犯罪嫌疑人。[2] 我们认为，尽管刑事诉讼法没有明确规定在批准逮捕工作中实行讯问制度，但是最高人民检察院《人民检察院刑事诉讼规则》、《关于在检察工作中防止和纠正超期羁押的若干规定》以及《人民检察院审查逮捕质量标准（试行）》等规范性文件对此都有明确要求，审查批捕工作中的讯问制度已成

---

〔1〕 邵义祖、张少林、吕颢：“检察机关自侦案件逮捕权上提一级问题研究”，载《政治与法律》2009年第7期。

〔2〕 赵军：“检察机关审查决定、批准逮捕案件是否必须讯问犯罪嫌疑人”，载《检察实践》2004年第2期。

为检察机关的一项工作程序。从效果上看，批准逮捕阶段讯问犯罪嫌疑人，听取犯罪嫌疑人的供述和辩解，可以全面掌握案情，防止错案的发生，确保批捕质量；可以及时发现和排除非法证据，确定证据的效力和证明能力，并对非法的侦查活动进行切实有效的监督；可以在讯问中发现立案监督线索，同时也可以发现侦查部门移送案件的证据在质和量上的不足，为撰写补充侦查提纲，引导侦查部门取证打好基础。[1]

（一）批准逮捕阶段讯问制度的现状与问题

目前，在批准逮捕过程中讯问犯罪嫌疑人仍存在诸多问题，需要进一步的改革完善：一是法律依据不够完备。尽管最高人民检察院在批准逮捕阶段实施讯问制度出台了一系列的规定、办法，但从规范性层面来看，审查逮捕阶段讯问犯罪嫌疑人仍然缺乏明确的法律依据。在理论界，引发了检察机关在审查逮捕阶段是否有权提审犯罪嫌疑人或者该阶段所获取的犯罪嫌疑人供述或辩解是否具有法律效力的争议；在实践中，导致一些检察干警对讯问工作的忽视，将其看成额外负担，或是敷衍了事。二是加剧了批准逮捕工作的紧迫性。根据《刑事诉讼法》的规定，人民检察院应当自接到公安机关提请批准逮捕书后的 7 日内，作出批准逮捕或不批准逮捕的决定。在短短 7 天审查期限内又增加一道工作程序，时间上更加紧迫，必然会对审查逮捕工作提出更高的要求。三是尚未形成统一的操作规程，导致实践中出现诸多不良倾向：一些办案人员在审查逮捕环节只重视对案件本身的审查，把是否错捕放在了办案的头等重要位置，在讯问中只注重核实证据，对犯罪嫌疑人提出的公安机关违法侦查的行为不予重视，没有起到全面履行侦查监督职责的作用；一些办案人员讯问犯罪嫌疑人重视逮捕的证据条件，对"可能判处有期徒刑以上刑罚"和"采取取保候审、监视居住等方法，尚不足以发生社会危险性"两个条件的认识不足。

（二）批准逮捕阶段讯问制度的完善

讯问犯罪嫌疑人是确保批捕质量的核心工作，是发现非法侦查活动并对其进行有效监督的重要手段，也是发现立案监督线索的方法之一，还是引导侦查取证的必要前提。因此，应从以下方面进行完善：①完善相关立法。在《刑事诉讼法》中明确规定检察机关在审查逮捕工作中的讯问权，并明确审查逮捕阶段由检察机关收集的犯罪嫌疑人供述之法律地位与效力；适当延长审查逮捕的立法期限，给检察机关讯问犯罪嫌疑人以充分的时间，防止因审查期限太短而无法发现问题，或者导致工作流于形式，无法实现提高案件质量之目的。②加强与侦查机关的沟通协调。可建立与侦查机关的联席会议制度，在讯问犯罪嫌疑人后对有较大争议或确属重大、疑难案件的，邀请侦查阶段的承办人参加案件讨论；对于检察机关作出的不批准逮捕

---

〔1〕 刘毅："试析侦查监督中的讯问犯罪嫌疑人"，http://www.yunxian.jcy.gov.cn/fazhi1.asp? id = 39.

或不予批准逮捕的案件，检察机关应书面致函侦查机关说明理由；与侦查机关讨论改进提审犯罪嫌疑人的手续与流程，以减少办案人员到看守所提讯犯罪嫌疑人的困难。③注意把握批准逮捕阶段讯问的特点。在讯问前，应根据犯罪的构成要件以及逮捕的三个条件，认真审查案卷材料，制定讯问提纲。在讯问犯罪嫌疑人时，应当充分听取其罪轻或无罪的辩解，不能先入为主，认定其必然有罪，而且应禁止以获得犯罪嫌疑人的有罪供述为唯一目标的偏向性心理。在犯罪嫌疑人聘请律师后，还应接待并听取律师的辩护意见。④建立侦查讯问同步录音录像等配套制度。在条件允许的情况下，除了职务犯罪案件外应尽量在讯问过程中多采取同步录音录像的技术措施，避免因犯罪嫌疑人口供变化而使批捕工作陷入被动境地，同时也能确保讯问能够合法、迅速、科学进行。

三、律师参与批准逮捕程序

律师在刑事案件侦查阶段参与刑事诉讼，主要是为犯罪嫌疑人提供法律咨询、代理申诉、控告或者为其申请取保候审，以及受委托为被批准或者决定逮捕后超期羁押的犯罪嫌疑人提出释放或者变更强制措施的要求。律师参与刑事诉讼过程有明确的法律保障，相关条款散见于我国《刑事诉讼法》第96条和第75条、《人民检察院刑事诉讼规则》第96条、《关于人民检察院保障律师在刑事诉讼中依法执业的规定》第9条等法律法规之中。新《律师法》更加充分地赋予了律师的会见权、调查取证权、阅卷权、庭审言论豁免权，由此，加强律师在批准逮捕阶段的作用也成为理论与实务界讨论的热点问题。

（一）律师参与批准逮捕程序的现状与问题

律师参与作为刑事诉讼控辩审"三角结构"中的重要一环，对批准逮捕程序的完善无疑具有重要的意义，不仅可以促进检察机关依法"慎捕、少捕、不捕"，而且也有利于完善证据，在犯罪嫌疑人和办案机关之间建立一个通畅的渠道，保证全面审查案件，从而有利于实现刑事诉讼中的人权保护。如有的地方就律师介入审查批捕程序做出专门规定，由律师针对案件事实、法律适用、逮捕的必要性、侦查活动是否合法提交书面材料或者会见检察官；检察机关在作出是否逮捕决定时，应当充分听取律师意见；案件办结后，及时将处理结果反馈给律师。[1] 有的地方就未成年人犯罪案件的律师参与做出专门规定，在审查批捕阶段告知法律援助律师犯罪嫌疑人的罪名，依法安排法律援助律师会见在押的未成年犯罪嫌疑人；法律援助律师在审查批捕阶段会见未成年犯罪嫌疑人时，人民检察院应当派员在场，并出具同意会

---

〔1〕　北京市海淀区人民检察院《律师介入审查批捕程序办法（试行）》（2008年6月），参见林世钰："北京市海淀区检察院：律师介入提升批捕质量"，载《检察日报》2009年2月4日，第8版。

见证明。[1] 有的地方就轻微犯罪案件的律师参与做出专门规定，建立"捕前听取律师意见制度"，即在审查逮捕阶段，检察机关将就案件事实、法律适用、逮捕必要性等问题征求代理律师的意见，并在充分听取其意见后，最终作出是否逮捕的决定。[2]

随着新《律师法》的实施，律师的刑事诉讼中的地位与作用得到进一步的强化，但就目前实际情况而言，律师参与批准逮捕程序还存在诸多问题：一是立法上缺乏明确的法律保障。由于律师参与审查逮捕程序仍处于实践探索阶段，相关立法与司法解释尚处于缺位状态，多是通过地方基层检察院的内部操作规范文件做出规定。总体上看，目前律师想在检察机关审查逮捕阶段发挥作用基本上可以说是无规可循、无门可进。虽然部分律师也可能通过一些非正式途径向承办检察官反映情况、递交材料，但是从实际处理来看，检察机关实际接收和处理的少，律师参与审查逮捕程序缺乏有力的法律保障。二是各地在律师参与的案件范围、参与的程度等方面规定不一致。有的地方通过内部操作规范文件允许律师参与所有案件的审查逮捕工作，而有的地方只是在某些类型的案件（如未成年人案件）中允许律师参与。而且，律师参与审查逮捕工作虽然可以依据一些"地方标准"，但是总体说来还是存在不少的障碍。三是缺乏具体的律师参与程序。例如参与的时机问题，犯罪嫌疑人及其亲属或者委托的律师并不知道律师可以参与审查批捕程序，也不知道犯罪嫌疑人何时被提请批准逮捕，向哪一级检察机关提请批捕，律师无从提供材料发表意见；又如参与的方式问题，律师参与基本是书信或面见承办检察官两种基本形式，是否经过侦查机关转交还是需要侦查人员在场，规定不明；再如参与的效果问题，律师发表的意见是否能够被充分听取，由于审查批捕的办案时限短，办案人员不足等实际困难，难以逐一核实律师提交材料的来源及其真伪。[3]

（二）律师参与批准逮捕程序的完善

在批准逮捕阶段，律师的意见不仅包括犯罪嫌疑人无罪、罪轻、刑事责任等实体问题，也可以包括侦查机关侦查违法等程序性问题。检察机关听取律师意见应坚持合法性、律师自愿、检察机关中立裁决等原则。具体程序设计如下：①设立律师参与的启动程序。侦查监督部门在收到案件后及时审阅案卷材料，如果发现案卷材料里有律师会见函或者委托书之类的书面材料则表明犯罪嫌疑人已经聘请了律师，应当及时通知律师案件已进入审查批捕环节，并告知律师有提出律师意见的权利。②明确律师参与的各项权利。一是赋予律师在审查逮捕阶段的阅卷权与提出意见权。

---

〔1〕 上海市虹口区人民检察院《关于未成年人刑事案件法律援助试行办法》（2004年2月）、重庆市沙坪坝区人民检察院《审查逮捕环节讯问未成年犯罪嫌疑人律师介入暂行办法》（2009年3月）。

〔2〕 余东明："批准逮捕前听取代理律师意见"，载《法制日报》2009年5月21日，第5版。

〔3〕 戚进松、李娜："审查批捕阶段律师参与制度探析"，载《国家检察官学院学报》2009年第1期。

律师参与批捕程序之目的就是要充分表达意见，由于侦查阶段律师基本上被排除在外，对侦查机关移送的有关材料缺乏了解，如果不赋予律师阅卷权，让其对案件情况有个全面的了解，显然该制度本身的实际效果就会大打折扣。二是暂不赋予律师在审查逮捕阶段的会见权。在没有相关明确法律依据的情况下，暂时可不考虑赋予律师会见权。但对于未成年人案件，可规定律师在检察机关讯问犯罪嫌疑人时有同时在场的权利，这是未成年人案件的特殊性质决定的，以加强对未成年人权益的保护。值得注意的是，由于审查逮捕工作时间紧、任务重，应当对律师行使上述权利作出时间上的限制规定，由办案人员在通知律师时一并告知，如律师未及时查阅材料或提交意见，则视为对权利的放弃。③注重对律师意见的审查和反馈。承办人就律师意见与案件一并审查，并将律师意见内容详细记入审查批捕意见书，然后结合具体案件事实和证据对律师提出的主张和理由逐一分析，最后提出是否采纳的处理意见。承办人对案件和律师意见提出处理意见和理由后，再按照内部工作程序逐级审批，如有必要也可以提交检察委员会讨论。经审查、分析，最终做出是否采纳的决定，并在案件审结之日将意见的采纳情况反馈给律师，反馈意见应当以书面形式作出。[1]

四、批准逮捕的条件

批准逮捕制度建立在逮捕条件的基础之上，要促进批准逮捕制度的不断完善，就必须充分重视对逮捕条件的认识。目前，根据我国《刑事诉讼法》第60条的规定，实施逮捕必须同时具备以下三个条件，即证据条件——有证据证明有犯罪事实；刑罚条件——可能判处徒刑以上刑罚；必要性条件——采取取保候审、监视居住等方法，尚不足以防止发生社会危险性，而有逮捕必要。在司法实践中，这三个条件是一个有机统一的整体，既要分别考虑，又要全面把握，才能保证逮捕条件的正确运用。

（一）我国批准逮捕条件适用现状与问题

在国际范围内，逮捕主要是以强制方式使嫌疑人到案的一种措施，它一般只会带来较短时间的人身监禁。逮捕既可以由司法官员授权实施，也可以由司法警察、检察官自行决定采取。甚至在法定情形下，对那些正在实施犯罪行为的现行犯，普通公民将其强行押送警察机构的行为也被视为"逮捕"。除了那些由法官未经逮捕而直接授权实施羁押的情况以外，逮捕与羁押一般构成了两个相互独立的程序，由此可见，他们实行的是以逮捕前置主义为基础的捕押分离制度，可以对逮捕和羁押实施司法抑制，实行双重检察，使逮捕、羁押的决定者与实施者在主体上产生分离。因此，逮捕条件实际上比我国的逮捕条件要低得多，虽然各个国家在具体条件上也

---

〔1〕 李钟、李佩霖："审查批捕听取律师意见制度探析"，载《华东政法大学学报》2007年第5期。

存在差异，但是有一个共同点就是有合理根据，存在合理怀疑。[1] 1998 年 1 月 19 日发布施行的《最高人民法院、最高人民检察院、公安部、国家安全部、司法部、全国人大常委会法制工作委员会关于刑事诉讼法实施中若干问题的规定》第 26 条对刑事诉讼法中逮捕证据条件作了进一步明确和细化："'有证据证明有犯罪事实'是指同时具备下列情形：①有证据证明发生了犯罪事实；②有证据证明犯罪事实是犯罪嫌疑人实施的；③证明犯罪嫌疑人实施犯罪行为的证据已有查证属实的。犯罪事实可以是犯罪嫌疑人实施的数个犯罪行为中的一个。" 2001 年 8 月 6 日，最高人民检察院与公安部发布的《关于依法适用逮捕措施有关问题的规定》中第 1 条第 2 项规定了"有逮捕必要"的六种情形："①可能继续实施犯罪行为，危害社会的；②可能毁灭、伪造证据，干扰证人作证或者串供的；③可能自杀或者逃跑的；④可能实施打击报复行为的；⑤可能有碍其他案件侦查的；⑥其他可能发生社会危险性的情形。" 2006 年，最高人民检察院制定的《人民检察院审查逮捕质量标准（试行）》（以下简称《标准》）第 6 条对逮捕必要性进行详细的解释，第 7 条则列明了对犯有轻罪且没有其他重大犯罪嫌疑的犯罪嫌疑人适用"无逮捕必要"的九种情形。2007 年 1 月 15 日，最高人民检察院发布的《关于在检察工作中贯彻宽严相济刑事司法政策的若干意见》从主体、法定刑、情节、主观方面、犯罪后表现、帮教条件、证据情况等七方面综合考察犯罪嫌疑人的逮捕必要性，主要是一种原则性规定。由于我国与西方国家在政治制度、司法体制上存在较大差异，如果在逮捕条件上向他们看齐，则需要对我国的逮捕制度乃至整个刑事诉讼活动进行较大调整，因此，我们在司法体制改革中，应从本国国情和司法实践出发，坚持证据条件、刑罚条件与必要性条件三要件统一考量的基本标准。

但是，我国目前的逮捕条件也存在着不少问题，需要加以重视。①刑事诉讼法对于逮捕条件的规定较为混乱，缺乏系统的规定。我国逮捕条件是以刑事诉讼法的规定为基本依据，后通过各类司法解释加以具体化，最终形成了关于逮捕条件的体系。因此，关于逮捕条件除了刑事诉讼法之外还有诸多阐释，乃至一些地方检察院还有各自的内部标准，这就造成了不同地方、不同时期所适用的逮捕标准不统一，逮捕证据无法准确把握，导致司法适用的混乱。②由于缺乏对逮捕条件的精确把握，导致实践中出现拔高或降低逮捕条件的倾向。一是人为拔高"有证据证明有犯罪事实"，将其等同于起诉标准。对"有证据"这种状态的判断比较困难，尤其是在供证不一、翻供、不供，或只有间接证据的情况下，要判断是否属于"有证据"就更加困难。有的办案人员为了避免错捕的风险，只要证据不是"确实、充分"，一般作不

---

〔1〕 参见曹文智："中美逮捕制度之比较"，载《中国人民公安大学学报》2004 年第 4 期；吴宏耀："英国逮捕制度的新发展"，载《国家检察官学院学报》2001 年第 5 期。

捕处理，造成一些刑事案件降格处理或流失，因此导致打击犯罪不力。二是人为降低对刑罚条件和逮捕必要性的审查，实践中表现为"构罪即捕"。有的办案人员忽视了对是否会判处有期徒刑以上刑罚、是否确有逮捕必要的审查，只要构罪，大多都会批准逮捕，由此也就人为地将对逮捕的三个要件的审查变为一个要件的审查。[1]

（二）批准逮捕条件的完善

为便利办案人员的理解和把握，我们建议，对刑事诉讼法规定的批准逮捕条件进行具体的解释：

1. 有证据证明犯罪事实。在理论界，对"有证据证明犯罪事实"条件的理解侧重于两个方面，即"有证据"与"证明"。"有证据"主要就是对证据数量的要求，包括以下观点：一是个数说，认为只要有证据即可，一个、两个证据就是有证据。二是相当说，即从证明标准来讲，其证据只要求有相当的确实证据证明即可，或者"相当的证据"。三是充足说，认为"有证据"不是指有一个证据，而应当是有充足的证据。我们认为，对于"有证据"应该理解为有充足的证据，毕竟我国目前的逮捕一并带有羁押的状态，对于这种限制人身自由的强制措施在证据方面必须要有一定数量上的要求。

所谓"证明"就是证明标准的问题。在诉讼制度发展史上，不同类型的证据制度中证明标准亦不相同。在法定证据制度中，一切证据证明力的大小以及对证据的取舍和运用，都由法律予先明文加以规定，法官不得擅自评断和取舍，法官必须严格按照法律规定的规则求证，证明标准是达到"法定真实"或"形式真实"。法定证据制度总的证明规则是，只要有一个完全证据就可以确定案件的事实，几个不完全的证据，可以构成一个完全的证据。在现代西方自由心证制度中，强调法官按照自己的"良心"、"理性"进行求证，通过对证据的审查判断所形成的内心信念来认定案件事实，证明所要达到的要求是"内心确信"，客观上表现为"高度的盖然性"。在自由心证制度中，法官追求的是"主观真实"，体现在证明标准上，就是要"排除合理怀疑"。目前，不少国家在法律上对逮捕的证明标准也做了不同的规定，如日本刑事诉讼法规定逮捕要有"有相当的理由足以怀疑"，英、美刑事诉讼法律规定"颁发逮捕证要有一定的证据证明其诉因的确实性"。[2]

对于我国逮捕条件中的证明标准而言，由于刑事诉讼是一个从立案、侦查，到审查逮捕、审查起诉，再到审判的过程，这是一个层层递进、不断衔接的过程，而在不同的诉讼阶段，诉讼的任务、诉讼主体及采取的诉讼行为均有不同，每个阶段的证明对象、证明责任也有差异，因而证明标准不应单一化。同时，作为证明责任

---

〔1〕 常艳、周冬梅："对审查批捕中逮捕条件的把握"，载《人民检察》2006 年第 12 期。
〔2〕 参见金明焕主编：《比较检察制度概论》，中国检察出版社 1993 年版，第 106 页。

的主要承担者，侦查机关与检察机关所要达到的证明标准也会经历一个由低到高的变化。因此，逮捕中的证明标准应当不同于最后定案的证明标准。我们建议，我国逮捕条件证明标准的设置应当以法律真实观为理论基础，同时还应区别于"确实充分"的审判证明标准。故而，应该采用"证据确实、充足"的证明标准。"确实"就是经查证属实的，即审查批捕阶段所审查的证据也必须具有客观性、关联性和合法性的特征。而"充足"从某种意义上也就是"有合理理由"（have reasonable ground），既体现了审查逮捕工作的谨慎，又体现了逮捕本身有着不同于起诉以及审判的证明标准。

2. 可能判处徒刑以上刑罚。由于"可能判处徒刑以上刑罚"的含义较为明晰，对该条件在具体内涵上的理解上不存在太大难度，理论上亦没有多少争议。"可能判处徒刑以上刑罚"只是在采取强制措施环节时的一种判定，既不是定案，也不是处理结果。"可能"判处徒刑以上刑罚，不能理解为"必须"、"一定"判处徒刑以上刑罚，而且对于可能判处管制、拘役或单独适用附加刑的嫌疑人则不能适用逮捕。但是，理论界对该条件关注的焦点集中在对该条件的批判上：如提出刑法中规定的犯罪行为所应受的刑罚处罚绝大多数都符合逮捕的刑罚要件，导致适用逮捕的对象过于宽泛；"可能"一词蕴含着极大的不确定性，需要侦查人员在提请逮捕时、检察官在审查逮捕时，对法官的判罚进行揣测，失去了严肃性等。事实上，由于逮捕和取保候审、监视居住等强制措施最明显的区别在于犯罪嫌疑人、被告人人身自由的限制程度不同，因此，只有具有明显的人身危险性的犯罪嫌疑人、被告人才需要采取逮捕这种限制人身自由的最严厉的强制措施。判断一个犯罪嫌疑人、被告人人身危险性有无以及大小的一个重要标准就是其所涉嫌犯罪的轻重。因此，逮捕的刑罚条件应该因犯罪嫌疑人、被告人所涉嫌犯罪的轻重而有不同。我们认为，目前逮捕的刑罚条件确实过于宽泛，可以考虑对其略作调整。具体来说，可对该条件进一步限制：一是我国刑法中多以可能判处 3 年以下有期徒刑、管制或者拘役的犯罪理解为轻罪，所以将上述犯罪纳入轻罪范畴，对于涉嫌上述犯罪的犯罪嫌疑人、被告人，通常不予逮捕，但若有充足的证据证明其符合逮捕必要性条件，也可以逮捕，即以不捕为常态、逮捕为例外；二是将可能判处 3 年以上、10 年以下有期徒刑的犯罪纳入一般犯罪范畴，对于涉嫌上述犯罪的犯罪嫌疑人、被告人，可以采取逮捕措施，但要充分考虑证据条件和必要性条件，即合理控制逮捕与适用其他强制措施的比例；三是将可能判处 10 年以上有期徒刑、无期徒刑、死刑的犯罪纳入重罪范畴，对于涉嫌上述犯罪的犯罪嫌疑人、被告人，通常应当采取逮捕措施，但若有证据证实确无逮捕必要的，可酌情不捕，即以逮捕为常态、不捕为例外。但需要注意的是，对于某些严重危害国家安全或公共安全的犯罪，应当予以逮捕。

3. 有逮捕必要。在实践中如何正确把握批捕条件，对于"有逮捕必要"的认定是极为关键的。目前，理论界对于"有逮捕必要"的理解主要有以下观点。有论者认为，可以从以下方面考虑：从罪名性质把握，从犯罪地位把握，从犯罪情节把握，从犯罪后果把握，从认罪态度把握，从保证诉讼把握，对其他可能影响刑事诉讼活动顺利进行而有逮捕必要的。[1] 有论者列举了有逮捕必要的情形：犯罪嫌疑人是否有妨碍刑事诉讼活动的行为和可能，如逃跑、串供、毁灭或伪造证据、自杀等；犯罪嫌疑人是否有继续危害社会的行为，如继续进行犯罪活动，威胁、打击报复被害人、举报人等。同时，还需结合案件的具体情况综合判断，认为采取取保候审、监视居住等方法不足以防止发生社会危险性和达到侦查工作所要达到的预期目的的才采取逮捕的强制措施。[2] 有论者从相反的角度提出了"无逮捕必要"的概念，具体条件包括形式要件（或然性条件）与实体性要求（必要性要件）两类型，前者包括犯罪嫌疑人的行为必须构成犯罪，犯罪事实清楚、证据确实充分，犯罪嫌疑人认罪，可能判处徒刑以下刑罚的等；后者是关键因素主要是判定有无社会危害性及社会危害性是否严重。[3] 事实上，"有逮捕必要"涉及了较为复杂的可变因素，不仅包括对案件情况如犯罪性质、情节轻重的考察，还包括对证据情况、社会效果、帮教条件以及犯罪嫌疑人个人情况等方面的综合判断。因此，对"有逮捕必要"条件的理解应当根据相关的法律法规，结合案件及犯罪嫌疑人的具体情况进行综合考量。具体而言，确定犯罪嫌疑人、被告人有无逮捕必要，即确定其有无人身危险性及其大小，可以综合考虑以下因素：犯罪性质、犯罪情节、犯罪情节、认罪态度、主体状况、社会管理与帮教条件、对诉讼的影响、是否遵守取保候审或监视居住的规定。

此外，可考虑建立逮捕必要性证明制度，即按照相关法律、司法解释关于逮捕必要性的规定，侦查机关提请适用逮捕措施、人民检察院审查决定适用逮捕措施，除必须有证明犯罪嫌疑人涉嫌犯罪的必要证据外，还应当有能够证明犯罪嫌疑人有逮捕必要性的证据的制度。这些证据包括以下方面：证明犯罪嫌疑人受过行政和刑事处罚记录的材料、证明犯罪嫌疑人有其他恶习的材料、证明犯罪嫌疑人有妨碍诉讼行为的材料、证明犯罪嫌疑人具有继续实施犯罪行为可能的证据材料、证明犯罪嫌疑人不具备取保候审或监视居住条件的证据材料、证明对犯罪嫌疑人不采取逮捕措施可能发生社会危险性的其他情形的证据材料等。

五、贯彻落实宽严相济的刑事政策

宽严相济刑事政策是我国当前的基本刑事政策，贯彻执行宽严相济刑事政策，是审查逮捕工作的基本要求，也是检察工作改革的应然之义。2006 年 12 月 28 日，

---

[1] 参见邵义祖、张少林："浅谈对'有逮捕必要'条件的把握"，载《人民检察》2005 年第 13 期。

[2] 参见张正海："论如何把握逮捕条件"，载《法制与社会》2007 年第 10 期。

[3] 参见徐志高："关于逮捕条件之一的'无逮捕必要'的法律思考"，载《检察实践》2005 年第 3 期。

为了在检察工作中切实贯彻宽严相济刑事政策，最高人民检察院《关于在检察工作中贯彻宽严相济刑事司法政策的若干意见》明确规定了检察机关贯彻宽严相济刑事司法政策的指导思想和原则，要求检察机关建立健全贯彻该政策的检察工作机制和办案方式。就审查逮捕工作而言，该《意见》指出：严格把握"有逮捕必要"的逮捕条件，慎重适用逮捕措施，对于可捕可不捕的坚决不捕。

（一）贯彻落实宽严相济刑事政策的现状与问题

在批准逮捕工作中，贯彻落实宽严相济刑事政策还存在以下问题：

1. 对宽严相济的把握不准。根据批准逮捕工作的基本性质，在审查逮捕中贯彻落实宽严相济的刑事政策落脚点就在于捕还是不捕的问题。目前，从宽严相济的角度来审视批捕工作的改革，虽然受传统报应与重刑主义观念的影响，探讨如何实施宽的政策是固然的重点，但是由于人员素质不高以及相关配套规定不完善等原因，实践中存在着该严不严，乱宽、滥宽的现象，即"宽严不济"。

2. 对宽大刑事政策的执行标准不一。审查逮捕工作贯彻执行宽大刑事政策主要依照《最高人民检察院关于在检察工作中贯彻宽严相济刑事司法政策的若干意见》和《人民检察院审查逮捕案件质量标准》，两份文件的规定较原则化，对检察机关处理具体案件的指导作用不强。为此，各地纷纷出台了大量的地方性标准，在无必要逮捕的适用标准、轻微刑事案件适用和解的程序、条件、范围等方面都没有统一的规则。值得注意的是，由于宽严相济刑事政策多是一些指导性的、笼统性的规定，而没有明确具体的要求，在适用上多依赖于司法人员的主观裁量，致使政策适用受人为控制的因素较大，对如何"从宽"不容易把握，增加了执法的随意性。

3. 缺乏相应的配套制度。检察机关对构成犯罪但无逮捕必要的犯罪嫌疑人作出不批准逮捕决定后，受害人因赃物没有追回、经济补偿不够或出于义愤往往会表示强烈不满，指责检察机关"打击不力"、"放纵犯罪"，甚至误解检察机关办人情案、金钱案，由此引发申诉、上访，有的地方为了避免受害人及其家属的缠诉不得不作出批准逮捕决定。[1]

4. 侦查机关与侦查监督部门的工作衔接不够。在实践中，公安机关等侦查机关与检察机关的侦查监督部门在刑事司法理念上存在着较大的差异。对于侦查机关来说，逮捕率高，则工作成绩突出；逮捕率低，则工作成绩落后。作为刑事诉讼程序上游环节的侦查机关，出于维护稳定和综合治理的因素更侧重于"严厉打击"，而侦查监督部门应侧重于贯彻法治理念，这就造成在同一个刑事诉讼链条上的相邻环节

[1] 钱学敏："审查逮捕适用宽大刑事司法政策存在的问题及其对策"，载《西南政法大学学报》2007年第5期。

出现司法理念的差异，进而导致对宽严相济刑事政策适用的不同。[1]

（二）贯彻落实宽严相济政策的建议

由于贯彻宽严相济政策必然会在一定程度上增加检察官的自由裁量权，因此在完善立法和机制的同时，有必要加强相应的监督制约，其中最主要的是要加强对不捕权的监督，对于决定不捕的应当建立由专人负责的备案及定期审查制度，防止出现关系案、人情案、金钱案。至于如何贯彻落实宽严相济政策，我们建议从以下方面入手：

1. 明确宽严对象的划分标准。区别对待是贯彻宽严相济刑事政策的基础工作，具体到批准逮捕工作就是明确"有无逮捕必要"之条件，对应当宽处的对象尽量不捕，对应当严处的对象尽量逮捕，以此维护社会的和谐稳定。对于宽严对象在理论上的划分，我国理论界基本上不存在较大分歧：应当严处的对象是指严重犯罪以及一切犯罪中的从严情节；具体包括有可能被判处 10 年以上徒刑、无期徒刑或者死刑，社会影响十分恶劣，在一定时期内发生频度很高的案件等。[2] 应当宽处的对象则包括轻微犯罪以及犯罪中的从宽情节，具体包括有可能被判处管制、拘役或者 3 年以下徒刑的犯罪，刑法总则中规定可以或者应当从轻、减轻或者免除处罚的情节以及可以判处缓刑的情节，还有依据法理、人情应当从宽的情节，如轻微的过失犯或激情犯、真诚悔罪的偶犯和初犯、被害人有明显过错等。例如，对于对未成年人、在校学生犯罪案件，坚持"教育、感化、挽救"的方针和"教育为主、惩罚为辅"的原则，慎用逮捕措施，做好帮教工作。[3] 基于目前的司法实际状况，我们建议，对于宽严对象的划分标准应当通过规范性文件的方式予以确立，严格限制检察官对不捕标准的自由裁量权，切实维护司法公正。

2. 完善审查逮捕阶段的刑事和解制度。刑事和解不能仅仅局限在起诉、审判阶段，在审查逮捕阶段亦应受到充分的重视。对于轻微刑事犯罪，在遵守法律法规的前提下进行刑事和解，得到被害人的谅解后，能不捕的尽量不捕。完善审查逮捕阶段的刑事和解制度，可以提升被害人在刑事追诉程序中的参与度，节约司法资源，也有助于化解社会矛盾，增进社会和谐。事实上，不少地方的检察机关已开始尝试对可能判处 3 年以下有期徒刑、拘役、管制的轻微刑事案件、未成年人犯罪等案件实行刑事和解，但由于在适用范围以及参加对象上缺乏统一规定，致使各地在对轻

---

〔1〕 缪凌蓉、胡菲、邵方铿、黄元强："宽严相济政策在审查逮捕阶段适用的实证分析"，载《浙江工商大学学报》2007 年第 6 期。

〔2〕 慕平、甄贞主编：《检察工作热点难点问题研究》，法律出版社 2007 年版，第 229～233 页。

〔3〕 缪凌蓉、胡菲、邵方铿、黄元强："宽严相济政策在审查逮捕阶段适用的实证分析"，载《浙江工商大学学报》2007 年第 6 期。

微刑事案件的犯罪嫌疑人和被害人进行刑事调解促成双方达成谅解上各施其法。我们建议，在条件具备的时候应该及时制定统一的操作规范。例如，检察机关对于公安机关提请批准逮捕的已经达成刑事和解协议的案件，经审查认为刑事和解合法、真实、有效的，一般适用"无逮捕必要"不予批准逮捕；对于在报捕前没有达成刑事和解协议的案件，经审查认为具有刑事和解条件的，则告知双方当事人可以进行刑事和解，并留给当事人一定的和解时间，一旦达成刑事和解协议，对犯罪嫌疑人一般不予批准逮捕。

3. 完善轻微案件快速处理机制。对轻微刑事犯罪案件坚持少捕、慎捕原则，迅速做出处理决定，及时化解社会矛盾，是在批捕工作中贯彻宽严相济刑事政策的一个重要途径。通过实施快速处理机制，一方面达到了简化工作流程、缩短办案期限、节约司法资源、提高诉讼效率的目的，另一方面对于轻微案件的犯罪人来说也是一种从宽处理的表现。因此，有必要考虑建立统一的工作机制，保证快速处理机制的合法、有序运作。例如，可规定对被拘留的犯罪嫌疑人，公安机关应在 3 日内提请逮捕，无特殊情况不得延长至 7 日。检察机关审查批准（决定）逮捕犯罪嫌疑人时，已被拘留的，应当在 3 日内作出决定；未被拘留的，应当在 5 日内作出决定。

4. 完善不批捕案件说理制度。我国《刑事诉讼法》第 68 条规定："人民检察院对于公安机关提请批准逮捕的案件进行审查后，应当根据情况分别作出批准逮捕或者不批准逮捕的决定……对不批准逮捕的，人民检察院应当说明理由，需要补充侦查的，应当同时通知公安机关。"但是，对于检察机关对不批准逮捕的案件说明理由，法律未作明文规定。为此，应建立完善不批捕案件说理制度，在侦查监督工作中杜绝仅凭经验、凭感觉决定的现象，促进检察人员对自己的决定作进一步的理性思考和深入审查，保证决定的准确性，防止出现差错。对因不具有逮捕必要性而依法不予批准逮捕的案件，侦查监督部门制作理由说明书时应详细解释犯罪嫌疑人不予羁押确实不致危害社会和妨害诉讼顺利进行的原因，可以从犯罪嫌疑人涉嫌犯罪的性质、情节、社会危害程度、可能受到的刑罚、认罪态度、平时表现等方面进行阐述。对有直接被害人的不捕案件，侦查监督部门要在作出不捕决定后积极协助、配合侦查机关向被害人说明不捕理由，耐心解释法律规定，准确表达刑事政策，消除其对逮捕工作的误解。加强不捕说理工作不仅没有增加检察机关的工作负担，反而能够改善执法工作质量，提高侦查机关的尊重和合作程度。

5. 建立科学的工作考核标准。在批准逮捕工作中贯彻宽严相济刑事政策，还应当要改革不够科学的考核机制，如对批准逮捕率不做硬性规定，而建立以逮捕必要性为内容的量化考核指标，在考核时多考虑案件的准确度以及解决矛盾、解决纠纷的能力，并建立相应的激励保障机制，使宽严相济的刑事政策真正得到体现。反之，如果一味地强调批捕率，就难以使及时缓解矛盾和化解纠纷成为批准逮捕工作的出发点和落脚点。

6. 探索对外来人口的平等对待机制。随着我国城市化进程的加快和人员流动的频繁，对外来人口犯罪适用宽严相济政策是审查逮捕工作的难点。这是因为，外来人口在本地没有固定的工作单位和住所，不符合取保候审、监视居住条件，难以保证诉讼顺利进行，加之目前我国对于流动人口的管理制度还不是很健全，使得在大多数情况下侦查机关对外来人口犯罪采取取保候审、监视居住具有很大的难度，在实践中缺少确保刑事诉讼活动顺利进行的措施。为此，应通过建立切实可行的制度，既保障外来务工犯罪嫌疑人的合法权益，又保证刑事诉讼顺利进行，以最大限度增加无逮捕必要不予批捕的适用，最大程度地实现本地、外地人的平等对待。审查批捕时，在当地有相对固定的工作单位或住所，或者在当地连续工作、居留时间一年以上的外来人员，其行为虽已涉嫌犯罪，但在其交纳保证金或提出保证人后，符合法定不捕条件的，依法不予批捕；审查起诉时，对已被采取逮捕等羁押性强制措施的外来犯罪人员，经审查认为取保候审后不致发生社会危险性的，在其交纳保证金或提出保证人后，可以改变强制措施，予以取保候审。[1]

此外，还应探索完善外来犯罪嫌疑人的管理机制，通过与公安、法院、企业、社区等有关单位联系合作，落实对外来犯罪人员的管理。如对犯罪情节较轻，系初犯、偶犯，归案后认罪态度较好的外来犯罪人员，经与其暂住地的社区居委会或村委会联系，具体落实担保人员等。

7. 完善附条件逮捕制度。由于我国刑事诉讼法规定的逮捕条件较高，再加上实践中有不少检察院为了降低羁押率，确保案件能够"捕得了、诉得出"，对绝大部分刑事案件掌握的逮捕标准仍停留在"主要犯罪事实已经查清"的标准上，远远高于"有证据证明有犯罪事实"这一法定标准，从而导致一些社会危害性极大的案件，虽然侦查机关在短时间内掌握的证据符合逮捕的法定标准，但因实践标准过严，导致这些本应批捕的案件不能采取逮捕措施，从而影响对犯罪的打击。附条件逮捕是指对于确有逮捕必要的重大案件的犯罪嫌疑人，已经查证属实的证据能够证明有犯罪事实，但定罪证据尚未达到确实、充分的程度的，检察机关在向侦查机关发出补充侦查提纲，列明需要查明的事实和需要补充收集、核实的证据的情况下，可以批准逮捕，并对侦查机关继续侦查情况和羁押的必要性进行定期审查，对于侦查羁押期限届满时，仍未能达到要求的，或者经审查后认为没有继续羁押必要的，应当及时撤销逮捕决定。[2]

---

〔1〕 参见李仁生："审查逮捕工作贯彻宽严相济刑事政策之途径"，载《中国检察官》2008 年第 8 期。
〔2〕 参见苗生明、王传："附条件逮捕定期审查制度若干问题研究"，载伦朝平、甄贞主编：《附条件逮捕制度研究》，法律出版社 2008 年版，第 7~8 页。

附条件逮捕意图达到两个效果：对证据不足的重罪案件，检察院可以在具备一定条件时予以批捕并且定期审查；对证据不足的轻罪案件，坚决不捕。[1] 由此可见，附条件逮捕很好地体现了宽严相济刑事政策的精神内涵，严格区别对待一般刑事案件和特殊重大案件性质，既加大了对社会危害性较大的重大案件的查办力度，不姑息、不放纵；又通过案件分流避免错捕、乱捕现象的发生，有效地保障犯罪嫌疑人的人权。尽管附条件逮捕制度本身仍有不少争议，也存在许多需要进一步完善的地方，但作为一项能很好地体现宽严相济刑事政策基本内涵的创新机制，我们建议在重大案件的审查逮捕工作中应当重视对附条件逮捕制度的应用。当然，由于附条件逮捕仅仅是适用条件之证明标准有所不同，附条件逮捕与一般逮捕是原则与例外之关系，它不应成为检察机关适用逮捕的常态方式，而是在慎重基础上予以重视。[2]

第九题　职务犯罪侦查适用特殊侦查手段的必要性和可行性

职务犯罪是一种特殊的刑事犯罪，是国家公职人员利用公共权力的职务便利条件实施的违反或亵渎职责要求、违犯刑法、危害国家利益和公共利益的犯罪行为。职务犯罪是当前最严重、最集中的腐败表现形式，严重危害并威胁着执政党的执政地位、国家肌体的健康和经济社会发展、政治文明进程。中央在 2008 年印发的《建立健全惩治和预防腐败体系 2008~2012 年工作规划》中再次强调："坚决惩治和有效预防腐败，关系人心向背和党的生死存亡，是党必须始终抓好的重大政治任务。"当前和今后一个时期，党和国家的反腐败形势和挑战依然严峻，机遇和困难并存。在这样的情势下，进一步加大查办职务犯罪的力度，强化检察机关作为国家惩治腐败的司法力量，赋予其特殊侦查措施的使用权已是时代的要求和历史的必然。

一、我国关于特殊侦查措施的立法、司法解释及相关规定

我国《刑事诉讼法》第二编第二章对侦查的形式和方法作了明确的规定，主要包括讯问，询问，勘验、检查，搜查，扣押，鉴定，通缉等七种。关于特殊侦查措施，我国现行《刑事诉讼法》并没有相关的规定。目前规范特殊侦查措施的法律主要是 1993 年颁布的《国家安全法》和 1995 年颁布的《人民警察法》。根据《国家安全法》的授权规定，国家安全机关因侦查危害国家安全行为的需要，根据国家有关规定，经过严格的批准程序，可以采用技术侦查措施。根据《人民警察法》的授权

---

〔1〕　参见汪建成："附条件逮捕改革述评"，载《烟台大学学报（哲学社会科学版）》2009 年第 10 期。

〔2〕　宋毅、余浩："北京市人民检察院第二分院附条件逮捕案件分析"，载《国家检察官学院学报》2008 年第 6 期。

规定，公安机关因侦查犯罪的需要，根据国家有关规定，经过严格的批准手续，可以采取技术侦查措施。根据有关司法解释，上述法律中规定的技术侦查是指国家安全机关和公安机关为了侦查犯罪而采取的特殊侦查措施，包括电子监听、电话监听、电子监控、秘密拍照或录像、秘密获取某些物证、邮件检查等秘密的专门技术手段。因此，从我国的立法可以看出，尽管检察机关与公安机关、国家安全机关等同为侦查机关，但现行法律只规定了公安机关和国家安全机关有使用技术侦查措施的决定权和实施权，而对于检察机关运用技术侦查措施却没有做出明确的规定。

《国家安全法》中规定的技术侦查措施的适用是针对危害国家安全的犯罪，《人民警察法》中规定的技术侦查措施的适用是针对公安机关的侦查行为，而职务犯罪案件不属于这两类犯罪，因此实际上从某种角度讲法律已将检察机关职务犯罪侦查工作中的技术侦查措施的决定权和实施权排除在外了。虽然1989年最高人民检察院和公安部《关于公安机关协助人民检察院对重大经济案件使用技侦手段有关问题的答复》中明确了对少数重大经济犯罪案件主要是贪污贿赂案件和重大经济案件犯罪嫌疑分子必须使用特殊侦查手段的，要十分慎重地经过严格审批手续后，由公安机关协助使用。但这只是作为一个协调内部工作的"答复"，虽然具有司法解释的效力，但是关于检察机关使用特殊侦查措施的决定权和具体实施还是很模糊的。

二、职务犯罪侦查中适用特殊侦查措施的必要性

特殊侦查是犯罪侦查自身规律的产物，进入高科技时代，大量高科技犯罪剧增，犯罪手段具有相当的隐蔽性。美国社会学家马科斯在评价技术侦查手段时说："由于出现了新的犯罪方法，那些通过公开的方式不易获得证据的犯罪类型，获得了更大的采用秘密手段的优先权力。技术的改进增强了社会控制的威力。"[1] 我国在职务犯罪侦查中适用特殊侦查措施的必要性，具体表现在以下几个方面：

（一）职务犯罪呈现的新特征对适用特殊侦查措施侦破案件提出了迫切要求

我国正处在社会转型时期，在新旧体制衔接的过程中，管理制度方面的漏洞大量存在，而且我国的法制尚在建设、完善中，权力缺乏充分完备的监督和制约。加入世贸组织后，在市场经济条件下，一方面是诱导腐败的因素大量存在，另一方面是反腐败斗争力度不断加大，在这种扩张力和抑制力的相互作用下，职务犯罪也呈现出新的特点，这些特点使得传统职务犯罪侦查措施难以应对当前职务犯罪案件侦查的需要。

1. 职务犯罪行为较之过去呈现出更强的隐蔽性。贪污贿赂、渎职侵权等职务犯罪通常没有直接的被害人，加上痕迹、物证少，因而侦查中发现难、取证难、固定证据难的问题一直十分突出。近年来随着我国法制建设的逐步完善，对公共权力的

---

[1]　[美] 格雷·T. 马科斯：《高科技和社会秘密实践》，中共党史出版社1994年版，第60页。

各种监督、制约机制、措施也逐步增多。犯罪嫌疑人为了逃避法律制裁，想尽办法规避法律，以各种公开的、合法的手段掩盖犯罪事实。如与承包商、供应商串标，以"合法"的程序掩盖违法的事实，以咨询费、劳务费的名义受贿，以借贷名义受贿。还有其他的一些变相贿赂，如提供大件耐用商品如住房、汽车的长期使用权，虽然所有权仍在行贿者手中，更有甚者约定在退休后受贿等等。所有这些使得职务犯罪的形式更加隐蔽，运用常规的侦查措施往往很难解决问题，在这种严峻的形势下，特殊侦查手段作为一种侦查措施补充形式与常规侦查措施一起使用，必将发挥重要的作用。

2. 职务犯罪主体具有更强的反侦查能力。职务犯罪的主体一般为公职人员，这些人中，大部分人权力大、阅历广、社会关系复杂、反调查反侦查的经验丰富，在受到检察机关的侦查时，就会动用其社会关系对检察机关施加影响，形成强有力的法外干扰因素，对侦查工作形成干扰。传统的常规型侦查手段在展开侦查工作时通常难以奏效。只有使用特殊侦查手段，才能有效改变这种局面。

3. 当前职务犯罪呈现多样化、专业化、智能化的特点。随着经济的快速发展，资讯科技以及互联网等现代科技迅速发展普及，贪污贿赂等职务犯罪的手段日益增多，不仅形式多样，而且还出现了利用计算机网络实施的新型犯罪。与此同时，通信、交通的便利使各种智能工具在犯罪中大量应用，这些都给职务犯罪侦查工作带来许多困难，只有特殊侦查手段的适用才能应对这种挑战。

4. 职务犯罪呈现出跨区域、跨国境趋势。随着经济全球化进程的推进，职务犯罪的作案空间也随之扩大，获取非法利益的条件便捷了，逃避打击的机会也增大了。目前，我国职务犯罪跨地区、跨国境趋势日益明显，犯罪手段也呈现出国际化的特点。职务犯罪嫌疑人跨国境作案、与国外不法分子共同勾结作案，牺牲国家利益换取个人好处，作案后向国外转移赃款，甚至事先将家属和财产转移至境外，这已经成为当前职务犯罪的一个突出特点。[1] 在这样的犯罪情势下，如果侦查措施手段仍然停留在传统的状态中，那么无论是调查取证、追捕抓逃还是与国外司法机关的协作都是不能适应现状的。在这种情形下，特殊侦查手段就更具必要。

（二）我国职务犯罪侦查工作面临的困境凸显使用特殊侦查手段的必要性

有媒体报道，我国腐败犯罪的潜伏期越来越长，最长可达到 14 年，应该说这与反腐部门缺乏有力的侦查手段有密切关系。当前社会各界对检察机关反腐败寄予厚望，但现有法律规定的一般性的常规侦查措施，并不足以挖出隐藏较深的腐败。

1. 职务犯罪案件线索难于发现。职务犯罪的侦查始于犯罪线索的发现和收集，

---

〔1〕 据中国公安部的资料显示，截止 2004 年，中国外逃的经济犯罪嫌疑人尚有 500 多人，涉案金额逾 700 亿元。参见《人民日报·海外版》2004 年 9 月 10 日，第 3 版。

而职务犯罪线索的发现和收集有赖于一定的手段和措施。在当前的侦查实践中，职务犯罪的线索有来自于群众举报控告、网络举报信息、有关部门移送、当事人自首以及检察机关办案深挖等途径。目前，最主要的线索仍是来自于群众举报、控告这一传统途径，不可否认这一途径获取的线索是十分有限的，这种有限性无疑会制约打击腐败犯罪的力度。从根本上讲，关键在于职务犯罪侦查机关缺乏有效发现和收集职务犯罪线索的手段和措施。

2. 职务犯罪案件证据难于收集。长期以来，职务犯罪侦查对于言词证据的依赖度较高。这主要是由职务犯罪的内在特点所致，以受贿罪为例。受贿罪往往是在"一对一"的情况下发生的，一般不会留下任何的作案痕迹可以追踪，所以检察机关往往只能单纯依靠对行贿人和受贿人的讯问来收集证据，使得证据的收集工作比较困难。我们知道，言词证据最大的弊端就是不稳定性，突出表现在言词证据具有当事人可控性和易变性以及虚假可能性大的特点，因而收集、固定、鉴别言词证据相对困难。而要收集言词证据以外的证据，更是难上加难，例如，行贿受贿类案件中，犯罪现场往往只有行贿者和受贿者，也就不存在犯罪现场勘查，此外贿赂方式也以实物或现金为主，因此一般缺乏可供查找的书面证据。

（三）落实国际公约要求立法赋予职务犯罪侦查机关适用特殊侦查措施的权力

《联合国打击跨国有组织犯罪公约》以及新的《联合国反腐败公约》都承认特殊侦查手段的特殊地位。《联合国反腐败公约》第50条规定，各缔约国均应当在其本国法律制度基本原则许可的范围内并根据本国法律规定的条件……采取必要措施，允许其主管机关……酌情使用控制下交付和……诸如电子或者其他监视形式和特工行动等……特殊侦查手段，并允许法庭采信由这些手段产生的证据。在职务犯罪侦查过程中，特殊侦查手段是十分必要的，因为许多职务犯罪的发生，很少留下犯罪活动的证据，同时又缺乏知情人或者同谋者提供证据，对这类犯罪成功起诉的可能性几乎为零。在允许采用秘密侦查手段的国家，其通过非常规的侦查手段提高了证据收集的水平，同时加大了打击腐败犯罪的力度。事实上，国际刑法界对该问题也达成了共识。2004年9月在我国召开的第十七届国际刑法学大会上通过的《国际交往中的腐败及相关犯罪的决议》中就明确提出：各国应当为腐败犯罪的侦查规定适当的手段，这些手段在严重的案件中可以包括秘密侦查以及窃听通讯。

三、职务犯罪侦查中适用特殊侦查措施的可行性

在职务犯罪侦查中适用特殊侦查措施，不仅有其必要性，而且还具有可行性，这些可行性不仅表现在理论上对职务犯罪侦查中使用特殊侦查措施的可行性，而且职务犯罪侦查中使用特殊侦查措施还存在立法基础、经济条件以及实践经验等多方面的支持因素。

（一）理论上具有可行性

1. 符合党和国家依法治国、反腐倡廉的战略和人民群众加大反腐败及惩治职务犯罪力度的呼声和要求。赋予职务犯罪侦查机关适用特殊侦查措施的权力是一种历史的必然。社会公众对职务犯罪侦查部门迅速、及时破案与公正、文明执法的期望值越来越高，而职务犯罪侦查机关却面临着现行传统侦查措施无法满足现实调查取证、缉捕犯罪嫌疑人的实际需求。顺应人民群众的期望，以推进党的依法治国、反腐倡廉的战略的实施，赋予职务犯罪侦查机关特殊侦查措施的适用权成为历史的必然。

2. 是刑事诉讼规律和我国刑事诉讼结构的价值取向之必然要求。赋予职务犯罪侦查机关适用特殊侦查措施的权力既符合刑事诉讼规律又符合我国刑事诉讼结构的价值取向。从刑事诉讼规律的角度讲，首先，赋予职务犯罪侦查机关特殊侦查措施的适用权，符合侦查模式转型之要求。随着侦查模式由供到证型向由证到供型的转化，刑事诉讼对侦查机关的侦查能力提出了新的要求，为应对复杂的犯罪形势所带来的挑战，提高犯罪侦查能力，世界各国对特殊侦查措施的适用采取许容性之态度。因而授予职务犯罪侦查机关适用特殊侦查措施的适用权是侦查模式转型之基本要求。其次，从侦查程序在刑事诉讼中的作用来讲，赋予职务犯罪侦查机关特殊侦查措施的适用权是刑事诉讼中证据为本理念的必然要求。侦查阶段是收集证据的重要阶段，在这一阶段要强化职务犯罪侦查机关的证据收集能力，特殊侦查措施的使用权无疑会强化其证据收集能力。此外，从我国刑事诉讼结构的价值取向的角度来讲，我国刑事诉讼结构的目标应当是追求司法的公正和正义，实现公正和正义的前提是发现真实，在发现犯罪真实日益困难的情势下，赋予职务犯罪侦查机关特殊侦查措施的适用权是发现案件真实的必然要求。

3. 是国家利益、公共利益与保障人权价值适度平衡的要求。为国家利益、公共利益惩治犯罪和保障人权，是现代刑事司法活动的基本价值取向。在职务犯罪侦查工作中，正确认识并恰当处理二者之间的关系，对于在新时期新阶段打击腐败犯罪具有至关重要的意义。打击职务犯罪是为了维护整个社会的安宁和秩序，恢复被犯罪行为破坏的社会关系，最终达到维护国家利益、公共利益，实现社会公平正义之目的。打击职务犯罪在维护社会秩序的同时，也在增强司法机关的公信力，威慑、预防犯罪的发生。法治社会强调打击犯罪与人权保障并重，不能因管理社会的需要，而放弃对人权的保护。就特殊侦查措施而言，应对当前的严峻形势，赋予检察机关必要的特殊侦查措施的适用权是有必要的，但也要认识到，这一手段的适用在有效打击犯罪的同时也使犯罪嫌疑人的人身权利处于随时可能被过度侵害的境遇中。从某种角度讲，代表社会公益的特殊侦查措施与代表个人私益的公民人身权利之间便存在着"善与善的价值冲突"——即公善与私善之冲突，二者之间存在着价值选择的问题。各国均认为，在对这两种权益——公益与私益，进行价值衡量时，应做有利于具有高度公益性质一方的判断，即为了维护法律和秩序，国家侦查机关可以在一定条件下限制公民之私益；依照法定程序进行特殊侦查是正当的，在这种情况下，对公民私益的限制应被视为一种必要的成本或代价。换句话说就是，职务犯罪侦查中适用特殊侦查措施是国家利益、公共利益与保障人权之价值适度平衡之要求。

（二）立法上具有可行性

1. 《联合国反腐败公约》为职务犯罪特殊侦查措施提供国际法上的可行性。运用特殊侦查措施打击腐败犯罪，已经得到越来越多的国家的认可。《联合国反腐败公约》第50条对特殊侦查措施作了明确规定，这些规定在缔约国以不同的方式予以贯彻执行。美国1968年《综合犯罪控制与街道安全法》规定，间谍罪、贿赂政府官员罪等13种犯罪可使用秘密监听。又如法国，对于可能判处2年或2年以上监禁的重罪或轻罪案件能适用通讯截留手段，这其中也包括了贿赂等腐败犯罪案件。在新加坡，国家调查局分三个部门，行政部门、调查部门和资料及辅助部门，其中调查部门是贪污调查局的行动部门，下属四个调查组，其中有一个情报组，情报组归一名助理局长领导，专司线人卧底、跟踪。2005年2月，美国破获的涉及3名市长8名政府官员的新泽西近年来最大腐败丑闻案件，进行行贿的承包商就是FBI的线人。[1]国外相关立法的成熟经验可以为我们的立法提供有益的借鉴，这无疑使我们在对特殊侦查手段进行相关立法时能够更具针对性。

2. 国内相关立法为职务犯罪特殊侦查措施提供国内法上的可行性。早在1993年我国就对技术侦查进行了必要的法律规制，并且随着社会的发展不断地做出相应的调整，以司法解释或者其他的法律形式进行逐步的规范，并形成了一个具有中国特色且基本符合中国当下法治环境的制度规范体系。虽然这些关于特殊侦查措施的法律都是规范公安机关、国家安全机关特殊侦查行为的法律，但是对于规范检察机关特殊侦查行为具有较强的可借鉴性。这为职务犯罪侦查机关适用特殊侦查措施奠定了良好的立法基础。

（三）实务中具有可操作性

1. 丰富的侦查经验使我国检察机关有能力驾驭特殊侦查措施。检察机关依法对于贪污贿赂犯罪，国家工作人员的渎职犯罪，国家机关工作人员利用职权实施的非法拘禁、刑讯逼供、报复陷害、非法搜查的侵犯公民人身权利的犯罪和侵犯公民民

---

〔1〕 2005年2月，美国新泽西州爆出特大腐败丑闻，100多名美国联邦调查局（FBI）特工分成数个小组，突袭了新泽西州11名政府官员的住处，把他们从床上揪起来，一举逮捕。据报道，联邦调查局之所以能够将如此众多“蛀虫”一网打尽，归功其采用了线人及秘密录音等技术侦查手段，使得私下的腐败由于秘密侦查而曝光。载《环球时报》2005年2月28日，第5版。

主权利的犯罪享有刑事侦查权。对于国家机关工作人员利用职权实施的其他重大的犯罪案件，需要由人民检察院直接受理的时候，经省级以上人民检察院决定，也可以由人民检察院立案侦查。根据《刑事诉讼法》的上述规定以及《刑法》的相关规定，1997年最高人民检察院制定的《人民检察院刑事诉讼规则》，具体规定了检察机关职务犯罪侦查权的行使范围。目前，由检察机关直接受理立案侦查的犯罪案件共涉及50多个罪名，除行贿罪等个别与国家工作人员职务犯罪密切相关但本身不属于职务犯罪的罪名外，其余均为国家工作人员的职务犯罪。多年来，检察机关在办理职务犯罪案件的过程中，不断加强对职务犯罪规律的认识，加强职务犯罪侦查指挥中心及相关工作机制的建设，按照检察工作一体化机制的要求来完善侦查工作的运行模式，提高执法水平和办案效率。在掀起新一轮的反腐风暴之际，检察机关职务犯罪侦查的水平与能力得到了良好的检验，查办职务犯罪的业绩足以证明检察机关已积累了相当的侦查经验，从人员素质到技术装备，检察机关完全有能力在查办职务犯罪案件中使用和驾驭特殊侦查措施。

2. 日益完备和先进的技术装备建设使我国检察机关能够有效使用特殊侦查措施。随着社会经济的发展，各级地方政府加大了查处职务犯罪的经济投入，突出表现在积极加强硬件建设，各地及中央高度重视检察机关建设之机，争取当地党委、政府的大力支持，加大经费投入，根据《2009～2013年全国检察信息化发展规划纲要》的要求建立健全、升级改造各级检察机关网站，更新办公、办案设备，提高信息化程度，为推进反腐倡廉奠定坚实的物质基础。各级检察技术部门也都围绕司法鉴定职能，加大办案力度，不断的提高鉴定水平，努力实现办案能力的新突破；围绕文证审查职能，着力加大技术性证据材料审查力度，防漏纠错，努力实现证据质量的新突破；围绕技术协助职能，着力加大服务职务犯罪侦查工作力度，发挥专业优势，努力实现技术取证能力的新突破；着力加大实验室建设力度，努力建成符合标准、满足业务需求的司法鉴定实验室，以期实现检察机关司法鉴定整体工作的新突破。[1] 全国范围内积极开展反腐倡廉行动，相关的信息化建设、硬件设施建设都得到了充足的经费投入保障，有很多省份将其纳入年前部门财政预算，以保障职务犯罪侦查机制运行的各项开支。这一有利形势使得检察机关完全有条件配备开展特殊侦查措施所需要的相关设备。

3. 可以通过科学严谨的立法实现良好规制，预防和避免职务犯罪侦查特殊侦查措施适用可能产生的不良影响和效果。虽然目前立法没有明确授权职务犯罪侦查机关有权使用特殊侦查措施，即便是在公安机关的协助下能够运用特殊侦查措施，但

〔1〕 张立："柯汉民：今后五年技术信息实现'四个突破'坚持'三个把握'"，载《检察日报》2009年11月03日，第2版。

是通过适用特殊侦查措施所获取的证据材料也尚不能直接作为证据使用，只有通过一定的方式根据刑事诉讼法的有关规定将其转化为法定的证据形式，才能作为证据使用。一旦在刑事诉讼法中明确规定职务犯罪中可以适用特殊侦查措施，那么通过特殊侦查手段获取的证据资料理应具有公开使用的证据资格。这在一定程度上使得确立严格的非法证据排除规则显得更为迫切，同时要求职务犯罪特殊侦查措施的运用必须严格遵守法定的程序，否则将导致特殊侦查行为无效，而由这些行为所获取的证据材料也被当然的予以排除。通过科学严谨的立法对特殊侦查措施的适用实现良好规制，以期预防和避免职务犯罪侦查中特殊侦查措施的适用可能产生的不良影响和效果是十分必要的。

第十题 职务犯罪侦查程序与措施的完善

职务犯罪侦查是指检察机关在查办职务犯罪案件过程中，依照法律进行的专门调查工作和有关的强制性措施。近年来，通过检察机关不断加强程序与实体并重的执法意识的培养和规范化管理，职务犯罪侦查工作中的各种程序与措施日趋规范化。但应当清醒地看到，由于职务犯罪的特殊性、隐蔽性和复杂性，职务犯罪侦查工作出现了与新的犯罪态势不相符合的情况。在刑事司法体制改革中，有必要对职务犯罪侦查措施和程序进行反思，并在此基础上总结经验教训，不断提高职务犯罪侦查的水平。

一、职务犯罪侦查的监督制约机制

检察机关作为国家的法律监督机关，其法律监督职能主要通过对权力的监督制约和对权利的司法救济，从而实现国家法制的统一，保障社会的公平与正义。在现代司法理念下，检察机关在行使法律监督权对其他权力实现监督的同时，其自身的权力运作同样需要监督和制约。在民主法制日益完备、检察机关查办职务犯罪任务更加艰巨的新形势下，如何确保检察机关职务犯罪案件侦查的公正、公平，建立多层次、全方位的监督制约体系成为了检察改革的重要内容之一。

（一）职务犯罪侦查监督制约机制的现状与问题

目前，我国对职务犯罪侦查活动的监督主要包括两个方面：一是检察机关的内部监督，二是检察机关的外部监督。长期以来，我国检察机关查办职务犯罪案件的监督主要是靠强化内部实现的。1998年《最高人民检察院关于完善人民检察院侦查工作内部制约机制的若干规定》规定了人民检察院对贪污贿赂、渎职等职务犯罪案件的查处工作由不同内设机构承办，互相制约的监督机制。2004年《最高人民检察院关于人民检察院办理直接受理立案侦查案件实行内部制约的若干规定》在总结经验的基础上对内部制约机制做了进一步完善，规定人民检察院对贪污贿赂、渎职侵权等犯罪的案件受理、立案侦查、审查逮捕、审查起诉等工作由不同内设机构承办，实行分工负责、互相配合、互相制约。2008 年《人民检察院执法办案内部监督暂行规定》、2009 年《关于省级以下人民检察院立案侦查的案件由上一级人民检察院审查决定逮捕的规定（试行）》对加强侦查监督制约机制起到更为有力的作用。由此可见，职务犯罪侦查的内部监督主要是通过检察机关内部平衡权力实现的，主要包括横向和纵向两个层面。前者是指案件线索的受理、审查工作对侦查工作的监督制约；审查逮捕工作对侦查工作的监督制约；审查起诉对侦查工作的监督制约；侦查工作与对不立案、撤案决定的复议、复查工作相分离；侦查工作与监察工作相分离等。[1]后者是指"上下级领导"的监督模式，包括部门之间相互监督发现违法问题，上报到检察长审批处理解决；上级检察院对下级检察院办理职务犯罪案件通过批准逮捕、上报备案、督导检查等方式进行监督。值得注意的是，这种上下级的监督是双向的，《人民检察院执法办案内部监督暂行规定》第 16 条规定，下级人民检察院发现上级人民检察院及其检察人员在执法办案活动中有违纪违法行为的，应当进行监督。

检察机关查办职务犯罪案件同时受到各种外部监督制约，主要包括党委的监督、人大监督、政协民主监督和社会舆论监督。各级检察院建立和完善了特约检察员制度、专家咨询委员会制度和人民监督员制度，让人民群众参与到检察机关查办职务犯罪具体案件决策过程中，参与司法工作，进一步加强对检察机关查办职务犯罪案件的外部监督。值得注意的是，最高人民检察院于 2003 年制定下发并于 2004 年修订了《关于实行人民监督员制度的规定（试行）》，在全国检察机关中试行了人民监督员制度，加强了对职务犯罪案件侦查的外部监督。人民监督员制度是人民直接行使监督权力，深化对检务活动监督的重要途径，其核心内容是把民众监督深入到检察体制、检察程序内部。实行人民监督员制度有利于解决职务犯罪侦查工作缺乏外部监督的问题，通过制度性的社会监督来防止检察权滥用。

随着我国经济社会的迅速发展，公民的法治意识和司法公正意识也随之日渐高涨，"谁来监督监督者"等类似的呼声更是不绝于耳。目前，我国职务犯罪侦查的监督制约机制主要存在以下问题：一是监督依据不够明确。《刑事诉讼法》和《人民检察院组织法》明确规定了检察机关对公安机关侦查活动实施监督，但没有规定职务犯罪侦查活动的监督主体、措施和后果。尽管最高人民检察院出台了《人民检察院刑事诉讼规则》及相关规范性文件，规定了审查逮捕部门和审查起诉部门对本院侦查部门侦查或者决定、执行、变更、撤销强制措施等活动进行监督，但相关内容仍比较原则，具体操作性和针对性不强。二是监督措施不够全面。在内部监督中，往往

---

[1] 韩旸："职务犯罪侦查监督机制的探讨"，载《北大法律信息网》2009 年 12 月 16 日。

是侦查监督部门、审查起诉部门在对已形成证据的报送逮捕、审查起诉的材料的形式审查中，才发现侦查部门在职务犯罪侦查中存在程序违法或是证据瑕疵的问题。而此时，违法或者不规范的侦查行为已经发生，只能通过事后弥补的方式纠正问题。这种监督模式对职务犯罪侦查中的违法违纪问题难以及时发现和处理，不利于实现现代刑事诉讼保障人权之目的[1]。在外部监督中，各级人大及其常委会对检察业务工作的监督主要是通过听取检察院的工作报告，对检察工作提出意见和建议，人大代表视察等方式实现的。这种监督虽然覆盖面广，解决了监督"面"的问题，但由于是整体性的监督，因而缺乏常态性和程序性，难以实现对侦查过程的动态监督[2]。三是监督效果有限。近年来，职务犯罪侦查的监督制约机制已初具规模，但在司法实践中仍存在一些机制性问题，影响了监督的效果。例如，现行人民监督员制度基本上遵循业务部门报送——监督办公室周转——人民监督员监督——执行与反馈的流程模式。该模式在程序上还是检察机关内部业务部门占据主动，在很大程度影响着程序的启动权，人民监督员主动发现问题、启动程序的能力不够，因而很难保证监督效果。正如有学者指出，在人民监督员制度中，检察院身兼多重角色，即授权者与被监督者，邀请者与规则的制定者，案情的汇报者与意见的采纳者或否定者、甚至复核者[3]。出现这种现象的根本原因是人民监督员制度立法位阶的缺陷，导致人民监督员制度这一本应是外部重要监督的制度沦为检察院"内部工作制度"。

（二）职务犯罪侦查监督制约机制的完善

我国理论界对于职务犯罪侦查监督机制的完善，主要提出了以下模式：一是内部制约模式。即在现有机制的基础上，强化检察机关内部各部门的制约关系，如平衡职务犯罪侦查部门与侦查监督、公诉部门的权力配置，强化审查批捕、审查起诉阶段对非法证据的排除等。二是上下级监督模式。即由上级检察机关对下级检察机关办理的职务犯罪案件实行监督，通过审查逮捕、审查起诉等途径，加强对下级检察机关的侦查监督。三是法院制约模式。由法院对职务犯罪侦查进行具体监督，如将自侦案件的批捕权交由同级法院行使，并在《刑事诉讼法》、《人民检察院组织法》和《人民法院组织法》中规定相应的条款[4]。我们认为，上述三种观点均具有一定合理性，但又是不够充分的，第一种观点具有较强的可操作性和针对性，但由于侦

---

[1] 潘凌、徐艳："检察机关办理自侦案件接受监督制约制度的完善"，载《辽宁公安司法管理干部学院学报》2009 年第 3 期；徐锡南："加强对查办职务犯罪案件监督的几点思考"，载《中国检察官》2009 年第 12 期。

[2] 邓海华："职务犯罪侦查监督制约机制探究"，载《西南政法大学学报》2008 年第 6 期。

[3] 庾爱民、秦静："刍议人民监督员制度三根'软肋'"，载《江苏法制报》2009 年 11 月 9 日，第 3 版。

[4] 姚志清："我国职务犯罪侦查监督机制评析及模式选择"，载《政治与法律》2006 年第 4 期。

查、批捕、起诉三部门均隶属于同一检察院，而检察机关又实行的是检察长领导制，仅依靠检察机关的内部制约显然是不够充分的。第二种观点能够充分发挥检察一体化的体制优势，实现较好的监督效果。但在一些重大、复杂案件中，下级检察院的侦查活动要请示上级院，仍可能使监督流于形式；此外，过分强调上级检察院的侦查监督，容易使下级检察院丧失工作积极性，对上级检察院的资源配置也提出了过高的要求。第三种观点借鉴了国外特别是大陆法系国家的职务犯罪侦查监督经验，力图借助法院来对检察机关的自侦活动进行监督，监督力度比较大。但其最大的缺陷是不符合我国现行的司法体制，有"审判权"侵犯"检察权"之虞。

事实上，职务犯罪的监督制约机制是一项复杂的系统工程，而不仅仅是单一的制度。采用何种模式完善对检察机关查办职务犯罪案件的监督，要立足我国国情和司法实践，做出科学而审慎的选择，我们建议，职务犯罪的监督制约机制应包括内部监督和外部监督两个方面，内部监督主要以各部门相互监督制约和上级人民检察院实行业务监督为主，外部监督主要以人大及其常委会、人民监督员和律师为主。在司法工作体制改革中，职务犯罪侦查的监督机制应在立足内部监督、扩大外部监督的基础上，逐步扩大监督的范围、拓展监督的方式、强化监督的效果。当然，由于内部监督和外部监督有各自的优缺点，因而我们既要进一步加强内部监督制约机制的完善，又要充分发挥外部监督制约机制的作用，使之相互补充，实现查办职务犯罪案件过程中权力的规范运行。

1. 内部监督制约机制的完善。就检察机关的内部监督而言，应当由最高人民检察院出台规范性文件，构建以一级检察院内的监督机构为龙头、各职能部门之间的相互制约为关键、上级检察院对下级检察院的监督为补充来构建职务犯罪侦查的内部制约机制。在这一框架下，通过完善制度的方式加强对侦查过程各环节的控制。[1]

第一，由检察机关内部纪检、监察部门承担侦查部门违法违纪案件的查处工作。侦查工作中出现的违法违纪行为一律由纪检、监察部门按干部管理权限规定进行查处，追究违法违纪和错案责任。此外，还要实现侦查工作与扣押款物管理工作相分离。检察机关内部财务部门对侦查部门在办案中扣押的款物实行账目与款物分人管理，健全出入库和收付手续，任何部门和个人不得以任何借口侵占、挪用、私分或以其他方式擅自处理扣押款物。

第二，加强检察机关内部职能部门之间的监督制约。举报中心负责职务犯罪案件举报线索的受理、管理工作，实行侦查工作与案件线索的受理、管理、审查工作相分离，侦查部门不直接面向社会受理案件；侦查监督部门负责职务犯罪案件的审查决定逮捕工作，实行侦查工作与审查决定逮捕工作相分离，同时，侦查监督部门

〔1〕 参见邓海华："职务犯罪侦查监督制约机制探究"，载《西南政法大学学报》2008年第6期。

依法具有对职务犯罪侦查部门的立案监督权;公诉部门负责职务犯罪案件的审查起诉工作,实行侦查与审查起诉相分离;控告申诉检察部门负责职务犯罪案件的申诉复查工作,实行侦查工作与对不立案、撤案决定的复议、复查工作相分离。通过明确各部门的职责权限来加强监督,避免越俎代庖情况的发生。例如,在职务犯罪案件线索受理环节,不管是当事人的举报,还是检察机关自身发现的线索,均应交到举报中心进行登记并分流,绝不允许隐藏案件线索不报告不登记,一旦发现即视为违纪。

第三,强化上级检察院对下级检察院的纵向监督。检察机关上下级之间是领导与被领导的关系。在侦查工作中,上级检察机关的监督除了审查批准逮捕之外,主要可以通过完善备案制度予以实现,如对所有的职务犯罪案件都应向上级检察机关备案;除了现行的立案侦查、侦查终结、处理结果备案外,线索受理和初查也应报上级院备案。上级院对下级院在侦查工作中的决定,发现确有错误的,有权予以撤销或者变更,发现下级人民检察院已办结案件确有错误的,有权指令其纠正。

2. 外部监督制约机制的完善。从权力运行的视角来看,内部监督制约机制由于其具有内部自发性和运行封闭性而难以得到社会公众的一致性肯定评价。外部监督制约机制具有公众性、超脱性而易为公众所认同,是社会公众参与国家诉讼执法活动的重要途径,成为权力监督制约机制中重要组成部分。

第一,完善人大、政协的监督方式。人大、政协监督应主要采用整体监督的方式,即通过审议检察院工作报告的方式行使监督权。为加强对职务犯罪侦查的监督,人大可以听取、审议办理职务犯罪专门报告的形式进行监督;通过对职务犯罪办理情况开展检查和视察、工作评议进行监督;通过对职务犯罪案件侦查质询、特定问题调查等手段进行监督。对于人大代表和政协委员在调研时或对检察机关报告提出的问题和意见,检察机关应认真予以答复,及时进行整改。

第二,强化人民监督员制度。人民监督员制度对于职务犯罪检察机关侦查权行使的监督具有极为重要的意义。我们建议,在新一轮的《刑事诉讼法》修订时,将人民监督员制度纳入《刑事诉讼法》,作为《刑事诉讼法》的一项基本原则予以规定,使人民监督员制度由现在的部门制度上升为法律制度。同时,可以参照人民陪审员制度的做法,由全国人大常委会制定类似《关于实行人民监督员制度的决定》,将人民监督员制度予以细化规定,而在任命和管理上以人大任命为宜,同时给予经费保障。就人民监督员进行监督的举措而言,可考虑建立人民监督员监督案件公开或旁听制度、人民监督员阅卷制度、人民监督员异地交叉监督制度等,确保人民监督员的监督实效。[1]

---

〔1〕 参见吕志:"完善人民监督员制度之我见",载《江苏法制报》2009年11月11日,第6版。

第三，扩大检务公开，发挥社会监督效力。权力和权利是相互依存、相互制约的，人民权利是制约国家权力的一种社会力量。一是完善律师的监督权利。律师对侦查活动进行监督的最理想方式是律师讯问在场制度，包括律师讯问在场和为被讯问人申辩两方面。当前，在全程同步录音录像制度已经建立的环境下，律师通过监控对讯问过程进行监督应当上升为一项诉讼权利。二是充分利用媒体进行监督。在信息化社会中，检察机关应有意识的利用各类传媒的传播手段，在保证国家机密、工作秘密不被泄露的前提下，把社会关注的重大职务犯罪案件，主动向有关网络和传媒提供、向社会宣传，增强检务活动公开信息的动态性，以此充分发挥社会公众的力量，监督检察机关自侦案件的办理。

二、全程同步录音录像制度

职务犯罪讯问全程同步录音录像是指侦查人员在讯问的过程中将讯问的内容和当时的情景记录在磁带、硬盘、光盘、胶带等存储介质上，并在讯问完毕后的任何时间内都能通过相关设施再现出来的随卷转移，作为审查机关判断证据真伪及其合法性来源的一种技术侦查手段、固定证据的方法或证据资料。同步录音录像制度推行以来，在固定职务犯罪证据、增强证据可信性、促进办案公开等方面发挥了重要作用，受到了理论与实务界的广泛肯定。同时，该项制度在实践中也表现出诸多不足，需要对其本身及其保障机制进一步完善，使之发挥更大的作用。

（一）全程同步录音录像制度的现状和问题

讯问全程同步录音录像制度的目的是解决刑讯逼供现象和由此导致的翻供问题。在司法实践中，犯罪嫌疑人和被告人翻供最常见的理由是讯问时受到刑讯逼供，一些犯罪嫌疑人即使没受到刑讯逼供，在法院开庭审理时也辩称自己"认罪"是受到了侦查人员的各种诱惑或暴力取证，从而推翻自己在侦查审讯期间的口供和侦查人员所做的笔录。[1] 与公安机关相比，我国检察机关对讯问全程同步录音录像制度的认识深刻，推广力度较大。2005 年 11 月 1 日，最高人民检察院第十届检察委员会第四十三次会议决定，为进一步规范执法行为，依法惩治犯罪，保障人权，提高执法水平和办案质量，检察机关对讯问职务犯罪嫌疑人实行全程不间断同步录音、录像。随后，最高人民检察院通过了《人民检察院讯问职务犯罪嫌疑人实行全程同步录音录像的规定（试行）》（以下简称《规定》），决定在全国检察机关逐步推进讯问职务犯罪嫌疑人同步录音录像工作。2006 年 12 月，最高人民检察院下发了《人民检察院讯问职务犯罪嫌疑人实行全程同步录音录像技术工作流程（试行）》和《人民检察院

---

[1] 据统计，在一些检察院承办的职务犯罪案件中，有高达 40% 的被告人在庭审阶段就主要犯罪事实翻供，并声称系侦查人员刑讯逼供、指供、诱供所致。而在另一些地方，比例竟达 60% 以上。参见陈卫东：《刑事诉讼法实施问题的调研报告》，中国方正出版社 2001 年版，第 176 页。

讯问职务犯罪嫌疑人实行全程同步录音录像系统建设规范（试行）》，对录制的过程、画面的构成、录制资料的签封、保存等方面进行了明确，对录音录像的系统构成、设备配置与相关技术参数作了具体要求。从 2007 年 10 月 1 日开始，全国检察机关办理职务犯罪案件讯问犯罪嫌疑人全面实行全程同步录像。[1]

目前，全程同步录音录像工作取得了一些重要进展，但仍然在立法和操作层面存在一些困难和问题：

1. 法律依据不够明确。我国《刑事诉讼法》对讯问同步录音录像制度尚未作出规定，检察机关的操作依据仅仅是《规定》等规范性文件，这些属于司法解释或检察系统的内部规范，尚未达到法律的位阶。由于《规定》只是检察机关的一项内部工作制度，在具体执行过程中缺乏刚性约束，在具体执行过程中缺乏刚性约束，难以获得法院等机关的认同，也不利于加强对职务犯罪嫌疑人的权利保护。[2]

2. 操作细则不够全面。近年来，最高人民检察院出台了关于同步录音录像的一系列规范性文件，对取证主体、取证程序、录制资料确认等方面作了具体的规定。但在实践中，个别办案人员由于受各种因素的影响，仍存在随意、不规范的现象。例如，有的侦查人员讯问用语、行为不够规范，在讯问过程中有随意走动、接打手机、说笑等情况，特别是存在大量吸烟现象。大量的烟雾使监控设备无法拍摄到清晰的画面，被讯问人的体态和表情无法看清，使录音录像资料的证明力下降。此外，录音录像设备设置是否能摄录讯问全场全景，采取明录还是暗录方式等，在实践中随意性非常大。[3] 这种未全面制度化和规范化的录音录像在司法实践中的适用效果大打折扣。

3. 证据类型和效力较为模糊。我国《刑事诉讼法》第 42 条规定了七种证据类型，包括物证、书证，证人证言，被害人陈述，犯罪嫌疑人、被告人供述和辩解，鉴定结论、勘验、检查笔录和视听资料。但讯问同步录音录像不在法律规定之列。因此，无论在理论界还是实务部门，关于录音录像及其形成的音像资料的法律性质及地位还存在较大分歧。第一种观点认为，同步录音录像的音像资料是以其内容来证明案件真实情况的，属于言词证据。[4] 第二种观点认为，从实体意义上看，讯问

---

〔1〕　参见丁海东："中国司法改革报告检察篇：全程同步录像录音制度取得四大成效"，载《检察日报》2010 年 2 月 24 日，第 4 版。

〔2〕　参见董征杰："全程同步录音录像制度还有待完善"，载《检察日报》2009 年 7 月 29 日，第 3 版。

〔3〕　参见薛培、王加睿、黄春旭、宋冲："同步录音录像工作存在的问题及应对措施"，载《正义网》2006 年 11 月 15 日。

〔4〕　参见陈奇敏："讯问同步录音录像制度议"，载《江苏警官学院学报》2006 年第 7 期。

全程录音录像是一种固定保全证据的手段；从程序意义上看则属于视听资料证据。[1] 第三种观点认为，同步录音录像属于保全证据的方式，不能把它们当作诉讼法上的视听资料。[2] 认识的不清和不统一造成了司法实践中操作的混乱。例如，在庭审过程中，讯问同步录音录像资料在何种情况下应该在法庭上当庭播放，涉及国家秘密的录音录像资料怎样质证，观看人员应当限制在什么范围，是否该案所有讯问同步录音录像资料都需要播放等，在司法实践中争议较大，而这些问题都与同步录音录像的证据类别密切相关。

4. 保密制度亟需建立。从技术的角度来看，录音录像信息材料是视听资料，具有较大的被篡改的危险，而且凭个人的主观感知往往难以发现，而录音录像的移动存储载体作为证据，要在侦查、批捕、起诉、审判等环节进行移交，涉及人员多，需要严格保密及采取防范措施，防止存储载体被篡改或失密。目前，职务犯罪的同步录音录像制度是个新生事物，录音录像的移动存储载体在保存、传递过程中如何保密、不被损伤还没有具体的可操作性规定。实践中存在有些涉密物品非专人保存，操作系统不是专人负责，涉密存储载体在制作、使用过程中没有必要的防护措施等现象。

5. 对同步录音录像的监督有待加强。权力具有先天的扩张性，若不加以控制必然会被滥用。为了保证录音录像的真实性，人民检察院出台了相关的技术规范和技术工作流程，对录音录像的技术要求和程序做了详细的规定，同时也建立了审录分离的工作机制，将审讯人员和录制人员分离，但这只是内部的监督和制衡，容易因办案压力或特权思想等原因，造成对法律的片面理解，使监督流于形式。在一些地方，录音录像的"全程性"难以得到全面落实。按照相关规定，全程同步录音录像意味着只要是对犯罪嫌疑人进行讯问，都应全程同步录音录像，不能有选择、有倾向地进行。但实践中有的侦查人员先对犯罪嫌疑人进行讯问，然后根据犯罪嫌疑人的供述情况，再决定是否进行同步录音录像，如果犯罪嫌疑人的供述符合侦查人员的取证要求，就进行补录。

（二）全程同步录音录像制度的完善

全程同步录音录像制度适应了我国法治现代化的要求，有效地解决了刑事侦查领域中刑讯逼供和犯罪嫌疑人翻供两大问题，满足了人们在法治现代化的背景下对诉讼程序正义的需求，因此有必要从立法和实践层面加以完善：

1. 明确同步录音录像的法律依据。从国际范围来看，美国、英国、澳大利亚、

---

〔1〕 参见肖志勇、瞿伟："讯问全程同步录音录像若干问题探讨"，载《中国刑事法杂志》2007 年第 3 期。

〔2〕 公安部政治部编：《刑事证据学》，中国人民公安大学出版社 2003 年版，第 187 页。

我国台湾地区等国家和地区通常以法律的形式对侦查讯问录音录像制度予以规定，这样就给予这项制度以法律的地位。例如，作为侦查讯问同步录音录像的起源地，英国较早通过了《1984 年警察与刑事证据法警察工作守则》，即《会见犯罪嫌疑人的录音操作守则》，使侦查讯问的同步录音成为规范的普遍做法，并随即被其他国家效仿。[1] 我们建议，刑事诉讼法明确规定讯问职务犯罪嫌疑人的全程同步录音录像制度。具体而言，可将《刑事诉讼法》第 91 条修订为："讯问犯罪嫌疑人必须由人民检察院或者公安机关的侦查人员负责进行。讯问的时候，侦查人员不得少于 2 人。在人民检察院讯问职务犯罪的案件中，检察机关应对犯罪嫌疑人讯问进行全程同步录音录像。"同时，可考虑在刑事诉讼法中增设以下内容：同步录音、录像资料经讯问人员和犯罪嫌疑人签字确认后当场对录音、录像资料原件进行封存，交由检察技术部门立卷保存，对犯罪嫌疑人拒绝签字的，应当在相关说明中注明；录音、录像资料复制件随案卷移送。

2. 明确同步录音录像的证据类型和效力。同步录音录像资料在证据类型上属于视听资料的一种。①录音录像能记录下讯问时的具体内容，以及讯问方与被讯问方的精神风貌与身体状况、讯问的具体环境；②录音录像能动态连续地反映讯问时的具体情形，具有很强的生动性和直观性；③通过录音录像的重播设备，可以将讯问的内容和过程再现出来。[2] 从功能上看，该资料能够与犯罪嫌疑人供述相互印证，有助于查明职务犯罪事实；如果犯罪嫌疑人有检举、揭发他人犯罪事实的，还能与证人证言相互印证；同时还具有证明侦查讯问程序正当的作用，如果侦查人员有刑讯逼供或其他违法取证行为的，该资料还能作为侦查人员是否构成刑讯逼供等犯罪的证据。因此，我国刑事诉讼法应明确规定全程同步录音录像是一种技术侦查手段和固定证据的方法，所形成的音像资料应为刑事证据的一种。在司法实践中，如果出现录音录像与讯问笔录相矛盾的情况，应肯定录音录像具有优势证明力，因为前者具有更强的真实性、稳定性、完整性。

3. 拓展"全程"的范围。根据《规定》第 2 条规定："人民检察院讯问职务犯罪嫌疑人实行全程同步录音、录像，是指人民检察院办理直接受理侦查的职务犯罪案件，每次讯问犯罪嫌疑人时，应当对讯问全过程实施不间断的录音、录像。"《人民检察院讯问职务犯罪嫌疑人实行全程同步录音录像技术工作流程（试行）》第 4 条规定："录制的起止时间以被讯问人进入讯问场所开始，以被讯问人核对讯问笔录、签字按手印结束后停止。"由此可见，"全程"的录制对象和范围时间上被限定于单

---

[1]　徐美君：《侦查讯问程序正当性研究》，中国人民公安大学出版社 2003 年版，第 218 页。

[2]　参见黄中宁、卢莹莹："侦查讯问录音录像制度探微"，载《广西政法管理干部学院学报》2004 年第 11 期。

次讯问的全过程，空间上限定在讯问室之内。我们建议，可考虑对"全程"做出更宽泛的界定，如对于未羁押的犯罪嫌疑人，扩展至从被讯问人进入检察机关起至其离开检察机关；对于已羁押的犯罪嫌疑人，扩展至将被讯问人提解出羁押场所时起，到被讯问人核对讯问笔录、签字按手印后停止，在时间、空间上实现真正全程"无缝式"客观记录。这样可以有效防止侦查人员在立案以前，或者在讯问室以外的其他场所进行刑讯逼供，遭到犯罪嫌疑人及其律师的质疑。当然，扩大"全程"的含义意味着对侦查干警的讯问方式、语言乃至证据搜集都提出了更高的要求，但这是现代刑事法治发展的趋势，也有利于实现职务犯罪侦查从重"口供"向重"物证"的根本转变。

4. 规范同步录音录像的操作流程。在修改《刑事诉讼法》的基础上，应对全程录音录像的规范化做出统一规定。内容主要包括以下方面：一是录音录像的适用情形。人民检察院讯问职务犯罪嫌疑人应实行全程同步录音、录像，无论是重大复杂的案件，还是简单的、证据充分的案件。随着实践经验的成熟，应将该制度推广至所有刑事案件的侦查过程中。二是录音录像的时间、场所。录音录像的时间可从犯罪嫌疑人第一次接受侦查机关的讯问时开始计算，直至离开侦查机关时为止，连续时间不得超过12个小时。录音录像的场所可分不同的情况加以确定。未羁押的犯罪嫌疑人可在侦查机关的讯问场所内进行，羁押的犯罪嫌疑人应在看守所内进行。录像资料要与讯问笔录时间、内容相呼应。三是录音录像资料的保存、使用。录音录像资料应制作两份，一份作为原件保存，另一份作为复制件日常使用。均要由技术人员、讯问人和被讯问人签字确认后才能正式生效。复制件的使用应经过检察长的批准。在审查批捕和审查起诉中，资料应随卷移交。[1] 四是录音录像的技术规程。该技术规程应包括录音录像设备性能、摆放位置，录音录像设备应当监控到讯问场所的全景，录音录像环境的设置，录音录像的方式，即采用明录还是暗录以及视频音频的选择确定等内容。五是犯罪嫌疑人的知情权。讯问开始时，应告知其进行录音录像，侦查人员、技术人员的姓名，讯问开始的时间、日期、场所及犯罪嫌疑人在讯问过程中享有的权利和承担的义务。六是犯罪嫌疑人的救济权。在讯问过程中，如果侦查人员对应当录音录像的环节没有去录制，或者侦查人员任意删除、篡改录音录像，或者违反程序进行录音录像的，应明确犯罪嫌疑人向有关部门和机关进行申请和申诉的权利。七是犯罪嫌疑人的确认权。规定将录制、刻录设备放在讯问室，当着犯罪嫌疑人面直接进行录制刻录，经确认后将刻录完成的光盘直接封存，确认时间应当计入讯问时间内。八是适当扩大同步录音录像的范围。基于保障犯罪嫌疑

---

〔1〕 参见尉海江、袁清彪、王利军："讯问职务犯罪嫌疑人全程同步录音录像有关问题研究"，载《中国检察官》2006年第6期。

人的合法权利的考虑，将全程同步录音录像制度适用于犯罪嫌疑人无可非议，随着该制度的成熟和推广，应将对证人的询问同步录音录像，促进职务犯罪侦查的规范化，有效避免证人在法庭上反悔诬陷情况的发生。

5. 建立同步录音录像的保密规则。应制订专门的全程同步录音录像工作的保密规定，包括全程同步录音录像工作的重要环节、流程，涉密人员的责任，以及对涉密存储载体的采购、登记、制作、传递、保存、归档、维护和销毁等内容。值得注意的是，应完善审判过程中当庭播放涉密事项、公开程度等规则。[1] 例如，犯罪嫌疑人如在供述中有检举、揭发他人犯罪行为时，因为牵扯到侦查秘密，此时副本是否随案移送要由检察长批准，确需移送的，可以通过技术处理消除检举、揭发时的录音，只保留图像，以此确保侦查秘密不被泄露。法庭审理过程中，如果嫌疑人及其律师等对录制资料副本提出异议，应当在嫌疑人在场的情况下对正本当庭拆封并播放，但涉及国家机密的案件除外。

6. 加强对同步录音录像的监督。为加强对同步录音录像的监督，有观点建议引进外部监督机制，实行讯录分离，规定讯问都必须在正式的羁押场所进行，由看守所录音，检察院讯问，律师在场监督。我们认为，在我国目前的司法体制下，更现实的途径是，应赋予被讯问人向特定的机关或部门反映并得到及时回复的权利。可以考虑在检察机关内部成立一个由纪检、监察人员组成的专门部门监督录音录像活动，并接受受讯问者的申诉。受讯问者对其答复决定不服的，还应该赋予其向上一级检察机关提起申诉的权利。这样，通过检察系统的内部监督，能够更好地防止全程录音录像过程中的违规行为，切实保障受讯问者的权利。

三、初查制度

初查是检察机关根据其查办职务犯罪案件的特点和需要，在实践中逐渐确立起来的一套立案前进行调查工作的制度。具体是指检察机关在对职务犯罪立案前，对自行发现或受理的控告、举报等案件线索材料进行分析、鉴别，并对该线索进行的秘密调查活动。在我国，初查是检察机关对职务犯罪进行立案前的必要准备工作，在初查阶段，检察机关一般秘密进行调查，并不得采取限制人身自由、扣押财产等强制措施。

（一）初查制度的现状和问题

1983 年 3 月 1 日最高人民检察院印发的《人民检察院直接受理自行侦查刑事案件的办案程序（暂行规定）》中第二节规定了"立案前的审查和立案"，这可看作是初查的雏形，但是文件中没有使用"初查"一词。"初查"一词最早出现在 1985 年

---

[1] 陈奇敏："讯问同步录音录像制度的现状、问题和完善"，载《广西大学学报（哲学社会科学版）》2009 年第 3 期。

1月召开的第二次全国检察机关信访工作会议的文件里。该文件在谈到信访部门（后为控告申诉检察部门）的工作任务时指出："信访部门比较适合承办部分控告、申诉案件立案之前的初查，以便能为自侦部门提供准确性高一些的案件线索。"1990年最高人民检察院印发的《关于加强贪污、贿赂案件初查工作的意见》中，更直接地指明"初查"这一概念，规定"初查工作是对贪污贿赂案件线索立案前的审查"，并确定了初查工作的性质，明确了初查工作的职责范围和要求。此后，检察机关开始正式在工作中使用这一术语。[1] 1999年实施的《人民检察院刑事诉讼规则》对初查的方法、程序等有关问题进行了明确规定，以司法解释的方式确立了初查制度。1999年11月，最高人民检察院发布《关于检察机关反贪污贿赂工作若干问题的决定》中规定"初查是检察机关对案件线索在立案前依法进行的审查，包括必要的调查。"从而将初查界定为初步审查和初步调查，从而进一步完善了初查体系。

实践证明，初查制度是检察机关在长期的司法实践中积累的办案经验总结，既能避免因查办案件给被初查人带来负面影响、过滤杂乱信息、减少检察机关压力，又有利于集中优势力量办理大案要案，提高办案质量和效率。然而，随着社会形势的发展，初查制度同时也面临着理论和实务上的诸多问题：

第一，初查的法律依据不明确。我国刑事诉讼法并未明确规定初查，只是在第86条规定"人民法院、人民检察院或者公安机关对于报案、控告、举报和自首的材料，应当按照管辖范围，迅速进行审查……"《人民检察院刑事诉讼规则》（以下简称《规则》）第127条至132条将《刑事诉讼法》所确定的迅速的、表面的审查深化为具体的、深入的初查，并规定可以采取询问、查询、勘验、鉴定、调取证据材料等侦查手段。对此，有观点认为，初查制度只不过是检察机关为了自身工作的需要而设立的一个程序，必然会扰乱正常的诉讼程序，其原因是刑事诉讼法该使用了"审查"一词，且对象仅限于"报案、控告、举报和自首材料"，并未涉及事实和证据；从法条字面看立法者所提倡的审查也只是书面审查，并要求"迅速进行"，并不主张进行更深入的调查。由此可见，初查制度的法律依据不明确导致理论界对初查的合法性争论不休，实务部门在开展初查时又有些"底气不足"。

第二，初查程序不够具体。根据《规则》的有关规定，初查可以进行书面审查，也可以进行一些必要的调查措施，如询问、查询、勘验、鉴定、调取证据材料等不限制被查对象人身、财产权利的方式，但不得采取强制措施、查封、扣押、冻结等方式。这是对初查方式总括性、原则性的规定，所有的初查活动都应当遵守。《规则》等规定得不够细密，一些关键环节仍缺乏相应依据，造成自侦部门对初查概念、性质、任务、手段等认识不一，在人权保护、安全防范等方面也出现一些隐患，一

---

[1] 参见刘太宗："试论举报工作中的几个问题"，载《中国刑事法杂志》1998年第1期。

定程度上制约了查办职务犯罪工作的深入进行。例如，刑事诉讼法规定讯问犯罪嫌疑人不能超过 12 个小时，但初查中对将来可能成为犯罪嫌疑人的公民进行询问时却不受这一期限限制，这就容易造成公民被变相剥夺人身自由的情形出现。再如，在初查中常常使用《协助查询存款通知书》，根据刑事诉讼法规定，查询与犯罪案件和犯罪嫌疑人有关的单位的存款，只有在立案后才能实施，但初查时尚未立案，填制和使用于法无据。[1] 有的地方以初查代侦查，不破不立，贻误办案时机。一些办案人员受"撤案就是办错案"观念的影响，在初查过程中总是想把工作做得尽善尽美，不仅以立案，甚至以逮捕、起诉的条件和标准作为尺度来把握，不破不立，拖延了办案时机。

第三，初查的手段过于单一。刑事诉讼理论将侦查机关收集调取证据的方法分为两类：任意性侦查和强制性侦查。区分的标准是是否对公民权利进行强制。《规则》规定的初查手段属于任意性的侦查手段，难以适应实践发展的需要。职务犯罪大多具有复杂性和隐蔽性的特征，侦查部门在受理职务犯罪案件线索以后，运用现有的手段很难收集到直接证据，特别是对一些具有反侦查意识的犯罪分子来说，如果事先加以防范，侦查人员要得到其有罪证据就更为困难。因此，仅依靠任意性的手段要想在初查中获得嫌疑人的犯罪证据在实践中非常困难，初查手段的局限性事实上已经严重影响了初查工作的效率。实践中经常会有这种情形出现：检察院在获取了某职务犯罪线索时，向涉嫌人员出具协助调查通知书，要求其到检察机关接受调查，涉嫌人员以协助调查没有强制性为由予以拒绝。由于法律规定初查中不得对被查对象采取强制措施，侦查人员对拒绝到案的涉嫌人员无可奈何。

第四，初查中获得的证据效力不够明确。由于初查在法律上的地位不明确，导致初查阶段获得的证据资料的效力不明确。初查期间找知情人谈话不能称为证人证言，找被查对象谈话也不能形成讯问笔录，只能做调查笔录。这些缺乏法定的取证程序形成的材料，只能通过转换才能够再成为证据，既浪费了司法资源，也有一些证据无法转化或者转换难度较大。

第五，对初查的监督没有到位。对职务犯罪侦查活动的监督主要是事后的内部监督，即由检察机关侦查监督部门通过对业已形成的职务犯罪侦查活动材料的审查进行监督。而初查作为立案前的活动，形成的绝大部分材料并不随案移送到侦查监督部门，初查活动几乎不受任何外来力量的控制，事后的监督也是鞭长莫及。此外，正在试行的人民监督员制度，也并不涉及对初查行为的监督。这就难免在初查活动中，出现以查代侦、不破不立的现象，使职务犯罪案件无法及时侦破，且容易滋生暗箱操作、幕后交易、权力干涉等腐败现象。

---

[1] 参见马世和、冯秀："建议将初查制度写入刑诉法"，载《检察日报》2007 年 12 月 10 日，第 4 版。

(二) 初查制度的完善

全面考察初查制度的起源与确立过程以及其在实践中发挥的巨大作用，我们认为，初查制度在现阶段还有保留和完善的必要性。①由于职务犯罪手段的隐蔽性、智能性和复杂性，举报线索很少能直接反映职务犯罪问题，多数是出自举报人道听途说和主观臆测。在司法实践中，借助初查程序对大量的举报线索进行筛选和过滤，从中找出有价值的犯罪线索，才能避免无的放矢、打击不力、浪费司法资源的被动局面。②检察机关负责查办的是职务犯罪案件，其调查对象一般负责、主管或者经手某些公务性工作，具有一定的职务身份，往往涉及较大的利益。例如，对于一个国企负责人的不当调查可能会导致整个企业陷入困境。因此，检察机关在处理此类案件的时候应当持有足够的慎重态度。③不立案答复制度决定初查的必要性。根据《刑事诉讼法》第86条规定："认为没有犯罪事实，或者犯罪事实显著轻微，不需要追究刑事责任的时候，不予立案，并且将不立案的原因通知控告人。控告人如果不服，可以申请复议。"在答复署名举报人时，如果仅根据举报人提的线索再加上办案人员的主观"认为"就做出不立案决定，恐怕难以让举报人信服，也难以平息诸多上访事件。就此而言，初查制度是缓解干群矛盾、平息上访和维护地方和谐稳定的推进器。[1] 基于以上理由，我们认为应当保留初查制度，同时对其进行完善。

第一，明确初查的法律依据。《刑事诉讼法》第86条规定："人民法院、人民检察院或者公安机关对于报案、控告、举报和自首的材料，应当按照管辖范围，迅速进行审查，认为有犯罪事实需要追究刑事责任的时候，应当立案。"尽管该条款未出现"初查"字样，但是该条款中的"应当按照管辖范围，迅速进行审查"已涵盖了"初查"制度。但是，刑事诉讼法应进一步对职务犯罪初查做出明确规定，并将其作为刑事诉讼程序的一部分，即将职务犯罪的诉讼程序由"立案——侦查——起诉——审判——执行"变为"初查——立案——侦查——起诉——审判——执行"，设置初步调查程序。在刑事诉讼法未修改之前，只能通过规范化建设，完善初查程序，规范初查手段，使初查在现有法律制度下获得最大的地位，并体现公正与效率并举的价值。

第二，强化并规范初查手段。初查手段是得以有效查明应否立案的保障，我们建议从以下方面进行完善：①规范现有的初查手段。《规则》第128条规定了初查的手段主要有询问、查询、勘验、鉴定、调取证据材料，但对这些手段如何行使没有具体规定。我们建议，对于查询、鉴定和调取证据材料，法律可以直接规定适用侦查中关于查询、鉴定和调取证据材料的规定。对于询问知情人应当作出明确规定，比如询问的时间不能超过12小时，不能在非工作时间询问，询问应当单独进行、询

---

〔1〕 参见王建超："职务犯罪初查制度研究"，《西南政法大学2008年硕士学位论文》，第23页。

问不能在留置室等带有强制色彩的地点进行等。②进一步强化初查手段。职务犯罪大多具有隐蔽性和复杂性，因而在初查中采取必要的手段也是必需的。我们建议，在初查程序中增设在协助调查遭拒绝的情形下对涉嫌人员采取强制接受询问的措施，以及技术侦查、秘密侦查等特殊侦查措施。但是，为防止检察人员在侦查中过度适用这一手段，对上述措施应作出必要的限制和监督。首先，必须是针对案件的涉嫌人员，也就是将来有可能成为犯罪嫌疑人的人；其次，应遵循必要性的条件，即采取上述措施是有效查明应否立案的必要保障。最后，必须经过严格的程序审批，即必须经过检察长批准并签发书面文书。

　　第三，完善初查程序。检察机关不应当坐等刑事诉讼法对初查制度的明确，还应当继续发挥司法解释应有的作用，为初查制度增加现实可操作性。我们建议，最高人民检察院应制定统一的《人民检察院职务犯罪初查工作规定》，具体包括以下内容①初查的概念、目的、任务和原则。职务犯罪初查是人民检察院对受理线索依法进行审查或调查，以判明是否有犯罪事实和是否要追究刑事责任的司法活动。②初查线索的管理和评估。应规定线索由举报中心统一管理，并进一步规定其他部门移交受理的或自行发现的线索，形成线索资料信息库；成立评估小组，对线索的有效性、初查关键点进行集体评估。③初查手段。可以采取书面审查的方式，也可以采取走访的调查方式，还可以采取商请纪检监察、审计、工商、税务、公安等专门部门配合调查的方式；设立特殊情形下的强制调查、技术侦查等手段，对这些措施的采取设置严格的程序；对于依照合法手段获取的初查材料，可直接作为证据使用。④初查期限。区分线索的复杂、难易、轻重程度以及交办、督办情况确定不同的初查期限，同时应确定延长初查期限的次数以及审批、报告相关的程序。明确规定接触被举报人的情形、地点、时间、人员以及纪律。[1]　⑤初查终结。根据不同的初查结果最终确定立案、不予立案或中止初查，并制作相应的法律文书和履行相关法律手续。

　　第四，明确初查获取材料的证据效力。初查获取的材料具有证据效力。我国《刑事诉讼法》第42条规定："证明案件真实情况的一切事实，都是证据。"《最高人民法院关于执行〈中华人民共和国刑事诉讼法〉若干问题的解释》、《人民检察院刑事诉讼规则》也规定了非法证据排除规定。因此，初查过程中获得的材料尤其是言辞材料是否具有证明力，能否作为刑事诉讼证据使用，主要不在于其获得的诉讼阶段，而在于其获得的手段和条件是否合法，因而初查获取的材料具有证据效力。在修改刑事诉讼法之后，初查的法定程序地位得以确立，这一阶段获得的证据也就成为法定侦查机关在诉讼活动中取得的证据因而具备了法定程序和形式，可以在法庭

---

〔1〕　参见张英颖："职务犯罪初查制度的困境与突破"，载《检察日报》2008年2月3日，第3版。

上直接运用。目前，最高人民法院、最高人民检察院应通过司法解释对初查中所获证据材料的证据资格做出规定。例如规定初查中检察机关依法查询、勘验、鉴定获得的证据材料可直接进入法庭质证；询问知情人获得的书面证言，在法庭上一般要求该知情人作为证人出庭作证，在知情人确实无法出庭的情形下，书面证言可以作为证人证言进入质证。初查询问涉嫌人获得的调查笔录可作为讯问笔录的辅佐证据，就某一事实在讯问笔录中没有记载的，可以根据调查询问笔录作出认定。[1]

第五，加强对初查的监督。为加强对初查活动的监督制约，我们建议完善以下机制制度：①建立初查案件执法档案，初查后立案的，初查执法档案作为侦查阶段执法档案的一部分。②举报中心的制约机制。举报中心有权对移送侦查部门的线索进行跟踪和催办，对举报人不服侦查部门不予立案的决定进行复议。③审批报告机制。初查工作的决定权由反贪局长或检察长行使；初查工作的办理权则由主办检察官和其他办案人员行使。在初查过程中，严格实行审批报告制度，便于领导决策和监督。④初查结果复核机制。由专门机构和人员对不予立案案件质量进行复核，具体从程序、实体和办案纪律等方面进行复核，提出复核意见呈报检察长批准。⑤上级侦查部门的监督机制。应落实 2005 年 11 月《人民检察院直接受理侦查案件立案、逮捕实行备案审查的规定（试行）》的规定，下级侦查部门将要案线索的受理和初查情况报上级侦查部门备案。上级侦查部门应及时审查，区分不同情况做出决定。⑥建立初查结果通报制度，将初查结果通报举报人，以征得举报人对初查结果的意见，并记录在案。

四、职务犯罪的特殊侦查手段

职务犯罪特殊侦查手段是指检察机关为收集职务犯罪证据、查明职务犯罪事实、查获职务犯罪嫌疑人而采取的包括技术侦查、特情侦查、诱惑侦查等特殊侦查措施的总称，具有秘密性、技术性、同步性和直观性、强制性之特征。[2]

（一）职务犯罪特殊侦查手段的现状和问题

检察机关职务犯罪特殊侦查手段主要有几种类型：一是技术侦查，即侦查人员利用现代科技手段，秘密收集职务犯罪证据，查明犯罪嫌疑人的各种侦查措施的总称，包括电子侦听、电话监听、电子监控、秘密拍照或录象、秘密获取某些物证、邮件检查等秘密的专门技术手段。二是特情侦查，即经特别挑选的人员（检察人员或非检察人员）以隐藏身份的方式，长期潜伏于所欲调查的职务犯罪环境中，暗中收集犯罪证据，查明犯罪事实的一种侦查方式。三是诱惑侦查。即侦查人员或其协

---

〔1〕 参见贺江华："职务犯罪初查制度的现实困惑与改革路径"，载《学理论》2009 年第 26 期。
〔2〕 参见陈连福、关福金、程华荣："职务犯罪特殊侦查手段的特征与模式选择"，载《人民检察》2009 年第 5 期。

助者为了侦破某些极具隐蔽性的特殊案件，特意设计某种诱发职务犯罪的情境，或者根据犯罪活动的倾向提供其实施的条件和机会，待犯罪嫌疑人进行犯罪或自我暴露时，乘机将其逮捕或以此获取证据的方法。随着反腐败斗争的日趋复杂化，特别是我国已于 2005 年批准并签署了包含特殊侦查手段的《联合国反腐败公约》，职务犯罪特殊侦查手段在立法和实践中出现了诸多问题：

第一，法律依据不够明确。与普通犯罪相比，我国关于职务犯罪侦查特殊手段的立法不够明确，甚至连诱惑侦查、特情侦查等术语都未提及。我国刑事诉讼法未规定特殊侦查手段，只有《人民警察法》和《国家安全法》中对公安机关和国家安全机关使用特殊侦查手段作了简单规定，对检察机关使用特殊侦查手段缺乏明确规定。根据 1993《国家安全法》第 10 条规定："国家安全机关因侦察危害国家安全行为的需要，根据国家有关规定，经过严格的批准手续，可以采取技术侦察措施。"1995 年《人民警察法》第 16 条规定："公安机关因侦查犯罪的需要，根据国家有关规定，经过严格的批准手续，可以采取技术侦察措施。"[1] 1989 年最高人民检察院和公安部《关于公安机关协助人民检察院对重大经济案件使用技侦手段有关问题的通知》（以下简称《通知》）规定："对经济犯罪案件，一般不要使用技术侦查手段。对于极少数重大经济犯罪案件主要是贪污贿赂案件和重大的经济犯罪嫌疑分子必须适用技术侦查手段的，要十分慎重地经过严格审批手续后，由公安机关协助使用。"由此可见，《通知》虽不具备较高的法律层级，却成为检察机关职务犯罪侦查使用特殊侦查手段的唯一渊源。现行立法在职务犯罪侦查措施配置上的不足，导致检察机关侦破职务犯罪案件的能力不足。在实践中，检察机关往往寄希望于纪检监察机关的"两规"和"两指"来提高案件的侦破能力，或是商请公安机关或国家安全机关的协助，而通过这些手段获取的资料或信息，只有通过转换后才能作为证据运用或法庭示证，在很大程度上影响了特殊侦查手段功效的发挥。

第二，适用程序不够完备。与普通侦查手段相比，特殊侦查手段具有更强的秘密性和强制性，使用不当更容易侵犯相关对象的权利，其危险性、严重性也更大，稍有不慎即可能直接影响到经济社会发展以及党和政府的威信和形象。由于缺乏明确的法律依据，检察机关对职务犯罪特殊侦查手段的使用有所保留，相应的程序也不够完善。近年来，一些地方开始摸索着建立职务犯罪特殊侦查程序，如开展反贪特情工作的相关规定。然而从总体上看，职务犯罪特殊侦查手段的具体规定仍然处于空白状态，可以借鉴的规章制度只有公安部的相关规定，因此，只有设计出一套切实可行、更加严格的适用程序，职务犯罪特殊侦查手段才可能正规、良性、健康

---

[1]　公安部的内部文件如《刑事特情侦查工作细则》、《麦克风侦听、电子监视工作细则》、《关于技侦工作的规定》、《技侦外线工作细则》等对公安机关使用特殊侦查手段有着相应的规定。

发展，才能更有效地服务于检察工作。

第三，相应的技术力量和设备不足。虽然 1997 年最高人民检察院《关于进一步加强检察机关侦查手段设施建设的通知》明确了复印机、照相机、录音机、录像机、摄像机、监视器等"六机"装备，以及 2003 年最高人民检察院《人民检察院器材设备配备纲要》又将移动定位设备、特种照相设备、激光夜视仪、数字微型录音机、高灵敏度指向话筒、无线录音设备、高清晰度监控摄像机纳入配备的装备范围，但开展特殊侦查的技术装备仍然不足，各地实际条件也不尽相同。全国多数检察机关缺乏强有力的技术设备和大量的特殊侦查人才，以及相应的资金保障。特别是在一些基层检察院，所谓的检务保障建设大多介乎于办公办案用房、办公设备、车辆等方面，真正投入并用于侦查犯罪和审理案件的高科技设备并不多；通晓侦查技术和侦查知识人员也严重缺乏，制约了特殊侦查手段在职务犯罪侦查工作中的规范化进程。在实践中，检察机关仍主要采取传统侦查手段，对与日俱增的技术性、智能型、复合型职务犯罪的查处显得捉襟见肘。

（二）职务犯罪特殊侦查手段的完善

作为一种司法活动中的侦查手段，特殊侦查的直接目的是为了查处职务犯罪，维护良好的国家秩序和社会关系。随着职务犯罪形式的多样化和复杂化，职务犯罪特殊侦查手段也要在实践中不断改进和完善。

第一，明确职务犯罪特殊侦查手段的法律依据。目前，世界各国关于特殊侦查手段的立法大致可分为三种：第一种是在刑事诉讼法中对特殊侦查手段做出立法规定，如德国《刑事诉讼法》在第 8 章就"监听"和派遣"秘密侦查员"做了规定，法国《刑事诉讼法典》第 706 条对"诱惑侦查"也有授权性规定；第二种是对特殊侦查手段进行专门性立法，如美国针对秘密侦查制定的《关于秘密侦查的准则》，针对秘密监听制定的《联邦通讯法》、《电子通信隐私法》，日本的《犯罪侦查通信监听法》等；第三种是将特殊侦查手段的使用规定于综合性法律中，如美国《综合犯罪控制与街道安全法》对监听进行立法规制，日本《毒品及精神药物取缔法》以及《鸦片法》、《枪炮刀剑类所持等取缔法》对侦缉不法鸦片、武器交易时诱惑侦查的运用作出了相应的规定。[1] 从我国立法现状和司法实践来看，还未达到对特殊侦查手段全面、单独制定法律的条件和技术水平。我们建议，应在修改刑事诉讼法时明确特殊侦查手段，授予检察机关在查办职务犯罪中的特殊侦查权，并就特别侦查权的使用做出原则性规定，同时注意对《国家安全法》、《人民警察法》的相关内容进行衔接和完善，以满足限制权力运作和人权保障的要求。

第二，建立职务犯罪特殊侦查手段的适用程序。特殊侦查是一把双刃剑，用好

---

〔1〕 参见张联巍："论特殊侦查手段"，《山东大学 2007 年硕士学位论文》，第 12～21 页。

了可以有效地查处和打击职务犯罪活动，滥权使用也可能对公民的合法权益造成侵害，故世界各国对特殊侦查均采取了谨慎和限制的态度，对其适用范围、对象、程序等规定了严格的程序。我们建议，职务犯罪特殊侦查手段的适用程序应包括以下方面：一是案件范围。特别侦查措施的秘密性和强制性容易造成对公民权益的侵犯，必须在比例性原则的控制下，选择罪行较为严重的职务犯罪案件采取特别措施。具体而言，应以可能判处 3 年有期徒刑以上刑罚的犯罪和可能深挖出大案、要案线索的犯罪为宜。此外，对于某些不可能判处 3 年以上有期徒刑，但犯罪所造成的后果比较严重，社会影响十分恶劣的，应可入特别侦查的适用范围之中。二是适用条件。特别侦查措施的使用以必要性为根据，具体判断标准可包括：是否对被实施对象产生怀疑，这种怀疑是否有足够的证据；是否已经适用常规调查方式，其结果是否足以得出结论；采取特别侦查措施是否紧迫而必要等。三是审批主体。有观点提出，检察机关采取职务犯罪特殊侦查手段的，应由法院进行审批。[1] 我们认为，在现行司法体制下，检察机关是国家的法律监督机关，由检察机关批准适用更有利于准确、及时侦破职务犯罪案件。具体而言，可以通过提高层级和分散权力的方式予以解决，即由上一级人民检察院的侦查监督部门决定是否使用，这样既确保了审批的审慎性，又加强了对特殊侦查手段的监督。四是侦查期限。特殊侦查手段的使用以必要为限度，应当尽可能选择对公民权益危害较小的侦查手段，因此有必要合理规定技术侦查等手段的期限，以及相应的延长期限和审批程序。五是证据规则。检察机关通过合法程序实施特别侦查所取得的材料，可以作为证据使用。特别侦查取得的证据只有与其他证据一起，相互印证，形成完整的证据链，才可以追究犯罪人的刑事责任；对于未经法定审批手续、事后确认或违反程序而采取的特别侦查措施，其所获取的材料应当从证据中予以排除。六是保密机制。使用特殊侦查手段必须只为实现特定侦查目的的需要，其所获得的相关证据材料和线索也只能在刑事诉讼中使用，不得用作其他目的。要规定检察机关对由特殊侦查手段获得的证据材料的保存和销毁制度，严禁任何人随意泄露相关信息。七是救济措施。在职务犯罪的特殊侦查程序中，应赋予相对人及其委托律师以异议权，赋予辩护方对侦查机关违反法定程序进行特殊侦查措施所取得的证据材料请法院排除采纳的权利；对违法进行特殊侦查而给相对人造成损害的，除追究相关人员的法律责任外，还应赋予相对人请求国家赔偿的权利。

第三，加强检察机关的特殊侦查能力建设。职务犯罪的智能化和跨技术领域的特点决定了职务犯罪侦查工作必须依靠强有力的侦查技术支持，如秘密监听、黑客

---

[1] 尚华："职务犯罪案件特殊侦查手段研究——兼论《联合国反腐败公约》第 50 条"，载《中国刑事法杂志》2009 年第 7 期。

技术、电子跟踪、测谎等高科技技术装备和专业人员。[1] 因此要加强对检察机关装备建设的保障力度，进一步加强检察机关的技术侦查队伍，并适当向中西部等经济欠发达地区倾斜，以有效打击职务犯罪，切实把先进的科技装备转化为现实战斗力。

---

[1] 参见汤克文："职务犯罪特殊侦查措施研究"，载《法制与社会》2009 年第 11 期（中）。

第三章　检察制度

第一题　法律监督职能哲理论纲

许多文章在论证检察机关法律监督职能的正当性、科学性、必要性时，一个重要的理由或者论据就是我国《宪法》第 129 条的规定："中华人民共和国人民检察院是国家的法律监督机关。"这种实然性的回答，还不能令人彻底信服。我国《宪法》为什么要这么规定呢？其应然性何在？回应对检察机关法律监督的质疑，必须从实然走向应然，亦即从法哲学的高度（或曰深度），立足于应然性范畴，对实然作出理性阐述，从哲理的高度进行哲理性说明才能做到有针对性，才能解决根本性问题并令人信服。

关于"法律监督"的哲理基础研究，早在 20 世纪 80 年代初期王桂五同志就指出："各种类型的检察制度都有各自的理论基础，不过理论认识的自觉程度有所不同，在理论形态的系统化和完备程度方面也有差别。封建主义的检察制度是以封建的中央集权主义作为理论基础的。资本主义的检察制度是以分权学说作为理论基础的。列宁领导创建的社会主义检察制度，则具有更加明确的指导思想，即法制统一的思想。我国检察制度是自觉地建立在马克思列宁主义、毛泽东思想的基础上的。具体地说，有以下几个方面：①在政治理论方面，是以人民民主专政即无产阶级专政的理论为指导思想的。人民民主专政的国体决定检察机关的性质和任务，基于民主集中制原则的人民代表大会制度决定检察机关在国家机构中的地位和职能，人民民主专政的理论指导检察机关的实践活动。②在法学理论方面，是把列宁关于法律监督的理论和中国的实际相结合，坚持法制统一的原则，并有所发展，显示出中国检察制度的特色。③在哲学思想方面，是把唯物辩证法和认识论应用于检察活动，从对立面的斗争（在哲学意义上说，法律监督就是对立面的斗争）中实现法律的要求，正确办理案件，并且形成'公、检、法'在办理刑事案件中的分工负责、互相配合、互相制约的制度。"[1]

---

〔1〕　王桂五："关于检察学研究的几个问题"，载《检察学研究论文集》，沈阳市检察学会编（1986 年），第 7 页。

对检察学研究造诣颇深的王洪俊教授也指出：公、检、法三机关分工负责，互相配合，互相制约制度的制定，是把辩证唯物主义的认识论原理运用于办理刑事案件的过程。检察机关在刑事诉讼活动中，通过运用法律监督职能，与公安机关、人民法院相互配合，互相制约，就是为了发现矛盾，解决矛盾，以消除办案人员的主观随意性和片面性，排除各种客观障碍，逐步深化对案件事实的认识，最后发现案件的客观真实。检察学必须自觉运用矛盾学说和认识论的基本观点，深入分析检察人员在诉讼过程中发现和解决矛盾的特点，揭示出检察机关法律监督的客观规律。由此可见，如何从马克思主义哲学原理方面阐释我国检察机关法律监督的科学性和正当性，早已为理论界权威人士所重视，他们在 20 世纪 80 年代就提出唯物辩证法和认识论是揭示检察机关法律监督的理论武器，马列主义辩证唯物主义的认识论和方法论，更是我国《宪法》第 129 条的理论根据。但是，对这一哲理根据的具体内容是什么，深入探讨的文章并不多见。近一个时期，我把"法律监督"、"诉讼规律"、"有中国特色的检察制度原理"等命题，联系起来进行了哲理思考，认为关于检察机关法律监督职能的科学性和必然性，有以下四个方面的立论。

一、一元分立论

从具有中国特色检察制度的法律监督职能的生成来看，是有其深刻的宪政基础的，这种宪政基础，我把它概括为"权力结构模式原理"。在现代国家普遍化的分权体制下，检察权作为国家权力的一部分，必然会处于一种权力结构之中，与国家权力的其他组成部分发生各种各样的关系，从而构成一种体现检察权不同地位和作用的国家权力架构形式，即权力结构模式。不同国家的权力结构模式，决定着检察权的地位和作用，决定着检察职能分工。

我国《宪法》第 2 条规定："中华人民共和国的一切权力属于人民。人民行使国家权力的机关是全国人民代表大会和地方各级人民代表大会。"第 3 条进一步规定："国家行政机关、审判机关、检察机关都由人民代表大会产生，对它负责，受它监督。"这表明，人民代表大会制度是我国的根本政治制度，人民代表大会拥有一切国家权力，国家行政机关、审判机关和检察机关都是由人民代表大会产生并对人民代表大会负责的国家机关，是根据人民代表大会的授权行使部分国家权力。这样一种宪政制度，就决定了法律监督机关存在的必然性[1] 因为作为国家的权力机关，全国人民代表大会和地方各级人民代表大会，享有最高的和广泛的职能，对各级行政机关、检察机关和审判机关虽然有广泛的监督权，这种监督职能是宏观的，只能是针对具有影响的重大事项，而不可能对遵守和执行法律进行经常性的监督，按照国家权力的制约制衡原则，防止违法犯罪情况发生，防止权力走向腐败，理所当然要

---

〔1〕 参见孙谦：《中国检察制度论纲》，人民出版社 2004 年版，第 77 页。

在一元化的人民代表大会之下设立一个专门的法律监督机关。所以，对人民检察院的法律监督职责的授权，是我国人民代表大会的宪政制度所决定的。另外，在我国这种宪政体制下，隶属于人民代表大会的各个国家机关之间互不隶属，各自独立行使人民代表大会授予的权力，在权力运行的过程中，特别是对法律的统一实施和执行，也必然需要一个专门的法律监督机关，履行监督制约、制衡职能，以防止权力腐败，保证其正常的运行。

我国宪政体制中的权力结构模式，不同于西方国家。西方国家的权力结构模式主要有两种：①以美国为代表的平面结构模式。这种权力结构模式是洛克和孟德斯鸠等人的分权制衡理论的典型实践。该理论认为，国家权力应当分为三种权力：立法权、行政权和司法权，并应该分别由不同的人或不同的机关掌握，否则公民的自由便没有保障。在这种权力结构模式下，三种权力是不分层级而平行的，在同一个权力平台上，不同的权力主体各自行使法律规定的权力，在各自的领域内具有最终的权威，同时各种权力主体之间形成法律上的牵制关系，消灭独尊的、绝对的权力。这种权力结构的特点在于依据权力在规范运作中的作用将权力予以分割，但这种权力分割又不是绝对的，在每一种权力有一个中心的同时，规定其他权力的适当介入，以防止在一个领域中出现一个独裁式的权力。另外，就是辅之以复杂的制约平衡技术，使各种权力之间形成互相牵制的平衡关系，防止一种权力占有压倒性的优势，以阻止权力的集中。[1] ②以英国与法国为代表的半平面化权力结构模式。这种模式主要是为了强调它们在权力结构上既有类似于美国平面化权力结构模式的地方，也有不同于后者的地方，即使在这种模式内部，英国与法国也并不完全相同。在英国，虽然也实行三权分立，也强调立法权、行政权和司法权的相互分立与制约，但这种分权是在形式上维护代议制机关的最高权威的基础上实行的分权。也就是说，在权力平台上，各种权力并不完全处在同一个平面上，立法权高于其他权力，只是立法权在运作时又参与到同其他权力的制约中来，因此与美国权力结构模式相比，只能称之为半平面化的权力结构模式。具体来讲，英国议会的立法权代表国家最高的权力，不受任何其他权力的控制，但可形成对行政权和司法权的权力制约。首先，内阁和首相虽然具有强大的施政权力，但下议院可通过质询、辩论、批准条约、立法和倒阁等手段对内阁进行制约，下议院若通过对内阁的不信任案或否决政府的重要法案，内阁必须集体辞职。如果内阁不愿意辞职，就由首相提请英王宣布解散议会并进行重新选举，新当选的议会下议院决定原内阁的去留。其次，法院可以通过对于控告行政当局的讼案进行救济的方式对行政权进行制约。最后，英国上议院掌握国家最高司法权，又制约着司法权的行使。在法国，根据1958年制定的法兰西宪法，

---

〔1〕　参见周永坤：“权力结构模式与宪政”，载《中国法学》2005年第6期。

国家权力分为立法权、行政权、司法权等权力，但是，行使这些权力的主体都可以同时行使其中两项或两项以上的权力，特别是行政权表现得十分强大，行政权优位表现明显。在法国，一方面，总统的产生和权限类似美国总统，但权力更大，他有解散议会的特殊权力，以及提请再议议会提出的法律的权力。但政府要对议会负责，议会通过信任投票、弹劾等方式监督政府。当议会通过对内阁的不信任投票案、否决政府的总政策声明和施政纲领时，总理必须向总统提出政府总辞职或提请总统解散议会，进行大选。另一方面，法院可以通过司法审查权来对议会的立法权和政府的行政权进行平衡、制约，以防止立法权和行政权的膨胀、扩张或滥用。前者是由宪法法院来实施的，而后者则是由行政法院来实现的。当然，法国总统也有一定的司法制约权，总统可以通过其所担任主席的最高司法会议对高等法院法官的任命及上诉法院首席法官的任命提出建议，对法官的违法乱纪进行检查。

不管是平面化权力结构模式，还是半平面化权力结构模式，都是三权分立体制的不同表现，可统称为三权分立的权力结构，我国的则可称为一元分立的权力结构。虽然不同权力结构的分权目的都在于对国家权力予以有效制约，但不同的权力结构下产生了不同的法律监督需求，从而出现不同的检察权。监督者，监视与督促也。法律监督其实也就是通过一定的程序监视法律的遵守情况并促使相关人员遵守法律。如果说中国古代的监督权即监察权已经包含了一种实体处理权，那么在现代防止权力过度集中的分权体制下，监督权已只是一种程序性的权力，因为监督权作为一种权力，也有滥用的可能。从这点来看，不管是我国的还是西方国家的检察权都是一种监督权，只是在不同的权力结构下，权力范围有大有小而已。在三权分立的权力结构之下，出于人性恶的伦理假设，认为任何不受制约的权力都有可能被滥用，最好的办法就是将权力分割成相互制约的立法权、行政权、司法权并交由不同的机构来行使，通过权力的相互制约来防止权力滥用。由于监督的目的在于对权力实施制约，既然通过这种权力分立已经对国家权力形成了很大制约，或者说，权力监督的需求已经通过这种权力分立得到了基本的满足，另外设置专门的法律监督机关已没有必要，有必要的只是在这三种权力之下设立一些有监督性的机构。在国家权力之中，对公民最具现实威胁性的是国家的惩罚权，也正是为了制约这种惩罚权，西方国家通过诉讼模式改革，将掌握在法官手中的惩罚权分成裁判权与控告权，并将后者交由属于行政机关的检察机关来行使，从而形成行政权对司法权的制约。为此，在西方国家三权分立权力结构模式下，检察机关只是一种公诉机关，行使的只是一种具有控告性质的公诉权，检察机关的其他权力都是在此权力基础上衍生的一些附属权力。但是，由于公诉权作为一种控告权是从惩罚权中分立出来的，具有一种不同于行政权的司法性质，从而导致后来就检察权性质长期不休的争论。从某种程度上看，这种争论其实是一种权力制约与权力性质相矛盾的体现，即一方面需要对审判权进行制约，另一方面公诉权本质上又不同于行政权。导致这种矛盾的根源还在于三权分立权力架构没有检察权应有位置的有限容纳性，是检察权本身要求与立法权、行政权、司法权相并立的体现，只要这种权力结构没有改变，这种矛盾也就不可能得到解决。

其实，在一元分立的权力结构之下，在权力运行的基本逻辑起点上与三权分立结构一样，都是以权力与规范间的关系为依据所作的划分，即制定规范的权力是立法权，执行法律的权力是行政权，对行为的合法与非法作出规范性判断的权力是审判权。不同的是，在马克思主义人民主权的国家学说之下，人民是国家权力的拥有者，代表人民行使国家权力的人民代表大会在理论上拥有所有的国家权力，但由于执行法律的行政权与对行为合法与否进行规范性判断的审判权是一种经常性的权力，而人民代表大会只是一种定期性的机构，为了解决这种矛盾，只能由代表人民行使国家权力的人民代表大会产生行政机关与审判机关来行使行政权与审判权，而人民代表大会本身只行使不具有经常性的立法权。在此种情况下，权力机关——人民代表大会虽然是行政权与审判权的来源，行政机关与审判机关要对权力机关负责和受它监督，但由于人民代表大会作为一个定期性的议事机构，很难对经常性的、大量的行政活动与审判活动进行动态的有效监督与制约。为了弥补这种监督与制约的不足，就需要由人民代表大会在行政权与审判权之外设置一个经常性的法律监督权，以使之与人民代表大会的定期性监督权构成一个对行政与审判活动的监督与制约网络。而且，虽然对公民违法行为的监督在理论上可通过行政执法与审判机关的审判活动而实现，但因为审判机关的被动性和行政机关难以避免的、较强的地方性，在实践中很难保证法律得以统一执行，这也需要一个独立于行政机关和审判机关的法律监督机关来保证法律的统一性。因此，可以说，在行政权与审判权之外另设专门的法律监督权，这是一元分立权力架构下对权力运行和制约的必然选择，没有这种法律监督权的存在，一元分立的权力架构就必然难以维持。

二、对立控制论

辩证唯物主义揭示，一切事物的发展都是矛盾对立运动的过程，对立与统一是事物发展动力的根本原因。运用对立统一的世界观方法论，来观察和研究我国一元分立的权力结构模式，就不难看出检察机关的法律监督职能，就是把辩证唯物主义关于对立统一的规律运用于国家权力的机关的运行过程中，尤其是在公、检、法三机关之间分工负责、互相配合、互相制约的办案过程中，以保证权力正常运行和科学、健康的发展。

同时，权力的对立制衡理论是任何一种形式的国家权力结构模式的普遍规律。我国不搞三权（立法、行政、司法）分立，但是，权力制衡理论却有普适性，这是由于权力作为一种社会关系，它是一种有目的地支配他人的力量，这种支配往往能给权力拥有者带来物质和精神利益。"人们追求权力不仅仅是因为权力能满足个人的利益、价值和社会观念，而且还有权力自身的缘故，因为精神和物质的报酬存在于权力的所有和使用之中"[1]。正因为此，权力不仅容易成为人们追求的对象，而且也往往容易被滥用而成为权力拥有者谋取私利的工具，所以，孟德斯鸠指出："从事物的性质来说，要防止滥用权力，就必须以权力约束权力。"[2] 正是因为国家权力的这些本质特征，资产阶级国家从产生到其发展，运用制衡理论，形成三权分立的国家权力结构模式；在我国一元分立的权力结构模式下，作为国家权力的行政权、司法权毫不例外，同样离不开监督和制约。否则，必然导致权力的滥用和腐败，这是不依人的主观意志为转移的一个客观规律，这是权力的本质特征所决定的。

当然，对于权力制衡原理的运用，在我国一元分立模式下的对立与制衡，与三权分立模式下的对立与制衡，有着本质的不同。一是我国是人民当家做主的国家，这种对立和制衡是代表广大人民群众的根本利益而行使法律监督职责。它的正当性和必然性，不言自明。二是我国对制衡原理的具体运用的内容和方法都是与西方国家三权分立的制衡过程完全不同的，特别是检察机关法律监督的地位，以及进行监督的内容、形式和法律后果，更有其特殊性。在西方国家，由于检察权被定位于一种行政权，检察权的制衡范围总体上是有限的，虽然有些国家可能在民事领域有一定的制衡作用，但主要还是限于刑事司法领域，即一方面作为行政权的代表，通过行使公诉权对司法权进行制衡；另一方面在行政机关内部，通过公诉权对侦查权形成制衡。但在具体细节上，大陆法系国家与英美法系国家又有所不同。在对司法权的制衡上，虽然两大法系国家都主要通过诉审分离与不告不理的原则，由检察机关行使公诉权而防止司法权独断专横，但检察机关公诉权的范围是不一样的，大陆法系国家检察机关的公诉权除了包括审判启动权与在法庭支持控诉权以外，还包括对法院未生效判决与已生效判决的抗诉权，而不管是否有利于被告人。而英美法系国家的公诉权主要就是审判启动权与支持控诉权，对于法院未生效判决中，无罪判决一般不能上诉，而对于生效判决，检察机关不能提出再审申请。因此，相比较而言，大陆法系国家检察权对司法权的制衡力度要强于英美法系国家。在对侦查权的制衡上，大陆法系国家的制衡力度也要强于英美法系国家。在大陆法系国家公诉权与侦查权的关系上，一般认为侦查权从属于公诉权，侦查只是公诉的准备阶段，创设检察官的根本目的之一就是"以一个严格受法律训练及拘束的公正客观官署，控制警

---

[1] [美] 约翰·加尔布雷恩：《权力的分析》，陶远华、苏世军译，河北人民出版社1988年版，第7~8页。

[2] [法] 孟德斯鸠：《论法的精神》，张雁深译，商务印书馆1961年版，第154页。

察活动的合法性，避免法治国沦为警察国"。[1] 因此，检察权对侦查权具有很强的制衡作用。如在德国，警察人员虽然在组织上隶属于各邦的内政部，而不是隶属于检察机关，但在功能上法律是将其列于检察机关之下，属于检察院辅助机构。[2] 警察人员在侦查程序的活动一般要按检察机关的指示进行，这种指示如果是对一般警察人员适用则称为"嘱托"，而如果只对作为检察机关辅助人员的警察人员适用则称为"委托"。侦查的指挥权一般属于检察官，只有在检察机关委托侦查的情况下，警察机关才有侦查的指挥权。[3] 而在英美法系国家，由于检察机关与从事侦查的警察机关是相互独立的，检察机关一般只能通过不起诉这一消极的措施来对侦查权进行制衡，对侦查权制衡主要是通过司法权进行。如在英国，检察官与警察也只是一种建议与合作的关系，虽然1985年的《犯罪起诉法》第3条规定，检察长在认为适当的范围内，可以就所有与刑事犯罪有关的事宜向警察提出建议。但是这种建议并不具有当然的法律效力，如果检察官认为警察移送的案件证据不足，可以要求警察补充侦查，但警察没有服从的义务，检察官唯一的制裁手段就是对案件作不起诉处理。造成这种差异的原因，有传统的因素，也有诉讼模式的因素。

在我国，由于检察权被定位于一种独立于行政权与审判权的法律监督权，检察权对审判权与侦查权具有较西方国家更广泛的制衡作用，尤其对审判权的制衡上，不仅仅限于刑事司法领域，还包括民事与行政诉讼领域。在对审判权的制衡上，根据我国相关法律的规定，有以下几种情形：一是通过公诉权中的审判启动权，防止法院主动追诉和无诉而判；二是通过起诉书来限制法院的审判范围，防止法院扩大审判范围；三是通过对有错误的未生效判决、裁定提出抗诉来防止法院枉法裁判；四是通过对有错误的生效判决提出抗诉来保证法院依法裁判；五是通过审判监督权来防止法院审判程序违法；六是通过判决执行监督权来保证法院依法进行刑罚的减免与假释。在对侦查权的制衡上，目前主要通过两方面进行制衡：一方面是通过侦查监督权（包括批捕权），促使侦查机关依法立案与遵守侦查程序；另一方面通过行使起诉与不起诉权，促使侦查机关依法办案。另外，根据我国《监狱法》等法律的规定，检察机关还可以通过刑事判决执行监督权制衡司法行政机关的行政执法权。

三、存在决定论

恩格斯指出："全部哲学，特别是近代哲学的重大的基本问题，是思维和存在的关系问题。"[4] 这是我们观察认识世界的一个基本立场和基本方法。关于检察机关

---

〔1〕　林钰雄：《刑事诉讼法》，中国人民大学出版社2005年版，第120页。

〔2〕　参见［德］克劳思·罗科信：《刑事诉讼法》，吴丽琪译，法律出版社2003年版，第69~70页。

〔3〕　参见［德］克劳思·罗科信：《刑事诉讼法》，吴丽琪译，法律出版社2003年版，第79~80页。

〔4〕　《马克思恩格斯选集》（第4卷），人民出版社1972年版，第219页。

法律监督的科学性、正当性和必然性问题，亦即为什么要赋予检察机关法律监督职权，除了上述的权力结构模式和权力对立制衡原理以外，另一个重要的理由就是回归现实，回归客观存在，回归司法现状。笔者认为，法律监督是客观存在之必须，客观要求之势在必然，我们可以把这一思维和认识概括为：存在决定论。

什么是"存在"？什么是"现实"？首先，我国当前正处在社会主义社会发展的初级阶段，目前中国社会显现的阶段性特征，在呼唤法治，要求法制的统一，专门的法律监督必须加强而不能削弱。"从国内看，我国正处在改革和发展的关键阶段，经济体制深刻变革，社会结构深刻变动，利益格局深刻调整，思想观念深刻变化，社会建设和管理面临许多新课题，维护社会和谐稳定的压力加大；从国际上看，西方反华势力仍在加紧对我国实施西化、分化战略，一些境外非政府组织加紧对我国进行渗透破坏活动，对维护国家安全、维护社会和谐稳定构成了严峻挑战。这些复杂的国际国内因素，使我国社会在总体稳定中呈现出人民内部矛盾凸显、刑事犯罪高发、对敌斗争复杂的特点。在这种形势下，只有坚定不移地推进依法治国的进程，才能保证国家长治久安；只有坚持和完善中国特色社会主义检察制度，发挥社会主义司法制度的优越性，才能有效地保障法制统一和司法公正。"[1] 同时，构建社会主义和谐社会，实现民主政治、公平正义、诚信友爱、充满活力、安定有序、人与自然和谐相处的社会，检察机关的法律监督职责，直接肩负着维护社会稳定，实现社会公平正义的重大责任，尤其是在惩治犯罪，保障人权，化解矛盾，调节社会关系，维护社会稳定，实现法制的统一等方面，所发挥的作用，是任何一个国家权力机关所无法替代的。其次，在转型时期的中国，腐败现象的存在，使得作为惩治腐败的法律监督职能，更是只能加强而不能削弱，对于这个问题的认识，我想用党的十七届四中全会的《决定》中所指出的关于"加快推进惩治和预防腐败体系建设，深入开展反腐败斗争"的论述，来回答这一问题。当今中国所显现的一个重大特征就是腐败现象还严重存在，中共中央的《决定》明确告诉我们："坚决反对腐败，是党必须始终抓好的重大政治任务，必须充分认识反腐斗争的长期性、复杂性、艰巨性，把反腐倡廉建设放在更加突出的位置。"[2] 同时指出，要"加大查办违纪违法案件的工作力度。保持惩治腐败高压态势，坚决遏制一些领域腐败现象易发、多发势头。决不让任何腐败分子逃脱党纪国法惩处。严肃查办发生在领导机关和领导干部中滥用职权、贪污贿赂、腐化堕落、失职渎职案件，严肃查办商业贿赂案件和严重侵害群众利益案件，严肃查办群体性事件和重大责任事故背后的腐败案件。加强

---

〔1〕 孙谦主编：《中国特色社会主义检察制度》，中国检察出版社 2009 年版，第 35 页。

〔2〕 "中共中央关于加强和改进新形势下党的建设若干重大问题的决定"，载《检察日报》2009 年 9 月 28 日。

工程建设、房地产开发、土地管理和矿产资源开发、国有资产管理、金融、司法等领域专项治理。健全反腐败协调工作机制，加强查办大案要案组织协调，形成整体合力。健全反腐倡廉网络举报和受理机制、网络信息收集和处置机制。坚持依纪依法办案，完善举报人和证人保护制度，保障被调查人合法权益，依法追究诬告陷害行为。完善重大案件剖析制度和通报制度，发挥查办案件惩戒功能和治本功能。"[1]

司法领域中的腐败易发多发的势头已经成为一个不容回避的客观事实。发生在司法领域中的腐败大案要案我们没必要在文中一一列举，这一客观存在的严重性已经成为人民群众反映强烈的问题，司法腐败的矛头所向，不仅仅是利用手中的司法大权，攫取私利，更重要的是司法不公，"这既影响了法律在人民群众心目中的形象和审判权威，也妨碍了司法活动的目标即公平和正义在全社会的实现。这种客观现实，要求在诉讼程序中必须有一种有效的救济途径，使不公的裁判得以纠正。而检察机关通过提起抗诉的程序比其他任何程序都更有效。因此，加强对审判活动的法律监督，是保证裁判公正从而维护司法权威的客观需要，也是防止审判权滥用的现实需要。"[2]

司法权是国家权力的一部分，审判权是实现社会公平正义的最后一道屏障，其性质和地位的重要性，更显现其必须接受监督的必要性。因为"权力使人腐化，绝对权力，绝对腐化。"[3] 权力的易腐性和寻租性是权力的固有属性。审判权的重要性，以及司法实践中出现的问题，这一客观存在就是监督职能正当性的科学根据。至于为什么由人民检察院来行使这一职权，它的必要性和可行性是由我国权力结构模式的宪政制度决定的，前文已作论述。至于法律监督职能与公诉职能的关系，出现的矛盾与冲突如何处置将在下文论述。

四、职权二元论

检察机关的职权，是指为了实现检察职能，国家法律赋予检察机关的各项权能。关于检察机关的职权问题，我国《宪法》、《人民检察院组织法》以及《刑事诉讼法》虽然都作了明确的规定，但是对其各项职权的归类、定位、关系等方面的认识和运行，从理论界到实际工作部门均有不同的理解，尤其是关于法律监督和公诉两项职能的关系，众说纷纭，归纳起来也就是"职权一元论"与"职权二元论"之争。有观点认为，"法律监督方式和手段的多样性、多元化与法律监督本质和职能的唯一性、统一性并不矛盾。各种检察职能包括诉讼职能和非诉讼职能统一于法律监督，

---

〔1〕　"中共中央关于加强和改进新形势下党的建设若干重大问题的决定"，载《检察日报》2009年9月28日。

〔2〕　参见孙谦：《中国检察制度论纲》，人民出版社2004年版，第94页。

〔3〕　俞荣根：《文化与法文化》，法律出版社2003年版，第172页。

都是法律监督的实现方式和途径。法律监督方式和手段的多样性与法律监督性质的唯一性是统一的，共性寓于个性之中，个体体现共性。检察机关不具有与法律监督平行或并列的其他职能。我们反对检察定位和性质的多元论，即反对把公诉职能和侦查职能与法律监督职能并列，或者把检察机关定位为公诉和法律监督机关。正是在这种意义上，我们坚持法律监督一元论，因为只有一元论才符合我国宪法和法律关于人民检察院是国家的法律监督机关的规定，才具有理论上的彻底性，才能理解各种检察职能之间的内在联系，发挥检察职能的整体效能，坚持检察改革的正确方向。"[1]

检察职能一元化的论点，有一定的道理。特别是从广义上理解"法律监督"职能，法律赋予检察机关的公诉职能，还有侦查职能，以及其他权能，无可非议，都可以囊括在法律监督职能之中。但是，真正从理论研究和实际工作的运作过程分析，法律监督职能与公诉职能，虽有联系，可其区别与不同，还有相当差异，对这种差别的理解，笔者认为是带有实质性的问题，如果不加以区分，直接影响着两种职能的运作效果。出于这种思考，笔者坚持"职权二元论"的观点，理由如下：

第一，法律授权检察机关的法律监督职权和公诉职权，两项权力的授予目的不同，法律监督的目的是以权力制衡权力解决国家权力的滥用，以实现法制的统一；公诉职能则是一种诉讼职能，诉讼分工，它是按照诉讼的运行，对侦查、审判的制约，奉行"分工负责，互相配合，互相制约"的原则，其目的是共同完成诉讼的任务。

第二，监督和制约的概念和内涵不同。所谓监督是指"察看并督促"，[2] 从旁边察看、监视；而"制约"则是"甲事物本身的存在与变化，以乙事物的存在和变化为条件，则甲事物为乙事物所制约，互相制约。"[3] 刑事诉讼的公诉职能，以侦查职能的存在和变化为条件，公诉与侦查之间相互制约，公诉的存在与变化，又是审判的前提和条件，公诉与审判之间形成相互制约的关系。整个诉讼的进程，前者是后者存在的前提条件，后者是前者发展的必然结果，形成了一种结构严密的诉讼法律关系。检察机关的法律监督则不然，它与侦查、审判等各个诉讼阶段，没有相互依存、互为条件的法律关系，它只是察看和督促，或程序的启动和建议。当然，目前的司法改革中，不少学者建议，要强化法律监督，对法律监督的启动权和建议权的进一步强化，提出了三项建议："一是把法律监督权仅仅定位于法律程序启动的建议权，则法律监督权的地位或效力应当低于被监督的权力，即法律监督权的全部

---

[1] 孙谦主编：《中国特色社会主义检察制度》，中国检察出版社 2009 年版，第 42 页。
[2] 中国社会科学院语言所词典编辑室编：《现代汉语词典》，商务印书馆 1983 年版，第 490 页。
[3] 中国社会科学院语言所词典编辑室编：《现代汉语词典》，商务印书馆 1983 年版，第 490 页。

内涵只能提出纠正建议，而不能停止决定的执行。在监督与被监督关系中，被监督者居于主导地位，法律监督者居于次要的地位，建议提出了，被监督者是否接受，是否按照建议的内容变更决定，则是被监督者的事，法律监督者无权干预。二是把法律监督权定位于法律实施的督促权，则法律监督者与被监督者地位应当是对等的，在监督与被监督的关系中，监督者与被监督者居于平等的地位，监督者和被监督者可以有效交换意见，发现被监督者在适用法律和认定事实存在问题时，可以督促被监督者采取措施予以变更。三是把法律监督权定位于纠正权，则法律监督者的地位高于被监督者，法律监督者认为被监督者违法执法时，有权停止被监督者的执法行为并向违法者提出纠正，被监督者应当执行监督者的纠正决定。在监督与被监督关系中，监督者居于主导地位。"[1] 这些建议，提高建议权的法律效力，提高法律监督者的地位，赋予监督者纠正权等等，笔者认为，这不仅涉及到对"监督"一词的理解问题，更重要的是涉及到一个立法问题，关系到法律的修改和应否修改的问题，尤其是关于监督者和被监督者的法律地位问题，监督者要高于被监督者，并有权停止被监督者的执法行为并向其提出纠正意见，被监督者应当无条件执行监督者的纠正决定。这些强化手段和措施，完全需要立法的授权。同时，这些授权同诉讼的规则和规律如何协调一致是值得进一步研究的。

第三，出于尊重和遵循诉讼规则和规律的需要，不能把诉讼中的法律监督职能与公诉职能合二为一。在刑事诉讼中，从立案侦查到刑罚的执行，它完全是平等主体，按照平衡、对等、公开、透明等原则，依照法定的程序，有步骤、按次序，一步一步往前运行；在程序的设计上，检察机关通过公诉求刑，各方参与人参加法院审判；一审宣判后当事人不服有权上诉，公诉机关有权抗诉，案件进入第二审程序；判决生效后，当事人不服还可申诉，检察机关还可通过审判监督程序进行抗诉，履行其法律监督职责等等。这些设计严密科学的程序，从启动到交付执行，从求刑到判决生效，完全有它自身运转的规律，笔者认为，这种诉讼规律不容违背。正因为此，一些学者提出质疑，公诉加监督，既是运动员，又当裁判员，以此为借口来反对或取消法律监督职能是不对的。但把两种职权合二为一，职能一元化的提法和做法，笔者也认为这样做既有违诉讼规律，又不利于强化诉讼中的法律监督。笔者主张，以职权二元化为指导，公诉与法律监督分离，检察机关借司法体制改革之机，设置专门的法律监督机构，以履行法律监督职责，对于诉讼中违法乱纪，滥用职权，大搞关系案、人情案、金钱案、权钱交易的腐败问题，加大惩处力度。这样做完全可以避免"运动员与裁判员"于一身的弊端，既尊重了诉讼运动规律，又强化了法律监督的职责。

---

[1] 向泽选：《法律监督原理》，群众出版社 2006 年版，第 5~6 页。

第四，从公诉权的产生、发展来看，公诉一直是检察机关的基本职能，我们不能在"职权一元化"的命题下，轻易地把提起公诉并于法律监督之中。纵观世界两大法系各国检察制度的发展史，包括前苏联、俄罗斯，以及中国的检察制度的生成和发展，世界各国无不把公诉职能作为检察制度的一项重要的基本职能，尤其是近代和现代检察制度的发展变化，其公诉职能都在不断地加强，大陆法系国家的代表德国和法国是这样，英美法系国家更是这样，根据英国《犯罪起诉法》的规定，自1986年在英格兰和威尔士建立了由总检察长领导的全国性的起诉机构，加强了对公诉权的控制，扩大了检察机关的职权，突出了国家追诉的重要性。[1] 就对我国检察制度影响较大的前苏联和俄罗斯的检察制度而言，也并没有奉行职权一元化的理论设计，在倡导和奉行法制统一，强化法律监督的同时，同样是把公诉职能作为检察机关一项重要的基本职能在不断加强。笔者认为，在刑事犯罪不断攀升的今天，检察机关的公诉权，即对刑事犯罪的追诉权、提起公诉、支持公诉等一系列诉讼活动，不要轻易地纳入法律监督职能之内，当然广义地理解，也可以说得过去；真正从检察职责和权力而言，将公诉职能独立于法律监督，纳入诉讼的轨道，遵循诉讼的规律，有其独立的功能和价值，即可以保证诉讼渠道通畅，实现公诉职能专业化，保证公诉的质量，回应对检察权的各种质疑，对最终实现检察机关法律监督职能更具特殊的意义。

综上，我们认为，检察职权二元论比一元论更为合理，按照二元论的理论设计检察机构设置，理顺诉讼渠道，遵循诉讼规律，保证公诉质量，强化法律监督，更具科学性。当然，我们在进行职权二元论的哲理思考时，也决不能削弱法律监督的职能。笔者认为，法律监督与公诉是辩证的统一，都是我国检察权不可偏废、不可忽视的两个重要组成部分和两种基本的职能，公诉职能加强了，法律监督的效果必然显现出来；公诉是手段，法律监督是目的，实现法制的统一是效果。我们要用马列主义的辩证统一的世界观和方法论，正确审视"职权二元论"。

第二题　论法律监督与检察改革

当前，我国司法改革正在有序推进，在司法体制与机制的改革中，按照中央有关文件的精神，重点就是要"加强权力监督和制约"，其具体措施是优化司法职权配置。为完成这一任务中央提出了一系列的改革措施，尤其是检察改革，以加强法律监督、促进社会和谐为主体，紧紧抓住影响司法公正、制约司法能力的关键环节，

---

[1] 孙谦主编：《中国特色社会主义检察制度》，中国检察出版社2009年版，第72~73页。

进一步解决体制性、机制性障碍，优化司法职权配置。但是，实现这一目标涉及一个核心问题，就是检察机关法律监督的科学定位、加强检察机关法律监督的各项改革措施的正当性和必然性的问题，对其科学依据和理论支撑，有人认识但理解不深，有人还不完全了解，甚至提出质疑。因此，这里试就检察改革与法律监督的有关问题进行研讨。

一、要从国家权力建设和构建和谐社会的高度认识对司法权的监督和制约

我国《宪法》第129条明确规定："中华人民共和国人民检察院是国家的法律监督机关。"对于这一规定对人民检察院的定性和定位，众说纷纭，争论不休。例如有人这样回应："因为我国《宪法》第129条作了明确规定，所以，其法律监督的地位不容质疑。"这种回答只是一种实然性的解释，而没有从应然性的理解中说清问题。因此，很多质疑者仍是疑虑不断。我们认为既要从实然方面又要从应然方面把问题讲清楚，而且更重要的是要从应然方面，把它的科学性合理性说明白。权力的本质属性决定必须对它加以监督和制约。权力一般包括以下几个特征。

（一）权力是一种社会关系

正如罗伯特·达尔所指出的那样，权力并不是个人拥有的什么，而是人与人之间的一种关系，"权力是社会单元之间关系的从属关系，由此，在某些情况下，权力中单元的行为依存于其他单元的行为"[1]。即权力不仅存在于社会关系中，而且是作为一种特定的社会关系而存在的，这种特定的社会关系体现为影响者"在一种社会关系里贯彻自己意志的机会"[2]。民主国家的国家权力是通过法定程序经人民的授权，取得行使权力的合法地位的。君主的统治权虽号称"受命于天"，一般也需按其祖宗成法袭位获得，才能得到臣民的认可。可见，符合本团体的准则和价值体系，得到作为授权者的共同体成员的认同或其他形式上的准入，权力的行使才能获得正当性。获得正当性的权力就是"影响力"，就是一种权威。

（二）权力关系在本质上是一种动态的强制关系

权力是一种积极有效的行为。从权力本身具有的能量而言，拥有权力要求必须具有一定的权力资源，而且这种资源足以对其他人施加影响力、支配力。权力者之所以有影响、支配他人的能力或能量，在于他拥有必要的物质或精神、文化资源，运用它能对他人产生物质的或精神的影响，达到能按照权力主体意志所要求达到的目的。权力主体一般都有一定的目的和指向，即把权力运行的方向指向权力的接受对象。只有权力行使者能使权力接受者按照自己指定的方向移动，权力才会形成，否则二者就不存在权力关系。这种影响力、支配力亦即强制力，是权力的基本特性

---

〔1〕　［美］罗伯特·达尔：《现代政治分析》，王沪宁等译，上海译文出版社1987年版，第33页。
〔2〕　［德］马克思·韦伯：《经济与社会》（上），林荣远译，商务印书馆1997年版，第81页。

之一，也是权力同权利的一个重要区别。权力的特征是能够，即有能力以自己的"强制力"作为或不作为。

（三）权力具有易扩张性，对权力的运行必须进行监督和控制

权力是可交换的稀缺资源，既可以用来积极为大众服务，也可以消极地不作为，更可以加以滥用，用来攫取物质或精神私利。霍布斯曾言，"得其一思其二，永无休止的权势欲，是全人类共有的普遍倾向"[1]。孟德斯鸠对此认为："一切有权力的人都容易滥用权力，这是万古不易的一条经验。有权力的人们使用权力一直到遇有界线的地方才休止。"[2] 与权利需借助权力为中介才能实现其意志和目的不同，权力自身具有直接的强制力、形成力、权威性乃至暴力性，能自仗其力，自行其是。极具诱惑力的权力具有天生的侵犯性和腐蚀力，可以自行进行扩张，因此，必须对其严加防范，进行监督和控制。

作为执政党的中国共产党的伟大实践已经证明了上述论证的正确性。特别是近几十年我国在改革开放的新形势下，不断加强党的建设，提出"坚决反对腐败，是党必须始终抓好的重大政治任务"[3]，这一实践过程，已经充分证明，"一切有权力的人都容易滥用权力，这是万古不易的一条经验"[4]。因此，以胡锦涛为总书记的党中央，已清醒明确地认识到这一千古不变的真理，党的第十七届四中全会的决议中明确指出要健全权力运行制约和监督机制。以加强领导干部特别是主要领导干部监督为重点，建立健全决策权、执行权、监督权既互相制约又互相协调的权力结构和运行机制，推动权力运行程序化和公开透明[5]。

司法权是国家权力的重要组成部分，司法权力运行中的滥用与腐败问题，同样应引起高度重视，因为司法权力的作为与不作为，关系到人民群众的生命、财产的生杀予夺，它直接与社会的公平、公正、正义紧密相联。因此，中央已把司法领域里的腐败问题，列为治理的一个重点，中央明确指出要深化司法体制和工作机制改革，加强对司法活动的监督，健全执法过程，违纪违法责任追究等制度，保证公正司法[6]。由此可见，深化检察改革，加强法律监督，作为理政治权的基本方针写进

---

〔1〕［英］霍布斯：《利维坦》，黎思复译，商务印书馆1985年版，第72页。

〔2〕［法］孟德斯鸠：《论法的精神》（上册），张雁深译，商务印书馆1963年版，第154页。

〔3〕"中共中央关于加强和改进新形势下党的建设若干重大问题的决定"，载《检察日报》2009年9月28日，第2版。

〔4〕［法］孟德斯鸠：《论法的精神》（上册），张雁深译，商务印书馆1963年版，第154页。

〔5〕"中共中央关于加强和改进新形势下党的建设若干重大问题的决定"，载《检察日报》2009年9月28日，第2版。

〔6〕"中共中央关于加强和改进新形势下党的建设若干重大问题的决定"，载《检察日报》2009年9月28日，第2版。

我国的《宪法》，这是权力的本质属性所决定的，它是从国家权力建设的高度，保障国家权力，特别是司法权的健康运行的重大决策。尤其是在目前中国现实社会所存在的人民内部矛盾凸现、利益分配格局发生了巨大的变化阶段性特征的情势下，为了化解社会矛盾，建构和谐社会，加强权力的监督制约更有其现实意义。当前我国社会正处于转型期，社会聚集了诸多的利益之争和冲突，未能及时协调和化解，社会表现出诸多的贪腐和堕落，未能及时惩处和治本；社会也压抑了诸多的诉求，未能通畅地表达，以致人们的情绪有时会表现为不平、无奈和非理性[1]。同时，社会矛盾的关联性、敏感性、对抗性将会持续增强。因此，我们必须正视矛盾，重视矛盾，积极主动地化解矛盾，最大限度地增加和谐因素，最大限度地减少不稳定和不和谐因素，加强对司法权的监督和制约，不断地促进社会和谐。

二、要从我国宪政基础的权力结构模式中，认识具有中国特色的检察权

不同的国家有着不同的国家权力结构模式，西方一些国家的"三权分立"结构模式，与我国的《宪法》所确立的"一元分立"的权力结构模式是不同的。我国《宪法》第2条和第3条规定："中华人民共和国的一切权力属于人民。人民行使国家权力的机关是全国人民代表大会和地方各级人民代表大会。人民依照法律规定，通过各种途径和形式，管理国家事务，管理经济和文化事业，管理社会事务。""中华人民共和国的国家机构实行民主集中制的原则。"这些规定体现了"人民主权"的宪法原则和人民行使权力的途径及方式，体现了人民当家作主的宪法地位和人民民主的政权性质。我国建立的政权组织结构模式，是人民代表大会制度，这种制度就是人民通过民主选举产生全国人民代表大会和地方各级人民代表大会，作为行使国家权力的机关，其他国家机关都由它产生，向它负责，受它监督，各级人民代表大会向人民负责。具体地说，人民代表大会是立法机关，又是最高国家权力机关；由它产生政府、法院和检察院。这样就形成县以上各级人民代表大会及其常委会拥有国家立法权、任免权、批准决定权和对法律实施的监督权、重大事项决定权，国务院和各级地方人民政府行使行政权，包括行政立法权，各级法院行使审判权，检察院行使法律监督权的权力结构模式。[2] 我国宪法所确立的权力结构模式，由于中华人民共和国的一切权力属于人民，人民行使国家权力的机关是全国人民代表大会和地方各级人民代表大会，国家的立法权由其直接行使，行政权、审判权和检察权由人民代表大会授权人民政府、人民法院和人民检察院分别行使。这样的权力结构模式可称之为"一元分立"，即在一元权力——人民代表大会下，分设出立法权、行政

---

〔1〕 "深入推进三项重点工作是人民法院的重大战略任务"，载《人民法院报》2010年1月1日，第1版。

〔2〕 樊崇义：《检察制度原理》，法律出版社2009年版，第110页。

权、审判权和法律监督权。这种权力结构模式明显区别于"三权分立"的权力结构模式。在"一元分立"的权力结构中,权力的监督和制约可体现在两个方面:一是由于一切权力属于人民,被授权的各个权力主体都要接受全国人民代表大会的监督,可称之为"人大监督";二是我国《宪法》第129条规定的,人民检察院是国家的专门法律监督机关,特别是诉讼中,检察机关被授权对刑事、民事、行政诉讼行使监督和制约权。由于在一元分立下的行政权、审判权与检察权互不隶属,它不像"三权分立"下的各种权力的相互制衡,还由于"人大监督"的宏观属性,决定其必须设立一个专门的经常性的监督机关,代行其日常性的监督职责,这种监督职责由于历史的原因和我国传统文化的原因,全国人大赋予人民检察院专司法律监督权。这是我国权力设置与运行的必然选择。从渊源上考察,由检察机关享有法律监督权能的法理依据,直接来源于列宁关于社会主义国家检察机关职能的认识和阐述。作为国家权力,列宁第一次提出了检察权的概念,他认为检察权是违法监督权,是包括对民事、刑事、行政所有法律行为的监督权。列宁本人秉持的是一种"大检察观",即:突出和强化检察机关在国家法律体制甚至社会生活中的作用和影响。它基本的理论要点是基于保障社会主义国家的法制统一性,将检察机关定位为专门的法律监督机关。为此,"检察机关以法律监督为专职专责,不执行任何行政职能,受中央垂直领导,行使中央检察权","检察长的责任是要使任何地方当局的任何决定都不与法律相抵触"[1]。正如苏联学者所言:"保障有效的法制保障制度是最重要的政治和法律任务之一。作为准确而严格地执行最高权力机关的法令的保证形式——检察机关的监督,应该列为最有效的法制保证,在任何一个资本主义国家中都没有类似我们这样的检察机关,它在苏维埃国家机构中处于独立自主的地位,维护着统一的、为全国制定的各种法令。检察机关在代表国家对执行和遵守法律实行最高监督时,拥有广泛的权力,这些权力使它得以顺利地完成四项相互联系的任务,保证法制的统一;对公民完成自己的义务实行有组织的监督之中,维护公民的自由和权利;同违法行为做斗争并防止其发生;积极参与法纪教育工作;1977年的苏联宪法用独立的一章专讲检察机关。在各章中规定的检察机关活动细则具有政治性意义,它指出了作为国家活动的特殊形式的检察机关的独立性质。"[2]列宁对检察权力的定性及对检察机关的权力配置在社会主义国家中影响深远。新中国成立后,如何在新型权力架构中确定检察机关的职能属性是一件新鲜事物。由于我们缺乏相应的理论支撑与成功经验,因此借鉴、吸收甚至在一定范围内照搬苏联有关检察机关的相关规定,把苏联的检察模式作为主要参照系数就成了顺理成章之事。我国在1978年起草检察

---

〔1〕 《列宁全集》(第33卷),人民出版社1957年版,第266~328页。
〔2〕 [苏] K.C. 帕弗里谢夫等:"论苏联检察机关法",陈森译,载《外国法学》1981年第1期。

院组织法时，就趋向于将检察机关定位为"国家的法律监督机关"。彭真同志在起草检察院组织法向第五届全国人大二次会议作说明时明确指出：确定我国检察院的性质是国家的法律监督机关，这是我们运用列宁坚持的检察机关的职权是维护国家法制统一的指导思想，结合我们的情况而做出的规定。但是需要注意的是，中国检察制度的形成和发展并不是完全"苏化"的，新中国的奠基者和领导人都始终强调马列主义理论与中国革命实践的结合。中国检察制度的理论基础不仅源于列宁的法律监督思想，还吸收借鉴了包括中国古代的御史监督思想及五权宪法思想等分权思想。在这些理论的指导下，经过半个多世纪的探索与改进，中国已形成了有别于苏联的检察制度。

综上，对我国"一元分立"的权力架构体系下的检察权的理解和认识，必须明确以下几点：一是一元分立的层级化权力结构要求检察机关行使法律监督的职权，以保障国家法律的统一正确实施；二是检察机关的性质和职权具有特殊性、专门性和独立性，它既不归位于行政权，也不隶属于司法权，它活动的根本宗旨就是维护法制；三是检察机关的法律监督范围应当与国家法制的发展状况相适应，即检察机关应当全面承担起保障法律实施的责任，而不是仅仅保障某一方面的法律的实施；四是国家检察制度的确立和检察机关的设置，要从本国的国情出发，要根据国家的体制特点、历史传统和法制状况来学习和借鉴外国的经验，而不能机械地照搬。如同社会主义国家没有固定的模式一样，社会主义国家检察制度也不存在固定的模式。只有把检察制度的基本规律同具体的国情相结合，才能充分发挥出检察制度在国家活动中的法律监督效能。[1]

三、要以法律监督为重点，优化检察权，推动检察改革

无论是从国家权力建设，还是从当前我国的司法现状，尤其是权力腐败的严重情况看，强化检察机关的法律监督势在必行。目前正在进行的司法改革，已经把对司法权的监督和制约列为重点。同时，我国的宪法也明确规定，人民检察院是国家的法律监督机关，但是，就司法实践而言，监督不到位，制约未落实，监督者不敢监督、不愿监督、不会监督，被监督者不接受监督，甚至以种种借口不让监督，导致法律监督形同虚设。形成这种局面的一个重要的原因是立法不严，监督缺位，只有原则规定，没有职权配置，只有空洞口号，没有具体措施。因此，在新一轮的司法体制和机制改革中，把法律监督落实在职权的优化配置之中，重点应从以下几个方面进行：

（一）完善立案监督的内容和程序

即检察机关对侦查机关违反规定不应当立案而立案和应当立案而不立案的监督

---

〔1〕 樊崇义：《检察制度原理》，法律出版社 2009 年版，第 119 页。

机制，还没有完全建立健全，尤其是对于检察机关通知公安机关立案的案件，公安机关应当向检察机关反馈立案侦查的情况，目前还没有形成一套完备的监督制约的机制，我国1996年修改后的《刑事诉讼法》第87条规定："人民检察院认为公安机关对应当立案侦查的案件而不立案侦查的，或者被害人认为公安机关对应当立案侦查的案件而不立案侦查，向人民检察院提出的，人民检察院应当要求公安机关说明不立案的理由，人民检察院认为公安机关不立案理由不能成立的，应当通知公安机关立案，公安机关接到通知后应当立案。"1996年《刑事诉讼法》修正案增加这一规定的目的有二：一是确立了人民检察院对立案监督的地位；二是解决人民群众告状难的问题。当时这一规定出台后，深受人民群众的赞扬和肯定。但是，对于人民检察院如何履行立案监督的职责，以及立案监督的内容与程序，尤其是对立案的救济、制约程序，立法仍属空白。因此，在这一次检察改革中，应全面审视、全面设计立案监督的内容、程序，以及救济措施，以规范侦查机关有案不立、立而不侦、不破不立、先破后立以及不该立而立等行为。另外，关于立案条件，撤案、销案条件以及立案情况向检察机关反馈的制约救济措施等，均属立案监督的范围，均应通过立法或制作立案监督条例加以解决。

（二）完善侦查监督的内容和程序

即明确检察机关对侦查活动进行法律监督、纠正违法的程序，完善侦查机关对检察机关纠正意见不服的申请复议机制。关于侦查监督的内容和程序，包括审查批准逮捕和审查起诉等，1996年修正过的《刑事诉讼法》虽已有规定，但很不完善。例如，《刑事诉讼法》第76条规定："人民检察院在审查批准逮捕工作中，如果发现公安机关的侦查活动有违法情况，应当通知公安机关予以纠正，公安机关应当将纠正情况通知人民检察院。"《刑事诉讼法》第137条关于审查起诉的内容明确规定包括"侦查活动是否合法"，等等。但是，这些规定原则、笼统，又缺少制裁和救济措施。再加上从1996年至今侦查监督的实施情况已经证明，执行效果极差，尤其是对非法取证、超期羁押等违法行为的纠正，立法缺少规定，其实施细则更是空白，导致监督不力，形成的错案时有发生。因此，在这次改革中必须通过《刑事诉讼法》的修改解决6个问题：一是明确检察机关侦查监督的法律地位；二是确定侦查监督的具体内容，既包括对侦查中所适用的各种强制措施的监督和审查，又要包括对各种侦查手段适用过程中的严重违法行为；三是确立非法证据的排除规则和程序；四是检察引导侦查的证据标准；五是纠正违法行为的程序和制裁违法行为的措施；六是侦查机关对纠正违法制裁措施不服的申请复议机制和程序等。

（三）建立涉案财产的检察监督机制

建立当事人对侦查机关采取搜查、查封、扣押、冻结等措施不服，提请检察机关或上一级检察机关进行监督的制度。关于涉案财产的问题，我国出于对公民的合法财产的保护，已经写入《宪法》。但是在诉讼中涉案财产无论是物权强制措施的适用，还是涉案财产的返还、没收等各个环节，都比较乱，人民群众的反映强烈。其主要原因是立法不严，特别是关于搜查、查封、扣押、查讯、冻结、移送、返还、没收等诉讼的各个环节，侦查机关适用的随意性较大，多数是办案人打报告，侦查机关负责人批准，采用这个行政手段处置涉案财产，因为我国还没有建立起一个涉案财产的司法审查制度，更没有一个当事人不服的申请救济的机制，检察机关监督也没到位。因此，我们认为：一要充分认识涉案财产处置程序的重要性，它是关系到当事人财产关系和直接经济利益的大问题，尤其是一些民营企业，老板出了问题，财产冻结、银行贷款停止、企业倒闭、工人失业，它实质上是一个关系民生的大问题，我们必须予以高度重视；二要建立具有国特色、符合我国国情的司法审查制度，即未经同级检察机关批准，不得适用各种物权强制性措施；三要建立当事人不服的申诉救济机制；四是检察机关的监督要到位，实行同步审查、同步监督的方法。

（四）改革和完善刑事审判监督

刑事审判监督的实质是诉讼中的"检、审关系"问题。这个问题是由来已久的争议问题，即审判程序要不要接受监督，要不要检察机关进行监督，监督职能与公诉职能的关系问题。如前所述，任何一种国家权力，失去监督必然会发生滥用，这个道理不言自明，审判权也不例外。至于检察机关的监督职能与公诉职能的关系问题，我们认为，应依照诉讼的规律，两种职能必须分离，不能集于公诉人一身。在检察改革中，人民检察院为加强诉讼监督，应在机构改革中设立专门的监督庭，履行法律监督职能，坚持"检察职能二元论"，即监督与公诉两种职能并存，虽然公诉职能在一定意义上有法律监督之义，但不能用法律监督代替公诉职能、用职能二元论代替一元论，这是尊重和遵循诉讼规律的需要。我们应在检察职能二元论的哲理基础上解决审判监督程序改革与完善问题。关于审判监督的改革与完善当前迫在眉睫的现实问题有四个：一是积极参与量刑程序改革，搞好量刑建议；二是明确检察机关参与二审程序和再审程序的法律地位，并制定和完善参与二审与再审程序的检察监督的具体措施，以体现检察机关在提高案件质量和效率方面的监督作用；三是积极参与死刑复核程序的改革，列席审判委员会，积极发表意见，以保证死刑案件的质量和审判效率；四是制定监督审判程序的程序制裁和诉讼救济措施，以体现审判监督法律效果。

第三题　我国检察一体化的现状及完善

在我国现行的司法体制中，检察机关作为专门的法律监督机关，其独立行使检察权的地位已被宪法认可。我国《宪法》第131条明确规定："人民检察院依照法律规定独立行使检察权，不受行政机关、社会团体和个人的干涉。"既然国家以根本法的形式赋予了检察机关独立行使检察权的权力，那么如何从制度上保障检察机关依法独立行使检察权也就成了司法改革议题中一个不容回避的问题。而"检察一体化反映了由检察权的特殊性所决定的检察权运作的内在规律，是运用检察权时必须遵循的基本原理，因而也是整个检察制度构建的基本点。"[1] 要按照检察制度的内在规律进行检察改革，克服检察工作的地方化，就必须推行和完善检察一体化制度。

一、"检察一体化"概念的厘清及在我国的现状

（一）"检察一体化"概念的厘清

对"检察一体化"这一概念的理解，学界可谓是众说纷纭，莫衷一是。有学者认为，"检察一体化"主要是指"各级检察机关是一个不可分割的有机整体，每个检察官的活动都是整个检察机关活动的有机组成部分，各级检察机关在工作中要相互配合、协调一致，共同完成检察任务。"[2] 有学者将"检察一体化"理解为有广义与狭义之分，广义的检察一体化是指：对外检察机关依法独立行使检察权，不受法定机关、事项及程序以外的干涉；对内是指业务一体化，即检察机关上命下从的关系。狭义的检察一体化仅指检察业务一体化，主要包含三项内容：①上命下从的关系；②跨区域的检察活动；③职务继承与转移权[3] 有学者认为检察一体化是指检察权的行使保持整体统一，不受外来的势力，特别是来自现实政治力量的不当影响，进而实现维护公共秩序和尊重人权的国家目的[4] 还有学者在阐述日本检察官一体化原则时指出："除了上级对下级的指挥和监督权、事务调取权和转移权、代理权等权限外，检察官一体化原则还包括诉讼法上的效果，即出席法庭的检察官即使中途替换，也不影响诉讼法上的效果。"[5]

从以上这些有关"检察一体化"的定义中，我们不难得出这样的结论，即检察一体化主要包括三层含义：①检察机关是一个不可分割的整体，依法独立行使检察权；②强调检察机关上下级之间的关系以及同一检察院内部上下级检察官之间的关系；③同时检察一体化还表现在同一案件在诉讼过程中中途更换检察官并不违反法律。所以，我们认为完整意义上的检察一体化应该是指整个检察系统是一个完整而不可分割的有机整体，检察院作为一个主体独立行使检察权而不受任何其他机关或

〔1〕 张智辉："试论检察一体化的基本特征"，载《人民检察》2007年第8期。

〔2〕 张智辉、谢鹏程主编：《中国检察——现代执法理念与检察业务改革》（第5卷），中国检察出版社2004年版，第663页。

〔3〕 参见庄建南主编：《和谐社会语境下的中国检察制度》，中国检察出版社2007年版，第51~52页。

〔4〕 董潘舆：《日本司法制度》，中国检察出版社1992年版，第191页。

〔5〕 参见裘索：《日本国检察制度》，商务印书馆2003年版，第28~29页。

个人的干扰；上下级检察机关之间是一种上令下从的领导关系，各级检察机关在行使检察职权的过程中互相配合、协调一致，共同完成检察任务；在检察院内部，上下级检察官之间也遵循上令下从的领导关系，每个检察官的活动都是整个检察机关活动的有机组成部分。

（二）检察一体化与检察官独立的辩证关系

在论及检察一体化原则时，不得不提到的一个概念是"检察官独立"。所谓检察官独立，是指检察官是检察权行使的主体，在诉讼活动中具有相对独立性，在检察业务方面能依据事实和法律独立地进行判断并付诸实施。然而，我国宪法和相关法律并未明确规定检察官独立原则。在我国检察一体化的追求下，检察官履行职责是以检察机关的名义出现的，各检察官对案件作出的处理决定并非检察官个人意志的表露，而是整个检察机关意志的表露。

依据检察官独立原则，检察官在办理具体案件过程中完全基于自己对案情的判断独立地行使检察权，但是依据检察一体化原则，下属检察官必须服从上级检察首长的指挥、调度。表面上看，检察官独立与检察一体化之间似乎有不可调和的矛盾。其实不然，因为我国检察机关的检察权具有行政性和司法性的双重性质，检察权的行政属性决定了它必须在一定程度上体现"上令下从"的关系，司法属性也决定了它在某种程度上必须体现出司法的独立性，而检察官独立理应是检察权司法独立性的体现。从这个意义上说检察官独立与检察一体化并不矛盾，甚至可以说，要实现检察一体化，还必须以检察官独立为前提。上级检察首长虽然依据检察一体化原则对下级检察官具有指挥调度权，但是这种权力的行使必须以尊重下级检察官对法律的独立判断为前提。也就是说，检察官独立与检察一体化并非不能融合，而只是在检察一体化过程中不侵及检察官的独立性、正确处理两者之间的关系即可。正因为这样，有学者指出：没有检察官独立的检察一体制是一种纯粹的行政体制，没有检察一体的检察官独立是一种纯粹的司法体制，都不符合检察工作的特点和要求[1]。所以，我们所要建立的检察一体制并不是排斥或否定检察官独立的一体制，而是要寻求建立一种既有利于检察官独立行使检察权，又有利于检察职能充分有效发挥的检察一体制。因此，在我国当前的检察体制改革过程中务必要处理好检察官独立与检察一体化的关系。

（三）我国检察一体化的现状

1. 我国检察一体化的立法现状。"检察一体化"这一法律术语并未明确规定在我国的相关法律中，但相关法律中有关检察机关领导体制的规定与检察一体化原则是相符合的。我国《宪法》第131条规定："人民检察院依照法律规定独立行使检察

---

〔1〕　孙谦：《中国检察制度论纲》，人民出版社2004年版，第224页。

权，不受行政机关、社会团体和个人的干涉。"《人民检察院组织法》第 9 条也作了同样的规定，这就为检察机关依法独立行使检察权提供了法律依据。另外，《宪法》第 132 条规定了上下级检察院之间的关系，即："最高人民检察院是最高检察机关。最高人民检察院领导地方各级人民检察院和专门人民检察院的工作，上级人民检察院领导下级人民检察院的工作"。《人民检察院组织法》第 10 条第 2 款也作了同样的规定。虽然检察一体化在我国相关立法中没有明确的表述，但《宪法》和《人民检察院组织法》的这些规定足以说明我国检察机关的组织原则体现了一体化的特征。

2. 检察一体化在司法实践中的体现。我国《宪法》和《人民检察院组织法》虽然没有明确规定检察一体化原则，但检察职权在司法实践中的运行机制已经明显地呈现出了一体化的特征。根据《宪法》和《人民检察院组织法》的规定，上下级检察院之间是领导与被领导的关系。也正是这种领导与被领导的关系，使得检察机关依这一领导体制确立了一系列体现检察一体化原则的制度，如请示报告制度、指令纠正制度、案件调取制度、案件交办制度、备案制度以及报批制度等等，这一系列体现检察一体化的制度，不仅有利于整合检察机关内部力量，发挥其整体优势，而且对于保证检察机关的办案质量、提高办案效率，促使其更好地履行法律监督职能也具有重要作用。

3. 我国检察一体化在运行过程中存在的问题。虽然我国法律并未明确规定检察一体化这一原则，但检察机关内部这种"上令下从"的关系已经明显呈现了检察一体化的特征。这一原则在保证检察机关整体性、独立性以及检察活动的有效性和检察人员的可替代性上确实有不可估量的作用，但这一原则或者这一体制安排并非没有任何瑕疵，尤其是在有关这一原则的某些核心内容规定缺位的情况下，其存在的问题会更加突显出来。

第一，我国《宪法》和《人民检察院组织法》所规定的仅是检察院在行使职权时的整体独立，强调的是检察院的整体协调性，而对检察官的独立未作规定。这就使得我国的检察一体化在追求组织的统一和协调时，使检察官个体丧失了责任感，制约了检察官个人的主观能动性和积极性，进而影响了整个检察机关整体效率的发挥。

第二，上级人民检察院拥有过多的权力，使下级检察机关的独立性难以充分发挥。现行《宪法》和《人民检察院组织法》仅规定了上下级检察机关之间的领导关系，并未对上级检察机关如何领导、在进行领导时拥有哪些权力进行明确的规定。实践中，上级检察机关有权向下级检察机关发布命令、指示，可以到下级检察机关检查工作，可以调取下级办理的案件，也可以向下级交办案件，有权纠正下级检察机关在行使职权不当或者处理案件不当时出现的错误等等。由于上级检察机关拥有过于宽泛的权力，并且又无相应的机制对其进行制约，这就使得司法实践中时常出现上级检察机关插手、干预下级检察机关独立行使职权的现象，严重影响和制约了下级检察机关检察职能和独立性的充分发挥。

第三，由于检察机关的人、财、物都受制于地方政府，使司法实践中检察机关难以真正保持外部独立。目前，全国各级检察机关的经费大部分都是由当地政府供给的，由于检察机关的经济命脉掌握在当地政府财政部门的手中，可想而知检察机关在办案的时候极易受到地方行政部门的干预，使得检察机关的外部独立缺乏必要的保障。这也在某种程度上制约了"检察一体化"原则的有效贯彻。

二、关于检察一体化的外国法考察

在国外，检察一体化是大多数国家检察权运作过程中所必须遵循的原则。尽管这些国家可能对检察一体化在法律规定上各不相同，但是各国有关这种机制的运行理念应该是一致的。因此，我们希望通过对域外检察一体化原则的考察，认识检察一体化运行的基本规律，进而为完善我国的检察一体化机制提供借鉴与参考。

（一）法国的检察一体化原则

在法国，检察机关是行政权力机关的代表，因此检察机关在级别上有严格的上下级隶属关系，并且法国的检察院具有完全独立的地位。检察院的司法官要接受并服从上级的命令，而且还必须受上级长官的领导与监督，并且统一受掌玺官（检察官级别的最高层）的权威领导。法国《刑事诉讼法典》第37条规定："检察长对上诉法院辖区内的检察院的所有官员拥有上司的权力。"该法典第44条规定："共和国检察官有权指挥驻在其管辖区内各违警法庭的检察院官员。他可以把告诉自己的违警罪通知各该检察院官员并命令他们起诉。"在每一级别，检察院的各成员都由其上级长官与检察长进行评价。正是这种上下级的隶属关系使检察官有义务服从上级，而且检察机关的司法官可以撤换或解除职务。除了检察官队伍具有"下级服从上级"的级别特点外，检察机关还有不可分割的性质。也就是说，在法国，属于同一检察院的司法官在法律上都被看作是组成同一个人，检察官采取行动、出面说话，并不是代表他本人，而是代表整个检察机关进行活动。所以，检察院的各成员始终可以相互替代履行职责，即使是在对某一案件进行审判的过程中，本检察院的各成员也可以相互替代。除了上述两个特征之外，法国检察一体化的第三个重要特征在于检察院具有独立的地位。在法国，检察院的独立地位是相对于受到损害的当事人来说的，当事人有权在刑事法院成为民事当事人并由此发动公诉，即使检察院并未采取行动，或者当事人提出与检察院相反的意见，民事当事人也有此权利。但是，受到损害的当事人采取何种态度，对检察机关并无任何约束力。此外，受到损害的当事人不采取行动丝毫不能禁止检察机关提起公诉。[1]

（二）日本的检察官一体化原则

日本奉行检察官一体化原则，也就是检察官行使检察权应保持整体的统一。其具体内容是：作为各自独立官厅的全国检察官，在检察系统内部遵循上命下从的关系，法务大臣位于这种命令的顶点，检事总长监督指挥所有检察厅的职员，高等检察厅的检事长和地方检察厅的检事指挥监督本厅及其管辖区域内下级检察厅的职员，上级检察官对下级检察官处理的事务具有调取权及转移权，并通过这种调取权和转移权，可以使作为独立官厅的一个检察官的事务，由其他官厅的检察官处理，而且不会影响其诉讼法上的效果。另外，日本的检察官一体化原则在诉讼法上也具有相同的意义，例如出席法庭的检察官即使中途替换，也不会产生诉讼法上的效果。检察官一体化原则还意味着检察官在检察事务中应有相互协调的精神。虽然日本检察官在行使检察权上被置于上级指挥、监督的地位，但这并不否定"每个检察官是行使检察权的意志决定机关"这一原则，即使处于上级的指挥和监督之下。但是行使检察权的权限仍由各检察官自己掌握。所以日本检察官一体化原则的实质，是既要保持检察官的独立性，又通过建立适当的监督体制兼顾检察工作的分工与合作，使检察权的行使做到全国一致。[2]

（三）美国的检察一体化

美国没有一个全国统一的、上下层次分明的检察系统，其检察体制具有"三级双轨、相互独立"的特点。所谓"三级"是指美国的检察机构建立在联邦、州和市镇这三个政府"级别"上。所谓"双轨"是指美国的检察职能分别由联邦检察系统和地方检察系统行使，这两个检察系统相互平行，互不干扰。而且，美国的检察机构无论"级别"高低和规模大小，都是相互独立的。也就是说，在联邦、州和市镇检察机构之间没有隶属关系，甚至也没有监督和指导关系。虽然美国检察系统的联邦部分内有一定程度的集中性，但是从总体上来说，美国检察一体化的程度是非常低的。[3]

美国联邦检察系统官员由司法部中具有检察职能的部门和联邦地区检察官办事处组成，联邦检察系统的首长是联邦总检察长，由司法部长兼任，联邦检察长和联邦检察官都由总统任命，参议院认可。由于美国绝大多数州的检察长由州议会选举产生，地区检察官也由本地区的选民选举产生，所以美国的检察官仅对选民负责，

---

〔1〕 参见［法］卡斯东·斯特法尼、乔治·勒瓦索、贝尔纳·布洛克：《法国刑事诉讼法精义》（上册），罗结珍译，中国政法大学出版社1998年版，第123～130页。

〔2〕 参见董璠舆：《日本司法制度》，中国检察出版社1992年版，第232～233页。

〔3〕 参见何家弘："论美国检察制度的特色"，载《外国法译评》1995年第4期。

而不对上级检察机关负责。此外，美国通过《政府道德法》（后改为《独立检察官法》）确立了独立检察官这一制度，独立检察官专门针对某一高级政府官员的贪污受贿或其他违法渎职行为进行调查和起诉，由司法部长根据国会两院的任命决定。[1]

（四）英国检察一体化

早期英国的检察制度很不完善，长期没有一个从中央到地方的完整的检察机关体系，具有分散性。20世纪80年代开始，英国效仿大陆法系国家建立了自成一体、完整独立的检察机构。在中央设置皇家检察院作为全国的最高检察机关，领导全国检察机关，全国被分成若干个检察区域，每个区域设立检察署，由一名检察长和若干名检察官，以及少量助理检察官组成，每个检察署设若干检务区。在每个区内又设置若干检察分院，作为检察机关的最基层机构。英国检察系统是分级设置，上下统一的。它分别由检察总长、检察长、首席检察官、分部检察官、助理分部检察官以及高级检察官和检察官组成。检察总长是政府大臣，同时也是皇家检察院的部级首长，主要职能是监督检察长的工作，而检察长则作为皇家检察院的首脑指挥检察官的工作。英国在每一个皇家检察院的检务区，设首席检察官，负责本检务区的检察工作。这种分级设置、垂直管理的检察机构，对地方当局保持了较大的独立性。[2]

从以上各个国家有关检察一体化的法律规定表明，由于历史文化等方面的原因，各国检察一体化原则的内容和制度安排都各有特色，有的检察一体化程度比较高，有的一体化程度比较低。归纳而言，大陆法系国家的检察一体化程度一般要比英美法系国家的检察一体化程度高。而且，法国和日本的检察机关奉行的是比较严格的一体化，在这两个国家，检察院上下级之间有明确的行政隶属关系，检察院的司法官不仅要接受和服从上级检察机关的命令，接受其领导和监督，而且即使在同一检察院内部，这种"上令下从"的关系也必须严格遵守。另外，同一检察院的检察官们在法律上被视为同一个人，检察职责吸收了他们的个人身份，同一检察机关的所有官员都被看作是一个整体，检察官所采取的行动、所表露的意思都是代表整个检察院，都是以整个检察院的名义进行活动，因此，即使在审判过程中，中途更换出庭的检察人员，也不会影响公诉的效果。相比之下，英国和美国的检察一体化程度就显得弱一些，特别是美国，甚至可以说检察一体化原则在美国检察系统内体现得非常不明显。美国"三级双轨，相互独立"的检察体制使美国的检察系统极具分散性，这种分散性的检察体制使不同的检察机关之间难以在执法和打击犯罪等工作中形成有效合作。然而英国却在20世纪80年代效仿大陆法系建立了全国统一的检察机构，并形成了以"财政独立"为主要特色的检察一体化制度。英国的这种检察一体

---

[1]　参见张福森：《各国司法体制简介》，法律出版社2003年版，第7页。

[2]　参见张福森：《各国司法体制简介》，法律出版社2003年版，第52～53页。

化制度从根本上摆脱了地方行政势力的控制和影响，为检察权的独立行使提供了强有力的保证。

三、完善我国的检察一体化

从世界范围看，大多数国家特别是大陆法系国家，将"检察一体化"作为维护检察权的权威性、统一性的制度安排和基本活动原则。检察一体化在国外是检察权完全独立于立法权、行政权的必然结果，尽管各国在检察一体化的表述上存在众多差异，但其基本运行理念是一致的。通过分析我国检察一体化以及考察了域外相关国家有关检察一体化的法律规定，我们认为，要完善我国的检察一体化必须从以下几个方面入手：

第一，在检察一体化运行过程中，我们不得不处理好其与检察官独立之间的相互关系。因为检察独立并不仅仅体现在检察机关的组织独立上，还应体现在检察官的独立性上。检察机关的检察一体化并不是绝对的，而是与检察官独立相结合的检察一体化。但是，我国法律并未规定检察官在行使职权的过程中具有独立的地位，而仅规定了检察机关的整体独立。我们认为，要完善检察一体化，必须明确检察官的独立地位，以充分发挥检察官的主观能动性。我们看到国外相关立法在述及检察一体化时，都十分强调检察官的独立性，特别是在日本。目前，我国很多地方试点的主诉检察官制度在强调检察官独立性方面取得了明显的效果。主诉检察官不是一种职称、职务，而是指能对案件的审查起诉、出庭公诉负有主要责任，独立承担指控任务、享有处理案件特殊权力，并承担主要义务的一种检察职权。主诉检察官履行职责的最终目的是能够成功的在法庭上完成检察机关的指控职责，独立完成审查起诉、出庭支持公诉等工作，并对此负有主要责任。这种主诉检察官制度，无疑是在不改变一体化的大背景下，对检察官个体责任缺失寻求补偿的一种机制，这种制度在某种程度上弥补了现行法对检察官个体意志的忽视，但是在协调检察一体化与检察官独立之间的关系时，一个不容忽视的问题是要如何将检察官的个人负责制与有效监督结合起来，以防止权力的滥用。我们认为，对主诉检察官的监督除了高检院规定由检察长监督、检委会监督、部门负责人监督检查等措施之外，还应建立对检察官的纪律处分机制，来实现对主诉检察官的监督管理。检察长、上级检察官、同级检察官以及任何公民、机关和社会团体均有权提起针对具体案件或检察官的纪律处分程序，还可以考虑专业机构通过定期审查、抽查等方式发现检察官的违纪行为，提起违纪处分程序，[1] 对特别严重的违纪行为，构成犯罪需要追究其刑事责任的，交由司法机关处理。

第二，要细化、完善检察机关上下级领导关系的法律依据。目前涉及检察机关

---

〔1〕 谢鹏程："论检察官独立与检察一体"，载《法学杂志》2003 年第 3 期。

领导体制的法律主要是《宪法》和《人民检察院组织法》，虽然这两部法律都对检察机关上下级领导关系进行了规定，但都过于原则，根本就没有对上级检察机关的领导范围、权限、程序及后果等进行规定，严重影响了下级检察机关的独立性。我们认为，应当修订和完善《人民检察院组织法》，按照《宪法》的原则和精神，明确规定上级检察机关对下级检察机关进行领导的范围、权限、程序以及后果等，以保证检察权的独立、统一、正确行使。

第三，赋予下级检察机关一定条件下的拒绝执行权。根据检察制度的特点，上级检察机关对下级检察机关有领导监督权，但是这种领导监督权并非没有任何限制。上级检察机关有权依法向下级检察机关发布指示、命令，下级检察机关应该遵照执行，以维护检察一体化制度，但我们认为上级检察机关不应当就具体案件发布指示、命令。下级检察机关在自己的职权范围内完全独立地行使职权，在处理案件时不受上级检察机关的支配，对于上级的指令与自己的意见不一致时，检察官有权向上级提出异议；对于上级检察机关或检察官明显违背法律的指令，检察官有权拒绝执行。

第四，确保检察机关财政独立。检察机关要想完全摆脱地方政府的控制和影响，就必须建立独立的财政制度，从经济上独立于地方政府。只有这样才能保证检察权不受行政权的干预，才能使检察权真正独立于行政权，才能使检察机关不受制于地方政府。在这方面，可以借鉴英国检察系统的财政制度，保证检察机关经费独立预算。可以规定每年由最高人民检察院根据全国各级检察机关的实际需要拟定财政预算，提交全国人大审议通过。经审议通过的财政预算，由中央财政全额划拨，再逐级下拨到各级人民检察院，将检察经费彻底地从地方财政中分离出来，最大限度地保证检察权不受行政权的干预。只有在财政上不依赖于立法机关和行政机关，检察机关才能真正独立自主地行使职权，才能确保自身的存在和职责的履行。

总之，检察权的运行有其自身的规律，研读国外很多国家的检察制度，我们发现检察一体化是大多数国家检察机关权力运行的基本工作机制，它是检察机关正确行使检察权的重要保证。在我国现行检察制度中，要建立和完善完整意义上的检察一体化，必须既要遵循检察权运行的基本规律，又要在符合国情的基础上充分借鉴国外有关检察一体化运行机制的成功经验，才能最大限度地发挥检察机关的职能。

第四题　刑事立案监督的立法完善

人民检察院是我国的国家法律监督机关，依法对刑事诉讼实行法律监督。这是宪法赋予人民检察院的法律监督权。刑事立案监督是人民检察院法律监督的一个必不可少的组成部分，对保证刑事诉讼程序的公正进行、维护当事人的合法权益、保障人权具有重要意义。《刑事诉讼法》及相关司法解释虽然明确赋予了检察机关对公安机关的刑事立案监督权，但由于相关法律对立案监督的规定比较粗疏简略，加之司法实践中人们对法律条文的理解不一，使检察机关的立案监督权在运行中遇到了不少障碍。因此，完善我国的刑事立案监督权于立法、于司法实践都具有重要意义。本文拟对刑事诉讼中立案监督立法的完善问题进行分析和探讨。

一、我国刑事立案监督的立法现状及问题

（一）我国刑事立案监督的立法现状

《刑事诉讼法》第87条规定："人民检察院认为公安机关对应当立案侦查的案件而不立案侦查的，或者被害人认为公安机关对应当立案侦查的案件而不立案侦查，向人民检察院提出的，人民检察院应当要求公安机关说明不立案的理由。人民检察院认为公安机关不立案理由不能成立的，应当通知公安机关立案，公安机关接到通知后应当立案。"该条有关立案监督的规定是目前检察机关行使立案监督权最直接的法律依据。此外，《人民检察院刑事诉讼规则》第371~379条就检察机关对公安机关及其自侦部门的立案活动进行监督的操作规则作了具体的规定，主要是对《刑事诉讼法》第87条的细化。以上这些规定都是有关人民检察院立案监督权的主要法律依据。

通过对《刑事诉讼法》第87条这一最直接的关于立案监督的法律依据进行分析，我们不难看出：①该条规定了立案监督的对象和范围，即公安机关应当立案而不立案的案件；②明确了案件线索的来源，即检察机关发现或者被害人向人民检察院提出；③规定了立案监督的程序，即先由人民检察院要求公安机关说明不立案的理由，人民检察院认为公安机关说明的不立案理由经审查不能成立的，通知公安机关立案；④规定了监督的方式，即由人民检察院向公安机关发立案通知书；⑤规定了立案监督的法律效力，即公安机关接到人民检察院的立案通知书后应当立案。

刑事立案监督权是1996年《刑事诉讼法》赋予检察机关的一项新的监督权力，它与刑事侦查监督、审判监督以及执行监督一起构成了检察机关对整个刑事诉讼程序的监督。除了《宪法》第129条和《刑事诉讼法》第8条、第87条有关检察机关法律监督权的规定外，《宪法》第135条和《刑事诉讼法》第7条都明确规定公、检、法三机关在办理刑事案件的过程中，应当分工负责、互相配合、互相制约，以保证准确有效地执行法律。其中"互相制约"就含有"监督"之意。所有这些规定都表明人民检察院有权对刑事立案进行监督。由此可见，人民检察院对刑事立案进行监督有充分的法律依据。

"要防止权力的滥用，就必须以权力制约权力"[1]。司法实践中，还存在着立案

---

[1] ［法］孟德斯鸠：《论法的精神》，张雁深译，商务印书馆1961年版，第154页。

主体违法立案、随意侵犯公民合法权益的现象，以及有案不立、有罪不究、以罚代刑案件背后的贪赃枉法、徇私舞弊等不法行为。要遏制司法实践中出现的这些现象，检察机关及时有力的监督是必不可少的。法律之所以设立立案监督制度，其目的也就在于防止司法实践中立案权的滥用，减少国家权力行使的随意性，同时也及时制止立案主体的违法行为，保障司法程序公正、顺利地进行。

（二）我国刑事立案监督立法存在的主要问题

通过以上对我国刑事立案监督立法现状的分析，我们可以发现其所存在的主要问题：

1. 刑事立案监督的对象不全。刑事立案监督是人民检察院对刑事立案主体的立案活动是否合法所进行的监督。然而，我国刑事诉讼中有权立案的主体不仅包括公安机关，还有检察机关和人民法院，此外，国家安全机关、军队保卫部门、监狱以及海关走私犯罪侦察局对特定案件也享有立案侦查权。但是《刑事诉讼法》仅规定了人民检察院对公安机关的立案活动享有监督权，对人民检察院自己的立案行为以及人民法院、国家安全机关等其他刑事立案主体的立案行为能否进行监督均未作明确规定，这就使得这些立案主体的立案行为游离于检察机关的监督之外。由于检察机关对这些部门的监督于法无据，导致对其立案监督处于空白状态，司法实践中极易造成立案权的滥用，从而不利于加强对公民合法权益的保障。而且，将刑事立案监督的对象仅限于对公安机关立案活动的监督，这样的规定也大大局限了检察机关立案监督的对象。

2. 刑事立案监督的范围狭窄。依《刑事诉讼法》的规定，检察机关对公安机关立案活动进行监督的范围主要限于"人民检察院认为应当立案侦查而公安机关不立案侦查"这种"应立而不立"的消极立案行为，而对"公安机关不应当立案而立案"即"不应立而立"的积极立案行为能否进行监督却丝毫没有提及。从理论上讲，法律这样规定立案监督权是不全面的。我们知道，检察机关的刑事立案监督应当是对刑事立案主体的立案行为进行的全面监督，应该既包括对消极立案行为的监督，也包括对积极立案行为的监督。如果检察机关只监督消极立案行为，而不对积极立案行为进行监督，那么违法立案的行为就得不到及时地纠正，立案的合法性也就失去了保障，这样的立案监督制度本身就是片面的、不科学的。更为重要的是，公安机关"不应立案而立案"的积极立案行为比"应立案而不立案"的消极立案行为更具有社会危害性。因为"应立而不立"是在放纵犯罪分子，而"不应立而立"则是在侵犯人权[1]。所以，对公安机关"不应立案而立案"的行为更需要监督。而《刑事诉讼法》对这种积极立案行为的监督根本就没有规定。

---

[1] 周洪波、单民："关于刑事立案监督的几个问题"，载《人民检察》2004 年第 4 期。

3. 刑事立案监督的手段乏力。虽然《刑事诉讼法》第87条规定人民检察院立案监督的手段有"要求公安机关说明不立案的理由"和"通知公安机关立案"两种,即赋予了检察机关有询问不立案理由和通知公安机关立案的权力,但是法律对公安机关接到立案通知后仍不立案,以及公安机关在说明理由或接到通知后虽然立了案,但立而不侦、侦而不结、消极应付的行为能否进行监督、如何进行监督,法律未作明确规定,使公安机关的这些行为成为检察机关立案监督的盲区。加上法律对公安机关的这些行为未规定任何程序性的法律后果,这就使得司法实践中检察机关对公安机关在接到检察院立案通知后拒不立案和拒不说明不立案的理由的行为如何处理束手无策。因为法律未规定任何强制手段和处罚措施来保证公安机关接受监督,所以实践中经常出现侦查机关规避、抵制监督的现象。由于法律在以上问题上规定的缺位,使得立案监督缺乏足够的权威性和独立性,缺乏科学的运行机制和强制性手段,影响了立案监督的效力[1]。

4. 刑事立案监督的具体监督部门不明。《刑事诉讼法》仅对立案监督的主体作了比较笼统的规定,将其规定为人民检察院。好在《人民检察院刑事诉讼规则》第372、373条将刑事立案监督的主体具体化为人民检察院审查逮捕部门和控告申诉部门。审查逮捕部门主要负责监督在审查批捕工作中发现的刑事立案活动中的违法行为,控告申诉部门主要受理当事人在刑事立案活动中发现的违法行为的申诉。诚然,将立案监督权赋予这两个部门确实能发挥这两个业务部门熟悉侦查情况,同公安部门紧密联系的优势,又能使控告申诉部门广泛联系群众,掌握较多的案件线索。但是,刑事立案监督是独立于刑事侦查监督、刑事控申监督的一种法律监督形式,其性质、对象、监督措施等与其他形式的法律监督有本质的区别,法律将本应由一个专门部门独立行使的职权人为地分割开来,将其依附于侦查权的行使部门,不仅混淆了刑事立案监督与刑事侦查监督的界限,抹煞了立案监督的独立性,弱化了立案监督的效果,使检察机关无法充分履行好立案监督的职能[2],而且也分散了审查逮捕部门和控告申诉部门的力量。

二、刑事立案监督的价值

整个刑事诉讼程序包括立案、侦查、起诉、审判和执行,而立案是刑事诉讼的开始阶段、必经程序。刑事案件只有立了案,才能进行接下来的诉讼程序,因此,立案对刑事诉讼程序的推进具有重要作用。对立案进行监督是宪法和法律赋予检察机关的权力,是检察机关法律监督职能的重要组成部分,是防止和纠正公安机关有案不立、有罪不究、以罚代刑等违法行为,保护公民的合法权益,维护司法公正的

---

〔1〕 陶建旺、元明:"完善刑事立案监督的立法构想",载《人民检察》2008年第3期。
〔2〕 参见张智辉、杨诚主编:《检察官作用与准则比较研究》,中国检察出版社2002年版,第108页。

重要保证。为了保证进入刑事诉讼程序的案件的质量，顺利完成刑事诉讼追诉犯罪、保障人权的目标，法律赋予检察机关立案监督权是十分必要的。刑事立案监督自身所具有的价值体现在以下四个方面。

（一）刑事立案监督具有强化检察机关法律监督职能的价值

我国《宪法》第 129 条明确规定："中华人民共和国人民检察院是国家的法律监督机关。"《刑事诉讼法》第 8 条也明确规定："人民检察院依法对刑事诉讼实行法律监督。"刑事诉讼监督贯穿于刑事诉讼的始终，它包括立案监督、侦查监督、审判监督以及执行监督，其中立案监督是最初的监督，是人民检察院法律监督职能的重要内容，是纠正司法实践中有案不立、有罪不究等违法问题的有力措施。人民检察院的法律监督应该是全方位的监督，应该是对整个刑事诉讼程序的监督。立案是刑事诉讼的开始程序，理应受到人民检察院的监督。忽视立案监督的重要性从某种意义上讲削弱了人民检察院的法律监督权，是一种残缺的、不完整的监督。

（二）刑事立案监督具有保障程序公正实现的价值

立案是刑事诉讼的开端，对立案进行监督是整个刑事诉讼程序公正、顺利进行的第一道保障程序。通过立案监督，检察机关可以及时发现立案主体的违法行为并及时提出纠正意见，使实践中有案不立、不应立案而立案等情况得到有效的制止，确保公安司法机关从立案开始就严格、正确地适用法律，保障刑事诉讼程序从一开始就朝着公正、合法、有序的道路进行。因此，健全和完善刑事立案监督机制，有利于整合法律监督资源，优化立案监督制度，使刑事诉讼程序朝着公正、合法的方向前行。

（三）刑事立案监督具有加强人权保障的价值

刑事案件立案与否，直接关系着实施犯罪行为的人是否会成为刑事追诉的对象，是否会被采取严厉的刑事强制措施，甚至关系到他们是否会失去人身自由或是生命。可见，只有把好立案这一关，刑事诉讼才能从一开始就能保障公民的合法权益不受公安司法机关的非法侵害。正因为如此，法律赋予了检察机关监督立案的权力。在立案阶段，检察机关可以通过监督来纠正刑事立案主体在立案活动中的违法行为，使没有实施犯罪行为的人不受刑事追究，也使实施犯罪行为受到刑事追究的人的合法权益受到保护，防止立案主体借以国家的名义来侵犯公民的合法权益，这也充分体现了我国社会主义法制尊重人权的原则。

（四）对立案进行监督具有避免权力滥用的价值

胡锦涛同志在纪念全国人大成立 50 周年的大会上指出："权力不受制约和监督，必然导致滥用和腐败"。法律之所以赋予检察机关立案监督权，是因为立案权本身在不受限制的时候容易出现偏差和违法，从而导致立案权的滥用。特别是在《刑事诉讼法》赋予检察机关立案监督措施极为软弱的情况下，立案权就越容易被滥用。所以，刑事立案权的行使需要其他权力机关的监督，包括国家权力机关、检察机关的监督，实现以权力制约权力，从而避免刑事立案权的滥用。

三、完善刑事立案监督立法的措施

刑事立案监督是刑事诉讼监督的开端，是刑事诉讼中加强和完善法律监督的第一个环节，是整个刑事诉讼程序公正、顺利进行的第一道保障。立案监督在刑事诉讼中具有不可替代的作用，但我国《刑事诉讼法》和相关司法解释对有关这一制度的规定存在众多缺陷。为了使检察机关在刑事立案活动中能更好地发挥监督职能，首先必须从立法上完善有关立案监督的相关规定。

（一）扩大刑事立案监督的对象

现行《刑事诉讼法》仅把公安机关作为检察院立案监督的对象，法律的这种规定使得其他刑事立案主体的立案活动在检察院监督的范围之外，我们认为这样的规定是不全面的。既然法律赋予了检察机关立案监督权，那么所有立案主体的立案活动理应在检察机关监督的范围之内。所以，我们认为，应当在《刑事诉讼法》第8条关于检察监督的原则性规定的基础之上，将检察院对自侦案件的立案活动、人民法院对自诉案件的立案活动以及国家安全机关、监狱、军队保卫部门和海关走私犯罪侦察局的立案活动都纳入到立案监督的体系中来。

（二）拓宽刑事立案监督的内容

目前，对"不应立案而立案"的行为进行监督尚没有明确的法律依据，仅《人民检察院刑事诉讼规则》第378条作了这样的规定："对于公安机关不应当立案而立案侦查的，人民检察院应当向公安机关提出纠正违法意见"，另外，2000年最高人民检察院《人民检察院立案监督工作问题解答》第19条规定："人民检察院发现公安机关不应当立案而立案侦查的，应当认真慎重地审查，公安机关确属不应当立案而立案的，根据《人民检察院刑事诉讼规则》第378条的规定，对公安机关没有提请批准逮捕的，可以向公安机关提出纠正违法意见。在办理此类案件时，要从严掌握。"除此之外，《刑事诉讼法》及相关司法解释未对这类行为的监督作任何规定。虽然《人民检察院刑事诉讼规则》和《人民检察院立案监督工作问题解答》对立案监督的范围作了适当扩大，但其仅为司法解释，缺乏基本法的普适性，难以对公安机关产生制约作用。因此，从立法完善的角度来看，我们认为应在《刑事诉讼法》中明确规定检察机关立案监督的范围还应包括公安机关不应立案而立案的行为，规定对其监督的措施与现行立案监督的措施相对应，具体表述为："人民检察院认为公安机关对不应当立案侦查的案件而立案侦查的，或者被立案侦查的犯罪嫌疑人或其近亲属认为公安机关不应当立案侦查而向人民检察院提出的，人民检察院应当要求公安机关说明立案的理由。人民检察院认为公安机关立案的理由不能成立的，应当通知公安机关撤销案件，公安机关接到通知后应当撤销案件。"

（三）强化刑事立案监督的措施

从法律层面上理解，权力、义务和责任这三者应是相辅相成的，没有相应责任作后盾，权力就不可能真正发挥作用，没有责任制约的义务就不会得到认真履行[1]。由于现行法对检察机关在立案监督过程中所采取的监督措施仅为"要求公安机关说明不立案的理由"和"通知公安机关立案"两种，对实践中出现的公安机关"立而不侦"、"先立后撤"、"以罚代刑"以及"通知立案后仍不立案"等违法行为未规定任何处罚措施，这在某种程度上使检察机关的立案监督权失去了保障，所以，强化检察机关立案监督的措施就显得尤为必要了。我们认为，应当赋予检察机关一定的人事处分建议权。对于侦查人员在接到检察机关立案通知后仍不立案以及立而不侦、先立后撤等情况，检察机关立案监督部门有权依监督处罚程序就刑事立案过程中滥用立案权以及接到立案通知后仍不立案等拒不接受监督的人员，向该人员所属机构或上级机关的人事部门提出处罚意见，该侦查机关应该予以配合，严厉查处，并将处罚结果通报给人民检察院。对于构成犯罪的，检察机关应移送给有关部门追究其刑事责任。另外，作为程序性制裁后果：检察机关在立案监督过程中对其发现的侦查人员的违法行为而提出意见，但侦查人员拒不接受的，《刑事诉讼法》必须明确规定在该种情况下所进行的诉讼程序无效，所取得的证据必须予以排除。

此外，依《人民检察院刑事诉讼规则》第377条的规定："对于公安机关管辖的国家机关工作人员利用职权实施的重大犯罪案件，人民检察院通知公安机关立案，公安机关不予立案的，经省级以上人民检察院决定，人民检察院可以直接立案侦查。"有学者认为法律应赋予检察机关一定的机动侦查权，即对于非国家机关工作人员又非利用职权实施犯罪的案件，如果检察院通知公安机关立案，公安机关不予立案的，检察院可以直接立案侦查[2]。我们认为，建议法律作这样的规定有一定的道理：首先，如果对于这种案件的监督法律不作规定，必然导致对这种案件监督的空白；其次，立法赋予检察机关在公安机关严重不作为情况下享有一定的立案侦查权，将有利于国家追诉权的有效行使，同时也使检察机关的立案侦查职能与法律监督职能有机结合，有利于检察机关更好地进行立案监督。但是法律必须对检察机关的这一权力从程序上作严格的限制，如法律明确规定检察机关只有在公安机关拒绝接受监督而不立案的情况下才能自行立案侦查，以及自行立案侦查必须经省级检察院批准或决定等，以防止权力的滥用[3]。

[1] 张建良："我国刑事立案监督立法的完善"，载《中国人民公安大学学报》2005年第3期。
[2] 参见苏晓宏主编：《检察职能的现代化转型》，同济大学出版社2002年版，第361页。
[3] 参见雷建昌、薛培："立案监督：现实困境与法律完善"，载《中国刑事法杂志》2009年第7期。

（四）组建专门的刑事立案监督部门

目前，《人民检察院刑事诉讼规则》将立案监督的主体具体规定为人民检察院的审查逮捕部门和控告申诉部门，尚未规定专门的立案监督部门。我们知道，科学、合理、高效的机构是刑事立案监督的组织保障。我们认为，应该在检察机关设立专门的刑事立案监督部门，打破现行法将立案监督职能依附于侦查监督和控申监督的局面。也只有建立专门的立案监督部门，检察机关才能将更多的精力集中到立案监督工作上来，才能充分履行好立案监督的职能，更好地对立案主体的立案活动进行监督。

综上所言，刑事立案监督权是检察机关对刑事诉讼实行法律监督的一个不可或缺的组成部分，在整个检察监督体系中占据重要地位。通过实施立案监督，能够确保立案行为正确合法，使犯罪的人及时受到刑事追究、无罪的人不受追究，确保国家法律统一正确地实施。但是立案监督作为一项刑事诉讼法律制度，不论是在理论上还是在司法实践中都存在很多缺陷需要改进和完善。而改进和完善立案监督制度是一项长期的、复杂的"系统工程"，任重道远，我们不能一蹴而就，必须在司法实践中不断摸索，不断总结经验，才能建立起符合我国司法现状的一套完整的立案监督制度。

第五题 论刑事公诉的属性

在繁荣和推进具有中国特色的检察制度理论研究的过程中，关于刑事公诉的属性，是一个不容回避的问题。在今年刚刚结束的全国检察机关第四次公诉工作会议上，高检院又明确提出"公诉是我国检察机关核心的标志性的职能。"会后就有专家发文称："这一重要论述对公诉职能的定位更加准确、科学，既反映世界各国检察制度的普遍规律，又具有鲜明的中国特色，充分地体现出实事求是、与时俱进的思想特征。"[1] 与此同时，也有学者和实务工作者提出，如果公诉是"核心"，是"标志"，那么"法律监督"是什么？法律监督职能与公诉职能的关系是什么？如此等等的新问题、老问题又一齐涌潮而来。解决这些问题，涉及到一个检察制度的基础理论问题，就是公诉之属性，只有对公诉的属性有一个正确的理解，才能对公诉职能有一个科学的定位，进而理清公诉与法律监督之间的辩证关系。

关于公诉的属性，法学界一直有不同的认识。第一种观点认为，我国检察机关

---

[1] 贺恒扬："为什么说'公诉是我国检察机关核心的标志性的职能'"，载《检察日报》2010 年 7 月 16 日，第 3 版。

作为法律监督机关，其行使的多项职权都是法律监督职能的体现，如侦查权、公诉权等无一例外均属于法律监督性质的职权。例如《检察权研究》一书，在论述公诉权的法律监督属性时称"公诉权，从其功能作用上看，它的显著特征就在于其具有法律监督性质"[1] 再如，《检察学》一书称"公诉权……它具有法律监督性质。"该书还反复地宣称："公诉权具有毋庸置疑的法律监督性质。""公诉与法律监督二者是一体的，具有共生关系，公诉权只是法律监督的一种实现形式。"[2] 第二种观点认为，我国检察机关的性质、地位决定了检察机关总体上行使法律监督职能，具体职权的基本方向属于法律监督，但有的职权，如公诉权，并不一定属于法律监督范围。例如，郝银钟教授所著《刑事公诉权原理》关于刑事公诉权的本质属性的论述称："程序性是刑事公诉权的本质属性之一，"或者说，刑事诉讼中的刑事公诉权只能是一种程序性诉讼权力。"[3] 第三种观点认为，公诉权是司法权。例如，陈光中教授指出，根据我国宪法框架和实际情况，我国检察机关应当定位为司法机关，我国检察权的司法性表现在：根据法律，检察机关依法独立行使检察权，而且检察机关在国家体制上是独立的，其独立地位与法院相等；其公诉活动以正确适用法律为目的，其监督职能和监督活动更具有明显的"法制守护"性质，因此我国检察活动至少在法律形式上具有突出的"法律性"；检察机关的公诉权是具有司法性质的权力。尤其是不起诉决定，与法院的免刑和无罪判决具有相似性的效力，是具有裁断性、终局性、法律运用性等司法特征的司法行为（适用法律进行裁决）。[4]

龙宗智教授认为，"检察官具有司法与行政双重属性，而建立公诉检察官办案责任制，最重要的理由，就是这种办案制度符合检察官活动的双重属性，检察官的公诉活动正集中反映了检察官的司法属性。其一，这种活动是为了适用法律维护法制，即具有法律适用为目的这一特征。其二，公诉活动以其直接性和亲历性为基础，即要求公诉官员亲身经历程序，直接审查事实，从而建立内心确信，这一活动必然是个体化的，这种个体操作特征突出体现于法庭诉讼活动中。公诉检察官在法庭上的举证、质证和辩论，包括在庭上采取公诉权范围内的各种诉讼行为，都只能是一种个性体操作，其他人想帮忙也帮不上。其三，由于直接性、亲历性以及个体操作特征，公诉检察官行使其职权应当相对独立，有权抵制不法干涉。"[5]

中国社会科学院徐益初研究员则从分析司法权的含义入手，认为公诉权（检察

---

[1] 张智辉：《检察权研究》，中国检察出版社 2007 年版，第 45 页。

[2] 朱孝清、张智辉主编：《检察学》，中国检察出版社 2010 年版，第 377 页。

[3] 郝银钟：《刑事公诉权原理》，人民法院出版社 2004 年版，第 73 页。

[4] 刘立宪、张智辉：《司法改革热点问题》，中国人民公安大学出版社 2000 年版，第 78 页。

[5] 龙宗智："为什么实行主诉检察官办案责任制"，载《人民检察》2000 年第 1 期。

权）应属司法权。他指出："从司法权的含义来看，司法是司法机关依司法程序就具体事实适用法律的活动，检察机关参加司法活动，在办理有关案件中采取措施，作出决定，是对个案具体事实适用法律的活动，符合司法权的特征。"另外，"从诉讼程序看，诉讼是行使司法权的基本方式，检察机关是诉讼活动的主要参加者，检察权较多地采用诉讼的形式进行"。"检察权和审判权的权限不同，但都是在共同的诉讼活动中，为同一个案件事实进行适用法律的活动，不能以权力行使方式上某些不同的特征为由，改变其基本性质，如把检察权的主动性（积极追诉犯罪）与司法（审判）权的被动性（不告不理）相对立，以此作为否定检察权司法性质的根据。"[1]

中国检察理论研究所谢鹏程博士也有类似的观点，他说："公诉权是具有司法性质的权力，公诉权是检察机关审查证据材料，决定是否起诉并在法庭上支持公诉的权力。其中，审查证据材料和决定是否起诉的行为，尤其是不起诉的决定，同法官的裁判行为极为近似，都是适用法律的行为，都以维护法律和公共利益为目标。"[2]

第四种观点认为，公诉权是行政权。一些学者针对我国新刑事诉讼法引进了对抗制的部分合理因素，增强了庭审对抗、法官居中裁判色彩的实际，对检察机关在诉讼活动中既履行公诉职能又履行法律监督职能提出强烈质疑，主张剥离刑事审判监督权，认为公诉权应定位为行政权，让公诉人成为与被告方平等对抗的一方当事人，使法官能够摆脱被监督地位居中裁判，实现刑事诉讼的科学化、民主化。

如北京大学陈瑞华教授认为："英美与大陆法系国家在检察机构的设置以及权力配置上尽管有一定的区别，但它们所行使的权力都属于刑事追诉权，都对惩治犯罪、维护社会治安负有重大的责任，其权力的行政权属性的确是存在的。至于德国、法国检察机构所具有的准司法机构的性质，这两个国家的检察官所具有的准司法官地位，充其量不过说明检察机构履行刑事追诉职能的同时，要注意尊重事实真相和维护法律尊严，而不应像民事诉讼中的原告那样，为达到胜诉和击败被告人的目的而不择手段或不惜一切代价。这一点，构成了对检察机关刑事公诉权的外在限制，但并没有否定这种刑事追诉权的行政权性质。"他还对我国检察机关履行刑事追诉权的同时履行法律监督职能提出了质疑，认为公诉权是行政权，他说，"检察机关同时将法律监督与刑事追诉这两种相互对立的权力集于一身无法保持公正的法律监督所必需的中立性和超然性。法律监督者的角色要求检察机关尽可能保持中立、超然和公正；而刑事侦控者的诉讼角色，却要求检察机关尽可能地保持积极、主动和介入，尽量获得使被告人被判有罪的结果，从而实现惩罚犯罪、维护社会秩序等国家利益。

---

[1] 徐益初："析检察权性质及其运用"，载《人民检察》1999年第4期。
[2] 谢鹏程："论检察权的性质"，载《法学》2000年第2期。

显然，这两个诉讼角色是直接矛盾和对立的"，"检察权尽管在中国目前的宪政体制下被界定为司法权，但就其权力的性质面目，也应属于广义上的行政权。只不过，与警察机构相比，检察机构更强调公正地进行刑事追诉活动，甚至强调国家法律的实施。在这一意义上，检察机关确实带有一定的准司法机构的性质"。他指出改革的思路应该是："检察机关的司法机构色彩应逐渐弱化，法律监督应当逐渐淡化并在条件成熟时最终退出检察机关的职能范围。"[1]

另一位主张公诉权是行政权而且较有代表性的学者是中国人民大学的陈卫东教授，他认为："公诉的基本任务是代表国家追诉犯罪，将犯罪嫌疑人提交司法机关并举出证据证实犯罪。在公诉活动过程中，检察机关各项权能的运作不同于法院审判权的运作，公诉机关与被追诉方是对立冲突的，他要将双方的对立提交审判机关作出最终的裁判；对于各种涉嫌犯罪的行为，法律要求公诉机关必须代表国家而进行审查追究，而不是作为中立的第三方对冲突进行无偏倚的裁断；同时为了实现维护公共秩序，维护国家社会整体利益的目的，出于对追究犯罪的需要，公诉机关实行上下一体化的组织活动原则"，因此，"以公诉权为基本内容的检察权不可能具有我们所说的终局性、中立性、被动性、独立性的特点，检察机关的设置也不同于审判机关的组织体系，在这个意义上我们认为检察权在本质属性上，在终极意义上应该属于行政权"[2]。

第五种观点认为，公诉的基本属性是国家追诉权。例如，卞建林主编的《刑事诉讼法学》称："现代法治国家一般实行国家追诉原则，或者以国家追诉为主、私人追诉为辅的原则。国家追诉的方式就是公诉，即由特定机关或者人员代表国家对犯罪进行追诉，因而在实质意义上公诉权是一种国家权力，其基本属性是国家追诉权，以追究被告人刑事责任，恢复被破坏了的法律秩序为使命。"[3]

上述具有代表性的五种学术观点，为我们从不同的视角认识公诉权的属性提供了有益的借鉴，虽然都有一定的道理。但是，都存在有难以自圆其说的地方，都显得单薄而又偏颇。因为客观而又全面地判断一种权力的属性，仅仅从一个角度、一种视角，是很难说得清楚的。对公诉权属性的判断和认识，由于它是一种国家权力，我们必须坚持三项认识标准：

（1）要充分认识权力的强制性特征和属性。何谓权力呢？"权力是把一个人的意志强加在其他人的行为之上的能力。"[4] 这就是说要想将自己的意志强加给别人，

〔1〕陈瑞华："司法权的性质"，载《法学研究》2000年第5期。
〔2〕陈卫东："我国检察权的反思与重构——以公诉权为核心的分析"，载《法学研究》2002年第2期。
〔3〕卞建林：《刑事诉讼法学》，科学出版社2008年版，第656页。
〔4〕〔德〕马克思·韦伯：《经济与社会》（下），林荣远译，商务印书馆1997年版，第246页。

没有强制力是不可想象的。强制力是权力的本质属性，是权力区别于一般社会现象的标志。因此，恩格斯指出，"构成这种权力的，不仅有武装的人，而且还有物质的附属物，如监狱和各种强制机关。"[1] 由此可知，对任何一种国家权力，包括公诉权在内属性的研究，必须紧紧抓住强制性这一本质特征。

（2）要坚持历史唯物主义的研究方法，不能脱离历史，就事论事研究公诉权的属性。公诉权从其产生到发展，尤其是在我国的发展变化，必须给予高度的重视，只有从它的历史演变中，才能把握其本质属性，才能充分认识公诉的地位和作用，脱离历史发展的全过程，抓住一个阶段，或曰一个片段，就盲从地得出一个结论，就会背离历史唯物主义的立场和观点。对于公诉权（或曰公诉制度）的产生发展，大家都知道从13世纪路易九世在法国实行的司法改革，凡涉及作为王室收入的罚金和没收财产的诉讼，都不准采用私人诉讼的方法提起，转为国王代理人提起而产生的公诉制度开始，到15世纪的英国派遣律师代理国家起诉，再到近现代公诉制度的发展和完善，再到俄国十月革命创造的社会主义性质的公诉制度。尤其是我国建国以来关于人民检察院的设置和公诉的定位，使我们清楚地看到，"现代检察制度无论如何设计，无论如何发展变化，但代表国家或政府履行的公诉职能始终是不变的，并且始终是最核心、最具有标志性的检察职能。也正是这一核心标志性职能，才使其从根本上有别于审判机关、警察机关以及其他国家机关。比如香港的廉政公署，尽管它和内地检察机关一样都有反贪侦查权力，但是由于它没有公诉这一检察机关的核心职能，因此，它只能是行政执法机关而不能称之为检察机关。从这个意义上讲，没有公诉权，检察机关就失去了其核心职能，就缺乏其标志性意义。"[2] 因此，我认为关于公诉权的属性，是不能随意改变的，对于它固有的本质特征，也就是他一成不变的属性和地位，只有从历史的演绎中才能辨别清楚。

（3）要从我国的国家制度和刑事诉讼制度的实际出发，来看公诉属性。就国家政治制度而言，"在中国，人民代表大会制度是我国的根本政治制度。在人民代表大会制度中，人民代表大会即国家权力机关在整个国家机构体系中居于主导和支配地位，国家行政机关、审判机关和检察机关都由它产生，对它负责、受它监督。如果说在三权分立的宪政结构中国家权力呈现出一个平面三角形的话，那么在人民代表大会制度的宪政结构中，国家权力呈现出一个立体三角形。人民代表大会居于三角形的顶端，统一行使国家权力以保证国家权力的完整性。在人民代表大会之下，分别设立国家的行政机关、审判机关和检察机关，分别行使国家的行政权、审判权和

---

〔1〕《马克思恩格斯选集》（第4卷），人民出版社1972年版，第167页。

〔2〕贺恒扬："为什么说'公诉是我国检察机关核心的标志性的职能'"，载《检察日报》2010年7月16日，第3版。

法律监督权。在这样的宪政结构中，检察机关就有了独立的宪法地位。检察机关作为国家的法律监督机关，在人民代表大会制度中，是隶属于人民代表大会，与国家行政机关、审判机关并行的国家机关，享有独立的法律地位。"[1]检察机关是由人民代表大会产生的法律监督机关，依法独立行使检察权；就刑事诉讼制度而言，我国《刑事诉讼法》第 8 条规定："人民检察院依法对刑事诉讼实行法律监督。"第 136 条规定："凡需要提起公诉的案件，一律由人民检察院审查决定。"这就是说，人民检察院是国家的法律监督机关，行使刑事诉讼的法律监督职责。与此同时还肩负着公诉的诉讼职能，面对两种职能而如何对公诉定性、定位呢？对这一问题的解决，正是具有中国特色公诉制度所面临的难题。

按照上述三项标准，关于公诉属性问题，我们有以下见解。

公诉权不能定性为行政权。因为在我国"一元分立"的权力结构模式下的检察机关，与西方"三权分立"权力结构模式下的检察机关有着本质差别。我国的检察机关隶属于国家权力机关人民代表大会，按照《宪法》第 3 条的规定，检察机关由人民代表大会产生，检察机关的机构设置和职权必须由人民代表大会通过法律予以规定，检察机关行使职权必须由人民代表大会及其常务委员会制定的实体法和程序法为依据。在"一府两院"的国家组织体系中，它具有一定的独立性，无论在机构设置上，还是在职权行使上，它与国家的行政机关、审判机关互不隶属。"除了机构设置上的独立性之外，宪法还确立了检察机关依法独立行使检察权的原则，强调检察权行使的独立性。1954 年 9 月 20 日第一届全国人民代表大会通过的《中华人民共和国宪法》第 83 条规定：'地方各级人民检察院独立行使职权，不受地方国家机关的干涉。'1982 年 12 月 4 日第五届全国人民代表大会通过的《中华人民共和国宪法》第 131 条专门规定：'人民检察院依照法律规定独立行使检察权，不受行政机关、社会团体和个人的干涉。'这些规定，以根本大法的形式确立了人民检察院依法独立行使检察权的宪法原则。为了强调检察机关依法独立行使检察权的重要性，1953 年《人民检察院组织法》和 1979 年颁布、1983 年修订的《人民检察院组织法》，1979 年颁布、1996 年修订的《刑事诉讼法》和 1995 年颁布、2001 年修订的《检察官法》都重申了依法独立行使检察权的宪法原则。"[2]

我国检察机关独立行使的检察权（含公诉权），与国家的行政权有着本质的区别。持"检察权就是行政权观点"的理由有三：一是检察机关在组织形式上具有高度的行政性；二是权力行使的方式上具有上命下从、检察一体的行政性；三是权力

---

〔1〕　孙谦：《中国特色社会主义检察制度》，中国检察出版社 2009 年版，第 109 页。
〔2〕　孙谦：《中国特色社会主义检察制度》，中国检察出版社 2009 年版，第 112 页。

行使特征具有主动性、非中立性、非终局性等等。[1] 我们认为这三个理由所讲的行政因素，无非是检察机关的执业与事务管理中的行政性，任何一个国家权力组织要想正常运作，都必须拥有一定的事务性保障，但这并不是其职权的本质，检察机关所行使的检察权，尤其是公诉权，其本质性在于他的依法行使的国家追诉属性。

也不能笼统地把公诉权的属性定位为法律监督。我们认为，把公诉属性说成是法律监督，不是没有道理，只不过，法律监督并不是刑事公诉最直接、最本质的第一位属性，法律监督属性只是公诉职能（或曰公诉权）的第二位属性。持"公诉就是法律监督"观点的主要理由是因为"公诉的对象是犯罪，犯罪包括两种情况：一种是一切社会活动主体都可能实施的严重违反法律构成犯罪的各种行为；另一种是依照法定职责行使国家权力或公共管理职能的国家工作人员在职务活动中实施的严重违反法律构成犯罪的行为。无论对哪种犯罪主体提起公诉，都具有三个方面的功能：一是通过对犯罪的刑事追究，使行为人痛切地感受到犯罪行为在危害社会的同时也必然会给自己带来不利的法律后果，强迫其尊重和遵守法律；二是通过对犯罪的刑事追诉，防止违法状态继续存在。三是教育一切社会活动主体自觉遵守法律，促进法律的正确实施。因此刑事诉讼中的公诉活动，从国家法治建设的角度看，其本身具有监督法律实施、维护法律尊严的功能。这种功能表明公诉权具有法律监督的性质。"[2] 对于这一论述和分析，我们是完全同意的，它是从广义、宏观的视野，从国家法治的角度，来论证公诉权属性的，这种论证不无道理，也有一定的说服力。但这种论证和定位，没有讲明公诉权的第一位属性，没有抓住决定公诉权的本质属性。同时，把公诉笼统的定性为法律监督，有许多立论和难题，也很难解释清楚。诸如，"为什么检察机关的侦查是法律监督，而公安机关的侦查就不是监督？公诉、自诉均属于原告的求刑权，如果说检察机关的公诉是一种法律监督，那么自诉为什么就不是法律监督？如果说检察机关的批捕是一种对侦查的监督，国外法官行使这一权力为什么不称其为'监督'？此外，从诉讼的角度看，检察机关承担公诉职能，如何平衡控辩双方的关系，又如何平衡检、法之间的关系？如果检察机关在行使公诉职能时又行使监督职能，使中立的法院处于检察院的监督之下，如何使法院保持中立、客观的地位而实现司法公正？"[3]

我们认为，公诉权与诉讼中的法律监督权二者虽有契合，但是二者所适用的主体、客体，以及适用中所遵守的原则和规律，都有着原则的区别。

公诉是由公诉机关，针对被追诉人的犯罪行为，遵循诉讼规律和各项诉讼原则，

---

[1] 郝银钟："检察权质疑"，载《中国人民大学学报》1999年第3期。

[2] 张智辉：《检察权研究》，中国检察出版社2007年版，第45页。

[3] 陈国庆：《检察制度原理》，法律出版社2009年版，第103页。

按照"分工负责、互相配合、互相制约"的运行规则，而进行的追诉和求刑活动；而诉讼中的法律监督是人民检察院，为保障国家法律的统一适用，针对诉讼活动中的违法行为而开展的一项监督活动，这一活动体现着国家权力的制衡和制约规则。更为重要的是，诉讼监督是一种权力对另一种权力的单向制衡行为；而公诉活动在诉讼中体现双向的相互制约行为。

另外，从人民检察院在诉讼中监督的特点来看，诉讼中的法律监督，"它基本上属于程序性监督，即主要是依法启动程序或作出程序性的决定来发挥监督作用，一般不具有实体性的处分权或司法裁决权，必须接受权力机关或司法机关的裁决，而这些裁决本身就构成了对法律监督权的监督和制约。"[1] 而公诉权则不然，它不仅具有程序的启动作用，还决定着庭审的范围，在起诉和不起诉上，在对案件的实体处理上，它将产生重大的影响，甚至在一定意义上起着决定性作用。总之，诉讼监督权的启动性、建议性特点，同公诉权的强制性有着本质之区别。因此，我们不能笼统地原则地把公诉属性定位于法律监督，而应当是实事求是地按照公诉的本来面目，亦即其在我国检察职能中的核心地位和标志性作用，给以科学的界定。

关于公诉属性的界定问题，我们曾于 2010 年《人民检察》杂志第 1 期上发表了《法律监督哲理论纲》一文，文中提出"检察职权二元论"的观点，把公诉职能从法律监督职能中分离出来，变检察职权一元论为二元论。其理由有四：一是公诉权和法律监督权，两项权力授予的目的不同；二是监督和制约的概念和内涵不同；三是两种权力运行的规则和规律不同；四是公诉权的产生、发展的历史，其固有属性不能用法律监督来替代。基于检察职权"二元论"的思考，我们认为公诉属性应界定为国家追诉权（或曰求刑权）。其特征有以下几个方面：

"第一，公诉权是国家权力。公诉权本质上是国家对犯罪的追诉权，其体现的是国家和社会的意志和利益。检察机关是根据国家法律赋予的职责，代表国家追诉犯罪的机关。公诉权的这一特征，在世界各国概莫能外。即使在刑事诉讼实行当事人主义的国家，检察官起诉的案件，也是以国家为一方，被告人为另一方。当然，在实行联邦制的国家，例如美国，州检察官起诉的案件，在案由表述中州为一方，被告人为另一方，这与其国家结构形式直接相关，但并未改变公诉权作为国家权力的特征。

第二，公诉权是追诉犯罪的权力。公诉权的行使是以犯罪行为的发生为前提的。只有发生了侵害国家社会利益的犯罪行为，检察机关才能行使公诉权。检察机关行使公诉权的目的，是使实施犯罪行为的人受到追究和惩罚，维护国家利益和社会公共利益，恢复被犯罪行为破坏的法律秩序。

---

〔1〕　孙谦：《中国特色社会主义检察制度》，中国检察出版社 2009 年版，第 54 页。

第三，公诉权是请求权。这一特征的含义是，公诉权的行使是为了启动追诉犯罪的的审判程序。在诉讼发展史上，曾经有过诉审合一的制度，为了节制审判官的权力，防止专权擅断，发生了诉审分离的重大诉讼变革。在现代刑事诉讼中，法院审判程序的发动，必须以起诉为前提，无起诉即无审判。因此，公诉权在形式上表现为请求法院对案件进行审理并作出裁判的权力。一般情况下，检察官的起诉必然会启动审判程序。

第四，公诉权是程序性权力。就实质而言，公诉权不是实体处理权，这是其区别于行政权和审判权的重要特征。公诉权的行使可以推动诉讼程序的发展，使犯罪受到追究，对国家刑罚权的实现具有重要意义，但其本身不能解决定罪量刑的实体问题，一般不能进行最终处置，其只是一种程序性权力。在现代刑事诉讼中，对案件的实体处理是审判者的权力，检察官启动审判程序，但不能决定案件的定罪量刑问题。这种机制有利于实现诉讼目的，是人类诉讼制度进步的一个重要标志。"[1]

把公诉属性定为"国家追诉权"，我们认为它是公诉权的最直接、最本质的属性，它也是中外公诉发展史所得出的必然结论。即使在我国从学习前苏联，依托列宁关于法制统一而建立起来的检察制度，到建国以来，我国关于人民检察院在国家政权建设中的定位，都没有改变公诉权作为国家追诉权的定性和定位。大家知道，我国《宪法》第129条只是规定"人民检察院是国家的法律监督机关"。第131条又规定"人民检察院依照法律规定独立行使检察权，不受行政机关、社会团体和个人的干涉"。从这些规定中可以看出包括公诉权在内的检察权来源于统一的国家权力，同时又与国家的行政权、审判权并列，受立法权制约，向最高权力机构负责。《人民检察院组织法》第5条确定了检察机关享有对刑事案件的公诉权、对刑事裁判活动的诉讼监督权以及对刑罚执行的诉讼监督权。《民事诉讼法》第14条规定"人民检察院有权对民事审判活动实行法律监督"。第185～188条确定了检察机关对民事案件生效裁判的抗诉权。《刑事诉讼法》进一步完善了检察机关对刑事案件的公诉权、对刑事裁判活动的诉讼监督权以及刑罚执行监督权，还规定了对刑事案件的侦查监督权，以及检察机关对部分刑事案件的侦查权。另外，《行政诉讼法》第10条规定"人民检察院有权对行政诉讼实行法律监督。"第64条确定了人民检察院对人民法院已经发生法律效力的判决、裁定的抗诉权。以上这一系列法律规定，可以明确地看出，我国立法已经赋予人民检察院法律监督权，但是，法律监督权的立法授予并没有改变诉讼规律和规则所固有的公诉权就是国家追诉权的定性与定位。公诉权是检察机关固有的职权，也是世界各国公认的职权，更是检察权的核心和标志。一句话，应该说它是检察机关的立命之本。其国家追诉权的属性，不容变更，更不能随意取

---

〔1〕 朱孝清、张智辉主编：《检察学》，中国检察出版社2010年版，第376页。

代。诚然，它与法律监督有共生共存的联系，公诉权之加强，也会强化法律监督的力度和效果。但它的根本属性是不容用法律监督所代替的。这是诉讼的规律和规则决定的，是刑事诉讼的结构所决定的，科学发展的规则和规律是不容改变的，"法律监督制，也可能只具有应对现实的相对合理性，并不具有不可变更的性质，因为这种制度存在很难完全克服的法理上的矛盾，即作为控诉当事人与作为法律监督的角色冲突，以及相关的其他矛盾，因此，它与成熟的、依靠诉讼自身机制实现公正的司法制度可能产生冲突。"[1]

最近，最高人民检察院副检察长孙谦同志在多种场合讲话或撰文，提到诉讼监督谦抑性的问题，我们认为，这是一种很有理性的见解，他指出："诉讼监督对于维护司法公正、树立司法权威确实非常重要，但不能夸大它的作用。必须依法进行监督，超越法律就走向了反面。同时监督本身有一个合适的问题，过度了就会适得其反。所以在社会转型中，在法治发展过程中，检察权作为一种公权力，一定要自省、内敛和谦抑，否则，检察权也是会被滥用的。"[2] 我认为，诉讼监督谦抑论对于我们正确理解检察职能二元论，对于公诉属性的正确理解，具有非常重要的现实指导意义。不要一刀切，不要盖棺定论，实事求是，是什么就是什么，不能随意扩大法律监督的内涵和适用范围。最高检司改办主任王洪洋在一次研讨会上指出："从理论上来说，检察机关的法律监督应当是覆盖了三大诉讼的全过程以及相关行政执法活动，但是检察机关的监督权、特别是诉讼监督权不是无所不包、无所不能的，不能包打天下，应当做到谦抑、克制、严守分际，有所为、有所不为，这样才能突出重点，起到好的效果。"[3] 最高人民检察院监察委员会专职委员童建明则认为，"诉讼监督要坚持拓展性与谦抑性相结合。他指出，目前诉讼监督的范围还不够完善，手段还不够充分，要通过司法改革和立法来完善监督的范围，增加、补充监督的手段，健全监督的程序。但在拓展监督手段和程序的时候，特别要注意谦抑原则。为什么要谦抑？①检察机关的诉讼监督是整个诉讼监督体系中的一支力量，而且保证诉讼活动正常进行主要靠政法机关自身提高纠错的功能。②检察机关监督的效力也只是启动相应的诉讼法律程序，不应去直接纠正这些违法。③从目前案件的实际情况看，大量的案件，尤其是大量的民事案件，检察监督不可能实现全覆盖，从提升监督实效来讲，也必须突出重点。"[4] 这些观点和论述十分精辟，颇有建树，我们既要解决当前法律监督难，树立敢于监督、善于监督的信念，完善监督的手段和方法，变

---

〔1〕 龙宗智："两岸检察的同与不同"，载《检察日报》2010年12月8日，第3版。

〔2〕 王志国："2010年诉讼监督论坛综述"，载《法学杂志》2010年第11期。

〔3〕 王志国："2010年诉讼监督论坛综述"，载《法学杂志》2010年第11期。

〔4〕 王志国："2010年诉讼监督论坛综述"，载《法学杂志》2010年第11期。

软监督为硬监督，又要科学监督，去掉盲目性，不能用原则而又笼统的法律监督取代公诉的属性，不仅使法律监督硬起来，还要使公诉职能强起来，为国家法制之统一而充分发挥检察职能的作用。

第六题　审查起诉制度的完善

刑事案件经侦查机关（部门）侦查终结，移送起诉后，检察机关对该案进行全面审查以决定是否起诉，即是否将犯罪嫌疑人提交人民法院审判，这种程序在诉讼理论上被称为"审查起诉"。[1] 在刑事诉讼活动中，审查起诉是连接侦查和审判的中间环节，正确、充分地行使审查起诉权，直接关系到检察机关职能作用发挥的好坏和案件当事人合法权益的维护。正是由于审查起诉在刑事诉讼中承上启下的这种特殊地位，长期以来都是理论与实践关注的热点问题。随着司法体制改革的不断深化，审查起诉工作在遵从刑事诉讼活动规律和保障人权方面，还存在进一步完善的空间。

一、提前介入制度

审查起诉阶段的提前介入是指公诉部门在必要时对尚未移送起诉的案件，提前到侦查阶段了解案情、掌握证据，为案件移送后准确、及时地起诉作好准备，同时对侦查活动实行监督，协助侦查机关（部门）严格依法办案。

（一）提前介入制度的现状与问题

检察机关的提前介入是从法律监督职能出发，为完善刑事案件监督机制、提高办案质量而进行的一项刑事司法改革举措，也是当前检察理论和实践工作中研究、探索的重要问题。检察机关的提前介入最早产生于1983年的"严打"斗争，其指导理念经历了"依法从重从快"到"强化法律监督"的历史转变。2002年5月15日至18日，最高人民检察院召开了全国刑事检察工作会议，会议提出了"坚持、巩固和完善'适时介入侦查、引导侦查取证、强化侦查监督'的工作机制"等四项改革措施。[2] 近年来，最高人民检察院和各地也在积极试行和完善提前介入制度，以加强法律监督的力度。如最高人民检察院对建立职务犯罪侦查工作新机制提出了改革措施："在内部监督机制上建立与侦查监督、公诉部门相互协作配合的工作机制，对重大、疑难案件，侦查部门准备报捕、侦查终结前，经检察长批准，可以要求侦查监

---

〔1〕 参见陈光中主编：《刑事诉讼法》，中国政法大学出版社1996年版，第320页。

〔2〕 参见庞海云、李忠强："论检察引导侦查机制的健全与完善"，载《经济与社会发展》2007年第4期。

督、公诉部门提前介入，将案件移送审查逮捕、起诉后，要搞好跟踪配合。主要是详细介绍案件有关情况，按要求补充完善证据，就案件事实、证据、定性等问题向侦查监督、公诉部门提出研究意见，必要时派员旁听法庭审理。这就将检察机关内部监督机制具体化、明确化，为公诉部门提前介入侦查部门的侦查活动，履行内部监督权提供了操作性强的依据。一些地方检察院还提出引导侦查取证的"三三制"，即"坚持三个延伸、实行三项跟踪、明确三段责任"等。[1]

　　提前介入制度作为检察系统内部的一种工作方式，通常适用于大要案和关注度高的案件。然而，提前介入制度仍存在诸多问题，导致理论出现争议，在实践中的做法也不够规范：

　　1. 法律依据不明确。我国立法对提前介入制度没有明确的、统一的法律依据，尽管我国《刑事诉讼法》和司法解释已经涉及到了这方面的内容，但是这些规定都较为笼统，法律上没有明确赋予检察机关在审查起诉阶段提前介入的具体职责和权限。例如，《刑事诉讼法》第66条规定："公安机关要求逮捕犯罪嫌疑人的时候，应当写出提请批准逮捕书，连同案卷材料、证据，一并移送同级人民检察院审查批准。必要的时候，人民检察院可以派人参加公安机关对于重大案件的讨论。"第107条规定："人民检察院审查案件的时候，对公安机关的勘验、检查，认为需要复验、复查时，可以要求公安机关复验、复查，并且可以派检察人员参加。"另外，《人民检察院刑事诉讼规则》第383条也规定"人民检察院根据需要可以派员参加公安机关对于重大案件的讨论和其他侦查活动，发现违法行为，应当及时通知纠正"。

　　2. 缺乏具体的操作规范。由于提前介入制度没有统一、具体的操作规程，介入的范围、人员、时间、效力、程序等内容没有相应的制度加以规范，多是依赖各地的内部规定以及检察官的个人工作风格。由于各地协作水平不一、检察官的业务水平参差不齐，导致提前介入工作具有很大的随意性，影响了法律监督的实际效果。在实践中，主要存在两种错误"倾向"：有的地方提前介入的范围被人为地扩大，对许多普通刑事案件，只要公安机关提出要求，检察院一般都会派员参加，甚至把提前介入作为一项内容列入考核范围，从而出现片面追求介入数量、导致全面介入的情形；有的地方模糊了公、检之间的权力分工界限，公安机关稍有些"吃不准"的案件就"请示"检察机关，如检察机关不予认可，就不愿再做深入细致的工作。这种过于依赖检察机关"表态"的倾向，不利于公安侦查人员发挥主观能动性，也不利于查明余罪、深挖新罪。尤其是公安最终未报捕的案件，因为没有经过不批准逮捕的诉讼程序，公安不可能提出复议复核；而检察院因为公安没有提请批准逮捕，

---

〔1〕　参见牛学理："从'三三制'到检察'引导侦查'"，载《检察日报》2002年7月15日，第4版。

也就不可能追捕追诉，从而大大降低了检察、公安互相制约功能的发挥。[1]

3. 缺乏相应的监督制约。有的地方由单人进行提前介入，如果检察人员素质和业务水平参差不齐，就难以对提前介入中提出的意见进行监督。一旦出现差错，就会直接影响审查起诉阶段的案件质量，容易出现工作不负责任或者任意执法、滥用法律赋予的权力，甚至出现人情案、关系案等现象。

（二）提前介入制度的完善

提前介入制度作为检察机关履行法律监督职能的一种重要手段，在审查起诉工作中发挥着越来越重要的作用。我们建议，应从以下方面对提前介入制度进行完善：

第一，明确相关立法及司法解释。可在《刑事诉讼法》和《人民检察院组织法》中明确规定人民检察院的侦查监督部门以及公诉部门可分别提前介入参与公安机关或自侦案件的侦查活动，行使对侦查活动的监督权。此外，可以由最高人民检察院制定全国范围内的规范性文件对提前介入的时间、任务，提前介入的方式、程度，提前介入的案件范围等做统一的具体规定，在适当时机也可将该规定上升为法律规范，为提前介入制度提供更有力的法制保障。

第二，构建完备的提前介入程序。在审查起诉环节，提前介入的任务则以巩固证据体系为主，即由重视个体证据过渡到对证据锁链与体系的关注，注重证据之间的关联性和证据体系的建立，同样也要关注是否存在侦查违法行为，充分发挥法律监督职能。主要明确以下方面：一是提前介入的范围。鉴于目前我国司法资源紧缺的现状，并非所有案件的侦查活动都需要检察机关介入引导，否则容易造成不必要的资源浪费。要结合社会治安状况和追诉工作的需要，从案件类型、性质、社会危害性程度等因素来综合考虑。应以重大复杂、新型犯罪、群体性事件、在当地影响较大的案件为主，其他案件为辅。[2] 二是提前介入的启动。提前介入制度的前提是诉侦双方对案件信息的顺畅沟通。侦查机关（部门）受理了符合提前介入范围的案件后，自立案时起，就应通知检察机关。那么，公诉部门在提前介入的启动模式上不仅可以依侦查机关（部门）请求，还可以通过其他方式了解案件信息，主动要求提前介入，如案件当事人反应、媒体披露、上级检察机关指示、上级领导关注、社

---

[1] 毛晓玲："检察机关提前介入中的问题及对策"，载《法学》1998 年第 11 期。

[2] 我们建议，下列案件可以由检察机关提前介入：①故意杀人、故意伤害致人重伤或死亡、抢劫、贩毒、绑架、强奸、放火、投毒等社会危害性较大的案件；②有关恐怖组织、黑社会性质的有组织犯罪案件；③危害范围较广、团伙、跨区结伙的案件、当地有重大社会影响的案件；④重大、疑难的自侦案件；⑤案情复杂的经济犯罪案件；⑥可能判处死刑的案件；⑦通知公安机关立案侦查的案件；⑧犯罪涉及面广取证困难的重大复杂案件；⑨侦查机关要求以及检察机关认为有必要引导的其他重大案件。参见黄理文、李淑丽："关于提前介入制度若干问题的探讨"，载《湛江师范学院学报》2009 年第 4 期。

会反映强烈等。公诉部门发现需要提前介入的案件后，可以在立案后以书面文书的形式及时通知侦查机关（部门），要求其给予配合。此外，在条件允许的情况下，可考虑建立重点案件的备案制度，侦查机关（部门）在受理案件、立案、破案后，应当将相关材料抄送检察机关备案，便于检察机关了解案件，作为提前介入侦查的决策参考。[1] 三是提前介入的时机。提前介入的关键在于选择科学的、合适的时机，即提前介入侦查活动的时机应以是否有确定的犯罪嫌疑人为界限。在此之前，案件属于侦破阶段，并非公诉人知识和经验所能发挥作用的领域，故不宜介入。而且，过多、过早地介入侦查容易受侦查思维的负面影响，不易保持一种相对中立的态度，甚至可能导致对证据事实的错误判断。[2] 值得注意的是，对于诱惑侦查的特殊情况，在侦查机关（部门）作出实施诱惑侦查的决定之前，要主动提前介入，进行事前监督把关。在诱惑侦查的过程中，要与侦查机关（部门）保持密切联系，进行动态跟踪监督，及时制止适用中出现的过激行为。在审查起诉此类案件时，还应把牢案件的证据关和质量关，遵循适用诱惑侦查的合理规则，排除违法收集的证据，对发现的相关问题及时反馈给侦查机关（部门），督促其纠正和弥补。四是提前介入的程度。提前介入的程度是指对提前介入工作的限制，即不能超越审查起诉与侦查这两种不同职能之间的界限。在我国现行的司法体制框架下，要明确提前介入是"参与"而不是"代替"，是"提前熟悉"而不是"正在办理"。公诉部门提前介入的案件，由于还处在侦查阶段，因此有关人员在侦查活动的各种笔录上，不必签名。但检察人员应将参与侦查活动的情况，另行记录附卷，以备查阅。对于发现的侦查违法行为，应及时提出监督纠正意见。[3] 五是提前介入的方式。根据我国《刑事诉讼法》和相关司法解释规定，应对提前介入的方式予以严格限定：了解案件的基本情况及公安机关内部的意见，做好审查起诉的准备工作，加快起诉速度；运用检察职能对侦查活动是否合法进行及时有效的监督，如列席现场勘验、搜查、检查、扣押，旁听讯问犯罪嫌疑人、询问被害人、证人等；对案件证据的搜集、固定进行适度引导，提前介入的人员在引导侦查时，只能通过对案件中证据的证明力进行分析，对证据的补充和完善提出建议来引导侦查的方向，而不能越权操作。六是提前介入的终结。侦查机关（部门）将案件移送审查起诉，提前介入程序自然终结。另外，其他导致提前介入程序终结的情形还有：侦查机关（部门）主动撤销案件，犯罪嫌疑人被决定劳动教养等。案件提前介入程序终结后，提前介入的人员应将过程写成书面材料备查。具体而言，提前介入过程中形成的所有材料，在案件起诉的情况下，纳入起

---

〔1〕 参见邓思清：《检察权研究》，北京大学出版社 2007 年版，第 402 页。

〔2〕 熊正："提前介入侦查须把握好时机及程序"，载《检察日报》2007 年 6 月 27 日，第 4 版。

〔3〕 参见李志华："人民检察院的'提前介入'应在法律中明确规定"，载《法学评论》1988 年第 3 期。

诉案卷的副卷；在其他情况下，独立装订成副卷备案。[1]

（三）加强对提前介入的监督

加强对提前介入的监督主要包括两方面内容：一方面，在人员构成上，检察机关派出介入侦查活动的人员一般应不少于两人参加，其中要有一名检察员或助理检察员，必要时由业务部门负责人甚至检察长参加，上级检察机关也可与下级检察机关一起提前介入。另一方面，我们建议，在权力配置上，提前介入案件的审查起诉工作应当继续由提前介入的检察人员承担。[2] 这是因为，提前介入的主要目的是为了引导侦查机关（部门）合理取证、加强对侦查活动的监督，实际上不会对审查起诉工作造成较大的负面影响。如果由其他的检察人员对案件进行审查起诉，势必需要重新审查材料、了解案件情况，不利于提高诉讼效率。

二、补充侦查制度

在审查起诉阶段，补充侦查是指在初次侦查的基础上，对案件的事实再次进行侦查和收集证据的刑事诉讼活动。它包括检察机关要求补充侦查制度和检察机关自行补充侦查制度两部分内容。补充侦查制度是由检察机关的固有性质所决定的，也是我国刑事诉讼活动现实状况的必然需求。虽然该制度还存在一定的问题，但总体上有利于实现刑事诉讼的目的，保证准确、及时地查明犯罪事实，正确适用法律，保证无罪的人不受刑事追究。因此，改革和完善补充侦查制度具有十分重要的意义。

（一）补充侦查制度的现状与问题

目前，理论界就我国是否需要保留补充侦查制度以及保留何种补充侦查措施等问题存在着一定的争议。例如，有论者建议取消检察机关自行补充侦查的规定，认为其存在诸多弊端，如难以查清和突破案件，容易滋长侦查机关的懈怠情绪，侦查机关正好可以藉以推诿自身承担的职责；同时，证据的收集职能与审查运用职能相混淆，使得职责分工变得不明确。[3] 从国际范围来看，大陆法系国家一般实行不同程度的检警一体模式，检察机关具有对侦查活动指导、指挥的权力，因此检察机关对于侦查机关移送审查起诉的案件具有当然的补充侦查决定权或者在侦查机关的协助下自行补充侦查；英美法系国家的侦查机关与检察机关实行"检警分离"的模式，警官负责案件的侦查工作，而检察官负责起诉案件，如果他认为案件的证据不能达

---

[1] 参见天津市北辰区人民检察院课题组："检察机关'提前介入'问题研究"，载《河北法学》2009年第3期。

[2] 理论界对于提前介入的检察人员是否可以继续承担该介入案件的审查起诉工作有不同的看法。有的观点认为，审查起诉应实行谁介入谁承办的原则，也有论者认为这样实际上是将提前介入的检察人员与审查起诉者合二为一，审查起诉这两道法定防错屏障也就随之拆除，不能确保案件质量。参见熊正："提前介入侦查须把握好时机及程序"，载《检察日报》2007年6月27日，第4版。

[3] 参见周葵、吴丽环："刑事诉讼中补充侦查措施检讨"，载《检察日报》2004年5月26日，第4版。

到起诉的标准，就可以要求警察补充侦查，但对这一要求警察没有绝对服从的义务。我们认为，就补充侦查制度的完善而言，必须结合我国的刑事立法和司法实践进行考量。当前我国的"分工负责、互相配合、互相制约"的检警模式与西方国家的检警模式存在一定的差异。因此，审查起诉阶段补充侦查制度之完善不能简单、盲目地主张实行检警一体化来解决问题，应该在我国实际司法状况的基础上，认真分析问题，进而找到应对之策。总体看来，我国的补充侦查制度存在以下问题：

第一，补充侦查制度的法律依据不明确。我国《刑事诉讼法》虽然确立了补充侦查制度（退回补充侦查制度和自行补充侦查制度），但是对于退回补充侦查和自行补充侦查的范围却缺乏明确的规定，即哪些情况需要退回补充侦查，哪些情况可以自行补充侦查不明确，因而影响了补充侦查制度的正确适用[1]。在司法实践中，当检察机关遇到需要补充侦查的情况时，一般都是直接退回补充侦查，自行补充侦查的情形很少，因而导致两种补充侦查形式的适用比例严重失衡[2]。其原因主要包括：一是检察机关对于职务犯罪以外的普遍刑事犯罪，在侦查人员、设备、技能等方面存在较大的障碍，难以收集到相应的证据，完成补充侦查任务；二是部分检察人员存在惯性思维，一旦遇到证据不足、需要补充侦查的情况，首先想到的就是退回公安机关；三是自行补充侦查需要占用检察机关审查起诉的期限，因而检察机关一般不愿意自行补充侦查。

第二，补充侦查制度容易被滥用，有侵犯犯罪嫌疑人权利之虞。在一些地方，公安侦查部门与起诉部门之间互相借时间，侦查人员对退补案件不够重视，退而不补的现象经常发生。如侦查人员由于初期侦查工作不细致、案件质量不尽如人意勉强移送审查起诉，或由于案情复杂、疑难、重大，用完了侦查阶段的申请延长期限，侦查结果仍然达不到移送审查起诉标准，只得利用退补时间继续侦查。起诉人员可能由于案件积压，审查起诉时间紧张而将案件退补，或是在季末、年末将退补作为一种规避考核的办法，违背了刑事诉讼法设计补充侦查制度的立法原意。事实上，此时的犯罪嫌疑人绝大多数都被采取了逮捕措施而处于被羁押状态，正是这种相互"推皮球"的做法造成了许多超期羁押的现象，严重侵犯了犯罪嫌疑人的人身自由。

第三，补充侦查制度的效果有待加强。当检察机关将案件退回补充侦查时，侦查机关有时屡退不查或补查不力。如敷衍了事，不严格按照检察机关制作的退回补充侦查提纲的要求尽责补查，以工作说明替代具体的补侦措施；有的甚至对退回补充侦查有抵触情绪，以"无法查清"为由应付检察机关；有的在获得犯罪嫌疑人口

---

[1]　参见黄烨："论补充侦查制度"，载《中国刑事法杂志》2005年第4期。

[2]　参见周莘芳："关于北京市检察机关审查起诉阶段补充侦查进行情况的调查报告"，载《中国刑事法杂志》2002年第3期。

供后，认为侦查任务已经结束，不注意对关键证据有支撑作用的间接证据的收集，使现有证据不能形成完整的证据链。[1]

第四，补充侦查的相关法律文书不够规范。一是检察机关对案件的退补条件认识不一，补侦提纲条理不清、用词不当、补侦目的不明确、过于概括、笼统未予以说明具体需补侦事项等问题，影响了补充侦查的质量。二是公安机关补充侦查完毕后，重新移送时缺乏必要的法律文书，检察机关难以掌握补查的经过和结果，影响审查起诉工作。三是部分检察机关除了采用法定的退补程序外，往往以"函退"方式规避法律对退补两次的规定。

（二）补充侦查制度的完善

鉴于补充侦查制度尚存在诸多问题，因此应从以下方面进行完善，加强对犯罪嫌疑人的权利保护，确保刑事诉讼活动的顺利开展。

第一，完善法律及相关司法解释。《刑事诉讼法》应明确规定补充侦查适用的条件，即检察机关在什么情况才能要求补充侦查，什么情况下可以自行侦查，这样既避免了检察机关随意启动补充侦查程序，同时也是对侦查机关的监督与限制。[2] 对于退回补充侦查的条件，有观点建议从程序缺陷、事实不清、证据不充分、遗漏犯罪事实或遗漏嫌疑人等方面具体设计。[3] 我们认为，这样的初步设计是合理的，但在退回补充侦查的问题上还必须坚持必要性原则，即在检察机关难以完成补充侦查任务时，才能退回补充侦查，这样可以提高诉讼效率，节约有限的司法资源。对于自行补充侦查，由于检察机关的条件所限，可以从以下几个方面考虑：案件事实基本查明，证明案件的基本证据已经获取，只有个别案件事实尚未查明，或者有个别证据尚未获取或存在矛盾，为确保庭审效果，可以针对性地进行补充侦查；此外，一些程序性的事项也可以进行补充侦查。

第二，强化补充侦查制度的效果。我国侦控关系模式是建立在《刑事诉讼法》所规定的"分工负责、互相配合、互相制约"原则的基础上的，但我国目前检察机关的监督地位没有得到充分体现，在不能实行检警一体化的前提下，有必要在侦控关系方面适当提升检察机关的地位，加强对侦查机关的监督与制约。一方面，建立完善退回补充侦查案件跟踪监督制度。检察机关对移送审查起诉案件决定退回补充侦查后，通过建立跟踪监督卡，监督侦查机关的补查期限、补查质量等以保证退查

---

[1] 黄文臻："浅析审查起诉阶段补充侦查存在的问题与对策"，载《湖湘论坛》2006年第3期。

[2] 同时，应制定明确、统一的起诉标准和刑事证据规则，而且这些标准与规则应当被侦查人员与起诉人员所熟知，这样可以有的放矢地提请移送起诉、提起公诉，确保案件办理的质量，提高刑事诉讼活动的效率。

[3] 周萃芳："关于北京市检察机关审查起诉阶段补充侦查进行情况的调查报告"，载《中国刑事法杂志》2002年第3期。

案件能按期重报审查起诉，有效地解决补查不力，退而不查甚至悬案不报等失去监督的现象发生。[1] 另一方面，加强检察机关对侦查人员懈怠补充侦查的监督。根据我国现行法律，除非构成犯罪，检察机关无权对侦查人员进行监督和制裁，我们建议，应赋予检察机关对懈怠补充侦查人员的惩戒建议权，这种权力不具有强制性，可通过相关的协调机制得以贯彻落实。

第三，规范补充侦查的法律文书。首先，规范检察机关退回补充侦查提纲。补充侦查提纲是检察机关引导侦查机关的有效途径，应包括以下内容：①原侦查存在的事实、证据缺陷、需要弥补的环节；②补充侦查的方向；③补充侦查的证据要求及所要达到的目的；④结合案件性质及犯罪构成要件详细列出补充侦查的具体细节。这样，侦查人员能迅速领会意图，有针对性地进行补充侦查，减少屡查不清的情况。其次，规范侦查机关补充侦查报告书。在《补充侦查报告书》中，侦查机关应将检察机关所要求的补侦事项、补侦要求予以列明；对于无法查清的补侦事项，应该具体予以说明。此外，在现有体制下，进一步规定一系列可操作的补充侦查"实施性规则"，如将补充侦查监督的方式或方法具体化、规范化，建立补充侦查情况报告制度、补充侦查结案制度等。[2]

第四，加强犯罪嫌疑人及其辩护人的权利保障。具体而言，应保障犯罪嫌疑人的知情权，检察机关应当在作出退回补充侦查决定后三天内，书面通知并告知犯罪嫌疑人及其辩护人作出这一决定的事实和理由。此外，检察机关决定将案件退回补充侦查时，应保障辩护律师复印全案材料的权利，以保护犯罪嫌疑人的合法权利。[3]

第五，修订不科学的考核指标。当前，对不起诉率进行比例控制的做法存在一定弊端，不仅容易束缚办案人员的手脚而使法律规定得不到充分贯彻，而且浪费诉讼资源，产生一系列负面效应。由于受"不诉指标"的影响，一些案件被不断地通过各种方式退回补充侦查。因此，应进一步完善"不诉指标"，使各级检察机关依法充分行使职权，及时终止一些确无继续侦查价值案件的诉讼程序。

三、主诉检察官制度

主诉检察官制度是指在检察委员会和检察长的领导下，以一名检察官为主，辅之以数名助理检察员、书记员组成办案组，依法相对独立地承担刑事案件的审查起诉和出庭支持公诉工作的内部办案制度。[4] 如何正确认识主诉检察官制度，完善主

---

〔1〕 参见陈伦钊："新刑事诉讼法实施以来退回补充侦查的调查"，载《中国刑事法杂志》1999年第3期。

〔2〕 参见王册、田志军："我国补充侦查制度"，载《中国刑事警察》2004年第2期。

〔3〕 参见黄烨："论补充侦查制度"，载《中国刑事法杂志》2005年第4期。

〔4〕 参见彭真军、黄鹏："当前主诉检察官制度改革中存在的问题和对策"，载《当代法学》2002年第8期。

诉检察官制度以适应新时期检察工作的要求，一直以来都是检察改革的关注焦点和难点。

（一）主诉检察官制度的现状与问题

主诉检察官制度是最高人民检察院根据党的十五大提出的关于推进司法改革，从制度上保证依法独立行使检察权的要求和适应《刑事诉讼法》对刑事诉讼制度、刑事案件庭审方式改革的需要而采取的重大举措。2000 年 2 月 1 日，最高人民检察院通过了《关于在公诉部门全面推行主诉检察官办案责任制的工作方案》（以下简称《方案》），在统一公诉职能的责任机制、权力机制和效益机制的基础上，对公诉制度中的承办人审阅、科室负责人审核、检察长审批或检察委员会讨论决定的"三级审批制"进行改革，它把原来由检察长和公诉部门负责人行使的案件决定权有条件地大部分授予主诉检察官，并由其相对独立地承担相应的责任。由此可见，主诉检察官制度是一项权力责任相统一的制度，不仅仅是主诉检察官的选任制度或是办案制度，而是"办案制度"与"主诉检察官选任制"的结合体。[1] 不仅有利于强化司法属性，体现检察官相对独立性，而且开创了审查起诉工作的新局面。作为一项新生事物，各地的主诉检察官制度改革尚处于探索阶段，在推行该制度的过程中产生了诸多问题。

1. 主诉检察官独立性不强。作为一种新的办案机制，主诉检察官制度就是要依法强化检察官的个体权力，淡化传统办案机制的行政化色彩，这是在对新办案机制和传统机制利弊考量的基础上所作的价值选择。但是在主诉制度实施过程中，一些地方仍受传统思维和习惯做法的禁锢，没有充分发挥主诉检察官的积极性和主观能动性。[2] 例如，有的地方受到官本位的思想影响，或是害怕承担风险责任，或是不放心主诉检察官的权力行使，在实行改革过程中"放了又收"或"明放暗不放"，使主诉检察官在实践中不能充分行使权力，未能体现主诉检察官制度的优越性。

2. 主诉检察官的素质参差不齐。根据《方案》的相关规定，主诉检察官制度采取"主诉检察官应当从检察员中选任"的方式，综合考虑"政治表现、学历、工作经历、工作能力等方面的基本条件"，选任具体方式实行资格考试和考评相结合，资格考试分为书面考试和能力测试。但在实践中，由于我国检察人员整体素质状况的制约，都不可避免地遭遇改革"瓶颈"，有的地方将主诉检察官的条件放宽，无论是否具备本科学历，是否具有公诉人工作经历，都予以任命；有的地方因检察官资源缺乏，只要取得资格就一概任命，致使"全员主诉"；有的地方不是在全院范围内公开竞聘，而是以指定的形式产生主诉检察官，造成主诉检察官的产生具有随意性。

---

〔1〕 参见黄伟："我国主诉检察官制度研究"，《苏州大学 2006 年硕士论文》，第 5 页。
〔2〕 参见李迅华："主诉检察官监督制约机制的建立"，载《改革与战略》2004 年第 7 期。

此外，从公诉队伍状况看，公诉部门人员短缺，优秀公诉人才储备不足，也造成了主诉检察官队伍参差不齐的状况，影响了主诉检察官制度的健康深入发展。[1]

3. 主诉检察官的责、权、利不够统一。所谓责、权、利一致原则就是赋予主诉检察官办理一定案件的职权，同时负相应的责任，享受一定的待遇。但在主诉检察官制度试行过程中，主诉检察官可行使的职权过于狭窄，过分集中于起诉权，而对抗诉、追诉以及监督权却只字不提，而待遇相当微薄，无法真正体现多劳多得的分配原则。责、权、利的严重失衡，将极大损害主诉检察官的积极性和主动性。[2]

4. 缺乏有效的监督制约机制。主诉检察官制度缺乏有效的监督制约机制，致使运作不够规范的问题已成为主诉检察官制度深入推进的"瓶颈"之一。一是主诉检察官选任程序不够规范，有的地方主诉检察官的选任只"走形式、走过场"，导致主诉检察官整体素质参差不齐；二是主诉检察官管理制约不够严格，考核、监督工作滞后，有的地方缺乏机构及业务骨干资源稀缺而不可能配置到相应的监督岗位；三是主诉检察官的授权范围不一，使各地主诉检察官的职权不尽相同，加大了考核的难度。以上表现都反映了一个共同的问题，即对主诉检察官管理中监督制约机制的缺失，已严重阻碍了主诉检察官制度的发展。[3]

5. 配套制度不协调，导致改革难以深入进行。主诉检察官制度的推行是一项复杂的系统工程，它对检察机关内部的机构、人事、经费保障等制度改革都提出了更为迫切的要求，同时对配套制度的完善是主诉检察官制度正常运作的有力保障。而配套制度的不协调，也导致了一些地方的主诉检察官制度流于形式。有的地方为了应付检查或追求政绩，盲目推行新办案机制，几个公诉部门的正副职摇身一变，成为主诉检察官，每月发几十元津贴，其他基本不变。[4]

（二）主诉检察官制度的完善

鉴于主诉检察官制度在实践中存在的问题，有必要在总结经验的基础上进一步加以完善，以科学、合理的构建具有中国特色的主诉检察官制度。

第一，明确主诉检察官制度的法律依据。就主诉检察官的任命而言，检察官的任免是按照法律规定的权限和程序，由各级人民代表大会及其常委会和各级人民检察院检察长，作出的关于任命和免除检察官职务的决定，这是由法律规定的一种法律行为。就主诉检察官的办案权限而言，《人民检察院刑事诉讼规则》第4条规定了

---

〔1〕 参见张永会："深化主诉检察官办案责任制度的思考"，载《中国检察官》2006年第6期。

〔2〕 参见林贻影、滕忠："完善我国主诉检察官制度的法律思考"，载《福建政法管理干部学院学报》2000年第3期。

〔3〕 参见孙谦：《检察改革、检察理论与实践专家对话录》，法律出版社2002年版，第71页。

〔4〕 参见李光甫："主诉检察官制度的发展与完善"，载《检察实践》2004年第2期。

"人民检察院办理刑事案件，由检察人员承办，办案部门负责人审核，检察长或者检察委员会决定"的办案制度。主诉检察官制度与上述规定显然不尽一致。此外，有关主诉检察官的组织形式、职责范围、考核与奖惩规定等等，都应当与《人民检察院组织法》与《检察官法》尽快接轨，以保证主诉检察官制度有法可依，使主诉检察官制度纳入到法律化、规范化、制度化管理之中。[1]

第二，规范主诉检察官的选任制度。对于主诉检察官制度而言，检察官职业素质的参差不齐也已成为改革全面铺开、深入推进的"瓶颈"。我们建议，可以尝试从以下几方面解决这个问题：一是明确主诉检察官的参选条件。主诉检察官选任标准的混乱，不利于主诉检察官的选任、培养及工作的有效开展。具体而言，应当从政治品德、专业素养、工作经验等多方面来综合制定明确之标准，把好选任关。同时，应制定严格的选拔程序。选拔方式采取资格考试与考核相结合，资格考试可分为书面考试和口头面试，建议对法学理论、公诉实务等方面进行考察，对参考人员进行较为客观的综合评估。通过主诉检察官资格考试的检察员，经本院检察官考评委员会考核合格的，经过一段时期的试用期，在试用期内未发现不能担任主诉检察官工作的，由本院检察长确定为主诉检察官。[2] 二是实行预备主诉检察官制度，建立健全主诉检察官人才梯队。在大力发挥主诉检察官作用的同时，为一些具有良好素质和较高专业知识、办案能力强，但一时尚不具备检察员条件的优秀助理检察员创造条件，使其尽快成长。尽量保证优秀的助手有机会获得必要的出庭机会，以积累出庭经验，并通过专家授课、岗位练兵、情景模拟等方式提高业务水平，进而逐步具备主诉检察官所必需的素质。三是实行主诉检察官的等级制，以保证主诉检察官队伍的不断发展与进步。除了设置需要的条件之外，应对各级主诉官规定一定的出庭公诉数，并听取法官的意见。对各等级主诉检察官，在物质待遇上应体现等级化，并拉开差距。

第三，贯彻责、权、利有机统一的原则。主诉制改革是"放权给检察官"的改革，它使检察官真正成为行使检察权的相对独立的主体，通过责、权、利有机统一，就能够调动检察官的办案积极性和创造性。目前，很多地方推行主诉检察官制度中存在的问题，就是无法做到责任、权力与权利相统一，往往是有职务无权力，或是有职务无权利。因此，在明确主诉检察官制度的法律依据后，对主诉检察官应真正做到"隆其地位、优其待遇"：一方面，应赋予主诉官以提起公诉、出庭公诉、适用简易程序、第一次退回补充侦查、要求法院延期审理等事项的决定权，以及变更案

---

[1] 参见彭真军、黄鹏："当前主诉检察官制度改革中存在的问题和对策"，载《当代法学》2002 年第 8 期。

[2] 季刚、刘晶：《公诉改革的理论与实践》，中国检察出版社 2006 年版，第 68 页。

件管辖、不起诉、撤回起诉等事项的一定决定权。同时,根据其权力的大小确定其所负责任的范围,如果在办理案件过程中有徇私舞弊、滥用职权等故意行为或重大过失造成错案的,应当承担相应的责任。另一方面,要切实提高主诉检察官的待遇,建立主诉检察官激励机制,实行单独的工资等级和标准,对办案有功或考核优秀的,要按规定予以奖励,并作为立功、优先晋级、优先培训、考察的重要依据。

第四,强化主诉检察官的监督机制。推行主诉检察官制度不是简单地下放权力,还必须有相应的监督制约机制。为了确保主诉检察官制度沿着公正、效能的轨道良性发展,检察机关内外部必须有较为严格的监督制约机制来节制、约束管理主诉检察官,防止权力的滥用和失控。具体应做好以下工作:一是加强上下级的监督制约。对于重大、复杂、疑难案件,应要求主诉检察官向部门负责人、检察长乃至检察委员会进行汇报,必要时讨论做出决定。同时,应该为主诉检察官配备两名助理检察官,这样既能提高工作效率,又能起到共同把关、减少错误的效果。此外,主诉检察官作出的实体性决定等仍需要备案,可设立专门的内部机构负责备案、把关工作。二是严格主诉检察官的考评制度,建立纪律监察档案和业务考核档案。建立主诉官考评小组,定期或不定期地对主诉官进行考核,监督其正确行使职权;同时建立主诉检察官的退出机制,对于连续两年考核不合格的或者有其他违法违纪行为的,取消其主诉检察官资格。三是就主诉检察官建立专门的投诉或质询机构。办案组成员、主诉官之间,以及相关业务部门及其工作人员发现主诉检察官有违法违纪现象的,可以向专门机构反映;人大、政协与有关机关也可以通过专门机构对主诉检察官进行监督;人民群众对主诉检察官的违法违纪行为,可以向专门机构进行投诉。[1]

值得注意的是,基于各地司法状况的差异、检察人员素质的参差不齐,目前对于全部案件都实行主诉检察官制度并赋予主诉检察官完全相同的权力范围从实际操作角度而言是不现实的,"放权"的过程必须考虑到各地的实际情况,不能盲目改革。我们建议,在一定时期内,可以实行"三级审批"和主诉检察官的双轨制。对一些重大、复杂案件、可能判处死刑的案件,仍然沿用三级审批制;对于其他案件则实行主诉检察官责任制度,由主诉检察官在规定的权限范围内作出决定。

四、附条件不起诉制度

附条件不起诉,又称暂缓起诉、暂缓不起诉或缓起诉等,是指检察机关在审查起诉过程中,对于符合法定条件且没有必要立即追究刑事责任的犯罪嫌疑人,依法暂时不予起诉,设定一定期限的考验期,待考验期满后,再根据具体情况对犯罪嫌疑人作出起诉或者不起诉决定的制度。[2] 由于附条件不起诉制度仍处于改革摸索阶

---

〔1〕 彭真军、黄鹏:"当前主诉检察官制度改革中存在的问题和对策",载《当代法学》2002 年第 8 期。

〔2〕 参见肖萍:"暂缓起诉制度研究",载《法学杂志》2009 年第 3 期。

段，这就需要在检察改革中加以不断完善。

（一）附条件不起诉制度的现状与问题

附条件不起诉制度是刑事诉讼起诉便宜主义的一种体现，既符合目的刑理论、恢复性司法、非犯罪化、非刑罚化等现代刑事法治理念，又能够合理配置司法资源，实现诉讼经济，有效追究犯罪，体现、维护公共利益，因而为越来越多的国家和地区所采用。在国际范围内，随着起诉便宜主义的深入人心，世界各国和地区都倾向于扩大检察机关的自由裁量权，附条件不起诉制度或类似规定在各国和地区的司法实践中发挥了重要作用。但由于传统理念和诉讼法律体系的不同，在具体制度设计上如适用范围、所附条件、检察官自由裁量权大小等方面又存在着差异。例如，德国《刑事诉讼法典》第 153 条 a 规定：经负责开始审理程序的法院和被指控人同意，检察院可以对轻罪暂时不予提起公诉，同时要求被告人：①做出一定的给付，弥补行为造成的损害，②向某公益设施或者国库交付一笔款额，③作出其他公益给付，④承担一定数额的赡养义务，以这些要求、责令适合消除追究责任的公共利益，并且责任程度与此对称为限。[1] 又如，我国澳门地区《刑事诉讼法》第 263 条规定，附条件不起诉适用于所有可能判处不超过 3 年的徒刑、并处或单处罚金的犯罪行为。只有同时具备以下条件，检察院才可向预审法官建议，暂时中止诉讼程序：①经嫌犯、辅助人、曾在提出检举时声明欲成为辅助人且具有正当性成为辅助人之检举人，及未成为辅助人之被害人的同意；②嫌犯无前科；③不能科处收容保安处分；④罪过轻微；⑤可预见遵守强制命令及行为规则，系足以回应有关案件中所需之预防犯罪要求。适用暂时中止诉讼程序必须经被害人同意，并且由预审法官决定。[2] 考察上述附条件不起诉制度的相关规定，能适用附条件不起诉的，一般都限制于非严重性的犯罪。

近年来，我国许多地方检察机关开始在司法实践中尝试适用附条件不起诉，从上海市长宁区人民检察院于 1992 年最早探索对未成年人附条件不起诉之后，不少地方的检察机关对附条件不起诉制度进行了试点，主要是针对一些特殊群体的犯罪嫌疑人（如未成年人和在校大学生）相继试行附条件不起诉。[3] 但是，由于缺乏明确的法律依据，以及具体做法上的较大差异，也引发了较多的问题。一方面，我国的附条件不起诉制度源于司法实践，虽然许多地方在试行过程中也制定了专门的规则、办法来对之加以规范，但仍然缺乏刑事立法的权威依据。另一方面，各地附条件不

〔1〕 参见〔德〕约阿希姆·赫尔曼：《德国刑事诉讼法》，李昌珂译，中国政法大学出版社 1995 年版，第 73 页。

〔2〕 参见兰耀军："论附条件不起诉"，载《法律科学》2006 年第 5 期。

〔3〕 参见彭东、张寒玉：《检察机关不起诉工作实务》，中国检察出版社 2005 年版，第 194 页。

起诉的规则在适用对象、适用范围、适用条件等方面都存在差异，直接导致了很多类似的案件得不到相似的处理，影响了司法的公信力，破坏了司法统一性，不利于对自由裁量权进行有效监督。

（二）附条件不起诉制度的完善

基于我国的现行立法和司法实践，应当采取谨慎、稳妥的基本思路，在规范附条件不起诉的适用对象、所附条件、适用程序的基础上，完善配套措施，逐步实现该项制度的科学和统一。

1. 明确附条件不起诉制度的法律依据。尽管理论界对于附条件不起诉制度存在一定的争议，但实践证明，规范的附条件不起诉制度确实起到了一定的积极作用，促进了法律效果与社会效果的统一。我们建议，有必要在刑事诉讼法修改的时候，适度扩大不起诉的范围，增加附条件不起诉的相关内容，为司法实践提供明确的法律依据。

2. 制定具体的操作规程。主要包括以下方面：

（1）附条件不起诉的适用对象。对于何种行为主体可以适用附条件不起诉，目前学界有三种观点，第一种观点认为，应严格限制其适用范围，只适用于未成年嫌疑人；[1] 第二种观点认为，附条件不起诉不仅可适用于未成年嫌疑人，还可适用于老年嫌疑人以及偶犯嫌疑人；[2] 第三种观点认为，凡依法可能判处 3 年以下有期徒刑、拘役、管制及免予刑事处分的犯罪嫌疑人，均可适用附条件不起诉。[3] 我们认为，第三种观点较为合理，构建附条件不起诉制度的初衷就是为了缓解有限的司法资源同日益增长的犯罪之间的矛盾，让有限的司法资源发挥最大的效率，从长远来看在制度设计上不宜对适用对象的身份作限制。具体可设计为：对于其行为已经构成犯罪，依法需要判处刑罚的犯罪嫌疑人，在可能判处 3 年以下有期徒刑、拘役、管制、单处罚金的情形下，经犯罪嫌疑人同意，可以适用附条件不起诉制度。检察机关应当综合考量犯罪嫌疑人的年龄、性格、境遇、犯罪性质和情节、犯罪原因、犯罪后悔过表现、是否具有良好的帮教条件等，在认为不起诉更符合公共利益时作出附条件不起诉的决定。当然，为更好地贯彻宽严相济的刑事政策，应对附条件不起诉的对象作出特殊规定：在以下情况下，检察机关优先考虑适用附条件不起诉：犯罪情节轻微的青少年、老年或有严重生理缺陷的；情节轻微的初犯、偶犯、过失犯、共同犯罪中的从犯和胁从犯，并具有良好的帮教条件的；犯罪后采取弥补措施

---

〔1〕　参见徐静村：《中国刑事诉讼法（第二修正案）学者拟制稿及立法理由》，法律出版社 2005 年版，第 189 页。

〔2〕　参见杨诚、单民：《中外刑事公诉制度》，法律出版社 2000 年版，第 223 页。

〔3〕　参见洪道德："改'免予起诉'为'暂缓起诉'"，载《法学研究》1989 年第 2 期。

或悔改措施，不致再危害社会并具有良好的帮教条件的；取得被害人谅解，并具有良好的帮教条件的。对于下列犯罪不得适用附条件不起诉：①严重犯罪案件，如杀人、强奸、放火等严重暴力性犯罪；②有前科的犯罪嫌疑人及累犯。另外，附条件不起诉决定的作出必须经过犯罪嫌疑人的同意，因为任何犯罪嫌疑人都有接受公正审判的权利。若犯罪嫌疑人要求接受审判，则检察机关只能提起公诉。

（2）附条件不起诉的附带条件。在具体的附带条件设计上，应结合我国的具体国情，除了对被害人补偿以外应尽量避免支付金钱条件的适用。例如，检察机关作出附条件不起诉决定，经犯罪嫌疑人的同意，可以要求其具结悔过、对被害人的损失作出赔偿或给与被害人补偿、向指定的公益团体或社区支付一定数额的财务或提供一定时间的公益劳动、完成戒瘾治疗、精神治疗、心理辅导等矫正措施等，同时规定一定的期限。

（3）附条件不起诉的提起和决定程序。根据我国《刑事诉讼法》的规定，检察机关拥有附条件不起诉的提起权和决定权，同时应当对附条件不起诉的决定主体及其权限做出明确规定，以避免附条件不起诉的滥用。首先，承办人通过审查，认为犯罪嫌疑人的犯罪事实已经查清，证据确实充分，依法应当追究刑事责任，且又符合上述附条件不起诉条件的，在听取被害人的意见，并经犯罪嫌疑人同意的基础上，拟定附条件不起诉决定意见；负责检察官报请分管检察长提交检察委员会讨论，由检察委员会做出决定，并报上级检察机关备案。

（4）附条件不起诉书的格式。检察机关一旦做出附条件不起诉决定，应制作《附条件不起诉决定书》，在决定书作出的一定期限内将其送达犯罪嫌疑人、辩护人、被害人、侦查机关以及其他有关的单位；附条件不起诉决定书应当明确载明犯罪嫌疑人的具体情况、案件的事实和理由、附条件不起诉的考验期及附加条件、附条件不起诉决定的撤销、不服不起诉决定的救济方式等内容。

（5）附条件不起诉的监督执行。考虑到我国已有的取保候审制度、监视居住制度和缓刑制度中公安机关所起的作用，我们建议，由公安机关代为考察，同时也可结合目前正在推行的社区矫正计划，由社会帮教组织予以积极配合。

（6）考验期满后的处理。如果被不起诉人在考验期内履行了规定的义务，并且没有故意犯罪，考验期满后，检察机关应当终止诉讼程序，不再作为犯罪予以追究。如果被不起诉人不履行规定的义务，或者故意犯罪，或者发现以前有故意犯罪行为，经查证属实，人民检察院应当撤销附条件不起诉决定，继续作为犯罪予以追究。并且，原考验期不得抵作刑期，被不起诉人已经履行的部分，不得请求返还。但是，曾经给予被害人作为损害赔偿的金额，应当在终局判决所确定的损害赔偿金额中扣除。[1]

3. 加强对附条件不起诉制度的监督制约。弗兰茨·纽曼曾经说过："哪里有不受限制的自由裁量权，哪里便无法律制度可言"。[2] 附条件不起诉作为检察机关的自由裁量权之一，如果没有建立相应的权力制约机制，就可能带来起诉裁量权的滥用，导致司法不公。根据德国刑事诉讼法的规定，附条件不起诉的制约主要来自于司法机关和被告人，必须经负责开始审理程序的法院和被指控人的同意。[3] 具体来说，包括如下方面：①对于有被害人的刑事案件，决定附条件不起诉的，人民检察院应当同时将《附条件不起诉决定书》送达被害人，被害人如果不服，有权在法定期限内向上一级人民检察院申诉，对复查结果仍不服时，可以自诉人的身份将案件起诉到人民法院。被害人也可以不经申诉，直接向人民法院提起自诉。②侦查终结向检察机关移送审查起诉的刑事案件，检察机关决定对犯罪嫌疑人适用附条件不起诉的，应当同时将附条件不起诉决定书送达侦查机关。侦查机关认为检察机关的决定不当的，可以向检察机关提出复议，如果意见不被接受，还可以向上一级检察机关提请复核。③下级检察机关在做出附条件不起诉决定后，应当将决定书报上级检察机关备案。上级检察院经过审查，发现下级检察院适用附条件不起诉决定不当的，可以撤销下级检察院的附条件不起诉决定，并通知下级检察院提起公诉。下级检察院必须立即执行。④人民监督员具有广泛的群众基础，代表民意，检察机关在作出附条件不起诉决定之时，可听取人民监督员就犯罪嫌疑人的有关情况的意见。我们建议，可将人民监督员监督案件的范围扩大至附条件不起诉。人民监督员可以应邀列席检委会会议，对其做出决定的过程进行监督，发现有违法情况的，可以提出建议和意见，检察机关在认真审核后给出书面的答复意见。

第七题　检察量刑建议程序之建构

定罪与量刑是刑事诉讼进入审判阶段以后最为重要的两项任务。长期以来，我国司法机关存在"重定罪、轻量刑"的观念，注重认定被告人的罪与非罪、此罪与彼罪，忽视了刑罚适用导致出现量刑不公，影响了司法机关的公信力和权威性。从2005年开始，最高人民法院对量刑规范化进行调研论证，起草了《人民法院量刑指导意见（试行）》和《人民法院量刑程序指导意见（试行）》，并于2009年6月1日

---

[1] 参见兰耀军："论附条件不起诉"，载《法律科学》2006年第5期。
[2] 转引自左卫民、周长军：《刑事诉讼的理念》，法律出版社1999年版，第1页。
[3] 参见王敏远："暂缓起诉制度——争议及前景"，载《人民检察》2006年第4期。

付之全国法院系统进行试点，力图将独立的量刑程序纳入法庭审理过程。事实上，量刑程序的运行尤其需要控辩双方的参与与配合，检察机关作为国家的公诉机关和法律监督机关，如果没有完备的量刑建议程序，则很难收到好的效果。量刑建议权属于公诉权的一项独立权能，是指检察机关提起公诉或出庭支持公诉活动中，依据被告人的犯罪事实、性质、情节及其他社会危害程度，对被告人应当被判处的刑种、刑度、执行方式等向法院提出的具体建议。我国《刑事诉讼法》第 160 条规定，经审判长许可，公诉人、当事人和辩护人、诉讼代理人可以对证据和案件情况发表意见并且可以互相辩论，该法条可以视为检察量刑建议的直接法律依据。近年来，检察机关为确保量刑规范化工作的深入、有序开展，在理论和实践上逐步探索量刑建议程序的建立。早在 1999 年，北京市东城区人民检察院即开始试行"公诉人当庭发表量刑意见"，并在 2000 年初确定为公诉改革的课题之一。有些检察机关还出台了具体规范，如四川省郫县人民检察院制定了《量刑建议制度的操作规程》，明确了提出量刑建议的案件类型。[1] 2005 年 6 月，《最高人民检察院关于进一步加强公诉工作强化法律监督的意见》指出："为更加充分地发挥公诉职能，强化对审判机关量刑活动的监督制约，保证案件公正处理，要在总结一些地方探索量刑建议经验的基础上，进一步积极稳妥地开展量刑建议试点工作。"2005 年 7 月，最高人民检察院正式下发《人民检察院量刑建议试点工作实施意见》，这标志着量刑建议程序作为刑事诉讼程序改革的一项重要内容，正式在全国各地检察院推行。迄今为止，检察机关发表量刑意见的案件越来越多、范围越来越广，从最初对简易程序案件提出量刑意见，发展到现在的普通程序简化审案件、未成年人犯罪案件以及其他事实定性无争议的案件，越来越多的量刑建议被各级法院采纳。但是，由于我国检察机关没有统一的量刑建议操作规范和标准，导致在具体行使量刑建议权时经常遇到疑难与困惑，影响了提起公诉和法律监督的效果。随着量刑规范化工作的深入开展，如何构建完备的检察量刑建议程序，就成为理论界和实务部门面临的重大问题。

一、检察量刑建议程序的价值蕴含

（一）有利于行使公诉职能

公诉权是指具有公诉职能的检察机关为追诉犯罪而向法院提起诉讼，请求对被告人定罪处刑的一项诉讼权力。公诉权包括定罪请求权和量刑建议权，前者更注重从事实上揭露犯罪、证实犯罪，而后者则在前者的基础上侧重提出犯罪人应受何种刑事处罚，是前者的必然结果。在某种意义上说，公诉权的实质就是一种量刑建议权，即请求法院通过审判对被指控人适用刑罚。[2] 与之相应，检察机关的公诉程序

〔1〕 赵阳："中国量刑建议制度八年探索历程披露"，载《法制日报》2007 年 11 月 30 日，第 3 版。
〔2〕 张少林："量刑请求权的法理依据"，载《检察日报》2001 年 4 月 16 日，第 4 版。

应包括两个部分：一是请求法院对被指控的犯罪予以确认的程序，这是在行使定罪请求权；二是请求法院在确认其指控的犯罪的基础上予以量刑的程序，这是在行使量刑建议权。从立法和理论来看，量刑建议程序并不是检察机关凭空创设的，它是公诉程序的下位程序，是公诉权得以实现的一个不可或缺的环节。在实践中，构建量刑建议程序还有利于提高公诉人审查案件和公诉的水平。为提出科学的量刑建议，公诉人要对案件进行反复斟酌和分析，从而加强对整个案情包括对定罪情节的把握。

（二）有利于强化法律监督

根据我国《宪法》和《刑事诉讼法》的规定，检察机关是国家的法律监督机关，有权对人民法院的刑事审判活动实行法律监督。事实上，法律监督是一项系统工程，既应包括事后监督，也应包括事前监督和事中监督，量刑建议正是检察机关行使法律监督权的一种重要方式。[1] 我国《刑法》规定的量刑幅度较大，且存在相当的"法律空白"和"法律边缘"地带，对一些事实和情节相当的案件，法院与法院之间、甚至同一法院的量刑可能差异悬殊，这就影响了司法公正。在实践中，检察机关一般通过抗诉的形式进行监督，但是刑事抗诉毕竟只是一种事后监督，往往显得不够及时。建构量刑建议程序，有利于强化刑事审判监督的力度，对法官的自由裁量权形成制衡。检察机关通过量刑建议，提出对被告人量刑的具体请求，这就使法院在量刑时有了明确的"参照物"，防止出现量刑畸轻畸重等情况。

（三）有利于实现司法公正

我国《刑事诉讼法》规定，人民法院、人民检察院和公安机关进行刑事诉讼，应当分工负责，互相配合，互相制约，这要求任何一种权力运行都必须考虑权力之间的合理制约与平衡。在刑事审判中，自由裁量权主要包括定罪裁量权和量刑裁量权，如果控辩双方只注重定罪问题，而对量刑问题不进行质证、辩论，这就形成了法官量刑的封闭空间，容易导致量刑权力的滥用。量刑建议程序正是对法官裁量权的制约。在独立量刑程序的框架下，检察机关率先提出量刑建议，被告方的答辩意见也能得到充分表达，这就形成了控辩双方对法官量刑权力的制约，量刑程序就处在一个公开、透明的环境下，控、辩、审三方达到了一种平衡的状态。

（四）有利于加强人权保障

惩治犯罪和人权保障是刑事诉讼目的不可分割的两个方面。在刑事诉讼中，检察机关对被告人的追诉活动体现了国家权力的行使，而国家是社会组织中最强大的实体，被告人处于相对弱势的一方，其力量很难抵御受到的不法侵害。在刑事诉讼改革的过程中，我国借鉴了英美法系当事人主义诉讼模式的一些合理要素，力图在庭审中形成控辩双方互相对抗的局面。检察机关提出量刑建议，本身就是对被害人

---

〔1〕 赵阳："中国量刑建议制度八年探索历程披露"，载《法制日报》2007年11月30日，第3版。

和社会公众实施保护的一种活动，被告人也会充分行使辩护权，对不利于自己的控诉进行对抗，从而促成控辩双方针对罪与非罪、量刑的种类和轻重等问题展开全面辩论。法官在兼听的基础上，对证据和有关情节进行审查判断，容易做出公正的判决。这样，被告人的诉讼主体地位能够真正得到落实，更好地维护其合法权益。同时，被害人、被告人通过量刑辩论，能够知悉量刑的依据和过程，对判决的公正性有了更好的理解，这也有助于减少不必要的上诉缠访。[1]

（五）有利于促进国际刑事司法准则的协调

建构量刑建议程序是刑事诉讼制度国际化的迫切需要。随着我国国际交往和国际合作的空前扩大，我国政府已于 1997 年以来先后签署并加入了联合国《公民权利和政治权利国际公约》等条约，这就要求我国的刑事诉讼制度与通行的国际准则协调一致。这种协调不仅体现在无罪推定、程序公正等原则上，更在于确保这些原则实现的具体制度上。目前，世界上许多国家的公诉人在代表国家对犯罪提起追诉时，都明确提出相应的量刑要求，并因法律制度和法律传统的不同，而形成各具特色的量刑建议程序。大陆法系国家的量刑建议制度一直贯穿于审判过程之中，主要是通过检察官在诉讼活动中提出量刑建议及这一建议对法官的效力等一系列规定或习惯做法体现出来的。英美法系国家的量刑建议制度鲜明存在于量刑阶段，在量刑听证程序中，控辩双方都可以就量刑问题提出自己的看法，充分发表意见。[2] 构建量刑建议程序并使之与国际准则协调一致，不仅是我国改革开放的需要，也是我国应当履行的国际义务。

二、检察量刑建议程序的设计

在我国，量刑程序的提出及构建在一定程度上是在检察机关提出并试行量刑建议制度的背景下发生的。[3] 因此，建构检察机关的量刑建议程序，既应考虑其与庭审量刑程序的紧密联系，又要注意保持独立之特色；既应借鉴吸收先进的国际经验，又要立足我国刑事司法的实际。我们认为，检察量刑建议程序应从以下方面进行设计：

（一）量刑建议的主体

行使量刑建议权的权力主体是提出公诉的检察机关。"检察一体化"是我国检察机关遵循的一项重要组织原则，该原则要求检察机关上下级之间形成合力，以破除行使量刑建议权的种种干扰。"检察一体化"对外是指检察机关依法独立行使检察

---

〔1〕 朱晓文："关于赋予检察机关量刑建议权的思考——从许霆盗窃一案说起"，载《政法学刊》2008年第3期。

〔2〕 参见曾康："国外量刑建议制度考评与借鉴"，载《求索》2004年第7期。

〔3〕 参见顾永忠："试论量刑与量刑程序涉及的关系"，载《人民检察》2009年第15期。

权，不受行政机关、社会团体、个人的干涉；对内是指业务一体，即检察机关上命下从，作为共同体统一行使检察权。

具体从检察机关内部来说，在法庭上提出量刑建议的主体只能是公诉人。然而，量刑建议的决定主体还要结合我国公诉工作体制来确定：如果是实行主诉检察官办案责任制的，应当由主诉检察官对案件事实和证据进行认真的审查核实，深入研究与案件有关的法律政策，依法决定并提出量刑建议；如果是实行"三级审批"办案制的，应当由承办人拟定量刑建议并阐明法律、法理依据，经公诉部门负责人审核后报主管检察长批准，最终由公诉人提出量刑建议；如果是检察长直接办理的案件，应当由检察长决定并提出量刑建议；[1] 如果是检察委员会讨论的重大、复杂、疑难案件，应当由检委会集体决定并由公诉人提出量刑建议。应该说，由于定罪和量刑具有密不可分的关系，因而案件审批和量刑建议的提出也是不可分割的。赋予量刑建议行政上的审批程序，不仅非常必要，而且符合"检察一体化"的组织原则。[2] 除去主诉检察官办案责任制和检察长办理的案件之外，公诉人在庭审中发现事实发生变化需要改变原有量刑建议的，应及时向原决定主体进行汇报，待批准后再向法庭提出量刑建议。

为确定科学的量刑建议主体，还应注意以下问题：①适用死刑的量刑建议。死刑是对犯罪人适用的最为严厉的刑罚措施，有必要对适用死刑的建议权进行特别限制。我们建议，对于案件拟提出适用死刑建议（特别是立即执行）的，一律由主管检察长参加研究决定，重大、疑难案件由检委会作出决定，以体现对被告人生命权的重视程度，提高检察机关提出适用死刑建议的严肃性。②从宽的量刑建议。量刑建议是根据有关法律规定，结合案件具体情况经过系统的司法推理后做出的判断，为避免个别检察人员的主观臆断或滥用权力，对于提出减轻、免除刑罚或对被告人适用缓刑量刑建议的案件，一律由主管检察长参加研究决定。③被害人的地位。我国《刑事诉讼法》第 139 条规定："人民检察院审查案件，应当讯问犯罪嫌疑人，听取被害人和犯罪嫌疑人、被害人委托的人的意见。"这里既包括对被告人定罪的意见，也包括对被告人量刑的意见。作为犯罪行为的侵害对象，被害人遭受的经济、社会、肉体和精神的损害是不可忽视的。据此，检察机关在提出量刑建议前，应当听取被害人、被害人的近亲属或其委托的诉讼代理人的意见。鉴于我国被害人的法

---

〔1〕　根据《最高人民检察院关于各级人民检察院检察长、副检察长直接办理案件的意见》，各级人民检察院检察长、副检察长对于在当地有重大影响的案件；疑难、复杂案件；新类型案件；对于履行法律监督职能具有重大创新意义的案件；由检察长、副检察长直接办理更为适宜的其他重大案件这 5 类案件，在职务犯罪侦查、审查逮捕、审查起诉、诉讼监督和控告申诉检察等环节，抓住重点，有选择地直接办理。

〔2〕　王跃凤："检察机关量刑建议权若干问题探讨"，载《法商论丛》2008 年第 1 期。

律意识和法律水平有限，特别是被害方多不可避免地存在非理性情绪，在量刑建议程序中，被害方主要享有表达意见的权利，对量刑建议的提出不具有约束力。

（二）量刑建议的范围

量刑建议的范围是指检察机关对哪些案件或在哪些情形下可以提出量刑建议。目前，我国理论界和实务部门对量刑建议的范围主要有以下观点：第一种观点认为，只要经过检察机关的认真审查，所有刑事案件都能向法院提出量刑建议。[1] 第二种观点认为，对于控辩双方对事实、证据没有争议，但是在量刑问题上存在异议的，可以提出具体的量刑建议；对于控辩双方对定罪问题存在较大争议的，应当避免提出量刑建议，以防止因量刑结论与量刑建议不一致而将检察机关推入尴尬地位。[2] 第三种观点认为，对适用普通程序的以及普通程序简化审的案件，可以充分行使量刑建议权。对于适用简易程序的案件，可以暂时不提量刑建议。[3] 第四种观点认为，量刑建议适用案件类型应以被告人认罪案件、未成年人犯罪案件和无受害人案件为主，公诉人在量刑建议时应当尽量避免有受害人案件。[4]

我们赞同第一种观点，即量刑建议适用于各级检察院提起公诉的各类案件，而不局限于某一类案件排除另一类案件。这是因为，公诉权贯穿于刑事审判的全过程，无论是在案件的一审、二审、再审乃至死刑复核程序中，检察机关均有权提出量刑建议。后三种观点主要从量刑建议的效果考虑，具有一定的合理性。但是，如果对量刑建议的范围进行限制，将有损于量刑答辩程序的完整性，从而影响案件办理的效果。当然，此种形式无形中增加了检察机关的责任，但在法制日趋完善的今天，公诉人必须努力增加自身的素质才能真正做到"法律面前人人平等"。[5]

最高人民法院、最高人民检察院、司法部制定的《关于适用普通程序审理"被告人认罪案件"的若干意见》第 7 条第 4 项规定，对于"被告人认罪案件"，控辩双方主要围绕确定罪名、量刑及其他有争议的问题进行辩论。由此可见，在审判过程中，如果被告人否认有罪，则庭审的首要任务是查清犯罪事实问题，在犯罪事实查清、确认被告人有罪后，才能启动量刑程序。[6] 我们认为，检察机关的量刑建议程序具有相对的独立性，无论被告人是否认罪，均不影响检察机关依法提出量刑建议。①公诉权本身就包含"定罪"、"量刑"两重建议权，作为控方既然已经对案件提起

---

[1] 徐清："小议检察机关量刑建议权"，载《犯罪研究》2005 年第 4 期；蔡金芳、朱明棣："关于检察机关量刑建议权制度的规范化"，载《前沿》2005 年第 6 期。

[2] 王跃凤："检察机关量刑建议权若干问题探讨"，载《法商论丛》2008 年第 1 期。

[3] 王顺安、徐明明："检察机关量刑建议权及其操作"，载《法学杂志》2004 年第 5 期。

[4] 束玉兴："适用量刑建议值得注意的几个问题"，载《江苏法制报》2005 年 2 月 21 日，第 3 版。

[5] 蔡金芳、朱明棣："关于检察机关量刑建议权制度的规范化"，载《前沿》2005 年第 6 期。

[6] 胡云腾："构建我国量刑程序的几个争议问题"，载《法制日报》2009 年 6 月 18 日，第 3 版。

公诉，就应当对定罪及量刑有同样的决心。如果检察机关仅就被告人构成何罪向法院提起公诉，在程序上是不够完整的。②量刑建议是检察机关行使法律监督权的一项重要职责，如果放弃行使或怠于行使，显然会影响对量刑工作的监督力度。③量刑建议并不意味着具体的刑种、刑期，而是包括绝对确定、相对确定或概括的量刑建议等类型。如果控辩双方对案件事实、定性问题存在较大争议，或者被害方情绪较为激动的，检察机关可以根据具体情况的差别，灵活提出量刑建议，以收到更好的法律效果、社会效果和政治效果。

当前，量刑建议程序作为公诉改革的重要举措，涉及情况复杂，各地的试点经验尚处于完善之中，应当立足我国司法现状，循序渐进地稳步推进。我们建议，量刑建议可重点适用简易程序、普通程序简化审和未成年人犯罪案件。在这些案件中，或是由于量刑幅度有限，量刑严重不当的可能性相对较小；或是由于庭审出现变数的机率较低，法院确认宣告刑的幅度相对稳定，这就能够确保量刑建议工作获得较好的效果。对其他类型的案件，如果对事实认定与法律适用无争议的，可以大胆提出量刑建议，对因定性分歧较大、社会影响面广的案件，要在取得经验并经调研论证的基础上，逐步开展量刑建议工作。

（三）量刑建议的形式

目前，我国理论界和实务部门对量刑建议的形式主要有以下几种观点：一是公诉意见。检察机关与其事先提出量刑建议，待遇到情况变化后再变更建议内容，不如当庭通过公诉意见提出量刑建议。[1] 二是起诉书。检察机关应在起诉书中以书面方式提出量刑建议，这样可以受到社会公众的规制。[2] 三是量刑建议书。检察机关制作独立的量刑建议书，其内容应包括量刑情节和具体量刑意见，将其作为一种新的法律文书，连同起诉书一并提交给法院、被告人及其辩护人。[3] 四是综合量刑建议书和公诉意见。公诉人出庭的案件，量刑建议应当以公诉意见的形式当庭发表；对于适用简易程序的案件，公诉人不出庭的情况下，应当以量刑建议书的形式单独提出量刑建议。[4] 五是综合起诉书和公诉意见。对于适用简易程序的案件，应在起诉书中提出量刑建议；对于适用普通程序（包括普通程序简易化）审理的案件，应

---

[1] 王顺安、徐明明："检察机关量刑建议权及其操作"，载《法学杂志》2003 年第 6 期。

[2] 冀祥德："设置量刑建议权要体现控辩协商的价值"，载《检察日报》2006 年 3 月 1 日，第 3 版；徐清："小议检察机关量刑建议权"，载《犯罪研究》2005 年第 4 期。

[3] 徐日丹、段善策："北京：检察机关首份量刑建议书发出"，载《检察日报》2009 年 7 月 6 日，第 4版。

[4] 朱晓文："关于赋予检察机关量刑建议权的思考——从许霆盗窃一案说起"，载《政法学刊》2008年第 3 期。

将量刑建议作为公诉意见的一个组成部分，在法庭辩论阶段发表公诉意见时说明。[1]

综合这五种观点来看，量刑建议包括口头提出和书面提出两种形式。口头提出一般是在法庭辩论阶段，由公诉人发表公诉意见时提出，其优点是公诉人可以根据庭审情况及时调整对策，较为灵活，但也存在缺乏规范、效力不足等缺陷。书面提出是通过起诉书或量刑建议书向法院提出，其优点是较为正式、规范，缺点是一经提出即较为固定，难以应对案件情况的变化。

我们赞同第五种观点，由于案件类型是复杂多样的，检察机关应根据不同的诉讼程序和阶段，灵活采用多种形式提出量刑建议，使之相辅相成，将量刑建议的效果发挥至最大。具体而言，检察机关应综合起诉书和公诉意见的形式提出量刑建议。一方面，起诉书是检察机关提交法院的最权威之法律文书，法律效力较强，社会影响力也更大。同时，我们不赞同在起诉书之外另行制作专门的量刑建议书，这从诉讼经济的角度来考虑似无必要，且不宜将量刑和定罪割裂开来。另一方面，公诉意见是指公诉人在法庭上就案件的事实、证据、定罪量刑等问题在法庭调查结束、法庭辩论开始时集中阐发公诉机关的意见。由于我国尚未建立证据开示制度，检察机关在提起公诉时可能没有掌握全案的证据。随着庭审的进行，案件情况亦可能发生变化，这时可采用公诉意见的形式提出量刑建议。

对于适用简易程序审理的案件，由于检察机关一般不派员出席法庭，这时应通过起诉书提出量刑建议。在此类案件中，公诉人通常对指控的犯罪事实、情节、被告人的态度和证据证明力有充分、全面的了解，可通过起诉书提出较为具体的量刑建议。对于适用普通程序审理的案件，如果检察机关认为证据、定性存在争议，或者庭审情况可能发生变化的，可首先在起诉书中对被告人的定罪量刑予以表述，并由公诉人在发表公诉意见时，对起诉书的建议作更进一步的补充，书记员应在出庭笔录上详细记载量刑建议的发表及辩论情况。此时，起诉书中的量刑建议可以是概括的量刑建议，即指出应适用的法律条、款、项或建议从重、从轻处罚。随着法庭调查、法庭辩论的进行，犯罪事实、量刑情节逐渐清楚以后，公诉人可提出相对确定乃至绝对确定的量刑建议。应当注意的是，在"三级审批"的办案体制下，公诉人在庭审中发现犯罪事实、量刑情节有变化后，可以申请法庭延期审理，在请示主管领导后，及时调整建议的内容，在庭审时再正式向法院提出量刑建议。

（四）量刑建议的时机

量刑建议的时机和形式之间存在密切的联系，但又是两个不同的问题。目前，我国理论界和实务部门对量刑建议的时机主要有以下几种观点：一是庭前提出。检

---

[1] 章强明、沈欢芝："对检察机关量刑建议权的定位思考"，载《法制与经济》2008 年第 20 期。

察机关应在审查起诉阶段结束、向审判机关提起公诉时提出量刑建议。[1] 二是当庭提出。有观点认为，检察机关应在法庭调查阶段提出量刑建议；有观点认为，检察机关应在法庭调查结束后法庭辩论开始时提出量刑建议；还有观点认为，检察机关应在法庭辩论结束后，被告人作最后陈述之前时提出量刑建议。[2] 三是庭后提出。检察机关的量刑建议应当在庭后进行，这样在量刑建议得不到采纳时，可以减少被告人的不服判因素。[3] 四是综合提出。在适用简易程序或普通程序简易审的被告人认罪的案件，可以在提起公诉时提出量刑建议；使用普通程序审理的案件，则当庭通过公诉意见提出量刑建议。[4]

我们认为，第四种观点区分不同的案件情况，是较为合理的，但也需要进一步补充。前三种观点均具有合理之处，但也不够全面，因为每个案件的情况不同，如果固定于某一个特定的阶段进行操作，那样做反而有碍案件办理的效果。就量刑建议的时机而言，既要将其放置于整个量刑程序中来考虑，又要区分案件的不同类型，做到原则性和灵活性相结合。

第一，无论是适用简易程序还是普通程序的案件，检察机关均应在庭前提出量刑建议。至于量刑建议是概括性、相对确定还是绝对确定的，应视案件具体情况而定。[5] 检察机关的公诉权包括定罪请求权和量刑建议权，在提起公诉时一并行使，能够保持求刑权行使的完整性。从我国刑事诉讼控辩对抗的原理来看，检察机关在庭前提出量刑建议，能够给予辩方一定的准备时间，有利于确保量刑答辩程序的充分性。对于适用简易程序审理的案件，由于检察机关一般不派员出席法庭，检察机关应在庭前提出量刑建议；对于适用普通程序审理的案件，检察机关可在庭前提出概括性的量刑建议，随后根据庭审情况予以修正。

第二，对于适用普通程序的案件，如果存在争议或庭审情况发生变化的，检察机关可以当庭提出量刑建议。具体时机应把握在法庭调查结束后的法庭辩论阶段，经过法庭证据调查，控辩双方对各自出示的证据进行了充分质证后，公诉人对于被告人犯罪事实、量刑情节有了更加清楚的认识，提出的量刑建议也更有针对性和说

〔1〕 冀祥德："设置量刑建议权要体现控辩协商的价值"，载《检察日报》2006年3月1日，第3版。
〔2〕 王顺安："检察机关量刑建议权及其操作"，载《法学杂志》2000年第6期。
〔3〕 秦奕明："量刑建议存在的必要性及可行性"，载《法治快报》2008年5月6日，第5版。
〔4〕 密然："公诉人如何提出量刑建议"，载《检察日报》2004年1月30日，第4版。
〔5〕 当然，我们提出此种观点主要立足于我国的刑事司法现状，如果我国将来建立了有效、公正的庭前证据开示制度，公诉人在庭前对案件证据有全面的了解和把握，就可以在庭审前提出完整的量刑建议。

服力。[1] 在随后的法庭辩论中，辩方有足够的机会针对量刑建议提出异议，发表意见，有利于法官全面考虑各种情况，公正量刑，实现案件处理的公正性。[2]

第三，无论适用普通程序还是建议程序的案件，检察机关均不应在庭后提出量刑建议。庭后提出量刑建议，有悖于诉讼公开、公正的准则，被告人及社会公众很难知悉量刑建议的内容和采纳情况，容易引发对司法机关"暗箱操作"的质疑。

（五）量刑建议的内容

量刑建议的内容是指检察机关依据案件事实和刑法规定，在认定行为人构成犯罪的基础上，建议法院对犯罪人判处何种刑罚，判处多重的刑罚，以及所判的刑罚是否立即执行等。我国《刑法》规定了管制、拘役、有期徒刑、无期徒刑和死刑5种主刑，罚金、剥夺政治权利、没收财产和驱逐出境4种附加刑，以及法定量刑情节、酌定量刑情节以及特殊量刑因素，它们相互补充、相互配合，共同组成了我国的刑罚体系。检察机关在确定量刑建议的内容时，既应考虑刑事程序法的相关规定，又应以刑事实体法为依据。总体来看，量刑建议的内容应包括以下部分：

1. 对宣告刑的建议。宣告刑是审判机关对具体犯罪案件中的犯罪人依法判处并宣告的应当实际执行的刑罚，它着眼于具体犯罪案件及犯罪人的特殊性。检察机关对宣告刑提出建议，其依据主要是法定刑——刑法分则规定的适用于具体犯罪的刑罚种类和量刑幅度。以量刑建议的明确程度为标准，又可将对宣告刑的建议分为概括的量刑建议、相对确定的量刑建议和绝对确定的量刑建议三类。在实践中，检察机关可以根据案件的不同情况，灵活组合、运用这三类量刑建议。检察机关在审查案件后，对于认为应当适用死刑（包括缓期执行）、无期徒刑、剥夺政治权利、驱逐出境和没收财产（包括全部或部分）的案件，应当提出绝对确定的量刑建议；对于认为应当适用有期徒刑、拘役、管制、罚金的案件，一般根据犯罪情节提出概括的量刑建议或者相对确定的量刑建议，只有在极有把握的情况下，才可提出绝对确定的量刑建议。

第一，概括的量刑建议，是指仅仅指出适用的法律条、款、项，或建议法院从重、从轻处罚。检察机关对于疑难、复杂或控辩双方对于定性存在较大争议的案件，

[1] 由此，量刑建议的提出时机与最高人民法院发布的《人民法院量刑程序指导意见（试行）》（以下简称《意见》）达成了衔接。根据该《意见》规定："适用普通程序审理案件时，法庭审理分为3个相对独立的'两部分'：①在法庭调查阶段，根据情况先调查犯罪事实，后调查量刑事实；②在法庭辩论阶段，根据情况先辩论定罪问题，后辩论量刑问题；③告知被告人可以就定罪和量刑等问题进行最后陈述。适用简易程序和普通程序简化审时，在查明被告人系自愿认罪后，可以简化有罪事实的法庭调查内容，将庭审转化为量刑等问题。参见刘金林："量刑规范化：四大争议亟需解决"，载《检察日报》2009年6月12日，第3版。
[2] 章强明、沈欢芝："对检察机关量刑建议权的定位思考"，载《法制与经济》2008年第20期。

可视情况提出概括的量刑建议。例如，我国刑法典第238条规定，非法拘禁他人或者以其他方法非法剥夺他人人身自由的，处3年以下有期徒刑、拘役、管制或者剥夺政治权利；非法拘禁他人致人重伤的，处3年以上10年以下有期徒刑；致人死亡的，处10年以上有期徒刑。如果检察机关认定被告人非法拘禁他人致其死亡，应建议适用刑法典第238条第2款之规定，请求法院依法惩处。

第二，相对确定的量刑建议，是指在法定刑幅度内进一步压缩量刑空间，在一个较窄的量刑幅度内获得相对确定的量刑值。对于犯罪事实清楚、证据确实充分、适用法律明确的案件，检察机关可以提出相对确定的量刑建议。具体方式是检察官根据审查起诉中认定的事实、证据、情节等情况，根据法定刑幅度内的基准刑，结合其从重、从轻、减轻处罚的情节，提出量刑建议，如果庭审情况和被告人态度发生变化，还应对原有的量刑建议进行补充完善。

在实践中，相对确定的量刑建议应主要适用于应当判处自由刑的被告人，原则上不适用于应判处罚金刑的被告人。这是因为，罚金刑的数额除了依据基本犯罪情节外，往往还要考虑到其他一些因素，如被告人财产状况等，检察机关很难对此情况进行全面掌握。如果对自由刑提出相对确定的量刑建议，我们建议在法定刑之内再确定一个较小的幅度，如果法定刑在3年以下的，量刑建议的幅度在6个月至1年为宜；法定刑在3年以上的，量刑幅度在1至3年为宜。此外，适用缓刑的建议是量刑幅度建议的一种特殊形式。检察机关综合分析犯罪情节和悔罪表现，如果认定被告人确实不致再危害社会后，可以向法院建议缓期执行，其实质属于刑罚执行方式的建议。

第三，绝对确定的量刑建议，是指向法院提出被告人应适用的具体刑罚，包括刑罚种类、刑期以及是否缓期执行等。在案件事实清楚、证据充分的下列情况下，检察机关可提出确定的量刑建议：一是刑法条文为某种犯罪规定了绝对确定的法定刑。在这种情况下，检察机关如果认可被告人的相应犯罪事实，即应提出绝对确定的量刑建议。例如，根据我国《刑法》第239条的规定，检察机关只要认定被告人犯绑架罪，并致被绑架人死亡或者杀害被绑架人的，如果没有特别的从宽情节，即应建议适用死刑，并处没收财产。又如，根据我国《刑法》第50条的规定，检察机关如果认定被告人犯危害国家安全犯罪，应建议附加剥夺政治权利。二是对常见罪名有研究，并制定出量刑建议标准的情形，可以提出绝对确定的量刑建议。在这种情况下，法院可适用的刑罚种类较为单一，犯罪的量与对应刑之间有明确的对应关系，按照一般量刑标准可以确定具体的量刑。如对罪行极其严重的放火、爆炸、投放危险物品、故意杀人、强奸、抢劫、绑架等严重暴力犯罪、重大毒品犯罪和经济犯罪案件，可以建议适用死刑；如果存在法定、酌定从轻情节、可不立即执行的，可以同时建议适用死刑缓期2年执行。三是对特定犯罪人的案件，可以提出绝对确定的量刑建议。如对于犯罪的外国人，检察机关认为其人身危险性较强，不适宜居留于我国境内的，可以建议法院适用驱逐出境刑。

2. 对量刑情节的建议。量刑情节包括法定量刑情节和酌定量刑情节，前者是指刑法明文规定的在量刑时必须予以考虑的能够影响刑罚轻重的事实情况，如自首、立功、累犯、未成年人等；后者是指法律无明确规定，而由司法人员根据立法精神和司法经验，在量刑时具体掌握酌情适用的情节，如犯罪时间、地点、动机、手段、后果、被害人过错等。就量刑建议的内容而言，对量刑情节的建议是非常重要的组成部分。

在我国刑法中，法定量刑情节和酌定量刑情节均有较大的自由裁量余地：法定量刑情节包括"应当型"和"可以型"两种，"应当型"情节是指只要存在该种情节，法院就必须根据该情节进行处罚，而没有自由裁量的余地；"可以型"情节是指虽然存在此种情节，但究竟如何适用，由法院根据具体情况来决定。酌定量刑情节需要由公诉人依赖于办案经验，对社会危害性、人身危险性的分析，以及对刑事政策的掌握做出评价。我们认为，无论是法定情节还是酌定情节，检察机关的建议均应当是具体的，即明确建议法院从重、从轻、减轻或免除处罚，否则就缺乏实际意义。同时，量刑建议中应全面体现法定、酌定量刑情节，对同时具备多个从严情节和从宽情节的，应在综合考虑案件事实、情节的基础上，选择从重、从轻、减轻或者免除处罚。

数罪并罚是刑法规定的一人犯数罪情况下的一种量刑情节。有学者认为，就数罪并罚提出量刑建议容易使量刑建议复杂化，因而数罪并罚后决定执行的刑期以由法院综合裁量为宜。[1] 我们不赞同这种观点，鉴于我国刑法确立了以限制加重为主，吸收和并科为补充的数罪并罚原则，对于数罪并罚的案件，检察机关应先对每一个罪名提出量刑建议，然后区分不同情况，提出合并执行的量刑建议。

3. 对特殊量刑因素的建议。除去法定量刑情节之外，我国刑法还规定了若干特殊的量刑因素，直接影响着犯罪人的刑事责任。检察机关在提出量刑建议时，应注意根据案件情况，对这些量刑因素提出相应的建议。例如，根据我国《刑法》第 10 条的规定，检察机关如果查明被告人在中华人民共和国领域外犯罪，又在外国已经受过刑罚处罚的，可以提出从宽处罚的量刑建议。又如，根据我国《刑法》第 63 条的规定，检察机关如果认为案件在政治、外交、国防或在犯罪事实等方面具有特殊性，导致其社会危害性发生变化，从而符合刑法规定之"特殊情况"时，可建议原审法院报最高人民法院核准，在在法定刑以下判处刑罚。

由此可见，量刑建议的内容具有多样性特征，既可以提出从严的建议，又可以

---

〔1〕 密然："公诉人如何提出量刑建议"，载《检察日报》2004 年 1 月 30 日，第 4 版。

提出从宽的建议；既可以提出对主刑的建议，又可以提出对附加刑的建议。应该说，量刑建议除了向法院提出对被告人适用刑罚的要求之外，还包括相应的理由和论证。检察机关在提起量刑建议时，应当阐明相应的事实根据和法律根据，包括法律、司法解释和法理等各方面的内容。[1] 只有在理由充分的情况下，才能与辩方进行抗辩，从而确保量刑的公正。同时，加强说理论证有利于说服法院和社会公众接受检察机关的量刑建议，确保公诉改革的顺利进行。

（六）量刑建议的效力

量刑建议的效果是整个量刑建议程序的重要组成部分。作为检察机关的一项法律行为，量刑建议必然产生相应的法律后果，否则在整个刑事诉讼活动中就失去了意义。同时，量刑建议的效果应当限定在法定之检察权范围内，不能侵犯审判权的独立行使。从时空顺序上看，量刑建议应当具有以下效力：

第一，引发控辩双方的量刑辩论。量刑建议是检察机关行使求刑权必然导致的结果，也是为了引发法庭对被告人适用刑罚的公开论辩，增加量刑的公正性和透明度。检察机关发表量刑意见后，被告人及其辩护人不仅对定罪问题提出辩护意见，在量刑问题上也有了明确的辩驳对象，可以通过对检察机关量刑的意见的有理由地辩驳，来争取审判机关在事实和法律的范围内作出对被告人最为有利的刑罚裁判。[2] 在实践中，如果检察机关提出具体的量刑建议，而被告人不认罪或辩方做无罪辩护，实质上属于"不应追究被告人刑事责任"的答辩，不影响量刑辩论的进行。如果检察机关就疑难案件提出概括的量刑建议，辩方以具体的量刑建议进行反驳，在此情况下，公诉人应根据事实和法律做出回应，也不影响量刑辩论的进行。

第二，作为法院判决的重要参考。量刑建议不具有强制力，不影响法院刑罚裁量权的独立性和最终决定性，法院判决可以不采纳、部分采纳或全部采纳量刑建议。然而，量刑建议作为国家的公诉机关和法律监督机关提出的建议，法院在判决时是必须认真对待的。从权力属性上看，检察机关的量刑建议也是一种司法请求权，代表了国家公权力的行使，应当成为法院量刑时的重要参考，并在裁判文书中予以体现。有学者认为，为避免侵犯审判权独立原则和审判权终局性原则，不宜将量刑建议写入判决书中。[3] 我们不赞同这种观点，法院应在判决书中对是否采纳检察机关的量刑建议作出说明，这有利于加强对刑事审判的法律监督，增强司法程序的透明度。具体而言，如果检察机关提出量刑建议，而法院做出了完全一致的判决，应在裁判文书中称为"依公诉机关建议适用××刑罚"并写明理由；如果检察机关提出

---

〔1〕　万龙："论量刑建议制度的完善"，载《中国检察官》2006 年第 12 期。

〔2〕　吴孟栓："检察机关量刑建议的效力"，载《检察日报》2001 年 9 月 11 日，第 3 版。

〔3〕　袁承东、文明："判决书中不宜写入量刑建议"，载《人民代表报》2006 年 7 月 4 日，第 7 版。

量刑建议而法院没有采纳，也应该在判决书中写明理由。

第三，作为提起抗诉的依据。量刑建议既是检察机关提供给法院作为量刑的重要参考，也是对法院量刑进行法律监督的重要依据。如果在判决前未提出量刑建议，如何衡量法院判处刑罚的适当性就缺乏明确的标准。在提出量刑建议后，检察机关应将其作为"参照物"对法院的判决结果进行审查，如果被告人、辩护人没有就检察机关提出的案件事实、定性、量刑提出异议，法院原则上应在量刑建议的幅度内进行判决。如果法院判决没有采纳量刑建议，则应从判决偏离的程度，以及是否存在正当理由等方面进行考虑，在确定判决结果有误的情况下，检察机关应依法提起抗诉，切实履行审判监督的职责。同时，量刑建议也是对检察机关行使抗诉权的一种制约：如果法院判决偏离量刑建议幅度较小的，检察机关可视情况是否提起抗诉，对于不符合抗诉条件但属量刑不当的，可以依法提出检察建议；如果法院判决偏离量刑建议较大又无正当理由的，检察机关应当提起抗诉；如果法院判决采纳了检察机关的量刑建议，检察机关则不宜再以对案件认识发生变化为由提起抗诉。

量刑建议权是公诉权不可分割的组成部分。鉴于公诉权包括变更公诉、撤销公诉等内容，量刑建议的效力也将随之发生变化。如果检察机关追加被告人或变更被告人，补充起诉遗漏的犯罪事实或变更指控的犯罪事实，指控被告人犯有新的罪名或变更指控的罪名，应对相应的量刑建议进行补充完善；如果检察机关发现起诉不当或不宜对被告人提起公诉而撤回起诉的，也应撤回相应的量刑建议。

三、检察量刑建议程序的贯彻落实

量刑建议程序作为一种具体的制度，是一个国家刑事诉讼制度的有机组成部分，是与刑事立法和其他诉讼制度、机制相互联系、相互衔接的。为确保量刑建议程序的贯彻落实，还应重点开展以下几项工作：一是完善量刑建议的法律依据。我国《刑事诉讼法》等立法并未对检察机关的量刑建议权作出专门、明确的规定，最高人民检察院制定的《人民检察院刑事诉讼规则》也未要求公诉人提出具体的量刑建议。为进一步明确检察机关的量刑建议权，我们建议，应当在《刑事诉讼法》及相关立法中明确赋予检察机关量刑建议权，使之成为量刑建议程序的法律依据。二是制定统一的量刑指南。我国现行《刑法》存在较多的"法律空白"、"法律边缘"地带，对很多罪名没有具体的量刑标准，这是导致法官自由裁量权过大、出现量刑偏差甚至量刑不公的重要原因。在构建量刑建议程序的同时，最高人民法院、最高人民检察院可共同以多发、常见的犯罪为突破口，逐步制定统一的量刑指南，对具体犯罪的量刑幅度、量刑情节和量刑方法进行细化，提出相对具体的标准，以指引检察机关提出合理的量刑建议，这样才容易被法院接受而获得实效。三是重视先例判决的指导作用。同案同判要求此后的案件在没有特殊的和特别的案由时，应该比照前例作出判决。[1] 检察机关提出量刑建议，应在案件事实和法律的基础上，综合以往判例的量刑情况而拟定。检察机关可以参照最高人民法院、最高人民检察院公布的判例，同时也可以参照辖区范围内法院的生效判决，对类案判决进行统计分析，这可以引导公诉人提出合理、适度的量刑建议，避免出现量刑不公、枉法裁判等情况。四是将量刑建议纳入工作考核。为确保量刑建议工作的规范化，检察机关应将量刑建议的质量确立为工作考核的指标之一。应制定量刑建议案件质量评定标准和考核办法，通过全面系统的考核，促使公诉人更加重视量刑建议工作。如果公诉人提出的量刑建议内容准确、说理充分，量刑建议的质量较高，应给予相应的奖励；如果公诉人提出的量刑建议失当，甚至出现滥用量刑建议权的情况，应依法依纪追究相应的责任。

第八题 刑罚执行监督的改革与完善

刑罚执行是将实体判决通过程序运作最终实现刑罚目的，执行监督则有助于判决公正、及时的实现，对于惩罚犯罪、保障人权都具有举足轻重的作用，但由于立法的不完善导致人民检察院在进行监督时力不从心。针对各种刑罚执行监督存在的问题，有必要设计各种完善措施，强化刑罚执行监督。

一、我国刑罚执行监督的现状

（一）对死刑立即执行的监督存在的问题

生命是个人至高无上的权利，是人的所有价值的载体。生命权之于人的这一意义，决定了死刑是最严厉的刑罚手段。[2] 因此当前检察院对刑罚执行监督中的死刑执行监督规定的相对来说比较细致，如《刑事诉讼法》第 212 条规定："人民法院在交付执行死刑前，应当通知同级人民检察院派员临场监督。"《人民检察院刑事诉讼规则》第 414 条规定："被判处死刑的罪犯在被执行死刑时，人民检察院应当派员临场监督。执行死刑临场监督，由检察人员担任，并配备书记员担任记录。"第 415 条规定："人民检察院收到同级人民法院执行死刑临场监督通知后，应当查明同级人民法院是否收到最高人民法院或者高级人民法院核准死刑的判决或者裁定和执行死刑的命令。"第 416 条规定："临场监督执行死刑的检察人员应当依法监督执行死刑的场所、方法和执行死刑的活动是否合法。"第 417 条规定："在执行死刑过程中，人民

---

〔1〕 张宏杰："解放思想，构建适合我国国情的量刑建议制度——兼论赋予检察机关量刑建议权的现实可行性及设想"，载《法商论丛》2008 年第 1 期。

〔2〕 赵秉志主编：《刑罚总论问题探索》，法律出版社 2003 年版，第 162 页。

检察院临场监督人员根据需要可以进行拍照、摄像；执行死刑后，人民检察院临场监督人员应当检查罪犯是否确已死亡，并填写死刑临场监督笔录，签名后入卷归档。"《最高人民法院关于执行〈中华人民共和国刑事诉讼法〉若干问题的解释》第344条规定："人民法院将罪犯交付执行死刑，应当在交付执行3日前通知同级人民检察院派员临场监督"。

从这些规定可以看出，现行法主要从宏观方面对死刑执行监督作出笼统的规定，许多细节之处并没有提及，这些疏漏的地方致使检察机关对某些死刑执行的活动无从监督，主要表现在：

1. 检察院如何以及何时监督死刑决定的交付。《刑事诉讼法》规定人民法院应当在罪犯交付执行前通知人民检察院派员在场，这给出的是死刑执行监督时间的底线，许多情况下死刑的执行是通过两审终审复核后交由一审法院执行，法律仅仅规定应当在接到执行死刑命令的7日内执行，何时交给一审法院并不明确。执行开始的时间无从判断，就会形成监督死刑执行的一个时间盲点。这无形中就虚化了检察院的监督权力。

2. 检察院内部不同机构监督死刑执行。同样是死刑执行，对于死刑立即执行和服刑期间犯罪被判处死刑及死刑缓期两年执行，监督权却分别由检察院公诉部门和监所检察部门行使。公诉部门是代表国家对犯罪嫌疑人提起告诉，行使的是追诉权，应当只是在法院审判阶段行使。法院作出终审判决之后进入执行程序，此时公诉部门已完成使命，不应该再涉足。公诉部门在执行阶段行使监督权根本上是越俎代庖，而且造成追诉权与执行监督权不分，从权力配置的角度来说，不符合诉讼原理，一身兼二职容易使公众形成误解，损害司法中立。

3. 执行死刑后对罪犯尸体的利用情况。1984年10月9日最高人民法院、最高人民检察院与公安部、司法部、卫生部和民政部制定了《关于利用死刑罪犯尸体或尸体器官的暂行规定》，对利用死刑罪犯尸体或器官的条件、程序作出规定，但涉及检察院的规定却寥寥无几，找不到检察院监督罪犯尸体或尸体器官利用的具体程序，从利用的申请、批准到执行，检察机关均被排斥在外，知情权、建议权的缺失必然导致法律监督权不能全面、完整地行使。

（二）对监禁刑的执行监督存在的问题

监禁刑包括死刑缓期二年执行、无期徒刑、有期徒刑和拘役刑。对监禁刑的执行实施监督是检察机关的重要职责，一般称之为监所监督，这种监督存在的主要问题表现在以下几个方面。

1. 对交付执行活动的监督缺位。交付执行是刑罚执行的一个重要环节，没有交付执行，就难有刑罚的真正执行。因此，交付执行是刑罚执行的前提。检察机关对刑罚执行实施监督，首先应当对刑罚是否交付执行实行监督。但是，在这一方面，检察机关的监督基本上处于缺位的状态。"在程序结构上并没有设计检察机关可以介入其中进行监督的规定。检察机关对交付文件的合法性、交付执行活动的合法性等基本上没有监督。"[1] 实践中，对于人民法院或者公安机关应当交付执行而没有交付执行的现象或者监狱对于应当接收而不接收的现象，人民检察院都缺少必要的监督，或者是对这种现象的监督不够重视，或者监督不够到位，或者根本就没有实施监督。

2. 对罪犯权利保障问题的监督乏力。罪犯权利保障是刑罚执行中不可忽视的重要问题之一。加强对罪犯权利的保护，有利于刑罚目的的真正实现，有利于罪犯改造质量的提高。但是，在刑罚执行中，侵犯罪犯权利的现象普遍存在，而对该问题的检察监督却力度不够。对于监管机构侵犯罪犯权利的行为，检察机关即使发现了问题，提出监督意见，也只能建议改进，法律没有规定被监督对象不接受检察建议的处理办法，往往使得检察机关的改进建议得不到具体落实，成为一纸空文。

（三）对非监禁刑的执行监督存在的问题

非监禁刑包括缓刑、管制、财产刑、资格刑和非刑罚措施，因此对非监禁刑的监督也就涉及这五大方面。

1. 对缓刑执行的监督。缓刑并不是一个单独的刑种，是对较短期限的自由刑的变通执行，在世界各国通行已久。相比之下，我国的缓刑制度适用较少，监督存在的问题不少。立法规定了罪犯在缓刑期间应该履行的义务，但这些义务非常笼统，缺乏针对性，导致检察院监督考察的内容不明确。缓刑犯的交付执行、法律文书的送达、考察机关的职责、罪犯的奖惩等都没有细致的规定，形成法律漏洞，也为监督工作带来不便。

2. 对财产刑执行的监督。财产刑是指人民法院依法强制犯罪人向国家缴纳一定数额的金钱的刑罚方法，包括罚金和没收财产。财产刑的执行属于刑罚的适用，属刑事诉讼法规范范畴，但从现有的法律规定来看，刑诉法及其司法解释中仅有几个条文涉及了财产刑问题。关于财产刑执行的监督基本处于初始阶段，问题颇为明显，根本无法满足实际需要。①立法过于原则，疏于细节。刑诉法及其司法解释中关于财产刑的法条屈指可数，其中涉及检察机关监督的更是少之又少，而且大多数都是原则性的规定，如《刑事诉讼法》第 8 条规定："人民检察院依法对刑事诉讼实行法律监督"。第 224 条规定："人民检察院对执行机关执行刑罚的活动是否合法实行监督。如果发现有违法的情况，应当通知执行机关纠正"。最高人民检察院制定的《人民检察院刑事诉讼规则》第 436 条规定："对人民法院的交付执行活动、执行机关的执行活动以及其他机关有关执行刑事判决、裁定的活动中的违法行为的监督，可以

---

[1] 赵运恒：《罪犯权利保障论》，法律出版社 2008 年版，第 100 页。

参照本规则有关人民检察院对公安机关侦查活动中违法行为监督的规定办理。"这些规定几乎是放到任何刑罚执行监督都可以适用的规定，忽略了财产刑执行监督的独立性，特殊性。另一方面也暗示了检查机关针对财产刑执行监督无从下手的尴尬境地。②实体法的缺失导致程序失范。人民法院既是财产刑的适用主体，也是财产刑的执行主体，同时也是财产刑执行过程中变更的裁判主体，该规定本身违背了权力制约与平衡的理念。最高人民法院《财产刑规定》第10条规定："财产刑由第一审人民法院执行。"明确了人民法院是财产刑的主要执行机关，但其对于法院内部如何分工（即由谁执行：审判庭、执行局还是其它部门）、执行的具体程序如何、可采取何种执行措施、其他扣押财产机关如何配合法院执行等等没有很具体的规定。由于刑法没有具体规定财产刑的执行程序和操作细则，导致检察院监督无绪。而且由法院执行财产刑本身存在疑虑，裁判权与执行权不分，法院既是裁判者又是执行者难以以中立的态度发现执行中存在的问题。③监督方式软化导致软着陆。《人民检察院刑事诉讼规则》第434条规定："人民检察院发现人民法院对被判处罚金、没收财产的罪犯没有依法予以执行，或者执行不当，或者罚没的财物未及时上缴国库的，应当及时通知纠正。"此处检察机关能够行使的是检察院三种监督方式中最为严厉的纠正违法通知书，该通知书的效力一直为学界声讨，因为纠正违法通知书的效力仅仅是告知执行机关行为违法需要改正，没有说明不纠正时应当担负的法律后果。人民法院没有合法合理的执行财产刑并不会承担实质性的法律后果，罪犯不履行或违法履行时，检察院也无法采取任何法律措施。

3. 对管制的监督。管制是具有中国特色的一种限制自由刑罚，不剥夺罪犯的人身自由并对其进行改造，体现人文关怀，具有非监禁性、开放性，各界对管制制度的废存各有争执。现行法律对管制的规定并不多，理论基础和实践操作均暴露出不少问题，给执行监督带来不少难题。现行刑法规定了管制期间罪犯应当遵守哪些规定，但对于违反规定应受到的惩罚并没有说明，缺乏制裁性措施导致执行没有保障，使管制刑流于形式，如果管制犯违反了规定，公安机关有没有处理、何时处理以及如何处理均无依据可循。而人民检察院发现对被判处管制的罪犯，公安机关监督管理措施没有落实或者监督管理措施不当，执行期满没有通知本人并公开宣布解除管制等违法行为的，应当依法通知纠正的规定就被架空。公安机关有没有处理、何时处理以及如何处理均无章可循，检察院的监督根本无法落到实处。

4. 对资格刑执行的监督。资格刑包括剥夺政治权利和驱逐出境，其中驱逐出境仅适用于外国人，强制其在规定期限内离开我国国境。我国法律对驱逐出境的规定比较模糊，具体操作不够详实给监督工作带来不便。

5. 非刑罚措施执行的监督。非刑罚措施包括训诫、具结悔过、赔礼道歉、赔偿损失、建议行政处罚或处分，在《刑法》中仅有几条相关规定，《刑事诉讼法》中涉及非刑罚措施的条文基本没有，加上非刑罚措施在审判实践中极少适用，检察机关的实际监督工作完全处于空白状态。

（四）对刑罚变更执行的监督存在的问题

刑罚变更执行的内容丰富，包括减刑、假释、决定暂予监外执行以及财产刑的变更执行。三种刑罚的执行都在不同程度上存在问题。

1. 减刑、假释的监督。根据现行法的规定，减刑、假释的程序是由执行机关提出意见，由当地相关级别法院根据执行机关提出的意见作出裁定后，将该裁定送达检察院，检察院认为裁定不当的，应当在收到裁定书副本后20日内，向人民法院提出书面纠正意见。人民法院收到书面纠正意见后，应当重新组成合议庭进行审理，并在1个月内作出最终裁定。由此可见，法院仅依靠书面材料即作出变更裁定，是以秘密的方式进行，有违程序公开原则，而且检察院在减刑、假释裁定作出前的整个过程丧失了程序参与权，只是在裁定作出后依靠书面纠正意见这个事后监督手段来牵制裁决者。从减刑、假释的提出到法院作出裁定，决定机关依据的标准是什么、如何作出以及作出的理由都是不公开、不透明的，不仅公众不知晓，检察院也无从判定。为此司法部2003年5月实行的《监狱提请减刑假释工作程序规定》第15条确认"监狱在向人民法院提请减刑、假释的同时，应当将提请减刑、假释的建议，书面通报派出人民检察院或者派驻检察室。"相比之下，检察院获取信息的时间有所提前，但相对于执行机关来说仍然是其做出决定后开始的监督，并未从根本上解决同步监督的问题。与迟到的正义是非正义相似，迟到的监督非监督，收到裁定后检察院才有权对整个过程发表意见，此时的检察院并不是真正意义上的监督者，由于法院作出减刑、假释裁定后即生效，检察院提出意见直到最终裁定作出之间会存在时间空档，造成监督空白，无法起到监督的作用，丧失监督的全过程性和实质性。此外，程序的重新启动也浪费了司法资源，裁定的不确定性有损司法权威性。

2. 暂予监外执行的监督。暂予监外执行的主体是人民法院和执行机关。人民法院对于被判处有期徒刑和拘役的罪犯认为符合监外执行的情况可以自行决定，只需要向检察院抄送《暂予监外执行决定书》；执行机关在执行过程中发现有法定的三种情形时决定适用。暂予监外执行是对服刑地点和服刑方式的变更，是对已生效判决的实质变更，应当属于司法权的范畴，理应由具有裁判权的机关进行，但实践中执行机关也可以行使该权力，显然不符合法治理念。从现有的规定来看，被执行人和检察院都丧失了程序参与空间。法院作为裁判者违背了司法的被动性自行启动裁判，忽视了检察院的监督权；执行机关作出决定之前的呈报和决定过程都处于行政式的内部封闭状态，缺乏内外部监督。因此对检察院而言，无论哪个是决定机关，关于执行的起止时间均是自行决定，检察院都是事后得知决定，决定的作出并没有参与，而且对于应该决定暂予监外执行而没有决定的，检察院也无法提出意见。此外，对于监狱部门暂予监外执行决定不当的,检察院缺乏强制性手段进行监督,纠正意见不具有中止刑罚执行的效力,事后知晓变更决定无法挽回监督应有的功效。

3. 财产刑变更执行的监督。在财产刑执行过程中,人民法院根据实际情况有权对罚金的数额进行减免、执行的方式进行改变,实际上这是审判权和执行权的混合,不利于贯彻权力制约原则。财产刑变更是对法院裁判的实质性变更,属于刑罚执行的变更,理论上属于求刑权,理应置于检察院的监督之下。而事实上,由于缺乏立法的支持,检察院没有法律规定的任何方式对这一变更进行有效的监督。此外,法院决定减、免罚金也是自主决定,没有外部力量的制约,难免会有腐败滋生。

二、刑罚执行监督的改革与完善

(一)总体思路

纵观我国整个刑罚执行监督,现行法律对检察院实行监督做出了肯定的规定,《刑事诉讼法》、《人民检察院诉讼规则》、《监狱法》以及相关的司法解释、内部规定等均对检察院监督做了规定,但刑罚执行虽然在《刑事诉讼法》中独立成编,但数量非常的少,第208~224条仅有17条,不到总条文的13%,反映了整个刑事程序法重刑罚轻执行的价值倾向;人民检察院制度的规则及解释、规定许多情况下与其他部门的法律法规造成冲突,难以真正有效的发挥作用。除此之外,各种刑罚执行监督均存在立法缺陷。鉴于此,我们认为应从以下几个方面对检察院的刑罚执行监督进行完善:

1. 协调刑事立法,统一执法基础。根据法律的规定,公检法三机关实行分工负责、互相配合、互相制约的原则,该原则不仅体现在审前阶段,在执行阶段也应如此。"在专门、统一的刑事执行立法的基础上,逐步实行刑事执行司法体系的专门和统一,并实行刑事执行机关与公、检、法等司法机关间在刑事司法活动中相同意义的分工负责、互相配合、互相制约的关系和活动原则。"将众多涉及刑罚执行与监督的法律法规根据相应机关的职能按照分工负责、互相配合、互相制约的原则进行修改重新编排,改变目前法律法规不一致的现象,便于执行机关执法,也有利于监督机关及时有效的监督。[1]

2. 完善立法规定,细化程序设置。《宪法》中明确规定的人民检察院是法定的监督机关为检察院实行法律监督提供了总的依据,但许多地方缺乏细节性的规定导致各地检察院在具体监督的过程中方式不一,可能造成监督漏洞,不利于法的统一适用实施。因此我们认为有必要在各种刑罚执行过程中增添许多细节性的规定,如明确监督机关的介入时间,监督职能,监督方式,监督手段等,使检察院的监督按部就班,有法可依。

---

[1] 韩玉胜、张绍彦:"刑事执行立法理论研讨会综述",载《中国法学》1998年第5期。

3. 加大监督力度，增强监督手段刚性。目前检察院监督的方式缺乏刚性，这也是检察院监督刑罚执行的通病所在，对此最高人民检察院有批复：人民检察院认为人民法院收到书面纠正意见后重新做出的最终裁定仍有不当的，还可提出书面纠正意见。该批复并没有在实质上强化违法纠正通知书的效力，反而进入了一个循环往复的问题圈。我们认为若想改革目前监督无力的诟病就应当赋予现有的监督手段以实质性制裁的力度，以及执行机关不接受时应当承担的法律后果。此外，可以利用互联网建立健全全国联网的检察监督管理系统，快速、及时的与执行机关进行信息交流，方便对非监禁刑的跟踪监督。

4. 合理配置执行主体，确保监督有序有效。目前我国刑罚执行的主体很多，法院、监狱、公安机关、社区等在不同刑种中执行刑罚，其中不乏有失常理的权力交错现象。我们认为应当对权力混淆的执行机关进行权力分离，明确其责任，为监督机关有效监督打好基础，防止执行机关相互牵扯，保护罪犯的合法权益。此外，我们认为可以重新设置监督机关内部监督部门，单独组成一个部门负责刑罚执行的监督，针对不同的刑种下设不同的科室，负责各刑罚的监督工作，这样有助于明确监督职责，优化资源配置。

5. 监督程序前置，落实同步监督。检察院实行监督的主要方式是执行机关作出裁决后通知检察院，再由检察院提出意见，现在各地试行办法不一，不同程度提前了检察院得知信息的时间，但没有从根本上改变事后监督的方式。从权力制约平衡的角度看，从权力运行开始之时就应当有监督权存在，我们认为检察院的监督应当从刑罚交付执行之时起介入，与执行同步进行，便于及时有效监督。

6. 创新思路，改革观念，树立与时俱进的监督理念。随着国情的发展，刑罚的适用结构逐渐发生变化，非监禁刑的适用比例在扩大，而目前的监督重点仍集中在监禁刑和死刑上，这一点从法律体系中的规定可以看出。从实际出发，社区矫正、财产刑的监督势必越来越重要，因此，检察院应当逐步做好这方面的思想、理论准备，更新执法观念，实行检务公开，取得社会力量的支持，为监督工作开创新局面。

（二）各种刑罚执行监督的改革与完善

1. 死刑立即执行监督的改革与完善。

（1）明确规定死刑交付执行的时间。可以规定在最高人民法院或高级人民法院作出生效判决后 3 日内向执行法院发出死刑执行命令，执行法院接到命令后 3 日内向检察院移交执行文书材料，检察院收到后应有送达回执，以此保证检察院能够及时得知死刑交付执行的情况。

（2）统一死刑执行监督的监察部门。死刑立即执行的监督由公诉部门进行存在不妥之处，公诉部门代表国家提起公诉行使求刑权，审判阶段已完成使命，进入执行阶段行使的是执行权，公诉部门不应该再将求刑权延伸到执行阶段，而是将死刑立即执行的监督权交给监所检察部门，监所检察部门的主要职责就是监督，具有丰富的理论和实践经验，其行使死刑立即执行监督权有助于集中监督力量，统一死刑执行监督。

（3）完善死刑执行后的监督保障。死刑犯应当享有基本的人权，对自己的身体享有合法的处分权，因此，在行刑前执行机关应当告知死刑犯享有合法处分自己身体和器官的权利，死刑犯在行刑前可以以书面形式作出处理决定，该决定分别交给执行机关、监督机关和近亲属。无处理意见或自愿捐献的，检察院应当会同执行机关、卫生部门等合法安置和利用罪犯遗体。

2. 监禁刑执行监督的改革与完善。针对监禁刑执行监督存在的问题，必须加强对监禁刑执行监督的改革，进一步完善相应的监督机制：

（1）从立法上明确监禁刑交付执行的监督。监禁刑的交付执行中存在许多问题，而法律对于交付执行环节的监督却存在空白，实践中对该环节的监督也重视不够，基本上是没有监督。因此，必须在修改《刑事诉讼法》时将对交付执行活动的监督明确列入检察监督的范围。

（2）加大对罪犯权利保障问题的监督力度，切实保障罪犯的合法权利。罪犯权利涉及各个方面，既有实体方面的，也有程序方面的，既有政治方面的，又有社会、经济、文化方面的。所有这些权利都必须依法给予保障。如何保障罪犯的权利，在罪犯权利受到侵犯后又该如何处理？作为法律监督机关的人民检察院在刑罚执行过程中应当将其作为监督的重点之一。法律应当强化人民检察监督意见的法律效力，明确被监督对象对于人民检察院的监督建议必须执行，同时规定不予执行应当承担的法律后果。

3. 非监禁刑执行监督的改革与完善。

（1）缓刑执行监督的完善。鉴于目前缓刑考察的内容空泛，法院在做出缓刑决定时应该考虑到被执行人的个人情况，在缓刑期间应当承担的义务的基础上针对性的明确被执行人的义务，如规定被执行人不得会见人的范围、活动范围、定期报告的时间等。此外，缓刑的执行应当体现教育功能，让罪犯深刻了解到自己行为的违法性和社会危害性，参加社区公益劳动表示悔过，为监督机关提供考察内容和方式的同时为群众监督提供途径。

（2）财产刑执行监督的完善。由于财产刑的特殊性，法院执行前方调查被执行人的财产状况，难免会出现判决前被执行人转移财产造成空判的现象，为此建议立法明确对财产刑案件的侦查应当包括犯罪嫌疑人的财产明细，公安机关在侦查时必须查明犯罪嫌疑人的财产状况并列出清单，附卷移送审查起诉，检察院在提取公诉时可以根据侦查结果对被告人应当判处的罚金数额提出一定幅度的量刑建议，公安机关未列明的检察院有权退回补充侦查，以此确保适当量刑和判决的有效执行。我们认为法律规定财产刑由人民法院执行，其立法意图非常明确，即应当由执行庭执行，诸如审判庭之类的部门并没有执行的理论依据，因此法院执行庭交付执行时应当将执行法律文书向检察院备案，确保检察院的知悉权。对于执行过程中法院不执行、不当执行等违法执行行为，被执行人可以向检察院提起申诉，检察院通过调查向法院提出纠正意见并限期作出答复，对有关执法人员建议进行处分，徇私舞弊、贪污贿赂等情节严重的违法犯罪行为检察院依法立案侦查。

（3）管制刑执行监督的改革与完善。随着经济发展社会进步管制执行过程中的问题比较突出，许多学者建议将其废除，我们认为管制的存在还是有一定的社会基础和理论基础，经过完善还是适于刑罚执行的。目前改善管制刑最迫切的是制度的完善，应当结合经济社会的发展变化，对管制的组织形式、目的任务、管制主体和职责、管制方法以及对服刑人的具体要求和奖惩制度作出明确规定。管制刑有了制度规范之后执行机关有法可依，被执行人的权利得到切实保障，监督机关对执行过程中的违法行为才能有效的进行监督。此外，管制刑是群众路线在法律中的体现，应该进行广泛的宣传，使社会大众了解管制，积极配合检察院进行监督。

（4）资格刑执行监督的改革与完善。针对外国人和无国籍人的驱逐出境虽然实际适用比较少，但也属于我国的刑罚执行体系，不可忽略。目前执法主体不明，检察院可以在了解实际执行情况的基础上总结规律，向国家提出立法建议明确执行主体和详细的执行流程。对非刑罚措施执行的监督应该主要落实在对法院工作的监督上，督促法院及时完成对各项措施的执行：责令赔偿损失的是否及时足额的交付给被害人；建议行政处罚或处分是否适当、及时送达；训诫、具结悔过是否深刻具体、起到应有的教育作用等。

4. 关于刑罚变更执行监督的改革与完善。

（1）减刑、假释监督。从同步监督的原则出发，监管部门提出减刑、假释的意见准备材料，或者犯罪人提出申请之后先交由检察机关审查，检察机关在 7 日内审查完毕决定是否提请法院裁判。检察院认为符合变更执行条件决定提请的，由服刑地中级人民法院开庭审理，执行机关、犯罪人、被害人以及检察机关应当到庭；检察院认为不符合变更执行条件决定不提请的，应当将该决定告知申请人，申请人不服的，可以向检察院申请复议、复核。

（2）暂予监外执行的监督。针对法院和执行机关自行决定的封闭性，应当赋予检察院完整全面的监督权。对于罪犯平时在执行机关的表现实行公开，让检察院及时跟进了解罪犯的表现情况，为暂予监外执行公正提供保障。执行机关提请之前，将建议意见及时送达检察院审查以便了解决定作出的依据是否合法；法院决定之前也应通知检察院，将审查材料送交进行监督；对于应当建议没有建议的可以提出检察意见要求审查，对于不应当建议的建议执行机关撤回意见。

（3）财产刑变更执行的监督。法院拥有财产刑变更的请求权和执行权并不符合现代诉讼三角模式，缺乏理论支撑。应当赋予检察院财产刑执行变更的建议权，检察院发现有法律规定的应当减免罚金数额或中止执行的情况时，告知执行法院进行审查，法院依法及时作出裁判，并将该裁判送达检察院。被执行人及其利害关系人发现法院违法执法或执法人员有违法行为时可以向检察院申述，检察院可由此展开调查，对于犯罪情节严重的执法人员可依法提起控诉。

第四章　审判制度

第一题　《关于规范量刑程序若干问题的意见》 解读

　　最高人民法院、最高人民检察院、公安部、国家安全部、司法部于 2010 年 9 月 17 日发布了《关于规范量刑程序若干问题的意见（试行）》（以下简称《意见》），自 2010 年 10 月 1 日生效试行。《意见》的出台是我国司法改革的又一重大成果，它是我国各级人民法院，以及法学界专家学者经过近三年的调查研究，实证试验，辛勤劳动的结晶，它的出台不仅具有坚实的理论基础，而且还有着丰厚的实践依据，它的实施必将推动我国民主与法治的进程。因为《意见》规范的内容主要是量刑公开、民主的具体程序问题，条条都凸现程序的地位、功能和作用。

　　1.《意见》确立了量刑程序相对独立的地位。量刑是一项重要的刑事司法活动，更是刑事诉讼的一项重要的结局性内容，建构相应的量刑程序，则成为刑事诉讼不可缺少的重要载体。但是，长期以来，我国《刑事诉讼法》确立了定罪与量刑一体化的程序模式，在实务工作中"重定罪轻量刑"、"量刑依附于定罪"的格局，在程序设计上，没有量刑程序的相对独立的地位，更谈不上量刑程序的透明与公开，这种违背程序功能和价值的做法，成为人民群众关注和强烈要求改革的一个热点。因此，中央关于深化司法体制的工作机制改革的决定中，把量刑程序的改革作为一项重要的内容。在中央司法改革意见的指导下，各级人民法院和人民检察院，各级公安和司法行政机关，广泛进行实证研究，搞试点，做实验，创建了量刑程序与定罪程序相对分离的诉讼模式，确立了量刑程序相对独立的诉讼地位，在《意见》的第 1 条中明确规定："人民法院审理刑事案件，应当保障量刑活动的相对独立性。"这一相对独立地位的确立是针对定罪与量刑程序二者的关系而言的，不能理解为定罪程序独立和公开，量刑程序相对独立与公开。因为这次改革的一个重要目标，就是赋予量刑程序一个公开而又独立的地位。至于量刑程序与定罪程序的设置上，存有相互分离、混合进行和相对分离三种模式，结合我国现实情况，尤其是同我国的庭审模式、审判组织相适应，我们确立了量刑活动相对独立的做法，这是符合中国国情的。

　　2.《意见》把量刑公开与公正确定为量刑程序改革的价值目标。《意见》开宗明义，"为进一步规范量刑活动，促进量刑公开和公正，根据刑事诉讼法和司法解释的有关规定，结合刑事司法工作实际，制定本意见"。这一段话，不仅阐述了本意见制定的法律依据和客观依据，更重要的是确立了量刑程序改革的目标价值，即"公开与公正"。这一价值目标的确立，对改革量刑程序有着重要的程序价值，一改传统的"重定罪轻量刑"，甚至量刑程序不透明不公开的种种做法，改变了量刑不均，依法限制了司法人员的自由裁量权。在"公开、公正"的价值目标指导下，《意见》中关于量刑程序的设计，每一条都体现了程序的价值，诸如，《意见》的第 2 条要求侦查机关、人民检察院关于证据的收集和运用，应当依照法定程序，收集犯罪情节轻重以及其他与量刑有关的各种证据。即为了实现公正，对证据收集要坚持客观、全面的原则和程序法定原则，因为证据问题也是个程序问题，必须严格依照法定程序收集和移送。《意见》的第 3～6 等条款，分别规定了控辩双方参与量刑程序，提出量刑意见，充分地体现量刑公开、公正的原则。这些规定对化解矛盾、实现诉讼公平正义，保障诉讼人权都有着十分重要的意义。

3.《意见》把控辩双方，尤其是当事人和辩护人提升为量刑程序的主体，参与量刑程序，发表量刑意见，充分地体现了诉讼民主，为量刑公开、公正，实现诉讼公平与正义，创设了良好而又优越的诉讼模式。"司法民主化，首先意味着对当事人参与人权的保障，而保障当事人参与权的观念基础是诉讼主体性理念。根据诉讼主体性理念，当事人不再被视为诉讼程序的客体，而被视为积极参与诉讼程序的、享有各种程序权利和义务的主体，诉讼程序的设计和运作必须保障当事人能够富有影响地参与法院解决纠纷的活动。"[1] 在近现代刑事诉讼理论和立法中，当事人均被视为推进诉讼的主体。因此，参与原则首先就意味着当事人对诉讼的参与。《意见》第 3 条在规定人民检察院参与量刑程序，可以提出量刑建议的同时，紧接着在《意见》的第 4 条就明确规定："在诉讼过程中，当事人和辩护人、诉讼代理人可以提出量刑意见，并说明理由。"第 5 条还规定："人民检察院以量刑建议书方式提出量刑建议的，人民法院在送达起诉书副本时，将量刑建议书一并送达被告人。"第 6 条规定："对于公诉案件，特别是被告人不认罪或者对量刑建议有争议的案件，被告人因经济困难或者其他原因没有委托辩护人的，人民法院可以通过法律援助机构指派律师为其提供辩护。"《意见》的第 7、16 条还分别规定了当事人和辩护人、诉讼代理人参与量刑的法定调查、法庭辩论、申请量刑证据的调取、发表的量刑意见之采纳，以及二审、再审程序对量刑程序的参与。纵观《意见》的 18 个条款中，多数条款都突出规定了当事人和辩护人、诉讼代理人参与量刑程序的具体内容和程序，充分说明，我国量刑程序的改革已经把诉讼参与、保障当事人的人权，作为一项重要的诉

---

〔1〕 樊崇义主编：《刑事诉讼法学》，法律出版社 2009 年版，第 70 页。

讼原则，当事人和辩护人已经成为量刑程序的主体。这是我国司法改革，促进司法民主，在全社会实现公平正义的一项重大的举措。

4.《意见》突出地规定了量刑事实和量刑证据的运用，是量刑程序的基础和核心，更是实现诉讼公平、正义的关键。在量刑程序改革中，定罪事实和量刑事实，定罪证据和量刑证据，这两对范畴的正确区分，已经成为量刑程序改革的关键词，只有正确地理解与区分这两对范畴，才能确定和设计定罪程序和量刑程序。《意见》的出台正是建立在对这两对范畴正确的理解和区分的前提下，设计了我国的量刑程序。《意见》在确立了我国量刑程序的地位之后，紧接着在第 2 条就规定了量刑证据的收集和移送，要求侦查机关、人民检察院应当依照法定程序客观全面地收集和移送量刑证据材料，它包括能够证明犯罪嫌疑人、被告人犯罪情节轻重和其他与量刑有关的各种证据，即与法定情节和酌定情节有关的种种证据材料；《意见》的第 3、4 两条对检察机关的量刑建议书，和被告一方提出的量刑意见，都要证明其理由和依据。这里讲的理由和依据，其中一项重要的内容就是要找出证明量刑轻重证据；《意见》第 7～10 各条关于各类案件的法定调查与法定辩论的主要内容，都是围绕量刑事实和量刑证据进行，它包括"特定法定刑幅度以及其他从重、从轻、减轻或者免除的法定或者酌定量刑情节"的事实和依据，只有把这些事实与依据调查清楚，辩论明白，合议庭才能依法进行裁判；《意见》第 11、12、13、15 条对量刑程序进行中遇到的与量刑证据有关的各种特殊情况的处理程序，作出了明确的规定，诸如对涉及未成年人案件中的社会调查报告的处理程序，对有疑问的量刑证据的调查与核实，对当事人和辩护人、诉讼代理人关于申请调取量刑证据材料的处理程序，关于法庭辩论中出现的新事实、新证据的恢复法庭调查问题，等等。总之，《意见》抓住了量刑程序改革的关键环节，坚持以事实为根据，以法律为准绳的基本原则，以案件事实、证据为核心，夯实了量刑程序改革的基础，为实现量刑程序改革公平正义的价值目标进行了科学的设计。

5.《意见》坚持程序法定原则，十分强调量刑程序要严格依法进行，并详细规定了科学正确的量刑程序。程序法定原则，也称为法制国家程序原则，"程序法制原则，其基本含义是指国家刑事司法机关及其追究犯罪、惩罚犯罪的程序，都只能由作为国民代表集合体的立法机关所指定的法律来加以明确规定，刑事诉讼法没有明确赋予的职权，司法机关不得行使，司法机关也不得违背刑事诉讼法所明确设定的程序规则而任意决定诉讼的程序。换言之，刑事诉讼程序的规则只能由立法加以规定，因此只能具有立法的性质，其他任何机关、团体或个人，以其他任何形式对刑事诉讼程序规则作出规定，都只能被视为是对程序法定原则的背离，其合法性都值得质疑。"[1] 当然,《意见》的出台属于司法解释性质,在我国司法解释的法律效力同国家的立法机关制定的法律具有同等的法律效力,其合法性毋容质疑。《意见》的制定与颁布,坚持了程序法定原则,其具体体现有三:一是量刑程序改革有宪法为依据,我国《宪法》第 125 条规定:"人民法院审理案件,除法律规定的特别情况外,一律公开进行。被告人有权获得辩护。"就刑事诉讼而言,审理公开除了定罪公开,当然也包括刑罚公开,此其一。量刑程序改革的第二个宪法依据,就是 2004 年 3 月我国第四次修宪确立了"国家尊重和保障人权"的原则,《意见》当中所规定的当事人及其辩护人参与量刑程序,提出量刑意见,正是这一宪法原则的重要体现。二是量刑程序改革有明确的刑事法律依据。在程序法方面,《刑事诉讼法》第 11 条规定:"人民法院审判案件,除本法另有规定的以外,一律公开进行。被告人有权获得辩护,人民法院有义务保证被告人获得辩护。"该规定是对宪法相关条款的具体化。第 160 条规定:"经审判长许可,公诉人、当事人和辩护人、诉讼代理人可以对证据和案件情况发表意见并且可以互相辩论。审判长在宣布辩论终结后,被告人有最后陈述的权利。"尽管现行刑事诉讼法没有绝对明确地规定专门量刑程序,但仅仅依法条来做合法性判断未免过于狭隘与死板,事实上刑事诉讼法亦未规定庭审活动中定罪与量刑必须合一,从而为量刑程序改革留下了可操作的法律空间。在实体法方面,我国《刑法》第 61 条规定:"对于犯罪分子决定刑罚的时候,应当根据犯罪的事实、犯罪的性质、情节和对社会的危害程度,依照本法的有关规定判处。"刑诉法和刑法的这些规定,虽然对量刑程序未作较为明确的规定,但是,这些规定完全包括和隐含着量刑程序的有关内容,为量刑程序的进一步改革的设计提供了依据和空间。三是《意见》为贯彻程序法定原则,不仅在第 2 条明确地规定侦查机关和人民检察院应当依照法定程序,收集和移送量刑证据,而且在第 4、5 条详细地规定了量刑建议和量刑意见的批准程序;第 6～10 各条规定了量刑的法定调查程序;第 11、12、13、15 条规定了量刑证据在法定调查中遇到的种种问题的处理程序;第 14 条规定了量刑辩论程序;第 16 条规定了刑事裁判书中的量刑说理的详细内容;第 17 条规定了二审、再审程序中的量刑程序。总之,《意见》对量刑程序的设计和规范详细、具体,面向实际,易于操作,充分地体现了程序法定原则,更凸现了程序的价值。因为实体公正取决于程序公正,只有程序科学、正当、公正,才能保障实体正义。

---

[1] 樊崇义主编:《刑事诉讼法学》,法律出版社 2009 年版,第 58 页。

第二题　量刑程序改革研究

一、量刑程序改革的试点情况

在刑事司法领域，量刑过程是一个包括认知、心理、逻辑等多种因素的法律操作过程，法官作为这一司法过程中的主体，不仅需要而且必然主动地参与到这一过程中，发挥其主观能动性，在法律规定的量刑幅度内去裁决量刑。法官的自由裁量权通过在法庭上经过公开透明的程序使之得到适当的约束，这种模式对于实现量刑公正是大有裨益的。但是，在司法实践中，量刑的主要工作大多数时候在庭下进行，由合议庭成员在评议案件时，对量刑发表自己的意见，如果意见有分歧，则按多数人的意见作出决定。这种缺乏公开性和透明度的量刑程序模式，使得庭审不会专门围绕量刑的情节和法律进行质证和辩论，而法官在判决书中也常常忽略对量刑理由的说明。而在量刑程序改革的试点单位则尝试着改变该情形。大多数试点单位，都对"量刑答辩"程序做了一些具体而有益的探索。这种探索不仅给检察官、被告人、辩护人甚至被害人提供了一个参与量刑裁决过程、影响法官量刑决定的机会，而且也在一定程度上有效地约束了法官的自由裁量权，从而最大限度地提升法官量刑决策的合理性。

在刑事案件审理中，对被告人的量刑问题是否在法庭上进行辩论，法律没有明文规定，既不做授权也没有做禁止性规定，因而"量刑答辩"程序有突破庭审程序原有框架的可能，这种"可能"如果处理不好，则会影响量刑程序改革目标的实现。那么究竟该如何对"量刑答辩"程序进行设计？为此，我们走访、了解并收集了若干试点单位的量刑程序规则。通过调研，我们发现，当前的量刑程序改革不仅依然存在一些亟待深入研究探讨的问题，而且对于问题本身的认识与把握也有待更好的定位。

（一）量刑程序改革试点单位的一般做法

1. 量刑程序改革试点单位都确立了总体的指导思想和基本原则。量刑规范化改革是刑事审判工作的重大改革，在推行这项改革的过程中，各试点单位都明确了总的指导思想和量刑程序改革的基本原则。并将这一指导思想和基本原则明确规定于相关程序规则的开篇。大多数试点单位都在量刑程序改革指导意见的开篇中明确规定，为规范量刑活动，促进量刑程序的公开、公正，提高刑事案件审判的质量，切实维护当事人的合法权益，在量刑程序中坚持公开、公正的原则。

2. 量刑程序以案件的分类为标准进行程序设计。试点单位的一般做法是以被告人是否认罪为标准，将案件划分为被告人认罪的案件和被告人不认罪的案件，并据此适用不同的量刑程序。如芜湖试点规则中对不认罪案件的量刑程序做了"隔离式"的量刑程序的设计,在北京市东城区法院的试点中,则尝试单独进行了量刑程序,被认为是定罪和量刑的相对分离模式。

3. 量刑建议制度的普遍适用与规范。量刑建议制度被大多数试点单位所接受并根据各地的实际情况得到了良好的规范。一般来说,检察官的量刑建议书作为起诉书的附件在起诉时同时提交给法院,但量刑建议书并不作为起诉书的一部分,公诉人在庭审中可以根据庭审具体情况的变化通过口头的方式变更量刑建议,但这种量刑建议的变更不得跨刑种,主要是适用于判处有期徒刑的案件。

4. 对于判决书的制作,都注重量刑理由的说明。试点单位在判决中对量刑说明理由的做法,主要是希望通过这种途径对法官的自由裁量权做出必要而有效的制约。达成共识的是,对量刑说明理由,不仅能够有效制约法官自由裁量权,增强判决的可接受度,而且,裁判文书的公开也是量刑公开原则的一个基本要求。在判决书的理由部分,试点单位基本都主张充分表述涉及量刑的各种情节;已经查明的量刑事实及其对量刑的影响;是否采纳公诉人、当事人和辩护人、诉讼代理人的量刑意见及其理由;人民法院量刑的理由以及法律依据都应在判决书中有所表述。

(二)量刑程序改革试点单位的特色

1. 日照市东港区人民法院演绎"同一案件、两种程序的审理"。日照市东港区人民法院根据简易程序案件、普通程序被告人认罪案件、以及普通程序被告人不认罪这三类案件,《指导意见》分别设计了不同的量刑程序。由于被告人都已认罪,东港区法院处理简易程序案件,直接进入量刑程序。而对"普通程序被告人认罪案件",也将重点放在了量刑程序上。东港区法院在另外两个层面上的突破:①公开量刑程序的庭审过程,换成口语表述,即"把量刑过程放在法庭上进行,重结果,也重过程";②充分保证各方在量刑过程中的参与,即在量刑程序中,"让公诉人出庭,让被害人发言,让被告人自己谈对自己的量刑意见"。

2. 芜湖人民法院将社会调查报告引入量刑程序。法院委托被告人所在街道办事处进行的社会调查报告,成为芜湖此次量刑改革的一大亮点。规范了社会调查报告的制作方式与内容,对于未成年人犯罪案件、非监禁刑案件以及死刑案件原则上需要制作社会调查报告,调查报告的制作内容具有统一的格式,制作人原则上需要出庭陈述调查的结果以及接受控辩双方的质询。

3. 以北京市东城区人民法院为代表推出量刑答辩程序。东城法院推出量刑答辩程序,是在最高人民法院推行量刑规范化试点工作的背景下进行的积极探索和尝试。该制度在现有法律制度的框架内,将定罪和量刑相对独立开来,对于实现量刑公开、公正,充分保护被告人诉权有着积极的意义。东城法院推出并适用量刑答辩程序,将为下一步推进量刑程序改革提供宝贵的经验。东城区人民检察院也积极推进量刑建议深化改革，于 2009 年 7 月 3 日与北京市东城区人民法院开展量刑答辩程序试点工作，将量刑答辩纳入法庭审理程序，为检察机关探索量刑建议改革，开拓刑事诉讼监督的新领域创造了更具现实性的条件。东城法院还在具体操作环节上对量刑程序进行了规范。如适用量刑答辩程序的案件，在开庭前要向控辩双方书面告知，并建议双方围绕量刑情节进行必要的准备；在开庭时，应告知双方适用的程序及相应的权利；在对被告人进行判后释法时和撰写裁判文书时要分别阐明定罪和量刑的理由，以及采纳或不采纳双方意见的理由。

东城法院推出的量刑答辩程序具有三个特色：一是将量刑程序相对独立出来，设置于定罪的法庭调查和法庭辩论之后。这样辩护人可以在定罪程序中集中精力为被告人进行辩护，而不会有既作无罪辩护又同时和公诉人展开量刑辩论的尴尬。二是法院决定适用量刑答辩程序审理的案件，在开庭 10 日前向公诉机关送达《适用量刑答辩程序通知书》，向被告人、辩护人送达《适用量刑答辩程序告知书》，建议控辩双方围绕案件量刑情节进行必要的准备。三是基于提高诉讼效率，节约诉讼资源的目的，适用量刑答辩程序审理的被告人认罪案件，在审理过程中将定罪的法庭调查和法庭辩论适当简化，重点进行量刑答辩程序。

4. 以淄川区人民法院为代表确立相对独立的量刑程序。定罪量刑分两步走使得在法庭调查、法庭辩论等阶段保障了量刑程序的相对独立性。在法庭调查和法庭辩论阶段，先就定罪事实和证据进行法庭调查和辩论，定罪后再就量刑事实和证据进行法庭调查和辩论，更能实现量刑的公正和精细。在量刑程序阶段，公诉人、当事人、辩护人和诉讼代理人就量刑问题发表量刑意见，这就规制法官在控辩双方量刑交锋确定的范围内量刑，减少了量刑的随意性。量刑程序独立出来后，将强化法官在刑事裁判书中加强量刑说理，增强了量刑的透明度。但是建立相对独立的量刑程序，就需要相对清晰地划分定罪阶段与量刑阶段，然而定罪阶段与量刑阶段分别处理案件中的哪些事实，就成为了当前理论与实务中的一个难点。

5. 江苏泰州"庭前调查评估"的适用。江苏泰州中级人民法院在试点过程中提出在第一审程序中适用庭前调查评估，主要是对未成年犯罪、被告人可能判处非监禁刑刑罚、在本地区有较大社会影响的案件，人民法院在开庭前，要对案件被告人所犯罪行的社会危害性、主观恶性、人身危险性等进行综合评估。综合评估一般委托基层司法行政机关、社区矫正机构就报告人的家庭情况、一贯表现、成长经历、经济状况等作出综合评价。而人民法院在必要时也可直接向被告人所在学校、单位、社区就上述情况进行全面调查。并且明确规定，为了查明被告人的主观恶性和人身危险性，人民法院认为有必要时，允许使用能够反映被告人一贯表现或者特定品行、品质的证据。江苏泰州的这种"庭前调查评估"在某种意义上与对被告人进行的社会调查报告有异曲同工之处，但是与其他试点不同的是，泰州明确规定人民法院认为有必要时，允许使用能够反映被告人一贯表现或者特定品行、品质的证据。这可以说是一种突破，不仅是对量刑证据内涵的一种突破，更是对在量刑证据使用方面的一个突破。

（三）量刑程序改革中亟待深入探讨研究的几个问题

1. 量刑程序改革的价值定位问题。促进刑事司法正义的全面实现，充分体现刑罚的形式和功能的多重性，实现对诉讼当事人尤其是被告人权利的关注，为量刑方面的法制统一提供程序保障，这些都是我们在此次量刑程序改革中应该给予应有关注的内容。在缺乏程序保障的量刑实践中，虽然法官也会尽其所能去考虑各种因素以追求公正量刑的实现，但这种"实现"具有较大的不确定性和不统一性——有的因素可能会被遗漏，有的因素可能得不到充分考虑，有的甚至没有机会进入法官视野。在对程序正义和法制统一要求不高的时代，这种做法或许尚可接受。而在法制统一原则写进宪法的时代，只有建立完善的量刑程序改革才是正确的选择。在量刑程序从无到有的阶段，我们可以说这一程序为量刑公正起"增值"作用；在发展完善阶段，我们则可以说这一程序已经成为刑事司法公正必不可少的一个构成要素了。因此，对于量刑程序改革价值的定位问题是我们首先应该给予关注和考量的。

当前对于量刑程序改革价值定位问题的认识尚未达成统一认识。对于此问题的把握，我们要结合当前社会的阶段性特征以及中央的有关文件，进行综合性的理解和把握。

2. 定罪量刑程序设计的模式选择问题。通过调研我们发现，各试点单位对量刑程序的设计还是有很大差异的。各地区量刑模式的选择是无所谓良莠的，但是并非各试点所适用的量刑程序模式都完全适合当地的现实情况。当然，我们对于问题的处理讲求具体问题具体分析，但是，中国现实的国情是既不可能采纳所有的模式，也不可以做划一的处理。

对于定罪量刑程序模式的选择是在研究探讨中的问题。实行定罪量刑绝对分开的模式、还是混合式模式、还是有限分离的模式，这是需要我们在实践中进一步摸索、探讨、研究的问题。对此问题在研究时，既要注重效率，还要注重社会效果，更要注重模式的适应性。

3. 高法颁布的量刑指导意见与刑法基准刑之间的关系如何把握的问题。对高法颁布的量刑指导意见与刑法基准刑之间的关系问题的研究主要涉及到量刑规范化与刑罚个别化之间关系处理的问题，对此问题的研究要注意从法官行使自由裁量权的角度加以考量。要明确一点，对于量刑程序的改革，不是要限制法官自由裁量权的发挥，而是要规范法官自由裁量权的行使。

滥用自由裁量权的现象在各地不同程度的存在，有的甚至还很严重。存在量刑不公、判决畸轻畸重、刑法适用显失公正现象，个别法官甚至借机以权谋私、索贿受贿、徇私枉法，从而偏离了公平正义，破坏了法律面前人人平等的法律适用原则，严重损害了人民法院的司法形象和司法权威。滥用自由裁量权，有诸多方面的原因，如刑法典对量刑的规定较为原则、粗疏，量刑幅度过于宽泛；我国法院的传统量刑方式是"经验量刑法"，主要依靠法官的个人法律素养和实践经验进行"估堆"，既不科学，也不规范；对自由裁量权的行使缺乏有效的制度控制等。近年来，随着我国经济社会的快速发展和人民群众法治意识的提高，人民群众对人民法院的量刑工作提出了一系列新要求新期待，人民群众期待量刑公平公正，期待量刑公开透明，期待量刑的规范化改革。这就使得量刑规范化改革成为必然与当务之急。

4. 在我国刑事诉讼中，如何对量刑程序进行设计，使之制度化。一项行之有效的改革，其最终的落脚点是形成法律、成为制度。而若使之制度化，则首先涉及到的是相关具体程序的设计，如，如何进行法庭调查、法庭辩论、诉讼参与人如何参与等程序设计的问题都是我们必须予以研究的。大多数试点单位有初具规模的程序体系化思考，都对量刑程序做了具有制度性的设计，有些试点的做法还是比较可取的，当然并非做得尽善尽美。量刑程序改革作为一项极具综合性的改革，就目前的情形来说，使量刑程序制度化，用明确的程序性规定来规范和调整是必要且急迫的。那么如何做出相关的制度设计就是我们要进一步研究的。

5. 量刑证据的运用问题。在有些试点单位，量刑证据呈现出扩大化的趋势，比如，在量刑中允许使用能够反映被告人一贯表现或者特定品行、品质的证据影响量刑，这种做法究竟是否可取，如若可取，那么该如何细化，如何规范，都将是一个问题。而要解决这些问题，就要深入研究量刑证据运用的问题。对该问题的研究，首先涉及到的是如何对基本概念的界定问题。如定罪事实、定罪证据、量刑事实、量刑证据等的界定。在界定概念的基础上，进一步明确定罪事实与量刑事实、定罪证据与量刑证据之间的差别，以及如何处理二者之间存在交叉时的关系。证明标准问题是量刑证据问题研究的重中之重，证明标准的确定对于相关问题的厘定具有指导性与决定性的作用。

6. 社会调查报告的定位问题。社会调查是庭审前的延伸，一般是由帮教法官到被告人所在的家庭、学校、社区等地，对他的成长过程作全面调查，并制作调查报告，作为品格证据提交法庭，将直接对量刑产生影响。社会调查可以全面了解犯罪的原因，直接对量刑产生影响，也是少年法庭进行法庭教育的重要依据，只有全面了解未成年人成长经历、家庭背景，才能有针对性地教育，同时为今后的帮教矫治打下基础。社会调查报告试行改革已经做了 24 年，目前仍然没有明确的法律地位。很多法官都希望用立法来规制，将社会调查报告作为刑事证据之一在法律中明确规定，使实行了多年的社会调查制度成为有法律地位和依据的一项制度。就目前的形势而言，对社会调查报告进行定位，也就是给社会调查报告一个名分已经是很迫切的事情了。通过实践调查，对于社会调查报告要有明确的定位，要进一步明晰，社会调查报告是发挥量刑的信息与证据功能，还是更多地体现社会公众的意见，这两种定位对于社会调查报告的制作要求、内容甚至是制作主体的选择都有不同的影响与要求，需要在设计相应制度时加以考虑。

（四）要对量刑程序改革是一个综合性的改革有充分的认识

按照最高法院的改革设想，量刑制度改革包括两个不可或缺的制度环节：一是量刑规范和量刑方法的改革，这属于实体层面的量刑制度改革；二是将量刑纳入法庭审理的程序，构建"相对独立的量刑程序"，这属于程序层面的量刑制度改革。迄今为止，最高法院已经在一些地方法院改革试点的基础上，发布了两个指导量刑制度改革的规范性文件，并在全国一百多个法院进行大规模的改革试点。需要强调的是，无论是量刑规范的改革还是量刑程序的改革，都会对我国的刑事司法制度带来影响深远的变革。与传统的刑事审判制度改革不同，量刑程序改革会面临一系列较为特殊的价值冲突问题。尤其是在量刑模式的选择上，改革者将首先要解决定罪程序与量刑程序的关系问题，这使得不少法律价值问题会在两种程序的衔接和交错中显现出来。而要解决这种冲突，就要对量刑改革本身有一个较为合理的认识与定位。

量刑程序改革旨在探索一套符合实践条件、具有前瞻性的相对独立的量刑程序，在增加量刑过程的公开性、透明性与控辩参与性的同时，规范、适度约束法官的自由裁量权，以期实现量刑均衡、公正。对量刑程序改革的研究要进一步提高认识，要进一步理解进行此项改革的必要性，结合当前构建和谐社会的社会政治背景、以及中国社会的阶段性特征进行综合考量。要充分认识到此项改革是一个综合性的改革。对于量刑程序改革的研究，切不可就事论事，就改革论改革，而要认识到此项改革是一个系统性的工程。这一工程不仅涉及程序法，而且涉及到实体法的有关内容，这一工程的实施状况将直接影响到公平正义在社会中的实现。因此，对于这一工程综合性的认识是十分重要的。

二、量刑程序改革之基本思路

量刑是一项重要的刑事司法活动，而构建相应的量刑程序，则成为量刑活动必不可少的重要载体，由此，量刑程序则成为刑事诉讼程序的重要构成。目前，我国刑事诉讼法确立了定罪与量刑一体化的程序模式，并呈现出"量刑依附于定罪"的制度格局。当前，这种制度格局不仅面临着一系列的现实挑战和变革压力，而且已不能承载与实现制度本身所具有的价值与意义。为使量刑程序更加规范、公正、透明，充分保障当事人对量刑的知情权、辩论权，以追求公平正义，实现量刑均衡为根本目标的量刑程序改革拉开了序幕。我们对量刑程序改革的依据、目标、原则以及程序模式的选择等基本观点加以阐释，以期为当前正在进行的量刑程序改革尽绵薄之力。

（一）量刑程序改革的依据

量刑程序是刑事司法的重要环节，通过公正的程序来保障量刑的合理性是深化司法改革的重要一步。量刑程序改革并非凭空创设一项新的法律制度，而是对现行法律规定和相关理论的贯彻落实，是在总结和分析传统庭审程序的基础上进行的修改和完善。并且，量刑程序改革不仅有其宪法、刑事法依据，而且有其充分的法理依据。

1. 量刑程序改革的宪法依据。量刑程序改革具有明确的宪法依据。宪法是国家的根本大法，既是人民权利的保障书，也是一切国家机关、团体和组织以及全体公民的最高行为准则。我国《宪法》第125条规定："人民法院审理案件，除法律规定的特别情况外，一律公开进行。被告人有权获得辩护。"就刑事诉讼而言，审理公开除了定罪公开，还包括量刑公开。在传统的庭审程序中，量刑环节尚缺乏程序公正的充分保障，本应由控辩审三方共同参与的量刑程序不够完善，使该过程相对封闭，既容易滋生司法腐败，也不利于检察机关进行法律监督，获得案件当事人的信服。此外，作为公民宪法权利之一的辩护权，任何国家机关、团体和组织都无权剥夺。辩护的内容就是根据事实和法律，提出被告人无罪、罪轻或在处罚上应当减轻、免除的证据和理由。辩护权不仅体现在定罪环节，也体现在量刑环节。在传统的庭审活动中，由辩方围绕量刑的辩护极为罕见，但不能因此说被告人及其辩护人没有量刑辩护的权利。2004年3月，我国第四次修宪确立了"国家尊重和保障人权"的原则，把尊重人、爱护人，保护和实现人民的权利作为国家的神圣职责，为广大人民群众充分享受权利提供了可靠的宪法保障。因此，量刑程序改革的重点应在于维护被告人及其辩护人对量刑发表意见的权利，即切实保障其辩护权。

2. 量刑程序改革的刑事法依据。量刑程序改革具有明确的刑事法律依据。在程序法方面，《刑事诉讼法》第11条规定："人民法院审判案件，除本法另有规定的以外，一律公开进行。被告人有权获得辩护，人民法院有义务保证被告人获得辩护"。该规定是对宪法相关条款的具体化。第160条规定："经审判长许可，公诉人、当事人和辩护人、诉讼代理人可以对证据和案件情况发表意见并且可以互相辩论。审判长在宣布辩论终结后，被告人有最后陈述的权利。"尽管现行刑事诉讼法没有绝对明确地规定专门量刑程序，但仅仅依法条来做合法性判断未免过于狭隘与死板，事实上刑事诉讼法亦未规定庭审活动中定罪与量刑程序必须合一，从而为量刑程序改革留下了可供操作的法律空间。在实体法方面，我国《刑法》第61条规定："对于犯罪分子决定刑罚的时候，应当根据犯罪的事实、犯罪的性质、情节和对于社会的危害程度，依照本法的有关规定判处。"刑罚裁量的一项基本理论是罪犯所判处的刑罚应该与其自身的社会危害性一致。然而，仅仅依靠庭审中对犯罪事实和情节的认定往往很难真正判断罪犯的社会危害性的大小，因此可能会造成量刑的不公平。这主要表现在量刑环节所参考的相关因素太过有限，没有全面衡量罪犯的主观恶性、客观后果以及真实的社会危害性。现代刑罚哲学要求惩罚应该与罪犯的个体相契合，而不仅仅是针对被告人所犯下的某个具体罪行。基于个体化的惩罚理念需要对罪犯的社会危害性进行全面和客观的评价，而不仅仅限于实施犯罪所表现出来的主客观方面。[1] 而且量刑的目的与定罪的目的是存在差别的，定罪的目的考虑的主要是过去，而量刑的目的考虑的主要是未来，刑法设立一定幅度的刑罚裁量空间，主要为了惩罚与教育的双重目的，从而起到降低罪犯的社会危害性的作用。量刑程序改革有利于使被告人的个人情况如家庭背景、平时表现、性格及心理和情感状况、工作经历、犯罪前科、再犯可能性等，以及被害人受伤害与获得补偿的情况，还有关于犯罪的社会反映、社区反映等纳入量刑时考虑的范畴，促使法官作出更加公正的判决。

3. 量刑程序改革的法理依据。量刑程序改革主要的法理依据是正当程序原则。正当程序原则是刑事司法制度最重要的一项原则。该原则要求法官在审判过程中保持中立的位置，充分听取控辩双方的辩护，充分了解案件的事实并正确运用法律对案件作出判决。正当程序原则要求给予被告人拥有对抗公权力的诉讼权利，从而保护其在被公权力追究过程中的基本人权，以达到防止公权力滥用的目的。[2] 在历次刑事诉讼法的修改中，被告人在庭审过程中对犯罪事实和情节的辩护权已得到逐步的加强，但是对于认定犯罪事实和情节之后如何量刑，还是主要依靠法官个人对案件事实的认知和对法律规范的理解，即以"估量式"的方式进行处理，在比照案件事实与法律规定以及先前案例判决的情况来决定最终的刑罚。这种方式实质上容易让法官忽视量刑环节中需要注意的某些事实。而且，由于与某种具体犯罪相对应的法定刑往往弹性较大，有多个刑种和多个刑度可以选择，有时候刑度的跨度还很大，法官在量刑上拥有较大的自由裁量权。[3] 应该说，诉讼的本质是在中立的裁判者主持下，冲突各方通过对话、沟通解决争端的过程，最终法律决定的妥当与否取决于当事人各方及其代理人自由地进行对抗性议论的程度在当事各方相辅相成的辩论中，通过一步一步的证伪过程使结果尽量趋近正义。[4] 在庭审中，被告人面对的是强大的公诉机关，如果其正当的辩护权利无法得到保障，其自身的利益很容易受到侵害。因此，在量刑程序改革中，应确立追究罪犯的刑事责任与保护被告人的权利同等重要之理念，在刑事诉讼领域充分贯彻落实正当程序原则。

---

〔1〕 参见储槐植：《美国刑法》，北京大学出版社 1996 年版，第 133 页。
〔2〕 孙洪坤："正当程序的宪政之维"，载《法律科学》2008 年第 1 期。
〔3〕 马秀娟："论我国量刑原则的实施及完善"，载《湖北警官学院学报》2009 年第 2 期。
〔4〕 参见季卫东：《法治秩序的建构》，中国政法大学出版社 1999 年版，第 201 页。

（二）量刑程序改革的目标

量刑程序改革的目标，是指司法机关设置量刑程序所要达到的预期效果与衡量效果实现度的标准。明确量刑程序改革的目标，对于选择科学合理的量刑模式，建立现代化的量刑制度，都具有重要的指导意义。我们认为，量刑程序改革应实现纠正片面的司法观念，解决量刑的失衡问题，实现量刑的公平正义，以加强对公民的权利保障。

1. 纠正片面的司法观念。长期以来，我国司法实践中存在"重定罪，轻量刑"和"重实体，轻程序"的错误观念，在很大程度上影响了刑事法治的进一步发展。一方面，"重定罪，轻量刑"让刑事审判主要围绕定罪的事实和证据进行操作，片面追求案件的定性准确，轻视量刑的地位和作用。事实上，量刑既以定罪为基础，又是刑罚执行的先决条件，在刑事诉讼活动中有承上启下的作用。量刑还是实现刑罚个别化的必要条件，以此使犯罪人受到与其罪行社会危害性相适应的惩罚，实现一般预防和特殊预防之目的。将量刑纳入庭审程序，就是要彰显量刑在刑事审判中的地位和作用，树立定罪与量刑并重的司法观念。另一方面，"重实体，轻程序"是指刑事审判只看重对被告人的实质性处置是否恰当，忽视裁判的过程是否存在程序缺位或疏漏。这种看法是片面的，导致实践中量刑活动具有封闭性，一旦出现实体性偏差，就会引发社会公众关于"暗箱操作"的质疑。量刑既是一个实体问题，也是一个程序问题，而程序正义的重要性，恰在于程序是法治运行的机制，正当程序可以最大限度地增加做出公正决定的可能性。将量刑纳入庭审程序，就是要将量刑从定罪程序的附属物中独立出来，树立实体与程序并重的司法观念。

2. 解决量刑失衡的问题。量刑失衡是与量刑均衡相对应的一个概念，主要表现为不同主体、不同时期对相似案件在量刑上的失衡。我国传统的量刑方法可以说是经验量刑法或综合估量法，法官根据案件基本犯罪事实和各种量刑情节，进行综合分析判断，一次性估量出宣告刑。这种定性分析的量刑方法有其科学性和合理性，法官能在法定刑幅度内，充分发挥审判经验，最大限度地行使裁量权，实现刑罚个别化目的。但其弊端也显而易见，就是对被告人的犯罪行为以及各种量刑情节没有一个量化分析的过程，主要依靠法官的法律修养和实践经验进行"估堆"量刑，其结果自然会出现因人而异的情况，有的甚至差异还比较大，导致量刑失衡或量刑不公。[1] 由于我国刑事法及相关司法解释的宽泛性，给法官留出了极大的自由裁量空间，使量刑活动容易受到法官个人情感、民愤等感性因素的影响，导致量刑失衡，甚至出现"人情案、关系案、金钱案"的情况。这种量刑失衡的局面，不仅使当事

---

〔1〕 参见戴长林、陈学勇："量刑规范化试点中应该注意的几个问题"，载《中国审判新闻月刊》2009年第7期。

人难以接受，也影响了司法机关的形象，破坏了社会主义法治的权威。将量刑纳入庭审程序，其目标就是以程序约束法官的思维规律和量刑尺度，将个人的主观心理活动转化为反映刑事诉讼要求的客观规则，尽可能实现罪刑均衡。在庭审中，检察机关提出明确的量刑建议，当事人、辩护人和诉讼代理人就量刑问题发表量刑意见，控辩双方展开辩论，以此帮助法官对量刑问题进行理性思考，使其对量刑情节的认定、刑罚种类和幅度的选择处于规范和监督之下，尽量减少因法官能力、经验、品德、性格和对法律理解的差异所引发的量刑失衡现象。

3. 实现量刑的公平正义。量刑公平正义是一个抽象的概念，具体而言，就是让罪犯应判处的刑罚与其犯罪的社会危害性和人身危险性相适应，起到预防和惩治犯罪的作用。量刑程序改革的目标之一就是让刑罚裁量更加科学合理，能够充分发挥刑事诉讼程序在认定犯罪和惩罚罪犯中的功能。量刑的公平正义既要求不能让实施了严重犯罪行为的犯罪人被判处过轻的刑罚，也要求不能让实施较轻犯罪行为或者自身恶性较小的犯罪人被判处过重的惩罚。在现代刑罚理论中，刑罚最重要的目的是为了教育和预防犯罪，其次才是惩罚罪犯。只有适当的刑罚才能让罪犯心服口服，接受改造，并且对社会上的不稳定分子进行威慑，防止其实施犯罪行为。从这个角度来说，实现刑罚结果的公平和公正是量刑程序改革的核心。

4. 加强对公民权利的保障。人权保障是当今国际社会共同关注并日益重视的热点，也是现代刑事法治的发展趋势，也对法院的量刑工作提出了更高的要求。在量刑活动中，人权保障既包括被告人有获得公正量刑的权利，即被告人获得的刑罚应当符合罪责刑相适应原则；也包括应尽量扩大当事人享有的诉讼权利，使司法过程更为人性化，让那些利益或权利可能受到裁判或诉讼结局直接影响的人应当有充分的机会富有意义地参与诉讼过程，并对裁判结果的形成发挥其有效的影响和作用。[1] 目前，由于庭审中缺乏专门的量刑程序，在被告人、辩护人选择无罪辩护的情况下，就很难对量刑问题发表意见，这显然不利于保障公民权利。将量刑纳入庭审程序，就是要通过量刑调查、辩论和判决说理，使控辩双方充分表达各自对量刑的意见，充分保障公民的诉讼权利和正当利益。如此，诉讼当事人能够充分了解量刑的依据、理由、情节和幅度，既保障了被告人的辩护权，又保障了被害人的知情权，使裁判结果达到法律效果与社会效果的统一。

（三）量刑程序改革的原则

量刑程序改革的原则是基于量刑原则而确立的，为坚持贯彻量刑原则的实现服务的。所谓量刑原则，是指人民法院在特定犯罪的法定刑范围内（或基础上），对犯罪分子决定是否适用刑罚或者处罚宽严的指导准则和标准。量刑原则不仅是一个实

---

〔1〕 参见陈瑞华：《刑事审判原理论》，北京大学出版社1997年版，第61页。

体问题，更是一个程序问题，各个时期的量刑原则影响着量刑制度的设置及量刑标准和方法的选择，也反映了当时的法治理念与量刑思想的基本层面。我们认为，量刑应以公正、公开、效率为基本原则。

1. 公正原则。公正是司法活动追求的首要目标，也是一切法律的价值所在。近现代的公正价值观念产生和完善于英国法，并为美国法所继承的"正当程序"思想而形成和展开。通常认为，公正所关注的是如何使群体秩序或社会制度适合于实现其基本目的的任务，满足人们的合理需要和要求，并同时促进生产进步和社会凝聚性的程度。就量刑程序而言，既包括实体意义上的公正，更包括程序意义上的公正。在公正的程序之下，法官站在裁决者的立场，让控辩双方针对量刑问题举证和陈述事实理由，让案件越辩越明，使裁判体现公正、合理的精神。从这个意义上说，量刑的公正与否直接决定了整个刑事司法活动的成败。而对于罪犯来说，量刑的轻重可能比定罪更加重要，因为罪犯往往考虑的是能判多久的问题。量刑公正的要求包括如下方面：一是程序合法。在我国的刑事法律中，实体法为刑罚裁量提供了法律标准，程序法为刑罚裁量提供了操作规程。量刑程序的设计应严格遵守我国刑事法的规定，无论做出何种制度创新，都必须在法律的框架下进行。在某些情况下，违反法定程序可能会得出公正的结果，但它损害了整个刑事诉讼的法治基础，因此必须严格予以禁止。二是程序合理。合理的程序是产生合理裁判的前提，量刑程序应当体现理性，以此限制法官恣意，保障法官作出富有理性的公正选择，使刑罚裁量中所要解决的问题能以思辨的形式处理。三是程序平等。在量刑程序中，控辩双方的诉讼地位应当平等，不能进行差别对待；诉讼当事人有平等的机会参与量刑活动，知悉关于量刑的信息；法官在做出裁决时，对控辩双方提出的证据和意见应同样考虑。四是广泛参与。在量刑程序中，除了诉、辩、审三方，被害人以及其他主体也可以参与进来，如社会团体也可以向法庭就未成年人的个人情况提交量刑调查报告。如果法官能够尊重诉讼各方的法定权利，在广泛听取各方意见的基础之上做出裁判，那么，即便是受到刑事处罚的被告人，也会从心理上产生一种信服感，因为他已经被提供了充分表达观点的机会。

2. 公开原则。程序公开原则是确保量刑公正实现的重要途径，程序公开使主要诉讼参与人更为充分有效的参与庭审，使量刑的事实和证据能够作为争议焦点更为明确地展示，而控辩双方对于量刑的意见也能够更为有效地表达和对抗，从而有利于法官在此基础上作出更为合法和准确的量刑结论。在人类审判史上，世界各国毫无例外都经历了一个从封闭、神秘走向公开、透明的曲折过程。进入现代社会以来，审判公开成为刑事诉讼中重要的诉讼原则之一，它不仅是刑事诉讼实体公正的必要保障，也是刑事诉讼程序公正的重要内容。根据《刑事诉讼法》的规定，人民法院审判案件，除涉及国家秘密、个人隐私以及未成年人犯罪案件外，所有案件应当公开审理。由此可见，量刑公开既是我国宪法和法律的基本要求，也是司法公正的应有之义和必要保障，具有独立的程序价值。公开原则不仅可以加强大众对司法的信赖，还可以提高司法机关的责任，避免不适当的因素影响法院或其裁判。[1] 当前，由于法院内部对量刑活动的高度保密化，引发社会公众对法院的种种猜疑；在个别案件中出现了"审而不议"的现象，甚至出现个人意志决断的情况。据此，只有将量刑活动公开，才能使量刑活动纳入检察机关、诉讼当事人和社会的监督之中，有利于防范司法不公和司法腐败现象的产生，同时，量刑公开使诉讼当事人乃至社会公众看到裁决的真实过程，排除其因信息不对称而产生的怀疑心理，提高司法裁判的权威性和公信力。公开价值要求量刑过程要以特定的形式对检察机关、当事人及社会公众公开，主要体现在：一是形式公开。庭审的过程要依法向社会公开，除了特定的案件以外，社会公众都可以参加旁听，旁听的内容不仅包括定罪，也包括量刑，法院应为公民实现这一权利提供必要的便利。二是内容公开。要公开量刑程序的举证、质证以及法院对量刑事实的认定情况，避免"暗箱操作"的现象和人为因素的干扰。法院不得私下接受公诉人、当事人提交的证据，更不得未经公开质证而采信证据；公诉人发表的量刑建议，被告人、辩护人做出的量刑答辩也应当庭公开进行。三是判决公开。裁判文书必须公开宣告，在内容上应包括量刑证据、理由，以及是否采纳量刑建议等情况，增强量刑活动的说理性和透明度。当然，公开价值并不意味着量刑活动的全程都应公开，如合议庭的合议阶段不公开是为了保证参加合议的每一位法官能够畅所欲言，从而有利于案件的公正审判。

3. 效率原则。任何旨在推进量刑程序公开化、透明化和对抗化的改革设计，几乎肯定会带来诉讼成本的增加和诉讼效率的下降问题。而刑事审判制度的改革是要通过公正的程序来实现实体正义的结果，并适度地考虑司法资源和诉讼成本的节约，追求诉讼收益的最大化。[2] "效率"原本是一个经济学上的概念，后被引入法学领域，并对法学领域产生了重大影响。在量刑程序中，效率价值是指通过程序对量刑活动进行控制和安排，在最少阻碍和资源浪费的情况最大限度地实现诉讼目的。这是因为，效率低下的裁决在实体上已失去公正的意义，只有量刑程序达到公正、高效，才能够使当事人心甘情愿地接受判决，增强司法权威和公信力。当前，我国法院特别是基层法院普遍存在案多人少的矛盾，这就要求构建量刑程序不仅要关注公正，同时也要考虑效率，使有限的司法资源得到充分的利用。此外，刑事诉讼当事人在精神、经济上均承受了巨大压力，为使其免受诉讼之累，亦应避免出现量刑周期过长或繁琐化。规范的量刑程序能够促成被告人和被害人对裁判结果的认同，减

---

〔1〕 参见［德］克劳里·罗科信：《德国刑事诉讼法》，吴丽琪译，法律出版社 2003 年版，第 443 页。

〔2〕 参见陈瑞华："量刑程序改革的困境和出路"，载《当代法学》2010 年第 1 期。

少涉法上访缠讼累诉的情形，这对司法资源也是一种节约。据此，效率价值要求量刑程序具有较强的可操作性，能够有效地适用于各类刑事案件：一是及时迅速。量刑程序是整个庭审活动的一部分，应最大限度地节约庭审时间，在确保公正的前提下减少诉讼成本。二是简便易行。量刑程序应尽量简化，避免重复进行法庭调查、法庭辩论等，减少由此带来的人力、物力乃至精神损耗。三是优化配置。应区分不同的案件类型，将人力、物力、时间等资源进行优化配置。如在适用简易程序审理的案件中，由于被告人已经认罪，对基本的犯罪事实没有异议，可以由审判长告知被告人或辩护人直接进入到量刑程序，有控辩双方对量刑的相关证据和事实进行辩论。[1] 在适用普通程序简化审理案件时，对于被告人不认罪的案件，可采取定罪与量刑分离的模式，因为被告人在被依法确定有罪之前，没有必要也不宜关注被告人的量刑问题；对被告人认罪案件，由于被告人认罪的重要目的是为了获得相对较轻的刑罚，可采取定罪与量刑合一的模式，给被告人充分表达其意见的机会。

总体看来，公正、公开和效率是量刑的基本原则，三者有着严格的科学内涵，他们之间是相互影响又相互促进的。公正是量刑程序的出发点和最终落脚点，公开是量刑程序的应有之义，效率是量刑程序的必然要求。当然，作为多项利益的调整器，量刑活动所追求的法律价值是多层次、多方面的，如果出现价值冲突的情形，如何进行选择、协调也是必须考虑的问题。通常而言，在量刑的多元原则中，公正、公开的位阶更高，效率则处于次级的地位。但是，我们可以在分析不同案件类型及其社会影响的基础上，对冲突的价值目标进行权衡和合理配置，用最小代价取得最大的收益。如在简易程序或被告人认罪的案件中，可在贯彻公平、公开原则的基础上，更多地考虑效率；在可能判处死刑的案件、被告人不认罪的案件中，则应更多地体现公平、公开原则，以此确保裁判结果的适当。

（四）量刑程序改革的重点与难点：定罪与量刑关系模式的选择

刑事审判包括对被告人的定罪与量刑两部分，因而量刑环节是与定罪环节并重的刑事诉讼组成程序之一。当前，量刑程序改革的核心就是如何设计定罪程序和量刑程序之间的关系，这也是量刑程序改革中的重点和难点问题。

1. 定罪与量刑关系模式的比较考察。作为庭审程序的关键问题，定罪和量刑的关系模式与各国法律文化传统、司法制度等因素密切相关。从各国的刑事司法实践来看，定罪程序和量刑程序主要有两种代表性的关系模式，分别是大陆法系国家的一体化模式和英美法系国家的分离模式：一体化模式是指定罪与量刑在程序上是不可分离的，法庭通过一个连续的审理程序，既解决被告人是否构成犯罪的问题，又解决有罪被告人的量刑问题。在法庭调查阶段，控辩双方更多地集中在事实认定问

〔1〕 参见李玉萍："健全和完善量刑程序，实现量刑规范化"，载《中国审判新闻月刊》2009 年第 8 期。

题上。在总结陈述阶段，双方可以针对定罪和量刑问题展开辩论。检察机关在对证据调查作出总结后，提出定罪和量刑的意见。然后，由被害人、诉讼代理人、辩护律师、被告人依次就定罪和量刑发表意见。双方可以相互辩论，之后法庭休庭由裁判者集中讨论定罪和量刑问题。[1] 分离模式是指定罪与量刑是相互分离的，在有陪审团参与的案件中，陪审团制度的存在使得一些案件的法庭审理出现了事实裁判者和专业法官明确分工，并使定罪量刑程序完全分离。在检察官提起控诉、控辩双方开展辩论后，陪审员们在专业法官的法律意见指导下，依据自己的常识和良心道德裁判被告人是否有罪。在对被告人作出有罪判决后，另行启动独立的量刑程序。在量刑阶段，控方、被害人、被告人、社区监视官等代表各方提出量刑意见，开展量刑辩论，最后由法官就量刑作出裁判。陪审团首先判断被告人是否构成犯罪，法官则在陪审团作出有罪裁断之后，在量刑程序中决定有罪被告人的刑罚。[2]

随着现代刑事法治的发展，上述两种模式也显示出不足之处：一体化模式中定罪与量刑程序的混合的做法使法庭审理过程很容易避免冗长拖沓，有助于提高诉讼效率，但其不加区分地将定罪和量刑的事实、理由一并提出，既容易影响法官对定罪的正确判断，也容易使被告人在做无罪辩护时丧失对量刑问题的话语权；分离模式有利于充分保障被告人的辩护权，充分考虑各种量刑因素，但也存在司法成本高昂、司法过程繁琐等不足。作为庭审程序的关键问题，定罪和量刑的关系模式与各国法律文化传统、司法制度等因素密切相关。我国在设计定罪与量刑的关系模式时，应从本国国情和司法实践出发，在充分借鉴吸收上述两种模式优点的基础上，尽可能地兼顾司法公正与效率。

2. 我国现行的量刑程序存在的问题。我国传统的定罪量刑程序构造与制度设计明显受到大陆法系国家的影响，沿用至今的仍然是绝对一体化的模式。这种模式在实践中凸显出很多的问题，具体存在以下几个方面的问题：

第一，刑法的概括性规定给予法官过大的自由裁量权。以刑事实体法为例，1997 年刑法及以后七个修正案总共规定了四百多个罪名，但仅在第 140 条生产销售伪劣产品罪、第 203 条逃避追缴欠税罪、第 347～351 条毒品犯罪等规定了不同犯罪数额实行不同的量刑幅度，尚不到罪名总数的 1/10。在法律条文上，大多以"情节严重"、"情节特别严重"、"造成严重后果"、"情节特别恶劣"这些抽象的词加以描述。尽管最高人民法院通过大量的司法解释予以明确，但从总体上看，法官在量刑

---

[1] 参见李玉萍："规范和公正：量刑改革的不懈目标——中美量刑改革国际研讨会综述"，载《人民法院报》2008 年 10 月 29 日，第 4 版。

[2] 参见［美］约书亚·德雷斯勒、艾伦·C. 迈克尔斯：《美国刑事诉讼法精解》（第 4 版），魏晓娜译，北京大学出版社 2009 年版，第 1～2 页。

过程中具有很大的自由裁量权，难免使个体在量刑的尺度把握上存在较大差别，甚至引发社会大众对于量刑活动的怀疑甚至误解。

第二，被告方和被害方参与量刑活动的程度不足。在我国传统的庭审程序中，定罪与量刑两项活动是在同一个程序中进行的。庭审过程集中调查犯罪相关的各项证据，法官将主要依据双方提交的书面证据及庭审笔录确定罪名，并在判决书中一并说明判处的刑罚。在这种庭审程序下，被告人、辩护人对于法院的量刑决策过程可能出现明显的参与不足、影响力不充分的问题，特别是在被告方不认罪的案件中，由于其无法确定法庭是否一定会判决无罪，因而必须同时解决一旦被告人被认定有罪应当判处何种刑罚的问题，这样就陷入了一个困境：如果想影响法官量刑进而就罪轻问题提出意见，就等于否定了自己前面的无罪辩护。如果仅仅现在做无罪辩护，一旦被告人真的被判有罪，则在庭审过程中因为并没有提出关于判处刑罚的意见，就容易出现对量刑轻重辩护不力的局面。[1] 此外，不仅被告方参与量刑不足，被害方也可能出现参与不足的情况。传统的审理方式使得被害方被排斥在量刑程序之外，难以对法院的量刑裁决施加积极的影响，导致不少被害人对法院的量刑结果不满或者不解，甚至因此走上申诉、上访之路。

第三，法官无法充分了解与量刑相关的信息，使其对犯罪社会危害性和犯罪人人身危险性的判断不充分。刑事证据具有合法性、关联性、真实性及准确性等特征。在庭审中，定罪所依据的证据必须符合证据规则的要求，而量刑中法官考虑的是应该怎么做，进入视野的信息量大，证据资格和证明标准要求也较低。对于定罪来说，只有与犯罪相关的证据才会被纳入到庭审过程中，并经过辩护律师和公诉人采纳和接受之后才能作为认定是否存在犯罪的证据。但是对于量刑方面的证据，由于很多信息与被告实施犯罪行为并没有太直接的关联，因此，可能因为没有关联性的原因而不会在庭审中被提交辩论并被法庭采纳。究其原因，是由于定罪与量刑两个环节混同进行，而定罪证据与量刑证据在法律要求上具有不同的标准而引起的。

3. 我国宜采用混合型的定罪量刑关系模式。实践证明，量刑程序与定罪程序的适度分离是保证量刑独立性的需要。但是，我们不赞成对于所有的案件，不分案件的性质、情节及被告人的相关情况，一律将量刑程序与定罪程序分离开来。我们建议，根据我国现实状况和经济基础，在优化资源配置的基础上，可以采用混合型的定罪量刑关系模式，即对于被告人认罪的案件，采用定罪与量刑合一的模式；对于被告人不认罪和特定类型的案件，采用定罪与量刑相对分离的模式。具体包括以下内容：

第一，明确特定类型案件的范围。在实践中，如果被告人因年龄、精神等原因

---

〔1〕　参见陈瑞华："定罪与量刑的程序关系模式"，载《法律适用》2008年第4期。

存在理解和表达缺陷；或是案件重大可能对被告人处以极刑；或是案情本身存在疑问，都需要在程序上予以慎重对待。例如，作为辩诉交易发源地的美国，多数保留死刑的州对死刑案件均不设置被告人认罪程序。我们建议，对于被告人系限制刑事责任能力人的案件，包括未成年人、未完全丧失辨认和控制能力的精神病人，以及聋、哑、盲人；被告人可能判处死刑的案件；被告人认罪但经审查认为可能不构成犯罪的案件，无论被告人是否认罪，均采用定罪与量刑相对分离的模式，以此加强人权保障并确保审判质量。

第二，设立前置性的被告人认罪程序。除上述类型的案件之外，法庭均应当在公诉人宣读起诉书后，讯问被告人对被指控的犯罪事实及罪名的意见，告知被告人认罪可能导致的实体法和程序法后果，核实其对指控的基本犯罪事实是否有异议。被告人自愿认罪的，即转入定罪量刑合一的庭审程序；被告人不认罪的，即转入定罪量刑相对分离的庭审程序。同时，法院应制作专门的被告人认罪文书，确保被告人认罪程序的规范性和权威性。

第三，区别情况选择不同的定罪量刑关系模式。一方面，对于被告人认罪的案件，采取定罪量刑合一的模式。在该种情况下，由于控辩双方在有罪问题上已经没有争议，为了提高诉讼效率，法庭审理中可以将对有罪问题的确认与量刑问题的调查放在同一程序中进行，在法庭调查中，既包括案件的事实认定等问题，也包括犯罪情节轻重等问题，控辩双方主要围绕有争议的定罪证据和量刑证据进行举证质证；在法庭辩论中，控辩双方围绕被告人构成的具体罪名、犯罪完成形态、量刑及其他有争议的问题进行辩论，法庭最后做出判决。另一方面，对于被告人不认罪的案件和特定类型的案件，则采取定罪与量刑相对分离的模式。在该种模式下，定罪程序和量刑程序是相对隔离的，首先针对定性问题进行法庭调查和辩论，然后由合议庭进行评议，解决案件的定性问题；在确定被告人有罪的基础上，再针对量刑问题进行法庭调查和辩论，然后由法庭对量刑问题进行评议，最后根据评议结果对被告人进行全面判决。值得注意的是。对共同犯罪的案件，如果有的被告人不认罪，则全案均应适用定罪与量刑分离的模式；指控被告人犯数罪的案件，对被告人认罪的部分，可以适用定罪量刑合一的模式。

4. 混合型定罪量刑关系模式的优势。无论在何种案件中，混合型的定罪量刑关系模式都确保了以下几点：一是只有在认定被告人构成犯罪的前提下，才继续考虑量刑问题，进而根据认定的犯罪事实来确定量刑的基准，这显然有助于贯彻罪刑相适应的原则。二是控辩双方对量刑问题能够展开充分的举证、质证和辩论，使更广泛的主体参与到量刑的裁决过程之中，对法官的自由裁量权施加积极有效的影响。三是法官能够对与量刑有关的事实、情节进行专门审查，以综合考量各种法定、酌定量刑情节和特殊量刑因素，实现定罪程序与量刑程序的平衡。

总体看来，混合型的定罪量刑关系模式有以下优势：

第一，有利于兼听则明，实现司法资源的有效配置，并保证司法公正。司法公正需要对诉讼各方当事人的意见加以关注，体现出对各方当事人利益的考虑。在被告人认罪的案件中，被告人之所以做有罪答辩，目的是为了获得较轻的刑罚，将定罪程序和量刑程序合一，并不会弱化量刑程序，相反，由于控辩双方对定罪的争议不大，这就给被告人充分表达量刑意见的机会，促使法官作出理性的裁判。在被告人不认罪的案件中，根据刑事诉讼中的无罪推定原则，在被告人被依法确定有罪之前，没有必要也不宜关注被告人的量刑问题。将定罪程序和量刑程序相对分离，法庭就不会在定罪前的审理阶段调查量刑事实，避免使这些事实影响定罪，给被告人带来不利影响。在特定类型的案件中，将定罪程序和量刑程序相对分离，更能为被告人提供充分参与量刑决策过程的机会，这有利于强化被告人的诉讼主体地位，有利于提高此类案件的审判质量，增强司法公信力和权威性。

第二，有利于繁简分流，提高司法效率。刑事诉讼中的经济原则，要求司法机关和诉讼参与人，应以尽量少的人力、财力和物力耗费来完成诉讼任务，并实现刑事诉讼的基本价值——客观公正。当前，我国法院特别是基层法院正面临案件增长的诉讼压力，因此有必要在庭审程序层面加以规范，针对案件比较重大、当事人争议较大的刑事案件设计一套较为精细的制度，而对于案情比较简单的案件，应当突出程序的简便、快捷。混合型的定罪量刑关系模式是以案件繁简分流为基础的，如果在审判开始前没能做好案件分流工作，将导致案件审理的诉讼效率降低，而案件积压和审理时间限制必然妨害量刑公正的实现。对被告人认罪案件实行定罪量刑合一，其实质是在被告人承认有罪的前提下对定罪程序实行简化审，彰显量刑程序的重要地位，这就节约了司法资源，使司法机关有更多的时间、精力投入到重大、复杂的案件上，对于缓解案件压力，实现司法资源的合理配置有着积极意义。相反，如果对案件不加区分地采取同一种模式，将会使重大、复杂的案件和简单的案件在审判程序上相差不大，导致对重罪案件的量刑程序显得过于草率，而对轻罪案件的量刑程序却显得繁冗，这显然不利于提高刑事诉讼活动的效率。

第三，有利于循序渐进，稳步规范量刑。量刑规范化改革是一项复杂的系统工程，应当和我国的诉讼制度、诉讼结构、诉讼架构紧密相连，不能脱离我国的国情和司法现状来搞量刑改革。根据《关于适用普通程序审理"被告人认罪案件"的若干意见（试行）》等司法解释，对于被告人认罪的特定普通程序案件，控辩双方主要围绕确定罪名、量刑及其他有争议的问题进行辩论。上述规定有利于案件的繁简分流，与混合型的定罪量刑关系模式存在相似之处。我们认为，我国现行庭审程序并非全无可取之处，在吸收原有合理要素的基础上，引入新的有益成份，这才是量刑规范化改革的应有之义。此外，我国司法人员和社会公众已经对现行的"两分法"

庭审程序较为熟悉，而司法人员的执法理念和社会公众对待程序的态度存在惯性，如果不考虑原有的司法环境，骤然推行某一种定罪量刑模式，显然是不够科学的，也难以起到良好的实际效果。毕竟，程序改革可以通过立法自上而下的推广，而司法人员的理念却需要很长的时间来转变。采用混合型的定罪量刑关系模式，既能够突出量刑程序的重要地位，又在一定程度上与我国现行庭审程序达成衔接，不至于使司法人员和社会公众感觉过于突兀，难以接受与适应。

三、量刑程序规则意见稿

为进一步规范量刑活动和完善量刑程序，实现量刑均衡，保障量刑活动的公开性和公正性，提高刑事案件的审判质量，切实维护当事人的合法权益，切实贯彻宽严相济的刑事政策，根据宪法、刑事诉讼法和司法解释的有关规定，结合审判工作实践，制定本意见。

第一条 基本原则

人民法院的量刑活动坚持公正、公开、效率的原则，保障量刑活动的相对独立性，维护控辩双方及其他当事人的参与权、知情权。

（一）人民法院依据已经查明的事实和有关法律规定，独立行使量刑权，不受行政机关、社会团体和个人的干涉。

（二）人民法院在审判过程中，在法庭调查、法庭辩论、被告人最后陈述以及评议等阶段，应当保证量刑活动的相对独立性。

（三）人民法院的量刑活动应当坚持公开原则，做到量刑庭审公开、量刑理由公开。法律另有规定的除外。

（四）人民法院在审判过程中，应当允许公诉人、当事人和辩护人、诉讼代理人就量刑事实和刑罚适用问题发表意见。

（确立该原则的理由：从根本上讲，该原则的核心是公正、公开、效率。量刑公正需满足四方面的要求，即，程序合法、程序合理、程序平等、广泛参与；而量刑公开也需满足三方面的要求，即，形式公开、内容公开、判决公开。其中，公正是量刑程序的出发点和最终落脚点，而公开是量刑程序的应有之义，唯如此，方能确保裁判结果的适当性以及为社会之所接受性。也只有坚持公正公开的原则，才能有效保障量刑活动的相对独立性，维护控辩双方及其他当事人的参与权与知情权。）

第二条 适用范围

本规则适用于人民法院按照一审程序审理刑事公诉案件的量刑活动，二审、再审刑事案件的量刑程序，除法律另有规定外，可以参照本意见进行。

第三条 庭前准备工作

人民检察院提起公诉的案件，可以随起诉书附量刑建议和说明，移送人民法院。人民法院在收到起诉书后，指定审判员审查是否附有能够证明被告人具有自首、立功、累犯、中止、未遂、防卫过当等法定量刑情节以及酌定量刑情节的证据。对需要补送关于量刑情节证据的材料的，应当通知人民检察院在 3 日内补送。

对于决定开庭审理的案件，人民法院应将人民检察院的起诉书副本及其量刑建议和说明在开庭 10 日前送达当事人，告知其在量刑程序中各自享有的权利。

第四条 案件类型区分

合议庭应当在公诉人宣读起诉书后，询问被告人对被指控的犯罪事实及罪名的意见，核实其是否自愿认罪和是否知悉认罪可能导致的法律后果。针对被告人认罪案件和不认罪案件，应当向被告人讲明有关法律规定和适用不同程序审理可能导致的法律后果，确认被告人自愿同意的基础上，适用不同审理程序。

（根据案件类型选择相应量刑模式的理由：根据不同的案件类型选择相应的量刑模式，这实际上是对案件作一种繁简分流，对于提高司法效率有着积极的意义。以被告人是否认罪为标准进行划分，主要是考虑到，被告人认罪与否对于查明案件的难易度有着直接的影响。相对而言，被告人认罪的案件比较容易查实，而被告人不认罪的案件查实的难度则相对较大。作此划分，不仅有利于节约司法资源，使司法机关有更多的时间、精力投入到重大、复杂的案件上，利于缓解案件压力，实现司法资源的合理配置，而且也是对被告人贯彻宽严相济刑事政策的表现，即，缩短诉讼时间，缓解被告人之讼累。）

第五条 被告人认罪案件的审理程序

对于适用简易程序审理的案件或者适用普通程序审理的被告人认罪案件，定罪问题的法庭调查和辩论予以简化。

对于适用简易程序审理的案件，主要审查被告人认罪是否自愿以及是否具有确实、充分的证据；对于适用普通程序审理的被告人认罪案件，主要审查被告人认罪是否自愿以及双方有异议的证据。被告人可以不再就起诉书指控的犯罪事实进行供述。公诉人、辩护人、审判人员对被告人的讯问、发问可以简化或者省略。庭审重点主要围绕量刑事实、情节和刑罚适用问题进行举证、质证和辩论。

（程序设计理由：对于被告人认罪的案件，由于控辩双方在有罪问题上已经没有争议，为了提高诉讼效率，法庭审理中可以将对有罪问题的确认与量刑问题的调查放在同一程序中进行，在法庭调查中，既包括案件的事实认定等问题，也包括犯罪情节轻重等问题，控辩双方主要围绕有争议的定罪证据和量刑证据进行举证质证；在法庭辩论中，控辩双方围绕被告人构成的具体罪名、犯罪完成形态、量刑及其他有争议的问题进行辩论，法庭最后做出判决。）

第六条 被告人不认罪案件的审理程序

对于被告人不认罪的案件，则应当采取独立量刑程序。在对定罪问题进行法庭调查和法庭辩论后，人民法院认定有罪的，就量刑问题进行法庭调查和法庭辩论。

量刑事实的法庭调查和辩论按照以下顺序进行：

（一）公诉人宣读量刑建议并说明其根据，被害人及其诉讼代理人可以发表量刑意见；

（二）审判人员首先归纳在犯罪事实调查阶段已经查明的量刑事实，并告知公诉人、当事人和辩护人、诉讼代理人不再重复举证和质证；

（三）公诉人就其掌握的未经审理的量刑事实举证，并接受质证；被害人及其诉讼代理人可以进行补充，并接受质证；

（四）被告人及其辩护人就其掌握的未经审理的量刑事实举证，并接受质证；

（五）经审判长许可，公诉人、当事人和辩护人、诉讼代理人可以对量刑事实的证据和量刑情况发表意见并且可以相互辩论。被告人有最后陈述的权利。

审判长应引导控辩双方就量刑问题的争议进行质证和辩论，对于与本案无关的发问或发问方式不当的，应当制止，在必要时，可就量刑问题补充发问或开展调查。

合议庭在案件审理过程中，发现被告人可能有自首、立功等法定量刑情节，而起诉和移送的证据材料中没有这方面的证据材料的，应当建议人民检察院补充侦查。

在量刑辩论阶段，如果发现新的事实、证据，合议庭认为有必要进行调查时，应当宣布暂停辩论，恢复法庭调查，待新的事实、证据查清后继续法庭辩论。

被告人在最后陈述中提出了新的量刑事实、证据，合议庭认为可能影响量刑的，应当恢复法庭调查；如果被告人提出的新的辩解理由，合议庭认为确有必要的，可以恢复法庭辩论。

（程序设计理由：对于被告人不认罪的案件和特定类型的案件，则采取定罪与量刑相对分离的模式。在该种模式下，定罪程序和量刑程序是相对隔离的，首先针对定性问题进行法庭调查和辩论，然后由合议庭进行评议，解决案件的定性问题；在确定被告人有罪的基础上，再针对量刑问题进行法庭调查和辩论，然后由法庭对量刑问题进行评议，最后根据评议结果对被告人进行全面判决。值得注意的是，对共同犯罪的案件，如果有的被告人不认罪，则全案均应适用定罪与量刑分离的模式；指控被告人犯数罪的案件，对被告人认罪的部分，可以适用定罪量刑合一的模式。）

第七条 诉讼参与人的权利

被害人有权参与量刑程序，并向法庭提供有关量刑事实的证据，经允许发表量刑意见。

被告人及其辩护人确因客观原因未能收集到量刑证据，申请调取证据的，人民法院认为必要时，可以依法调取。

在法庭审理过程中，当事人及其辩护人、诉讼代理人申请新的证人到庭，调取新的物证、书证，申请鉴定或者重新鉴定，人民法院认为有必要的，应当同意。

第八条 社会调查报告的审查

必要时，对于未成年人案件、可能判处非监禁刑、死刑的案件，或者社会影响较大的案件，人民法院可以委托人民团体、社区组织或者其他社会机构制作量刑社会调查报告，随传票和开庭通知书送达当事人及人民检察院。在量刑程序的法庭调查开始后，由制作人当庭宣读，公诉人、当事人和辩护人、诉讼代理人可就此进行质证和辩论。

社会调查报告的主要内容应包括被告人的基本情况，犯罪前的一贯表现以及所处的环境、犯罪后的表现以及回归社会的可能性等。格式与内容为：

（一）案由；

（二）委托机关与委托时间；

（三）调查对象，即制作调查报告过程中向哪些人与机构了解了相应的情况。

（四）调查的内容，①被告人的基本情况，如品行、习惯、健康状况、前科劣迹、家庭环境、职业、人际关系等；②实施犯罪的情况，如犯罪动机、方法、与被害人的关系、犯罪的社会影响；③犯罪后的表现与回归社会的可能性，如有无悔罪的表现、有无与被害人达成和解、适用非监禁刑的风险等。

社会调查报告由制作人签名，在量刑程序开始前由法院送达给控辩双方。在量刑程序进行过程中，必要时制作人应当出庭宣读社会调查报告并就控辩双方的异议予以回答、澄清。法庭认为需要进一步核实的，可以依职权核实社会调查报告中的相关内容。

（理由：在量刑程序中提出，在必要时适用社会调查报告，主要是综合考虑在实践中，如果被告人因年龄原因存在理解和表达缺陷，或是案情本身存在疑问，都需要在程序上予以慎重对待。对于未成年人、老年人，这些社会中的特殊群体，对其进行量刑时，有必要综合考量其社会危害性，以及刑罚的社会成本以及社会效应。而对这些方面的综合考量就可以透过社会调查报告予以实现。）

第九条　量刑程序的证据规则

量刑程序遵循证据裁判原则。控辩双方分别对其所主张的量刑事实、情节以及刑罚意见承担证明责任。

对于犯罪行为的手段、方法、结果的程度、形态、共犯关系以及被告人犯罪后的行为表现等量刑基础事实中犯罪事实的部分，控方应当使用严格证明的方法，并达到排除合理怀疑的证明标准。辩方对于这些事实的反驳需要达到优势证据的程度。

对于量刑基础事实中不属于犯罪事实的部分，如被告人的年龄、前科劣迹、生活经历、健康状态、家庭环境、生活状况以及被害人感情的强弱、社会情况的变化等，控方可以使用自由证明的方法，并达到高度盖然性的证明标准。

（一）人民法院在审判过程中，应当分别查明对被告人从重、从轻、减轻或免除处罚的法定或者酌定量刑情节。

（二）在量刑事实的证明过程中，为了查明被告人的主观恶性和人身危险性，人民法院认为有必要时，允许使用能够反映被告人一贯表现或者特定品行、品质的证据。

（三）公诉人和自诉人应当就其关于刑罚适用的意见提供证据予以证明。

（四）被告人及其辩护人应当就其关于从轻、减轻或者免除处罚等量刑意见提供证据。

被告人及其辩护人由于客观原因未能收集到相关证据的，人民法院可以根据被告人及其辩护人的申请，依法调取有关证据。

（五）人民法院在案件审理过程中，发现被告人可能有自首、立功等法定或酌定量刑情节，但是起诉或者移送的案卷材料中没有相关证据材料的，可以向人民检察院调取在侦查、审查起诉中收集的有关证据材料或者建议人民检察院进行补充侦查。人民检察院应当移送有关证据材料（或作出说明）或进行补充侦查。

（六）证明对被告人从重处罚的事实，应当达到事实清楚，证据确实、充分的标准。证明对被告人从轻、减轻或者免除处罚的事实，达到较大可能性程度即可。

（七）被告人及其辩护人就量刑事实举证后，控诉方提出反对意见的，对反对意见的证明应当达到事实清楚，证据确实、充分标准。

第十条 裁判文书中的量刑说理

人民法院应当就量刑裁判说明理由。裁判文书中的量刑说理，一般包括以下内容：

（一）已经查明的量刑事实及其对量刑的影响；

（二）是否采纳公诉人、当事人和辩护人、诉讼代理人的量刑意见及其理由；

（三）人民法院的量刑理由和法律依据。

（理由：在判决中对量刑说明理由的做法，主要是希望通过这种途径对法官的自由裁量权做出必要而有效的制约。对量刑说明理由，不仅能够有效制约法官自由裁量权，增强判决的可接受度，而且，裁判文书的公开也是量刑公开原则的一个基本要求。）

第三题 人民陪审员制度研究

作为我国的一项重要司法改革举措，人民陪审员制度是国家审判机关吸收非职业审判人员参与审判案件的一种司法制度，是公民直接参与司法活动的一种有效的民主尝试。自 2005 年 5 月 1 日全国人大常委会《关于完善人民陪审员制度的决定》（以下简称《决定》）颁行以来，全国各地法院积极推行人民陪审员制度的实施，采取各种有效措施，充分发挥了人民陪审员的职能作用，取得了显著成效。截止至2008年，全国各地法院经过第一、二批选任，共选任人民陪审员55 681人，参与陪审各类案件644 723件，参与陪审次数总计为944 424人次。[1] 2008年，中共中央《关于进一步加强人民法院、人民检察院工作的决定》明确要求，"各级人民法院特别是基层法院要全面贯彻全国人大常委会通过的《关于完善人民陪审员制度的决定》"，同时强调"进一步健全人民陪审员管理制度"，指出必须"落实人民陪审员的津贴、补助，要认真听取人民陪审员对审判工作的意见和建议，切实改进工作。"[2] 为进一步论证人民陪审员制度试点项目成效，完善人民陪审员制度，最高人民法院政治部于2010年1月9日在江苏省苏州市吴中区人民法院组织召开了人民陪审员制度试点研讨会。研讨会强调，全国各级法院要认真贯彻落实好王胜俊院长在全国政法工作电视电话会议讲话中关于人民陪审员工作的有关要求，完善人民陪审员制度，增加人民陪审员数量，保障人民陪审员参审权利，加强对人民陪审员的管理和培训，充分发挥人民陪审员参与审判案件、监督审判活动、联系人民群众的重要作用，并就人民陪审员制度的发展走向作出部署。[3] 《人民法院第三个五年改革纲要（2009～2013）》也明确指出，要进一步完善人民陪审员制度，扩大人民陪审员的选任范围和参与审判活动的范围，规范人民陪审员参与审理案件的活动，健全相关管理制度，落实保障措施。[4] 人民陪审员工作机制的完善，作为10年来人民法院司法改革12个突破性进展之一，被媒体称为"最具民主性"的改革。[5] 可以说，毫不含糊地坚持实行人民陪审员制度是我国司法工作的鲜明立场，也是我国新一轮司法改革工作的重点之一。在实践中，人民陪审员弥补了法官专业知识的不足，保证了审判质量，强化了社会的监督作用，促进了司法民主和司法公正。各地法院也积累了一定经验，取得了显著成绩和良好效果。然而，对于这一制度，我国的学术界、实务界以及舆论界都有着种种意见和分歧，因此，对这一制度目前的实施状况作一番梳理并在此基础上研究如何完善我国现有的人民陪审员制度，从而使该制度在促进司法民主和司法公正等方面发挥更大的作用，显得十分必要。

---

[1] 参见袁定波："三年来全国各地法院积极推行人民陪审员制度，5万多陪审员参审64万余案件"，载《法制日报》2008年5月7日，第1版。

[2] 参见毛立平："落实好人民陪审员制度非常必要"，载《人民法院报》2009年10月16日，第7版。

[3] 参见张永平："最高人民法院召开人民陪审员制度试点研讨会，周泽民强调充分发挥人民陪审员参与审判监督审判联系群众作用"，载《人民法院报》2010年1月11日，第1版。

[4] 参见刘峥："关于我国人民陪审员制度运行的几点思考"，载《人民法院报》2009年4月15日，第5版。

[5] 参见郑金雄："3890件：每件陪审都是公平正义的实践——厦门人民陪审员工作三年回眸"，载《人民法院报》2008年5月1日，第3版。

一、人民陪审员制度的功能和价值

人民陪审员制度，"是国家审判机关吸收普通公民参与刑事、民事和行政案件审判的制度"[1] 作为我国政治制度和司法制度的重要组成部分，人民陪审员制度是人民群众直接参与国家管理的具体体现。该制度旨在让没有司法经验的普遍民众参与案件审理，加强法官与人民群众的联系，扩大司法民主，促进司法公正。其主要内容是，人民法院审理第一审案件的合议庭可以由人民陪审员和审判员共同组成，人民陪审员参加合议庭审判时，与审判员享有同等权利。[2] 该制度具有以下几个方面价值。

（一）司法民主价值

民主，即民治，是指人民管理社会公共事务的制度。"民主是一种社会管理体制，在该体制中社会成员大体上能直接或间接地参与或可以参与影响全体成员的决策。"[3] 因此，民主不仅仅是一种观念，而且还在于参与社会公众事务并对社会决策具有直接或间接影响。而陪审制度无疑可以为公民提供一个参与社会公众事务并影响事务结果的平台。正如有学者指出的，"陪审团审判给每个公民提供了一个参与民主并在一个方面——解决纠纷中治理国家的机会，这使得普通民众对公共事务具有更多的和更大的影响力。"[4] 另外，"实行陪审制度，就可把人民本身，或至少把一部分公民提到法官的地位。这实质上就是把领导社会的权力置于人民或这一部分公民之手。"[5] 这无疑是司法民主的一个重要体现。民主政治是人民陪审员制度产生、发展的政治基础。可以说，民主是人民陪审员制度的源泉，而人民陪审员制度则具有实现司法民主的价值。也正因为人民陪审员制度并非一般的法制制度，而是关系到司法民主的基本审判制度，所以许多国家都是在宪法上对它加以规定，体现出对它的高度重视。我国司法权从根本上说是来源于人民的授予，人民陪审员制度实质上是将司法权交给公民行使的一种方式，也是司法民主化的一种表现形式。"法官属于权力集团中的成员，其在裁判时可能偏向当权者一方，从而压抑人民的权利和自由。公民作为人民陪审员直接参与司法活动可以在司法活动中反映人民的心声、担当起维护公民权利的使命。"[6] 人民陪审员制度切实实现了人民群众直接参与审判，人民陪审员与审判员组成合议庭共同审判案件，使与案件没有直接利害关系的

---

〔1〕 曹建明主编：《人民陪审员培训教程》，中国政法大学出版社 2005 年版，第 59 页。
〔2〕 参见李政伟："破解人民陪审员制度的不等式"，载《法律适用》2006 年第 10 期。
〔3〕 ［美］科恩：《论民主》，聂崇信、朱秀贤译，商务印书馆 2005 年版，第 10 页。
〔4〕 ［美］史蒂文·苏本、玛格瑞特·伍：《美国民事诉讼的真谛——从历史、文化、实务的视角》，蔡彦敏等译，法律出版社 2002 年版，第 252 页。
〔5〕 ［法］托克维尔：《论美国的民主》（上），董果良译，商务印书馆 1997 年版，第 314 页。
〔6〕 王敏远："中国陪审制度及其完善"，载《法学研究》1999 年第 4 期。

老百姓也能来处理纠纷，防止了法官在司法决策过程中的主观片面和独断专行。作为普通公民的代表，人民陪审员是既非控方又非辩方的中立第三方，受到的干扰比职业法官小也比较容易抵制，有助于维护审判的公正性和中立性，因此人民陪审员制度的意义不仅仅是某种象征性的民主，而更主要的是通过这种民主形式达到对司法公正的维护和追求。[1]

此外，人民陪审员的来源和产生形式不仅是司法民主化的一个重要体现，也有利于进一步促进和实现司法民主。从《决定》的规定来看，除了受到过刑事处罚和开除公职外，符合一般条件即可担任人民陪审员。从人民陪审员制度的实践和全国各级法院选任的人民陪审员的现状和构成来看，各地法院严格按照《决定》的要求，注重吸收社会不同行业、不同性别、不同年龄的人员，选任的陪审员身份有公务员、工人、农民、社会各个阶层的人士和群众，有各个民族的代表，来自于党政机关、金融机构、企业、农村等等，可以说涵盖了各个层面，体现了最广泛的社会性、人民性和代表性，确保了人民陪审员来源的广泛性，代表了社情民意，从而在具体案件的审理中体现了司法民主。而法院通过实行随机抽取方式确定人民陪审员参加案件审理的做法，也使更多的人民陪审员可以参加到审判活动中，基本上实现了陪审制度应有的广泛性和群众性。[2]

由此看来，人民陪审员选任制度的工具性价值之一在于促进陪审员制度功能的发挥，保证陪审制的民主性。纵观陪审制度的发生、发展过程，陪审制度一直被视为是司法民主化的表征，是群众参与司法决策的有效形式。它反映了蕴涵于诉讼主体性理念中的国民主体观念，意味着社会上一般公众对诉讼的参与，完成普通民众协助司法、见证司法、决策司法以及监督司法的统一。[3] 人民陪审员制度的价值取向决定了人民陪审员就是要平民化、百姓化，这样才符合人民陪审员的名称与实质。人民陪审员制度的本质，也是它的最大价值所在，就是能够充分体现司法民主。让不具备系统法律知识和司法实践经验的普通民众与审判人员共同审判案件，行使国家审判权，这本身就是民主政治的一种表现形式，是人民群众参与国家管理、实现参政议政的重要体现。[4] 正如我国著名刑事诉讼法学专家卞建林教授指出的，人民参与司法，是现代法治国家司法文明与进步的重要标志。同样，司法民主的真正贯彻与实现，也足以为我国社会主义政治文明与民主的进展程度作出最好的诠释。在

---

〔1〕 参见叶青：“关于人民陪审员制度价值的思考”，载《华东政法学院学报》2001年第1期。
〔2〕 参见李飞：“案件陪审三年间——人民法院实施人民陪审员制度情况调查”，载《人民法院报》2008年5月6日，第8版。
〔3〕 参见吴明童、段莉琼：“人民陪审制的理念与发展”，载《中国司法》2004年第8期。
〔4〕 参见孙军工：“我国人民陪审员制度的现状与完善”，载《人民司法》1999年第9期。

此方面，我国刑事诉讼制度中早已确立了人民陪审制度与审判公开制度，成为我国实践司法民主之先声。[1]

（二）司法公正价值

"公正、高效、权威是中国特色社会主义司法制度的三大基本要求。其中，公正是核心价值，是司法的灵魂和生命线；如果司法本身不公正，司法何以能保障实现社会公平正义？司法从产生之日起，就以维护公正为己任，社会主义司法更应如此。"[2] 公正，不仅是我国司法活动的核心价值，也是我国司法活动的永恒追求。司法公正在社会公正中占据十分重要的地位。正如中国政法大学陈光中教授指出的，"公正（正义）是人类社会所追求的首要价值目标，是构建社会主义和谐社会的一项基本要求。司法公正则在社会公正中占有十分重要的地位，它是体现社会正义的窗口，是实现社会正义的重要保障，是司法机关的灵魂和生命线。"[3] "在现代社会，司法应当以公正作为其价值取向。一个司法不公的社会，不可能是一个法治社会。司法公正作为现代司法制度的基本要求，它包括审判程序公正和审判结果公正两个部分。审判程序公正是司法公正的核心内容，它是诉讼过程的公正。"[4] 保障司法公正是我国司法制度改革的一项基本目标。要实现这一目标，我们需要做的事情很多，但是建立行之有效的人民陪审员制度无疑是一项重要的措施。"人民陪审员制度不失为探求司法公正的可靠途径，至少不会比纯法官审判更加不公正。"[5] 人民陪审员制度属于一种广义上的司法参与。司法参与又称程序参与原则，或曰"获得法庭审判的机会"的原则。"其核心思想是，那些权益可能会受到刑事裁判或诉讼结局直接影响的主体应当有充分的机会富有意义参与刑事裁判的制作过程，并对裁判结果的形成发挥其有效的影响和作用。"[6] 参与的主体当然是指代表国家的公安、司法机关和当事人及其他诉讼参与人，特别是被告人及被害人等。对司法参与广义的理解，还包括人民群众的参与，而这种广义的司法参与，更体现司法民主、群众参加国家管理的社会主义本质。我国著名刑事诉讼法学专家樊崇义教授认为，司法参与是程序公正的重要标准之一。因为一种诉讼程序的民主与专制的分水岭，就在于诉讼当事人和人民群众参与与否。在全社会实现公平与正义，以及建构和谐稳定的社会的关键是诉讼的民主、公开、透明。因为参与才能民主，参与才能公开、透明，

---

〔1〕 参见卞建林："人民才是法律监督的源头活水"，载《检察日报》2003 年 12 月 22 日，第 3 版。

〔2〕 陈光中："建设公正高效权威的社会主义司法制度之我见"，载《人民检察》2009 年第 4 期。

〔3〕 陈光中："坚持程序公正与实体公正并重之我见——以刑事司法为视角"，载《国家检察官学院学报》2007 年第 2 期。

〔4〕 谢佑平：《刑事诉讼国际准则研究》，法律出版社 2002 年版，第 505 页。

〔5〕 周军：《刑事诉讼法新解》，华龄出版社 2000 年版，第 221 页。

〔6〕 陈瑞华：《刑事审判原理论》，北京大学出版社 1997 年版，第 161 页。

参与才体现公平、正义,参与才能和谐稳定。可以设想,专横跋扈,暗箱操作,剥夺辩护,这样的诉讼还谈何公平与正义。[1] 人民陪审员制度,是国家审判机关吸收普通公民参与刑事、民事和行政案件审判,是人民群众直接参与国家管理的一种制度。让没有司法经验的普遍民众参与案件审理,加强法官与人民群众的联系,对于司法参与,进而促进全社会实现公平与正义特别是司法公正无疑具有举足轻重的意义。"陪审团之评议案情,使法理、人情均得兼顾,且集多数人组成陪审团之智慧与意见,本于良知而为公正之评议,较之法官囿于法律之成见,可减少偏私无端之裁判。"[2]

另外,就现实的司法实践需要而言,人民陪审员制度也是公正审判的需要,人民陪审员制度对保障案件事实的正确认定乃至全社会意义上的司法公正具有重要的作用,因为许多专业性的案件对于职业法官来说可谓不堪重负,常难以作出由表及里和去伪存真的辨析。法院受理此类案件也往往存在困惑和疑虑。特别是在当今,新类型的案件大量出现,新知识、新技术扑面而来,在司法审判中,法院邀请具有相关专门知识的专家陪审,共同进行认证,形成较为科学完善的文化、智力和专业结构,人民陪审员与法官知识优势互补,可以大大提高法院专业化审判的水平,以避免作出失衡的裁判,保证案件的审判质量,提高诉讼的效率,且有助于社会公正观念的形成。[3]

(三) 司法沟通价值

首先,人民陪审员制度的司法沟通价值体现在弥补法官知识和智慧的不足,保证审判质量。随着社会、经济形势的不断发展变化,人民法院审判工作任务重、人员少的矛盾一时难以缓解;同时面随着新类型案件的增多,审判工作中遇到的新问题、新知识也越来越多。从目前的情况看,人民陪审员的参与在一定程度上解决了上述问题。例如,专家型人民陪审员大多是某一专业领域的技术人员,在参与审判的案件中能够利用自己的专业知识,使案件中涉及的本专业领域的疑难问题得以解决,有利于人民法院准确查清事实,保证案件的公正处理。再如,在审理未成年人犯罪案件时邀请教师或者共青团、妇联等单位具有教育心理学、社会学知识的人士担任人民陪审员,可以通过他们的思想教育工作寓教于审,消除未成年被告人对司法机关的抵触情绪,接受法律的制裁,真正达到教育、感化、挽救的目的,社会效果非常好。[4] 不少人民陪审员是各方面的专业人士,他们在各自熟悉的领域内为法

---

[1] 参见樊崇义:"刑事诉讼法再修改理性思考",载《政法论坛》2005 年第 5 期。

[2] 蒋耀祖:《中美司法制度比较》,商务印书馆 1976 年版,第 389 页。

[3] 参见叶青:"关于人民陪审员制度价值的思考",载《华东政法学院学报》2001 年第 1 期。

[4] 参见孙军工:"我国人民陪审员制度的现状与完善",载《人民司法》1999 年第 9 期。

官审案提供专业知识支持，从而使法院的判决更公正、更科学、更合理、更权威。比如厦门市思明区法院陪审员张志明[1]来自医疗行业，在参与审理原告李荣诉被告厦门市妇幼保健院人身损害赔偿纠纷中，张志明对被告厦门市妇幼保健院的医疗行为是否恰当、能否导致原告人身损害发表了专业而独到的意见，弥补了主审法官在医疗专业知识上的不足，为主审法官正确查明案件事实并作出合理判决起到了很好的辅助作用。非专业的陪审员给法官带来一种新的思维方式。

其次，可以将民意及时转达给司法机关，保证法律效果和社会效果的有机统一。人民陪审员"之评议案情，使法理、人情均得兼顾"，"本于良知而为公正之判决，较之法官囿于法律之成见，可减少偏私无端之裁决。"人民陪审员来自民间，可以把民间的智慧和非职业的技巧带到审判中来，以弥补法官知识和智慧的不足。[2] 人民陪审员大多来自基层，熟悉社会，了解并能代表民意。在参与陪审活动中，他们往往更注重从社会道德标准的角度对案件进行评断，可以克服审判员因职业习惯所形成的某种思维定式，使裁判更加合情、合理、合法。比如厦门市海沧区法院陪审员蔡明群[3]是海沧区的一名村干部，在参加了多起陪审案件后，蔡明群渐渐发现了自己的优势：来自群众，贴近群众，代表群众，与精通法律的人民法官比较，更能够通民情、知民意，在处理群众纠纷中更能够有效促成当事人达成调解协议。最高人民法院统计显示，在人民陪审员参与审理的121万件案件中，大部分都通过调解的方式解决纠纷，基本上实现了案结事了，促进了社会和谐。可以说，人民陪审员为民众与法院之间架起了一座良性沟通的桥梁。

最后，法律规定和理念可以通过人民陪审员这一桥梁传达给社会民众，起到法制宣传之效。人民陪审员来自人民，将会在民间发挥极强的法制宣传作用，有利于法院与公众的沟通，促进法院透明度和公信力的提高。这是因为，人民陪审员通过实际参与审判案件，不仅可以使其自身对审判工作有进一步的了解，法律知识、法制观念得到增强，而且可以通过人民陪审员在社会生活中更广泛地宣传法制、宣传审判工作，树立法律的权威。[4] 调查表明，人民陪审员此方面的意愿也较强烈。比如张顺辉[5]是厦门市翔安区人民陪审员，在陪审经历中，张顺辉发现翔安的斗殴打

---

[1] 参见郑金雄："3890件：每件陪审都是公平正义的实践——厦门人民陪审员工作三年回眸"，载《人民法院报》2008年5月1日，第3版。

[2] 参见王庆廷："人民陪审员制度功能和价值"，载《人民法院报》2008年2月13日，第5版。

[3] 参见郑金雄："3890件：每件陪审都是公平正义的实践——厦门人民陪审员工作三年回眸"，载《人民法院报》2008年5月1日，第3版。

[4] 参见孙军工："我国人民陪审员制度的现状与完善"，载《人民司法》1999年第9期。

[5] 参见参见郑金雄："3890件：每件陪审都是公平正义的实践——厦门人民陪审员工作三年回眸"，载《人民法院报》2008年5月1日，第3版。

架案件比较突出，而很多居民往往认为打断一条腿就赔个医药费，而法院裁判的结果却超出他们的想象，"怨恨"由此产生。于是在陪审之外，张顺辉还经常在农村宣传法律，为村民算法律账，让村民更加理解法官的判决，也让法官判决的尊严得到更大程度的彰显，很好地起到了联系民众和司法机关的作用。

（四）司法监督价值

在刑事诉讼中，作为公共权力的国家权力表现出了对刑事诉讼运行全过程的主导性和控制性，从立案侦查到裁判和执行，国家权力的身影一直无处不在、无时不在，国家权力构成了刑事诉讼机制的核心结构要素，而其静态的配置和动态的运行一直是刑事诉讼法学研究的重点。近年来，随着对法治理念认识的深化，人们越来越意识到，法治根本上是权力的规则之治，即法治运作的实质目的是规范权力的配置和运行。因此我们越是清醒地认识到刑事诉讼中权力因素的主导性，就越应当将学术研究的重点置于寻找对刑事诉讼中国家权力的规范科学性上来。[1] 如上所述，人民陪审员制度是国家审判机关吸收普通公民参与刑事、民事和行政案件审判的制度。[2] 其主要内容是，人民法院审理第一审案件的合议庭可以由人民陪审员和审判员共同组成，人民陪审员参加合议庭审判时，与审判员享有同等权利。[3] 由此看来，我国的人民陪审员制度是由人民群众的代表与法院的审判员共同审判案件，行使国家审判权的一种制度。[4] 因此，人民陪审员制度使得作为公共权力的审判权在刑事诉讼的运行过程中的主导性和控制性有所减弱的同时也具有了一定程度的开放性，即面对社会一般民众开放，这等于将国家公权力的运行置于人民群众的视野和监督之下，对于刑事诉讼中国家权力的规范科学性的意义是不言而喻的。对此，我国著名刑事诉讼法学专家卞建林教授指出："人民才真正是法律监督的源头活水，才真正是贯彻法律监督最可靠的、终极性的保障。"[5]

人民陪审员制度的司法监督价值是通过裁判制约实现的，其制约裁判的基本思路是分权和监督，现代人民陪审员制度是近代以来西方社会权力制衡理论进一步发展的产物，也是执法过程中权力制衡的表现。这一理论对我国司法审判活动不无借鉴价值。在审判中，法官与人民陪审员的关系是合作关系，相互尊重对方的独立地位。人民陪审员制度中的这种合作，在很大程度上遏制了司法审判中的长官意志或政治干扰。使围绕在司法审判中的以权谋私、权钱交易、徇私舞弊等腐败行为难有

---

〔1〕　参见卞建林、田心则："行进中的中国刑事诉讼法学：关键词展开——2007 年刑事诉讼法学研究述评"，载《中国法学》2008 年第 2 期。

〔2〕　参见曹建明主编：《人民陪审员培训教程》，中国政法大学出版社 2005 年版，第 59 页。

〔3〕　参见李政伟："破解人民陪审员制度的不等式"，载《法律适用》2006 年第 10 期。

〔4〕　参见盛焕炜："建立有中国特色的人民陪审员制度的法律思考"，载《人民司法》2000 年第 11 期。

〔5〕　卞建林："人民才是法律监督的源头活水"，载《检察日报》2003 年 12 月 22 日，第 3 版。

实现的通道。同时，相对限制法官的权力，也有利于法官自身的廉洁。[1]

从人民陪审员制度实施后的调研情况来看，人民陪审员制度也增加了审判工作的透明度，加强了对法官执法行为的监督，促进了司法的民主与公正。拉近了司法与民众的距离，有效地消除了社会对法院及法官的猜疑、误解和偏见，促进了人民群众对于法院工作的理解与支持，扩大了人民法院的社会影响，进一步提升了司法公信力。[2] 人民陪审员通过参与审理案件，直接对人民法院的审判活动进行监督，使法官的司法行为更加严谨、规范，对法官行使裁判权起到了制约作用，增强裁判过程的透明度，有利于人民群众对审判工作的了解，同时也消除了当事人对司法腐败的担心，以审判人员执法不公为由而引发的越级上访案件有所下降。[3] 可以说，人民陪审员制度在实践中较好地发挥了司法监督功能。

二、人民陪审员制度的域外情况

（一）英美法系陪审制度的基本情况

据有关学者考证，陪审制度的萌芽可追溯至公元前 6 世纪的雅典。著名的梭伦改革举措之一就是设立陪审法庭，即行政官于集市日公开审理讼案，并由若干公民参加。现代陪审制度起源于英国，不过其思想文化渊源仍来自古希腊、古罗马，后传入不列颠。最初的陪审制度起始于土地纠纷的审理，由 12 名骑士和自由民起誓作证，后来逐渐发展证明事实、发现事实。到了 14 世纪，发展成了负责审查起诉的大陪审团制度和负责事实审的小陪审团制度。英国的陪审制度，特别是大陪审团制度早期的确发挥过保护人权，限制司法专横的巨大作用，然而近代以来，英国的陪审团制度一直受到各方面的强烈批评，1933 年英国废除了大陪审团制度。

美国的陪审制度由英国传入。独立后，联邦宪法对陪审制度作了明确规定。联邦宪法第五修正案规定，除非有大陪审团的调查报告或起诉书，任何人不受死罪或其他重罪之审判，从而确立了大陪审团制度。大陪审团由 16 ~ 23 名陪审员组成，负责审查对刑事犯罪的起诉，在听取检察官关于犯罪嫌疑人构成犯罪的证据后，作出是否起诉的裁决。[4] 英美法系陪审制度区分事实审与法律审，陪审团负责裁决案件的事实问题，即侵权、罪名是否成立，法官负责裁决案件的法律问题，即量刑与赔偿。英美陪审团有大陪审团亦称起诉陪审团，和小陪审团亦称审判陪审团之分，大

---

〔1〕 参见叶青："关于人民陪审员制度价值的思考"，载《华东政法学院学报》2001 年第 1 期。

〔2〕 参见山东省高级人民法院调查组："关于人民陪审员制度贯彻落实情况的调查报告"，载《山东审判》2006 年第 4 期。

〔3〕 参见李飞："案件陪审三年间——人民法院实施人民陪审员制度情况调查"，载《人民法院报》2008 年 5 月 6 日，第 8 版。

〔4〕 参见［英］R. C. 范·卡内冈：《英国普通法的诞生》，李红梅译，中国政法大学出版社 2003 年版，第 79 ~ 108 页。

陪审团只在刑事案件中决定是否对被告起诉，小陪审团则在刑事、民事案件中都适用，实际参与案件裁判，对案件的事实争议作出裁决。目前在英美大陪审团都已基本不再适用，在英国只有在审理严重刑事案件和诽谤、欺诈等极少数民事案件中还适用小陪审团。[1]

关于陪审团的人员构成，英美法系也是经历了一个发展过程，现基本上具有明确的规定。陪审团在英美法系曾是男人的天下，但到了 20 世纪，其组成更具有社会代表性。例如英国 1974 年颁布的《陪审法》规定：凡在议会或地方政府选举中登记的选民，年龄在 18 岁到 55 岁之间，从 13 岁起曾在英国连续居住 5 年以上，没有因犯罪被剥夺陪审权或者因职业限制不能参加陪审的人，都可以出任陪审员。在美国，不同的州对于陪审员的资格有不同的要求，但几乎所有的州法院和联邦法院都会要求陪审员必须是美国公民，因为参加陪审团服务就要求对于国家的政治和司法制度负有责任心，而国籍可以体现这一点。一般规定陪审员的最低年龄为 18 岁，最高年龄为 65 或 70 岁，大多数州都要求陪审员为本州居民，但一般都没有规定最低居住期限，联邦法院规定有资格参加陪审团服务的人必须至少在本地区居住一年，并且根据《联邦陪审团选拔法》规定：陪审员还必须具有熟练的英语读、写和应用能力，并且，被控及被判犯有重罪的人也没有资格选任陪审员。[2] 关于陪审制的案件适用范围，美国联邦最高法院通过判例确定，不论发生在联邦或州的刑事案件，只要被告人可能被判处 6 个月以上的监禁，被告人就享有受到陪审团审判的权利；[3] 在所有涉及金钱赔偿的权利要求时，双方当事人都有得到陪审团审判的权利。[4]

（二）大陆法系陪审制度的基本情况

大陆法系国家最早引入陪审制的是法国。1790 年，法国制宪会议决定以英国式的大陪审团制度代替自己原有的检察官起诉制度。在陪审团制度建立之初，受民众的好评，陪审员被认为是"民众自由的守护神"。但由于法国的国情及法律传统与英国并不相同，陪审团常常成为控方滥用起诉权的工具。1811 年，英国式的陪审制度被废除，法国建立起具有自己特色的审判陪审制度——陪审员并不独立进行事实审，而是与职业法官共同组成合议庭，一起审理并裁决案件，此即所谓参审制。德国最初也是采用英国式的陪审制，但由于德国实行职权主义诉讼模式，使得陪审制的实行遇到了许多问题。1924 年，德国在全国废除了英式陪审制，普遍实行参审制。自

---

〔1〕　参见 ［英］P. S. 阿蒂亚：《法律与现代社会》，范悦等译，辽宁教育出版社 1998 年版，第 32 页。

〔2〕　参见姜淑华："司法社会化与人民陪审员制度的完善"，载《山东社会科学》2006 年第 11 期。

〔3〕　参见《美国联邦刑事诉讼规则》第 23 条。

〔4〕　参见《美国联邦民事诉讼规则》第 38 条。

此，以美国为代表的英美法系陪审团制和以法德为代表的大陆法系参审制形成。[1]
在大陆法系，非职业法官参与刑事司法是 19 世纪的主要改革之一。法国在大革命之
后吸收了英国的陪审制度，非职业法官的设立就成为自由的、文明的并为大众所欢
迎的刑事司法制度的象征之一。目前，法国的重罪法庭都有由 9 名陪审员组成的陪
审团参与。并且，随着近几年对重罪法庭陪审团的组成进行的改革，陪审团的地位
在不断地得到强化。根据法国《刑事诉讼法典》第 255 条及随后条款的规定：所有
法国公民，不论男女，凡年满 23 岁，能用法语读写，享有政治、民事权利与亲权，
担任的职务不与陪审团相抵触，均可以担任陪审员。德国大部分州的刑事法院在 19
世纪都引入了非职业法官制度。非职业法官由来源于不同团体、各个年龄段和不同
社会地位的人组成。根据德国法院组织法第 31 条规定，非职业法官必须是德国公
民；年龄在 25～70 周岁，而在社区居住不到一年的人、内阁成员、法官、检察官、
辩护人、警察以及书记官都不能担任。在具体的案件中，非职业法官的选派则是通
过抽签决定的。[2]

对于陪审制度的案件适用范围，在大陆法系国家中，通常都规定对性质较为严
重的刑事案件适用陪审制度进行审理。如《法国刑事诉讼法典》规定，审理苦役或
者法定刑为 5 年以上的案件，一律必须由重罪法庭进行审理。而重罪法庭的组成人
员除职业法官以外，还有非职业成员。重罪法庭的非职业成员是普通公民，称为陪
审员。[3] 换言之，法国的重罪法庭审理的所有案件都必须适用陪审。在德国，不仅
所有采用合议制的一审刑事案件必须实行陪审，而且所有由州法院进行二审的刑事
案件也必须实行陪审。[4] 根据《德国刑事诉讼法》规定，在审理最严重刑事案件
（尤其是涉及有人死亡的案件）的合议庭中，非职业法官的数目由 6 个减为 2 个。然
而德国《法院组织法》第 74 条仍旧保留旧有的术语"刑事陪审法庭"，这一审判组
织实质上已成为地区法院的大合议庭之一，其对严重刑事案件享有初审管辖权。不
太严重的案件由一名职业法官和两名非职业法官组成的合议庭审理。如果只需处以
罚金或 2 年以下监禁刑，则由一名职业法官单独审理。[5] 换言之，德国也与法国相
类似，除了只"处罚金或者 2 年以下监禁刑"之外的案件，一律必须适用陪审制进

---

〔1〕 参见［英］R. C. 范·卡内冈：《英国普通法的诞生》，李红梅译，中国政法大学出版社 2003 年版，
第 79～108 页。

〔2〕 参见姜淑华："司法社会化与人民陪审员制度的完善"，载《山东社会科学》2006 年第 11 期。

〔3〕 参见［法］卡斯东·斯特法尼等：《法国刑事诉讼法精义》（上册），罗结珍译，中国政法大学出版
社 1999 年版，第 405 页。

〔4〕 参见程味秋主编：《外国刑事诉讼法概论》，中国政法大学出版社 1994 年版，第 135 页。

〔5〕 参见［德］托马斯·魏根特：《德国刑事诉讼程序》，岳礼玲、温小洁译，中国政法大学出版社 2004
年版，第 26～27 页。

行审理。而上述两类案件，在德国也是属于罪行较为严重的犯罪。[1]

(三) 比较与借鉴

大陆法系国家传统上认为对案件事实的分析需要技术的精确性、需要理性的客观分析，因此比较排斥陪审制，一般只在对严重刑事犯罪的审判中才适用陪审团审理。这与美国联邦宪法明确规定的在所有刑事案件中被告均享有由陪审团审判的权利和《美国联邦刑事诉讼规则》中规定的只要被告人可能被判处 6 个月以上的监禁，被告人就享有受到陪审团审判的权利以及在所有涉及金钱赔偿的权利要求时，双方当事人都有得到陪审团审判的权利有较大差别。而且民法法系国家的陪审制实质是一种非职业法官参审制，陪审员和职业法官共同组成合议庭，共同参加评议，陪审员有和职业法官平等的投票权。而不是象英美那样，区分案件的事实问题和法律问题，由陪审员和法官分别裁决。以法国为例，陪审制只在重罪案件审判中才适用，法官与陪审员一起评议案件事实，然后就公诉方指控的具体罪名进行无记名投票表决。与美国的陪审制度相比，法国的陪审制度具有程序比较简单和效率比较高的特点。[2] 关于陪审团的组成人员，英国《陪审法》规定，"在议会或地方政府选举中登记的选民，年龄在 18 岁到 55 岁之间，从 13 岁起曾在英国连续居住 5 年以上，没有因犯罪被剥夺陪审权或者因职业限制不能参加陪审的人。"美国规定，"要求是美国公民，陪审员的最低年龄为 18 岁，最高年龄为 65 或 70 岁，大多数州都要求陪审员为本州居民，但一般都没有规定最低居住期限，联邦法院规定有资格参加陪审团服务的人必须至少在本地区居住一年，陪审员还必须具有熟练的英语读、写和应用能力，被控及被判犯有重罪的人也没有资格选任陪审员。"[3] 法国《刑事诉讼法典》规定，"所有法国公民，不论男女，凡年满 23 岁，能用法语读写，享有政治、民事权利与亲权，担任的职务不与陪审团相抵触，均可以担任陪审员。"《德国法院组织法》规定，"非职业法官必须是德国公民；年龄在 25 ~ 70 周岁，而在社区居住不到一年的人、内阁成员、法官、检察官、辩护人、警察以及书记官都不能担任。"[4] 可以看出，尽管英美法系和大陆法系对陪审人员均设置了一定的资格条件，但是这些条件基本上局限于年龄、国籍、语言和未曾犯过罪等简单因素，因而社会化和民主化程度较高，有利于吸纳更多更广泛的公民参与到陪审制中来。另外，关于陪审制的案件范围，无论是英美法系的美国还是大陆法系的法国和德国，均有明确的

---

〔1〕 参见张泽涛："陪审制度的缺陷及其完善——以《关于完善人民陪审员制度的决定》为考察对象"，载《华东政法大学学报》2009 年第 1 期。

〔2〕 参见何家弘："陪审制度纵横谈"，载《法学家》1999 年第 3 期。

〔3〕 参见姜淑华："司法社会化与人民陪审员制度的完善"，载《山东社会科学》2006 年第 11 期。

〔4〕 参见姜淑华："司法社会化与人民陪审员制度的完善"，载《山东社会科学》2006 年第 11 期。

规定。

我国的陪审制度与大陆法系国家的参审制度相似。同时考虑到我国目前的人民陪审员制度实施过程中出现的诸多问题，因此我们认为，对国外陪审制度的有益经验和做法的借鉴不仅具有可行性，而且具有必要性。这在下文中会进一步加以阐述。

三、人民陪审员制度的国内状况

（一）人民陪审员制度在我国的发展历程

我国现行人民陪审员制度是中国共产党在建立革命根据地政权时期，为适应当时的斗争形势，效仿前苏联吸收普通群众参加审判活动的审判模式而建立起来的。1930 年中华苏维埃共和国中央执行委员会颁布的《裁判部暂行组织及裁判条例》规定了陪审员参加审判的原则，被视为我国人民陪审员制度的萌芽。抗日战争和第三次国内革命战争时期，各革命根据地都先后实行了人民陪审员制度。[1] 新中国成立后，陪审制度在 1951 年颁布的《人民法院暂行组织条例》第 6 条中得到确认。1949 年 9 月颁布的具有临时宪法性质的《中国人民政治协商会议共同纲领》和 1954 年《宪法》，都明确规定 "人民法院审判案件依照法律实行人民陪审员制度"。[2] "文化大革命"时期，我国司法制度遭到了严重破坏，人民陪审员制度也受到了严重的践踏。1975 年《宪法》取消了人民陪审员的条款。1979 年，我国开始恢复和重建司法制度，人民陪审员制度也被再次在当年颁布的《人民法院组织法》和《刑事诉讼法》中得到明确规定。[3] 但是自 20 世纪 50 年代后期以来，在我们国家的政治和司法领域出现了 "极左"思潮，盛行法律虚无主义思想，法制原则被抛弃，加之党委对政法工作实行一元化领导，盛行党委审批案件制度，所以人民陪审员制度形同虚设，没有执行好。从 1996 年、1997 年起法院实行审判方式改革，推行主审法官制度和独任审判制度，陪审员于是显得多余和碍手碍脚；实行证据法后，法官坐堂问案，凭当事人和律师提供的事实和证据就可定案，无需陪审员提供什么。这些制度都是排斥人民陪审员的，它们严重限制了陪审员作用的发挥，所以自此以后陪审员明显不被用于审判了。[4] 从全国范围看，除了北京、上海等地的一些法院在一些年份审理个别案件中重视人民陪审员制度以外，陪审制度被严重淡化。[5] "一方面，法官们抱怨现在的陪审员很难请，即使请来了，或者因为素质不高，或者因为其不负责任，在审判中也发挥不了多大的作用。另一方面，许多陪审员抱怨他们在审判中根本不

---

〔1〕 参见张晋藩：《中国法制史》，群众出版社 1985 年版，第 503 页。

〔2〕 参见怀效锋：《人民陪审制度初探》，光明日报出版社 2005 年版，第 8~25 页。

〔3〕 参见黄军锋："论我国人民陪审员制度的改革与完善"，载《西藏民族学院学报（哲学社会科学版）》2008 年第 1 期。

〔4〕 参见曹永军："我国人民陪审员制度兴衰的原因和改革设想"，载《当代法学》2007 年第 3 期。

〔5〕 参见王敏远："中国陪审制度及其完善"，载《法学研究》1999 年第 4 期。

受重视，白白浪费很多时间，没法发挥作用，而且误工补贴也不到位。法官缺少积极性，陪审员也缺少积极性。"[1] 2005 年 5 月 1 日实施的《全国人民代表大会常务委员会关于完善人民陪审员制度的决定》（以下简称《决定》）使得这一状况得到根本性的改观。《决定》颁行以来，全国各地法院积极推行人民陪审员制度的实施，采取各种有效措施，充分发挥了人民陪审员的职能作用，取得了显著成效。人民陪审员制度也在我国现行的《民事诉讼法》第 40 条第 1 款、《刑事诉讼法》第 13 条和《行政诉讼法》第 46 条均有明确规定。由此看来，人民陪审员制度不仅是我国司法制度中坚持的一项优良传统，也已经成为我国现代诉讼体系中的一个重要组成部分。毫不含糊地坚持实行人民陪审员制度不仅是我国司法工作的鲜明立场，也已纳入人民法院第三个五年改革纲要的宏观部署，是我国新一轮司法改革工作的重点之一。

（二）取得的成效

人民陪审员制度取得的成效主要表现在各地法院的试点工作及其经验。总体而言，自《决定》颁行以来，全国各地法院积极推行人民陪审员制度的实施，采取各种有效措施，充分发挥了人民陪审员的职能作用，取得了显著成效。截止至 2008 年，全国各地法院经过第一、二批选任，共选任人民陪审员 55 681 人，参与陪审各类案件 644 723 件，参与陪审次数总计为 944 424 人次。[2] 具体到地方，比如，山东省济南市天桥区人民法院积极探索人民陪审员规范化管理的新路子，健全相关体制，使人民陪审员与法官的互补作用得到充分发挥。人民陪审员制度实施以来，该院人民陪审员已参加案件审理 3000 余件，最多的一年审理 100 余件，无一发回重审和改判。[3] 又比如，广西壮族自治区临桂县人民法院准确把握人民陪审员贴近群众、贴近社会并代表人民参与司法审判的定位，强化人民陪审员在司法公正中的作用。仅 2009 年 1 月至 10 月间，该院 17 名人民陪审员参与审理的案件达 374 件，人均参与审理案件 22 件，占普通程序案件总数的 60%，除 1 件未结外，调解结案 307 件，调解率达八成。人民陪审员用行动实践了法律的尊严，维护了当事人的合法权益，受到了当地人大及社会各界的尊重和肯定。[4] 湖南省株洲市天元区人民法院紧密结合工作实际，在选任好、使用好、支持好人民陪审员的前提下，强化人民陪审员的培训与管理，取得了实际效果。2009 年以来，人民陪审员参与审理、调解各类案件达 315

---

[1] 何家弘："陪审制度纵横论"，载《法学家》1999 年第 3 期。

[2] 参见袁定波："三年来全国各地法院积极推行人民陪审员制度，5 万多陪审员参审 64 万余案件"，载《法制日报》2008 年 5 月 7 日，第 1 版。

[3] 参见同继勇："管理工作规范、保障措施到位——济南天桥人民陪审员审案 3000 无一错案"，载《人民法院报》2009 年 11 月 9 日，第 2 版。

[4] 参见高中杰、秦电明："发挥好人民陪审员贴近人民的作用，临桂人民陪审员参审调解率达八成"，载《人民法院报》2009 年 11 月 13 日，第 7 版。

件，普通程序案件参审率达 99.36%。当地人大对此给予了充分肯定。[1] 可以说，人民陪审员的职能作用在实践中得到了较好发挥。

与此同时，地方法院关于人民陪审员制度的试点工作中呈现出规范化趋势。比如山东省高级人民法院在关于人民陪审员制度贯彻落实情况的调查报告中指出，人民陪审员制度实施以来取得的成效包括：①建立了完善长效的运行机制。法院普遍成立了人民陪审员工作指导小组和办事机构，制定了落实人民陪审员制度的具体实施意见和管理办法，建立了领导协调、联席会议、信息资料交流、情况上报等项制度。各地法院注意加强与司法行政部门的沟通与合作，对人民陪审员的公告宣传、组织报名、资格审查、组织考察、提请任命等事项进行了明确分工，统一了思想认识。一些基层法院还设立了人民陪审员专门管理机构，负责人民陪审员的协调联络、组织管理、监督指导等日常工作。②建立了完善激励约束机制。各地按照"严格管理、严格纪律、严格考核"的要求，认真抓好人民陪审员的教育培训、日常管理和年度考核等关键环节，建立健全人民陪审员考核评估制度。省法院、各中院定期对基层法院人民陪审员使用管理情况进行检查评估，发现问题及时督促整改。各基层法院普遍建立了人民陪审员业绩档案，全面记录人民陪审员的个人履历信息和培训、参审绩效等情况。业绩档案管理采取一案一卡一评议的形式，作为对人民陪审员表彰奖励、补助发放和届期任免的依据。③建立了完善物质保障机制。各地党委、人大、政府对人民陪审员工作高度重视，在工作指导、政策制定等方面给予了大力支持，一些地方党委、政府加大了对人民陪审员的经费保障力度，实行单独列支、单独管理、专款专用，并列入人民法院和司法行政机关业务经费，由同级政府财政保障。各地法院普遍为人民陪审员设立了办公场所，订阅了学习资料，在办公场所放置法律工具书、配置电脑等。[2]

（三）存在的问题

尽管如上所述，自《决定》颁行以来，全国各地法院积极推行人民陪审员制度的实施，采取各种有效措施，充分发挥了人民陪审员的职能作用，取得了显著成效。但是该制度在实际中也出现了一些需要我们注意的问题，另外，学术界也对人民陪审员制度提出了一些意见，这些问题和建议概括起来主要包括：①人民陪审员的准入资格和条件较高，广泛性和代表性不足。比如通过调查发现，个别法院确定的人民陪审员名额和首批选任人数过少，尚未达到最高法院所规定的占法官半数以上的

〔1〕 参见秦飞雁、刘振华："天元法院人民陪审员参审率逾九成"，载《人民法院报》2009 年 11 月 20 日，第 7 版。

〔2〕 参见山东省高级人民法院调查组："关于人民陪审员制度贯彻落实情况的调查报告"，载《山东审判》2006 年第 4 期。

数量要求。人民陪审员选任的范围和代表性还不够广，在人员结构上，党政机关和事业单位人员所占比例过高，而且有相当一部分为领导干部，在一定程度上影响了人民陪审员的广泛代表性和工作投入力度。[1] ②人民陪审员的职责尚未明确，不利于人民陪审员作用的发挥。《决定》规定人民陪审员依法参加审判活动，除不得担任审判长外，同法官有同等权利，并规定人民陪审员参加合议庭审判案件，对事实认定及法律适用独立行使表决权等权利。而在实践中，人民陪审员只知道有权利，却不知如何行使。法官往往在庭审时安排陪审员宣读一些程序性文字材料，在评议的时候，陪审员只是简单、机械地重复法官、主审法官的意见，用"同意"或"不同意"表表态。从某种意义上讲，现在我国审判实践中多数陪审员未能发挥实际作用原因之一，就是陪审员的职权不够明确。[2] 个别基层法院人民陪审员参审率不高，陪而不审、审而不议的现象仍不同程度地存在。有的法院和法官满足于完成人民陪审员最低参审任务；有的怕麻烦，不愿意吸收人民陪审员参与庭审。[3] ③人民陪审员任期过长，呈现专职化趋势。比如最高人民法院通过调研发现，《规定》中人民陪审员任期为5年，时间过长，使陪审员成了准职业法官，不仅会使他们成为"陪审专业户"，而且限制甚至剥夺了广大人民群众的参与机会，代表性不足，民主程度不够。在实际中，为解决审判力量不足，有些法院把人民陪审员分配到审判庭固定使用。也有些法院对没有正式工作的人民陪审员长期连续使用，使陪审工作成为某些人民陪审员的固定职业。[4] ④适用陪审制审理的案件范围不明确。《决定》规定的适用陪审制审理的案件的范围有：社会影响较大的刑事、民事、行政案件；刑事案件被告人、民事案件原告或者被告、行政案件原告申请由人民陪审员参加合议庭审判的案件。实践中，对于"社会影响较大"标准比较含糊，缺乏可操作性。对于社会影响较大的案件，法院一般都会担心陪审员的审理水平影响案件的质量，而主观地以"社会影响不大"为由而不适用陪审，从而限制了陪审的适用范围。[5] ⑤人民陪审员管理工作有待进一步规范。根据规定，人民陪审员的管理应由人民法院会同当地司法行政机关进行。但在实际运行上，诸如选任、培训、奖惩、参审等具体的管理工作几乎全部是由法院来承担，牵扯了法院大量的精力，这对审判力量普遍不

〔1〕 参见山东省高级人民法院调查组："关于人民陪审员制度贯彻落实情况的调查报告"，载《山东审判》2006年第4期。

〔2〕 参见刘学贵："论人民陪审员制度的现实问题及对策"，载《山东审判》2008年第4期。

〔3〕 参见山东省高级人民法院调查组："关于人民陪审员制度贯彻落实情况的调查报告"，载《山东审判》2006年第4期。

〔4〕 参见袁定波："最高法院调研显示：当事人主动申请陪审员参审的案件仅占8‰，人民陪审员制度遭遇'四道坎'"，载《法制日报》2008年5月8日，第5版。

〔5〕 参见刘学贵："论人民陪审员制度的现实问题及对策"，载《山东审判》2008年第4期。

足的基层法院来说,无疑"雪上加霜"。目前,相当一部分基层法院因人手不足,没有专人负责管理,使人民陪审员制度在具体落实中大打折扣,影响其司法效能的充分发挥。[1] ⑥人民陪审员制度保障水平有待进一步提升;等等。我们认为,这些问题是客观存在的,应当引起我们足够的关注,同时这些问题的存在也为我们进一步完善我国的人民陪审员制度指明了方向。

四、我国人民陪审员制度的改革与完善

(一)进一步提高对人民陪审员制度的认识

有调研显示,有些法院在陪审员管理方面,各部门之间职责不清,对人民陪审员的使用管理、考核评价、监督惩戒等方面的制度不够完善,造成部分人民陪审员工作较为随意。一是有些陪审员在开庭前才告知法院开庭与其本职工作冲突,不能到庭参与审理,法院只好临阵换人,或将案件延期开庭,造成审判工作的被动,既影响了法院和人民陪审员的形象,也影响了执法工作的严肃性;二是由于人事变动频繁,导致一些人民法庭辖区内没有人民陪审员又无法调剂。[2] 另外,经费保障不到位,影响陪审工作的开展。据统计,各地法院虽然向同级政府财政部门提出了人民陪审员工作经费的预算报告,但仍有近四成的基层法院未落实到位,其中,有一定比例是经济并不困难的法院。据湖北省高级人民法院提供的资料显示,全省尚有75 个基层法院人民陪审员经费均未列入当地政府预算,已解决经费的基层法院只有30%。同时,目前人民陪审员补助费用普遍偏低,差距较大,有的法院是按工作天数来计算,标准为每天10 至20 元;有的法院是以案件数量为单位,标准不一,每件案件补助费最高的100 元,最低的仅12 元。[3] 这些都直接影响了人民陪审员工作的进一步开展。我们认为,人民陪审制度出现诸多问题的原因是多方面的,除了制度本身有待进一步健全完善外,最根本的原因在于对人民陪审员制度认识的高度还不够,没有真正意识到这项工作的重要性和艰巨性,从而在开展工作时没有达到足够的重视程度。因此,应当在全社会范围内大力宣传人民陪审员制度,统一思想,使各单位、各部门,特别是人民陪审员所在单位了解、支持这一制度,也使与人民陪审员制度相关的配套制度和有关部门了解、支持这一制度,解决经费保障等问题,从而确保人民陪审员依法参加审判活动,最大程度地发挥其作用和功效。

---

〔1〕 参见刘学贵:"论人民陪审员制度的现实问题及对策",载《山东审判》2008 年第4 期。

〔2〕 参见李飞:"案件陪审三年间——人民法院实施人民陪审员制度情况调查",载《人民法院报》2008 年5 月6 日,第8 版。

〔3〕 参见李飞:"案件陪审三年间——人民法院实施人民陪审员制度情况调查",载《人民法院报》2008 年5 月6 日,第8 版。

　　（二）进一步做好人民陪审员的选任工作

　　我国人民陪审员的准入资格和条件，主要被规定在《决定》和最高人民法院《关于人民陪审员选任、培训、考核工作的实施意见》（以下简称《意见》）当中。对于《决定》对人民陪审员的资格规定，学者们的意见不一。有人指出，无论从人民陪审员的选任资格、选任方式，还是培训、任期、工作方式等各方面，我们看到的似乎是非平民性，更准确地说是精英性以及专业性。首先，从人民陪审员的选任资格上、选任方式上看，是精英性的。《决定》第 4 条规定："担任人民陪审员，一般应当具有大学专科以上文化程度。"这实际上意味着人民陪审员的选任并不是完全向普通公民开放的，因为"一般"的公民并不具备大专以上文化程度。而且，按照最高人民法院选任人民陪审员的工作要求，"各基层法院应优先考虑提名那些文化素质高，特别是有一定法律知识的公民，把好人民陪审员的业务素质关。"《决定》中所规定的"一般"在《意见》中被扩展到了更高的要求，只有在"执行该规定确有困难的地方，以及年龄较大、群众威望较高的公民"，担任人民陪审员的文化条件才可以适当放宽。事实上，各地基本上贯彻了《意见》，有的把人民陪审员的素质提到更高，甚至以人民陪审员的高学历化为导向。陪审员的精英化，无形中剥夺了大多数选民的权利。其次，我国人民陪审员的产生方式也很复杂。《决定》第 8 条规定了人民陪审员的产生方式，要经过单位"推荐"、本人"申请"、上级"审查"、院长"提出"以及人大"任命"五个步骤，人民陪审员不再像人大代表一样选举产生，而更像是行政程序运作的结果，任用权取决于单位、司法行政机关、基层人民法院院长以及人大常委会。如果其中任何一个部门投了反对票，即使具备担任陪审员的条件，本人又提出了申请，也不可能担任人民陪审员。虽然《决定》并没有硬性地限制人民陪审员的资格，但实际上已经使平民担任陪审员变得异常艰难。[1] 也有人认为很多地方将未受过高等教育的人排除在人民陪审员之外的做法是对普通民众参与司法进程的不公平，与陪审制度的初衷是矛盾的，陪审的精英化、职业化混合在一起将有可能导致司法的不公正。[2] 相反的观点则有，人民陪审员制度并不等同于英美法系的陪审团制度，我国的人民陪审员制度要求人民陪审员与法官共同负责事实问题和法律问题，同时参加对案件事实的判断并对法律加以适用的各个环节，专家型的人民陪审员在特别涉及专业技术比较强的案件中更是发挥了重要作用，如果选任一点法律常识与司法经验都没有的人来行使与法官同等的审判权利，就很容易被职业法官所支配，成为其附庸。并认为追求平民化强调了更多的司法的民主价值，

---

〔1〕 参见吴丹红："中国式陪审制度的省察"，载《法商研究》2007 年第 3 期。

〔2〕 参见周永坤："人民陪审员不宜精英化"，载《法学》2005 年第 10 期。

而追求精英化强调更多的司法的理性。[1]

我们认为,这一问题需要具体分析。陪审员来自平民,这是不言而喻的原则。如上所述,国外在对陪审员资格条件的设定上几乎没有学历要求。陪审员的资格大抵与选民资格相同。单从命名上看,我国"人民陪审员"毫无疑问也应该是平民性的,从这个角度而言,国外对陪审员资格条件的规定是值得我国借鉴的。我们认为人民陪审员的选任应当最大程度地体现广泛性和群众性,这也是司法民主的要求。但是随着社会、经济形势的不断发展变化,人民法院面临的新类型案件不断增多,审判工作中遇到的新问题、新知识也越来越多,确实也会遇到一些比较特殊的案件,涉及到很多专业知识,因此,在具体情况中的人民陪审员的选任上适当提高准入门槛也是需要的。比如浙江省高级人民法院和浙江省版权局经过协商,日前决定在版权行政管理部门中选任人民陪审员参与知识产权审判工作。[2]再比如,在审理未成年人犯罪案件时邀请教师或者共青团、妇联等单位具有教育心理学、社会学知识的人士担任人民陪审员,可以通过他们的思想教育工作寓教于审,消除未成年被告人对司法机关的抵触情绪,接受法律的制裁,真正达到教育、感化、挽救的目的。实践证明,专家型人民陪审员大多是某一专业领域的技术人员,在参与审判的案件中能够利用自己的专业知识,使案件中涉及的本专业领域的疑难问题得以解决,有利于人民法院准确查清事实,保证案件的公正处理。[3]关于人民陪审员的任期,《决定》是在充分总结各地产生人民陪审员的成功做法的基础上,比照法官的产生程序,规定由人大常委会任命人民陪审员。同时,为便于工作,规定人民陪审员的任期与同级人大常委会的任期相同。[4]可以看出,这主要是基于一种工作和管理便利上的考量。

(三)进一步规范人民陪审员的管理工作

根据规定,人民陪审员的管理应由人民法院会同当地司法行政机关进行。但在实际运行上,诸如选任、培训、奖惩、参审等具体的管理工作几乎全部是由法院来承担,牵扯了法院大量的精力,这对审判力量普遍不足的基层法院来说,无疑"雪上加霜"。目前,相当一部分基层法院因人手不足,没有专人负责管理,使人民陪审员制度在具体落实中大打折扣,影响其司法效能的充分发挥。[5]另外,人民陪审员

---

〔1〕 参见胡玉鸿:"'人民的法院'与陪审制度——经典作家眼中的司法民主",载《政法论坛》2005年第4期。

〔2〕 参见宗边诗:"浙江在版权行政管理部门选任人民陪审员",载《中国新闻出版报》2009年12月15日,第1版。

〔3〕 参见孙军工:"我国人民陪审员制度的现状与完善",载《人民司法》1999年第9期。

〔4〕 参见李芹:"完善和发展人民陪审员制度",载《人民法院报》2008年3月18日,第3版。

〔5〕 参见刘学贵:"论人民陪审员制度的现实问题及对策",载《山东审判》2008年第4期。

的兼职身份特点，给法院对其教育培训、日常管理、庭审操作等带来了许多不便。现行法律和有关规定对陪审员参加案件审理缺乏切实有效的监督制约和惩戒机制，如果出现人民陪审员造成的司法不公现象将严重影响司法的公信力，从而失去人民陪审员制度应有的宪法意义。[1] 因此，如何实现对人民陪审员的科学管理，是完善人民陪审员制度亟待解决的难题。我们认为，规范人民陪审员的管理工作是一个系统性的工程，人民陪审员制度作为司法制度改革的一部分，需要在改革和实践中完善和发展。应当对人民陪审员的考评、管理以及管理机构及其职责等一系列问题作出进一步的细化，规范工作程序、完善管理机制，使该制度更加富有科学性、操作性和长效性。[2] 就目前而言，比较紧要的工作是以下两个方面：①人民陪审员的培训工作。《人民法院组织法》和《民事诉讼法》都规定：人民陪审员在执行职务期间，同审判员具有同等的权利和义务。《决定》也规定：人民陪审员参加合议庭审判案件，对事实认定及法律适用独立行使表决权等，赋予了陪审员与审判员同等的权利。但在审判实践中，部分人民陪审员难以发挥其与法官享有同等权利的作用。主要原因在于人民陪审员对自己工作的性质认识不足。在上海高院对陪审员参审判案有何困难的调查中，11.3%的陪审员认为是通过证据确认事实，54.8%的陪审员认为是法律适用，34.46%的陪审员认为是在综合分析判断环节上。因此，虽然人民陪审员在选任之前均经过了岗前培训，但其参加案件审理履行职责时在对法律的适用上还是有一定障碍的。由此导致少数人民陪审员因缺乏相应的法律专业知识，在庭审过程中陪而不审，或在评议案件和表决过程中随声附和。[3] 培训制度的设计直接关系到人民陪审员的基本素质以及制度运行的实际效果，甚至决定了该项制度的属性和目的能否得到充分体现。在实践中，人民陪审员的培训方式和内容基本上是按照法官培训的模式套用而来的，甚至有的法院干脆将人民陪审员纳入法官培训计划之中，把人民陪审员分批次安插在法官岗位培训班中进行培训。但是培训到底应当采用什么方式或内容，以实体法为主还是以程序法为主，以法律知识为主还是以审判技能为主，以观摩庭审为主还是课堂讲授为主，这些问题都值得深入思考。[4] ②人民陪审员的监督考核。这涉及到人民陪审员工作的质量和工作积极性。据有关调查显示，即使有的法院对人民陪审员实行绩效考核制度，也只是一般性的数据统计，

〔1〕 参见山东省高级人民法院调查组："关于人民陪审员制度贯彻落实情况的调查报告"，载《山东审判》2006年第4期。
〔2〕 参见李芹："完善和发展人民陪审员制度"，载《人民法院报》2008年3月18日，第3版。
〔3〕 参见李飞："案件陪审三年间——人民法院实施人民陪审员制度情况调查"，载《人民法院报》2008年5月6日，第8版。
〔4〕 参见刘峥："关于我国人民陪审员制度运行的几点思考"，载《人民法院报》2009年4月15日，第5版。

仍缺乏实质意义上的管理手段。我们认为，应当在实践中不断总结经验，制定一套完善的激励机制和业绩评价机制，将人民陪审员的管理纳入规范化和有序化轨道。

（四）进一步明确人民陪审员的工作职责和陪审案件的范围

据有关调研资料显示，由于缺乏足够培训，少数陪审员业务水平低，责任心不强，不敢大胆发表意见，过分依赖于法官，只是凑够合议庭人数，不能发挥其应有作用。有些陪审员不能正确处理本职工作与参与案件审理的关系，有时出现因工作而影响出庭的现象；个别陪审员有怕得罪人、不愿参与案件审理的思想，加之法律没有规定陪审员不参加陪审应承担的责任，导致有些陪审员怠于履行职责，影响了陪审制度的落实。[1] 应当说，这是人民陪审员工作职责不明确所导致的。按照我国有关法律规定，人民陪审员和职业法官共同认定事实和适用法律。有学者认为，这样定位在实践中容易使陪审员沦为法官的参谋和助手，不利于人民陪审员作用的发挥。[2] 有学者对合议庭评议时法官和人民陪审员发言顺序的调查结果显示，法官先发言的占 54.7%，有 7.8% 是陪审员先发言，37.5% 则认为不一定。[3] 另外《关于人民陪审员参加合议庭评议案件的规定（草案）》中对评议案件发表意见的顺序也作出规定。该草案对此的规定是：合议庭评议案件时，先由承办法官对案件的事实认定、法律适用和处理结果发表意见，然后由人民陪审员发表意见，审判长最后发表意见。当在合议庭评议时法官与人民陪审员发生意见分歧时，"虽然按规定，如果合议时陪审员与法官不能达成一致意见，必要时应报审委会讨论，但在司法实践中，因此而上审委会的情况极少发生，在所调查的三个法院中还罕见因这种情况报审委会讨论的"。[4] 由此看来，审判过程中，人民陪审员与法官的意见分歧主要是在合议庭评议时内部解决的，而在解决过程中，法官明显占据优势，这就大大削弱了人民陪审员对法官的约束和监督。[5] 由于陪审团与法官共同负责庭审、一起进行评议，所以陪审员在庭审调查和评议过程中缺乏独立性，比较容易受法官的影响乃至操纵。在审判实践中，法官几乎总是能够说服足够数量的陪审员站在他们这边。[6] 由此看

---

〔1〕 参见山东省高级人民法院调查组："关于人民陪审员制度贯彻落实情况的调查报告"，载《山东审判》2006 年第 4 期。

〔2〕 参见曹永军："我国人民陪审员制度兴衰的原因和改革设想"，载《当代法学》2007 年第 3 期。

〔3〕 参见刘晴辉："对中国陪审制度的实证研究———以某市基层法院为视角"，载《四川大学学报（哲学社会科学版）》2007 年第 1 期。

〔4〕 刘晴辉："对中国陪审制度的实证研究———以某市基层法院为视角"，载《四川大学学报（哲学社会科学版）》2007 年第 1 期。

〔5〕 参见沈跃东："试论人民陪审员制度的完善——以新西兰环境专员制度为鉴"，载《云南大学学报（法学版）》2009 年第 1 期。

〔6〕 参见何家弘："陪审制度纵横谈"，载《法学家》1999 年第 3 期。

来，陪审员工作职责的不明确或者说不够细化，已经在实践中对我国的人民陪审员试点工作产生了一定的消极影响，因而我们在今后的工作中需要进一步细化人民陪审员的工作职责，使人民陪审员在陪审工作中切实发挥作用。

关于陪审案件的范围，有人认为我们应该借鉴国外的做法，在立法中明确规定，对于被告人可能判处5年以上有期徒刑的一审刑事案件，必须适用陪审制度。对于民事案件和行政诉讼案件，则可以以案件的诉讼标的或者争议问题性质的严重程度，明确规定是否应该采用陪审制度进行审理。[1] 在今后的立法或者司法解释中，我们可以考虑借鉴国外对陪审案件范围的有关规定，对"社会影响较大"的案件范围以列举的方式做出明确界定。

（五）进一步落实人民陪审员保障机制

现实中，由于法律规定对人民陪审员的保障制度尚不具体明确，导致部分地方对人民陪审员的经费保障还不能完全到位，具体补偿标准也存在较大差异，而且对人民陪审员参与陪审的人身保险制度也未明确规定。对有工作单位的人民陪审员并未规定给予经费补贴，导致这部分人民陪审员在自身工作的压力下，就很难有积极性参与案件陪审活动。[2] 在人民陪审员的保障机制中，我们认为物质保障是最主要的。《决定》第18、19条规定陪审员的经费是由人民法院以补助的形式发放，而且人民法院对陪审员补助费用由同级财政予以保障，但是这两条规定过于原则，而且也难以落实。人民法院属于地方政府财政拨款单位，由于地方经济不发达，财政状况不好，很多基层法院自身的业务经费在同级政府中都难以保证，如果还要负担数额不小的陪审费用，不是一件容易的事情。另外，陪审补助普遍存在标准偏低问题，这就造成个别陪审员在人民法院邀请其组成合议庭陪审时不积极，甚至干脆拒绝，视陪审工作为额外负担。一旦陪审员占用工作时间参加陪审，若是所在单位对陪审制度缺乏了解，对陪审员参加陪审不予支持，将会严重挫伤陪审员的积极性。[3]

我们认为，应当完善物质保障制度，对人民陪审员在任期内完成的陪审工作应当进行量化考核和综合测评，并将考核测评结果向人大、人民陪审员所在单位及本人及时反馈，以切实起到激励作用。各级法院要严格按照《决定》以及最高人民法院、财政部联合下发的《关于人民陪审员经费管理有关问题的通知》的要求，结合当地实际，进一步完善人民陪审员的经费保障机制。要加强与各级党委、政府等有

---

[1] 参见张泽涛："陪审制度的缺陷及其完善——以《关于完善人民陪审员制度的决定》为考察对象"，载《华东政法大学学报》2009年第1期。

[2] 参见刘峥："关于我国人民陪审员制度运行的几点思考"，载《人民法院报》2009年4月15日，第5版。

[3] 参见刘学贵："论人民陪审员制度的现实问题及对策"，载《山东审判》2008年第4期。

关部门的汇报沟通，将人民陪审员经费纳入当地财政预算中。上级法院要主动出面帮助下级法院多做工作，督促相关部门切实解决人民陪审员的经费问题，同时，对人民陪审员的经费落实情况加强监督，做到单独列支、单独管理、专款专用。[1] 只有将经费保障制度落实好、实行好，才能进一步落实整个人民陪审员保障机制。

人民陪审员制度不仅是我国司法制度中坚持的一项优良传统，也已经成为我国现代诉讼体系中的一个重要组成部分。毫不含糊地坚持实行人民陪审员制度是我国司法工作的鲜明立场，也是我国新一轮司法改革的重点之一。人民陪审员制度具有司法民主价值、司法公正价值、司法沟通价值、司法监督价值。各地的实践在取得显著成效的同时也存在人民陪审员的准入资格和条件较高，广泛性和代表性不足；人民陪审员的职责尚未明确，不利于人民陪审员作用的发挥；人民陪审员任期过长，呈现专职化趋势；适用陪审制审理的案件范围不明确；人民陪审员管理工作有待进一步规范；人民陪审员制度保障水平有待进一步提升等问题。国外陪审制度的发展和有益做法可以给我们提供一些借鉴。应当在借鉴国外陪审制的发展情况和有益经验的考量下，从加大人民陪审员制度的宣传、做好人民陪审员的选任、规范人民陪审员的管理、明确人民陪审员的工作职责和陪审范围以及落实人民陪审员保障机制等方面入手进一步完善我国的人民陪审员制度。

第四题　刑事被害人救助制度的完善

近年来，刑事案件被害人及家属所遭遇的救助难题已引起了最高人民法院和最高人民检察院的高度关注。2009 年 3 月 25 日，最高人民法院公布了《人民法院第三个五年改革纲要》，其中明确提及将建立刑事被害人救助制度，对因受犯罪侵害而陷入生活困境的受害群众，实行国家救助，研究制定人民法院救助细则。随后，由最高人民法院会同全国人大法工委、最高检、公安部、司法部、财政部、民政部、人力资源和社会保障部、国务院法制办等共同制定的《关于开展刑事被害人救助工作的若干意见》（下称《意见》）下发。《意见》就救助资金、救助申请和审批等事项作了规定。[2] 10 月 28 日，全国部分法院刑事被害人救助工作座谈会在云南召开。最高人民法院副院长南英出席会议并强调，各级人民法院要进一步增强工作主动性，

---

〔1〕 参见李飞："案件陪审三年间——人民法院实施人民陪审员制度情况调查"，载《人民法院报》2008年5月6日，第8版。

〔2〕 参见叶一剑："多部委下文：地方财政统筹政法委统一审批，河南省高院'抢点'刑事被害人救助制度"，载《21世纪经济报道》2009年4月14日，第8版。

确保刑事被害人救助工作全面均衡开展。南英要求，全国各级人民法院，特别是高级人民法院，要在党委政法委统一领导协调下，在人大关心、政府支持下开展工作，力促尽快制定本地刑事被害人救助的实施办法。同时，要充分发挥审判职能优势，为制度建设做好基础性工作，积极探索建立灵活多样、符合本地实际的救助制度。[1]同年10月1日，我国第一部关于刑事被害人救助的地方立法《无锡市刑事被害人特困救助条例》正式施行。[2]11月19日，宁夏回族自治区十届人大常委会第十四次会议高票通过了《宁夏回族自治区刑事被害人困难救助条例》，[3]而早在2002年9月，山东省高院即向省委政法委提出了关于设立刑事被害人保护机构的建议，同时在全省范围内倡议有条件的法院进行刑事被害人救助工作的尝试。2004年，山东省淄博市在全国首创刑事被害人救助制度。随后，北京、河南、山东青岛、江苏无锡等地也先后建立了刑事被害人救助制度。2006年，最高人民法院在全国10个高级人民法院开展刑事被害人国家救助制度试点工作。2008年年初，河南省高级人民法院成为全国第一个建立刑事被害人救助制度的省级法院。[4]各地的试点工作力度较大，成效也较为明显，仅最高人民法院在全国10个高级人民法院开展刑事被害人国家救助制度试点工作的当年，就为378名刑事案件被害人及其亲属发放救助金780余万元。[5]截至2006年底，浙江全省103个法院全部建立了救助基金，总额达到4000万元。[6]刑事被害人救助工作的开展，对于改善刑事被害人的家庭生活、提高司法公信力、促进社会纠纷解决和维护社会和谐稳定具有重要意义。可以说，刑事被害人制度的建立成为我国当前和接下来司法工作的一个必然选择。

然而，尽管各地、各部门都在不同程度上开展了刑事被害人救助试点工作，但无论是在理论上还是在实践中，刑事被害人救助工作还存在很多问题和有待完善的地方。比如，我国尚缺乏对刑事被害人、救助制度的体系性规定，还未在国家层面上形成一个完善的刑事被害人救助制度。实践中，各地做法不尽统一，相关部门工作衔接不够到位，经费保障也不充足。在理论界，有关刑事被害人救助的范围标准、原则程序、救助主体等等还存在较大争议。这些问题一定程度上制约了刑事被害人救助工作的进一步开展，也不利于刑事被害人救助制度的最终形成。鉴于此，本文拟对刑事被害人救助制度涉及的基本问题进行研究，以期对未来构建具有中国特色

〔1〕 参见王敏："开展好刑事被害人救助工作"，载《人民法院报》2009年10月29日，第1版。
〔2〕 参见袁定波："中国刑事被害人救助实现跨越"，载《法制日报》2010年1月12日，第5版。
〔3〕 参见刘学军："宁夏刑附民案件执行难有望缓解"，载《人民法院报》2009年11月20日，第1版。
〔4〕 参见袁定波："中国刑事被害人救助实现跨越"，载《法制日报》2010年1月12日，第5版。
〔5〕 参见周法："'两高'共同关注刑事被害人救助难题"，载《人民法院报》2007年9月2日，第2版。
〔6〕 参见裴芳："国家对刑事被害人负有救助责任——关于刑事被害人救助问题的思考和建议"，载《人民政协报》2008年7月21日，第B04版。

的刑事被害人救助制度有所裨益。

一、刑事被害人救助制度概述

（一）基本概念

"没有限定严格的专门概念，我们便不能清楚地和理性地思考法律问题。没有概念我们便无法将我们的法律思考转变为语言，也无法以一种可以理解的方式把这些思考传达给他人。如果我们尝试完全否弃概念，那么整个法律大厦就将化为灰烬。"[1] 由此看来，法律概念是研究、理解法律问题，正确适用法律的核心要素。对刑事被害人救助制度进行研究，首先离不开对刑事被害人救助制度概念的准确认知。关于刑事被害人救助制度的概念，学术界形成了以下几种观点。第一种观点认为，"被害人救助是指在刑事诉讼中，对因他人犯罪行为遭受重大损害，且无法及时得到赔偿和其他社会救助，导致生活、医疗救治等陷入严重困境的被害人，在经济、心理等方面给予临时性、救急性帮助的工作制度。"[2] 第二种观点认为，"刑事被害人救助，是指国家对一定范围内因受犯罪侵害而遭受损害的且又无法通过刑事附带民事诉讼获得损害赔偿的被害人及其家属，通过法律程序给予一定的物质弥补的方式。而有关犯罪被害人救助的对象、范围、机构及救助程序等一系列规定的总和就被称为犯罪被害人救助制度。"[3] 第三种观点认为，"刑事案件被害人救助基金制度是针对被告人被判处刑罚，因被害人直接经济损失得不到被告人的经济赔偿，生活陷入困境时由政府给予一定数额金钱救济的制度。"[4]

与刑事被害人救助相似的一个概念是刑事被害人补偿，也有人称之为犯罪被害人补偿。关于刑事被害人补偿，第一种观点认为，"刑事被害人补偿制度，是指在一定的范围内对因犯罪遭受损害而又无法通过刑事附带民事诉讼等途径获得赔偿的被害人及其近亲属，通过法律程序给予一定经济补偿的制度，也称刑事被害人救济制度。"[5] 第二种观点认为，"犯罪被害人之补偿，是指国家对一定范围内因受犯罪侵害而遭受损害的且又无法通过刑事附带民事诉讼获得损害赔偿的被害人及其家属，通过法律程序给予一定的物质弥补的方式。"[6] 第三种观点认为，"刑事被害人补偿，是国家对一定范围内因受犯罪侵害而遭受损害且又无法通过刑事附带民事诉讼

---

〔1〕 ［美］博登海默：《法理学：法律哲学与法学方法》，邓正来译，中国政法大学出版社 2004 年版，第 504 页。

〔2〕 罗昌平："论被害人救助检察职能化的合理性及制度设计"，载《法学》2008 年第 10 期。

〔3〕 石水根："法院推动刑事被害人救助制度构建的尝试"，载《江苏法制报》2008 年 11 月 18 日，第 C01 版。

〔4〕 邓红阳："救助刑事被害人，政府'埋单'"，载《法制日报》2008 年 5 月 30 日，第 5 版。

〔5〕 仇慎齐："刑事被害人补偿制度应坚持四个原则"，载《人民法院报》2007 年 3 月 21 日，第 7 版。

〔6〕 邓晓霞："试论犯罪被害人补偿制度之价值"，载《法商研究》2002 年第 4 期。

获得赔偿的被害人及其家属，通过法律程序给予一定的补偿。"[1] 关于刑事被害人补偿与刑事被害人救助，有人主张是两个不同的概念，二者应当加以区别。比如有人指出，"我们认为，以建立'救助制度'为宜。虽然'补偿'和'救助'之间联系紧密，补偿可以实现救助之目的，救助也以一定的补偿为前提，但二者毕竟存在差异。最主要表现在'补偿'的责任性较'救助'要强得多，而'救助'则更多地体现一种道义性。我们强调的是，刑事被害人的物质损失应当通过刑事附带民事诉讼，由被告人来承担赔偿责任。当刑事被害人得不到赔偿时，各地可以根据经济发展状况，限定一定的范围、条件、金额等，给予那些最需要救助的刑事被害人以一定的经济资助，帮助其走出生活困境。"[2] 还有人以救济的根据和性质为标准，将刑事被害人的救济划分为"刑事被害人救助"和"刑事被害人补偿"两种模式。并且进一步指出，两者的根本区别在于，"救助"是救助者的主动赋予，其根据可以概括地表述为"对社会成员的关爱"或者国家给予社会成员的"福利"。在法理上，即使宪法倡导性地规定了"公民有权获得国家和社会的物质帮助"，人们一般也不认为被救助者和救助者之间存在部门法意义上的权利、义务关系。也正因为如此，关于"救助"问题的规范通常表现为政策性文件。然而，"补偿"却是一种仅次于"赔偿"的法律责任。"补偿"责任的根据源于责任主体对法定义务的不履行或者不完全履行。当国家保护社会成员不受刑事侵害的义务由抽象的"政治义务"具体化为"法律义务"时，因刑事犯罪遭遇经济困难的被害人就应当获得请求国家补偿的法定权利。[3]

从上述关于刑事被害人救助制度和刑事被害人补偿制度的概念表述中我们不难发现，其内容都是指国家对一定范围内因受犯罪侵害而遭受损害的且又无法通过刑事附带民事诉讼获得损害赔偿的被害人及其家属，通过法律程序给予一定的物质救济。只是关于这种物质救济，刑事被害人救助的概念中表述为"临时性、救急性帮助"、"物质弥补"、"金钱救济"，而刑事被害人补偿的概念中表述为"经济补偿"、"物质弥补"和"补偿"。我们认为，刑事被害人救助和刑事被害人补偿仅仅是称呼不同，其实质意义都是一样的。都是从保护刑事被害人的权益角度出发，通过给被害人一定的救济和帮助，抚平被害人的伤痛，改善被害人的生活状况。至于有人主张二者区别的理由中提到的补偿的责任性较救助要强得多，甚至补偿是一种法律责任，我们并不赞同。我们认为，无论是补偿还是救助，其对于需要救助的刑事被害人而言效果是一样的，都有助于保障因犯罪遭受损害而又无法获得赔偿的刑事被害

---

[1]　彭志新："建立被害人补偿金制度需厘清两个问题"，载《检察日报》2007年3月29日，第3版。

[2]　沈亮、陈鸿翔、罗智勇："我国刑事被害人救助制度初探"，载《中国审判》2007年第12期。

[3]　参见陈彬、李昌林："论建立刑事被害人救助制度"，载《政法论坛》2008年第4期。

人的人权，体现对公民特别是刑事被害人这一社会弱势群体的人文关怀，实现社会公平和正义。因而本文并不特别区分刑事被害人救助和刑事被害人补偿。本文认为，刑事被害人救助，是指国家对一定范围内因受犯罪侵害而遭受损害的且又无法通过刑事附带民事诉讼获得损害赔偿的被害人及其家属，通过一定程序给予一定的物质弥补的方式。而有关刑事被害人救助的对象、范围、机构及救助程序等一系列规定的总和就被称为刑事被害人救助制度。

（二）理论基础和正当化依据

随着被害人学研究的深入，关于刑事被害人救助的理论基础和正当化依据，国内外形成了国家责任说、社会福利说[1]和人性尊严理论、平等权理论、比例原则理论[2]等几种具有代表性的观点，先分述如下。

1. 国家责任说。国家责任说认为，国家对公民的人身、财产安全负有保护之责。犯罪侵害的发生与国家对公民的保护尽责不够有关。由于国家对国民的保护不够完善和得力，国家理应对被害人遭受的损害予以适当补偿。从权利与义务的对应性看，国家责任说是值得肯定的。公民有保障国家安全、保守国家秘密、依法服兵役、纳税等义务；公民只要依法履行了对国家的义务，同时就取得了受国家保护的权利。为公民的生活提供安全、安宁的环境是国家的责任。"无论具体原因是何，公民受到了犯罪侵害，就是国家没有尽到防止犯罪发生的责任。"[3]公民作为纳税人，其缴纳税金的目的，是为了保证国家机器的正常运转。犯罪侵害的发生总是与国家机构中某些部门的工作效率不高有关，国家向被害人支付补偿金，也是向纳税人承担责任的表现形式之一。目前，世界上许多国家都以立法的形式肯定了国家责任说。

2. 社会福利说。社会福利说认为，犯罪的被害者境遇十分悲惨，国家理应在生活上予以扶助。这一观点强调，社会福利是社会成员共同创造的。社会福利，取之于民又用之于民。公民具有享受社会福利的权利。社会成员遭到犯罪侵害，社会理应向他伸出援助之手。社会越发展，人类的文明程度越高，福利事业就更应当发挥其保护弱者的作用。在现代社会，犯罪人即便被囚禁，也享受到人道的待遇。如果被害人虽有自由，但连起码的生活保障也没有，两者相比就显失公平了，尤其是毁容等恶性犯罪的被害人，由于生理上的摧残和心理上的创伤，虽然生命尚存，但活着却要比死去更难受。社会应当不断地提高国民的福利水平，福利性投资既要考虑国民的普遍享受率，又要向处于困境的被害人适度倾斜。犯罪被害人补偿法，就是向公民提供福利性保障的规范。社会福利说现已得到世界各国的普遍接受。

---

[1] 参见赵国玲："被害人补偿立法的理论与实践"，载《法制与社会发展》2002 年第 3 期。

[2] 参见薛国骏："刑事被害人救助制度研究"，载《河北法学》2008 年第 11 期。

[3] 赵可：《被害者学》，中国矿业大学出版社 1989 年版，第 217 页。

3. 人性尊严理论。人性尊严是人类社会所共同追求的价值与目标，人性尊严的基本内涵可概括为：人是理性、自觉的主体，不得加以物化和客体化，换言之，每个人对于自己均拥有自主性与自觉的地位，不受任何外来力量的强制、损害或贬损。人性尊严的基本内涵包括以下两个方面：①人在自己自由权利范围内，有自治自觉之高度自主性。②人不能成为纯粹客体，不论是依自由意志或他意，人都不能被工具化、物化或商品化。人是先于国家而存在的，国家是因人民的意愿而存在，人性尊严应当先于国家的价值，且高于国家的价值而应予以尊重，人不能纯粹成为实现国家目的的客体或工具，任何纯粹以国家目的把人作为客体、工具或手段而予以支配，都是对于人性尊严的侵犯。犯罪行为是对被害人尊严的严重侵害，基于被害人自己的自由意志，被害人应有按照其理性选择自力救济的权利。但是在现代法治国家下，刑罚权由国家追诉机关行使，被害人在刑事诉讼程序中除了起到控告犯罪、证明犯罪的作用外，并未被赋予与被告相对的法律地位，只是作为实现国家刑罚权而存在的客体与工具，这是对于被害人人性尊严的侵犯。应当承认，国家的追诉犯罪的刑罚权目的无法自己实现，必须通过人民加以实现，在国家与个人意思合致的情况下，个人成为追求国家目的的手段本无可厚非。但是，国家不能把人民只是当成其作用中的一种工具、手段或物品，人民要遂行其目的时，有其自由空间，尊严因此而生。[1] 国家行使刑罚权的目的无法排除个人的作用，但是不能将被害人只是作为实现刑罚权的工具，而应当使被害人有其自由意思决定的空间，除了要求控告犯罪、证明犯罪以外，也要尊重其权利保护的要求，尤其不能漠视被害人的经济救助权，国家对于被害人所遭受的损害应承担不可推卸的社会责任和契约责任，这样才能使被害人与国家实现意思合致，如此方能在国家刑罚权目的的实现上免于只是将被害人作为客体、工具之批评，亦能作为尊重被害人人性尊严的具体体现。

4. 平等权理论。《联合国宪章》第 1 条及第 55 条均明确规定，尊重人民平等权利。《世界人权宣言》第 1 条开宗明义宣布，人人生而自由，在尊严及权利上一律平等；其第 7 条规定，法律面前人人平等，并有权享受法律的平等保护，不受任何歧视。《公民权利与政治权利国际公约》第 14、26 条规定，所有的人在法律面前一律平等，法律应禁止任何歧视并保证所有的人得到平等的和有效的保护，以免于任何理由的歧视。我国《宪法》第 33 条也规定，中华人民共和国公民在法律面前一律平等。平等权已成为国际间普遍认可之价值，是公民的基本权利。法律面前人人平等的原则体现在刑事诉讼程序中应当一体适用于被告人与被害人，被害人作为刑事诉讼的当事人，应当享有平等对待的权利，此为平等权原则的当然解释。如果无视被害人在刑事诉讼程序中的状况，任由被害人在刑事诉讼程序中受到伤害，而未能享

---

〔1〕 参见李震山：《人性尊严与人权保护》，元照出版公司 2001 年版，第 9 页。

有法律保护的权利，这无疑违反了法律平等保护的原则。基于此，被害人在刑事诉讼程序中应受到与被告人同等的待遇，刑事法律应当一视同仁，并且在实质平等的精神下，被害人如果无法从被告人处得到经济赔偿，有权要求国家给予经济救助。

5. 比例原则理论。比例原则最早是德国行政法的原则，强调国家在作出行政行为时，必须在目的和手段之间做出均衡选择，要求有合理比例关系，后来比例原则逐步发展为公法共同原则，刑事立法作为一项公权力的运作，也应当遵循这一原则。比例原则包括三项具体内容：①适当性原则。指国家机关采取的手段必须能够达到所希望达到的目的；②必要性原则。指在一切适当的手段中必须选择对当事人侵害最小的那一个；③狭义比例原则。指不能为了达成很小的目的，而严重损害人民的利益。[1] 刑事诉讼制度对于被害人在诉讼中的权利限制与刑事诉讼目的之达成之间应当符合比例原则。对于被害人在刑事诉讼中所主张之损害回复权、国家救助权等相关权利，若上述权利的行使不妨碍刑事诉讼目的之达成，且国家有能力赋予之，自应赋予之而不应限制，始符合比例原则。现今刑事诉讼制度几乎忽视被害人在刑事诉讼中的权利保护，这无疑是在限制被害人在追诉、惩罚犯罪的权利行使之同时而忽略"适合性"、"必要性"、"比例性"等原则之考量，显然与刑事诉讼的目的不合比例，因此落实被害人在刑事诉讼中的权利保护是比例原则的必然要求。

我们认为，上述理论均可以从不同角度和侧面说明刑事被害人救助制度的正当性，但都有一定的片面性。刑事被害人救助制度的理论基础宜采取国家责任说兼社会福利说。从道义上说，国家对公民的人身、财产安全负有保护之责。犯罪侵害的发生与国家对公民的保护尽责不够有关。从这个角度而言，国家责任说是值得肯定的。同时，因受犯罪侵害而遭受损害的且又无法通过刑事附带民事诉讼获得损害赔偿的被害人及其家属，其境遇十分悲惨，属于社会弱势群体，国家理应在生活上予以扶助。国家和社会的发展归根结底在于人的发展，因此国家社会应当不断地提高国民的福利水平，这要求我们国家关注到处于困境的刑事被害人并在经济上对其予以适度倾斜。刑事被害人救助，就是向社会上作为刑事被害人的公民提供福利性保障。从这个角度来说，社会福利说也是合理的。因而对于刑事被害人救助的理论基础，本文采取国家责任说兼社会福利说。

（三）刑事被害人救助制度之价值

刑事被害人救助，是指国家对一定范围内因受犯罪侵害而遭受损害的且又无法通过刑事附带民事诉讼获得损害赔偿的被害人及其家属，通过法律程序给予一定的物质弥补。自1963年，新西兰通过了世界上第一部关于补偿被害人损失的法律——《刑事被害补偿法》以来，英国、美国、法国、德国、日本等国家都在被害人救助和

---

〔1〕　参见张翔："刑法领域的基本权利冲突及其解决"，载《人民检察》2006年第12期。

补偿方面出台了相关法律法规。1985 年，联合国第七届"犯罪预防和罪犯处遇大会"通过的《为罪行和滥用权力行为受害者取得公理的基本原则宣言》也对刑事案件被害人补偿作出了规定。被害人救助的价值在理论界和实务界都得到了认同。刑事被害人救助制度的建立，对于解决刑事被害人困难、提高司法公信力、促进社会纠纷解决和维护社会和谐稳定具有很强的现实意义。具体而言，刑事被害人救助制度之价值主要体现在以下几个方面。

　　1. 有助于被害恢复，有效防止新的加害，促进刑事诉讼活动顺利开展。刑事被害人因遭受犯罪侵害会产生一定的损害，这种损害主要包括肌体损伤、财产损失和精神损害，也包括了再度被害。肌体损伤和财产损失比较容易理解，精神损害在被害人学意义上似乎等同于精神创伤，一般指个人在生活中受到某种因素作用后，正常心理受到强烈刺激而产生的强烈的痛苦体验。[1] 在刑事犯罪中，被害人的精神损害往往因人而异，受到一系列现实因素的影响，年龄、性别以及其他生理、心理、文化和社会环境因素，甚至所遭受侵害的方式和手段，都有可能会对被害人心理和精神产生不同的影响，因此评估被害人的精神损害是十分困难的。而关于再度被害，有学者认为是指在诉讼过程中，由于公开被害人隐私或描述其被害过程而使被害人受到情感上的侵害。[2] 也有学者将其表述成二次被害，认为二次被害是指被害人在传统刑事司法中的角色错位和不当刑事司法行为给被害人精神上所造成的伤害。[3] 可以看出，上述学者一方面把再度被害的范围限定在诉讼过程中，另一方面将再度被害仅限于情感上或者精神上的"侵害"。本文认为，这种界定过于狭窄。从保护被害人权益出发，再度被害不能局限于诉讼过程中，而且应当包括物质和精神损害。如果说第一次被害是原生性的被害，那么再度被害就是被害人遭受的派生损害。正如有学者指出的，"被害人遭受的损害既有原生的也有派生的。原生的损害是由犯罪行为所直接造成的。派生的损害则来源于被害后的正式或非正式的反应。非正式的反应包括被害人所处的社会环境中的成员、家庭成员以及亲戚、朋友的行为。正式的反应是指有关经过任命的、负责犯罪控制的正式国家代表以及警察局的官员、检察官和法官的行为。"[4] 无论是原生损害还是派生损害，都面临着被害恢复的问题。被害恢复是指从被害化状态转移到康复状态，并重新获得被害前的控制机能。被害恢复同时意味着被害经历已被接受和整合，并处在一种新的自我控制状态中，社会

〔1〕　参见郭建安主编：《犯罪被害人学》，北京大学出版社 1997 年版，第 269 页。

〔2〕　参见莫洪宪主编：《刑事被害救济理论与实务》，武汉大学出版社 2004 年版，第 128 页。

〔3〕　参见杨正万：《刑事被害人问题研究》，中国人民公安大学出版社 2002 年版，第 361 页。

〔4〕　[德] 汉斯·约阿希姆·施耐德主编：《国际范围内的被害人》，许章润等译，中国人民公安大学出版社 1992 年版，第 23 页。

关系得到重建，自我对再次被害的应对能力得到加强。[1] 然而现实中，当被害人遭遇被害之后往往得不到及时恢复。这主要体现在经济恢复上。有关调查显示，按我国目前情况，被害人能够从被告人或其家属那里获得的赔偿也不到20%，而且这些赔偿大多也是通过调解的方式达成的，很多属于不足额赔偿。[2] 另据统计，绝大多数暴力刑事犯罪人没有经济赔偿能力。许多案例表明，被告人正是因为穷困才实施犯罪的，即使部分被告人具备赔偿能力，但其与被害人及其家属之间的和解协议却常常难以达成一致。还有些刑事案件是属于久侦不破的，犯罪嫌疑人无法确定，赔偿问题更是无从提起。[3]

当被害人遭受到犯罪侵害后，若无法从犯罪人处得到适当的赔偿且陷入贫困状况时，意味着其经济地位已处于一种不平等的状态中，"没有什么不平等的现象会像经济上的不平等现象一样导致如此大的怨恨，其他不平等的现象之所以不像经济上的不平等现象那样引发极大的怨恨只是因为它们被认为不是人为的结果。"[4] 被害人经济状况的窘迫会导致其对社会的怨恨和不满，进而有可能导致类似的有违正义的行为（如违法、犯罪现象）的发生。"在被害与犯罪之间所观察到的联系是相当出人意料的，无论被害是直接还是间接获得的，是实际的还是想象的，是个人的还是共同的，'已经成为被害人'这一意识不仅为犯罪提供了诱因和借口，还提供了必要的合理性和中立性，从而使潜在的犯罪人可能克服任何正式的和非正式的社会控制，这些动机和借口能够把被害人转化为一个毫无怜悯之情的加害者。例如，在一些公民可以合法持有武器的国家，商店和住宅主人一旦被害甚至会手持枪支坐等下一个强盗或窃贼，用子弹来'欢迎'他们，当然这是一个比较极端的例子。在一些学校里，有些孩子在丢书或丢失其他物品之后为了报复而偷其他同学的东西的事例屡见不鲜。在我国，在自行车被盗后不向警方报案而采取同样手段偷取他人车辆的事例已司空见惯……在许多财产犯罪中，对于经济剥削和社会不公正的愤恨成为许多犯罪人为自身行为进行解释的借口。最初受到的暴力侵害往往是被害人后来采取暴力行为的一个至关重要的因素，被害导致犯罪的机制或被害如何使受害人转化为加害人是一个复杂、随机的过程，在报复案件中，转化无疑是一个简单的被害—加害的过程。"[5] 由此可见，当被害人因受犯罪侵害得不到赔偿并且陷入生活贫困窘迫状

---

〔1〕　参见麻国安：《被害人援助论》，上海财经大学出版社2002年版，第19页。

〔2〕　参见林亚茗："不到20%被害人从被告方获得赔偿"，载《南方日报》2008年5月22日，第A13版。

〔3〕　参见王秋良："构建刑事被害人救助制度"，载《人民法院报》2008年12月31日，第5版。

〔4〕　［英］弗里德利希·冯·哈耶克：《法律、立法与自由》，邓正来等译，中国大百科全书出版社2000年版，第152页。

〔5〕　郭建安主编：《犯罪被害人学》，北京大学出版社1997年版，第204～205页。

态时极易产生不公及怨恨的心理，在这种心理的支配下，易导致被害人的报复行为，而这种报复行为往往是犯罪的一个重要来源。刑事政策的目的在于维持正常的社会秩序，将犯罪人隔离于社会是一种方法，而对被害人进行国家救助补偿，尽可能地避免被害人向犯罪人转化，造成新的社会伤害，又是一种方法。研究表明，对被害人缺乏关心和救助，往往会造成被害人第二次受害，进而可能发生"一系列与被害逆向的变化，开始以受害者与害人者的双重身份出现在社会上，逐步演变成直接危害社会的犯罪人"。[1] 因此，刑事被害人救助制度的建立，一方面可以及时给予被害人适当的补偿，以矫正被破坏的正义，使其恢复与其他社会成员平等的经济和社会地位，不至于因受害而陷入贫困潦倒的境地。另一方面可以在一定程度上弥补被害人受到的经济损失，缓和其对社会的报复情绪，防止造成新的社会伤害，并且可以消除被害人的顾虑，增强被害人与国家刑事司法机关配合的主动性，使刑事诉讼活动顺利开展，从而实现惩罚犯罪的刑事诉讼目的。[2]

2. 有利于人权保障，实现社会正义。"在近现代刑事司法程序中，犯罪被害人相当长一段时间都不是诉讼主体，而通常被视作广义上的诉讼参与人，有的国家也承认但范围狭窄，其主要作用与一般证人类似。在近现代刑事诉讼的运作之中，我们只能注意到三大职能与三大主体—控、辩、审，即或换一个角度，也只能发现诉讼是国家与违法者之间的对抗。"[3] 可以说，传统刑事司法和刑事政策的重心一直摆在"被告"这个角色，无论是 19 世纪采应报思想的报复刑论还是 20 世纪强调处遇思想的目的刑论，其立论的思考点，都是围绕在国家刑罚权作用于犯罪行为人所产生的利弊衡量之上。而作为犯罪真正受害者的被害人，则往往是被整个刑事司法体系所遗忘的一群人，其被害的惨状及诉讼程序中的困境，始终被制度化地加以漠视。这种状况在第二次世界大战之后得以改观，二战以后，随着被害人学的发展，特别是 20 世纪 60 年代前后，随着人权观念的高涨、对犯罪被害人的实证调查的展开及大量材料的披露，以及国际学术组织的鼓吹，使"被遗忘的被害人"重新纳入到刑事司法保护的视野，从抽象的法益保护到强调对具体被害人利益的保护，从满足被害人的应报情感到强调被害人实质利益的保护。国际上掀起了一股保护犯罪被害人的浪潮，尤以 1985 年联合国颁布《犯罪被害人及权力滥用被害人司法基本原则宣言》为高峰，并对各国各地区刑事政策和立法产生了重大影响。在被害人保护运动的推动下，为了建立社会安全体系以稳定社会情势，英美法系国家积极促成被害人补偿

---

〔1〕　汤啸天、任克勤：《刑事被害人学》，中国政法大学出版社 1989 年版，第 59 页以下。

〔2〕　参见邓晓霞："试论犯罪被害人补偿制度之价值"，载《法商研究》2002 年第 4 期。

〔3〕　樊崇义：《刑事诉讼法修改专题研究报告》，中国人民公安大学出版社 2004 年版，第 199 页。

制度的建立。[1] 由此看来，人权保障理念贯穿了被害人学的产生、对被害人权益的重视和保护这一发展全程。而刑事被害人救助制度的立足点正是保护被害人的权益，因而这一制度对人权保障的落实和推进无疑是非常重要的。

现代文明的一个标志就是尊重公民个体价值，个体价值的弘扬和实现是文明社会的基础，是法治社会的根本。英国学者米尔恩提出了一种最低限度标准的人权概念，包括 7 项权利：生命权、公平对待权、获得帮助权、消极自由权、诚实对待权、礼貌权以及儿童受照顾权。[2] 建立刑事被害人救助制度，对那些因犯罪而受到损害的被害人及其家庭及时给予救助，特别是及时救助那些基本生活陷入窘境的被害人，正是对其个体价值和基本人权的最大尊重。另外，刑事被害人救助制度也是公平正义的体现，其具体实施必然有助于社会公平。公平和正义作为一种普适性的价值，是衡量某种法律制度乃至社会制度的标尺。正如有学者指出，"我们所需要的不仅仅是一个具有确定的一般性规则的制度，我们还需要该制度中的规则是以正义为基础的，换言之，是以对人性的某些要求和能力的考虑为基础的，否则这个制度就会不可行。"[3] "正义是衡量法律之善的尺度。"[4] "真正的和真实意义上的'公平'乃是所有法律的精神和灵魂。实在法由它解释，理性法由它产生。"[5] 刑事被害人救助制度作为一项法律制度，只有在其内在地体现了社会正义和公平的理念时，才是一种理性的法律制度。公平正义包含权利平等、机会均衡、分配公平等多重含义。分配正义主要关注的是在社会成员间进行权利、义务和责任的配置问题。目前，我国仍处于刑事犯罪高发期，刑事被害人人数众多。然而，由于犯罪人畏罪潜逃，或尚未捕获，或犯罪人没有足够的赔偿能力等客观原因，被害人通常无法获得相应赔偿或足够赔偿，不少被害人的家庭生活因此陷入困境，成为社会弱势群体。建立刑事被害人救助制度，在被害人不能从犯罪人那里或其他渠道获得赔偿时，国家适时地予以救助，对受损的正义进行"矫正"，才能体现社会公平与正义。建立刑事被害人救助制度，帮助遭受犯罪行为侵害而导致重伤或死亡的被害人及其家庭摆脱生活困境，正是对受损的正义进行"矫正"的忠实反映。一个高度民主法治的国家，定会把法律的公平正义原则作为人们的终极价值和行为准则。正如罗尔斯所言，"秩序良好的社会不是私人性社会，因为在公平正义的秩序良好社会之中，公民们都有共

---

〔1〕 参见刘学敏："台湾犯罪被害人补偿制度评析"，载《台湾研究集刊》2008 年第 2 期。

〔2〕 参见［英］A. J. M. 米尔恩：《人的权利与人的多样性——人权哲学》，夏勇、张志铭译，中国大百科全书出版社 1995 年版，第 171 页。

〔3〕 Administrative Justice and the Supremacy of Law, Cambridge, Mass, 1922, p. 367.

〔4〕 ［美］埃德加·博登海默：《法理学：法律哲学与法律方法》，邓正来译，中国政法大学出版社 1999 年版，第 270 页。

〔5〕 ［美］金义勇：《中国与西方的法律观念》，陈国平等译，辽宁人民出版社 1989 年版，第 79 页。

同的终极目的。"[1] 刑事被害人的国家救助制度的建立，使我国刑事司法进一步回归人权本位，体现对公民特别是刑事被害人这一社会弱势群体的终极关怀，真正从制度上确保被害人所享有的权益，实现社会公平和正义。

3. 有利于维护社会和谐稳定。20 世纪 60 年代随着被害人学研究的兴起，被害人在西方国家刑事诉讼中的地位也日益受到重视，如何改善被害人在刑事司法制度中的地位及其权利保障的问题引起人们的广泛关注，西方各国纷纷开始加强对犯罪被害人的立法，寻求被害人与被告人之间人权保障的平衡已成为世界范围内刑事诉讼人权保障的必然趋势与方向，因为各国都开始意识到犯罪是一种社会冲突，涵盖国家、被害人和被告人三方的利益，如果刑事诉讼（程序）疏远、忽视被害人，势必造成被害人及其他社会成员对刑事司法制度的不信任，削弱司法机关的威信，不利于查明案情，打击犯罪，刑事被害人的要求和愿望得不到满足或拒绝其请求也会引起被害人对犯罪人及社会的极大不满，甚至产生报复情绪，这对社会的安定及统治阶级的统治均不利。[2] 日本著名的犯罪学家大谷实认为，犯罪被害人补偿制度是通过确保国民对刑事司法的信赖以防止犯罪，从而为维持社会秩序作出贡献的制度。这一制度的刑事政策上的意义是，通过对犯罪被害人进行补偿，回复由于发生犯罪而失衡的法秩序及国民对刑事司法的信赖，由此而安定社会秩序。[3] 建立完善规范的被害人救助制度，不仅有利于维护司法的公正权威，还能有效解决刑事被害人现实生活困境的后顾之忧，有利于促使被害人配合司法机关开展审判活动，确保公民信赖法律秩序。另外，国家补偿制度将有效地缓解刑事被害人及其家属所遭受的精神痛苦，并尽可能解决其面临的实际困难，预防并控制犯罪的再次发生，促进社会和谐稳定。[4]

通过建立被害人国家救助制度，对那些因遭到犯罪侵害的被害人进行适当的经济补偿，避免被害人为生活所迫和心理失衡而向犯罪人转化，从而达到化解矛盾，消除冲突，维护社会稳定的目的。和谐社会应当是一个安定有序的社会。和谐社会要求将被冲突或犯罪行为破坏的社会关系予以全面的恢复。对被害人而言，补偿物质的损害、治疗受伤的心理，使财产利益和精神利益恢复旧有的平衡，对社会而言，受到破坏的社会关系得到了被害人与加害人的共同修复，从而恢复了社会关系的稳定与平衡。[5]

---

〔1〕　[美] 约翰·罗尔斯：《政治自由主义》，万俊人译，译林出版社 2000 年版，第 214~215 页。

〔2〕　参见陈光中、[加] 丹尼尔·普瑞方廷主编：《联合国刑事司法准则与中国刑事法制》，法律出版社 1998 年版，第 240 页。

〔3〕　参见 [日] 大谷实："犯罪被害人及其补偿"，黎宏译，载《中国刑事法杂志》2000 年第 2 期。

〔4〕　参见王秋良："构建刑事被害人救助制度"，载《人民法院报》2008 年 12 月 31 日，第 5 版。

〔5〕　参见向朝阳、马静华："刑事和解的价值构造及中国模式的构建"，载《中国法学》2003 年第 6 期。

司法实践中，许多被害人或者其亲属对判决不服，要求抗诉或者闹访缠访，主要的原因就是犯罪分子的赔偿能力不行，被害人及其亲属往往出于"不能人财两空"的想法无休止地闹访缠访。建立刑事被害人救助制度有利于保障和改善刑事被害人家庭生活，促进以改善民生为重点的社会建设。党的十七大指出：必须在经济发展的基础上，更加注重社会建设，着力保障民生和改善民生。建立刑事被害人救助制度，正是健全社会救助体系，加快以改善民生为重点的社会建设的重要举措。建立刑事被害人救助制度有利于化解矛盾纠纷，促进社会和谐稳定。胡锦涛总书记在省部级主要领导干部提高构建社会主义和谐社会能力专题研讨班上的讲话中，将和谐的内涵概括为：社会各方面的利益关系得到妥善协调，人民内部矛盾和其他社会矛盾得到正确处理，社会公平和正义得到切实维护和实现。在处理犯罪问题时，犯罪人和被害人之间的利益和矛盾是我们构建和谐社会所要妥善调整和正确处理的利益和矛盾的一个组成部分。目前，涉法涉诉上访案件中，被害方申诉上访问题日益突出，已成为影响社会稳定的重要因素，特别是在被害方未得到任何赔偿的案件中，一旦自身生存状况恶化而得不到帮助，被害方就可能对国家和社会产生失望、不满情绪，走上上访之路，甚至可能对犯罪人进行复仇或对社会进行报复。实践中，虽然多数刑事被害人上访的直接诉求是严惩犯罪人，但因犯罪人的加害行为导致生活困难也是不少被害人及其近亲属长期上访申诉甚至缠访闹访的重要原因。建立刑事被害人救助制度，帮助解决被害人及其近亲属生活困难，对于减少涉法涉诉上访、减少社会对立情绪、化解矛盾纠纷、维护社会稳定具有重要意义。

二、我国刑事被害人救助制度现状

（一）规范体系中的刑事被害人救助现状

我国《刑事诉讼法》第77条规定："被害人由于被告人的犯罪行为而遭受物质损失的，在刑事诉讼过程中，有权提起附带民事诉讼。"我国《刑法》第36条规定："由于犯罪行为而使被害人遭受经济损失的，对犯罪分子除依法给予刑事处罚外，并应根据情况判处赔偿经济损失。"《最高人民法院关于刑事附带民事诉讼范围问题的规定》第1条规定："因人身权利受到犯罪侵犯而遭受物质损失或者财物被犯罪分子毁坏而遭受物质损失的，可以提起附带民事诉讼。对于被害人因犯罪行为遭受精神损失而提起附带民事诉讼的，人民法院不予受理。"另外《最高人民法院关于人民法院是否受理刑事案件被害人提起精神损害赔偿民事诉讼的问题批复》明确规定："对于刑事案件被害人由于被告人的犯罪行为而遭受精神损失提起的附带民事诉讼，或者在该刑事案件审结以后，被害人另行提起精神损害民事诉讼的，人民法院不予受理。"从现有的规范中我们可以看出，一方面我国将提起刑事附带民事诉讼赔偿的范围局限于物质损失，另一方面有关经济损失赔偿的诉讼需要刑事被害人自己提起，具有相当的被动性。我们认为这种规定是欠妥当的。在司法实践中，被告人的犯罪行为往往对被害人的物质利益造成损害。因此，为保护被害人的利益，刑诉法规定被害人由于被告人的犯罪行为而遭受物质损失的，有权提起附带民事诉讼。然而在我们看来，法律的这种保护措施并不全面，因为犯罪行为可以说是最严重的侵权行为，实际中被害人在精神上遭受重大损失的犯罪案件也不鲜见。甚至可以说，对被害人造成的最大伤害可能更多是精神上的而非物质上的。如抢劫、强奸、爆炸、故意伤害、绑架、诬告陷害、不合格产品致人损害等犯罪行为导致的毁容、伤残肢体、器官等，被害人或其家属可能并没有受到直接物质上的损失，但对其精神上的伤害却是巨大的，甚至严重影响到其今后正常的工作、生活。对于此类犯罪，如果仅依据现有法律对犯罪者定罪处罚而不给予被害人必要的精神损害赔偿，被害人受伤的心灵难以得到抚慰，还可能引发一系列诸如报复等社会问题。而且，我国刑事附带民事诉讼的赔偿范围仅限于因被告人的犯罪行为遭受的"物质损失"、"经济损失"，对于精神损害赔偿一律不予支持，这与现代法治要求和人权保障的理念也是格格不入的。如果反对被害人在刑事诉讼中提出精神损害赔偿，必然在一定程度上不利于因为犯罪行为导致生活陷入困境的被害人的救助。另外，有关经济损失赔偿的诉讼需要刑事被害人自己提起，具有相当的被动性。尽管我国《刑法》第36条规定："由于犯罪行为而使被害人遭受经济损失的，对犯罪分子除依法给予刑事处罚外，并应根据情况判处赔偿经济损失。"但是该条并没有赋予被害人及其家属在得不到犯罪分子赔偿的情况下向国家提出救助的权利，也没有赋予被害人及其近亲属在得不到犯罪分子赔偿或足额赔偿的情况下，有向国家申请救助或补偿的权利，更没有赋予因案件未破、犯罪行为人未归案，或因案件证据问题犯罪行为暂时不能被追究刑事责任的刑事被害人有向国家或其他救助团体提出救助的权利。

（二）试点工作中的刑事被害人救助现状

如上所述，最近几年以来刑事被害人救助问题已引起了最高人民法院、最高人民检察院以及地方法院、检察院的高度关注。最高人民法院于2009年3月25日公布的《人民法院第三个五年改革纲要》中就明确提出建立刑事被害人救助制度，随后，由最高法院会同全国人大法工委、最高检、公安部、司法部、财政部、民政部、人力资源和社会保障部、国务院法制办等共同制定的《关于开展刑事被害人救助工作的若干意见》就救助资金、救助申请和审批等事项作了规定。[1] 2009年10月28日，全国部分法院刑事被害人救助工作座谈会在云南召开，重点部署刑事被害人救助工作。[2] 而在此前后，山东、北京、河南、江苏无锡、宁夏等地先后展开了刑事

〔1〕　参见叶一剑："多部委下文：地方财政统筹政法委统一审批，河南省高院'抢点'刑事被害人救助
　　　制度"，载《21世纪经济报道》2009年4月14日，第8版。
〔2〕　参见王敏："开展好刑事被害人救助工作"，载《人民法院报》2009年10月29日，第1版。

被害人救助工作。各地的试点工作力度较大，成效也较为明显，但是在实践中，刑事被害人救助工作依然存在如下一些问题。[1]

1. 救助范围不尽统一。实践中主要有三种类型：

（1）强调检察机关依法终结诉讼程序后的救济责任，将救助范围限定在不捕不诉案件的被害人。此类型占多数，如江苏省吴江市检察院试行的《不捕不诉案件被害人救助制度》和广东省珠海市检察院《关于对部分刑事案件被害人实施经济救助的若干规定》，后者则进一步限定在因事实不清、证据不足或犯罪嫌疑人死亡而不捕或不诉的部分暴力犯罪案件的被害人。

（2）突出对严重暴力犯罪案件被害人权益的保护，将救助范围扩大到起诉案件的被害人。如四川省泸州市检察机关制定的《刑事被害人困难救助办法》，将直接救助对象范围确定为因被抢劫、杀人、强奸、故意伤害等重大侵犯人身权利的刑事犯罪造成被害人死亡、重伤、残疾或丧失全部或部分劳动能力，且失去正常收入来源，家庭收入低于当地最低生活水平的案件和因犯罪嫌疑人死亡、丧失行为能力或没有赔偿能力导致无法通过附带民事诉讼索赔的案件。《山东省刑事被害人救助工作实施办法（试行）》规定，救助对象与条件主要包括：①因严重暴力犯罪造成严重伤残，无法通过诉讼及时获得赔偿的刑事被害人；或者刑事被害人因遭受严重暴力犯罪侵害已经死亡，与其共同生活或者依靠其收入作为重要生活来源，无法通过诉讼及时获得赔偿，生活困难的近亲属。②因过失犯罪或不负刑事责任的人实施的刑事不法行为，导致严重伤残或死亡的刑事被害人，生活困难又无法通过诉讼获得赔偿的。[2]

（3）注重对特困被害人的紧急救助，专门救助因遭受犯罪损害导致诉讼期间生活特别困难的被害人。如江苏省昆山市检察院的《关于设立特困被害人救助专项基金的暂行办法》中规定，救助对象特定为因他人犯罪行为致人身伤害而失去生活来源，并且在诉讼期间无法得到及时赔偿或其他社会救助，导致生活、医治无着落的特困被害人及其家庭主要成员。

2. 救助方式不同。实践中的刑事被害人救助，有的仅限于经济救助。如甘肃省兰州市检察院设立的检察救助基金，只对特定的被害人给予一次性小数额救助。有的整合了检察机关的其他法律手段。如江苏省吴江市检察院的救助方式除经济救助外还包括提供法律援助、检调对接、支持贫困被害人起诉等。有的联合相关职能部门共同进行救助。如四川省蒲江县检察院与县总工会、团委、妇联、民政局、教育局、残联联合下发了《关于建立刑事被害人救助机制的意见（试行）》，多方位帮助被害人争取专项救济和政策优惠，解决生产、生活、教育等方面的实际困难。有的

〔1〕 参见邱景辉："检察环节被害人救助工作探索与对策分析"，载《人民检察》2008 年第 6 期。
〔2〕 参见闫继勇："山东刑事被害人救助制度化"，载《人民法院报》2010 年 1 月 1 日，第 4 版。

除了提供一般的救助之外还在诉讼费用、法律援助等方面提供帮助。比如江西省委政法委、省法院等八部门联合下发的《关于开展刑事被害人救助工作的实施办法（试行）》就规定，对于生活困难、符合司法救助、法律援助条件的刑事被害人或其近亲属，就人身损害或财产损失另行提起的民事诉讼，人民法院应依法及时审理并减免相关诉讼费用，司法行政部门应及时提供法律援助。[1]

3. 救助金额标准不统一。有的以案件为单位计算，如广东省珠海市检察院规定对一个刑事案件所有被害人救助的总金额最低为 5000 元，最高为 5 万元。有的以被害人为单位计算，如江苏省昆山市检察院的救助标准根据被害人在诉讼阶段的生活、医疗最低需要来确定，而不是对应其具体损失。河南省高级人民法院设立的救助金额一般为人民币 2000 元以上至 2 万元以下，特殊情况由省法院刑事案件被害人困难救助领导小组研究决定。[2] 有的依据被害人的受损程度及直接医疗费用多少、当地基本生活水平、被害人的家庭情况等，救助数额从 5000 元到 5 万元不等。[3] 有的地方并未明确规定救助数额，而是视实际情况决定。比如《山东省刑事被害人救助工作实施办法（试行）》明确规定，救助金额的确定应综合考虑犯罪行为给被害人或其近亲属造成的实际损失，被害人对案件发生的过错情况，犯罪嫌疑人、被告人及其他赔偿义务人实际民事赔偿情况，被害人丧失劳动能力程度及被害人或其近亲属生活实际困难等因素。具体救助金额一般在案件管辖地上一年度职工月平均工资的 6 个月至 24 个月总额之间确定，特殊情况需要增加的，最高不得超过 36 个月的总额。[4]

4. 启动资金的来源不同。有的是发动本院干警募捐，有的是依靠社会捐助，有的则直接争取到财政拨款。现实中以财政拨款较为常见。比如郑州市中原区就建立了由政府部门和法院共同承担责任的救助制度。救助基金主要来源于财政拨款，并由法院成立刑事案件被害人救助工作领导小组，具体负责基金的支付和管理。[5] 南京白下区检察院为得不到救助的被害人及其家属设立专项救助基金，通过一定的程序，针对不同的个案给他们发放一定的补偿款，资金来源也是政府有关部门提供。[6] 吉林省法院刑事被害人救助基金也是依靠当地政府和财政部门。[7] 江苏省无锡市锡

---

〔1〕 参见黄辉："江西试行刑事被害人救助实施办法"，载《法制日报》2009 年 11 月 20 日，第 1 版。

〔2〕 参见叶一剑："多部委下文：地方财政统筹政法委统一审批，河南省高院'抢点'刑事被害人救助制度"，载《21 世纪经济报道》2009 年 4 月 14 日，第 8 版。

〔3〕 参见陈国超："首笔万元救助金送出"，载《珠海特区报》2008 年 4 月 6 日，第 1 版。

〔4〕 参见闫继勇："山东刑事被害人救助制度化"，载《人民法院报》2010 年 1 月 1 日，第 4 版。

〔5〕 参见陈海发："郑州中原设立刑事被害人救助基金"，载《人民法院报》2008 年 7 月 8 日，第 2 版。

〔6〕 参见帅勇："白下检方全省首设'被害人救助金'"，载《南京日报》2007 年 9 月 19 日，第 A09 版。

〔7〕 参见孔祥武："吉林将建刑事被害人救助基金"，载《人民日报》2008 年 2 月 19 日，第 10 版。

山区检察院联合区公安、法院、司法、民政等部门共同签署的《特困刑事被害人专项救助实施办法（试行）》中救助资金的保障也已列入政府财政预算。[1] 珠海市人民检察院出台的《对部分刑事案件被害人实施经济救助的若干规定》也规定，市人民检察院审查确认了相关案件的被害人情况后，向市财政申请救助金。[2]

5. 资金管理模式不同。有的完全由检察机关主导。如甘肃省兰州市检察院制定了《检察救助基金管理办法》，成立检察救助基金管理委员会，负责筹集、管理、使用检察救助基金。有的由民政部门代管。如河南省桐柏县检察院《关于对刑事被害人实施检察救济的暂行办法》中规定，设立的"刑事被害人检察救助基金"实行"社会筹集、民政代管、检察使用"的原则。有的由政法委统一协调。如浙江将对被害人的专项救助资金统一交由政法委管理，公、检、法等机关根据实际需要经报批后使用。而《山东省刑事被害人救助工作实施办法（试行）》规定，由各级党委政法委设立专门机构，负责对办案机关提出的救助意见的审批，各级法院、检察院、公安机关设立或明确专门机构，负责本部门刑事被害人救助的审查、申报、救助金发放等具体工作。救助资金实行省、市、县（市、区）分级筹集，分级管理，分级发放，专款专用。[3]

由此看来，在规范层面上，我国目前为止没有一部专门关于刑事被害人救助的法律法规，已有的一些有关刑事被害人救助的条文也是散见在刑法和刑事诉讼法之中，不仅数量少，而且比较分散，不够明确，缺少针对性，另外由于法律规定将刑事附带民事诉讼赔偿的范围局限于物质损失，以及有关经济损失赔偿的诉讼需要刑事被害人自己提起，具有相当的被动性，因而使得我国既有的刑事被害人救助工作的成效大打折扣。尽管司法部门对被害人救助的问题已经开始重视并付诸实施，然而在各地方的刑事被害人救助制度试点中，由于缺少统一的规范性文件和各地财力不同等因素，使得刑事被害人救助制度的试点在救助范围、救助方式、救助金额标准、启动资金的来源和资金管理模式等方面表现出较大差异性，这也影响了刑事被害人救助制度良性发展。结合有关媒体报道来看，还会发现刑事被害人救助制度的试点工作中存在以下问题：①从中受益的刑事被害人非常有限；②精神救助没有受到应有的关注。尽管有些地方在试点中将法律援助纳入救助范围，但是涉及实质性精神救助的极少，其他诸如被害人被害后需要的安全感、需要的人身恢复、需要的心理治疗等等就更少有人问津。③缺乏专业的救助机构与人员。如上所述，有的完

---

〔1〕 参见卢志坚："救助资金列入政府财政预算"，载《检察日报》2008年3月29日，第2版。
〔2〕 参见陈国超："首笔万元救助金送出"，载《珠海特区报》2008年4月6日，第1版。
〔3〕 参见闫继勇："山东刑事被害人救助制度化"，载《人民法院报》2010年1月1日，第4版。

全由检察机关主导，有的由民政部门代管，有的由政法委统一协调，[1] 有的由各级党委政法委设立专门机构。[2] 与世界一些国家较完善成熟的被害人救助工作相比，我国的被害人救助工作由于才刚刚起步，还存在许多不足之处，不够理想。对被害人的救助工作依然任重而道远。正如有学者论述的："由于被害人利益保护只是部分司法机关以改革之名解决疑难案件和提高处理案件效率的副产品，因此，这一方式在总体上保护被害人利益的效度和量度都是有限的。"[3] 我们认为，建立刑事被害人救助制度是世界刑事诉讼发展潮流，也是我们国家当前和今后司法工作的一个重点，因而有必要在现有基础上完善我国的刑事被害人救助制度。

三、我国刑事被害人救助制度的完善

（一）刑事被害人救助制度可行性分析

我们认为，目前我国建立刑事被害人救助制度的条件基本成熟。这主要体现在：①刑事被害人救助制度具有广泛的民意基础。据有关统计，自 2001 年起，全国每年至少有 200 万起案件不能进入刑事诉讼程序，这些群体庞大的被害人无法从加害方获得赔偿。在已破案件中，刑事附带民事诉讼中实际获得赔偿的不足 20%，有的地方甚至不足 10%，尤其是在一些偏远的乡村或山区，案发不报现象也相对较为突出，部分案件虽然破了，但由于不可补救的证据缺陷仍会使犯罪行为人逃脱法律的追究，给刑事被害人或其家属带来更大侵害，造成更严重的损失，这些被害人或其家属却不能通过合法的途径得到一定的经济补偿，生活陷入困境。[4] 刑事被害人救助制度有助于改善被害人的家庭生活，保障被害人的权益，必定能获得作为一个庞大群体的刑事被害人的支持，同时刑事被害人作为社会弱势群体，对他们的保护也可以获得其他民众的支持。建立刑事被害人救助制度无疑符合社会公众的心理期待。②建立刑事被害人救助制度的设想与中央精神一致。党的十七大提出，要以社会保险、社会救助、社会福利为基础，加快完善社会保障体系。全国政法工作会议指出，在注重对犯罪嫌疑人、刑事被告人、罪犯的人权保障时，也要防止忽视被害人的人权和社会的反映。2007 年 12 月中央政法委和财政部联合下发了《关于开展建立涉法涉诉救助资金试点工作的意见》，对建立救助基金、救助生活困难刑事被害人的工作提出了明确要求。③建立刑事被害人救助制度的经济条件基本具备。改革开放以来，我国综合国力大幅度提升。1994 年，全国财政收入接近 6000 亿元。2007 年，全国财政收入已达到 5.13 万亿元。随着我国经济又好又快发展，财政收入稳步增长，国家

〔1〕 参见邱景辉："检察环节被害人救助工作探索和对策分析"，载《人民检察》2008 年第 6 期。
〔2〕 参见闫继勇："山东刑事被害人救助制度化"，载《人民法院报》2010 年 1 月 1 日，第 4 版。
〔3〕 杨正万："刑事被害人权利保护论纲"，载《中外法学》2007 年第 2 期。
〔4〕 参见符加锐、张永恒："刑事被害人救助制度之构建"，载《中国检察官》2009 年第 12 期。

财力有能力对刑事被害人进行一定的经济救助。④刑事被害人救助工作的实践积累了有益经验。2004 年以来，审判机关、检察机关在有关机构的支持配合下就刑事被害人救助工作进行了积极探索和地方试点。最高人民法院、最高人民检察院多次召开专题研讨会，对刑事被害人救助工作进行了深入的研究论证。[1]

（二）刑事被害人救助制度的构想

1. 制定统一的全国范围的刑事被害人救助法律。我们认为，刑事被害人救助制度的最终建立和完善，离不开一部专门的刑事被害人救助法律的支撑。正如有学者指出，被害人是社会中规模相当大的一个社会松散群体。他们分布在社会的各个阶层和各个行业，并且涉及到社会中的千万个家庭。如果被害人的社会保护问题以及损害赔偿和补偿问题得不到法律保障，就会直接或间接地影响社会的稳定。所以，首要的问题是立法问题。通过制定被害人保护法和补偿法，使被害人的合法权益得到法律保护。[2] 实际上，刑事被害人救助制度在西方国家中均受到了立法支持，1963 年新西兰率先颁布了世界上第一部《刑事被害人补偿法》，此后，英国、瑞典、法国、日本、韩国和美国一些州都先后建立了刑事被害人救助制度。1964 年英国颁布了《刑事伤害补偿计划》，2002 年又在《司法改革白皮书》中明确提出建立旨在保护被害人和证人权益的司法制度。1965 年美国加利福尼亚州颁布了《暴力犯罪被害人补偿法》，1982 年制定了联邦被害人和证人保护法。1976 年联邦德国通过了《暴力犯罪被害人补偿法》，于 1986 年通过了第一部改善刑事诉讼中被害方地位的法律——《被害人保护法》，[3] 1995 年又制定了《关于改善被害人刑事程序中的地位的法律》；1977 年法国制定犯罪被害人补偿法，并将其编入刑事诉讼法典之中；瑞典、荷兰、奥地利等国还建立了被害人利益支持委员会、支持基金、救助机构等。在亚洲，日本于 1980 年颁布了《犯罪被害人等给付金支给法施行规则》，成为亚洲国家中最早建立刑事被害人补偿制度的国家。韩国于 1988 年通过《犯罪被害者救助法施行令》。政府性国际组织也在推动保护被害人的立法方面迈出了实质性步伐。1985 年联合国颁布了《联合国犯罪被害人及权力滥用被害人司法基本原则宣言》，1992 年欧盟制定了要求成员国政府为被害人提供法律保护的强制性指令。刑事被害人救助制度已经得到世界上 36 个国家和地区的立法认可。[4] 这些立法，极大地推动了刑事被害人救助制度的规范化和有序化发展，使得该制度日渐成熟。另外，1985

---

[1] 参见蔡宁："关于建立刑事被害人救助制度的立法思考"，载《法制日报》2008 年 10 月 12 日，第 12 版。

[2] 参见赵国玲："被害人补偿立法的理论与实践"，载《法制与社会发展》2002 年第 3 期。

[3] 参见［德］汉斯·约阿希姆·施耐德主编：《国际范围内的被害人》，许章润等译，中国人民公安大学出版社 1992 年版，第 423 页。

[4] 参见许永强：《刑事法治事业中的被害人》，中国检察出版社 2003 年版，第 57~58 页。

年8月26日至9月6日，在米兰召开的第七届联合国预防犯罪和罪犯待遇大会提请联合国大会批准《为犯罪和滥用权力行为的被害人取得公理的基本原则宣言》。同年11月29日，联大通过了这一重要文件。《为犯罪和滥用权力行为的被害人取得公理的基本原则宣言》的主要内容有：①刑事诉讼的基本目的之一在于，使罪犯补偿被害人及其亲属所遭受的损害。不仅对物质损害，而且对诸如名誉损失等非物质性损害，都应当给予赔偿。宣言对于滥用权力行为的被害人的赔偿尤为重视。一般来说，国家官员违犯国际法或侵犯人权时，国家应对此造成的损害负责；对于有关部门官员在执行公务时并未犯罪的举证责任属于国家。当具体事实表明国家对其行为本身无法确定的政府官员任用错误时，在这些案件中，举证责任同样属于国家。②各会员国应当采取对犯罪被害人给予公共赔偿的措施。③提出关于在刑事诉讼中改善被害人地位的建议，并要求采取必要措施。尤其强调被害人可以参加诉讼，并进一步采用调解程序解决争端，避免对被害人不必要的和可能有害的宣传，等等〔1〕宣言的颁布使被害人国家补偿制度迈上了一个新的阶梯。因此我们坚信，制定统一的全国范围的刑事被害人救助法律是我国刑事被害人制度建立的当务之急。

2. 确立刑事被害人救助制度的原则。刑事被害人救助制度的建立，同样离不开确立刑事被害人救助制度的原则。考虑到刑事被害人救助制度的理论基础和性质，以及刑事被害人救助在试点中出现的一些问题，并结合学界现有观点，我们认为，确立以下原则是适宜的：①公平正义原则。文明的社会应当是一个公平的社会，没有绝对公平的社会，但是社会应追求公平，使公平的程度最大化，尽可能地实现公平。"正义是衡量法律之善的尺度。"〔2〕在犯罪发生后，即使犯罪人能及时受到相应的处罚，但被害人受到的损害却得不到有效的救济，这也是不公平的，这样的正义是不完美的。只有通过对被害人实施救助，恢复已经遭到破坏的公平与正义，恢复被害人与其他社会成员平等的经济和社会地位，保障并实现被害人取得公理和公平待遇的权利，才是符合关于正义中分配正义和矫正正义的理论，这也与本文坚持的刑事被害人救助制度的理论基础——国家责任说兼社会福利说相吻合。②有限救助原则。向被告人请求赔偿是被害人获赔的主要渠道，只有在被告人无力赔偿或赔偿不足，而被害人又面临难以克服的实际困难时，才可以申请国家补偿。刑事被害人补偿立法在性质上属于救济制度，"救急不救穷"。因此，它不可能满足被害人的全部获偿要求。国家补偿的仅是被害人实际受损的一部分，通过补偿使被害人能够顺

---

〔1〕　参见〔德〕汉斯·约阿希姆·施耐德主编：《国际范围内的被害人》，许章润等译，中国人民公安大学出版社1992年版，第432~433页。

〔2〕　〔美〕埃德加·博登海默：《法理学——法哲学及其研究方法》，邓正来译，中国政法大学出版社1999年版，第264页。

利渡过难关，走出困境。③有条件获得救助的原则。刑事被害人救助制度不是"阳光普照式"的公共福利。在当前，不能把缠讼、上访作为对被害人实施救助的根据，以免引起效仿攀比。我们以为，取得救助需满足以下六个条件：其一，被害人必须与警方合作。这里所说的合作是指被害人有及时报案、如实陈述案件事实、协助警方捕捉案犯等有益于社会公共利益的行为。其二，被害人没有严重的故意过错责任。因被害人故意过错责任引起被害，或被害人对犯罪的发生起到了引诱、挑逗作用的，无权申请救助。其三，被害人未能从其他途径得到相应的赔偿。这里所说的其他途径包括：犯罪人及其家属的赔偿、保险公司的理赔、社会捐赠等。被害人如果已从其他途径得到了赔偿，但实际得到的数额与损失额（尤其是与其支付必要的医疗费用、维持正常生活之必需）仍有明显差距的，依然可以获得一定数额的救助。其四，被害人与犯罪人具有亲属关系或事实婚姻的，一般不能提出救助申请，但确实已经脱离关系，救助不能使犯罪人受益的除外。[1] 其五，及时救助原则。为了减轻被害人的痛苦，应给予被害人及时而迅速的救助。犯罪发生后，被害人应当及时报案，以便获得最快的救助。负有救助责任的机构和人员，应当尽最大努力对被害人进行救助，如对生命垂危的被害人及时救助后使其脱离生命危险，对生活困难的被害人及时给予经济援助使其尽早摆脱贫穷的困扰。对犯罪的震慑作用体现在对犯罪惩罚的及时性，同样，对被害人的救助效果也体现在及时性，救助的越早，效果就越明显。对被害人的救助工作应与追查犯罪人惩治犯罪行为同时进行，而不要等把所有与犯罪有关的问题处理完了才想到该案的被害人。另外，如果案件无法侦破，此时应该考虑不必一定等到结案后才救助，只要能够证明被害人的生活困境是由于犯罪侵害所致，就不论犯罪人归案与否，也不论案件进展到哪一阶段，都应该予以救助。只有这样，才能充分体现救助的目的。这也要求救助程序不能过于繁杂，作出决定的周期不能太长。其六，个别化原则。犯罪是一个动态过程，每个案件还都有其特殊性，每个被害人的情况也不尽相同，因此在开展被害人救助工作过程中，要仔细分析研究个案情况，详细了解被害性质、被害原因、被害程度、被害人的个人状况，确认被害人是否需要救助，需要怎样的救助，再针对不同的个人实施不同的救助方案。有些被害人可能只需要一些简单的帮助，对于一些特殊的被害人，比如受到恐怖主义袭击、遭受严重创伤、需要多种救助项目的被害人，有条件的还应当为其制定专门的救助方案，由专人负责救助工作的全程，尽可能地做好救助服务，以使其尽快走出被害阴影。又比如对性犯罪的被害人，应给予特殊的关怀，在精神上予以安慰，充分考虑因被害而接受的精神打击及对其一生的影响，给予其优厚的精神损

---

[1] 参见汤啸天："刑事被害人救助制度应当遵循的基本原则"，载《河南公安高等专科学校学报》2007年第3期。

害补偿。[1]

3. 规范刑事被害人救助程序。关于刑事被害人救助程序，有学者认为可设定四个。分别是：①申请。即符合救助规定条件的被害人在法定期限内可向案件管辖地的决定机关提出书面申请，如果被害人死亡或者因为重伤不能亲自申请时，其近亲属或其委托的代理人可以代为申请。救助申请应当在犯罪行为发生之日起两年内提出，超过申请期限且无正当理由的，丧失救助申请权。申请人提交申请书应当附有相应的证明材料，如个人身份证明、家庭情况、扶养近亲属情况、医疗诊断证明、基层组织或所在单位出具的家庭经济情况证明等。另外，公安、检察、法院等司法机关的办案人员对于符合救助条件的被害人负有告知此项权利的义务。②审查。即符合救助条件的被害人递交申请之后决定机关应当立即开始审查。审查包括如下内容：其一，审查救助申请书，重点查明被害人家庭经济情况、加害人家庭经济情况以及被害人配合司法机关情况等；其二，审查医疗情况和财产损失情况，包括伤害的部位及程度、实际支出的医疗费用、后续治疗维护费用、重大财产损失的数额等；其三，调查被害人是否从保险机构以及其他社会救助机构获得经济援助等；其四，调查该案件的刑事和附带民事审判的结果以及执行情况。在收到申请之日起 7 日内完成以上工作。③决定。决定机关应当在审查结束后的 3 日内作出是否对被害人进行救助的书面决定。决定救助的应当在 3 日内一次性足额支付。④救济。即申请人不服救助决定机关作出的决定或者接受申请的决定机关在法定的期限内未作出任何决定的，申请人可以在决定作出后或法定期限到达后 7 日以内向上一级决定机关申请复议。[2] 还有学者就刑事被害人救助制度提出初审阶段、申请阶段、审核阶段、调查阶段、决定阶段、执行阶段和反馈阶段七个程序。[3]

我们认为，刑事被害人救助制度建立的初衷和最终目的便是对一定范围内因受犯罪侵害而遭受损害的且又无法通过刑事附带民事诉讼获得损害赔偿的被害人及其家属，通过法律程序给予一定的物质救助。如上所述，这种救助应当坚持及时救助和有效救助原则，因而刑事被害人救助程序的设置不宜复杂化，因为复杂的程序极有可能侵蚀救助的及时性和有效性，而在刑事被害人救助中，及时性和有效性才是应当坚守的。基于上述考虑，我们认为刑事被害人救助制度设置申请、确认和决定三个程序是比较合理的。具体而言，①在申请程序中，由被害方向对涉及的刑事案件作出终局性诉讼决定的司法机关提出救助的请求。②确认程序。接受被害方的申请后，相关司法机关对救助申请进行审查，对符合条件的予以确认，并在确认后将

〔1〕　参见罗昌平："论被害人救助检察职能化的合理性及制度设计"，载《法学》2008 年第 10 期。

〔2〕　参见薛国骏："刑事被害人救助制度研究"，载《河北法学》2008 年第 11 期。

〔3〕　参见罗昌平："论被害人救助检察职能化的合理性及制度设计"，载《法学》2008 年第 10 期。

申请案件移送救助工作机构。对不符合救助条件的不予确认。被害人及其近亲属对司法机关作出的不予确认决定不服的，可以向确认机关的上一级机关提出申诉。③决定、给付程序。由救助工作机构对被害人的申请和司法机关的确认进行审查，符合救助条件的，决定给予救助。[1]

4. 扩宽资金来源渠道。建立刑事案件被害人的救助制度，最大难处还是在于救助资金的来源问题。没有资金来源，所谓的刑事被害人救助就成无源之水，无本之木。或许这也是导致救助制度迟迟难以确立的重要原因。[2] 没有稳定可靠的资金来源，刑事被害人救助制度就不可能推行。从历史上看，墨西哥在 1929 年、古巴在 1936 年曾尝试过被害人补偿制度，但均因资金不足而以失败告终。[3] 从我国各地的试点情况来看，被害人救助的资金来源各不相同。有的由财政拨款，如浙江省、福建省福州市、广东省珠海市。有的有多种渠道，如浙江省台州市救助资金来源有政府拨款、社会捐赠、基金孳息和其他资金。还有的根本没有稳定的资金来源，靠发动干警捐赠，向社会募捐，或者单位领导向财政、民政部门游说，争取一笔经费，以解决个案中被害人的救济问题。在这方面，国外的相关经验或许可以给我们提供某种借鉴。国外在建立被害人补偿制度的同时，就在着力解决被害人补偿的资金来源问题。外国对被害人补偿的资金来源，做法不完全统一。有的来源于政府的预算，如英国、日本、韩国。有的来源于财产保险合同特别捐税，如法国。作为联邦制国家，美国和德国都采取了联邦和各州分别负担一部分补偿经费的机制。其中，德国的资金来源也是政府预算，但联邦和各州按 3/5 和 2/5 的比例负担被害人补偿资金。美国各州被害人补偿的资金来源分为两个部分：一部分来自各州，一部分来自联邦。各州和联邦刑事被害人补偿基金的主要来源是刑事案件中执行罚金、没收财产、没收保释金等获得的资金。[4]

我们认为，刑事被害人救助制度作为一项保障人权、改善民生、维护社会公平正义的重要举措，应当有稳定可靠的资金来源，否则难以维系。因此，政府财政拨款应当成为刑事被害人救助资金的固定来源，救助基金原则上由财政拨付，在年度预算时统一安排。除此之外，社会捐赠、募捐也可以成为刑事被害人救助资金的补充来源。因为国家的公共资金有限，不可能实现对所有需要救助的被害人进行充分有效的救助，这时需要鼓励民间组织采取社会捐助等途径来弥补这方面的不足。英

---

〔1〕 参见蔡宁："关于建立刑事被害人救助制度的立法思考"，载《法制日报》2008 年 10 月 12 日，第 12 版。

〔2〕 参见吴学安："刑事被害人补偿金来源应多样化"，载《法制日报》2008 年 7 月 24 日，第 3 版。

〔3〕 参见〔日〕大谷实：《刑事政策学》，黎宏译，法律出版社 2000 年版，第 311 页。

〔4〕 参见陈彬、李昌林："论建立刑事被害人救助制度"，载《政法论坛》2008 年第 4 期。

国和日本在民间救助这一块是比较成熟的。在英国，对被害人的救助主要是依靠社会民间救助机构。英国的第一个被害人援助方案始于 1973 年的布里斯托尔。1979 年成立了全英被害人支援方案协会，到 1991 年，全英共有四百多个被害人援助机构[1] 这些被害援助组织最初都是由私人倡议成立并承担经费的，大多是一些有正义感、同情心并拥有一定财力的人士。在日本，对被害人保护的民间活动也相当活跃，如 1983 年设立了东京强奸救援中心，主要是为强奸被害人提供电话咨询；1992 年东京医科齿科大学的山上皓教授建立了犯罪被害者相谈室，为那些由于暴力犯罪而遭受恐惧和创伤的被害人提供咨询和治疗；1995 年开设了第一个非营利的民间被害人援助机构水户被害人救援中心，为犯罪、事故及灾害被害人提供信息和咨询以求被害人的心理和经济恢复。[2]

5. 增加救助方式。在恢复性司法理念的指导下，基于被害人能够得到充分、有效以及长期的救助，从而使其顺利复归社会、融入社会的角度考虑，对被害人救助就不应该仅仅限于经济上的补偿，而应该从更广泛的角度，从更宽泛的范围，多层次地对被害人进行多方位的救助。现有的救助方式仅仅限于讨论对被害人输血式的经济补偿，对被害人救助的范围仅仅停留在对被害人财物的损害赔偿和人身医疗药费赔偿等常见性问题上，而忽视了对被害人自身的造血功能与对被害人真正的复归社会的考虑。例如，对于伤害案件中丧失劳动能力的被害人来说，除了对其进行一次性的经济补偿之外，还应该考虑对其无经济来源的近亲属进行工作技能的培训，为其提供就业机会等，使其有长期稳定的收入，从而解决其生活困难的问题；对于环境犯罪的被害人来说，对其进行其他的劳动技能培训以及帮助其创业要比直接对其发放补助金来说要实惠得多；对于强奸之类的侮辱型犯罪的未成年被害人来说，可以考虑将其转入其他学校学习，从而避免知情者的歧视对其心理造成的不良影响。也就是说，对被害人的救助范围，要注意能够促使其真正的复归社会，而不能使其一直处于待经济援助的弱势群体之列。增加救助内容除了对被害人的物质补偿，还要有精神抚慰制度。在有些犯罪中，对被害人的精神抚慰比经济补偿更为重要，对被害人的心理疏通也有利于被害人及时复归社会。在现阶段，我们还应当考虑为刑事被害人提供心理健康方面的服务，例如，可以指定心理医师对被害人进行开导。将来，我们应该鼓励、支持专门针对被害人救助而设立的非政府组织和机构，由专业的机构针对被害人的心理特征进行矫正。尤其是对于青少年被害人以及女性被害人来说，更应该重视对其精神上的抚慰和心理上的治疗。

6. 明确救助主体和救助范围。从我国目前试点的情况来看，有的地方是法院在

---

〔1〕　参见麻国安：《被害人援助论》，上海财经大学出版社 2002 年版，第 116 页。

〔2〕　参见麻国安：《被害人援助论》，上海财经大学出版社 2002 年版，第 121 ~ 122 页。

牵头试点，有的地方是检察院在牵头试点，有的地方是法院和检察院都在试点，因此存在着是在法院还是在检察院设立被害人救助机构的认识分歧。理论界还有人主张在政府民政部门、司法行政部门设立被害人救助机构。对于这一问题，有学者指出，民政救助的对象范围十分广泛，人力有限，难以展开必要的调查。并且民政部门不参与办理刑事案件，对案件情况也不了解。这些因素决定了民政部门难以为被害人提供及时的救助。只有由专门机关按照专门的程序处理被害人救助问题，才能够满足及时处置被害人救助问题的要求。但是，由法院、检察院对刑事被害人进行救助，与二者作为国家审判机关、检察机关的性质不符。由公、检、法机关决定刑事被害人救助问题，尤其是由法院、检察院进行刑事被害人救助，不利于排除其对依法行使审判权、检察权的干扰。该学者进而建议由地方县级以上社会治安综合治理委员会办公室执掌刑事被害人救助决定权。[1] 我们认为，单独设立专门的机构负责刑事被害人救助工作的提议是可取的，这也是刑事被害人救助制度的发展方向，但是这一机构是否定为社会治安综合治理委员会办公室，则还需要进一步论证和探讨。就目前而言，我们认为由法院和检察院主要负责刑事被害人救助是妥当的。原因在于：其一，法院和检察院对刑事被害人的案件比较了解，在对刑事被害人提交的救助申请进行审查和确认时具有天然的优势和便利。其二，刑事被害人大体上就包括检察环节的刑事被害人和法院环节的刑事被害人。检察环节的刑事被害人主要包括：①因存疑不捕而通知公安机关补充侦查的案件所涉及的被害人；②因不构成犯罪而不批准逮捕案件所涉及的被害人；③检察机关不起诉案件所涉及的被害人；④对那些有可能获得正式司法救济的被害人，但当前因犯罪陷入特别困难，如生活严重困难或严重伤病无钱治疗等，需要在检察环节上进行临时救助的。[2] 法院环节的刑事被害人则是指在法院审理过程中以及审理之后因犯罪行为而需要救助的被害人。这两个环节的刑事被害人救助工作分别由检察院和法院进行应当说是合理的。当然，刑事被害人救助实质上是一种社会救济形式，作为审判机关的法院或者检察机关的检察院根本无力单独承担，必须积极推动具有主管社会行政事务职能的政府部门参与共同创建，由法院、检察院与政府相关部门合作负责救助金给付的裁决工作及其他形式救助工作的开展。而且救助资金来源主要由政府财政拨款。关于这一点，可以在检察院和法院设立刑事被害人救助基金，专门负责对刑事被害人救助的支出。

关于刑事被害人救助的范围，目前我国的试点中一般将其限定为严重的暴力侵

---

〔1〕 参见陈彬、李昌林："论建立刑事被害人救助制度"，载《政法论坛》2008 年第 4 期。

〔2〕 参见顾烈驹："检察环节被害人救助的实证考察和制度构建"，载《国家检察官学院学报》2008 年第 5 期。

害并造成严重后果的情形。比如江西省委政法委、省法院等八部门下发的《关于开展刑事被害人救助工作的实施办法（试行）》规定救助的对象主要是：因他人实施故意杀人、故意伤害、抢劫、强奸、绑架、放火、投放危险物质、爆炸等严重暴力犯罪造成严重伤残，无法通过诉讼及时获得赔偿，生活困难的刑事被害人；或者刑事被害人因遭受严重暴力犯罪侵害已经死亡，与其共同生活或者依靠其收入作为重要生活来源，无法通过诉讼及时获得赔偿，生活困难的近亲属。[1] 我们认为，对被害人及其家属而言，只要犯罪造成被害人重伤、死亡或者一般伤害的结果，只要这一结果使得被害人及其家属生活陷入了窘境，符合刑事被害人救助的条件，无论这一结果是故意犯罪还是过失犯罪造成的，其效果都一样。也就是说，无论被害人是因故意犯罪还是过失犯罪遭受重伤、死亡或者一般伤害的结果，其本人或者其近亲属都应当将其纳入救助对象范围。这也符合刑事被害人救助制度设置的初衷。

建立刑事被害人救助制度是世界刑事诉讼发展潮流，也是我们国家当前和今后司法工作的一个重点。刑事被害人救助制度的建立，对于被害恢复、有效防止新的加害、促进刑事诉讼活动顺利开展、人权保障、实现社会正义以及维护社会和谐稳定均具有很强的现实意义。各地、各部门已在不同程度上开展了刑事被害人救助试点工作，但无论是规范体系中的刑事被害人救助现状还是试点工作中的刑事被害人救助现状，刑事被害人救助工作还存在很多问题和有待完善的地方，一定程度上制约了刑事被害人救助工作的进一步开展，也不利于刑事被害人救助制度的最终形成。加上涉及面广、环节复杂、各地经济社会发展水平存在差异等因素，刑事被害人救助制度的建立不可能一蹴而就。我们认为，在建立刑事被害人救助制度条件已基本成熟的基础上，有针对性地完善我国现有的刑事被害人救助工作，是一种比较务实的做法。应当在实践中不断探索和完善刑事被害人救助制度的原则、刑事被害人救助的程序、救助资金来源渠道、救助方式、救助主体和救助范围等具体内容，不断增强救助工作的正当性与合理性，强化救助实效。同时要加强立法研究，争取早日制定统一的全国范围的刑事被害人救助法律。在总结各地试点被害人救助工作成效的基础上，学习借鉴国外相关立法经验和成功做法，不断推动我国刑事被害人救助制度的统一化、规范化和有序化。同时，要进一步完善相关配套机制，比如完善救助制度与涉检信访工作、刑事申诉、不诉案件公开审查、听证制度、青少年维权岗位建设等的衔接机制，并可将救助工作纳入人民监督员制度的监督范畴。完善与宽严相济刑事政策、刑事和解、刑事附带民事诉讼、支持民事起诉等制度相衔接，建立司法机关先予救助后的代位求偿机制。完善与民政、残联、妇联等部门的联系协

---

[1] 参见黄辉："江西试行刑事被害人救助实施办法"，载《法制日报》2009 年 11 月 20 日，第 1 版。

调机制,整合各种救助资源。[1] 我们相信,刑事被害人救助制度的建立是未来我国刑事被害人救助工作发展的必然趋势,其最终建立也必将在中国特色社会主义救助体系和和谐社会的构建中发挥重要作用。

第五题　刑事和解制度的完善

刑事和解已经不是一个新兴的概念,20 世纪 70 年代,西方的司法改革者就已经提出了令人瞩目的"西方刑事和解"理论,并被美、英、德等国在司法实践中推广适用,并在立法中得到确认。直至目前,西方学者对刑事和解的探讨方兴未艾。在我国更是源远流长,具有"和合"思想传统的中华民族,无论是民事纠纷还是刑事案件和解,调解已是"东方司法文化"之传统做法。虽然目前刑事和解仍然处于法律规制不足的状态,但却充满实践活力,其理论和实践作法也在不断的丰富和发展。特别是在"和谐社会、和谐司法"的大语境下新一轮司法改革启动之时,再次探讨这一问题,则更加具有与时俱进的现实意义。

一、刑事和解的概念界定

对于刑事和解的概念问题,我国学者的观点并不完全一致,经我们不完全梳理,主要有以下三类不同的界定:

第一类观点是将西方刑事和解（Victim – Offender – Reconciliation, 简称 VOR）也即"恢复性司法"的概念引入我国,作为刑事和解的概念——刑事和解又称加害人与被害人的和解,是指在犯罪后,经由调停人使加害人和被害人直接洽谈、协商、解决纠纷冲突,其目的是为了恢复被破坏的社会关系、弥补被害人所受到的伤害、以及恢复加害人与被害人的关系,并使加害人改过自新、复归社会。[2]

第二类观点则是在西方恢复性司法的基础上,与我国长期存在的司法实践等相结合,总结出相对中国式的刑事和解概念——是指在刑事诉讼中,加害人以认罪、赔偿、道歉等形式与被害人达成和解后,国家专门机关对加害人不追究刑事责任、免除处罚或者从轻处罚的一种制度。[3]

第三类观点则将刑事和解视为是刑事案件中涉及民事问题部分的和解,其刑事责任部分并不涉及和解的内容,而是国家行使刑罚权的范畴,民事部分的和解仅对

---

〔1〕　参见邱景辉:"检察环节被害人救助工作探索与对策分析",载《人民检察》2008 年第 6 期。

〔2〕　参考刘凌梅:"西方国家刑事和解理论与实践介评",载《现代法学》2001 年第 1 期;马静华:"刑事和解的理论基础及其在我国的制度构想",载《法律科学》2003 年第 4 期。

〔3〕　陈光中、葛玲:"刑事和解初探",载《中国法学》2006 年第 5 期。

法官量刑起着参考作用，并不直接、必然的导致刑事责任的减轻。

我们认为，第一类观点是将西方的"恢复性司法"与我国的刑事和解等同起来，二者在表现形式上确有相似之处，但是其产生的理念基础是不同的[1]，虽然当下二者在理念上出现了交汇点，诸如对被害人权利的保护、对社会秩序的恢复等，但是二者源头上的差异难以抹煞，而且恢复性司法注重社区的参与，刑事和解则更加关注被害人的参与；第二类观点中则暗含了刑事案件中民事责任和刑事责任都可以和解的意义，我们认为，刑事和解至少在目前还应当以民事和解为主，刑事部分的和解涉及到公权问题，它是未来立法可能会考虑和规制的问题。

因此我们主张将第二类和第三类观点予以融合更有助于形成我国刑事和解的指导概念，在我国，刑事和解是指刑事诉讼中，加害人以赔偿、道歉等方式与被害人在因其犯罪行为所导致的民事赔偿问题上达成和解，国家专门机关可以据此情节对加害人不追究刑事责任、免除处罚或者从轻、减轻处罚的一种制度。首先，刑事和解在刑事诉讼中的三大阶段都可以适用；其次，刑事和解的内容是因犯罪行为而引起的民事问题部分，涉及赔偿损失、赔礼道歉等，加害人得到被害人一定程度的谅解；再次，加害人与被害人之间的和解作为国家专门机关即公安、检察、法院机关处理案件需要考量的情节之一；最后，由于双方和解，得到受害方之谅解，社会矛盾也得到缓解，这一情节理应对刑事责任产生影响，因此和解引起的后果是宽缓处理，比如不予追究刑事责任、免除处罚或者从轻、减轻处罚。

二、刑事和解理论所带来的挑战

刑事诉讼中引入和解理论是对传统的诉讼制度、诉讼理论的一种挑战。传统的诉讼理论认为，刑事诉讼涉及国家和被告人的关系，由国家提起的公诉案件是国家对犯罪人的追究，是不能够和解的，在行政诉讼中也有同样的表现。但是在我国司法实践中，有些地区的行政诉讼有30%～40%的案件是通过和解方式解决的，这说明我国刑事和解的司法实践对现行的诉讼制度和理论提出了挑战，主要表现在以下三个方面：

第一，刑事和解挑战了犯罪与侵权的严格划分。近代以来，刑法学、刑事诉讼法学建立的理论根基是犯罪与侵权的严格区分，认为犯罪是对国家和社会的挑战，具有社会危害性，而侵权具有私人的违法性、侵权性。在犯罪与侵权这种区分的基础上，产生了刑事诉讼中的国家追诉主义、实体真实主义的理念，民事诉讼中产生了当事人处分原则、意思自治原则。然而刑事和解的出现却对这一划分带来了挑战，具体表现有三点：一是犯罪与侵权概念的逐渐模糊，轻微犯罪侵权化。国家放弃追诉轻微犯罪，让位于被害人和被告人和解协商，实际上是突出了侵权性一面；二是

---

[1] 陈光中、葛玲："刑事和解初探"，载《中国法学》2006 年第 5 期。

刑诉民诉化，在轻微刑事诉讼案件中，按照民事诉讼法的方法处理，尊重当事人的意思自由，采取处分原则；三是被害人诉讼权利和地位的保障，可以说刑事和解的出现使被害人的诉权达到了最高境界，被害人可以直接参与实体结果的决定，这点与民事诉讼中的和解、调解有很大的相似性。使得刑事司法模式从以国家与被告人的关系为中心，转向以国家和被害人、被告人的关系为中心。[1]

第二，刑事和解挑战了对抗性司法模式与合作性司法模式的二元化。传统的刑事诉讼理论建立在国家追诉主义基础之上，强调国家对犯罪者的有效治罪和刑罚权的统一行使，将国家公诉机构与被告人置于完全对立的地位，要求法院作为"中立的裁判者"，在保证控辩双方"平等对抗"的宗旨下，在控辩双方之间维持公正的审判和公平的游戏，这便是对抗性司法；很明显，刑事诉讼并不都包含着"控辩双方的平等对抗"过程，只要被告人自愿放弃无罪辩护的机会，对指控表示认同，控辩双方就可能进行各种形式的合作。对于这种国家公诉机关与被告方通过协商、妥协所进行的合作，是一种国家公诉机构与被告方放弃对抗后所采取的合作模式，体现了国家与被告人个人的合作和妥协。[2] 我们可以称之为"合作性司法"。然而刑事和解的出现，打破了这种诉讼模式二元结构，因为，刑事和解是通过加害人与被害人的和解而进行的，并不包含着国家与嫌疑人、被告人的"平等对抗"过程。相反，司法机关对于冲突双方和解协议的接受，恰恰标志着国家放弃了对加害人的定罪量刑。刑事和解程序也不同于国家与被告人直接达成妥协性协议的"公力合作模式"，因为无论是检察机关、法院还是公安机关，都并不是直接与嫌疑人、被告人进行"讨价还价"的一方，而要么是冲突双方和解协议的接受者，要么是居中促成和解的调解人。正因为如此，我们将其称为独立于对抗性和合作性司法模式的第三种模式——"私力合作模式"[3]。

第三，法律价值的出现。[4] 传统的打击犯罪与保障人权、惩罚犯罪与正当程序、实体真实与正当程序等法律价值，无一能绕开程序的公平和结果的公平两大法律价值。而自党的"十六大"提出"构建社会主义和谐社会理论"以来，该理论成果已经对我国的司法理念产生了巨大影响，从构建和谐社会、化解社会矛盾、解决社会纠纷、最大限度的减少不和谐因素的角度出发，刑事诉讼还应当担当实现起修复社会关系带来的和谐价值的任务。我们称之为司法和谐价值，即所谓的第三法律价值。司法和谐价值不取决于结果，也跟程序没有必然的联系，它是在传统的结果正义和

〔1〕 参见宋英辉、袁金彪主编：《我国刑事和解的理论与实践》，北京大学出版社 2009 年版，第 7～8 页。
〔2〕 马明亮："正义的妥协——协商性司法在中国的兴起"，载《中外法学》2004 年第 3 期。
〔3〕 陈瑞华："刑事诉讼的私力合作模式——刑事和解在中国的兴起"，载《中国法学》2006 年第 5 期。
〔4〕 参见宋英辉、袁金彪主编：《我国刑事和解的理论与实践》，北京大学出版社 2009 年版，第 7～8 页。

程序正义之外出现的第三个法律价值。对于中国这样一个有着数千年儒家文化传统，奉行"冤家宜解不宜结"的古老信条的社会，这种倡导社会和谐和社会关系修复的司法价值，更容易为人民群众所接受。如果对这种案件采取刑事追究的方式，对簿公堂，反而导致冲突双方矛盾的更加激化甚至结仇。于是，司法机关本来为着寻求正义的考虑而采取的刑事追究行为，反而导致社会关系的长久性损害。因此，在这种案件中适用刑事和解，使国家刑罚权退出这一民间纠纷领域，放弃对那种无益于任何一方的抽象正义的追求，保证社会和谐和安宁的回归，确实是一个明智的选择，也是刑事和解制度对刑事诉讼理论的丰富和发展。

在我国司法改革大潮中，法学者普遍倡导的任何人不得被强迫自证其罪原则、沉默权规则、非法证据排除规则、律师在警察讯问时在场制度、证据展示制度等，也几乎都是为维持对抗性司法所做出的制度改革的努力。然而，假如嫌疑人向侦查人员作出了有罪供述，假如被告人在法庭上放弃了无罪辩护，上述这些司法理念就失去了存在的意义。而在中国刑事司法实践中，根据我们在司法实务部门工作的经验，在侦查阶段作有罪供述的嫌疑人通常都在 90% 以上，在法庭上放弃无罪辩护的被告人一般也不低于 80%。所以，那种建立在国家与被告人两造对抗基础上的理想司法模式，在绝大多数刑事案件中已不再适用。以国家和被害人、被告人的关系为中心的私立合作模式以及对司法和谐价值的追求将指引我国的刑事诉讼走向一个更加广阔、更加成熟的境界。

三、刑事和解的西方模式

虽然我国的刑事和解不同于西方的恢复性司法，二者至少在产生的背景、运行的模式等方面存在不同，但是，近年来的发展使得二者在很多方面产生了交汇点，比如对被害人的权利保护，比如对社会关系的修复等，因此，研究探讨西方恢复性司法的模式，必将对进一步深化和建立我国的刑事和解程序有所助益。为了表述的方便，我们将恢复性司法称为"刑事和解的西方模式"，目前，西方国家已经建立起大致四种较为成熟的和解运作模式：[1]

1. 社区调停模式（community model）。这种模式是在犯罪发生后，犯罪人逮捕以前由社区进行调解，其特点是与刑事司法无关。在英美法系国家，这一模式仅适用于非可逮捕罪，即某些严重犯罪及大量性质较轻、其刑罚不超过 5 年监禁的犯罪。在大陆法系国家则主要适用于少年犯罪案件。

2. 转处模式（diversion model）。这种模式是在罪犯被逮捕后起诉前由和解中介机构进行调解。与前一模式不同，它在很大程度上要依赖刑事司法机关提供逮捕的或审判前的案件，适用对象是犯罪情节轻微、不需要起诉的案件。英美国家适用较

---

[1] 这部分参考了刘凌梅："西方国家刑事和解理论与实践介评"，载《现代法学》2001 年第 1 期。

多，另外，在采取起诉便宜主义的法国也适用这一模式。

3. 替代模式（alternative model）。这种模式通常是由司法官员在量刑和执行中适用，替代监禁刑。该模式的法律依据是各国的刑法、刑事诉讼法、少年法、被害人保护法、被害人赔偿法等。目前明文规定和解制度的是德国。其他国家如瑞士、奥地利、法国等虽然没有明文规定这一制度，但其刑事诉讼法和刑法中都有相应规定，如瑞士刑法规定，如果犯罪者努力恢复损害的，对于 18 个月以下的判刑可以暂缓宣告。替代模式是欧陆国家普遍采用的一种模式。

4. 司法模式（justice model）。这种模式重视被害人的利益，把刑事和解作为提高犯罪人责任的一种手段，即向被害人赔偿是公正合理的。它适用于一切罪犯，需要在一定的环境中实施。如，罪犯和他的被害人或被害人的代理人在社区里相见。这种模式被认为是一种附加的惩罚。对于以上模式目前还无优劣之分的评价，因为它们都可以体现刑事和解的最终目的。[1]

刑事和解自 20 世纪 70 年代在西方国家司法实践中适用以来，已经历了二三十年的发展历史。这一理论对世界刑法发展的影响是深远的。联合国和欧洲议会已经承认将罪犯补偿作为一种单独的刑事处分，并认识到了协商和调解程序的重要意义。英国的司法部门自 20 世纪 80 年代后期开始对和解制度的可行性进行考察。德国的步伐则迈得更大，正式将和解制度引入少年法和刑法。目前刑事和解的观念已成为国际思潮，被许多国家和地区所接受，如日本法务省正拟制定犯罪被害恢复制度[2]，1998 年日本刑法学会的中心议题就是探讨与其本国刑事司法相适应的刑事和解制度。我国台湾不少学者也提出了在刑法中构建刑事和解的设想[3]。我国学者储槐植先生在谈到世界刑罚的变迁时说，从过去到未来，有五种刑罚结构类型：死刑占主导地位；死刑和监禁刑占主导地位；监禁刑占主导地位；监禁刑和罚金占主导地位；监禁替代措施占主导地位[4]。刑事和解恰恰体现了刑罚发展的方向。

四、我国刑事和解的实践考察

在我国的刑事司法实践中，刑事和解的运用正处于越来越广泛的状态，越来越多的地方检察机关、法院、公安机关对于那些加害人与被害人达成和解的轻微刑事案件，或者做出不起诉、撤销案件等放弃追究刑事责任的决定，或者免除刑事处罚、判处缓刑或科以较为轻缓的非监禁刑。特别是近年来，北京、浙江、安徽、上海、

---

[1] Coats&Gehm, An empirical assessment, Mediation and Criminal Justice：Victims, offenders and community London：Sage Pub. 1989. p. 261.

[2] [日]吉田敏雄："刑事和解与损害恢复"，载《刑法杂志》1998 年第 2 期。

[3] 施慧玲："从福利观点论我国少年事件处理法之修正"，载《月旦法学杂志》1998 年第 40 期；高金桂："论刑法上的和解"，载《东海法学研究》1999 年第 14 期。

[4] 储槐植：《试论刑罚机制》，中国检察出版社 1993 年版，第 148 页。

海南等地的省级政法、司法部门相继发布了有关办理轻伤害案件适用和解程序的规范性文件[1]，刑事和解已从主要在轻微刑事案件中适用逐步扩展到未成年人犯罪案件、过失犯罪案件以及在校大学生涉嫌犯罪的案件之中，所涉及的刑事案件类型也从最初的轻伤害案件扩展为交通肇事、盗窃、抢劫、重伤等案件。各地对刑事和解制度的适用，普遍收到了积极的效果，并有人大代表向最高立法部门提出将刑事和解纳入国家刑事法律体系的建议。[2] 我们将北京海淀区人民法院刑事和解情况予以调研、总结如下：

（一）有关刑事和解数量情况

目前海淀法院的刑事和解主要应用于各类有人身伤害赔偿要求的案件，主要有故意伤害、寻衅滋事、抢劫、妨害公务、交通肇事等为多，还包括自诉案件。2005年，海淀法院共审理各类有民事赔偿要求的刑事案件共计600余件，其中达成调解协议的有近350件，约占50%；2006年，各类有民事赔偿要求的刑事案件共计600余件，其中达成调解协议的有400余件，约占近70%；2007年，共调解刑事附带民事诉讼案件450余件，调解率近80%，实现执行600余万元；2008年，共调解刑事附带民事诉讼案件550余件，调解率近90%，实际执行近800万元。

调解案件数量大量增长，在为受害人挽回了巨额经济损失、得到了实际补偿的同时，还使被害人与被告人双方达成了谅解，有效地缓和了人民内部矛盾，修补了同学、亲属、邻里之间的关系，成为创建和谐社会、实现和谐司法的重要途径之一。

（二）实践中的两种模式

目前我们的刑事和解主要存在两种形式：①法庭认可形式，就是说案件起诉到法院以前，在侦查或者审查起诉阶段，犯罪嫌疑人和被害人已经达成调解协议，相关材料移送到法院以后，承办法官予以认可，并考虑赔偿情况和被害人谅解程度对被告人予以从轻处罚；②法庭主持形式，即案件起诉到法院以后，被害人有赔偿要求或者已经提起刑事附带民事诉讼的，由承办法官主持双方调解，达成调解协议后，承办法官根据赔偿情况、被告人认罪悔罪态度和被害人的谅解情况对被告人从轻处罚。

---

〔1〕 2003年，北京市政法委发布了《关于北京市政法机关办理轻伤害案件工作研讨会纪要》；2004年7月，浙江省高级法院、浙江省检察院和浙江省公安厅联合发布了《关于当前办理轻伤害案件适用法律若干问题的意见》；2005年，安徽省公安厅会同省法院和省检察院共同出台有关《办理故意伤害案（轻伤）若干问题的意见》；2005年，上海市高级法院、上海市检察院、上海市公安局和市司法局联合下发了《关于轻伤害案件委托人民调解的若干意见》；2007年4月，海南省高级人民法院和省检察院、省公安厅、司法厅联合制订了《关于办理轻伤害案件其中问题的意见》。

〔2〕 参见杜萌："索维东代表提议设立刑事和解不起诉、暂缓起诉制度"，载《法制网》2006年3月7日。

上述两种模式，是以审判为中心从程序视角对刑事和解所做的分类。双方达成调解协议后，被告人可以得到从轻处罚，但是并不能够免除刑罚或者减轻刑罚。无论是实践还是现行立法都表明，刑事和解其实本质上依然是附带民事部分的和解，刑诉法规定判决结果只能是无罪、有罪两类，凡是有罪的案件，就应当对被告人予以处罚，至少也是定罪免刑，不可能有其他方式，因此人民法院处理案件时刑事责任是不能通过和解的方式化解的，刑事和解依然属于民事调解的范畴，只是调解的结果对于法官量刑起着重要的作用。

（三）刑事和解的案件范围及处理方式

目前海淀法院的刑事和解案件主要是自诉案件和涉及到人身伤害的案件（如致被害人轻伤、轻微伤的抢劫、寻衅滋事、故意伤害、妨害公务等）、过失犯罪案件（以交通肇事案件为主）、未成年人犯罪案件和在校大学生犯罪等四大类公诉案件。北京市于 2003 年 7 月由北京市政法委下发了《关于北京市政法机关办理轻伤害案件工作研讨会纪要》，对公检法三家办理轻伤害案件进行规范，其中明确规定：对确因民间纠纷引起的轻伤害案件，犯罪嫌疑人、被告人的犯罪情节轻微，有悔罪表现，已全部或部分承担被害人医疗、误工等合理赔偿费用，被害人不要求追究其刑事责任，双方自愿协商解决的，可由双方自行协商并达成书面赔偿协议。此类案件，在被害人向司法机关出具书面请求之后，可以按照规定在公检阶段作出撤销案件、不起诉、在法院审理阶段可以做出免于刑事处罚或判处非监禁刑等从宽处理。那么对于上述四类案件能够达成调解协议、被害人充分谅解并建议法庭从轻处理的，一般都能够予以从轻处罚，其中未成年犯罪、在校大学生犯罪等绝大多数判处了非监禁刑。

另外，海淀法院在一些未成年人或在校大学生犯罪导致被害人重伤害的案件中也尝试了刑事和解，并取得了很好的效果。案例1：一名17岁河南籍来京打工的少年，父母离异，与同在饭店做服务员的另一名打工者因口角发生争执，便用桌上的啤酒瓶打了被害人，瓶子碎后又在被害人腹部扎了一下导致被害人重伤。受理该案后，法官考虑到被害人的实际情况家庭也很贫困，支付医药费很困难，被告人又是未成年人，且系初次犯罪，平时表现良好，认罪悔罪态度也很好，便主动主持了双方的调解，最后达成了9000元的调解协议，对被告人判处了缓刑。案例2：二名中央民族大学学生（均为少数民族）在饭店就餐时，酒后因琐事将被害人打成重伤。案件受理后，法官主持双方进行了调解，一名被告人赔偿了被害人五万余元，另一名被告人赔偿了五千余元，因此法官分别对二名被告人做出不同程度的处罚，对于赔偿数额较大并得到被告人谅解的被告人判处有期徒刑4年6个月，对于赔偿数额较小的被告人判处了有期徒刑5年6个月。被告人没有上诉，被害人也表示愿意接受判决结果。

2006 年 9 月至 2007 年 4 月，"恢复性司法与中国刑事诉讼法改革实证研究"课题组就我国司法实践中以刑事和解的方式处理刑事案件的情况进行了调研。考察地区涵盖九省、自治区、直辖市中部分有代表性的城市、县，经考察，刑事和解的案件范围主要限定在：可能判处 3 年以上有期徒刑的过失犯罪案件、故意伤害案件、过失致人重伤案件、未成年人、在校学生犯罪案件以及可能判处 3 年以下有期徒刑、拘役、管制、单处罚金等刑罚的其他轻微刑事案件。适用条件方面一般要求具备以下几个条件：①犯罪嫌疑人主动承认犯罪事实，且未做无罪答辩的；②犯罪嫌疑人在当地有固定居所或者稳定的社会关系；③有明确的被害人或者被害单位、组织；④双方或者一方有和解意向。在达成和解后的处理方式上主要有三种：①非监禁化处理方式，一是在侦查阶段，对于公安机关报请批准逮捕的犯罪嫌疑人，通过适用和解能够达成和解协议的，由检察机关作出不批捕的决定；二是在审查起诉阶段和审判阶段，通过适用和解，对提起公诉的案件向审判机关提出量刑建议，由法院对被告人适用缓刑、管制、单处罚金或者免于刑事处罚等非监禁刑罚方法。②非刑罚化处理方式。包括达成和解的案件公安机关做出不予立案的决定，或者对已经立案的案件建议检察机关撤销案件；检察机关以退查的方式建议公安机关做撤案处理或者做出不起诉的决定。③轻刑化处理方式。主要是检察机关以量刑建议形式，向法院提出量刑建议，或者法院直接根据和解结果做出对被告人的宽缓处理。

但是，适用刑事和解最大的问题还在于并没有相应的法律依据，因此，各地在司法实践中存在诸多差异，当事人对于刑事和解的期待值也存在很大的迥异。特别是在适用刑事和解的案件范围、条件等方面如果不进行统一，各地依旧我行我素，待时间久已务必会造成社会公众对适用刑事和解公平性的质疑，从而破坏司法的权威性。所以在修改刑事诉讼法的契机之下，我们应当依据实践状态和实践需求首先在理论上对刑事和解进行大致统一，构建一个相对科学合理的模式，以期对未来修法或立法提供依据。

五、刑事和解制度构建

1. 适用的阶段。刑事和解适用于刑事诉讼的任何阶段，包括侦查、起诉和审判阶段。这一点争议不大。①矛盾产生之后，双方的情绪会有一个发展变化的过程，矛盾所带来的对立情绪特别是被害人的受伤情感会随着时间的推迟而逐渐减弱，因此，要给予双方这样一个机会，也即在刑事诉讼的整个阶段都能够有机会参与调解；②调解本身也需要一定的时间，因为调解本身就意味着选择与放弃，调解结果应当是在价值平衡当中当事人做出的一种抉择，因此，在选择和取舍的判断上人们可能会出现犹豫，所以，给与其一定的时间范围是符合思维规律的；③三大阶段都能够调解也意味着司法机关在追求司法和谐价值道路上所做的不懈努力，我们的努力不应当是一时的，也不是某一个机关自己的职责，而应当在处理刑事案件的过程中以及不同的司法机关共同协作下所努力追求的。因此刑事和解应当贯穿刑事诉讼三大诉讼阶段。

2. 案件范围。在案件范围上理论界是存在不同看法的，分歧主要在于重罪和死刑案件能否和解。我们认为，由于我们将刑事和解的概念定位为刑事案件中所涉及民事赔偿问题的和解，也就意味着无论罪行轻重，凡是存在民事赔偿问题的刑案均存在和解的可能，但是和解的达成并不是从轻或减轻刑罚的唯一、决定性因素。在严重犯罪如死刑犯罪案件中被告人能够积极赔偿被害人的，我们主张要力求民事部分调解的达成，为被害人寻求最大限度的弥补，但是在刑罚考量的时候，仍然要全面考虑其社会危害性和犯罪后果。这是因为严重犯罪行为除了给被害人造成巨大损失外，其社会危害性是极其严重的。当前我国正处于社会转型时期，各种极为严重的犯罪行为给国家财产和社会秩序、公共利益带来了巨大损害，对于这类犯罪案件，在刑罚处罚上要全面考虑其犯罪后果，遵循宽严相济原则，当严则严，否则将不利于社会转型时期的社会稳定，不利于社会公众对法律权威的信赖。所以，我们认为，刑事和解的效果应当更广泛、更鲜明的体现在轻微刑事案件以及未成年犯罪案件和过失重伤害案件，具体为：自诉案件和可能判处3年以下有期徒刑、拘役、管制、单处罚金等刑罚的轻微刑事案件、未成年人犯罪案件、在校大学生犯罪等以及可能判处3年以上有期徒刑的过失犯罪案件（以交通肇事案件为主）、故意伤害案件、过失致人重伤案件等公诉案件。而对于罪行极其严重的可能判处无期徒刑、死刑的刑事案件，刑事和解所带来的效果并不明显。

3. 适用条件。①犯罪嫌疑人、被告人认罪、悔罪。②有明确的被害人或者被害单位、组织。③双方主动提出和解或者具有同意和解的意向。

4. 再次是和解模式及相应后果。[1] 我们认为可以归纳为以下三种模式：

（1）加害人—被害人自行和解模式。该模式是嫌疑人、被告人在认罪悔过的前提下，与被害人经过自行协商，就经济赔偿达成书面协议，被害人不再追究加害人刑事责任的纠纷解决方式。由检察机关经过审查后，可以接受双方的协议，对嫌疑人、被告人不起诉或建议公安机关撤销案件。这种自行和解模式，可以成为刑事和解的一种独立模式。这种模式只适用于自诉案件和轻微的刑事案件。

（2）人民调解委员会调解模式。该模式是指公检法机关对于那些加害人与被害人具有和解意愿的轻伤害案件，委托基层人民调解委员会进行调解，若能达成协议，可不再追究加害人的刑事责任。公检法主要负责遴选适当的案件，委托适合的人民

---

〔1〕 参见陈瑞华："刑事诉讼的私力合作模式——刑事和解在中国的兴起"，载《中国法学》2006年第5期。

调解委员会调解，并在调解成功后做出非刑事化的处理。[1] 该模式类似于西方的社区调停和转处模式，只不过将社区和中介机构替换成中国特有的"人民调解委员会"，主要针对那些因民间纠纷而引发的轻伤害案件，双方自愿接受是前提，对于那些人民调解委员会调解成功的案件，公安机关可以撤销案件，检察机关则可以做出不起诉决定。

（3）司法调解模式。该模式是指司法人员通过与加害人、被害人的沟通、交流、劝解工作，说服双方就经济赔偿标准、赔礼道歉等事项达成协议。司法机关在对双方分别进行单独劝导说服工作的基础上，对于符合条件的案件，召集双方及有关单位代表参加和解会议。会议中，加害人给被害人赔礼道歉，并表达提供经济赔偿的愿望；被害人可以倾诉自己受到的伤害和心理创伤，对加害人进行谴责，并提出本方的赔偿要求。[2] 协议内容应当作为对被告人作出不起诉决定、从轻或减轻量刑的依据。

第（1）、（2）种模式因其渗入了更多的社会力量，具有较为明显的"私立救济性质"，因此适用范围上应当有所限制，我们认为应当适用于被害人为单位或自然人的轻微刑事案件和部分未成年人犯罪案件为宜，当然还要制定更加具体的标准；第3种模式则可以适用于被害人为单位或个人的、除罪行极其严重的案件之外的大部分刑事案件，凡是调解成功的案件，赔偿情况应当作为对被告人量刑的重要依据之一。

对于已经进入审判阶段的案件，目前司法解释和《人民法院量刑指导意见》都对积极赔偿被害人损失并取得被害人谅解或者赔偿部分经济损失的被告人从轻处罚。实践中我们发现，很多案件犯罪情节较轻，被告人能够积极赔偿被害人损失得到谅解，而这类被告人又往往是认罪悔罪态度较好、主观恶性并不深、因年轻气盛或者不懂法律而初次犯罪者，如果仅仅是从轻处罚，比如说致人重伤的案件，可能被告人得到的刑罚还是很重，这种结果一方面降低被告人自愿和解的积极性，一方面也不能充分体现社会的和谐、宽容，因此我们认为，能够在一定程度上对于这类被告人从轻或者减轻处罚，以这样大幅度的从宽，换取更多被告人积极的赔偿，平复被害人的损失，促进双方彻底解决矛盾，实现更大范围的和谐，同时也将在一定程度上减少强制执行的数量和难度。

---

〔1〕 从 2002 年以来，上海市杨浦区司法局先后与区公安分局、区检察院共同实行委托人民调解委员会调处轻伤害案件的做法。

〔2〕 山东烟台市检察机关通过推行"平和司法程序"，创造了一种名为"和解会议"的司法调解方式。参见"烟台：走在'平和司法'的大道上"，载《检察日报》2006 年 4 月 12 日，第 3 版。

第六题 刑事简易程序的完善

案件积累过多，法官负担过重，是法院面临的一个严重问题，而"迟延诉讼或积案实际上等于拒绝审判。因此，迅速地审判一直被当作诉讼制度的理想。"[1] 近几十年来，由于犯罪案件迅速增加，导致国家有限的司法资源同沉重的案件负担之间的矛盾日益凸现，如何优化现有司法资源的配置，在实现司法公正的前提下，简化诉讼程序使其发挥更高效能，成为世界各国进行刑事司法改革的重要方面，其中采用简易程序处理部分刑事案件已成为一种世界性的实践。刑事简易程序是各国为解决司法资源有限性的必然选择，也是解决公正与效益冲突的必要措施。我国司法机关和理论界越来越重视简易程序问题，人们从不同角度、多个方面做了大量有益的探讨，提出了一些完善简易程序规定的建议。我国1996年修订实施的刑事诉讼法也确立了简易程序，但从实施现状来看，效果并不理想。主要是由于在确立简易程序时理念上缺乏宏观的思考，拘泥于审理程序的简化，导致简易程序适用率不高。[2] 所谓简易程序，指对刑事诉讼程序的一些环节、步骤和方法加以不同程度地简化，使刑事案件能得到迅速处理的特别程序。就其设立的价值基础而言，是通过简便快捷的审判方式减少或节约审判程序的成本耗费，在确保最低公正标准的基本前提下，使诉讼各方从审判中迅速解脱出来，从而提高诉讼效率。相对于处理大部分刑事案件所必须经过的繁琐、复杂的诉讼程序而言，简易程序在诉讼效率方面有无可比拟的明显优势。[3] 在司法公正与效率成为改革主题的今天，从宏观的角度重新审视我国简易程序改革的方向，并对我国刑事诉讼适用简易程序审理案件中的有关问题作进一步探讨，具有重大的理论价值与现实意义。

一、刑事简易程序概述

（一）历史沿革

关于刑事简易程序在我国的渊源，一般认为可以追溯到我国20世纪80年代初的第一次严打。尽管在这之前的1979年我国就颁布了刑事诉讼法，但其中并未规定专门的简易程序。1983年全国人民代表大会常务委员会通过了《关于迅速审判严重危害社会治安的犯罪分子的程序的决定》，该决定针对一些严重危害社会治安和公共安全的刑事案件规定了一种"速决程序"，又称"严打程序"或"从重从快程序"。对

〔1〕 ［日］谷口安平：《程序的正义与诉讼》，王亚新等译，中国政法大学出版社2002年版，第52页。
〔2〕 参见苏艺："我国刑事简易程序改革应实现四大转型"，载《人民检察》2007年第18期。
〔3〕 参见王冬香："刑事简易程序审判组织模式改革刍议"，载《政法论坛》2005年第1期。

"速决程序"的性质，我国有学者指出，"尽管没有人明确对此加以定性，但这一'速决程序'实际上就是中国的刑事简易程序"。[1]

具体而言，关于我国刑事简易程序的产生和发展，有学者将其归纳为三个阶段：[2] ①全国人大决定之"补缺"。作为新中国第一部刑事诉讼法，1979 年制定的刑诉法并没有设置简易程序，而是一概要求所有案件均依普通程序审理。但是在实务中，并非所有案件均依普通程序审理，而是存在大量案件以普通程序之名，而实际上行简化审理之实。1983 年，为配合在全国范围内首次开展的"严打"，全国人大常委会通过《关于迅速审判严重危害社会治安的犯罪分子的程序的决定》，建立起与 1979 年刑诉法规定之普通程序迥然不同的"速决程序"。应当看到，"速决程序"一定程度上弥补了 1979 年刑诉法的不足，但也存在严重问题。比如一些重大、复杂的刑事案件按简化了诉讼环节的速决程序处理；相反，一些轻微、简单的刑事案件则按较为复杂的普通程序处理。"速决程序"因此遭到非议。自 1980 年代末，我国要求废除"速决程序"、重构刑事简易程序的呼声日益高涨，一定程度上促成了对于 1979 年刑诉法的修改。②1996 年《刑事诉讼法》之始创。1996 年，我国对 1979 年刑诉法进行修正，在刑诉法典中明确规定了"简易程序"，同时废止实施十余年的"速决程序"。依 1996 年《刑事诉讼法》第 174 条规定，简易程序仅适用于轻微刑事案件，其范围一般以 3 年以下有期徒刑、拘役、管制、单处罚金为限。刑事简易程序的设立，在使我国刑事司法资源得到合理配置的同时，也使我国刑事诉讼的效率和公正得到兼顾，从而克服了"速决程序"中对于效率的畸形追求。③司法解释之补充。1996 年《刑事诉讼法》颁行后，仅仅用 6 个条文加以规定的简易程序在实践中显露出其粗糙的一面，无法满足日益复杂的审判实践的需要。这种情况下，1998 年《最高人民法院关于执行〈中华人民共和国刑事诉讼法〉若干问题的解释》（以下简称《解释》），对简易程序的具体操作作出了详细的规定。此后，为减轻基层法院和人民检察院的工作压力，总结并推广庭审方式改革所取得的成功经验，同时为做到司法实践有据可循，最高人民法院、最高人民检察院和司法部又于 2003 年联合制订了《关于适用简易程序审理公诉案件的若干意见》（以下简称《意见》），对刑事简易程序作出了更为详细的规定。该司法解释的亮点是关于被告人自愿认罪案件之简易程序适用。《意见》第 7 条第 4 款规定，"被告人自愿认罪，并对起诉书所指控的犯罪事实无异议的，法庭可以直接作出有罪判决。"

与《意见》同时出台的《关于适用普通程序审理"被告人认罪案件"的若干意见（试行）》，对被告人认罪案件也规定了一种相对于普通程序更为简便的审理程

---

〔1〕 陈瑞华：《刑事诉讼的前沿问题》，中国人民大学出版社 2000 年版，第 418 页。

〔2〕 参见陈岚："海峡两岸刑事简易程序之比较"，载《现代法学》2009 年第 5 期。

序。这便是普通程序简化审程序，对此我国有学者认为是司法机关突破立法框架新创设的一种刑事简易程序。[1] 可以说，《意见》所规定的被告人自愿认罪案件的简易程序，是对我国刑事诉讼法设置的简易程序的补充和完善。至此，从全国人大决定之"补缺"，到1996年《刑事诉讼法》之始创，再到司法解释之补充，我国的刑事简易程序走过了一段颇为艰辛的历程。

（二）基本概念

我国立法机关在设置简易程序时并没有对什么是简易程序做出明确的界定。学者们在研究简易程序时，分别从不同角度进行界定，因而学术界对于刑事简易程序的概念尚无一致的看法。具体而言，有以下几种观点。有人认为，"所谓刑事简易程序，是指基层人民法院在第一审程序中审理某些犯罪事实清楚、证据充分的简单轻微的刑事案件时所适用的，较普通程序相对简化的诉讼程序。"[2] 有人认为，简易程序指的是"对于符合特定条件的案件或决定事项适用简单快捷的法律程序。"[3] 北京大学法学院陈瑞华教授认为，"所谓简易程序，从其最普遍的意义上来看，是指通过对刑事诉讼程序的一些环节、步骤加以不同程度的简化，从而使案件得到快速处理的特别程序。"[4] 西南政法大学徐静村教授将简易程序概括为"简易程序是指基层人民法院审判某些第一审轻微刑事案件所适用的一种简便易行的诉讼程序。"[5] 中国政法大学刘根菊教授则认为，"简易程序是指没有检察官的正式起诉，无需陪审团参加，法官可以直接以简单的方式就案件迅速作出裁判的诉讼程序。"[6]

通过以上有关简易程序的界定并结合我国现有简易程序有关规定可以看出，对简易程序的理解根据外延的宽狭大致可以分为两个层次。第一个层次是广义的简易程序。依《布莱克法律词典》的解释，简易程序仅相对于普通程序而言，凡不经检察官起诉、陪审团定罪或者普通法正常程序所要求的其他程序，法官直接以迅速、简单的方式处理争议、解决案件、作出裁判的任何诉讼程序。[7] 这种理解下的简易程序概念外延是非常广泛的，据此，国外的"辩诉交易"和"处罚令程序"等凡是可以让法官以与普通程序相比更迅速和更简单的方式审理案件的任何诉讼程序都属于简易程序。另外，这种简易程序适用于刑事诉讼中的任何一个阶段，即简易程序不仅限于简易审判程序，还包括简易侦查程序、简易起诉程序以及简易救济程序等，

---

[1] 参见陈光中主编：《刑事一审程序与人权保障》，中国政法大学出版社2006年版，第168页。

[2] 姜小川："刑事简易程序论"，载《河北法学》1996年第6期。

[3] 马贵翔：《刑事简易程序概念的展开》，中国检察出版社2006年版，第25页。

[4] 陈瑞华：《刑事诉讼的前沿问题》，中国人民大学出版社2000年版，第406页。

[5] 徐静村、潘金贵："我国审判制度改革前瞻"，载《中国刑事法杂志》2003年第5期。

[6] 刘根菊、温小洁："对中外刑事简易程序中几个问题之比较研究"，载《政法论坛》1998年第6期。

[7] 参见刘根菊、李利君："刑事简易程序比较研究"，载《比较法研究》2009年第5期。

国外就有根据发生的时间将简易程序分为审判前的简易程序和审判中的简易程序;[1] 不仅局限于第一审程序，还包括第二审程序。上述陈瑞华教授、刘根菊教授的观点基本上是从广义层次界定简易程序的。第二个层次是狭义的简易程序。狭义的简易程序即简易审判程序，仅指在法庭审理程序上比普通审判程序更为简化的一种审判程序，不包括审判前，也不包括第二审阶段。概言之，狭义上的简易程序就是我国刑事诉讼法和相关司法解释中规定的刑事简易程序。上述徐静村教授基本上就是从狭义层面界定简易程序的。

我们认为，鉴于我国刑事诉讼法和司法解释的规定以及我国近年来在刑事简易程序上的实践，在狭义层面上理解简易程序是比较恰当的，也比较符合我国的实际。因此，本文重点关注的就是狭义上的刑事简易程序，即：人民法院审判某些第一审刑事案件时通过对刑事诉讼程序的一些环节、步骤加以不同程度的简化，从而使案件得到较普通审理程序更快速处理的特别程序。

（三）价值目标

如上所述，刑事简易程序是指人民法院审判某些第一审刑事案件时通过对刑事诉讼程序的一些环节、步骤加以不同程度的简化，从而使案件得到较普通审理程序更快速处理的特别程序。从概念就可以看出，刑事简易程序的设置有助于通过简便快捷的审判方式减少或节约审判程序的成本耗费。但是，正义又是司法活动永恒的追求和目标。公正与效率可以说是新世纪人民法院的主题。[2] 因此总体而言，刑事简易程序的价值目标是在确保司法公正的基本前提下，使诉讼各方从审判中迅速解脱出来，从而提高诉讼效率。相对于处理大部分刑事案件所必须经过的繁琐、复杂的诉讼程序而言，简易程序在诉讼效率方面有无可比拟的明显优势。[3]

1. 效率。效率作为经济学的一个名词被引入法学领域具有重大的意义，"它是法促进人类社会发展，促进人类文明的表现和必要。法作为现代社会的调控者，现代经济的发展根本离不开法的效益分析和效益追求。"[4] 从简易程序的历史沿革来看，效率始终伴随着其产生和发展。我国有学者将简易程序的产生过程概括为："刑事案件多种多样，有的涉及重大罪行，案情复杂，取证困难或是证据真伪掺杂，不易明辨；而有的则是罪行轻微，案情简单，取证容易且证据明了，真伪易判。如果不分案件种类，均'一视同仁'地适用同一种普通程序，显然是毫不经济也是毫无必要的。为节约国家司法资源，使之合理配置；为使普通程序的价值真正得以实现，避

---

〔1〕 参见徐静村：《21世纪中国刑事程序改革研究》，法律出版社2003年版，第483页。

〔2〕 参见肖扬："公正与效率——新世纪人民法院的主题"，载《人民司法》2001年第1期。

〔3〕 参见王冬香："刑事简易程序审判组织模式改革刍议"，载《政法论坛》2005年第1期。

〔4〕 卓泽渊：《法的价值论》，法律出版社1999年版，第204页。

免大材小用；为提高诉讼效率，解决案件积压状况，于是，刑事诉讼简易程序应运而生。"[1] 可以说，简易程序是现代刑事诉讼发展的产物，是以效率立身的。简易程序也顺应了刑事诉讼制度日益追求诉讼效率的趋势。"本世纪特别是二战以来，在刑事案件数量日益增长，而刑事司法资源相对有限的情况下，效率已成为各国刑事审判程序设计所追求的重要价值目标。"[2] 而简易程序通过对刑事诉讼程序尤其是普通程序的若干环节和步骤的简化或省略，使处理整个案件所需要的司法资源大为减少，从整体上提高了刑事诉讼的效率，顺应了历史的潮流。

刑事简易程序相对于普通程序而言，庭审程序大为简化，主要体现在以下三个方面：一是实行法官独任审判，公诉人和辩护人都可以不出庭；二是当庭宣判；三是证人作证方式和证据出示方式均有所简化。从实际中适用简易程序的情况来看，简易程序的实施取得了良好的效果，主要表现在：①提高了诉讼效率，降低了诉讼成本。适用简易程序审理的案件，因事实清楚，证据充分，庭审时间大大缩短。以北京市海淀区人民法院刑二庭适用简易程序为例，"单一被告人案件，查明被告人自然情况和告知主要的诉讼权利义务平均需要 2 分钟；法庭调查、质证平均需要 5 分钟；法庭辩论（不包括有辩护人出庭）及最后陈述需 1 分钟；当庭宣判需 2 分钟，综合平均，每案审理时间为 10 分钟。对多被告人案件，查明被告人自然情况和告知主要的诉讼权利平均需要 5 分钟；法庭调查、质证平均需要 8 分钟；法庭辩论（不包括有辩护人出庭）及最后陈述需 3 分钟；当庭宣判需 3 分钟，综合平均，每案审理时间为 19 分钟。"[3] 诉讼效率较普通审理程序有明显提高。②提高了案件结案率和当庭宣判率。同样以北京市海淀区人民法院为例，从 1997 年至 2000 年的 4 年中，"每年适用简易程序审理的案件，约占全年结案数的 40% 以上；从分庭以后，刑二庭2001 年，刑事案件的年结案率为 100%，没有旧存案件，两个独任法官平均每月审结案件 60 余件，这在刑事诉讼法修订前是根本做不到的。适用简易程序审理的刑事案件（除个别上公判会外）均当庭宣判，当庭宣判率 99%。"[4] 北京市海淀区人民法院刑事法官王冬香采用"一审多助多书"的运行模式，使得审判资源合理分配、优化配置；一名独任法官两年审理了 3134 件刑事案件，且无一改判，无一发回重

---

〔1〕 刘广三、周伟："论刑事诉讼简易程序的若干正义要求"，载《政法论坛》2004 年第 5 期。

〔2〕 陈光中主编：《刑事诉讼法实施问题研究》，中国法制出版社 2000 年版，第 241 页。

〔3〕 王冬香：《刑事简易程序审判改革历程——刑事独任法官手记》，中国人民公安大学出版社 2007 年版，第 210 页。

〔4〕 王冬香：《刑事简易程序审判改革历程——刑事独任法官手记》，中国人民公安大学出版社 2007 年版，第 211 页。

审〔1〕案件结案率和当庭宣判率的提高不仅极大地提高了刑事简易程序处理案件的效率，而且强化了庭审的透明度，避免了社会各界对案件的干扰，有利于实现司法公正和树立司法权威。由此看来，刑事简易程序与普通审理程序最大的不同或者说最值得称道的优点就是极大地提高了诉讼效率。

2. 正义。正义是司法活动永恒的追求和目标。"法律对很多权利的安排，必须以正义和效益双重目标为依据。"〔2〕这说明正义也是刑事诉讼所必须要考虑的。而刑事简易程序作为刑事诉讼的一个重要组成部分，也应当包含正义的价值追求。实际上，正义的实现也离不开效率。正义与效率这两项价值的关系，在刑事诉讼中有其统一的一面。正义的实现要有效率来保障，即正义要有效率地实现，"迟来的正义为非正义"，简易程序有利于提高诉讼效率，说明该程序本身就符合程序即时原则，体现了程序正义的要求；而对于效率来说，真正的效率应是正义的效率。正如波斯纳所说的那样："正义的第二种涵义——也许是最普通的涵义——是效率。"〔3〕因为，在刑事诉讼中，刑事诉讼活动，尤其是刑事审判活动有效率地进行，既会使犯罪嫌疑人、被告人、被害人等当事人的合法利益得到及时充分的关注和维护，防止因诉讼的拖延而使之处于悬而未决的状态，也会使刑法的实施过程更易得到社会公众的认同，使刑罚的合理性得到更强的证明，从而使被破坏了的社会秩序及时得到稳定，使被破坏了的社会关系及时得到恢复。于是，正义和效率同时得到了彰显。〔4〕由此看来，对效率的追求本身就蕴含了对正义的期待。

简易程序的设置有助于整体正义的实现。我国有学者认为，能否实现"整体正义最大化"是评价一项特定的司法制度存在是否合理的主要标准。〔5〕简易程序作为对普通程序的一种简化，以放弃某些"没必要"或"不经济"的诉讼环节为代价，通过程序的减省导致主体某些诉讼权利的丧失或受限制，在所提供的程序保障上确实不如普通程序充分，在正当化功能方面也不如普通程序。但如果将每一个刑事案件都按照完整、正式的普通程序模式加以审判，人们虽然能通过完善的程序得到完善的权利保障，实现程序公正，但这样却导致了大量的人力、物力、时间等司法资源耗费，最终的结果造成总体案件超审限、积案严重、犯罪嫌疑人超期羁押以致权

〔1〕参见王冬香：《刑事简易程序审判改革历程——刑事独任法官手记》，中国人民公安大学出版社2007年版，第454页。
〔2〕文正邦、吕世伦主编：《法哲学论》，中国人民大学出版社1999年版，第586页。
〔3〕［美］理查德·A. 波斯纳：《法律的经济分析》（上），蒋兆康译，中国大百科全书出版社1997年版，第131页。
〔4〕参见刘广三、周伟："论刑事诉讼简易程序的若干正义要求"，载《政法论坛》2004年第5期。
〔5〕参见毛立华："程序类型化理论：简易程序设置的理论根源"，载《法学家》2008年第1期。

利得不到及时保障，这显然是非正义的。[1] 另外从国家诉讼制度的整体机能来看，由于增设了简易程序，可以把有限的司法资源节约出来，投入到重大、复杂、疑难、被告人作无罪辩护的案件中去，使这些案件在普通程序中得到细致、周到、公正的审理，这样不仅使普通程序的公正性得到更好的实现，而且也更好地促进了普通程序的改革。从整个社会对司法的需求来看，由于增设了简易程序，实现司法资源的合理配置，使部分案件的诉讼效率得到提高，司法资源得到最大限度的利用，通过诉讼渠道解决纠纷的案件数量相应增加，人们获得司法救济的机会也相应增多，从而使诉讼制度实现社会正义的总量趋于最大化，体现了更高意义上的诉讼公正。[2] 再从实现整体正义的意义上看，简易程序与普通程序并行设置，根据案件的具体情况选择适用繁简程度不同的处理程序，这无疑是最有利于实现正义的制度选择，以达到一种纠纷解决效果的"最优化"。因此，整体正义理论也是各国设置简易程序的理论依据之一，简易程序的设置有助于整体正义的实现。[3]

值得注意的是，我国现行刑事简易程序为了体现司法正义，作了一些相关的程序规定，如简易程序只能由审判员担任审判而不能由陪审员担任、保障被告人获知被控内容及相关证据的权利、被告人可以就起诉书指控的犯罪进行陈述和辩护、发现不宜适用简易程序的应转为普通程序审理等。同时，《意见》增加了人民法院决定适用简易程序应当征得被告人、辩护人同意的规定。简易程序的适用往往意味着对被告人诉讼权利的较大剥夺，而且很可能使被告人丧失获得无罪判决的机会。对于这样一种程序，由被告人自行斟酌其风险性并决定是否接受简易程序审判，有助于被告人对判决结果的接受和司法公正理念的形成，同时也充分体现了被告人在刑事诉讼中的主体地位。[4] 应当说，这是由司法正义的价值目标决定的。

二、域外简易程序基本情况介绍

从司法实践中看，简易程序已成为西方国家处理刑事案件的主要方式。英国由治安法院处罚的刑事案件占整个刑事案件的97%，日本按简易处罚令处理的案件占95%，德国按略式命令处理的占92%，美国按辩诉交易处理的占90%。[5] 因此，域外刑事简易程序的实践经验比较成熟，对我国具有重要的借鉴意义。

---

〔1〕 参见毛立华："程序类型化理论：简易程序设置的理论根源"，载《法学家》2008 年第 1 期。

〔2〕 参见毛立华："程序类型化理论：简易程序设置的理论根源"，载《法学家》2008 年第 1 期。

〔3〕 参见毛立华："程序类型化理论：简易程序设置的理论根源"，载《法学家》2008 年第 1 期。

〔4〕 参见周丽娜、王琳："论我国刑事简易程序的效益与公正机制"，载《广西政法管理干部学院学报》2003 年第 4 期。

〔5〕 参见游海东、郭猛："建构简易程序中的被告人程序参与模式"，载《国家检察官学院学报》2003 年第 3 期。

（一）英美法系的辩诉交易

辩诉交易又称控辩交易、辩诉协商、辩诉协议，是指"被告基于得到政府方的对价的合理预期而作出的对刑事指控答辩有罪的同意。"[1] 辩诉交易可以分为明示和默示两种形式。明示的辩诉交易是指控辩双方公开讨价还价，被告人只有在得到检察官明确承诺的前提下才会认罪；"而默示的辩诉交易则是指不真正发生'交易的过程'，控辩双方没有就此交换过任何口头或书面意见，但被告根据以往的惯例而明确意识到如果他认罪就会得到好处，律师会传话给当事人，法官和检察官也心照不宣地给予作有罪答辩的被告以'奖赏'"[2]。

大多数中国学者认为辩诉交易制度即为美国的简易刑事程序，这一点可以从绝大多数中国刑事诉讼论著中体现出来，但综合考察美国的刑事诉讼制度与司法实践，可以将美国的简易刑事程序作广义与狭义上的划分。狭义上的简易刑事程序即指辩诉交易，在广义上，"美国简易刑事程序不仅包括辩诉交易，而且包括了一系列有利于节约诉讼成本的法律规定（比如警察起诉、以控告书、传票、违法通知书等方式起诉、简易的陪审团等）、权利放弃规则（比如放弃获得律师帮助的权利、放弃迅速审判的权利、放弃质证指控者的权利等）和司法管理技术（比如缩减辩论时间、不撰写司法意见等）。"[3] 因此，美国的刑事简易程序虽然不仅仅局限于辩诉交易，但是辩诉交易可以说是美国最为典型的刑事简易程序。

美国是联邦制国家，联邦和州都有各自的法院体系和法律制度。美国《联邦刑事诉讼规则》没有对辩诉交易的适用范围作出任何限制性规定，所以在联邦法院系统，任何种类的案件都可按辩诉交易来解决，不论是轻罪还是重罪，以至于联邦法院系统以辩诉交易方式结案的案件达到全部案件的90%。[4] 由于各州的法律制度各不相同，对辩诉交易的态度也有所区别，但总体来说，大多数州对辩诉交易的适用范围不作任何限制。[5] 从辩诉交易适用的时间来看，虽然实践中大多数辩诉交易都发生在预审阶段，但考察美国的《联邦刑事诉讼规则》，该规则并未对辩诉交易的适用时间作出明确规定。有些州也未对辩诉交易的适用时间作出任何限制。由此看来，辩诉交易在美国司法实践中普遍存在。英美的辩诉交易基本上都是在检察官和辩护律师的主导、控制下进行运作的，而法官则是处于消极仲裁者的地位，最终的裁判

---

〔1〕 左卫民等：《简易刑事程序研究》，法律出版社2005年版，第52页。

〔2〕 宋冰：《程序、正义与现代化——外国法学家在华演讲录》，中国政法大学出版社1998年版，第431页。

〔3〕 左卫民等：《简易刑事程序研究》，法律出版社2005年版，第51页。

〔4〕 参见游海东、郭猛："建构简易程序中的被告人程序参与模式"，载《国家检察官学院学报》2003年第3期。

〔5〕 参见宋英辉等：《外国刑事诉讼法》，法律出版社2006年版，第89页。

结局是通过双方的协商而产生的。检察官、辩护律师都是为了获得有利的结局而参与的，即使双方的交易协议并非建立在查明事实真相的基础之上，只要能够确定被告人的答辩是"自愿和理智"的作出的，法官一般即予以承认。[1]

（二）大陆法系的简易程序

作为德国简易程序代表的处罚令程序，在一定程度上吸收了辩诉交易程序中有罪答辩制度之精神，给予被告人自行处分实体利益和诉讼权利的自由。但它又与辩诉交易程序有不同之处：①大陆法系国家的法律对处罚令程序的案件在范围上作出了明确的限制。一般多为轻微案件，如德国，只能适用于可对被告人判处罚金、没收驾驶执照等刑罚的轻微案件，这些轻微案件大多涉及轻微的盗窃、诈骗、贪污以及违反交通法规的行为。美国的辩诉交易适用于所有的案件。②检察官与被告人不得进行任何形式的交易或协商。检察官没有权力降低指控、减少控罪或降低刑罚幅度来吸引被告人接受处罚令，此程序使检察官的自由裁量权受到很大的限制。相同之处：无论选择处罚令程序还是辩诉交易同样给予被告人一定的优惠，给予一定的减刑，尤其是意大利的处罚令程序，明确规定法官可以对接受处罚命令的被告人给予降低50%幅度的处刑优惠。[2] 在启动上，德国处罚令程序的启动是由检察院申请法官签发处罚令而开始，其简易程序是由检察院提出口头或书面申请开始的。[3]

日本的简易命令程序，检察院在向简易法院提起公诉的同时，应以书面提出简易命令的请求，并应在书面文书中明确载明被疑人对适用该命令无异议。[4] 日本的简易程序由略式程序、简易公审程序和交通违章罚款制度等三部分组成。交通违章罚款制度是日本法律制度中新创设的制度。这种程序所采取的处罚是罚款而不是罚金，其性质应属于行政处罚程序，只不过违章者交纳罚款即可免予刑事追诉，在这个意义上它又具有刑事程序的性质。因此，日本比较典型的刑事简易程序实际上只有略式程序和简易公审程序。日本的略式程序是指简易法院根据检察官的请求对于所管辖的轻微案件（相当罚金以下刑罚的犯罪和极一般的财产犯罪）不开庭审理的制度。根据《日本刑事诉讼法》第461条的规定，对于可能判处50万日元以下罚金或者宣告缓刑、附加没收刑的案件，简易法院依检察官的请求，可以不开庭审理，而只根据检察官提出的材料进行书面审理，作出判决。检察官在提起公诉时同时提出适用略式程序的请求，实际上在起诉状上同时写明"提起公诉，请求略式命令"字样，起诉状同时兼作略式命令请求书。而日本的简易公审程序是指被告人在开始

---

[1] 参见宋远升、闵银龙编著：《最新国外刑事司法制度研究》，东南大学出版社 2007 年版，第 377 页。
[2] 参见《意大利刑事诉讼法典》，黄风译，中国政法大学出版社 1995 年版，第 163 页。
[3] 参见《德国刑事诉讼法典》，李昌珂译，中国政法大学出版社 1995 年版，第 153 页。
[4] 参见《日本刑事诉讼法》，宋英辉译，中国政法大学出版社 2000 年版，第 103 页。

审理程序时可以承认或者否定被指控的罪状，陈述起诉状记载的有罪部分的事实，法院在此基础上听取检察官、被告人、辩护人的意见并作出判决的一种特别程序。日本刑事诉讼法规定，被告人对公诉事实没有争议（因此，当事人只关心量刑幅度）的案件，原则上适用简易公审程序。但是，相当于死刑、无期或一年以上短期惩役、禁锢的重罪，不适用此程序。与普通程序相比，日本的刑事简易公审程序有如下三个基本特征：①除当事人和辩护人提出异议以外，不适用传闻证据排除原则。所谓传闻证据排除原则，是指对未经反诘的口述证据的证据能力加以否定的原则。②调查证据的方法只要法官认为是适当的方法即可，不适用检察官开庭时陈述、决定与变更调查证据的范围、顺序和方法、调查证据的请求义务和限制、调查证据的方式等方面的规定。③判决书可直接引用起诉书案卷中记载的证据。[1]

　　值得注意的是，近些年来为了解决案件积压，加快诉讼进程，合理配置司法资源，以便将更多的诉讼资源投入到性质严重的犯罪处理中去，不少国家与地区简易程序的适用范围有所扩大，例如，意大利1988年设置的五种简易程序适用范围本已不窄，2003年新通过的法律又扩大了依当事人要求适用刑罚程序的适用范围，其可适用案件的最高刑期由原来的2年提高到了5年，但有组织的犯罪除外。[2] 美国辩诉交易适用范围更为广泛，除谋杀罪等特别严重犯罪外都可以适用辩诉交易形式处理。[3] 从各主要国家与地区简易程序的设计与发展来看，呈现出在立足本土资源的基础上，相互借鉴、吸收融合之趋势。例如我国台湾地区的简易判决处刑程序是吸收德国、日本的处罚令程序变化而来的，意大利的依当事人要求适用刑罚程序被视为意大利式的辩诉交易。但这些带有移植色彩的简易程序并非生搬硬套地模仿，它们还体现了本土特色，增加了适用性。如英美法系的辩诉交易更能体现对当事人意思自治的尊重和纠纷解决型的诉讼观念；而大陆法系国家的辩诉交易式程序在案件适用范围、被告人的认罪对价等方面与英美法系有所区别，这与大陆法系长期以来的职权主义诉讼模式有关，也是对其检察机关和法院的诉讼地位、民众的心理接受能力等因素充分考虑后的立法选择。[4] 因此，我国也应当在对本土资源予以关注和合理关照的前提下，对我国现有的简易程序进行改革和完善。

三、我国刑事简易程序基本情况

（一）我国刑事简易程序现状

　　我国《刑事诉讼法》第174条规定了简易程序的适用范围：①对依法可能判处3

---

[1] 参见吴高庆："中日刑事简易程序比较研究"，载《当代法学》1998年第5期。

[2] 参见宋远升、闵银龙编著：《最新国外刑事司法制度研究》，东南大学出版社2007年版，第377页。

[3] 参见刘根菊、李利君："刑事简易程序比较研究"，载《比较法研究》2009年第5期。

[4] 参见刘根菊、李利君："刑事简易程序比较研究"，载《比较法研究》2009年第5期。

年以下有期徒刑、拘役、管制、单处罚金的公诉案件，事实清楚、证据充分，人民检察院建议或者同意适用简易程序的；②告诉才处理的案件，具体包括侮辱罪、诽谤罪、暴力干涉他人婚姻自由罪、虐待罪和侵占罪；③被害人起诉的有证据证明的轻微刑事案件。2003 年 3 月最高人民法院、最高人民检察院、司法部联合下发的《关于适用简易程序审理公诉案件的若干意见》又对适用简易程序审理公诉案件的范围作了进一步明确。为了进一步规范刑事简易程序，《最高人民法院关于执行〈中华人民共和国刑事诉讼法〉若干问题的解释（试行）》第 212 条规定："人民法院审理具有以下情形之一的案件不能适用简易程序：①公诉案件的被告人对于起诉指控的犯罪事实予以否认的；②比较复杂的共同犯罪案件；③被告人盲、聋、哑人的；④辩护人作无罪辩护的；⑤其他不宜适用简易程序的。可以看出，以上司法解释排除了一些诸如弱势群体、共同犯罪、案情复杂的案件适用简易程序的可能性，也使我国刑事简易程序的案件范围得以进一步明确。

应该说，法律和司法解释对简易程序适用案件范围的界定是比较清楚的。根据法律规定，对于适用简易程序审理的案件，审判员一人独任审判，公诉案件检察人员可以不出庭支持公诉，法庭调查、法庭辩论程序、法庭公诉、审判组织、审判程序及审判时间的大大简化为迅速审判和简便处理提供了节约司法资源和成本的方法。

2003 年 3 月 14 日，最高人民法院、最高人民检察院和司法部联合通过了《关于适用普通程序审理"被告人认罪案件"的若干意见（试行）》和《关于适用简易程序审理公诉案件的若干意见》，由此，通过司法解释，普通程序简化审应运而生。根据该解释的精神，能够适用普通程序简化审的案件必须同时符合三项条件：①被告人完全承认控方指控的事实和罪名即被告人有罪答辩；②事实清楚证据充分；③被告人可能判处 3 年以上有期徒刑，但判处无期徒刑和死刑除外。普通程序简化审简化庭审过程中的某些环节，以达到缩短庭审时间、提高诉讼效率的目的。其一出台就受到法院系统的热烈推崇，而且在司法实践中一定程度上也确实取得了提高效率节约成本的效果。[1] 另外，有地方司法机关也开始了二审案件普通程序简易审的探索。刑事二审案件普通程序简易审（以下简称"刑事二审简易审"）是由上海市人民检察院第一分院与上海市第一中级人民法院经过协调，在坚持上诉案件应全面开庭审理的情况下探索出的一种新的二审审理方式。[2] 这种探索的理由是，刑事二审案件全面开庭审理，对于强化检察机关法律监督职责，加强对司法审判的监督，保证

---

〔1〕 参见张立锋、杜荣霞："论普通程序简化审与简易程序合并的现实意义——兼论刑事简易程序改革的模式选择"，载《苏州大学学报（哲学社会科学版）》2008 年第 6 期。

〔2〕 参见上海市人民检察院第一分院课题组："关于刑事二审简易审的思考"，载《华东政法学院学报》2001 年第 6 期。

司法公正的实现，无疑是具有积极的作用。但所有的二审案件进行开庭审理，必将导致司法成本的增加。根据程序分流原理，有必要对刑事二审案件在进入正式法庭审判之前就实行繁简分流，对于那些情节简单事实清楚，证据充分、争议不大且被告人也自愿放弃程序性保障的案件，可以适当简化审案方式和庭审环节，采用较为简便、快捷的程序加以处理，加快结案进度，将更多的人力、物力节约下来，投入到真正重大、疑难、复杂、有影响、被告人期待获得较为完善的程序保障的案件上去，采用较为正规、繁琐而且保障程度较高的程序处理，从而实现司法资源的合理配置。[1]

　　由此看来，我国目前的简易程序体系主要由三个部分构成，即刑事诉讼法规定的简易程序，司法解释确立的普通程序简易审，以及地方司法改革中确立的刑事二审简易程序。[2] 刑事诉讼法规定的简易程序主要在我国《刑事诉讼法》第174条。司法解释确立的普通程序简易审，是指在现有的刑事诉讼法律的框架内，对某些使用普通程序的刑事案件，在被告人作有罪答辩的前提下，在事实清楚、证据充分的基础上，采取简化部分审理程序，快速审结案件的一种新的庭审方式。这种程序大大缩短了案件的审理时间，优化配置了司法资源，突出了刑事司法的打击重点。根据《关于适用普通程序审理"被告人认罪案件"的若干意见（试行）》第3条的规定，提出适用简化审理方式的主体包括人民检察院和人民法院。即人民检察院对认为符合适用本意见审理的案件，可以在提起公诉时书面建议人民法院适用简化审理方式审理。对于人民检察院没有建议适用本意见审理的公诉案件，人民法院经审查认为可以适用本意见审理的，应当征求人民检察院、被告人及辩护人的意见。人民检察院、被告人及辩护人同意的，适用普通程序简易审审理。适用普通程序简易审一般适用于被告人对被指控的基本犯罪事实无异议，并自愿认罪的第一审公诉案件，对被告人认罪的部分，可以适用普通程序简易审审理。[3] 而地方司法改革中确立的刑事二审简易程序，也主要是基于效率方面的考虑。

　　（二）我国刑事简易程序之评析

　　1. 我国刑事简易程序的主要特点。和普通程序相比，简易程序在启用之后它的"简易"之处主要表现在以下几个方面：

　　（1）审判组织简便。适用简易程序的案件，由审判员一人独任审判，不再由审

---

〔1〕　参见上海市人民检察院第一分院课题组："关于刑事二审简易审的思考"，载《华东政法学院学报》2001年第6期。

〔2〕　参见高一飞："论我国刑事简易程序体系的重构"，载《西南民族大学学报（人文社科版）》2004年第10期。

〔3〕　参见高一飞："论我国刑事简易程序体系的重构"，载《西南民族大学学报（人文社科版）》2004年第10期。

判员或由审判员和陪审员共同组成的合议庭，由独任法庭的组成人员为独任审判员和书记员，简易程序只适用于基层法院。

（2）公诉人除法定情形外均可不派员出庭，辩护人也可以不出庭，但应在开庭前将书面辩护意见送交法院。根据我国《刑事诉讼法》第175条规定，"适用简易程序审理公诉案件，人民检察院可以不派员出席法庭。"如果公诉人不出庭，被告人可以直接就起诉书指控的犯罪进行陈述和辩护；如果公诉人出庭，被告人及其辩护人又可以同公诉人互相辩论，但被告人在判决宣告前始终有权作最后陈述。适用简易程序审理的自诉案件程序与公诉案件的程序基本相同，唯一不同的是自诉人必须出席法庭承担控诉职能。[1]

（3）简易程序合意启动。公诉案件简易程序的启动是以人民检察院和人民法院的合意为前提，单方面决定都不能启动简易程序。人民检察院在提起公诉时，可以建议人民法院适用简易程序，并主动的移送全案的卷宗和证据材料。人民法院认为符合刑事诉讼法规定的使用简易程序条件的，可以接受检察机关的建议；认为适用简易程序不当的，应当书面通知人民检察院，并将全案的卷宗和证据材料退回检察院。如果人民法院经过审查，可以适用简易程序的，应当征求检察机关的意见，如检察机关同意就按照简易程序进行审理。但简易程序无论是检察机关同意还是法院的决定，最后都是以两者的合意来开启简易程序。在简易程序的启动上，他们都有一定的建议权、许可权、否决权。

（4）法庭审理程序简化。人民法院决定适用简易程序审理案件，由独任审判员宣布开庭，查明被告人的基本情况，宣布案由、独任审判员、书记员、公诉人、被害人、辩护人、诉讼代理人和翻译人员的名单，告知各项诉讼权利。之后讯问被告人对起诉书的意见，是否自愿认罪，告知有关法律规定及可能导致的法律后果。在案件审理中，不受普通程序中关于讯问被告人、询问证人、鉴定人，出示证据，法庭辩论程序规定的限制。但被告人及其辩护人可以就起诉书指控的犯罪进行辩护。在庭审中，被告人如果自愿认罪，并对起诉书所指控的犯罪事实无异议，法庭可以直接作出有罪判决。在判决上，法院一般当庭宣判，对自愿认罪的被告人，法院可酌情予以从轻处罚。因此，简易程序之"简易"主要是指法庭审理程序上的简化。

2. 我国简易程序存在的问题。尽管我国刑事诉讼法和有关司法解释对刑事简易程序作了规定，地方法院也进行了一些具体实践，但是刑事简易程序依然存在一些问题。概括而言，这些问题主要集中在以下几个方面。[2]

---

[1] 参见《最高人民法院关于执行〈中华人民共和国刑事诉讼法〉若干问题的解释》第223～225、227条的规定。

[2] 参见李莉："刑事简易程序研究"，中国政法大学2006年博士学位论文，第89～93页。

（1）适用简易程序规定手续繁琐，容易导致检察院与法院两家的冲突。《最高人民法院关于执行〈中华人民共和国刑事诉讼法〉若干问题的解释》第217、218条分别规定，检察院在起诉时书面建议适用简易程序的，应当随案移送全案卷宗和证据材料。人民法院经审查认为符合简易程序审理条件的，可以适用简易程序；认为依法不应当适用简易程序的，应当书面通知检察院，并将全部卷宗和证据材料退回人民检察院。若人民检察院移送起诉时没有建议适用简易程序，人民法院经审查认为符合简易程序审理条件的，应当书面征求人民检察院的意见。这样规定的优点就是使得简易程序的启动更加规范和有序，但是其负面后果也是显而易见的，因为检、法两家对是否适用简易程序的认识可能并不一致，常常发生检察院建议但法院退回或法院建议但检察院不同意的现象，既拖延了时间，又造成检、法冲突，导致两家互相扯皮。

（2）立法粗糙缺乏可操作性。我国现行刑事简易程序在《刑事诉讼法》第174～179条中仅用6个条文作了一些原则性的规定。2003年3月14日最高人民法院、最高人民检察院和司法部通过司法解释几经磨合逐步确定了一些具体操作依据，但这些司法解释本身规定粗糙，因此对适用简易程序的法定条件的理解还是存在分歧和相互矛盾。例如我国《刑事诉讼法》第174条第1款规定的"对依法可能判处3年以下有期徒刑、拘役、管制、单处罚金的公诉案件，可以适用简易程序"，该条所称的"3年以下有期徒刑"是指案件的宣告刑而非法定刑，但是从实践来看，检察院提请适用简易程序的案件均为法定刑在3年以下有期徒刑，对法定刑为3年以上有期徒刑，根据全案情况可判处3年以下有期徒刑刑罚的案件基本上未提请适用简易程序，这样缩小了简易程序的适用范围。因此，我国现行刑事诉讼法关于简易程序的适用范围以宣告刑作为判定标准的做法是有缺陷的。

（3）简易程序适用率不高。据统计，我国基层法院适用简易刑事程序审理的案件占全部刑事案件的比例，1998年是19.23%，1999年是21.45%，2000年是22.9%，2001年是21.89%，2002年是33.77%，直到2003年试行普通程序简易审后两种简易刑事程序共同处理的案件才达60%～70%。[1] 根据2007年我国最高人民法院工作报告显示的数据，适用简易程序审理的一审刑事案件为38.87%。[2] 尽管相比前几年我国刑事简易程序的适用率已经有较大提高，但是与国外相比仍有一定差距。

（4）简易程序受案范围狭窄。一方面，从适用简易程序的刑事案件的类型来看，目前基层法院适用简易程序审结的案件主要集中在盗窃、故意伤害、掩饰隐瞒犯罪

---

〔1〕 参见左卫民等：《简易刑事程序研究》，法律出版社2005年版，第252页。
〔2〕 参见刘根菊、李利君："刑事简易程序比较研究"，载《比较法研究》2009年第5期。

所得等非暴力犯罪和非公职人员的犯罪案件中，而对案情简单被告人对起诉没有异议，但对其可能判处有期徒刑 3 年以上的案件，却无法适用简易程序审理。还有从案件性质来讲，对待严重的经济犯罪和严重的刑事犯罪及未成年人犯罪案件是否也能适用简易程序呢？对于此，我国刑诉法没有作出规定。综观世界范围内简易程序的发展趋势，对于案情简单、证据充分、控辩双方争议很小甚至没有争议的案件，在充分尊重控辩双方的选择权、保障被告人基本诉讼权利的基础上，不局限于案件性质的轻重，只要符合条件，无论何种性质、何种类型的犯罪，都完全可以适用简易程序审理。另一方面，我国刑事诉讼法规定的适用简易程序的案件为依法可能判处 3 年以下有期徒刑、拘役、管制、单处罚金的公诉案件，这里的"3 年以下"也较为狭窄。[1]

（5）简易程序模式单一。我国目前刑事简易程序中只规定对两类自诉案件和"依法可能判处 3 年以下"的公诉案件适用简易程序，这种设计则显得比较单一，处理案件的总体能力有限，没有根据不同情况确定不同的简易处理程序，缺乏适应性，加之适用案件范围的限制，使大部分案件不能通过简易程序这一种程序得到快速处理。基层法院仍需承受大量的案件适用普通程序审理的重荷，这样不仅不能节约资源，而且使大量的案件长期处于未决状态，使基层司法机关不能投入更多的力量去处理那些重大、疑难、复杂的案件。另外由于法律规定的不完善、不明确，实践中简易程序的启动过于繁琐，一些法官在简易程序适用上相对谨慎，简易程序的实际效果与其设立的初衷有较大差距，使得很多依法可以适用简易程序审理的案件都适用了普通程序，法院刑事办案人员数少和审判任务重的矛盾未能得到有效解决。[2]

（6）权利保障存在一定程度缺失。由于简易程序是对普通程序的简化，简化的结果必然是对被告人诉讼权利在一定程度上的限制和剥夺，使其不能充分参与裁判的制作过程，它是人民检察院和人民法院合作的结果。对于公诉案件的启动，我国《刑事诉讼法》第 174 条规定的条件为：对依法可能判处 3 年以下有其徒刑、拘役、管制、单处罚金的公诉案件，事实清楚、证据充分，人民检察院建议或者同意适用简易程序的。从规定可以看出，我国刑事诉讼法没有规定适用简易程序须经被告人同意。对于自诉案件启动，则直接由法院决定是否适用简易程序，这使被告人在相当程度上仍然是司法机关处置的客体，名义上为诉讼主体，实际上并未充分享有程序主体应当享有的诉讼权利，这极大地损害了被告人的最基本权利——程序选择权。实践中，是否适用简易程序，人民法院的做法大多也是自行决定的，检察机关在审查时也没有进一步征求被告人意见。而国外的各种简易程序和我国的情况相反，无

---

〔1〕 参见高飞："刑事简易程序改革与完善研究"，载《中国刑事法杂志》2008 年第 3 期。
〔2〕 参见崔鹤、黄桂武："关于我国刑事简易程序的完善"，载《法律适用》2009 年第 4 期。

论大陆法系还是英美法系，法官都没有主动申请启动简易程序的权力，被告人享有充分的程序选择权和程序变更权。为确保公正，法官有程序变更权，即无论是控方、辩方或者是法官，一旦发现适用简易程序可能会导致不公正，都可以建议或决定变更为普通程序。我国的简易程序中，这一权利只为法院所享有，这与有关国际刑事司法公约在适用简易程序中要保证被告人拥有"受审的权利"、"保障被告人与司法机关合作的自愿性质"的刑事司法标准相违背。[1]

四、我国刑事简易程序之重构

我们认为，应当以公正和效率为价值目标，在充分关照我国基本国情和借鉴国外刑事简易程序有益经验的基础上，对我国现有的刑事简易程序加以重构。主要方向为：扩大简易程序的适用范围与形式，简化简易程序全过程，并加强对被告人的人权保障。同时，为使这种新型的简易程序确实起到应有的作用，应对配套制度进行相应改革。[2] 现分述如下。

（一）扩大刑事简易程序的适用范围和形式

现行刑事诉讼法对简易程序作了专门规定，2003 年的司法解释又确立了"普通程序简易审程序"以及地方司法改革中探索的"刑事二审简易审程序"，构成了现阶段刑事诉讼领域中"大简易程序"的格局。有人指出，这种现象的存在破坏了法律的统一，影响了诉讼效率，也会使司法界感到无所适从。[3] 对此，我们建议将"普通程序简化审"整合到"简易程序"当中。如上文所述，我国司法实务中存在着"普通程序简化审"和"简易程序"，这两种程序，在某种程度上缓解了刑事案件逐年上升与司法资源相对匮乏的矛盾，也在提高诉讼效率的同时，更及时地惩罚了犯罪，保障了公民的合法权益。但是，正如有学者指出的，现有的"简易程序"和"普通程序简化审"都旨在提高诉讼效率，且二者的适用范围存在着一定的交叉，简化内容也有相似之处。在构建层次性的刑事简易程序过程中，完全可以将以司法解释形式加以规制的"普通程序简化审"之合理部分，整合到新的简易程序中去，[4]并在刑事诉讼法中予以明确规定。而且，普通程序简易审的成功做法为简易程序的完善进行了制度上的有益尝试。因此可以在立法修改的时候吸收普通程序简易审的内容，合理构建我国简易程序。在此基础上，我们建议适用简易程序案件的刑罚上限由 3 年提高到 5 年有期徒刑。从我国刑法和刑事诉讼法的现状出发，适用简易程序刑罚的上限提高到 5 年有期徒刑是比较合理的。这种合理性体现在：

〔1〕　参见尹丽华："刑事简易程序与被告人辩护权的保障"，载《法学杂志》2001 年第 1 期。

〔2〕　参见唐长国："论我国刑事简易程序的正当性改造"，载《政治与法律》2009 年第 6 期。

〔3〕　参见唐长国："论我国刑事简易程序的正当性改造"，载《政治与法律》2009 年第 6 期。

〔4〕　参见刘根菊、李利君："刑事简易程序比较研究"，载《比较法研究》2009 年第 5 期。

（1）可以扩大适用简易程序审理案件的比例。我国刑事简易程序的适用率较低的主要原因是适用条件较窄，要提高简易程序的适用比例就必须放宽简易程序的适用条件，扩大简易程序的适用范围。从最高人民法院的工作报告中列举的统计数字来看，判处 5 年以下有期徒刑、拘役、管制的案件基本占全部刑事案件的 60% 左右，如果将简易程序适用的刑罚幅度由现在的 3 年以下有期徒刑提高到 5 年以下有期徒刑，那么简易程序的使用比例将在现在的基础上大大提高。[1] 这对于缓解我国基层人民法院的案件压力是极为有效的。

（2）规定最高法定刑为 5 年有期徒刑的案件可以适用简易程序审理，并不意味着随着法定刑期的提高，实践中适用简易程序判处 3 年以上 5 年以下有期徒刑的案件也成正比例提高。

（3）将适用简易程序的刑罚上限提高到 5 年有期徒刑，也不违反国际会议的精神。尽管世界上多数国家规定适用简易程序的案件刑罚上限不超过 3 年，但也有国家规定上限到无期徒刑的，对此，国际上也未提出异议。[2]

（4）应当增加我国刑事简易程序的形式。我国的刑事简易程序的适用形式单一是客观现实，我们认为，可以借鉴外国的立法对于不同性质的案件可以采用不同的简易程序来审判的模式，如对于一些较轻的罪行，控辩双方对案件事实及证据没有争议，且被告人认罪的案件，可以借鉴大陆法系国家实行的"处罚令程序"，由检察官提出申请，由法院不经开庭审理，直接判决。因为对于这类案件开庭已经失去意义了，只是在浪费司法资源。增加简易程序的形式，可以使法官、检察官在诉讼中针对不同情况的案件选择不同的处理程序，实现案件与程序间的最佳匹配。[3] 我国著名刑事诉讼法学专家、中国政法大学刘根菊教授也指出，从增设的必要性与可能性看，为了进一步减少审前羁押，有效实现案件分流，加快轻微刑事案件的处理速度，构建层次性的刑事简易程序体系，我国刑事简易程序的完善中可以考虑增设处罚令程序。它是大陆法系国家针对轻微犯罪所采取的一种书面审理程序，德国、日本、意大利等都有较为成功的立法例可资借鉴。该程序的主要内容包括：①在适用范围上，应针对犯罪事实清楚、证据充分、被告人认罪的轻微刑事案件，量刑范围包括可处以管制、拘役、单处罚金、免予刑事处分。②在审判组织上，由基层人民法院独任法官进行审理。③在程序启动权方面，应赋予被告人对该程序的积极选择权和消极否定权，同时赋予人民检察院的程序适用建议权和人民法院的程序适用决定权；人民法院认为不适宜用处罚令程序的，应适用其他诉讼程序进行审理，以期

〔1〕 参见唐长国："论我国刑事简易程序的正当性改造"，载《政治与法律》2009 年第 6 期。
〔2〕 参见白山云："完善我国刑事简易程序研究"，载《法学杂志》2002 年第 5 期。
〔3〕 参见唐长国："论我国刑事简易程序的正当性改造"，载《政治与法律》2009 年第 6 期。

达到权利的静态配置有效性和权力的动态保障公正性相结合之目的。④在具体审理方式上，由人民法院以签发处罚令的方式进行书面审理，被告人在收到处罚令后的特定时间内可以提出异议。[1] 实际上，这也是坚持了繁简结合的原则。对于该原则，刘根菊教授写到，基于刑事案件数量激增与司法资源配置有限的突出矛盾，根据刑事案件的不同特点（所涉罪名、可判刑期等）和被告人的认罪情况等，构建层次性、多样化的刑事简易程序，并且在每一类型的简易程序设置中要本着简案快审、繁案精审的原则加以完善，实现案件的有效分流。一方面使得符合条件的"简案"得以快速、有效地处理，另一方面集中更多的司法资源保证"繁案"处理程序的精致化与慎重性。[2] 尽管有学者对上述处罚令程序（书面审理）的形式提出了质疑，[3]但是我们认为，处罚令程序的建议是值得考虑的。

（二）进一步简化刑事简易程序的过程

刑事简易程序是以效率立身的，因此我国刑事简易程序的重构应当着眼于进一步简化简易程序的全过程，切实提高诉讼效率。我们认为，这种简化主要包括以下几个方面：[4]

1. 由"审理阶段的简化"走向"审查起诉阶段的简化"。繁简分流应当在整个诉讼程序中实现，而不能仅仅着眼于审理程序。目前，我国公诉案件适用同样的审查起诉程序，即使是适用简易程序的案件，审查起诉程序也没有任何的简化。而对于应当适用简易程序的案件，很多事实都非常简单，证据也很明确。因此，应当考虑将简易程序的改革从只关注审判程序的简化走向同时关注审查起诉程序的简化，规定对一定类型案件的审查起诉程序进行简化甚至省略，使案件直接、迅速地进入审判程序，这样才能大大地拓展程序简化的空间，提高诉讼效率。至于侦查阶段，由于其承担着调查取证、抓获犯罪嫌疑人的重任，故在我国实事求是的司法原则下，目前尚无简化的基础。

2. 增加书面审理的适用。这实际上就是上文提到的处罚令程序。这里作进一步的补充。对于在作案现场当场被抓获的现行犯或重大嫌疑分子，如果其到案后自愿作出认罪供述的，经过快速侦查后，应当立即送交人民法院进行审判。人民法院对于可能判处拘役、管制或者单处罚金的案件，可以直接依据检察院移送的书面材料进行审理。书面审应由检察机关提出建议，除向法院移送起诉书或者替代起诉书的

---

〔1〕 参见刘根菊、李利君："刑事简易程序比较研究"，载《比较法研究》2009 年第 5 期。

〔2〕 参见刘根菊、李利君："刑事简易程序比较研究"，载《比较法研究》2009 年第 5 期。

〔3〕 参见白山云："完善我国刑事简易程序研究"，载《法学杂志》2002 年第 5 期；崔鹤、黄桂武："关于我国刑事简易程序的完善"，载《法律适用》2009 年第 4 期。

〔4〕 参见唐长国："论我国刑事简易程序的正当性改造"，载《政治与法律》2009 年第 6 期。

书面申请外，还应移送被告人的书面认罪供述及全部案卷材料，以便法院作书面审。检察机关在提出建议之前，应事先告知被告人书面审的含义和法律后果，并询问被告人的意见，被告人表示同意的或自愿提出的，才能适用书面审。告之情况和被告人同意之意思表示均应记明笔录，并随卷移送法院。法院收到检察机关的起诉材料及建议书后，可直接进入书面审理，必要时，法官可传讯或提审被告人，以核对事实，特别是必须查明被告人的认罪供述及选择书面审的表示是否系自愿为之，是否存在刑讯逼供、诱供等现象。经书面审后，法院认为案件事实清楚、证据充分、犯罪情节轻微的，即可在量刑范围内直接作出判决。如果法院经书面审后，认为案件不符合书面审的条件，或证据上有疑义时，则应书面通知检察机关，由简易程序改为普通程序开庭审理。

3. 简化诉讼文书制作。应该进一步简化诉讼文书的制作。如可以把判决书制作成固定格式的表格或软件，判决时就可以直接套用且能反复使用。此外，由于简易程序是要求在事实清楚的基础上适用的，因此判决书的制定还可以借助起诉书上的内容，起诉书的案件事实经庭审后如全部得到认定，法院的判决书可以直接引用起诉书中的相关部分。

（三）完善刑事简易程序的配套措施

重构我国刑事简易程序还离不开相关配套措施的完善。有人认为，应当确立沉默权制度和非法证据排除规则，完善律师辩护制度，规定证据展示制度并建立预审制度。[1] 也有人认为，简易程序中的基本程序权利的内容有三项：一是知悉权。包括知悉指控内容和有罪证据的权利；二是程序选择权。即被告人有权要求进行法庭审理，这是他的一项权利，如果他不愿意适用简易程序，就应当适用普通的法庭审理程序；三是律师帮助权，即延请律师为其辩护的权利。[2] 我们认为，我国刑事简易程序的配套措施的完善主要包括：

首先，完善律师辩护制度。这不仅在宏观上直接关系着一国司法制度的文明性、民主性和人权保障的有效性，而且在诉讼制度建构层面上也起着重要的作用。我国刑事简易程序的有效运行离不开律师辩护制度的同步完善，包括增加刑事简易程序的强制辩护制度，如赋予律师有效的调查取证权、讯问时的在场权等。刑事简易程序强调效率价值，在一定程度上对被告人的诉讼权利保护有所克减，而不少被告人又欠缺相应法律知识和诉讼经验。在这种情况下，有效的律师辩护制度能够较为充分地保障被告人认罪意愿的真实性和程序选择的自愿性与理智性，使刑事简易程序

---

〔1〕 参见唐长国："论我国刑事简易程序的正当性改造"，载《政治与法律》2009 年第 6 期。

〔2〕 参见高一飞："论我国刑事简易程序体系的重构"，载《西南民族大学学报（人文社科版）》2004 年第 10 期。

有效运行，真正做到既保证公正又提高诉讼效率，同时这也符合相关国际准则的要求。[1] 这里涉及一个指定辩护的问题，即是否必须指定辩护人。我国刑事诉讼法没有明确规定适用简易程序审理的案件，如果被告人没有委托辩护人的，应当为其指定承担法律援助义务的律师为其提供辩护。对此，有的学者认为，适用简易程序的案件，应当为被告人指定辩护人。[2] 我们认为，适用简易程序审理的案件，被告人没有委托辩护人的，如果能指定辩护人，使被告人得到律师的帮助，当然更利于保护被告人的权利。但是，是否对这种情形法律规定应当指定辩护，还要全面考虑。我国刑事诉讼法规定应当指定辩护的情形，限于被告人是盲、聋、哑或者未成年人而没有委托辩护人的，以及被告人可能被判处死刑而没有委托辩护人的情况；可以指定辩护适用于公诉人出庭公诉的案件，被告人因经济困难或者共同犯罪中没有委托辩护人的被告人。在我国律师资源还不能满足为所有没有委托辩护人的被告人指定辩护的状况下，罪行较重的、被告人不认罪的、案件复杂的，是否指定辩护，要根据具体情况确定。[3] 我们认为，对未成年人犯罪的被告人应该指定辩护人，对其他的被告人，就要视当地承担法律援助义务的律师情况以及具体案件被告人意愿等方面来把握。

其次，规定证据展示制度。刑事简易程序的简化是建立在事实清楚、证据充分基础上的，辩护方对诉讼权利的行使也有赖于对案件事实的了解和证据的把握。如果没有完善的证据展示制度，会出现证据突袭、拖延审判，诉讼效率反而降低的现象，同时也难以提高辩护方选择刑事简易程序的积极性。无论是犯罪嫌疑人、被告人还是律师，诉讼权利的行使都有赖于对案件事实的了解和证据的把握。如果没有完善的证据展示制度，犯罪嫌疑人、被告人和律师就无法有效行使诉讼权利。[4] 我们认为，应该将证据展示制度作为我国刑事简易程序的配套措施。参考国外经验，基于我国国情，应当规定证据展示制度，明确证据展示的内容：①展示的主体包括控辩双方，展示的内容以控方向辩方展示全部证据材料为主，辩方向控方展示拟在法庭上出示的证据为辅；②展示的时间应为案件移送审查起诉至开庭前。[5]

再次，确立简易程序的救济机制。由于简易程序偏重迅速结案和注重效率，因而简易程序出现错判的可能性也是存在的，这必然要求对简易程序的救济途径做出相应规定。在美国，检察官、被告人均有权对地区法院的法官的决定、命令或判决独

〔1〕　参见刘根菊、李利君："刑事简易程序比较研究"，载《比较法研究》2009 年第 5 期。
〔2〕　参见高一飞："论我国刑事简易程序体系的重构"，载《西南民族大学学报（人文社科版）》2004 年第 10 期。
〔3〕　参见白山云："完善我国刑事简易程序研究"，载《法学杂志》2002 年第 5 期。
〔4〕　参见唐长国："论我国刑事简易程序的正当性改造"，载《政治与法律》2009 年第 6 期。
〔5〕　参见刘根菊、李利君："刑事简易程序比较研究"，载《比较法研究》2009 年第 5 期。

立提出上诉。依据日本刑诉法，略式程序准用上诉的规定。而且，受简易命令的人或检察官，可以在接受该项告知之日起 4 日以内，提出正式审判的请求。超过请求期限或已撤回请求时，简易命令即产生与确定的判决同等的效力。[1] 我国刑事诉讼法将简易程序视为第一审程序的一种审理方式，适用简易程序的裁决也适用普通程序关于上诉、申诉的规定，有利于保证刑事裁决的质量，也与世界大多数国家的规定相一致。然而，简易程序毕竟不同于普通程序，它在保障人权的基础上，更应突出效率优先，而且在适用简易程序中，国家也做出了牺牲，因此，建议在未来的简易程序立法中，对简易程序案件的上诉、申诉做出限制。关于这一点，可以借鉴国外的有关做法。比如意大利的处罚令程序不允许上诉，简易审判程序的裁决可以上诉，但受一定限制，"被告人不得对没有判处刑罚或仅处罚金的判决提出上诉；公诉人不得对没有就指控罪名做出修改的处罚判决提出上诉。"[2] 因此我们认为，通过限制性规定，对一些案件特别轻微，并且证据确实、充分的案件禁止上诉，这样有利于实现有限的司法资源更合理的配置，以避免滥用诉讼手段的现象发生。

最后，公诉案件适用简易程序的申请、否决、决定的问题。对此，我国刑事诉讼法规定了两种情况：一种是检察院建议，法院同意并决定适用的；另一种是法院提出适用简易程序并经检察院同意的。另外，《最高人民法院关于执行〈刑事诉讼法〉若干问题的司法解释》将"公诉案件的被告人对于起诉指控的犯罪事实予以否认的"，作为适用简易程序的限制条件之一。最高人民检察院在《人民检察院刑事诉讼规则》第 312 条中将"被告人要求适用普通程序的"，列为检察院不建议或不同意适用简易程序的七种情形之一。根据上述司法解释，在我国的司法实践中，基本上做到了适用简易程序前要征求被告人的意见，如被告人不同意，一般不适用简易程序审判。但是，司法实践的基本作法与法律的明确规定意义有所不同，是否赋予被告人有不同意适用简易程序的权利，涉及到对被告人诉权的保障问题，应该在刑事诉讼法中作出明确规定。因此有学者建议，刑事诉讼法可以表述为：司法机关决定适用简易程序审理案件前，应征求被告人的意见，被告人不同意适用简易程序审理的案件，应当适用普通程序审理。在司法解释中可具体规定：应当向被告人说明适用简易程序与普通程序的主要区别；被告人一般应作出书面表示；对共同犯罪案件中只要有一名被告人不同意适用简易程序的，全案也不能适用简易程序等内容。[3] 另外，我们建议赋予被告人有适用简易程序的申请权。

刑事简易程序，是指人民法院审判某些第一审刑事案件时通过对刑事诉讼程序

---

〔1〕 参见崔鹤、黄桂武："关于我国刑事简易程序的完善"，载《法律适用》2009 年第 4 期。
〔2〕 参见崔鹤、黄桂武："关于我国刑事简易程序的完善"，载《法律适用》2009 年第 4 期。
〔3〕 参见白山云："完善我国刑事简易程序研究"，载《法学杂志》2002 年第 5 期。

的一些环节、步骤加以不同程度的简化，从而使案件得到较普通审理程序快速处理的特别程序。刑事简易程序的价值目标是在确保司法公正的基本前提下，使诉讼各方从审判中迅速解脱出来，从而提高诉讼效率。近几十年来，由于犯罪案件迅速增加，导致国家有限的司法资源同沉重的案件负担之间的矛盾日益凸现，如何优化现有司法资源的配置，在实现司法公正的前提下，简化诉讼程序使其发挥更高效能，成为我国刑事司法改革的重要方面，刑事简易程序是各国为解决司法资源有限性的必然选择，也是解决公正与效益冲突的必要措施。我国目前的简易程序体系主要由三个部分构成，即刑事诉讼法规定的简易程序，司法解释确立的普通程序简易审，以及地方司法改革中确立的刑事二审简易程序。从实施现状来看，我国的刑事简易程序还存在一些问题，主要表现在适用简易程序规定手续繁琐、立法粗糙缺乏可操作性、简易程序受案范围狭窄、简易程序适用率不高、简易程序模式单一和被告人权利保障存在一定程度缺失等。从司法实践中看，简易程序已成为西方国家处理刑事案件的主要方式。域外刑事简易程序的实践经验比较成熟，对我国具有重要的借鉴意义。我们认为，应当以公正和效率为价值目标，在充分关照我国基本国情和借鉴国外刑事简易程序有益经验的基础上，对我国现有的刑事简易程序加以重构。主要方向为：扩大刑事简易程序的适用范围和形式，进一步简化刑事简易程序的过程，完善配套措施，并加强对被告人的权利保障。

第七题 我国未成年人刑事诉讼程序的建构

在当代世界各国，未成年人犯罪已成为一个严重的社会问题。由于未成年人在生理上和心理上的特点，未成年人犯罪与成年人犯罪也存在许多不同，与此相对应，未成年人的刑事诉讼程序的构建也应区别于成年人的刑事诉讼程序，以突出对未成年人的保护。我国尚未制定统一的未成年人刑事诉讼法，有关规定仅散见于《刑事诉讼法》、《未成年人保护法》、《预防未成年人犯罪法》等法律和最高人民法院的通知和相关解释等，缺少系统的、专门的法律规定，未成年人审判程序的运作缺乏有效的立法指导，具体的程序规则太少，给未成人刑事案件的审判工作带来不小的影响。虽然在司法实践中，各地审判机关采取形式各异的方式体现对未成年人的保护，但难以形成一个完整系统的程序规则，这给未成年人在刑事诉讼中权利保护的实效产生一定的消极影响。而作为国家未成年人司法保护制度的核心和关键，未成年人刑事审判程序不仅要反映我国未成年人刑事司法制度的基本精神和理念，更要集中体现国家对未成年人在程序方面给予的倾斜。因此，构建完善的未成年人刑事诉讼程序，关乎未成年人保护的价值和意义，同时也直接决定国家对未成年人权利保护的程度和效果。

一、未成年人刑事诉讼程序概念

在对未成年人刑事诉讼程序概念进行界定之前，需要首先对刑事诉讼中的未成年人进行限定。由于刑事诉讼程序是为打击和处理犯罪行为而设置的专门程序，并以国家强制力做保障，因此各国出于保护未成年人利益的考虑，均明确规定了未成年人的刑事责任年龄，对未成年人涉入刑事诉讼做了严格限制。[1] 刑事诉讼中的未成年人是指达到刑事责任年龄，因触犯刑法而被纳入到刑事诉讼中的未成年人。我国《未成年人保护法》第2条规定："本法所称未成年人是指未满18周岁的公民。"我国《刑法》第17条规定："已满16周岁的人犯罪，应当负刑事责任。已满14周岁不满16周岁的人，犯故意杀人、故意伤害致人重伤或者死亡、强奸、抢劫、贩卖毒品、放火、爆炸、投放危险物质罪的，应当负刑事责任。已满14周岁不满18周岁的人犯罪，应当从轻或者减轻处罚。因不满16周岁不予刑事处罚的，责令他的家长或者监护人加以管教；在必要的时候，也可以由政府收容教养。"由此可见，我国法律将未成年人分为三档：第一档是14周岁以下，完全不负刑事责任的；第二档是14～16周岁，负相对刑事责任，只针对少数严重危害社会的犯罪承担责任；第三档是16～18周岁，负完全的刑事责任。因此，我国刑事诉讼程序中的未成年人主要是指16周岁以上不满18周岁的人，少数情况下是14～16周岁的未成年人。

在上述对刑事诉讼中的未成年人限定的基础上，我们认为，未成年人刑事诉讼程序是指专门适用于未成年人刑事案件的审判程序。相比较普通刑事审判程序，未成年人刑事诉讼审判程序是专门为未成年被告人设置的。根据我国刑法的规定，未成年人是指已满14周岁不满18周岁的人。处在这个年龄段的人实施了犯罪行为，就应适用未成年人刑事诉讼审判程序予以追究责任。值得注意的是，当前关于未成年人刑事诉讼程序的名称，有学者认为应将此作为一个特别程序，在刑事诉讼法中专设一编，将这一程序称为"未成年人刑事诉讼特别程序"，未成年人刑事诉讼审判程序也相应的可以称为"未成年人刑事诉讼审判特别程序"。[2] 应当承认，这种"特别"称谓的初衷是为了有别于普通刑事诉讼程序，突出这一程序保护未成年人的特点。但是我们认为，既然已经明确了是"未成年人"的刑事诉讼程序，那么这种名称本身就已经区别于普通的诉讼程序，具有相当的独立性。因此不需要进一步指出"未成年人刑事诉讼审判特别程序"。

〔1〕 徐美君：《未成年人刑事诉讼特别程序研究》，法律出版社2007年版，第12页。
〔2〕 陈卫东、张弢：《刑事特别程序的实践与探讨》，人民法院出版社1992年版，第1页；徐美君：《未成年人刑事诉讼特别程序研究》，法律出版社2007年版，第5页。

二、未成年人刑事诉讼程序的价值

首先，未成年人刑事诉讼程序是预防和控制未成年人犯罪的需要。与传统的未成年人犯罪相比，现在的未成年人犯罪在犯罪手段上已呈现出成人化、智能化、暴力性的倾向；从犯罪主体的年龄来看，14 岁以下的人数在增加，低龄化趋势明显；从犯罪类型看，未成年人团伙犯罪呈上升趋势；从审判结果看，重复犯罪的现象依然比较严重。[1] 未成年人犯罪出现的这些新的情况，要求我们必须重视未成年人犯罪的新特点和新规律，及时的发现和预防未成年人犯罪，而作为对未成年人犯罪处理过程中至关重要的审判环节，对于未成年人犯罪的预防和控制无疑具有极为重要的地位和作用。因此，重新审视目前未成年人犯罪的刑事诉讼程序，并结合预防和控制未成年犯罪之需要而做出相应的调整，发挥刑事诉讼程序对未成年人的教育作用，以应对未成年人犯罪出现的新问题，就显得十分必要。

其次，未成年人刑事诉讼程序是促使未成年人尽早回归社会的需要。一方面，与成年人相比，未成年人的生理和心理发育尚未成熟，容易感情用事，自我控制能力和防范意识较差，行为具有突发性和盲目性，易受拜金主义影响和物欲刺激，走上犯罪道路。[2] 但是另一方面，因未成年人的思想和心理还没有定型，犯罪的主观恶性往往不大，且大多数到案后有悔罪表现，在司法人员的教育帮助下能认识到自己行为的错误，可塑性强，容易得到矫正。根据我国对未成年人犯罪采取的"教育、感化、挽救"的指导方针，在刑事诉讼过程中如果可以对症下药，寓教于审，就可以使其从犯罪的阴影中走出，尽早回归社会。毕竟"刑罚的目的既不是要摧残折磨一个感知者，也不是要消除业已犯下的罪行。刑罚的目的仅仅在于：阻止罪犯再重新侵害公民，并告诫其他人不要重蹈覆辙。"[3]

再次，未成年人刑事诉讼程序是完善我国刑事诉讼程序的需要。作为刑事诉讼程序的中心环节，刑事审判是我国进行未成年人司法制度改革首先触及的领域。我国首个建立少年法庭的上海市长宁区人民法院，一直在探索未成年人刑事审判工作的规律，而且走在了立法的前面。1990 年该院在法律尚未规定简易程序的情况下，首先在未成年人案件审理中实行独任制，并增加了庭审教育环节。1993 年该院在未成年人刑事案件审判中试行了暂缓判决，对符合条件的未成年人只定罪，不判刑，根据其在考察期内的表现，做出适当的处罚。2000 年，长宁法院正式推出了"监管令"制度，探索未成年人案件非刑罚处罚方法。2002 年，该院又正式实施"社会服务令"制度，责令未成年人在指定场所完成无偿社会劳动，继续探索非刑罚处罚方

---

〔1〕 康树华、赵可：《国外青少年犯罪及对策》，北京大学出版社 1985 年版，第 62～63 页。
〔2〕 魏虹："未成年人刑事诉讼权利保障之理论基础探析"，载《甘肃政法学院学报》2006 年第 6 期。
〔3〕 ［意］贝卡利亚：《犯罪与刑罚》，黄风译，中国法制出版社 2002 年版，第 49 页。

法在司法实践中的应用。[1] 可见，未成年人刑事诉讼程序的尝试对于我国的整个刑事诉讼程序的完善是有较大推动作用的。

最后，未成年人刑事诉讼程序也是与国际社会未成年人刑事诉讼接轨的需要。当前，世界各国在充分考虑未成年人犯罪特殊性的基础上，纷纷设立了有别于成年人的独立的未成年人刑事诉讼程序，建立了专门的未成年人法院，将预防犯罪和改造罪犯作为开展未成年人刑事司法活动的方向和目标。联合国制定的《联合国少年司法最低限度标准规则》（即《北京规则》）、《联合国保护被剥夺自由少年规则》（即《东京规则》）、《联合国预防少年犯罪准则》（即《利雅得规则》）、《儿童权利公约》等国际法律文件在预防未成年人犯罪、保护未成年人利益方面形成了一个较为完整的机制。[2] 我国已经承认并且签署了这些法律文件，理应遵循条约规定的相关原则和精神，忠实履行条约规定的相关义务，适应国际社会未成年人法律保护发展趋势的需要。

三、我国未成年人刑事诉讼程序的现状

（一）规范层面的现状

我国没有关于未成年人刑事诉讼审判程序的专门立法。现行的未成年人法律体系是以 1991 年的《未成年人保护法》为核心构建起来的，这里面还包括 1999 年的《预防未成年人犯罪法》、最高人民法院 2000 年颁布的《关于审理未成年人刑事案件的若干规定》、公安部 1995 年颁布的《关于办理未成年人违法犯罪案件的规定》、最高人民法院等四机关颁布的《关于办理少年刑事案件建立互相配套工作体系的通知》、最高人民检察院 2002 年颁布的《人民检察院办理未成年人刑事案件的规定》（2006 年对该规定做了修订），这些法律文件均对未成年人刑事审判程序有所涉及，但都是零散分布的，并没有形成系统、规范的体系。1996 年修改的《刑事诉讼法》，有关未成年人审判程序的规定也主要是原则性的内容。虽然在修改过程中，有专家和学者提出将未成年人刑事诉讼程序作为"特别程序"在《刑事诉讼法》中专章规定，但并没有被立法机关采纳。[3] 刑事诉讼法明确规定未成年被告人除享有和成年被告人相同的诉讼权利外，还享有特殊的诉讼权利，[4] 但是在程序设计中并没有体现未成年人的特殊性，对未成年人往往按照成年人的标准来适用具体的刑事诉讼程序。

---

〔1〕 徐美君：《未成年人刑事诉讼特别程序研究》，法律出版社 2007 年版，第 18~19 页。

〔2〕 陈光中、〔加〕丹尼尔·普瑞方廷主编：《联合国刑事司法准则与中国刑事法制》，法律出版社 1998 年版，第 4 页。

〔3〕 陈光中、严瑞：《中华人民共和国刑事诉讼法修改建议稿与论证》，中国方正出版社 1999 年版，第 67~69 页。

〔4〕 樊崇义：《刑事诉讼法实施问题与对策研究》，中国人民公安大学出版社 2002 年版，第 636 页。

由于我国尚未制定专门的未成年人刑事审判程序立法，所以没有指导司法实践的具体原则，更不用说实施细则了。各地审判机关在实际中积极探索，相应设计了一些保护未成年人的具体程序和制度，使基本原则和指导方针得到一定的贯彻和落实。但这些改革都是根据基本原则和各地的实际情况来进行的，没有统一的标准，模糊的立法内容又不能给他们明确的指导和评价，导致同样的程序设计在不同地区的具体操作中各不相同，有的甚至是陷入误区。[1] 我们认为，我国关于未成年人刑事诉讼程序在立法上是不足的。

（二）实践层面的现状

在我国没有建立独立的未成年人审判机构的情况下，司法实践中采取了在现有各级法院中设立少年审判庭的做法。以 1984 年上海市长宁区建立第一个少年法庭为标志，各地设置了不同形式的未成年人审判机构。有的是在原有的刑事审判庭内部建立一个少年合议庭负责未成年人的审判工作，审判人员由刑庭的法官兼任；有的是设置独立的少年审判庭，属于和其他业务庭同等建制的审判机构，审判人员专职化。为了体现"教育、感化、挽救"的方针，在审理未成年人案件之前，法官通常会通过调查走访掌握被告人的性格、家庭情况、社会交往、成长经历等情况，有针对性的设计审判思路，营造充满亲和力的法庭环境，消除审判中未成年人的恐惧心理，减轻他们的思想压力。[2] 2000 年最高人民法院颁布《关于审理未成年人刑事案件的若干规定》，将庭前调查制度在全国推广。各地法院也都在不断的改革和积极探索，本着教育为主、惩罚为辅的指导思想，以保护未成年人的利益为根本出发点，将"圆桌审判"、"普通程序简易审"、"暂缓判决"、"监管令"等制度引入到审判程序中，[3] 这对完善我国的未成年人审判程序具有重要的意义。

但是，在具体的未成年人刑事诉讼程序的实践中存在如下一些问题：①未成年人刑事诉讼程序中的审判组织形式较为混乱。有人指出，我国未成年人审判机构在发展过程中，先后存在四种组织形式："未成年人刑事案件合议庭"、"未成年人刑事案件审判庭"、"未成年人综合案件审判庭"和"未成年人案件指定管辖审判庭"。[4] 这都是各地法院在司法实践中，根据审判的需要建立起来的。但在实际运用中，这四种形式都存在一定的缺陷。[5] ②庭审教育的形式化倾向。对未成年人进行庭审教育，是我国法律的明确规定。《未成年人保护法》第 54 条规定："对违法犯罪的未成

〔1〕 温小洁：《我国未成年人刑事案件诉讼程序研究》，中国人民公安大学出版社 2003 年版，第 133 页。

〔2〕 叶青主编：《刑事诉讼法学专题研究》，北京大学出版社 2007 年版，第 161 页。

〔3〕 张利兆主编：《未成年人犯罪刑事政策研究》，中国检察出版社 2006 年版，第 265 页。

〔4〕 徐美君：《未成年人刑事诉讼特别程序研究》，法律出版社 2007 年版，第 178 页。

〔5〕 王磊："我国未成年人刑事诉讼之审判程序研究"，中国政法大学硕士学位论文，第 24～25 页。

年人，实行教育、感化、挽救方针，坚持教育为主、惩罚为辅的原则。"《预防未成年人犯罪法》第 44 条规定："对犯罪的未成年人追究刑事责任，实行教育、感化、挽救方针，坚持教育为主、惩罚为辅的原则。司法机关办理未成年人犯罪案件，应当保障未成年人行使其诉讼权利，保障未成年人得到法律帮助，并根据未成年人的生理、心理特点和犯罪的情况，有针对性地进行法制教育。"《最高人民法院关于审理未成年人刑事案件的若干规定》第 33 条规定："人民法院判决未成年被告人有罪的，宣判后，由合议庭组织到庭的诉讼参与人对未成年被告人进行教育。……"庭审教育可以让未成年人认清错误，树立正确的人生观和价值观，深刻感受社会给予他们的包容和温暖，有利于未成年人早日回归社会。而做到这些，就必须重视教育的内容和方法，注重和未成年人进行心灵的沟通。但实践中专门针对未成年人而设置的庭审教育手段没有发挥应有的作用，很多法官依然在扮演审判者的角色。[1] 庭审教育带有形式化倾向，这是值得我们注意和警惕的。③对未成年人的处理手段较为单一。我国现行刑法和最高人民法院颁布的《关于审理未成年人刑事案件具体应用法律若干问题的解释》对未成年罪犯的处理做了规定，主要包括：对未成年人一律不适用死刑；只有罪行极其严重的，才可以适用无期徒刑；对已满 14 周岁不满 16 周岁的一般不判处无期徒刑；已满 14 周岁不满 18 周岁的，应当从轻或者减轻处罚；对符合管制、缓刑、单处罚金或者免予刑事处罚适用条件的未成年罪犯，应当依法适用管制、缓刑、单处罚金或者免予刑事处罚；对免于刑事处罚的未成年人可以适用训诫、责令具结悔过、赔礼道歉、赔偿损失，或者由主管部门予以行政处罚或者行政处分。可见，我国对未成年人罪犯的处置，遵循"有利于未成年罪犯的教育和矫正"的原则，建立了两种方法，即刑罚措施和非刑罚措施。但是，实践中我国对未成年罪犯的处置手段主要还是以刑罚措施为主的。据有学者的调研统计结果看，在全部未成年罪犯中被判处有期徒刑和管制的比重是比较大的，而非刑罚措施适用的可能性非常小。[2]

四、我国未成年人刑事诉讼程序的完善和建构

规范层面的现状和实践层面的现状，反映出了我国未成年人刑事诉讼程序方面存在的一些问题，同时说明在现有基础上建构完善的我国未成年人刑事诉讼程序的必要性。我们认为，我国未成年人刑事诉讼程序的完善和建构需要从以下方面着手。

（一）基本原则

未成年人刑事诉讼审判程序的基本原则是专门适用于未成年人刑事案件审判的，是针对未成年人的特殊性，基于保护未成年人的诉讼理念而创设的，不包括和成年

---

[1] 佟丽华：《未成年人法学》，中国民主法制出版社 2001 年版，第 111～112 页。
[2] 徐美君：《未成年人刑事诉讼特别程序研究》，法律出版社 2007 年版，第 235 页。

人刑事审判程序共同适用的原则。从我国目前的法律规定和未成年人刑事审判的实践来看，我们认为在建构我国未成年人刑事诉讼程序时应当坚持不公开审理、全面调查、程序宽和、寓教于审、量刑理性五个原则。[1]

公开审判是刑事诉讼的一项基本原则，是程序正当性的要求，但由于未成年人心智的特殊性，各国出于保护的考虑，均规定对未成年人的审判过程不公开。全面调查原则是指在审理未成年人刑事案件时，不仅要查明未成年人的犯罪事实，还要对未成年人的性格、成长环境、学校、家庭等状况进行调查，了解未成年人犯罪的原因，分析社会应当承担的责任大小，以便对未成年人采取最恰当的处置方式，进行教育改造。全面细致的调查报告，可以帮助法官准确定罪和正确量刑，给教育未成年人提供广阔的思路和适当的方法，唤起社会对未成年人的关注。[2] 程序宽和是指在审判过程中，针对未成年人的特点营造一种轻松温和的审判气氛，法庭的布置应当照顾未成年被告人的心理感受，消除其紧张、恐惧的心理，法官也应当用亲切的语气和未成年人对话，使审判在认定犯罪事实的同时，起到保护未成年人的效果。我国在立法上体现了对这一原则的追求。《最高人民法院关于审理未成年人刑事案件的若干规定》第 25 条规定："在法庭上不得对未成年被告人使用戒具。未成年被告人在法庭上可以坐着接受法庭调查、询问，在回答审判人员的提问、宣判时应当起立。"第 27 条规定："法庭审理时，审判人员应当注意未成年被告人的智力发育程度和心理状态，要态度严肃、和蔼，用语准确、通俗易懂。发现有对未成年被告人诱供、训斥、讽刺或者威胁的情形时，应当及时制止。"第 30 条规定："休庭时，可以允许法定代理人或者其他成年近亲属、教师等人员会见被告人。"另外，实践中我国采取的"圆桌审判"和"普通程序简易审"正是对这一原则的诠释。寓教于审原则是指在审判过程中，要将"犯罪行为对社会的危害和应当受刑罚处罚的必要性，导致犯罪行为发生的主观、客观原因及应当吸取的教训，正确对待人民法院的裁判等"向未成年罪犯进行宣教，使其充分认识到错误，积极接受改造，早日回归社会。传统的报应刑论认为，刑罚的本质是报应，应该等同于危害行为的严重性。到了 19 世纪末，目的刑论认为，刑罚的意义在于预防矫治犯罪，防止重犯。"立法者应当力求以最小的支出——少用甚至不用刑罚，获取最大的社会效益——有效的预防和控制犯罪"。[3] 未成年人是国家的未来和希望，生理和心理尚不成熟，具有可塑性，易于接受改造和教育，避免他们涉入刑事审判，或者已经涉入但不判刑、判轻刑，有助于他们心理的治疗，早日回归社会。一旦未成年人被判刑而贴上罪犯的标志，就

---

〔1〕　黄一超："论未成年人刑事诉讼中应遵循的原则"，载《青少年犯罪问题》1994 年第 5 期。

〔2〕　奚玮："未成年人刑事诉讼中的全面调查制度"，载《法学论坛》2008 年第 1 期。

〔3〕　陈兴良：《本体刑法学》，商务印书馆 2001 年版，第 76 页。

离我们这个社会越来越远，并受到不公正的待遇；相反，他们能依然留在这个社会，享受带给他们的温暖和平等的待遇，促使他们自我反省。因此对未成年人应坚持"保护优先，惩罚其次"的理念，[1] 根据未成年人犯罪的具体情况，理性选择最合适的处置手段，既能体现处罚效果，又能保证他们尽早回复。我们认为，在构建我国未成年人刑事诉讼程序时这五个原则是应当始终坚持和把握的。

（二）建立多元化的未成年人审判机构

针对我国当前未成年人审判机构的现状，是否设立独立的未成年人法院，成为人们争论的焦点，主要有以下三种观点：第一种观点认为应该设立，[2] 这是由未成年人的特殊性决定的。第二种观点认为我国不应建立专门的未成年人法院，现阶段的审判机构虽然存在一定的问题，但是完全可以满足审判工作的需要，保护未成年人的利益。如果增设未成年人法院，势必加大各方面的投入，增加政府的负担；案件较少的地区，设立独立的未成年人法院浪费资源，也会延长审判周期，不利于对未成年人开展教育和改造。[3] 第三种观点认为我国应当建立未成年人法院、未成年人法庭、未成年人案件合议庭并存的格局，根据经济发展的水平和发案的数量在不同的地区选择不同的组织形式，并由最高人民法院和省高级人民法院对全国和本省内的未成年人审判机构工作进行指导。[4]

我们认为，着眼于长远发展来看，第三种观点是可行的。首先，必须设置专门的未成年人法院。未成年人法院的设置可以集中周边地区的案件资源，解决案件少，法官工作量不足的困境，同时还可以避免指定管辖法庭遇到的案件分布不均、不利于跨区域保护未成年人等诸多问题。对未成年人案件比较多的地区，建立未成年人法院是必要的，法官可以根据案件的分类审理属于自己专长的案件，减轻工作压力，提高办案质量，对未成年人的保护更加突出专业化，同时还化解了少年综合庭存在的受理案件范围重合交叉的问题。根据我国的国情，我们认为设立的未成年人法院应该是审理刑事、民事、行政等各类未成年人案件的专门法院。从未成年人案件的性质和危害程度看，笔者认为应该与基层法院同级，并向刑事案件的处理上倾斜；法院的组成人员应该在现有从事多年未成年人案件审判工作的法官中挑选，但同时应该加强对他们社会学、教育学、心理学等知识的培训。[5] 其次，我国应该建立以未成年人法院为主的多样性审判机构体系。这主要是指在成人法院内部设置未成年

〔1〕 ［日］大谷实：《刑事政策学》，黎宏译，法律出版社 2000 年版，第 330 页。
〔2〕 姚建龙："创设少年法院必要性研究的反思"，载《青少年犯罪问题》2004 年第 2 期。
〔3〕 吕敏、朱国明、王宗光："成立我国少年法院的若干困惑解析"，载《青少年犯罪问题》2001 年第 5 期。
〔4〕 牛传勇、朱小杰："加强少年法庭工作的实践与思考"，载《青少年犯罪问题》2006 年第 1 期。
〔5〕 吴献萍："论我国未成年刑事诉讼制度的完善"，载《行政与法》2008 年第 7 期。

人案件审判机构。〔1〕我国幅员辽阔，地区经济发展各异，未成年人审判机构的建立要考虑当地的经济基础、未成年人案件的数量、法官队伍的素质等各方面因素。我们认为在直辖市、省会城市和经济比较发达的城市建立未成年人法院，在地级市设立少年法庭，在边远的县区设置案件审理合议庭是比较可行的。可以先在某个省进行试点，待经验成熟后，向全国推广。

（三）"圆桌审判"方式的进一步推广

鉴于以往我国法庭的标准设置在审判中给未成年人造成的紧张心理和压力，为了保护未成年人，使他们置身于熟悉、符合未成年人心理的环境，北京市海淀区人民法院在1992年率先采用了圆桌审判方式，之后国内很多法院也纷纷效仿。所谓圆桌审判，就是将审理未成年人的方台坐阵式的法庭布局改为圆缓的圆桌设置，所有的审判参与人员均围坐在椭圆的审判桌周围，相向而坐进行案件审理。〔2〕圆桌审理方式不仅仅是简单的改变了法庭的布置格局，其变化的根本是出于对未成年人的关爱，在审判的过程中充分考虑到未成年人的感受，使审判不单是对犯罪事实的确认，还是对未成年人的鼓励和教育。未成年被告人不再仅仅是审判的对象，更像一个活动的参与者，积极主动的去追求"活动"中的乐趣，有助于培养未成年罪犯"重新做人"的自觉意识。与以往的审判方式相比较，圆桌审判方式有使审判气氛更加亲和、拉近法官和未成年被告人之间的距离、增强未成年被告人的安全感等意义。当然，实践中有人提出圆桌审判的方式降低了法庭的严肃性，可能会对未成年被告人的威慑力不够，不能引起其足够的重视，在审判中思想不集中，庭审教育效果降低。〔3〕为此，某些地方法院也对圆桌审判的适用范围作了规定，只对情节较轻、危害不大的案件适用之；性质恶劣的严重犯罪不能适用圆桌审判。〔4〕我们认为，圆桌审判方式就是在寻求一种符合未成年人心理的审判方式，营造轻松宽和的氛围，使未成年被告人乐于接受审判的结果和法庭教育，如果对性质恶劣的严重犯罪不适用圆桌审判，那就没有把未成年被告人置于程序性保护之下，这是不符合未成年人刑事司法制度的理念的。因此我们认为，圆桌审判不应当有案件范围上的限制，而且圆桌审判的方式应当进一步在未成年人刑事诉讼中加以推广和贯彻。

（四）明确庭审教育的内容

如上所述，"寓教于审"是未成年人刑事审判程序的基本原则，《最高人民法院关于审理未成年人刑事案件的若干规定》第33条要求在法庭宣判后对定罪的未成年

---

〔1〕 徐美君：《未成年人刑事诉讼特别程序研究》，法律出版社2007年版，第185页。
〔2〕 徐美君：《未成年人刑事诉讼特别程序研究》，法律出版社2007年版，第214页。
〔3〕 祝国勤、姚国科："'圆桌审判'的另一面"，载《人民检察》2004年第12期。
〔4〕 陈建明、钱晓峰："论圆桌审判在少年刑事审判中的运用"，载《青少年犯罪问题》2005年第6期。

被告人进行教育。我们认为这是合理的，符合对未成年被告人的改造，因为宣判后，法官和相关参与教育的人员不仅能告知未成年被告人犯罪的原因和对社会造成的危害，还能告知其判刑的理由，不仅让未成年被告人认罪服法，还能认罪服刑，有助于其清楚地认识自己的错误，促进其改造的积极性。《最高人民法院关于审理未成年人刑事案件的若干规定》第33条规定了庭审教育的内容：犯罪行为对社会的危害和应当受刑罚处罚的必要性；导致犯罪行为发生的主观、客观原因及应当吸取的教训；正确对待人民法院的裁判。我们认为，为了避免在对未成年教育时内容重复，应该将每位教育参与人进行分工，按照教育内容根据各自的专长确定教育具体内容[1]。实践中不论是法官，还是家长或者老师，教育的很多内容出自对未成年被告人性格、成长经历、生活环境等信息的掌握，这样教育的内容才符合被告人的心理需要，使其主动积极的接受改造。这就要求我们在审前的社会调查中认真细致，力争全面。

（五）建立我国未成年人处置体系

我国对未成年人罪犯的处置，基本上是遵循"有利于未成年罪犯的教育和矫正"的原则，如前面所述，我国关于未成年人犯罪的处置手段单一，不能反映保护未成年人的宗旨，实践中各地法院的积极探索，社会力量的踊跃加入为建立我国的未成年人处置体系提供了基础和条件。我们认为在建立我国未成年人处置体系上应当增加处置手段种类。我国对未成年人罪犯的处置，主要设立了两种处置方法，即刑罚措施和非刑罚措施。而其中的非刑罚处罚措施是比照成年人的非刑罚处罚方法设立的，适用性不强。如前所述，我国对未成年罪犯的处置手段主要还是以刑罚措施为主。我们认为，可以借鉴其他国家的做法，结合我国未成年人的特点，将我国的未成年人处置手段分为三种：刑罚措施、准刑罚措施和非刑罚措施[2]。其中准刑罚措施和非刑罚措施都不能被记录在案，以减少给未成年人造成的负面影响。惩罚措施只包括监禁刑，是对未成年人最严厉的处置手段，只有在其他处置手段不足以阻止未成年人罪犯重新犯罪或危害社会的情况下才能适用，并且应当尽可能的缩短监禁的期间。准刑罚措施包括管制、缓刑和目前在上海市长宁区试行的暂缓判决[3]。非刑罚措施包括监管令、社会服务令、集体辅导、裁决寄养等。目前在实践中试行的是监管令和社会服务令。监管令是指人民法院少年法庭在刑事案件的裁决或暂缓判决的决定生效后，对失足少年及其监护人发出的，要求他们在一定期限内必须遵守或履行某些限制性规定的书面指令。监管令使得未成年被告人更加自觉地自我约束，

---

〔1〕 徐美君：《未成年人刑事诉讼特别程序研究》，法律出版社2007年版，第211页。
〔2〕 徐美君：《未成年人刑事诉讼特别程序研究》，法律出版社2007年版，第239页。
〔3〕 徐美君："未成年人邢事诉讼特别程序的理论基础"，载《青少年犯罪问题》2005年第4期。

增强了他们父母或监护人的监管责任，提高了监管能力。[1] 2002 年长宁区法院开始试行社会服务令制度，该制度是指人民法院在审理未成年人刑事案件中，对已构成犯罪的未成年涉案对象，责令其至某一场所，完成一定期限且为社会无偿服务劳动的矫治措施。[2] 该服务令的使用对象是判处非监禁刑或暂缓判决的未成年人，同时还具备审理时已满 16 周岁，身体健康，法定代理人同意等条件。服务的性质是无偿的，服务时间为 1~3 个月，也可以用小时计算。社会服务令帮助未成年人找回信心，感受到社会对他们的重视和温暖，试行效果较好。我们认为，这些对于未成年人的处置措施是值得肯定的，在建立我国未成年人处置体系时可以将其融入。

当然，这些处置措施在实践中需要有专门的机构来负责执行和监督。在现有语境下，我们认为建立专门的社区矫正机构是合适的。专业的帮教矫正机构和人员是运用适当处置手段、发挥社区矫正机关教育作用的关键环节，是整个处置体系中的中心环节，关系到未成年人能否尽早回归社会。[3]

未成年人刑事诉讼程序是指专门适用于未成年人刑事案件的审判程序。未成年人刑事诉讼程序对于预防和控制未成年犯罪、促使未成年犯罪人尽早回归社会、完善我国刑事诉讼程序以及与国际社会未成年人刑事诉讼接轨具有重要意义。在规范层面，由于我国尚未制定专门的未成年人刑事审判程序立法，所以没有指导司法实践的具体原则。各地审判机关在实际的探索中没有统一的标准。在实践层面，我国未成年人刑事诉讼程序也存在审判组织形式较为混乱、庭审教育的形式化倾向、对未成年人的处理手段较为单一等问题。应当在坚持不公开审理、全面调查、程序宽和、寓教于审、量刑理性五个基本原则的基础上，从多元化的未成年人审判机构、"圆桌审判"方式的进一步推广、明确庭审教育的内容以及建立未成年人处置体系等方面构建我国的未成年人刑事诉讼程序。

第八题　死刑立即执行案件复核程序的完善

死刑复核程序包括死刑立即执行案件的复核程序与死刑缓期二年执行案件的复核程序。死刑缓期二年执行案件的复核程序，刑事诉讼法及相关司法解释规定得比较清楚，程序相对完善。但死刑立即执行案件的复核程序则存在许多问题，需要进

---

〔1〕 温小洁：《我国未成年人刑事案件诉讼程序研究》，中国人民公安大学出版社 2003 年版，第 265 页。

〔2〕 张运萍："未成年人刑事案件诉讼程序研究"，载《黑龙江省政法管理干部学院学报》2006 年第 6 期。

〔3〕 贾洛天：《中国未成年违法犯罪人员矫正制度研究》，中国人民公安大学出版社 2006 年版，第 76 页。

一步改革与完善。特别是最高人民法收回死刑立即执行判决的核准权之后，死刑立即执行案件的复核程序的改革与完善也就摆上了刑事诉讼法再修改的议事日程。基于此下文研究的内容仅涉及死刑立即执行案件的复核程序，因此，文中的死刑核准权与复核权也仅限于死刑立即执行的核准权和复核权，而不涉及死刑缓期二年执行的复核和核准问题。

一、死刑核准权与复核权的内涵及其行使主体的界定

明确死刑核准权与复核权的内涵及其行使的主体，是改革与完善死刑立即执行案件复核程序的前提和基础。所谓死刑核准权是指对判处死刑立即执行的案件进行核准并依法作出核准裁定的权力。我国《刑法》第 48 条规定："死刑除依法由最高人民法院判决的以外，都应当报请最高人民法院核准。"我国《刑事诉讼法》第 199 条规定："死刑由最高人民法院核准。"第 200 条规定："中级人民法院判处死刑的第一审案件，被告人不上诉的，应当由高级人民法院复核后，报请最高人民法院核准。……高级人民法院判处死刑的第一审案件被告人不上诉的，和判处死刑的第二审案件，都应当报请最高人民法院核准。"这些规定表明，在对待死刑的核准问题上，我国刑法与刑事诉讼法的规定是完全协调一致的，只要是判处死刑立即执行的案件，都必须经过最高人民法院依照法定程序核准之后才能发生法律效力。

死刑复核权是一种与死刑核准权紧密相连的一种权力，是指对判处死刑立即执行的案件依照法定程序进行复查审核的权力。它与死刑核准权有着紧密的联系，其联系在于：死刑核准权的行使要以死刑复核权的行使为前提条件，只有在经过死刑复核之后，且同意判处死刑的前提下，才可能产生死刑核准权。因为在复核过程中，如果经过复核不同意判处死刑，就不存在核准死刑的问题。但死刑复核权毕竟不同于死刑核准权，二者有着明显的区别，其区别在于：死刑核准权是对经过复核同意判处死刑立即执行的案件进行审核批准的权力，而死刑复核权，只是对判处死刑立即执行的案件依照法定程序进行复查审核的权力，经过复核可以作出同意或者不同意判处死刑的判决或者裁定，即使是同意判决或者裁定，也必须经过核准阶段才能发生法律效力。

死刑核准权与死刑复核权是刑事诉讼中的一种特殊的司法权力，必须由法定的司法机关行使。我国刑法和刑事诉讼法的上述规定明确了死刑核准权只能由最高人民法院行使，其他各级法院都应该无权行使。即使是修改前的 1979 年刑法和刑事诉讼法也是如此规定的。但为了打击严重的刑事犯罪活动，"自 20 世纪 80 年代以来，我国对死刑案件的核准权先后进行过四次大规模的集中授权和三次单独授权"[1]这四次集中授权是：第五届全国人大常委会分别于 1980 年 2 月 12 日、1981 年 6 月

---

[1] 周国均、巩富文著："我国古代死刑复核制度的特点及其借鉴"，载《中国法学》2005 年第 1 期。

10 日通过了两个决定，授权各地高级人民法院对杀人、放火、抢劫、强奸及其他严重刑事犯罪分子判处死刑的核准权，从而形成了第一次和第二次授权；1983 年 9 月 2 日第六届全国人大常委会第二次会议又通过了《关于修改〈中华人民共和国人民法院组织法〉的规定》，其中第 13 条规定，最高人民法院在必要时可授权各省、自治区、直辖市的高级人民法院对犯有杀人、强奸、抢劫、爆炸以及其他严重危害公共安全和社会治安的犯罪分子享有死刑核准权，最高人民法院随后依据该修改后的法院组织法发出了《关于授权高级人民法院核准部分死刑案件的通知》，向各高级人民法院和解放军军事法院正式授权，从而形成了第三次授权；第四次授权则是 1997 年 9 月 26 日，最高人民法院发出《关于授权高级人民法院和解放军军事法院核准部分死刑案件的通知》。三次单独授权都与毒品犯罪有关，最高人民法院分别于 1991 年 6 月 6 日和 1993 年 8 月 28 日将对毒品犯罪判处死刑的核准权授予云南和广东两省的高级人民法院；在 1996 年 3 月 18 日，最高人民法院决定广西、四川、甘肃的走私、贩卖、运输、制造毒品等犯罪死刑案件的核准权（最高人民法院判决的和涉外的毒品犯罪死刑案件除外），依法分别授权由广西壮族自治区、四川省、甘肃省高级人民法院行使。

死刑核准权下放 25 年以来，其暴露出来的弊端已经十分明显，从人权保障的角度出发，学术界普遍呼吁将死刑核准权收回最高人民法院统一行使。在这种形势下，最高人民法院于 2005 年 10 月 26 日最新公布的《人民法院第二个五年改革纲要》明确要改革和完善死刑复核程序，落实有关法律的规定和中央关于司法体制改革的部署，由最高人民法院统一行使死刑核准权[1]，并制定死刑复核程序的司法解释；同时为了确保正确适用死刑，最高人民法院决定同时还要对死刑案件的一、二审程序进行改革，改革和完善死刑案件的审判程序。

2006 年 10 月，第十届全国人大常委会第二十四次会议表决通过了《关于修改人民法院组织法的决定》，明确将第 13 条修改为："死刑除依法由最高人民法院判决的以外，应当报请最高人民法院核准。"该决定自 2007 年 1 月 1 日施行。2006 年 12 月 13 日，最高人民法院根据修改后的《人民法院组织法》，通过了《关于统一行使死刑案件核准权有关问题的决定》，规定自 2007 年 1 月 1 日起，除最高人民法院自行判决的死刑立即执行案件外，所有死刑立即执行的判决和裁定都应当报请最高人民法院核准，自此终结了死刑立即执行核准权下放的历史。

与死刑核准权相关的是死刑的复核权。死刑复核权是否是最高人民法院专有的权力？高级人民法院有没有权力对判处死刑立即执行的案件行使复核权？我们对于前者的回答是否定的，对于后者的回答是肯定的。

---

〔1〕 参见 2005 年 10 月 26 日中国新闻网报道，http://news.163.com，登录日期：2005 年 10 月 27 日。

如前所述，死刑复核权与死刑核准权是两个不同的权力，二者既相联系，又相区别。在死刑核准权收归最高人民法院专有之后，部分死刑立即执行案件的复核权仍然可以由高级人民法院依法行使。由于死刑复核程序可以分为复核和核准两个阶段，死刑复核作为死刑核准的前一阶段，并非只有最高人民法院才有权进行。我国现行刑法和刑事诉讼法都只是规定，判处死刑立即执行的核准权由最高人民法院行使，而不是规定死刑复核权要由最高人民法院统一行使。那么，哪些案件可以由高级人民法院先行复核，在同意判处死刑后再报最高人民法院核准呢？我们认为，可以包括下列几种情况：

1. 中级人民法院判处死刑，被告人不上诉、人民检察院不抗诉的，中级人民法院应当将案件报请高级人民法院复核，高级人民法院应当组成合议庭进行复核，同意判处死刑，作出复核裁定，然后报请最高人民法院核准；

2. 高级人民法院一审判处死刑，被告人不上诉、人民检察院不抗诉的，在上诉、抗诉期满后，高级人民法院应当再行组成合议庭进行复核，同意判处死刑，作出复核裁定，然后报请最高人民法院核准；

3. 高级人民法院依二审程序判处死刑的案件，在作出二审判决或者裁定后，应当再行组成合议庭进行复核，经复核同意判处死刑的，作出死刑复核裁定，然后报请最高人民法院核准。

至于最高人民法院判处死刑的案件，无论是第一审案件还是第二审案件，都应当另行组成合议庭进行复核，经复核同意判处死刑的，才能依法核准死刑。

我们之所以主张死刑复核权可以由高级人民法院行使，而且主张将死刑复核程序分为死刑复核与死刑核准两个阶段，主要理由在于：①死刑复核既是一项权力，更应该是一项义务和一种职责，是一项保证死刑判决或者裁定质量的义务。这种职责的履行，直接关系到办案的质量、刑罚的适用以及公民的基本权利。惟有严格履行，才能认真落实诉讼活动之主旨，打击犯罪，防止错判，保证法律的尊严和权威。②除最高人民法院依法判处死刑的案件以外，其他判处死刑立即执行的案件由高级人民法院先行复核，可以减轻最高人民法院的工作负担，节约司法资源，减少当事人以及其他诉讼参与人的讼累。经过了复核阶段，死刑案件到了最高人民法院就可以直接进入核准阶段，只需要组成合议庭进行核准即可。而且，如果高级人民法院经过复核不同意判处死刑，则可以使案件不进入最高人民法院的核准程序，从而直接终结案件；③由高级人民法院先行复核，可以增强高级人民法院的责任感，发挥高级人民法院自身的防错、纠错功能，保证死刑案件的质量。④由高级人民法院先行复核并不违反刑法和刑事诉讼法的相关规定，我国《刑事诉讼法》第200条关于"中级人民法院判处死刑的第一审案件，被告人不上诉的，应当由高级人民法院复核后，报请最高人民法院核准"的规定即是充分的明证。可见，由高级人民法院行使部分死刑案件的复核权，其法律依据是十分明确的，即使在最高人民法院收回死刑核准权的今天亦是如此，因为最高人民法院要收回的只是死刑的核准权，而不是复核权。

（二）死刑立即执行复核和核准的具体程序之改革与完善

凡是判处死刑立即执行的案件，都不可避免地要经过复核阶段，复核是死刑复核程序必经的第一阶段。只有经过了复核阶段，且经复核同意判处死刑的，才可能进入死刑复核程序的第二阶段——核准阶段。因为，凡是经过复核不同意判处死刑的，复核死刑的法院就应当依法改判或者将案件发回原审人民法院重新审判，从而不需要进入核准阶段。可见，复核是死刑复核程序中的最重要阶段，它决定着案件的最终处理结果，决定着是否对被告人最终判处死刑，也决定着案件是否应当进入核准阶段。因此，死刑立即执行复核程序的改革与完善也就涉及复核的具体程序与核准的具体程序的改革与完善。

1. 死刑复核程序的第一阶段——复核的具体程序的改革与完善。复核作为死刑复核程序的第一阶段，是死刑案件必经阶段，其具体操作程序如何进行？如何保证复核的质量？这就涉及复核程序的具体设计问题。我们认为，应当根据死刑案件的具体情况，设计公正合理的复核程序。

（1）死刑复核法院的确定。由于死刑复核权并非最高人民法院所专有，因此，死刑复核法院可以是最高人民法院，也可以是高级人民法院。这里需要解决的就是最高人民法院和高级人民法院在行使死刑复核权问题上的分工。我们认为，死刑复核法院可以按照下列原则来加以确定：首先，最高人民法院对自己按照第一审程序和第二审程序判处死刑立即执行的案件行使复核权；其次，高级人民法院对下列判处死刑立即执行的案件行使复核权：①中级人民法院判处死刑立即执行，被告人不上诉、人民检察院不抗诉的案件；②高级人民法院一审判处死刑，被告人不上诉、人民检察院不抗诉的案件；③高级人民法院依二审程序判处死刑的案件。

（2）死刑复核的具体程序。死刑复核的具体程序是指最高人民法院和高级人民法院依法对判处死刑立即执行的案件进行复核时应当遵守的程序性规范和操作规程。我们认为，这些程序性规范和操作规程应当包括下列内容：

第一，报请复核的程序。该程序主要解决对于判处死刑立即执行的案件如何报请有复核权的人民法院复核的问题。我们认为，报请复核应当根据案件的不同情况按照下列程序分别进行：一是中级人民法院判处死刑，被告人不上诉、人民检察院不抗诉的案件，在上诉、抗诉期满后，中级人民法院应当在3日内报请高级人民法院复核。高级人民法院在接到死刑复核的报告后，应当在1个月以内复核完毕，同意判处死刑的，应当依法作出裁定，并在作出裁定后3日内报请最高人民法院核准；不同意判处死刑的，应当提审或者发回重新审判。二是中级人民法院判处死刑的第一审案件，被告人提出上诉或者人民检察院提出抗诉，高级人民法院终审裁定维持死刑判决的，应当在作出维持裁定后，3 日内另行组成合议庭进行复核，合议庭应当在 1 个月以内复核完毕，经复核仍然同意判处死刑的，应当作出复核裁定，然后在 3 日内报请最高人民法院核准；经复核不同意判处死刑的，应当依法改判或者发回重新审判。三是高级人民法院判处死刑的第一审案件，被告人不上诉、人民检察院不抗诉的，在上诉、抗诉期满后 3 日内，高级人民法院应当另行组成合议庭进行复核，合议庭应当在 1 个月以内复核完毕，经复核同意判处死刑的，应当作出复核裁定，然后在 3 日内报请最高人民法院核准；经复核不同意判处死刑的，应当依法改判或者发回重新审判。四是最高人民法院判处死刑的第一审或者第二审案件，在作出死刑判决或者裁定后，应当在 3 日以内将案件报请本院死刑复核庭进行复核，复核同意判处死刑的，核准死刑判决或者裁定，不同意判处死刑的，依法改判或者发回重新审判。五是报请复核死刑案件，应当一案一报。报送的材料应当包括报请复核的报告、死刑案件综合报告和判决书各 15 份，以及全部诉讼案卷和证据；共同犯罪的案件，应当报送全案的诉讼案卷和证据。报请复核的报告，应当载明案由、简要案情和审理过程及判决结果。死刑案件综合报告应当包括以下主要内容：被告人的姓名、性别、出生年月日、民族、文化程度、职业、住址、简历以及拘留、逮捕、起诉的时间和现在被羁押的处所；被告人的犯罪事实，包括犯罪时间、地点、动机、目的、手段、危害后果以及从轻、从重处罚等情节，认定犯罪的证据，定罪量刑的法律依据；需要说明的其他问题。六是报送死刑复核案件的诉讼案卷和证据，根据案件具体情况应当包括以下内容：拘留证、逮捕证、搜查证的复印件；扣押赃款、赃物和其他在案物证的清单；公安机关、国家安全机关的起诉意见书，或者人民检察院的侦查终结报告；人民检察院的起诉书；案件的审查报告、法庭审理笔录、合议庭评议笔录和审判委员会讨论决定笔录；被告人上诉状、人民检察院抗诉书；人民法院的判决书、裁定书和宣判笔录、送达回证；能够证明案件具体情况并经过查证属实的各种肯定的和否定的证据，包括物证或者物证照片、书证、证人证言、被害人陈述、被告人供述和辩解。

第二，复核的具体程序。该程序主要解决高级人民法院和最高人民法院对判处死刑的案件进行复核的具体操作规程问题。我们认为，复核的具体程序应包括以下内容：一是复核死刑案件，应当由审判员五人组成合议庭进行，陪审员不能参加死刑案件的复核。二是复核死刑案件，除依法不得公开的案件以外，一律公开进行。三是复核死刑案件，必须提审被告人，并按照开庭的方式进行复核。复核法院应当在开庭 3 日前通知人民检察院派人出庭，并通知被告人聘请的律师或者其他辩护人出庭为被告人进行辩护。四是复核死刑案件，应当全面审查以下内容：被告人的年龄，有无责任能力，是否正在怀孕的妇女；原审判决认定的主要事实是否清楚，证据是否确实、充分；犯罪情节、后果及危害程度；原审判决适用法律是否正确，是否必须判处死刑，是否必须立即执行；有无法定、酌定从轻或者减轻处罚的情节；其他应当审查的情况。五是人民法院复核死刑案件，应当在一个月以内复核完毕。六是共同犯罪案件中，部分被告人被判处死刑的，最高人民法院或者高级人民法院复核时，应当对全案进行审查，但不影响对其他被告人已经发生法律效力的判决、裁定的执行；发现对其他被告人已经发生法律效力的判决、裁定确有错误时，可以指令原审人民法院再审。

2. 死刑复核程序的第二阶段——核准的具体程序。凡是经过复核阶段的复核后，同意判处死刑的，都应当进入死刑复核程序的第二阶段，即核准阶段。未经核准的死刑判决或者裁定，是没有发生法律效力的判决和裁定，不得交付执行。我们认为，死刑核准阶段的具体程序可以设计如下：

（1）死刑的核准权一律由最高人民法院统一行使，只有最高人民法院才有权核准死刑判决或者裁定。

（2）高级人民法院复核死刑案件，经合议庭复核并报请本院审判委员会讨论决定同意判处死刑的，应当依法作出裁定，然后报请最高人民法院核准死刑。最高人民法院复核死刑案件，由死刑复核庭进行，经复核同意判处死刑的，应当作出裁定，同时核准死刑。

（3）对高级人民法院报请核准死刑的案件，由于高级人民法院已经先行复核，最高人民法院在进行核准时可以进行书面审理，必要时可以直接审理。

（4）高级人民法院报请最高人民法院核准死刑案件，应当一案一报。报送的材料应当包括报请核准的报告、死刑案件综合报告和复核裁定书各15份，以及全部诉讼案卷和证据；共同犯罪的案件，应当报送全案的诉讼案卷和证据。

（5）最高人民法院核准死刑案件，应当由死刑复核庭的审判员5人组成合议庭进行，并在一个月以内根据案件具体情况分别作出核准的裁定、判决，或者作出不予核准的裁定，并分别情况作出如下处理：①原判认定事实和适用法律正确、量刑适当、诉讼程序合法的，裁定予以核准。原判判处被告人死刑并无不当，但具体认定的某一事实或者引用的法律条款等不完全准确、规范的，可以在纠正后作出核准死刑的判决或者裁定。②最高人民法院复核后认为原判认定事实不清、证据不足的，裁定不予核准，并撤销原判，发回重新审判。③最高人民法院复核后认为原判认定事实正确，但依法不应当判处死刑的，裁定不予核准，并撤销原判，发回重新审判。④最高人民法院复核后认为原审人民法院违反法定诉讼程序，可能影响公正审判的，裁定不予核准，并撤销原判，发回重新审判。⑤数罪并罚案件，一人有两罪以上被判处死刑，最高人民法院复核后，认为其中部分犯罪的死刑裁判认定事实不清、证据不足的，对全案裁定不予核准，并撤销原判，发回重新审判；认为其中部分犯罪的死刑裁判认定事实正确,但依法不应当判处死刑的,可以改判并对其他应当判处死刑的犯罪作出核准死刑的判决。⑥一案中两名以上被告人被判处死刑,最高人民法院复核后,认为其中部分被告人的死刑裁判认定事实不清、证据不足的,对全案裁定不予核准,并撤销原判,发回重新审判;认为其中部分被告人的死刑裁判认定事实正确,但依法不应当判处死刑的,可以改判并对其他应当判处死刑的被告人作出核准死刑的判决。⑦最高人民法院裁定不予核准死刑的,根据案件具体情形可以发回第二审人民法院或者第一审人民法院重新审判。高级人民法院依照复核程序审理后报请最高人民法院核准死刑的案件,最高人民法院裁定不予核准死刑,发回高级人民法院重新审判的,高级人民法院可以提审或者发回第一审人民法院重新审判。

第九题　人民法院刑事错案追究制度研究

作为一种客观存在,刑事错案伴随着刑事司法制度的始终。有人说,自有司法以来,刑事错案即使在良性运转的司法体制中也是不可避免的。刑事错案就像幽灵和影子一样,不管司法制度如何健全和发达,只要有审判,就可能出现刑事错案。刑事错案的发生不仅侵犯被告人的合法权益甚至生命权,更破坏民众的安全感和对司法的信任,进而撼动司法的尊严和权威。正如弗兰西斯·培根那一句耳熟能详的名言:一次错误的判决,有甚于十次犯罪,因为犯罪污染的是水流,而错误的判决污染的却是水源。因此,刑事错案的发生所造成的负面影响和损失是无法估算和衡量的。[1] 最近几年,以"杜培武案"、"佘祥林案"、"赵作海案"为典型代表的一些刑事错案的发生,引起了社会各界的广泛关注。随着我国对人的价值、人格的尊严越来越重视和人权保障意识越来越强,刑事错案的发生必然会牵动我们社会每一个人的神经。而随着一些典型的刑事错案的曝光,学术界也开始越来越多地对刑事错案这一问题展开研究。然而应当看到,目前学界对刑事错案的概念、标准、责任追究等重要问题还存在很多争议,还尚未在合理的范围内达成有效共识。因此,我们对上述争议性问题进行一番梳理,有助于深化对刑事错案的认识。

---

[1] 参见张丽云:"刑事错案探究——兼及证据与刑事错案之关系",载《山东警察学院学报》2009 年第 2 期。

一、概念与认定标准

（一）刑事错案的概念

目前学界对刑事错案的概念界定一直存在争议，[1] 但刑事错案是一种不以人的意志为转移的客观存在已经获得基本认同。关于刑事错案的概念，第一种观点认为，刑事错案是指以司法认识错误为基础的刑事司法决策错误。[2] 第二种观点认为，刑事错案是指公安机关、人民检察院和人民法院在行使职权、办理刑事案件过程中，因对案件的基本证据或基本事实认定错误，或者适用法律错误，或者在办理案件中违反法定诉讼程序而导致刑事追诉或者定罪量刑出现错误的案件。[3] 第三种观点认为，刑事错案是指司法机关及其司法人员，依职权在刑事诉讼活动中，因主观上有过错，并产生实体处理错误结果的案件。[4] 第四种观点认为，刑事错案就是指处理决定与案件事实或法律规定不符的刑事案件。[5] 第五种观点认为，刑事错案就是指司法机关人员在刑事诉讼过程中，对犯罪嫌疑人、被告人据以确定责任有无及大小的事实与案件事实不符，或者错误地适用实体法、程序法的案件。[6]

与此相对应，司法实践部门对"错案"的界定也一直没有达成共识，而是根据实际工作的需要来理解和定义。比如《陕西省各级人民法院、人民检察院、公安机关错案责任追究条例》[7] 第2条规定："本条例所称的错案，是指人民法院、人民检察院和公安机关办结的案件，认定事实错误或适用法律错误或违反法定程序影响案件正确办理，依法应当纠正的案件。"《海南省各级人民法院、人民检察院、公安机关错案责任追究条例》[8] 第2条规定："本条例所称的错案，是指本省各级人民法院、人民检察院、公安机关及其办案人员办理的案件，认定事实、适用法律法规

---

[1] 不少学者甚至不赞成使用错案概念，认为错案概念不科学，事实和法律具有不确定性的特点，很难判定何为错案。参见王晨光："'错案追究制'的误区：兼谈法律运行的不确定性"，载张卫平主编：《司法改革论评》（第1辑），中国法制出版社2001年版，第35页；贺日开、贺岩："错案追究制实际运行状况探析"，载《政法论坛》2004年第1期；王琳："错案追究：谨防'钱穆制度陷阱'"，载《人民检察》2005年第12期（上）；陈东超："现行错案责任追究制的法理思考"，载《法商研究》2000年第6期。

[2] 参见李建明："形式错案预防的宏观对策研究"，载《人民检察》2006年第9期。

[3] 参见刘柏纯："关于刑事错案纠正过程中相关程序问题的思考"，载《福建公安高等专科学校学报》2005年第6期。

[4] 参见尹吉："也谈刑事错案"，载《人民检察》2006年第9期。

[5] 参见王晋、刘志远："关于刑事错案界定与判定的反思——以检察环节为视角"，载《法学杂志》2007年第6期。

[6] 参见康均心、韩光军："和谐语境下的刑事错案研究"，载《西南政法大学学报》2007年第2期。

[7] 该条例已废止。

[8] 该条例已废止。

错误或者违反法定程序而造成裁判、裁决、决定、处理错误的案件。"《江西省司法机关错案责任追究条例》第 3 条规定："本条例所称错案，是指司法机关办结的，认定事实错误，或者适用法律错误，或者违反法定程序的案件。"[1]

尽管理论上和实践中对刑事错案的界定和认识不统一，但是从上述种种定义中我们可以归纳出一些规律。这些规律是：①有些概念将主观上的过错及其刑事司法决策错误作为基础，也就是说既要有主观上错误，又要产生实体处理错误的结果，比如上述第一种观点和第三种观点。②有些概念明确包括了事实错误和适用法律错误，比如上述第四种观点和第五种观点；而有些概念中则仅仅指实体错误，比如上述第三种观点。很显然，这个概念之下的刑事错案包括两种类型：一是实质错案，即确实存在认定事实或适用法律的错误；二是形式错案，即以法律名义宣告的错案，是法律意义上的错案。通过某一具有法律效力的司法决定宣告了错案的存在，表现为后续的诉讼环节以有效的司法决定否定了前面诉讼环节上的司法决定，如法院作出无罪判决，宣告了立案、批准逮捕、侦查终结、起诉等诉讼环节上错案现象的存在。[2] ③有些概念将违反法定程序的案件也认定为刑事错案。比如上述第二种观点，《陕西省各级人民法院、人民检察院、公安机关错案责任追究条例》第 2 条的规定、《海南省各级人民法院、人民检察院、公安机关错案责任追究条例》第 2 条规定以及《江西省司法机关错案责任追究条例》第 3 条的规定。④在导致的错误的种类当中，有的明确指出包括定罪与量刑出现错误，比如上述第二种观点。我们认为，从上述关于刑事错案的各种概念中归纳出来的这些规律一方面如实反映了当前我们国家在刑事错案的界定上存在的混乱，另一方面这些问题实际上已经涉及到刑事错案的认定标准问题了。刑事错案的概念界定离不开对刑事错案标准的准确认识。

（二）刑事错案的认定标准

"刑事错案"不是一个法律术语，理论界与实务界对何为刑事错案、刑事错案的认定标准等问题还没有形成统一认识。因此，科学合理地对待"刑事错案认定标准"，对保障犯罪嫌疑人、被告人的合法权益，打击犯罪，提高司法权威，无疑具有十分重要的意义。[3] 对刑事错案的认定标准，理论与实务界提出了许多观点，归纳起来主要有以下几种。

1. 客观说。这是一种根据案件最终处理结果是否与客观情况相符合来作为判断标准的学说。而这里的客观情况其实包括认定事实和适用法律。该说认为，"错案是

[1] 参见吴四江："刑事错案责任追究制度"，载《长安大学学报（社会科学版）》2008 年第 1 期。
[2] 参见李建明："刑事错案的深层次原因——以检察环节为中心的分析"，载《中国法学》2007 年第 3 期。
[3] 参见龚佳禾："'刑事错案认定标准'研究"，载《中国刑事法杂志》2007 年第 5 期。

指在认定事实上或者在适用法律上确有错误，必须按照审判监督程序改判的案件。"[1]"错案是指公安机关、人民检察院、人民法院和监狱管理机关违法行使职权，在认定事实、适用法律上确有错误的案件。"[2]"刑事错案是指公安机关、人民检察院和人民法院在行使职权、办理刑事案件过程中，因对案件的基本证据或基本事实认定错误，或者适用法律错误，或者在办理案件中违反法定诉讼程序而导致刑事追诉或者定罪量刑出现错误的案件。"[3]"所谓刑事错案，就是指处理决定与案件事实或法律规定不符的刑事案件。"[4]此观点强调的是，判断错案的标准是案件最终的处理结果是否与客观事实不符、是否存在错误。

2. 主观说。该说认为，认定错案的标准在于确定司法人员主观上有故意，应该把"对结果的关怀转移到对行为的监控上来。"[5]此观点强调的是，判断案件是否是错案以司法人员主观上是否存在过错为标准。正如上文在论及刑事错案概念所提及到的，"刑事错案是指以司法认识错误为基础的刑事司法决策错误。"[6]"刑事错案是指司法机关及其司法人员，依职权在刑事诉讼活动中，因主观上有过错，并产生实体处理错误结果的案件。"[7]

3. 主客观统一说。该说认为，确定错案的标准是把主观过错与客观结果结合起来，即所谓"错案是指审判人员在立案、审理、执行案件过程中，故意或过失违反程序法或实体法，导致处理结果错误并依法应当追究责任的案件。"[8]或将错案定义为"国家机关及其工作人员行使职权的行为违反法律规定，侵犯了法律所保护的权益的行为和事实。错案通常是因为侵犯了特定权利主体的合法权益才被确认的。"[9]

4. 多重标准说。有学者指出，错案本身是一个很复杂的概念，在不同的语境下错案具有不同的含义和不同的判断标准。刑事错案应当坚持三重标准，即错案纠正之错案标准（是指对裁判已经生效的案件，在什么情况下应该视原判有错误而启动再审程序的标准）、错案赔偿之错案标准（是指国家赔偿机关对什么样的案件应当认

---

[1]　金汉标："'错案'的界定"，载《法学》1997年第9期。

[2]　张柏峰：《中国的司法制度》，法律出版社2002年版，第223页。

[3]　刘柏纯："关于刑事错案纠正过程中相关程序问题的思考"，载《福建公安高等专科学校学报》2005年第6期。

[4]　王晋、刘志远："关于刑事错案界定与判定的反思——以检察环节为视角"，载《法学杂志》2007年第6期。

[5]　周永坤："错案追究制与法制国家建设"，载《法学》1997年第9期。

[6]　李建明："形式错案预防的宏观对策研究"，载《人民检察》2006年第9期。

[7]　尹吉："也谈刑事错案"，载《人民检察》2006年第9期。

[8]　于伟："错案标准的界定"，载《法学》1997年第9期。

[9]　杨立新：《错案赔偿实务》，法律出版社1997年版，第3页。

为是错案而对当事人作出赔偿决定的标准）、错案追究之错案标准（是指公安司法机关对其办案人员办理的案件在什么情况下应认定为错案而进行错案追究的标准）。该学者进一步指出，建立刑事错案的三重标准，有利于加大刑事诉讼中的人权保障；建立刑事错案的三重标准，符合现代诉讼规律。[1] 还有学者在区别错案认定标准与国家刑事赔偿标准、错案认定标准与责任追究标准的基础上提出，认定刑事错案应以客观事实真相和现行的法律为标准，既要采取司法人员视角，也要重视当事人视角，既要关注诉讼结果，也要重视审前、执行等各个诉讼环节。具体而言，只要符合以下任何一项均构成错案。①基于证据所认定的案件基本事实与客观案件事实真相不相符；②在所认定的案件基本事实正确的前提下，适用法律错误；③违背程序法的规定，严重侵害他人合法权益。[2]

5. 实质标准说。该说认为判断刑事错案的标准为是否对犯罪嫌疑人和被告人的合法权利造成了损害。比如有学者认为，"刑事错案的本质属性是每一起刑事错案，都意味着犯罪嫌疑人、被告人的合法权利受到了司法机关、司法人员的不当侵害。根据这一本质属性，刑事诉讼活动中因为司法机关、司法人员的原因导致犯罪嫌疑人、被告人的合法权利受到损害的所有情形都属于刑事错案。"[3] 有学者认为，"在刑事程序中，错案应当是指这种错误发生了对被告人不利的后果，这样的案件才是错案。我之所以这么认为是存在一定的理论根据的。根据刑事诉讼程序的设计，证明被告人有罪的责任是由控诉方来承担的，依据国外的标准，检控方要证明到毫无合理怀疑的程度。由此可见，刑事诉讼的证明标准需要达到非常高的程度，这实际上从另一个角度来说，也就意味着允许放纵一部分犯罪者。基于这样的原理，我认为对被告有利的案件，是刑事诉讼程序对放纵犯罪的一种默许，因此这种案件就不能算错案。"[4]

主观说强调的是，判断案件是否是错案不是根据案件的处理结果是否与客观事实相符，而是司法人员主观上是否存在过错。此观点认为法律条文的不确定性、事实认定的不确定性和法律以外的其他社会和个人因素的不确定性决定了案件处理结果的不确定性，导致判断实体处理结果正确与否处于不确定状态，因此，只能从司法人员主观上寻求错案的标准，即只要主观上存在过错，即使案件处理结果与客观事实相符，也应当认定为错案。质疑者认为，主观过错标准把司法人员主观过错之

---

〔1〕 参见陈学权："刑事错案的三重标准"，载《法学杂志》2005 年第 4 期。

〔2〕 参见王晓霞："刑事错案认定标准的反思与重构"，载《人民检察》2006 年第 11 期。

〔3〕 龚佳禾："'刑事错案认定标准'研究"，载《中国刑法杂志》2007 年第 5 期。

〔4〕 "刑事错案中的证据问题"，载《证据学论坛》（第 11 卷），中国政法大学出版社 2006 年版，第 437 页。

外的原因造成的错案排除在外，缩小了错案的范围，并且可操作性不强，因为办案人员主观上的因素往往具有隐秘性，很难证明。而且，单纯以办案人员主观上有过错为认定标准不具有现实性，因为案件处理结果与客观事实相符时，人们一般也不会提出异议，故实践中一般不存在认定这种错案的可能性。[1] 因此主观说标准是不可取的。而主客观相统一说主张在确定错案的标准时应把主观过错与客观结果结合起来，实际上只是错案责任追究层面上评判错案的标准，它把错案认定同追究办案人员的纪律、法律责任等同起来，与主观说一样，也会不恰当地缩小了错案的范围。而认为错案标准应分为错案纠正、错案赔偿和错案追究的三重标准说，由于不是在同一语境下进行研究，因此极易引起认定标准上的混乱。而实质标准说，认为判断刑事错案的标准在于是否对犯罪嫌疑人和被告人的合法权利造成了损害。这同样面临着一个难以确定的问题，因此有可能会不当扩大或缩小刑事错案的范围。[2]

我们认为，刑事错案的判定应当依据相应的案件事实和法律规定，即处理决定与相应的案件事实或法律规定不符的，就属于错案；处理决定与相应的法律规定以及事实相符的，就不属于错案。相应的，判定错案的标准也包括两个部分，即事实标准和法律标准。任何一个案件，只要符合其中的一个标准，就属于错案。[3]

1. 事实标准——与案件事实不符。事实分为客观事实和法律事实两种。在法学界，存在着客观真实说与法律真实说之争。客观真实说认为，司法机关认定的事实应是原发的案件事实，主张司法机关办理一切案件，都只能以客观事实作为唯一根据，而且这个事实根据必须是绝对真实可靠，完全符合案件的客观真相。法律真实说认为，司法机关认定的事实不是原发的案件事实，而是法律上的真实，主张绝大多数案件中，司法机关实际上是依据在法定范围内认可的并为一些证据所支持的事实，即法律事实而决定的。尽管法律事实可能与客观事实近似，但并不总是相等，甚至总是不能重合。[4] 我们认为，案件事实本身具有相当的复杂性；而时间的一维性特征又决定了案件事实不可能再现；同时司法人员的认识能力会受到自身主观因素或外界客观因素的影响与制约，即使他们愿意积极主动地去发现案件的事实真相，也很难实现客观真实的目标。此外，程序的正当性和司法资源的有限性又要求司法人员必须在一定的期限内对案件做出处理，这就使得对案件"客观真实"的过分强调变得不现实。因此，具体到个案来说，司法人员对案件事实的认定很难说是"绝

〔1〕　参见龚佳禾："'刑事错案认定标准'研究"，载《中国刑事法杂志》2007 年第 5 期。
〔2〕　参见龚佳禾："'刑事错案认定标准'研究"，载《中国刑事法杂志》2007 年第 5 期。
〔3〕　参见王晋、刘志远："关于刑事错案界定与判定的反思——以检察环节为视角"，载《法学杂志》2007 年第 6 期。
〔4〕　参见李奋飞："对'客观真实观'的几点批判"，载《政法论丛》2006 年第 3 期。

对真理"，绝大多数情况下都只能是"相对真理"。在这一问题上，我们赞同法律真实说的观点，即司法机关在刑事诉讼证明的过程中，运用证据对案件事实的认定应当符合刑事实体法和程序法的规定，应当达到从法律的角度认为是真实的程度。[1]因此，我们这里所说的与案件事实真相不符，主要就是指与法律真实不符，即与案件证据所能证明的事实不符。

2. 法律标准——与法律规定不符。法律包括实体法和程序法两种。所谓与法律规定不符，主要是指与实体法规定不符，即适用实体法错误；同时也包括与程序法规定不符，即适用程序法错误。值得注意的是，有些学者认为违反程序法不能作为衡量错案的标准，理由是错案最终是以实体法的规定为依据进行判别的。[2] 对此，我们认为应当具体分析。违反程序法的情况根据指向结果的不同可以分为两种。一种是违反程序法对案件处理结果没有影响，一种是违反程序法对案件处理结果有直接影响。我们认为，并非所有适用程序法错误、违反程序法的案件都是错案，只有适用错误的程序法并且由此导致案件处理结果错误的，才属于错案中的适用法律错误。例如，违反刑事诉讼法关于回避规定的，属于违反程序法的规定，但这不涉及案件结果本身的处理，即不属于案件处理结果意义上的适用法律错误，因而这本身不属于错案，而违反刑事诉讼法关于逮捕条件规定的，由于逮捕本身是作为案件办理的，因此，这种违反程序法的情形就属于案件处理结果意义上的适用法律错误，即构成错案。[3] 客观标准注意到了基本案件事实与客观案件事实真相不相符和适用法律错误两个方面，这也是理论界的主流观点。[4]

在明确了刑事错案认定标准的基础上，我们认为，刑事错案就是指司法机关人员在刑事诉讼过程中，对犯罪嫌疑人、被告人据以确定责任有无及大小的事实与案件事实不符，或者错误地适用实体法、程序法从而导致结果处理错误的案件。[5] 刑事错案产生的主体是有关司法人员，在我国具体指人民检察院、人民法院、公安机关和狱政机关等机关享有司法权力的工作人员，而不仅仅是审判人员。发生的阶段

---

[1] 参见王晋、刘志远："关于刑事错案界定与判定的反思——以检察环节为视角"，载《法学杂志》2007 年第 6 期。

[2] 参见王升今、杨旺年："刑事错案及相关问题研究"，载《国家检察官学院学报》1995 年第 3 期。

[3] 参见王晋、刘志远："关于刑事错案界定与判定的反思——以检察环节为视角"，载《法学杂志》2007 年第 6 期。

[4] 对于客观标准，学界也有少数人提出了质疑，比如有学者认为："根据客观标准，因犯罪嫌疑人、被告人自己的原因而导致处理错误的案件也会成为刑事错案，容易导致刑事错案的外延过于宽泛……所谓标准的客观化是指标准既是国家的、社会的，也是大众的，任何组织和个人都可以用此标准来评判。标准的主观化是指标准是特定主体制定并使用的，无法防止标准的制定和使用上的主观随意性。"参见龚佳禾："'刑事错案认定标准'研究"，载《中国刑事法杂志》2007 年第 5 期。

[5] 限于篇幅，本文仅讨论人民法院阶段的刑事错案。

是刑事诉讼过程中，这一过程从开始到结束，是一个向前运动、逐步发展的过程。按照一定标准，可将这一过程划分为若干独立的阶段，通说将我国的刑事诉讼划分为侦查、起诉、第一审、第二审和执行等阶段，此外还有死刑复核和审判监督两个特殊阶段。[1]

二、刑事错案的原因分析

（一）传统文化的消极影响

人类的社会实践是一个不断解决问题的过程，而文化就产生于这一过程之中。作为文化重要组成部分的法律文化，本质上是一种法的观念、原则和价值体系，引导或制约着法律制度、法律设施的建设和运行，引导制约着人们的法律行为。[2] 有学者认为，刑事司法过程中错案现象的深层次原因之一，便是中国传统法律文化的消极影响。中国传统法律文化有积极的内容，也有消极的方面。中国传统法律文化的消极影响使刑事错案的发生具有了深刻的文化基础和内在动因。[3] 具体而言，我国传统文化对刑事司法活动的消极影响进而容易导致刑事错案主要表现在以下两点。

第一，重实体轻程序的观念。在我国古代，断案人员往往脱离法律条文，根据社会正义，伦理道德（尤其是儒家道义），风俗习惯乃至人情世故对犯罪和量刑作出定性分析。为达到实质理性的目的，往往不惜一切代价。"不打不招"成了他们对待犯罪嫌疑人的信条。"在这种法律制度中，法的形式理性是得不到遵守的，更强调的是伦理意义上的实质合理性。"[4] 对实体正义的追求导致对程序的漠视，刑事司法活动的非程序化和刑讯逼供便成为过分追求实体正义的附属品。而中国封建社会刑事司法的非程序化和刑讯逼供的合法化是中国传统法律文化的重要特征之一，成为封建社会冤狱遍地的最直接原因。时至今日，我们想方设法提升程序的法律地位，千方百计防范刑讯逼供，但从大多数刑事错案形成与发展的情形来看，都依然反映出重实体、轻程序的司法观念。从某种意义上说，传统法律文化的消极影响是刑事错案的一个重要原因。我们知道，司法公正包括实体公正和程序公正。实体公正是一种结果公正，而程序公正是一种过程公正。程序公正是保证实体公正的前提。但对实体公正的追求一直是我国刑事司法的主旋律，重实体轻程序的观念在一些司法人员的头脑中根深蒂固。他们错误地认为只要实体上是正确的，程序上的错误和问

---

〔1〕 参见康均心、韩光军："和谐语境下的刑事错案研究"，载《西南政法大学学报》2007 年第 2 期。

〔2〕 参见张中秋：《比较视野中的法律文化》，法律出版社 2003 年版，第 29 页。

〔3〕 参见李建明："刑事错案的深层次原因——以检察环节为中心的分析"，载《中国法学》2007 年第 3 期。

〔4〕 陈兴良：《当代中国刑法新境域》，中国政法大学出版社 2002 年版，第 21 页。

题都可以原谅和忽视。[1]

第二，中国传统法律文化的群体性特征。中国传统法律文化的群体性特征，是指中国传统法律文化重视集体的利益而轻视个体的权利，所以牺牲个体权利以维护共同体利益被理解为天经地义。[2] 日本寺田浩明教授曾就个体与群体的关系将中国与西欧加以比较。在他看来，"西欧似乎选择以个人作为秩序形成出发点的发展道路。把秩序理解为就是保护每个个体所拥有的正当利益而得到的总和。个体所拥有的正当利益被称为'权利'，而权利完全实现的状态则被称为'法'。权力就是实现这个法的机关。其观念形态的发展最终归结为社会契约论。与其相对，中国则是以全部个体的共存为基础。无论其基本的经济单位如何趋向于个体化或分散，但要求所有个体都顾全大局并作为一个和谐的集体中的一员来生活却一直被视为不证自明的道理。首先有全体的生存，才会有个体的生存。代表全体的利益要求每个个体互助互让，同时对于每个个体有时会出现的膨胀予以抑制和处罚，这些都被看作是公共权力应该履行的职责。"[3] 中国传统法律文化一向重视集体的利益而轻视个体的权利，所以牺牲个体权利以维护共同体利益被理解为天经地义。中华法系是典型的国家权利本位主义，强调国家对公民个人权利的干涉，在保护人权、强调公民个人权利与自由和惩罚犯罪、必要时牺牲个人利益之间，我国选择了后者。也正是在这种思维导向下，我国在保障人权和惩罚犯罪这两项基本价值取向中选择了犯罪控制观。认为犯罪者是害群之马，应当群起而诛之。基于此观念，人们对犯罪的憎恨远远超过对国家官员惩治犯罪时可能滥用权力的惧怕。我国控制犯罪的价值取向在某种程度上使刑事诉讼程序沦为实现犯罪控制的工具，参与诉讼活动的机关和个人也为实现控制犯罪这个目标而运行，因而出现非法获取证据的行为也就不足为奇了。从本质上说，犯罪是个体与社会共同体的冲突，是个体对社会共同体生活秩序的破坏，而刑事司法的任务在于揭露并惩罚犯罪，以此维护社会共同体的利益安全。于是，作为追诉机关的检察人员在采用违反法定程序完成揭露犯罪的任务时理直气壮，似乎由于目的正当，手段变得无关紧要。[4] 正如有学者指出的，"我国的司法实践长期受到植根于封建社会的"国家本位"的价值观念影响，重视群体的利益而轻视

---

〔1〕 参见张正新："论解决刑事错案的长效机制"，载《武汉大学学报（哲学社会科学版）》2007 年第 4 期。

〔2〕 参见李建明："刑事错案的深层次原因——以检察环节为中心的分析"，载《中国法学》2007 年第 3 期。

〔3〕 ［日］寺田浩明："清代民事审判与西欧近代型的法秩序"，载《中外法学》1999 年第 2 期，转引自前引张中秋：《比较视野中的法律文化》，法律出版社 2003 年版，第 9 页。

〔4〕 参见李建明："刑事错案的深层次原因——以检察环节为中心的分析"，载《中国法学》2007 年第 3 期。

个人权利，牺牲个体权利、维护共同体利益被认为是天经地义的。这种价值观的后果，就是常常置诉讼参与人的各种诉讼权利于不顾，美其名曰'为了国家'而'必然要牺牲个人'。"[1]：

（二）非法证据难以真正排除

有学者通过对一些公开的具有较大社会影响的错案发生的原因进行研究，得出了如下一些结论（见表一）[2]

表一：中国17起典型错判死刑案件的成因

案件名称（被告人、地点、逮捕时间）	不可靠的证言（同案犯的口供）	被告人的虚假供述	错误的辨认	律师的失职行为	鉴定不科学	检控方的不当行为
李化伟涉嫌杀人案,辽宁省大石桥市,1986/12	×				×	×
陈国清等涉嫌强奸案,河北省承德市,1994/11					×	×
杜培武涉嫌杀人案,云南省昆明市,1998/10					×	×
李久明涉嫌杀人案,河北唐山市,2002/07					×	
聂树斌涉嫌强奸杀人案,河北石家庄市,1994/09				×		×
佘祥林涉嫌杀人案,湖北京山县,1994/04						×
胥敬祥涉嫌抢劫案,河南鹿邑县,1991/04			×			×
赵新建涉嫌杀人案,安徽省亳州市,1998/08						×
腾兴善涉嫌杀人案,湖南麻阳县,1987/12					×	×
秦艳红涉嫌强奸案,河南安阳县,1998/09	×					×
岳兔元涉嫌杀人案,山西省柳林县,2000/04					×	×

---

[1] 陈爱蓓："刑事错案成因的法外考察——兼谈影响刑事司法的若干诉讼文化因素"，载《社会科学论坛》2009 年第 2 期。

[2] 参见宋远升："刑事错案比较研究"，载《犯罪研究》2008 年第 1 期。

案件名称(被告人、地点、逮捕时间)	不可靠的证言(同案犯的口供)	被告人的虚假供述	错误的辨认	律师的失职行为	鉴定不科学	检控方的不当行为
孙万刚涉嫌杀人案,云南省巧家县,1996/04					×	×
张海生涉嫌强奸案,河南淅川县,2003/12			×		×	×
王树红涉嫌嫖娼杀人案,云南丘北县,2002/09			×			×
陈金昌抢劫杀人案,云南省曲靖市,1995/05						×
林超忠案,广西台山市,2002/07						×
李龙等涉嫌故意伤害致死案,安徽巢湖市,2005/10	×					×

很显然的是,"非法取证往往是造成刑事错案的主要原因。"[1] 从上述表格中可以看出,在 17 起典型错判死刑案件的成因中,每一个案件都有"检控方的不当行为",而"检控方的不当行为"实际上就是非法采集证据。[2] 应该说,非法取证与非法证据的危害性路人皆知,因而人们一致呼吁确立非法证据排除规则,严肃制裁非法取证行为。然而,进一步看,法律虽然规定刑讯逼供或以其他非法方法收集犯罪嫌疑人、被告人的供述、被害人陈述、证人证言不得作为定案的依据,但是由于证明证据不合法的责任通常被强加在辩方身上,因而诉讼中缺乏一种足以排除这些非法证据的有效机制。[3] "特别是对以非法手段收集的言词证据的证明,除非因侦查人员刑讯造成了被刑讯人死亡、伤残等严重后果,或因侦破其他案件而抓获真凶致使案件真相大白,否则,即使承办案件的司法人员在相当大的程度上怀疑该口供系侦查人员违反法定程序所得,亦无法以确凿的证据证实该口供属非法证据并予以排除。"[4] 近年来,全国检察系统普遍实行了职务犯罪案件侦查讯问全程录音录像制度,有些地方的公安机关对一些重大的暴力犯罪案件也开始实行类似的做法,这或许可以迫使侦查人员依法取证,从而可以减少错案的发生,但这并不意味着排除

[1] 王振川:"防范非法取证与刑事错案,维护社会公平正义",载《国家检察官学院学报》2007 年第 1 期。
[2] 参见宋远升:"刑事错案比较研究",载《犯罪研究》2008 年第 1 期。
[3] 参见李建明:"刑事错案的深层次原因——以检察环节为中心的分析",载《中国法学》2007 年第 3 期。
[4] 张智辉:《刑事非法证据排除规则研究》,北京大学出版社 2006 年版,第 128 页。

非法证据难题的解决。[1] 诸多领域素有"上有政策,下有对策"之不良风气,有些地方的"侦查人员依法将其主要精力放在'立案'及传唤、拘传犯罪嫌疑人之前未作'同步录像'的'调查'期间,以致侦查人员于传唤、拘传犯罪嫌疑人期间制作的讯问犯罪嫌疑人'全程同步录像'的制度形同虚设,丧失了其监督侦查人员审讯活动合法性的功能。"[2] 可见,非法证据难以排除的问题不可能随着非法证据排除规则的确立和全程录音录像制度的推行而完全解决,这一问题在相当长时间内将依然成为刑事错案的原因之一。[3] 非法证据难以真正排除,一方面是由于缺乏遏制非法取证所必需的司法审查机制。我国刑事诉讼法虽然把侦查程序纳入其中,但它却不具有诉讼属性,而是一个相对封闭的行政程序,对侦查行为过程缺乏有效的制约监督。另一方面,认定和处理非法证据无法可依。现行刑事诉讼制度中对非法证据的认定和处理未作规定,特别是一直以来我国司法实践中对非法取得证据,即违法取得的证据本身如果是真实的,能够证明案件的事实,就可以采用。这样,法院对被告人的申辩无法确证,判决结论难以避免地陷于危险境地,法院最终不得不吞下"毒树之果"。[4]

(三) 犯罪嫌疑人 (被告人) 辩护权的虚化

犯罪嫌疑人辩护权的虚化本质上是指犯罪嫌疑人的辩护权名不副实,有其外表而少其内容,事实上被淡化、被虚置。虚化是一种最严重的弱化。[5] 长期以来,"我国犯罪嫌疑人的辩护权不仅显得单薄,而且缺乏保障,再加上在实务中侦查机关对法律漏洞的充分利用,犯罪嫌疑人很难拥有真正意义上的辩护权。"[6] 犯罪嫌疑人辩护权的虚化现象突出表现在两方面:其一,法律上对犯罪嫌疑人的辩护权缺乏肯定、明确、具体、完善的规定,既没有明确肯定犯罪嫌疑人的辩护权,也没有规定保障犯罪嫌疑人辩护权的具体的法律措施;其二,司法实践中无视法律上已经确认的犯罪嫌疑人的辩护权,限制、剥夺犯罪嫌疑人的辩护权,或者对于犯罪嫌疑人

---

[1] 参见李建明:"刑事错案的深层次原因——以检察环节为中心的分析",载《中国法学》2007年第3期。

[2] 张智辉:《刑事非法证据排除规则研究》,北京大学出版社2006年版,第151页。

[3] 参见李建明:"刑事错案的深层次原因——以检察环节为中心的分析",载《中国法学》2007年第3期。

[4] 参见张正新:"论解决刑事错案的长效机制",载《武汉大学学报(哲学社会科学版)》2007年第4期。

[5] 参见李建明:"犯罪嫌疑人辩护权的立法保障——兼论刑事错案的审前预防",载《中外法学》2007年第2期。

[6] 刘梅湘:"论犯罪嫌疑人的辩护权及其保障",载陈光中等编著:《诉讼法理论与实践》(2004年卷),中山大学出版社2005年版,第475页。

的辩护行为和辩护意见置之不理，[1] 例如在审查起诉阶段，犯罪嫌疑人的辩护律师在这一阶段上就难以有所作为，律师参与的形式远大于实质意义。审前程序中，犯罪嫌疑人自己是否享有辩护权、如何行使辩护权，如何保障其行使辩护权，法律并无明确具体的规定。律师帮助犯罪嫌疑人行使辩护权的作用空间也非常有限。整个审前程序中，如果不是辩护人会见当事人的需要，检察人员一般不会主动与辩护人见面沟通，主动听取辩护意见，审前阶段侦查人员、检察人员基本不会把保障犯罪嫌疑人的辩护权同防止错案联系起来，相反习惯于将犯罪嫌疑人和律师的辩护行为看作是妨碍自己查明真相的障碍。[2]

三、刑事错案责任追究制度

（一）刑事错案责任追究制度现状

应当承认，目前中国没有专门对刑事错案追究制度进行规定的法律，仅有关条例对错案责任追究制度进行了规定；未对刑事错案这一概念进行科学、统一的概括，也未对如何确定处分的种类、追究组织、追究程序等操作性内容做出规定。正是由于对关于错案的有关规定过于抽象，难以把握，错案责任的追究也没有落到实处，在实际工作中并未发挥其应有的制约、威慑作用。[3] 具体而言，我国目前的刑事错案责任追究制度存在以下几个方面的不足：[4] ①刑事错案的界定不统一。如前文所述，司法实践部门对"错案"的界定一直没有达成共识，有关刑事错案的标准在学界也是没有统一。这影响了刑事错案责任追究制度的规范发展。②责任范围不清。错案责任范围的界定不宜过宽，也不宜过窄；否则难以在实践中发挥维护司法独立、保证案件办理质量的作用。如果将标准界定过严，将被上级人民法院发回重审或被改判的案件一律作为错案，必然导致司法人员因惧怕被追究责任而向上级请示、消极等待的后果。因为《中华人民共和国国家赔偿法》第21条第4款规定："再审改判无罪的，作出原生效判决的人民法院为赔偿义务机关。二审改判无罪，以及二审发回重审后作无罪处理的，作出一审有罪判决的人民法院为赔偿义务机关。"③认定方式错位，责任追究虚化。《人民法院审判人员违法审判责任追究办法（试行）》第27条规定："人民法院的裁决、裁定、决定是否错误，应当由人民法院审判组织确定。"第28条规定："各级人民法院监察部门是违法审判责任追究工作的职能部门"。《海南省各级人民法院、人民检察院、公安机关错案责任追究条例》第19条规定：

---

〔1〕 参见陈国庆等："审查起诉程序中辩护职能的保障"，载陈卫东主编：《"3R"视角下的律师法制建设》，中国检察出版社2004年版，第72~73页。

〔2〕 参见李建明："犯罪嫌疑人辩护权的立法保障——兼论刑事错案的审前预防"，载《中外法学》2007年第2期。

〔3〕 参见吴四江："刑事错案责任追究制度"，载《长安大学学报（社会科学版）》2008年第1期。

〔4〕 参见沈玉忠："美国刑事错案救济制度及对中国的启示"，载《鄂州大学学报》2008年第6期。

"人民法院、人民检察院和公安机关办理的错案，分别由本级审判委员会、检察委员会、厅（局）务会议根据有关法律法规和本条例的规定确认。"第20条规定："追究错案责任，应当由责任人所在机关按照管理权限和有关程序办理。"《江西省司法机关错案责任追究条例》第15条规定："各级司法机关应当指定工作机构对获取的错案线索进行初步审查，提出审查意见，分别报审判委员会、检察委员会、错案责任追究委员会认定。"

通过上述法条可以看出，中国目前的错案责任追究组织和方式主要还是内部追究的模式。也由此可以看出，中国的错案责任追究模式就是典型的自断其案、自家人追究自家人的责任，难以保证错案责任追究制度落到实处。

（二）刑事错案责任追究制度存废之争

由于错案责任追究制度本身存在缺陷，法律对它的规定过于笼统、抽象，在实践中并未收到预期的效果，于是有学者对错案责任追究制度提出质疑，主张废除错案责任追究制度，持该观点的人为数不少。有学者指出："建立错案责任追究制度的初衷据说是为了遏制当前社会上出现的司法不公、司法腐败现象，不过这种举措是一种体制犯错、却让法官吃药的做法；明眼人也已指出，法官们其实是在代人受过"[1] 当然，理论界对错案责任追究制度最大的批判在于认为它损害了司法独立。有学者认为：错案责任追究制度严重损害了司法独立，司法活动的独立性体现在通过对事实的认识和对法律的理解独立地对案件做出裁判，如果他的活动受到没有审理案件人员的影响和干扰，就不可能做到司法独立。"对于一个现代法治国家，独立审判是一项最基本的原则。法官对法律问题有最终的发言权，在法官之外不再有一个评价法官行为合法性的力量"[2] 错案责任追究制的目的实际上不是通过程序本身的完善使当事人获得一个公正的裁判结果，而是寄希望于对程序和结果制作者的事后惩罚而对法官形成约束，这种约束实质上是对法官裁判的一种干预和影响。一旦审判的独立性受到影响和威胁，就会影响法官审判权的权威性，其结果必然是损害司法独立。确实，在现代西方法律体系，尤其是普通法系，错案责任追究制度在法律现代化过程中逐渐消失，错案概念基本上不存在。"法官的身份与言行是受到保护的，法律明确赋予法官司法豁免权，使法官在执行司法职能所做的行为免于民事诉讼，法官可以不对自己在法庭上的言行负法律责任，而且法官只对自己的违法行为和不当行为承担相应的法律或道义责任，而不是对判决承担个人责任"[3] 当然，也有学者支持错案责任追究制度。该学者指出，"每个国家有自己的国情，制度的设

---

[1]　陈东超："现行错案追究制的法理思考"，载《法商研究》2000年第6期。
[2]　参见李建明："错案追究中的形而上学错误"，载《法学研究》2000年第3期。
[3]　[法]勒内·弗洛里奥：《错案》，赵淑美译，法律出版社1984年版，第125页。

立与评价应当考虑自己国家的实际情况。目前从中国法官素质不高、司法腐败个案时有发生的实际出发,错案责任追究是否是一项很有意义的制度呢?"[1] 尽管在错案责任追究的问题上学界有不同认识。但我们认为,鉴于目前我国刑事错案时有发生的状况,建立错案责任追究制度是必要的。

(三) 具体制度设计

1. 制定统一的法律。对刑事错案进行责任追究是一项十分严肃的活动,关乎司法人员的切身利益与司法公正的实现,但中国现行的错案责任追究制度规范杂乱,尚未形成完整的体系,导致错案责任追究制度重复立法、多头立法、而且宽严不一严重,影响了该制度的统一,不利于错案责任追究的落实。对于错案责任追究多头立法与重复立法,不仅是立法资源的巨大浪费,更带来了司法实践中法律适用的无所适从。[2] 因此,制定一部全国适用的《错案责任追究法》很有必要,全国人大常务委员会应该承担制定《错案责任追究法》的义务,依照立法程序制定统一的法典,做到错案追究全国统一,实现法律适用上的公正。

2. 明确责任构成要件。我们认为,追究司法人员的错案责任必须同时满足四个条件:[3] ①责任主体必须是司法工作人员,是构成刑事错案责任的主体标准。法院中责任主体必须是对具体案件的裁判结果有直接影响的人员,同时还要考虑与其职责相应,主要指承办具体案件的审判人员,包括合议庭组成人员,主持研究案件的庭长、副庭长、院长、参加研究案件的审判委员会。②司法工作人员主观上必须有过错,是构成刑事错案责任的主观标准。主观过错是对事件所持的一种主观心理态度,具体而言,包括故意和过失两个方面。在司法实践中,故意主要表现为办案人员出于某种原因或想达到某种目的而徇私情,违反法律规定,刑讯逼供,隐匿证据,枉法裁判等等;过失主要表现为办案人员自身素质不高,没有形成对人民高度负责的理念,责任心差,以至疏忽大意、玩忽职守等。③案件处理明显违法,是构成刑事错案责任的客观标准。法律是评价一切事件合法与否的标尺,错案责任的承担与否以及错案责任承担的方式、程度,也应与其违反法律的程度相适应。明显违法包括违反实体法和程序法,在刑事诉讼领域,一般是指对刑法、刑事诉讼法及其相关解释,以及公安机关、检察机关、审判机关内部有关规定的违反。④错案给当事人造成了严重后果,是构成刑事错案责任的结果标准。刑事诉讼是一切诉讼中强制性最大、侵犯性最强、诉讼后果最严重的,如果在此过程中出现了错案,一方面将对

---

[1] 杨立新:《错案赔偿实务》,法律出版社 2002 年版,第 98 页。

[2] 参见吴四江:"刑事错案责任追究制度",载《长安大学学报(社会科学版)》2008 年第 1 期。

[3] 参见姚建才:"错案责任追究与司法行为控制——以佘祥林'杀妻'案为中心的透视",载《国家检察官学院学报》2005 年第 5 期。

公民、法人和其他组织的合法权益造成非法侵害，给其带来严重的损失，有的甚至无法挽回；另一方面，会给国家司法机关的形象造成恶劣影响。[1] 主体特定性、主观过错性、客观违法性、后果危害性共同构成错案责任的要件，四个要件相辅相成，缺一不可。只有同时具备上述四个条件，才能构成错案，才能追究错案责任。

3. 完善责任追究组织机构。中国现行的错案追究制度中，对人民法院、人民检察院和公安机关办理的错案，一般是分别由审判委员会、检察委员会等会议按照有关法律和条例予以确认、惩戒或由上级机关对下级机关的错案进行确认。[2] 目前中国还没有统一的惩戒委员会，各地的错案追究组织一般设在同一法院、同一检察院和同一公安机关内部，由单位一把手领导，由纪检、监察、政工或有关职能科室的人员参加。[3] 然而在司法实践中，院长、检察长往往就是审判委员会、检察委员会成员，很多大案、要案和疑难案件实际上就是在审判委员会、检察委员会的指导下处理的；而这些案件被发现是错案时，又需要以院长、检察长为首进行确认，确认错案者有可能就是制造错案者，自己成为自己案件的法官是违背自然正义的。[4] 出于保护主义以及利益驱动，错案责任实际上很难得到落实。于是有人建议，由于对法官的惩戒工作责任重大，应委托县级以上的各级人民代表大会常务委员会中的内务司法委员会专门负责对法官的惩戒，此种惩戒权的行使也是人大行使监督权的表现。[5] 我们认为，这一建议是可行的。

刑事错案就是指司法机关人员在刑事诉讼过程中，对犯罪嫌疑人、被告人据以确定责任有无及大小的事实与案件事实不符，或者错误地适用实体法、程序法从而导致结果处理错误的案件。刑事错案通常是以司法认识错误为基础的刑事司法决策错误。由于司法认识的特殊性、困难性和复杂性，决定了不可能完全避免刑事错案。但是，通过提高认识能力，改善诉讼机制，减少刑事错案是完全可能的。[6] 因此，刑事错案的预防也是十分重要的。刑事错案的预防，就是要最大限度地减少错案的发生，及时发现错案并阻止错案继续发展。从宏观方面而言，一般认为，预防刑事错案的对策体系主要由四个方面构成：一是切实提高刑事司法人员的素质。侦查人员、检察人员和审判人员是刑事司法活动的主体，刑事错案是有关刑事司法人员的

---

〔1〕 参见吴四江："刑事错案责任追究制度"，载《长安大学学报（社会科学版）》2008 年第 1 期。

〔2〕 参见沈玉忠："美国刑事错案救济制度及对中国的启示"，载《鄂州大学学报》2008 年第 6 期。

〔3〕 参见姚建才："错案责任追究与司法行为控制——以佘祥林'杀妻'案为中心的透视"，载《国家检察官学院学报》2005 年第 5 期。

〔4〕 参见吴四江："刑事错案责任追究制度"，载《长安大学学报（社会科学版）》2008 年第 1 期。

〔5〕 参见樊崇义主编：《刑事诉讼法实施问题与对策研究》，中国人民公安大学出版社 2001 年版，第 213 页。

〔6〕 参见尹吉："也谈刑事错案"，载《人民检察》2006 年第 18 期。

认识错误和行为错误所致。从大多数刑事错案的情形看，造成刑事错案的首要原因是这些司法人员的职业道德素质或者司法业务素质的低下。因此，提升广大司法干警的素质是防范刑事错案的基本对策。二是更新刑事司法理念。更新刑事司法理念就是要切实转变轻视被追究者人权保障、过分强调追诉效率的传统理念，真正把保障犯罪嫌疑人、被告人人权和刑事诉讼的公正放在应有的位置。三是完善错案预防的法律机制。法律具有教育、引导、规范、约束、评价的功能。现行刑事诉讼立法的缺陷虽然不能理解为刑事错案发生的直接原因，但至少是制约刑事错案预防功能的重要原因，因而修改完善刑事诉讼立法，当是错案防范的重要措施。[1] 四是落实非法证据排除，杜绝刑讯逼供。为了研究刑事错案的产生原因和预防对策，有学者通过问卷调查、案例分析等实证研究并运用经济分析方法对刑事错案的产生原因进行了解析。调查分析的结果表明，证据问题是导致刑事错案的主要原因，建立和完善证据规则是防止刑事错案的基本路径，而当务之急是完善我国的非法证据排除规则和证人出庭作证制度，并努力提高办案人员收集运用证据的能力。[2] 我们认为，禁止刑讯逼供是非法证据排除的首要之义，甚至是防止刑事错案的首要措施。因为，"每一起刑事错案背后，基本上都有刑讯逼供的黑影。可以说，尽管刑讯逼供并非百分之百地导致错判，但几乎百分之百的错案，都是刑讯逼供所致。因此，杜绝刑讯逼供是避免刑事错案的首要措施。"[3]

第十题 减刑、假释程序的理性思考

当前，随着司法体制和机制改革的不断稳步推进，减刑、假释工作，乃至整个监狱工作面临着许多新情况和新发展，历史的发展对减刑、假释工作提出了新要求。因为整个监狱的执行工作"面临着管理思想由人治型向法治型的转变；管理模式由自主型向标准型的转变；管理方法由经验型向科学型转变；罪犯管理由管束型向教育型转变；监狱管理活动由执行型向创新型转变；监狱职能由多重型向单一型转变。"[4] 这就迫切要求我们以科学发展观为指导，理清工作思路，强化创新管理。特别是减刑、假释工作更为复杂，它不仅是监狱工作的重要组成部分，它还涉及到

---

〔1〕 参见李建明："刑事错案预防的宏观对策研究"，载《人民检察》2006 年第 9 期。

〔2〕 参见何家弘、何然："刑事错案中的证据问题——实证研究与经济分析"，载《政法论坛》2008 年第 2 期。

〔3〕 参见陈兴良："错案何以形成"，载《浙江公安高等专科学校学报》2005 年第 5 期。

〔4〕 刘秉国："坚持首要标准强化主业意识"，载《中国司法》2009 年第 11 期。

刑事诉讼制度的改革，更是人民法院审判工作的一项重要职责，这项工作做的好坏，直接关系到预防和减少犯罪，维护社会和谐稳定的重大政治责任和重要的历史使命。因此，我们必须更加理性的思考和对待这项工作，使它沿着科学、健康的轨道发展。针对减刑、假释工作当前面临的新形势，我认为必须从以下几个方面进行思考。

一、正视矛盾，抓住特征

转型时期的现实中国社会，出现了阶段性特征，社会矛盾突现，利益分配的格局呈多元化状态，刑事犯罪在不断攀升，导致减刑、假释工作也面临着新的形势。存在决定意识，矛盾与问题决定着对策，我们必须理性思考、正视问题，正视矛盾，抓住特征，决定对策。现实中国社会面临的阶段性特征，给减刑、假释工作带来的新问题有六：一是由于刑事犯罪的攀升，全国每年需要减刑、假释的数量也在逐年增加，给监狱和人民法院带来的工作量居高不下；二是减刑、假释罪犯回到社会后再犯罪情形时有发生，侵害人民群众生命、健康和财产的犯罪案件逐年攀升，反映司法机关对减刑、假释的适用效果不佳，人民群众反映强烈，人称"放虎归山，百姓遭殃"。因此，2008年6月16日，周永康同志在全国政法系统学习贯彻党的十七大精神和胡锦涛书记重要讲话专题研讨班上指出："对于必须收监关押的罪犯，监管场所要把改造人放在第一位，通过创新教育改造方法，强化心理矫治，提高罪犯改造质量，真正使他们痛改前非、重新做人。要把刑释解教人员重新违法犯罪率作为衡量监管工作的首要标准，确保教育改造工作取得实效。"周永康同志这一重要论述，把刑释解教人员回归社会后的重新违法犯罪率作为衡量监管工作的首要标准。"首要标准"的确立，正是对减刑、假释工作的新要求和新标准，更是在新的形势下，代表党中央对减刑、假释工作确定的指导方针，也是减刑、假释工作在新的形势下的价值选择；三是已经判处无期徒刑和死刑缓期二年执行的罪犯，在监执行时间不长，不严格依法减刑的案例时有出现，群众反映强烈。我国《刑法》第78条规定："减刑以后实际执行的刑期，判处管制、拘役、有期徒刑的，不能少于原判刑期的1/2；判处无期徒刑的，不能少于10年。"《刑法》第50条规定："判处死刑缓期执行的，在死刑缓期执行期间，如果没有故意犯罪，2年期满以后，减为无期徒刑；如果确有重大立功表现，2年期满以后，减为15年以上20年以下有期徒刑；如果故意犯罪，查证属实的，由最高人民法院核准，执行死刑。"但是，对于我国刑法的这些规定，在执行中，有法不依，执行不严，个别判处无期徒刑和死缓罪犯的减刑，在监狱的实际执行期不长，使一些罪犯没得到真正的改造，回归社会后重新犯罪的不乏其例；四是职务犯罪的罪犯不仅判处缓刑的数量在逐年增加，而且对职务犯罪的罪犯减刑次数多，减刑幅度大，对腐败分子打击不力，群众的反映已经成为一个热点；五是减刑、假释工作中滋生的司法腐败更是令人发指，成为社会热点问题之一。仅从舆论报道出的多起钱权交易，违法减刑、假释的案件，在社会上已经引起强烈的不满和批评。需要特别注意的是这类腐败的一个重大特点是监狱管教干警与法院法官相互勾结，集体受贿，徇私舞弊。例如，某省先后为206名罪犯违规办理减刑、假释和保外就医，共有46名管教干警和6名中级人民法院的法官卷入此案。这种令人痛心的案例在全国各省时有发生，必须引起我们高度重视；六是监所法律监督不力。根据《宪法》第129条的规定，我国人民检察院是国家的法律监督机关，检察机关对监狱的法律监督是人民检察院的一项重要的职责，这方面的权力制衡和制约，虽然已经取得一定的成绩，例如，最高人民检察院的工作报告显示，全国检察机关对监管活动中的违法情况提出的纠正意见每年都在万件次以上。但是，监督不力的情况还十分严重，尤其是减刑、假释监督不到位，程序不明确，对违法的制约、纠正、救济措施不具体等等，这一问题已经成为当前司法改革的重要课题。

以上六大问题是中国现实社会阶段性特征在减刑、假释工作中的反映，更是减刑、假释工作中的新问题、新情况、新矛盾，我们必须审时度势、转换思维、理清思路，保持清醒的头脑，才能确定减刑、假释工作新的工作方针。

二、区别对待，宽严有度

我国刑罚的执行工作，从立法到实务，充分地贯彻和体现了我党一贯坚持的宽严相济的刑事政策，尤其是我国刑法关于减刑、假释的有关规定，就是在执行工作中实行区别对待宽严相济的刑事政策。我国《刑法》第78条规定了减刑的适用条件及限度，"被判处管制、拘役、有期徒刑、无期徒刑的犯罪分子，在执行期间，如果认真遵守监规，接受教育改造，确有悔改表现的，或者有立功表现的，可以减刑；有下列重大立功表现之一的，应当减刑：①阻止他人重大犯罪活动的；②检举监狱内外重大犯罪活动，经查证属实的；③有发明创造或者重大技术革新的；④在日常生产、生活中舍己救人的；⑤在抗御自然灾害或者排除重大事故中，有突出表现的；⑥对国家和社会有其他重大贡献的。减刑以后实际执行的刑期，判处管制、拘役、有期徒刑的，不能少于原判刑期的1/2；判处无期徒刑的，不能少于10年。"我国《刑法》第81条规定了假释的适用条件："被判处有期徒刑的犯罪分子，执行原判刑期1/2以上，被判处无期徒刑的犯罪分子，实际执行10年以上，如果认真遵守监规，接受教育改造，确有悔改表现，假释后不致再危害社会的，可以假释。如果有特殊情况，经最高人民法院核准，可以不受上述执行刑期的限制。对累犯以及因杀人、爆炸、抢劫、强奸、绑架等暴力性犯罪被判处10年以上有期徒刑、无期徒刑的犯罪分子，不得假释。"我国刑法关于减刑、假释适用条件及限度的规定，自实施以来已经证明，充分发挥了刑罚的功能和作用，区别对待，分化瓦解，预防犯罪，充分的彰显了"刑罚以人为本的核心理念，表现了具有中国特色刑罚执行工作的本质特征"。但是，在执行的过程中，人们对法定条件的理解和限度的把握，仍然存在裁量不均，或者越限减刑、假释，针对这种情况，最高人民法院于1997年10月28日又对上述条件和限度颁布了《关于办理减刑、假释案件具体应用法律若干问题的规定》，该规定对于减刑条件的理解和减刑限度的适用又进一步作了明确的司法解释。

关于减刑条件的理解、内涵和适用，《关于办理减刑、假释案件具体应用法律若干问题的规定》的第 1 条规定："根据刑法第 78 条第 1 款的规定，被判处管制、拘役、有期徒刑的犯罪分子，在执行期间，如果认真遵守监规，接受教育改造，确有悔改表现的，或者有立功表现的，可以减刑；有重大立功表现的，应当减刑。

1. '确有悔改表现'是指同时具备以下四个方面情形：认罪服法；认真遵守监规，接受教育改造；积极参加政治、文化、技术学习；积极参加劳动，完成生产任务。对罪犯在刑罚执行期间提出申诉的，要依法保护其申诉权利。对罪犯申诉应当具体情况具体分析，不应当一概认为是不认罪服法。

2. '立功表现'是指具有下列情形之一的：

(1) 检举、揭发监内外犯罪活动，或者提供重要的破案线索，经查证属实的；

(2) 阻止他人犯罪活动的；

(3) 在生产、科研中进行技术革新，成绩突出的；

(4) 在抢险救灾或者排除重大事故中表现积极的；

(5) 有其他有利于国家和社会的突出事迹的。

3. '重大立功表现'是指具有刑法第 78 条规定的应当减刑的六种表现之一的情形。"

关于减刑的限度问题，最高人民法院在同一个司法解释中也作了具体的解释和规定，例如对有期徒刑在执行期间符合上述减刑条件的减刑幅度为：如果确有悔改表现的，或者有立功表现的，一般一次减刑不超过一年有期徒刑；如果确有悔改表现并有立功表现的，或者有重大立功表现的，一般一次减刑不超过 2 年有期徒刑。被判处 10 年以上有期徒刑的罪犯，如果悔改表现突出的，或者有立功表现的，一次减刑不得超过两年有期徒刑；如果悔改表现突出并有立功表现，或者有重大立功表现的，一次减刑不得超过 3 年有期徒刑。并同时规定了减刑的起始时间和间隔的时间。这一司法解释的第 3 条规定："有期徒刑罪犯的减刑起始时间和间隔时间为：被判处 5 年以上有期徒刑的罪犯，一般在执行 1 年半以上方可减刑；两次减刑之间一般应当间隔 1 年以上。被判处 10 年以上有期徒刑的罪犯，一次减 2~3 年有期徒刑之后，再减刑时，其间隔时间一般不得少于 2 年。被判处不满 5 年有期徒刑的罪犯，可以比照上述规定，适当缩短起始和间隔时间。""确有重大立功表现的，可以不受上述减刑起始和间隔时间的限制。"另外，在这一司法解释中对其他法定可以适用减刑的各个刑种的适用条件及减刑幅度都作了详尽规定，这里不再一一列举。从这些规定和解释中，不难看出，我国关于减刑和假释的适用，充分的体现了区别对待、宽严有度的理念和精神，它是我党的"宽严相济"刑事政策的具体化和法典化。摆在我们面前的任务是，能否有法必依、严格依法进行的问题。对于执行中的违法行为如何纠正、如何制裁的问题，对于利用减刑、假释进行权钱交易，大搞司法腐败，如何严加惩处的问题。

三、透明公开，彰显正义

"司法透明是诉讼活动的一项准则，它的目的在于保持司法制度运作的完美性和司法活动过程及结果的公正性。这是人们对国家法制的依赖感和司法公信力的来源。"[1] 减刑、假释工作应当是刑事诉讼活动的重要组成部分，它是执行程序中的诉讼变更问题。因此，理应遵守诉讼透明原则。

司法的透明公开、公正是产生公信力的基础。因为只有公开、公正、公平，才能产生公信。正如有论者指：公信力是人们对社会现象和事物的认同感，归根到底它是一种心理现象，它反映的是认识主体的心理感受，是认识主体的心理因素在起作用。当一定数量的多数人对某一社会现象或事物具有认同感时，我们说这一社会现象或事物取得了公信力。反之，产生认同感的主体数量未达到一定的多数时，该社会现象和事物则不具有公信力。"[2]

司法透明公开原则在减刑和假释工作中的体现和运用，就我国的立法和司法而言，立法的缺位及司法的差距还相当严重。因此，当前我国正在深入进行的司法改革，已经把它列为专项。特别是减刑、假释的程序改革，是我们执行程序改革的一个重点。我国《刑事诉讼法》第 221 条和第 222 条关于减刑的程序只规定："被判处管制、拘役、有期徒刑或者无期徒刑的罪犯，在执行期间确有悔改或者立功表现，应当依法予以减刑、假释的时候，由执行机关提出建议书，报请人民法院审核裁定"。"人民检察院认为人民法院减刑、假释的裁定不当，应当在收到裁定书副本后 20 日以内，向人民法院提出书面纠正意见。人民法院应当在收到纠正意见后 1 个月以内重新组成合议庭进行审理，作出最终裁定。"除此之外，《最高人民法院关于执行〈中华人民共和国刑事诉讼法〉若干问题的解释》中，进而规定了减刑、假释适用的法律文本、审判管辖、审理期限、审查材料、审判组织等原则性的规定，而且这些原则性的规定，都由监狱和人民法院内部掌握执行，其透明性、公开性极差。在今年的改革中，一些地区和法院，虽然也创建了减刑和假释工作的听证公开程序，但是多数还是在内部进行，其公开度仍有相当差距，长期以来，审判人员只是坐在办公室内，逐一审核执行机关报送的减刑、假释建议书、生效裁判文书、执行通知书、罪犯计分考核情况汇总表、罪犯改造表现鉴定表、罪犯奖惩审批表、罪犯减刑、假释审核表等书面材料，并据此作出减刑、假释裁定或不予减刑、假释决定。减刑、

---

〔1〕 樊崇义主编：《诉讼原理》，法律出版社 2003 年版，第 424 页。
〔2〕 曹建明主编：《公正与效率的法理研究》，人民法院出版社 2002 年版，第 157 页。

假释材料从监狱到法院，再从法院到监狱，刑事被害人和证人不知情，人民群众和新闻媒体不了解。甚至，很多人不知道减刑、假释要经过人民法院裁定，更不知道死缓犯和无期徒刑要经过高级法院减刑。这就使减刑、假释工作始终处于一种封闭状态。我们认为公开是刑事司法工作的基本价值追求，是公平、公正的基础。司法不公开，就容易削弱司法公平、公正的价值，更谈不上在全社会实现公平和正义。为此，我认为减刑、假释工作由封闭走向透明，必须做到以下几点：

第一，牢固树立透明公开的工作理念。刑事诉讼透明公开是一项重要的诉讼原理，更是一项重要的刑事司法国际准则，它为世界各国宪法所规定。我国《宪法》第 125 条规定："人民法院审理案件，除法律规定的特别情况外，一律公开进行。"根据宪法精神，《刑事诉讼法》第 11 条规定："人民法院审判案件，除本法另有规定的以外，一律公开进行。"审判公开是指人民法院审理案件和宣告判决都必须公开进行，既要允许公民到法庭旁听，又要允许记者采访和报道。我国政府 1998 年 10 月 5 日签署加入了联合国《公民权利和政治权利国际公约》。该公约第 14 条第 1 款规定："所有的人在法庭和裁判所前一律平等。在判定对任何人提出的任何刑事指控或确定他在一件诉讼案中的权利和义务时，人人有资格由一个依法设立的合格的、独立的和无偏倚的法庭进行公正的和公开的审讯。由于民主社会中的道德的、公共秩序的或国家安全的理由，或当诉讼当事人的私生活的利益有此需要时，或在特殊情况下法庭认为公开审判会损害司法利益因而严格需要的限度下，可不使记者和公众出席全部或部分审判；但对刑事案件或法律诉讼的任何判决应公开宣布，除非少年的利益另有要求或者诉讼系有关儿童监护权的婚姻争端。"本规定不仅规定了案件审理公开，还规定了裁判公开和审判公开的例外。只有公开才能彰显正义。因为"'正义不但要伸张，而且必须眼见着被伸张'，这并不是说，眼不见则不能接受，而是说，'没有公开则无所谓正义'"[1] 马克思曾指出："有人把怕见天日的私人利益运进我们的法里，就必须赋予这种内容以相应的形式，即秘密的诉讼程序的形式。"[2] "黑暗是滋生腐败与非正义的温床，阳光是最好的防腐剂。公开则使法律摄取正义的阳光。审判公开的意义集中体现在：通过公开，将审判程序置于当事人、其他诉讼参与人和社会的监督之下，遏制司法专横与司法腐败，增强程序与案件处理结果的可接受性，强化制度的权威性。"[3] 正如黑格尔所说的："根据正直的常识可以看出，审判公开是正当的、正确的，公民对于法的信任应属于法的一部分，正是这一方面才要求审判必须公开。公开的依据在于，首先，法官的目的是法，作为一种普遍性，

---

〔1〕　参见《马克思恩格斯全集》（第 1 卷），人民出版社 1972 年版，第 178 页。

〔2〕　[美] 伯尔曼：《法律与宗教》，梁治平译，三联书店 1990 年版，第 48 页。

〔3〕　陈光中：《"公民权利和政治权利国际公约"与我国刑事诉讼》，商务印书馆 2005 年版，第 194 页。

它就应当让普遍的人闻悉其事；其次，通过审判公开，公民才能信服法院的判决确实表达了法。"[1]

近年来，随着我国民主与法制的深入展开，审判公开、检务公开、侦查公开的问题，已经在刑事诉讼中迈开了步伐，并取得了很大的成绩，但是执行公开的问题，尤其是减刑、假释、监外执行等工作的公开问题，仍存在很大差距。解决这一问题，首先要转变观念，保证减刑、假释在阳光下进行。

第二，明确减刑、假释公开的标准。根据诉讼透明公开的要求，审判公开原则要做到两公开，一是必须对当事人公开；二是必须向社会公开。这两项标准是审判公开的起码要求。按照这一标准减刑、假释公开的标准各地做法不一，重要的是在立法上，减刑、假释的公开审理问题，更没有明确规定。在司法改革的过程中，各地创新研究，创新做法，打破了封闭式的工作方法，创设了听证审理程序，2010年2月8日最高人民法院发布了《关于贯彻宽严相济刑事政策的若干规定》，要求对减刑、假释案件实行开庭审，从听证审理转向开庭审理，其公开的标准当然要发生重大的变化。因此，关于减刑、假释公开的标准问题，是当前司法改革中需要进一步研究并要进行实证试验的问题，而且公开标准的形成也要有一个循序渐进、逐步认识、逐步理解、逐步完善的过程，在哲理上就是一个"实践—认识—再实践—再认识"的过程。因为，就目前的听证审理的平台，各地做法还尚不统一，更何况开庭审理的平台，今年刚刚提出，更重要的是，不断攀升的刑事犯罪，年年需要减刑、假释的数量在不断增加，无论是监狱还是人民法院的监管和审判力量，人数不足，工作量大，再加上审理时间短。在这种情况下，完全按照公开的严格标准去做，确有困难。但是，强化公开规范意识，明确公开标准，确保权力在阳光下运用是我们永远的追求，只有公开才能实现公平公正的价值追求。为此，我认为减刑、假释公开的标准与要求，要从两个环节上去理解，首先，提请减刑、假释程序，在监狱内必须向罪犯公开。如河南省监狱系统总结的"两公示、三公开、五评审"程序：①公布符合减刑条件的罪犯名单、减刑指标和减刑方案，②由分监区集体评审，③由监区长办公会审核，对于拟提出减刑建议的罪犯名单和减刑条件公示2日，④由刑罚执行部门审查，⑤由监狱提请减刑评审委员会评审，并邀请驻监狱检察室的检察人员现场监督，对于提请减刑的罪犯名单公示2日，⑥由监狱长办公会决定，并将减刑建议书书面通报驻狱检察室。在提请减刑、假释的环节上实行公开，它不仅对罪犯的教育改造工作起到重大的促进作用，重要的是为审理公开打下了良好基础，应当把这一环节的公开纳入执行中的诉讼变更程序的重要组成部分，有人把它称之为"减刑、假释工作的司法审查程序"，当然这种说法的科学性、正当性是值得

---

[1] [德] 黑格尔：《法哲学原理》，张企泰译，商务印书馆1995年版，第232页。

研究的；其次，人民法院的公开审理程序的公开标准，我认为应当按照公开审判原则的要求，①坚持向当事人公开，②要坚持向社会公开，包括新闻媒体公开。依法不应当公开审理的案件，例如，未成年人犯罪的，不能向社会公开（包括公众），新闻媒体不得报道，但是审理的内容必须向当事人公开，这是当事人应当享有的诉讼权利。至于开庭审理是否向在押罪犯公开的问题，我认为应以庭审的地点选择为转移，如果在狱外开庭，可能由于押解监管不便，可以不吸收在押人员旁听，如果是在狱内开庭，尽可能吸收在押人员旁听，以促进其改造，激励其早日回归社会。对于减刑、假释裁定的宣告在狱内进行时，应当尽可能多吸收在押人员参加。

　　第三，尽快构建减刑、假释公开审理的程序。关于减刑、假释的程序问题，我国《刑事诉讼法》仅有第 221 条第 2 款规定："被判处管制、拘役、有期徒刑、无期徒刑的犯罪分子，在执行期间确有悔改或者立功表现，应当依法予以减刑、假释的时候，由执行机关提出建议书，报请人民法院审核裁定。"第 222 条规定："人民检察院认为人民法院减刑、假释的裁定不当，应当在收到裁定书副本后 20 日以内，向人民法院提出书面纠正意见。人民法院应当在收到纠正意见后一个月以内重新组成合议庭进行审理，做出最终裁定。"至于执行机关建议书的产生程序，以及人民法院裁定的产生程序，尤其是法律把减刑、假释定位为"审核"而不是"审理"。我认为这些规定很明显已不适应我国民主与法治发展的形势，它为暗箱操作、秘密裁定提供了根据，1996 年刑诉法修正案公布以来，全国各地创新设计的减刑、假释听证程序，就是对这种法律缺位的回应。因此，当前的任务是，认真总结听证程序的经验，把听证审理转向开庭审理。改革呼唤着法律程序的确立和产生。减刑、假释程序应包括两部分内容：首先，提起程序。执行部门的提起程序，按照公开透明的原则，许多执行机关创造的"两公示、三公开、五评审"程序，很有参考价值，经过总结规范之后，完全可以为立法所吸收；其次，人民法院的庭审程序，应当包括审理的范围，审理的法庭组织和庭审程序。庭审的程序设计：①审判长核查减刑罪犯基本情况（身份、所犯罪名、所判刑罚及历次减刑情况）。②宣布合议庭组成人员、执行机关提起人、法律监督机关参加人并交代是否申请回避等诉讼权利。③由执行机关提起人宣读提起减刑或者假释的建议书，并重点阐明提起减刑、假释的事实、依据和理由，尤其是附带民事诉讼的履行情况。④出示证据材料并进行质证，如已聘请律师参加的，由被减刑人和律师对证据材料发表质证意见。⑤驻所检察人员当庭询问有关情况。⑥被减刑、假释人员作最后陈述。⑦检察人员发表检察院监督意见，⑧宣布休庭，合议庭进行评议。⑨评议后宣布审理结果。⑩公示人民法院裁定书。

　　为了增加透明度，庭审可以安排其他在押人员旁听，还应当邀请人大代表、政协委员、廉政监督员、新闻记者旁听，还要充分利用新闻媒体宣传报道，以增加工作的透明度。

四、同步监督，权力制衡

人们公认世界上没有绝对的权力，失去制约制衡的权力必然走向腐败，公平正义就会毁于一旦。因此，对减刑、假释的监督、制衡问题，是我们在建构诉讼程序时，必须给以高度重视的，对减刑、假释的同步监督机制应该是减刑、假释程序的重要组成部分。虽然我国刑诉法对这个问题作了一些规定，但仍不完善，不仅力度不够，而且措施缺位。我国《刑事诉讼法》第222条只规定了以书面形式对减刑、假释裁定不当的事后纠正措施，并没有同步监督的内容。就司法实践而言，人民检察院虽派员进驻监所，但是人们思想不够重视，而且人力单薄，监督措施不力，所以，在监狱内发生的由减刑、假释所引发的错误裁定，以及腐败问题时有发生。有的地方严重失控，出现的问题的严重性令人震惊。为此，中央关于当前全国司法改革的决定中，明确指出：要"改革和完善人民检察院对刑罚执行的法律监督制度。完善对减刑、假释、暂予监外执行的法律规定，严格重大刑事罪犯减刑、假释、暂予监外执行的适用条件，建立检察机关同步监督制度。"所谓检察机关同步监督制度，是这次中央关于司法改革在司法权力的优化配置方面所出台的一项重大举措，它是强化法律监督的一项重要内容。就减刑、假释程序而言，我们认为当务之急必须做到以下几点：

第一，落实监所检察派驻机构，加强派驻检察人员。长期以来无论从机构还是派驻人员方面均呈弱化状态，尤其是进驻人员，数量少，在素质方面，专业化程度不高，随着刑罚执行程序的加强，特别是执行中的诉讼变更的任务量不断增加，必须强化机构、增加人员、提高专业化程度，以适应改革的需要。

第二，积极参与减刑、假释建议的提起程序。各个执行部门关于减刑、假释所实行的"两公示"、"三公开"、"五评审"等各个环节，有条件的可以参与其中，人力不足的要监督、检查（或抽查）是否合法，有无错误提起，有无宽严不当，有无权钱交易，更要注意在狱内接收来信来访，把矛盾和不同意见处理在狱中，把矛盾化解在狱中。

第三，参加减刑、假释庭审程序，力争作到庭审不缺位，案案有监督，人人都有检察机关发表的检察监督意见。检察监督意见要做到客观、公正、合法，要从刑法的适用到减刑、假释程序的合法，甚至包括案件的减刑、假释的事实、情节、证据的合法性，全面的进行论证，做出公正的评价。

第四，尽力变事后监督为事中监督，对减刑、假释程序中的违法行为及时提出纠正意见，实行口头与书面相结合的监督形式，发现问题及时化解，及时提出，改变传统的事后监督，避免日积月累，矛盾激化。

第五，对于减刑、假释工作中的权钱交易，大搞腐败的行为，要在管区内深入调查，发现线索，接待来信来访，收集证据，会同司法行政部门纪检机构，积极的立案、侦查，及时移送司法处理。

　　总之，检察机关的法律监督工作，要从机构设置、人员配备、程序参与等各个环节，都要体现出同步进行，监督到位，建构一种新型的减刑、假释工作模式，以体现权力的制约、制衡，彰显减刑、假释的公正、公平和正义。

第五章 刑事证据制度

第一题 "两个证据规定"解读

为进一步完善我国刑事诉讼制度，根据中央关于深化司法体制和工作机制改革的总体部署，经过广泛深入调查研究，最高人民法院、最高人民检察院、公安部、国家安全部和司法部于近日联合发布了《关于办理死刑案件审查判断证据若干问题的规定》（以下简称《办理死刑案件证据规定》）和《关于办理刑事案件排除非法证据若干问题的规定》（以下简称《非法证据排除规定》）。我党从延安整风之日起，一直到建国以后的历次政治运动，包括党的"十一届三中"全会改革开放以来，无时不在严令禁止"刑讯逼供"，但总是禁而不止，尤其是"文革"期间，在"四人帮"猖獗的日子里，草菅人命，高喊"一人供听，二人供信，三人供定"，还有什么"棍棒底下出材料！"刑讯成风，冤假错案遍布全国。党的"十一届三中"全会以后，我国走上了"依法治国"之路，严禁刑讯写进了我国刑事诉讼法典，但是受口供主义的影响，刑讯逼供这一顽症，仍时有发生，造成的错案时有可现，轰动全国的杜培武杀人案、佘祥林案……最近的赵作海案等等，人们街谈巷议，造成极坏的影响，司法公信力急剧下滑。其原因复杂，甚至很难说得清楚，不过，从刑事诉讼法学上来说，我们认为在理念上是由于重实体、轻程序造成的，在立法上只讲严禁刑讯，不讲程序制裁，即使真正搞了刑讯，所取得的证据的法律效力如何？立法并没有明确规定，使程序的价值凸显不出来，这一次的"两个规定"，在我国的刑事诉讼历史上，完成了一个从"严禁刑讯逼供"的说教，到"非法证据排除"规则的确定，这一漫长的历史过程，反映了我国民主法治的进程，记载了我国刑事诉讼中治理"刑讯"的历史，尤其在刑事诉讼法制方面，实现了对违法诉讼行为实行程序制裁的最终目标。"两个规定"的全部内容，字字句句凸现了程序的价值，实现了只有程序公正，才能保证案件质量，以达到实体正义之目的，正确地回答了实体正义与程序公正的辩证统一的关系。

一、"两个规定"确立了程序公正的原则

"两个规定"之一就是"非法证据排除的规定"，它不仅明文确立了"非法证据排除"规则，而且还对什么是"非法"、非法证据排除的范围和排除的程序——作了

明确具体的规定，充分地彰显了诉讼程序的法律价值和功能，体现了程序公正。

《办理死刑案件证据规定》的第一部分，为办理死刑案件的一般规定，突出地规定了我国刑事诉讼的基本原则，包括第 2 条规定的证据制裁原则，第 3 条规定的程序法定原则，第 4 条规定的证据质证原则。这些基本原则都是对我国刑事诉讼法原有规定的深化与突破，进一步凸现了程序公正。

关于证据裁判原则，《办理死刑案件证据规定》第 2 条规定"认定案件事实，必须以证据为根据。"这是我国刑事诉讼立法第一次明确证据裁判原则，它是对现行《刑事诉讼法》第 6 条所规定的"以事实为根据，以法律为准绳"的深化与突破。因为"以事实为根据，以法律为准绳"是一个理念性的要求，怎样才能做到"以事实为根据"，其法制的标准尚不明确，什么叫"事实"，什么是"案件事实"，由于人们认识的差异，往往会产生不同的结果。例如，同一个事实，有人会说是黑的，另外又有人说是白的。因此，"以事实为根据"其实就是以证据为根据，证据裁判原则不仅在理论上坚持了马列主义的认识论关于唯物主义的观点，而且在实务工作中也澄清了许多错误的认识和做法，把证据作为认定案件事实的根据和标准，它对规范法官的自由裁量权，驱散人们对案件事实的不同理解和认定方法，具有重要的功能和作用。同时，"事实胜于雄辩，证据最有生命力"，只有证据才能制服犯罪，才能使人口服心服，证据是刑事诉讼的核心和基础，我们必须坚持证据裁判原则。坚持证据裁判原则必须做到三点，首先，必须做到案件的事实和情节必须要有相应的证据予以证明，即定罪的事实要有定罪的证据证明，量刑的事实要有量刑的证据证明，一切都需要证据说话，没有证据不得认定案件事实；其次，必须做到存疑的证据不能采信，确保判决认定的事实证据确实充分。对于存疑证据，《办理死刑案件证据规定》第 9 条明确规定，"经过勘验、检查、搜查提取、扣押的物证、书证，未附有勘验、检查笔录，搜查笔录，提取笔录，扣押清单，不能证明物证、书证来源的，不能作为定案的根据。物证、书证的收集程序、方式存在下列瑕疵，通过采取有关办案人员的补正或者作出合理解释的，可以采用：①收集调取的物证、书证，在勘验、检查笔录，搜查笔录，提取笔录，扣押清单上没有侦查人员、物品持有人、见证人签名或者物品特征、数量、质量、名称等注明不详的；②收集调取物证照片、录像或者复制品，书证的副本、复制件未注明与原件核实无异，无复制时间、无被收集、调取人（单位）签名（盖章）的；③物证照片、录像或者复制品，书证的副本、复制件没有制作人关于制作过程及原物、原件存放于何处的说明或者说明中无签名的；④物证、书证的收集程序、方式存在其他瑕疵的。对物证、书证的来源及收集过程有疑问，不能作出合理解释的，该物证、书证不能作为定案的根据。"该规定第 10 条还规定，"具备辨认条件的物证、书证应当交由当事人或者证人进行辨认，必要时应当进行鉴定。"最后，坚持证据裁判原则，必须做到用合法的证据来证明案件事实，对于非法取得的证据应当排除，不能作为定案的根据。《非法证据排除规定》系统全面地规定了非法证据排除的范围和程序，充分地体现和贯彻了证据裁判原则。

关于程序法定原则。我国《刑事诉讼法》第 3 条第 2 款规定，"人民法院、人民检察院和公安机关进行刑事诉讼，必须严格遵守本法和其他法律的有关规定"。《办理死刑案件证据规定》第 3 条在刑事诉讼法第 3 条第 2 款规定的基础上，明文规定"侦查人员、检察人员、审判人员应当严格遵守法定程序，全面、客观地收集、审查、核实和认定证据。"这一规定把严格依法办案的原则，明确规定为"严格遵守法定程序"，不仅凸现了程序的功能与作用，而且要求把它落实在证据的审查、核实和认定上，这样就把一个空洞原则的口号，变成了一个实在的证据规则，即程序法定原则。贯彻这一原则，一方面是要正确地理解"程序法定"，即"程序法定原则也称法制国家程序原则，程序法制原则。其基本含义是指国家刑事司法机关的职权及其追究犯罪、惩罚犯罪的程序，都只能由作为国民代表集合体的立法机关所制定的法律来加以明确规定，刑事诉讼法没有明确赋予的职权，司法机关不得行使；司法机关也不得违背刑事诉讼法所明确设定的程序规则而任意决定诉讼的进程。换句话说，刑事诉讼的规则只能由立法加以规定，因此只能具有立法性质。其他任何机关、团体或者个人，以其他任何形式对刑事诉讼程序规则作出规定，都只能被视为是对程序法定原则的背离，其合法性都值得质疑。"[1] 这一原则基本含义有二：①刑事诉讼程序只能由国家的立法加以规定；②刑事诉讼法没有明确规定的职权，司法机关不得行使，司法机关更不能违背刑事诉讼法所明确规定的诉讼程序而任意决定诉讼的进程；另一方面要充分地认识到证据问题也是程序问题，脱离法定程序去调查、收集、审查、核实和认定证据，必然走上反面，其结果轻则形成瑕疵证据，重则形成非法证据，非法证据必须受到程序的制裁，排除在定案根据之外，对于运用非法手段收集证据者，造成严重后果的，还要依法追究其刑事责任。

关于质证原则。《办理死刑案件证据规定》第 4 条规定，"经过当庭出示、辨认、质证等法定调查程序查证属实的证据，才能作为定罪量刑的根据"。这一规定把证据经过法庭的出示、辨认和质证作为适用证据认定案件事实的必经程序。我国刑事诉讼法关于法庭调查程序的规定，虽然也明确了出示、辨认、质证的程序。但是这些程序的贯彻流于形式，甚至异化，庭审的直接原则和言词原则并未得以落实，书面审理盛行，案卷移送为中心，70% 以上的刑事案件律师辩护不到位，证人出庭率不足 10%，谈何辨认和质证呢?! 甚至还有人借口中国特色，认为当下中国的刑事诉讼模式处于"侦查中心"转向"审判中心"的过程中，审判之前的侦查环节和审查起诉环节仍然在查明和认定案件事实上发挥着主导作用。我认为这种重庭下轻庭上的

---

〔1〕 樊崇义：《刑事诉讼法学》，法律出版社 2004 年版，第 83 ~ 84 页。

运用证据的程序，对案件的质量，特别是死刑案件，有百害而无一利，必须转向以"审判为中心"，把质证原则落实到法庭上，把庭外查明转向庭上证明，客观、全面、公开地审查、核实和认定证据。这是保证案件质量的一项重要规则。当务之急就是要解决辩护难、出庭难、侦查人员出庭更难的问题。因为作为定案根据的证据，只有经过"阳光"才能过得硬，才能防止冤假错。

值得一提的是，《办理死刑案件证据规定》不仅明文规定了以上三个证据规则，而且对于一些重要的证据规则，如关联性证据规则，意见证据排除规则，原始证据优先规则，补强证据规则等等，都在各类证据的审查判断中有所体现。

关联性证据规则的规定，如《办理死刑案件证据规定》第 6 条第 4 项规定，"物证、书证与案件事实有无关联。对现场遗留与犯罪有关的具备检验鉴定条件的血迹、指纹、毛发、体液等生物物证、痕迹、物品，是否通过 DNA 鉴定、指纹鉴定等鉴定方式与被告人或者被害人的相应生物检材、生物特征、物品等作同一认定。"第 5 项规定，"与案件事实有关联的物证、书证是否全面收集。"第 23 条第 8 项规定的"鉴定意见与案件待证事实有无关联"，第 30 条第 4 项规定的"鉴定意见与证明对象没有关联的"不能作为案件的根据，第 27 条关于视听资料的审查判断时，对于"内容与案件事实无关联性的"不能作为定案的证据等等，都充分明确地体现了证据关联性规则。

意见证据排除规则。《办理死刑案件证据规定》第 12 条第 3 款规定："证人的猜测性、评论性、推断性的证言，不能作为证据使用，但根据一般生活经验判断符合事实的除外。"我国现行刑事诉讼法没有关于意见证据的规定。这次增加这一规定，有利于规范证人如实提供他们所感知的案件事实的证明活动，以避免将自己主观的推断、评论、猜测、估计、假设、想象作为证言适用，从而对案件事实做出错误的判断。

原始证据优先规则。《办理死刑案件证据规定》第 8 条规定，"据以定案的物证应当是原物。只有在原物不便搬运、不易保存或者依法应当由有关部门保管、处理或者依法应当返还时，才可以拍摄或者制作足以反映原物外形或者内容的照片、录像或者复制品。物证的照片、录像或者复制品，经过与原物核实无误或者经鉴定证明为真实的，或者以其他方式确能证明其真实的，可以作为定案的根据。原物的照片、录像或者复制品，不能反映原物的外形和特征的，不能作为定案的根据。"还规定："据以定案的书证应当是原件。只有在取得原件确有困难时，才可以使用副本或者复制件。书证的副本、复制件，经与原件核实无误或者经鉴定证明为真实的，或者以其他方式确能证明其真实的，可以作为定案的根据。书证有更改或者更改迹象不能作出合理解释的，书证的副本、复制件不能反映书证原件及其内容的，不能作为定案的根据。"第九条规定："不能证明物证、书证来源的，不能作为定案的根据。"把原始证据优先规则引入刑事诉讼，其目的在于促使侦查机关更加努力地收集具有真实性的原始证据，从而更准确及时地查明案件事实，实现实体正义。

补强证据规则。《办理死刑案件证据规定》第22条规定："对被告人供述和辩解的审查，应当结合控辩双方提供的所有证据以及被告人本人的全部供述和辩解进行。""被告人庭前供述一致，庭审中翻供，但被告人不能合理说明翻供理由或者其辩解与全案证据相矛盾，而庭前供述与其他证据能够相互印证的，可以采信被告人庭前供述。""被告人庭前供述和辩解出现反复，但庭审中供认的，且庭审中的供述与其他证据能够印证的，可以采信庭审中的供述；被告人庭前供述和辩解出现反复，庭审中不供认，且无其他证据与庭前供述印证的，不能采信庭前供述。"这些规定明确地按照补强证据规则的要求，不能只靠口供定案，所有的口供必须与其他证据相印证，用其他证据加以补充和强化，才能认定案件事实。

直接言词证据规则。"两个规定"确立了有限的直接言词证据规则，规定了证人应当出庭作证的情形。《办理死刑案件证据规定》第15条规定："具有下列情形的证人，人民法院应当通知出庭作证；经依法通知不出庭作证证人的书面证言经质证无法确认的，不能作为定案的根据：①人民检察院、被告人及其辩护人对证人证言有异议，该证人证言对定罪量刑有重大影响的；②人民法院认为其他应当出庭作证的。证人在法庭上的证言与其庭审前证言相互矛盾，如果证人当庭能够对其翻证作出合理解释，并有相关证据印证的，应当采信庭审证言。对未出庭作证证人的书面证言，应当听取出庭检察人员、被告人及其辩护人的意见，并结合其他证据综合判断。未出庭作证证人的书面证言出现矛盾，不能排除矛盾且无证据印证的，不能作为定案的根据。"这一规定针对当前我国证人出庭难、质证难的现状与问题，而确立了有限的直接言词证据原则，即控辩双方有异议的和对定罪量刑有重大影响的证人应当出庭接受证证。这一规定完全符合我国当前的实际情况，也解决了实际问题。从实体上说有利于保障正确认定案件事实，从程序上说更有利于保障当事人的质证权。

二、"两个规定"比较详细地规定了排除非法证据和审查判断证据的诉讼程序

《非法证据排除规定》不仅在我国确立了非法证据排除规则，更重要的是还明确规定了如何排除，怎样排除的具体程序。1996年刑事诉讼法修改后，最高人民法院于1998年9月2日发布的《关于执行〈中华人民共和国刑事诉讼法〉若干问题的解释》第61条规定："严禁以非法的方法收集证据。凡经查证确实属于采用刑讯逼供或者威胁、引诱、欺骗等非法的方法取得的证人证言、被害人陈述、被告人供述，不能作为定案的根据。"不难看出这一司法解释规定的内容较为原则、笼统，并没有相应的操作程序，它只是一个一般的要求。包括我国《刑事诉讼法》第43条规定的"严禁刑讯逼供和以威胁、引诱、欺骗以及其他非法的方法收集证据"，都没有关于非法的证据排除程序的具体规定。程序问题就是一个看得见摸得着的过程，只有过程的公开、公平、公正，才能凸现正义的价值，因此，《排除非法证据规定》在原来司法解释和刑事诉讼法规定的基础上，从以下五个方面进行改革：

第一，科学地界定了非法言词证据的内涵及外延。非法证据包括非法的言词证据和非法的实物证据。由于什么是非法实物证据，国内外都存有争议。这一次规定中，只科学地界定了非法言词证据。《非法证据排除规则》开宗明义，在第 1 条就规定："采用刑讯逼供等非法手段取得的犯罪嫌疑人、被告人供述和采用暴力、威胁等非法手段取得的证人证言、被害人陈述，属于非法言词证据。"非法言词证据的概念的核心问题是如何界定"非法"问题，"非法"有轻有重，有一般违法和严重违法，所取得的证据有非法证据与证据之瑕疵。我们认为，关键是要紧紧抓住是否侵犯了被讯（询）问人的宪法所规定的基本权利，不能把一般的程序违法的证据统统称之为非法证据加以排除。例如，《办理死刑案件证据规定》第 14 条规定的"证人证言的收集程序和方式有下列瑕疵，通过有关办案人员的补正或者作出合理解释的，可以采用：①没有填写询问人、记录人、法定代理人姓名或者询问的起止时间、地点的；②询问证人的地点不符合规定的；③询问笔录没有记录告知证人应当如实提供证言和有意作伪证或者隐匿罪证要负法律责任内容的；④询问笔录反映出在同一时间段内，同一询问人员询问不同证人的。"

另外，关于"非法手段"的内涵和表述问题，也是界定非法证据概念的一个关键问题。我们习惯于把非法界定为"刑讯逼供"和暴力、威胁等。其实这种界定与我国参加并批准实施的一些国际条约的对非法所规定的内容相比，仍不够明确。综合一些国际条约关于非法的界定，一般包括：①暴力取证；②精神折磨的方法取证；③用不人道的方法所获取的证据；④使用药品取证等等。这样规定会更加完备。

第二，明确地规定了排除非法证据的诉讼阶段。《排除非法证据规定》第 3 条规定："人民检察院在审查批准批捕、审查起诉中，对于非法言词证据应当依法予以排除，不能作为批准逮捕、提起公诉的依据。"第 5 条规定："被告人及其辩护人在开庭审理前或者庭审中，提出被告人审判前供述是非法取得的，法庭在公诉人宣读起诉书之后，应当先行当庭调查。""法庭辩论结束前，被告人及其辩护人提出被告人审判前供述是非法取得的，法庭也应当进行调查。"这就是说非法证据的排除，在刑事诉讼法的审查批捕、审查起诉、庭审宣读起诉书后，法庭辩论结束前均可进行依法排除。

第三，排除非法证据的范围。根据《非法证据排除规定》，对于非法言词证据，包括犯罪嫌疑人、被告人的供述、证人证言、被害人的陈述，适用绝对排除的原则，该规定第 2 条明确指出："经依法确认的非法言词证据，应当予以排除，不能作为定案的根据。"对于非法实物证据，适用相对排除，即附条件排除的原则，该规定第 14 条指出："物证、书证的取得明显违反法律规定，可能影响公正审判的，应当予以补正或者作出合理解释，否则，该物证、书证不能作为定案的根据。"非法实物证据是否排除，以是否严重影响公正审判为条件。这样规定是由于实物证据不同于言词证据，当前我国取得实物证据的手段、条件尚不完备，因为我国刑事侦查的科学技术手段和秘密侦查手段，无论从立法还是从科学技术的发展程度，还远远落后于同刑事犯罪斗争的实际需要，落后于刑事犯罪智能化水平。所以，我们对非法证据排除的范围还不能像英美各国那样，全部实行绝对排除，对非法实物证据只能实行有限排除，附条件地排除。

第四，比较详细具体地规定排除非法证据的程序。《非法证据排除规定》对如何排除非法证据规定了具体的操作规程，这些具体的程序对于避免因为采纳非法证据而导致冤假错案的发生将起到非常重要的作用。同时，通过排除程序，可以使诉讼当事人和人民群众看得见、摸得着公平、公正、正义的人民司法。这些程序包括：①程序的启动。《非法证据排除规定》的第4、5、6条规定了比较详细的启动程序，启动的主体由被告人及其辩护人提出；启动的形式，可以是书面的，也可以是口头的，口头告诉的由人民法院工作人员或辩护律师作出笔录，并由被告人签名或者捺指印；启动的时间，可以在开庭前，也可以在起诉书副本送达后开庭前，或开庭中；启动的内容，包括涉嫌非法取证的人员、时间、地点、方式、内容等相关线索或者证据。对于由辩方启动说明以上各项内容，我们认为这是当事人行使辩护权的一项重要的诉讼权利，不能混同为举证责任，更不能随意提什么"证明责任倒置"。②法庭审查并进行法庭调查；③控方负举证责任及证明方法。《非法证据排除规定》的第7条规定："经审查，法庭对被告人审判前供述取得的合法性有疑问的，公诉人应当向法庭提供讯问笔录、原始的讯问过程录音录像或者其他证据，提请法庭通知讯问时其他在场人员或者其他证人出庭作证，仍不能排除刑讯逼供嫌疑的，提请法庭通知讯问人员出庭作证，对该供述取得的合法性予以证明。公诉人当庭不能举证的，可以根据刑事诉讼法第165条的规定，建议法庭延期审理。""经依法通知，讯问人员或者其他人员应当出庭作证。""公诉人提交加盖公章的说明材料，未经有关讯问人员签名或者盖章的，不能作为证明取证合法性的证据。"这些规定不仅明确了非法证据证明责任由公诉方承担，而且还明确规定了证明的方法，如提供讯问笔录，提交原始的讯问录音录像，提请法庭使有关在场人员出庭作证，依法通知讯问人员（侦查人员）出庭作证等等。④双方质证程序。第7条的最后1款规定，"控辩双方可以就被告人审判前供述取得的合法性问题进行质证、辩论。"⑤法庭处理程序。《非法证据排除规定》的第10条规定："经法庭审查，具有下列情形之一的，被告人审判前供述可以当庭宣读、质证：①被告人及其辩护人未提供非法取证的相关线索或者证据的；②被告人及其辩护人已提供非法取证的相关线索或者证据，法庭对被告人审判前供述取得的合法性没有疑问的；③公诉人提供的证据确实、充分，能够排除被告人审判前供述属非法取得的。对于当庭宣读的被告人审判前供述，应当结合被告人当庭供述以及其他证据确定能否作为定案的根据。"第 11 条规定，"对被告人审判前供述的合法性，公诉人不提供证据加以证明，或者已提供的证据不够确实、充分的，该供述不能作为定案的根据。"根据这些规定，对非法证据经庭审的处理：法庭对被告人审判前供述的合法性问题作出裁定：如公诉人的证明达到确实、充分的尺度，能够排除被告人审判前供述属非法取得的，法庭确认该供述的合法性，准许当庭宣读、质证；否则，法庭对该供述予以排除，不作为定案的根据。

《办理死刑案件证据规定》不仅确立了刑事诉讼的若干证据规则，更重要的是该规定的第二部分和第三部分用了 36 个条款详细地规定了各类各种证据的审查、认定和证据的综合审查和运用。其突出的特点是彰显程序，反映过程，联系实际，解决问题，体现正义。

我国 1996 年修改后的刑事诉讼法关于证据的规定只有 8 个条款，包括：①证据及其种类；②证据收集的一般原则；③运用证据的原则；④向单位和个人收集证据；⑤重证据、重调查研究、不轻信口供的原则；⑥证人证言的审查判断；⑦证人的资格与义务；⑧证人及其近亲属的保护等。就以上 8 条规定的内容而言，原则、笼统、操作性极差，由于它是我们历年来办案经验的原则性总结，加上当时的立法背景，这些规定多数是一般性的指导口号，与办案的实际过程和具体运用存在着相当的距离，公、检、法干警总结了一句话：不好用。新出台的规定针对刑事证据的收集、审查、定案等诉讼各个环节的运用，作了比较详细的规定，一改过去的原则、笼统之弊，从这个意义上说它是对刑事诉讼法的修正和发展，是刑事诉讼法再修改的前奏。

第五，对法定的各种证据的审查和认定。《办理死刑案件证据规定》紧紧抓住对各种证据审查的内容、范围、来源、关联性，以及对瑕疵证据和非法证据的处理等等，通过审查程序来确定各种证据的证据力和证明力。即每一种证据进入诉讼的资格、条件是否合法，每一种证据对案件事实的证明作用、功能是什么。例如关于物证、书证的审查与认定，该规定的第 6 条规定了审查的内容，第 7 条规定了生物物证（血迹、指纹、足迹、字迹、毛发、体液、人体组织等痕迹和物品）审查的方法；第 8 条强调原始物证优先原则；第 9 条规定非法物证之排除以及瑕疵物证之补正；第 10 条规定了对物证的辨认和存疑物证、书证的处理。再如关于证人证言的审查和证明力的确定。该规定的第 11 条规定了对证人证言审查判断的内容，亦即如何确定证人证言的证明力。该规定的第 11 条明确规定，"对证人证言应当着重审查以下内容：①证言的内容是否为证人直接感知。②证人作证时的年龄、认知水平、记忆能力和表达能力，生理上和精神上的状态是否影响作证。③证人与案件当事人、案件处理结果有无利害关系。④证言的取得程序、方式是否符合法律及有关规定：有无使用暴力威胁、引诱、欺骗以及其他非法手段取证的情形；有无违反询问证人应当个别进行的规定；笔录是否经证人核对确认并签名（盖章）、捺指印；询问未成年证人，是否通知了其法定代理人到场，其法定代理人是否在场等。⑤证人证言之间以及与其他证据之间能否相互印证，有无矛盾。"该规定的第 12 条规定了非法证言和证人提供的意见证据的排除；第 13 条规定了证言取得的形式不合法应予排除；第 14 条规定了瑕疵证言的补正；第 15 条规定了证人的出庭质证问题；第 16 条规定了对证人作证的保护措施。如证人出庭作证，必要时，人民法院可以采取限制公开证人信息、限制询问、遮蔽容貌、改变声音等保护措施。篇幅文字所限，对于其他各种证据的审查和运用，不再一一列举，值得提出的是还有对实际工作中所出现的电子证据这一新型证据的运用，该规定的第 29 条总结了实际工作的经验，作出了规定："对于电子邮件、电子数据交换、网上聊天记录、网络博客、手机短信、电子签名、域名等电子证据，应当主要审查以下内容：

（1）该电子证据存储磁盘、存储光盘等可移动存储介质是否与打印件一并提交；

（2）是否载明该电子证据形成的时间、地点、对象、制作人、制作过程及设备情况等；

（3）制作、储存、传递、获得、收集、出示等程序和环节是否合法，取证人、制作人、持有人、见证人等是否签名或者盖章；

（4）内容是否真实，有无剪裁、拼凑、篡改、添加等伪造、变造情形；

（5）该电子证据与案件事实有无关联性。对电子证据有疑问的，应当进行鉴定。对电子证据，应当结合案件其他证据，审查其真实性和关联性。"

《办理死刑案件证据规定》还针对侦查工作中使用辨认这种侦查手段经常出现的问题，以及辨认的程序和结果作出具体规定："第 30 条：侦查机关组织的辨认，存在下列情形之一的，应当严格审查，不能确定其真实性的，辨认结果不得作为定案的根据：

（1）辨认不是在侦查人员主持下进行的；

（2）辨认前使辨认人见到辨认对象的；

（3）辨认人的辨认活动没有个别进行的；

（4）辨认对象没有混杂在具有类似特征的其他对象中，或者供辨认的对象数量不符合规定的；尸体、场所等特定辨认对象除外。

（5）辨认中给辨认人明显暗示或者明显有指认嫌疑的。

有下列情形之一的，通过有关办案人员的补正或者作出合理解释的，辨认结果可以作为证据使用：

（1）主持辨认的侦查人员少于二人的；

（2）没有向辨认人详细询问辨认对象的具体特征的；

（3）对辨认经过和结果没有制作专门的规范的辨认笔录，或者辨认笔录没有侦查人员、辨认人、见证人的签名或者盖章的；

（4）辨认记录过于简单，只有结果没有过程的；

（5）案卷中只有辨认笔录，没有被辨认对象的照片、录像等资料，无法获悉辨认的真实情况的。"

关于间接证据的适用规则，就办案实际而言，比较混乱。什么是间接证据，如何运用间接证据，适用时应遵守什么样的规则等等，都是需要认真回答的问题。《办理死刑案件证据规定》，对间接证据使用的条件和规则在第 33 条有针对性地作出了规定："没有直接证据证明犯罪行为系被告人实施，但同时符合下列条件的可以认定被告人有罪：

（1）据以定案的间接证据已经查证属实；

（2）据以定案的间接证据之间相互印证，不存在无法排除的矛盾和无法解释的疑问；

（3）据以定案的间接证据已经形成完整的证明体系；

（4）依据间接证据认定的案件事实，结论是唯一的，足以排除一切合理怀疑；

（5）运用间接证据进行的推理符合逻辑和经验判断。"

关于全案证据的综合审查和运用，尤其是法官如何准确地行使自由裁量权，怎样才能作到公正、公平，实现实体正义，《办理死刑案件证据规定》第 38 条结合我国的情况，总结了具有中国特色的实际经验，要求办案人员，从各个证据与待证事实的关联程度，各个证据之间的联系等方面进行审查判断，并规定了一个判断的标准，即能合理排除矛盾，才能作为定案的根据。还规定了法官对存疑证据的处理程序。"法庭对证据有疑问的，可以告知出庭检察人员、被告人及其辩护人补充证据或者作出说明；确有核实必要的，可以宣布休庭，对证据进行调查核实。法庭进行庭外调查时，必要时，可以通知出庭检察人员、辩护人到场。出庭检察人员、辩护人一方或者双方不到场的，法庭记录在案。"

鉴于量刑程序改革的成果即将在全国各级人民法院推广，量刑证据的调查和运用是当前实务部门急需解决的一个问题。《办理死刑案件证据规定》的第 39 条对被告人有立功、自首情节的证据，如何调查和运用也作了具体规定："被告人及其辩护人提出有自首的事实及理由，有关机关未予认定的，应当要求有关机关提供证明材料或者要求相关人员作证，并结合其他证据判断自首是否成立。""被告人是否协助或者如何协助抓获同案犯的证明材料不全，导致无法认定被告人构成立功的，应当要求有关机关提供证明材料或者要求相关人员作证，并结合其他证据判断立功是否成立。""被告人有检举揭发他人犯罪情形的，应当审查是否已经查证属实；尚未查证的，应当及时查证。""被告人累犯的证明材料不全，应当要求有关机关提供证明材料。"

三、"两个规定"进一步规定了死刑案件的证明标准

我国《刑事诉讼法》第 162 条规定："在被告人最后陈述后，审判长宣布休庭，合议庭进行评议，根据已经查明的事实、证据和有关的法律规定，分别作出以下判决：①案件事实清楚，证据确实、充分，依据法律认定被告人有罪的，应当作出有罪判决；②依据法律认定被告人无罪的，应当作出无罪判决；③证据不足、不能认定被告人有罪的，应当作出证据不足、指控的犯罪不能成立的无罪判决。"根据这一规定，对被告人作出有罪判决，必须做到"事实清楚，证据确实充分"，特别是死刑案件，人命关天，死刑刑罚又具有不可逆转性。因此"在认定事实和采信证据上绝对不容许有任何差错，必须把好死刑案件的事实关、证据关、程序关、适用法律关，使办理的每一起死刑案件都经得起历史的检验。"[1] 但是，我国刑事诉讼法的上述规定过于原则、笼统，对什么是"证据确实、充分"，什么是"案件事实清楚"在实践中很难把握，人们对"事实"、"情节"、"确实"、"充分"的理解也不统一，各有各的认识，各有各的说法。为此，《办理死刑案件证据规定》第 5 条首先对"证据确实、充分"予以细化，进一步规定："办理死刑案件，对被告人犯罪事实的认定，必须达到证据确实、充分。证据确实、充分是指：①定罪量刑的事实都有证据证明；②每一个定案的证据均已经法定程序查证属实；③证据与证据之间、证据与案件事实之间不存在矛盾或者矛盾得以合理排除；④共同犯罪案件中，被告人的地位、作用均已查清；⑤根据证据认定案件事实的过程符合逻辑和经验规则，由证据得出的结论为唯一结论。"其次，对案件"事实"、"情节"这一证明的对象也在第 5 条作了具体规定："办理死刑案件，对于以下事实的证明必须达到证据确实、充分：①被指控的犯罪事实的发生；②被告人实施了犯罪行为与被告人实施犯罪行为的时间、地点、手段、后果以及其他情节；③影响被告人定罪的身份情况；④被告人有刑事责任能力；⑤被告人的罪过；⑥是否共同犯罪及被告人在共同犯罪中的地位、作用；⑦对被告人从重处罚的事实。"根据上述规定，对死刑案件犯罪事实、情节的证明，以及证据达到"确实、充分"的标准，做到了有章可循，有了法律规定的准则，就可以防止在事实的认定和证据的运用上的任意性，就可以确保死刑判决的公正性，实现了程序公正与实体公正的统一。

综上，我们认为，"两个规定"是全面准确执行刑法和刑事诉讼法，贯彻党和国家的刑事政策，依法惩治犯罪，切实保障人权，维护司法公正的重大举措，更是我国司法改革的重要成果，也是我国刑事诉讼制度进一步科学化、民主化、法治化的重要标志。它将为我国刑事诉讼法的再修改打下一个良好的基础。

---

[1] "'两高三部'有关负责人就两项《规定》答记者问"，载《法制日报》2010 年 5 月 30 日，第 1 版。

第二题 "两个证据规定"理解与适用中的几个问题

最高人民法院、最高人民检察院、公安部、国家安全部、司法部（下称"两高三部"）于 2010 年 6 月 13 日发布关于刑事证据规则的两个规定，于同年 7 月 1 日已生效实施。但是，从发布和实施之日起，无论是司法机关，还是社会各界，对于两个规定的理解和适用，提出的问题多多，质疑种种。诸如，有人说中央发布两个规定，是由于河南赵作海案件的出现，不得不做出这样的规定；还有人说两个规定的内容超前，脱离中国实际，没法执行；更有甚者对两个规定中的一些作法从个人的片面理解出发，歪曲执行，把排除非法证据的证明责任转嫁到被告人身上，而架空了非法证据排除规则……如此等等，笔者认为，对两个规定的理解与适用，只有认识到位、理解正确，才能很好的贯彻执行。为此，笔者就理解与适用中的若干问题，发表以下意见，以求教于各位同行。

一、"两个规定"出台的背景和意义

要从历史发展的高度，正确而充分地认识"两个规定"出台的背景和意义。在刑事司法领域里，确立非法证据排除规则，完善刑事证据规则体系，这是世界上任何一个法治国家都必须做的一件大事，更是依法治国的一个重要条件和里程，只是时间的早晚而已。我国在建国 60 年后确立非法证据排除规则，可以说是比较早又快的国家之一。同美国相比，美国于 1776 年 7 月 4 日发表独立宣言，于 1914 年通过威克斯案正式在联邦确立了"非法证据排除规则"，该规则认为，通过违反宪法第 4 条修正案的不合理的搜查、扣押所取得的证据不能提交法庭上去反对被告人。这一规定直至 1961 年的马普案中，美国最高法院将违反宪法第四修正案而导致的非法证据排除规则全面适用于联邦和各州。直到 1964 年通过马修案，又进一步明确在对抗诉讼中，如果未经被告同意在律师不在场下进行讯问所得的口供，则侵犯了律师帮助权，视为非法证据，要予以排除。1966 年"米兰达规则"的产生：①你有权保持沉默；②你所讲的一切都可在法庭上作为不利于你的证据使用；③你有权获得律师帮助，讯问时律师可以在场；④如果没有钱委托律师，我们将为你指定一名律师。违背以上四条之一的，均为非法证据。美国的非法证据排除规则，从 1914 年产生到真正推广执行，经历了一百年的历史，真正推广也是近 50 年的事情，即从 20 世纪 50 年代的"正当化程序革命"开始，重申了"人权保障"原则而展开的。

除美国之外，在英国、加拿大、澳大利亚、德国、法国、日本等国，有关非法证据规则的形成和确立，有关刑事证据规则的完善和适用，都有一个历史发展的过程。但是，一个共同的特点就是非法证据排除规则和其他刑事证据规则的出台和适

用都是在本国历史发展到一定阶段的产物，都是一个国家法治进程的一个必备的条件，尤其是"尊重和保障人权"原则在刑事司法领域得以贯彻的必然要求，它是历史发展的必然，更是司法规律的必然，决非某一个或某几个冤假错案的要求和反馈。

二、"两个规定"所彰显的程序价值

"两个规定"的出台，标志着我国刑事司法关于证据的运用，进入了一个新的里程，它从办案证据方面，亦即案件的质量方面保障了司法公开、公正、公平，为在全社会实现公平正义提供了重要的程序保障，更是促进社会和谐的一个重大举措。党的"十七大"政治报告指出："实现社会公平正义是中国共产党人的一贯主张，是发展中国特色社会主义的重大任务"。[1] 我国刑事司法领域，特别是办理死刑案件和普通刑事案件，关于证据的运用，刑讯逼供屡禁不止，适用非法证据定案导致的冤假错案时有出现。在刑事诉讼的过程中，对各种证据的运用，不讲规则，不讲程序，严重地干扰着诉讼的进行，导致案件质量下滑，一些案件经不得法庭质证的检验，更经不得法律和历史的考验。因此，一些当事人及其家属，上访、告状、翻案，社会不安定的因素在不断膨胀，社会的公平、正义以及司法的公信力出了危机。"两个规定"就是针对这些问题，凸现程序的价值，利用司法程序排除非法证据，公开公平公正地审查判断和核实各种证据，把公平体现在程序之中，使公众和当事人看得见正义在哪里：

（1）"两个规定"确立了公平正义的证据规则。如证据裁判规则，程序法定规则，交叉询问的质证规则，以及非法证据排除规则等等。

（2）"两个规定"确立和破解了"证据问题也是程序问题"的科学命题，实实在在地把刑事证据的适用程序法定化，条文化。它不仅明确规定了程序法定原则，而且还比较详细的具体地规定了适用证据的三大程序，一是非法证据的排除程序；二是对法定的物证、书证、证人证言等九种证据（包括新增加的电子数据证据）的收集、审查、核实、判断真伪的具体程序；三是规定了对全案证据的综合审查判断程序。这些程序的出台充分地说明了证据问题说到底也是个程序问题，只有严格按照法定程序适用证据，才能保证案件的质量，才能防止冤假错案；另外，在《办理死刑案件审查判断证据若干问题的规定》中，对司法实务中经常适用的辨认程序、间接证据的运用程序、量刑证据的适用等等，都做了具体规定。这些程序的出台，使人们清楚的看到，证据的收集、运用，认定案件事实的过程，每一步和每一环节都是程序问题，告诫人们脱离法定程序去收集运用证据，必然会漏洞百出，甚至会走偏方向，有失正义。

---

[1] 胡锦涛：《高举中国特色社会主义伟大旗帜 为夺取全面建设小康社会新胜利而奋斗》，人民出版社2007年版，第17页。

（3）在坚持程序正义的价值目标下，对于办案人员，尤其是法官的的自由裁量权，如何对待经验判断和逻辑推理的问题，"两个规定"也作出了原则性的规定。要求办案人员"根据证据认定案件事实的过程符合逻辑和经验规则，由证据得出的结论为唯一的结论"。由于经验判断和逻辑推理的适用是一个比较复杂的问题，它和法官的自由裁量权关系极为密切，所以在证据规则中只作出了一个原则性规定，在这一规定中确立了一个法官自由裁量和运用经验判断、逻辑推理的标准和规格，即"由证据得出的结论为唯一的结论"，这对规范法官的自由裁量权意义重大，对保证案件的质量会起到重要的作用。

三、"两个规定"对我国刑事证据规则体系的意义

中央关于司法改革的决定中，把证据规则，特别是非法证据排除规则的确立，作为证据改革的一项重要任务。"两个规定"根据中央司法改革的决定，总结了我国刑事司法的经验，以及实务工作的客观所需，比较系统地初步建构了我国刑事证据规则体系。这一体系我认为可分为两类，一类是规定中明确规定，已形成条文化的证据规则，一类是审查判断证据的程序中所体现出的证据规则。

第一类证据规则有四项：①非法证据排除规则。"两个规定"之一就是"非法证据排除的规定"，它不仅明文确立了"非法证据排除"规则，而且还对什么是"非法"、非法证据排除的范围和排除的程序一一作了明确具体的规定。②证据裁判原则。《办理死刑案件审查判断证据若干问题的规定》第 2 条规定："认定案件事实，必须以证据为根据"。③程序法定原则。《办理死刑案件审查判断证据若干问题的规定》第 3 条规定："侦查人员、检察人员、审判人员应当严格遵守法定程序，全面、客观地收集、审查、核实和认定证据"。④证据质证原则。《办理死刑案件审查判断证据若干问题的规定》第 4 条规定："经过当庭出示、辨认、质证等法庭调查程序查证属实的证据，才能作为定罪量刑的根据"。以上四项规则，在"两个规定"中已经条文化，此四项规则不仅是我国刑事司法运用证据经验的科学总结和升华，更重要的是在立法上有突破有创新，证据裁判原则是对刑诉法第 3 条所规定的"以事实为根据以法律为准绳"的突破，所谓以事实为根据，就是要以证据为根据；程序法定原则是对刑诉法第 3 条所规定的"人民法院、人民检察院和公安机关进行刑事诉讼，必须严格遵守本法和其他法律的有关规定"这一规定的突破，因为程序法定原则，不仅包含"严格遵守法律问题"，更重要的内容是要充分地认识到"证据问题也是程序问题"，以及证据的收集、保管、保全、移送、返还、出示、质证、认定等各个环节都是一个严格的行为规范和法定程序问题，这一原则的确立把诉讼证据的立法、守法、执法全部囊括其中，它是正当法律程序原理在证据法中的具体运用和体现；非法证据排除规则的形成和确定，如前所述更是我国民主与法治史上一个重要的里程碑，它标志着我国司法程序的进步、文明、民主进入一个新的历史阶段，其现实

意义和历史意义不可低估；庭审交叉询问的质证规则，突出规定了证据的出示、辨认、质证等环节，并明确规定只有经过法庭调查程序查证属实的证据，才能作为定罪量刑的根据。这一规定主要是针对当前在证据的运用中"重庭下，轻庭上"，"重庭外，轻庭内"的偏向，庭审程序异化，法庭审判走过场，搞形式的一些错误作法，把质证规则作为诉讼进行的一项重要的证据规则，以确保证据的质量。另外，质证规则的确立，对证人出庭难，律师辩护难，书面审理盛行等种种诉讼痼疾的医治，将会起到更大的作用，以促进刑事审判方式的改革。

第二类证据规则是在运用证据的程序规定中所体现出来的，有五项：①关联性证据规则；②意见证据排除规则；③原始证据优先规则；④补强证据规则；⑤有限的直接、言辞证据规则。这五项规则均在各种证据的审查判断的程序中有所体现或明示。

关联性证据规则的规定，如《办理死刑案件审查判断证据若干问题的规定》第6条第4项规定，"物证、书证与案件事实有无关联。对现场遗留与犯罪有关的具备检验鉴定条件的血迹、指纹、毛发、体液等生物物证、痕迹、物品，是否通过 DNA 鉴定、指纹鉴定等鉴定方式与被告人或者被害人的相应生物检材、生物特征、物品等作同一认定。"第5项规定，"与案件事实有关联的物证、书证是否全面收集。"第23条第8项规定的"鉴定意见与案件待证事实有无关联"，第30条第4项规定的"鉴定意见与证明对象没有关联的"不能作为案件的根据。第27条关于视听资料的审查判断时，对于"内容与案件事实无关联性的"不能作为定案的证据等等，都充分明确地体现了证据关联性规则。笔者认为，关于证据关联性规则，无论从立法，还是到办案实务，必须加以高度的重视，因为证据事实与案件事实之间的关联性问题，是认定案件事实的生命之所在，它直接关系到案件的质量问题，从某种意义上讲，关联性决定着证据的可采性，关联性决定着定罪量刑案件事实的质量，而且这一规定的运用，不仅涉及到案件的每一个证据，而且还与全案证据的运用息息相关，因此，从立法到实务，必须对关联性规则倍加重视。

意见证据排除规则。《关于办理死刑案件审查判断证据若干问题的规定》第12条第3款规定："证人的猜测性、评论性、推断性的证言，不能作为证据使用，但根据一般生活经验判断符合事实的除外。"我国现行刑事诉讼法没有关于意见证据的规定。这次增加这一规定，有利于规范证人如实提供他们所感知的案件事实的证明活动，以避免将自己主观的推断、评论、猜测、估计、假设、想象作为证言适用，从而对案件事实做出错误的判断。

原始证据优先规则。《关于办理死刑案件审查判断证据若干问题的规定》第8条规定，"据以定案的物证应当是原物。只有在原物不便搬运、不易保存或者依法应当由有关部门保管、处理或者依法应当返还时，才可以拍摄或者制作足以反映原物外形或内容的照片、录像或者复制品。物证的照片、录像或者复制品，经过与原物核实无误或者经鉴定证明为真实的，或者以其他方式确能证明其真实的，可以作为定案的根据。原物的照片、录像或者复制品，不能反映原物的外形和特征的，不能作为定案的依据。"还规定："据以定案的书证应当是原件。只有在取得原件确有困难时，才可以使用副本或者复印件。书证的副本、复制件，经与原件核实无误或者经鉴定证明为真实的，或者以其他方式确能证明其真实的，可以作为定案的根据。书证有更改或者更改迹象不能作出合理解释的，书证的副本、复制件不能反映书证原件及其内容的，不能作为定案的根据。"第9条规定："不能证明物证、书证来源的，不能作为定案的根据。"把原始证据优先规则引入刑事诉讼，其目的在于促使侦查机关更加努力地收集具有真实性的原始证据，从而更准确及时地查明案件事实，实现实体正义。

补强证据规则。《关于办理死刑案件审查判断证据若干问题的规定》第22条规定："对被告人供述和辩解的审查，应当结合控辩双方提供的所有证据以及被告人本人的全部供述和辩解进行。""被告人庭前供述一致，庭审中翻供，但被告人不能合理说明翻供理由或者其辩解与全案证据相矛盾，而庭前供述与其他证据能够相互印证的，可以采信被告人庭前供述。""被告人庭前供述和辩解出现反复，但庭审中供认的，且庭审中的供述与其他证据能够印证的，可以采信庭审中的供述；被告人庭前供述和辩解出现反复，庭审中不供认，且无其他证据与庭前供述印证的，不能采信庭前供述。"这些规定明确地按照补强证据的要求，不能只靠口供定案，所有的口供必须与其他证据相印证，用其他证据加以补充和强化，才能认定案件事实。

直接言词证据原则。"两个规定"确立了有限的直接言词证据规则，规定了证人应当出庭作证的情形。《关于办理刑事案件排除非法证据若干问题的规定》第15条规定："具有下列情形的证人，人民法院应当通知出庭作证；经依法通知不出庭作证证人的书面证言经质证无法确认的，不能作为定案的根据：

（1）人民检察院、被告人及其辩护人对证人证言有异议，该证人证言对定罪量刑有重大影响的；

（2）人民法院认为其他应当出庭作证的。

证人在法庭上的证言与其庭前证言相互矛盾，如果证人当庭能够对其翻证作出合理解释，并有相关证据印证的，应当采信庭审证言。

对未出庭作证证人的书面证言，应当听取出庭检察人员、被告人及其辩护人的意见，并结合其他证据综合判断。未出庭作证证人的书面证言出现矛盾，不能排除矛盾且无证据印证的，不能作为定案的根据。"这一规定针对我国证人出庭难、质证难的现状与问题，而确立了有限的直接言词证据规则，即控辩双方有异议的和对定罪量刑有重大影响的证人应当出庭接受质证。这一规定完全符合我国当前的实际情况，也解决了实际问题。从实体上说有利于保障正确认定案件事实，从程序上说更有利于保障当事人的质证权。

以上所涉及的五大证据规则的出台，之所以称之谓刑事证据规则体系初步形成，主要是因为这些证据规则有运用证据的基本原则——证据裁判原则和程序法定原则；有审查判断证据的排除规则——非法证据排除规则、意见证据排除规则；有审查判断证据的运行规则——质证规则、关联性规则、原始证据优先规则，补强证据规则，有限的直接和言词证据规则。从基本原则到证据排除再到证据审查判断的运行过程已经涵盖了运用证据认定案件事实的全过程，反映了办案的客观规律。所以，笔者认为，虽然还尚不健全，但已具备了刑事证据规则的初步框架或体系。

四、证明责任

关于被告人及其辩护人提供的线索和证据启动非法证据排除程序，是否属于应当承担的证明责任问题？《关于办理刑事案件排除非法证据若干问题的规定》第6条规定"被告人及其辩护人提出被告人审判前供述是非法取得的，法庭应当要求其提供涉嫌非法取证的人员、时间、地点、方式、内容等相关线索或者证据。"这一规定出台后，人们有种种议论和理解，有人说这是让辩方负证明责任；有的说"谁主张谁举证"，被告方主张证据非法，就得负责证明；更有甚者，说什么"就应当实行证明责任倒置原则，这一规定就是这一原则的体现"；如此等等。笔者认为，这些理解和说法，都是值得商榷的。这里的启动程序，让辩方提供线索和证据，不是证明责任的分担，更不是证明责任"倒置"，我们认为这是辩方辩护的权利而不是责任。其理由有，一是把证明责任转嫁到被告上是不现实的，也是无法实现的，因为诉讼正在进行多数被告已失去人身自由，他没法取证证明，即使律师，其调查权的施行也困难重重；二是把证明责任转嫁到被告一方，如果确实取证非法，并已造成严重后果，例如肢体已留下伤痕，如果被告证明不了，找不出证据，是否非法取证的行为就不存在了吗？三是实行证明责任"倒置"，或"谁主张谁证明"，这是有悖于行使证明责任原理的，刑事案件的证明责任承担问题，按照证明责任理论，有别于民事诉讼，被告一方是永远不负证明责任的，案件所涉及事实证明责任是由控方承担的，这是世界各国的通例，更是司法从野蛮走向文明，从专横走向民主的诉讼规律。因此，我们不能随意适用证明责任倒置原则，立法规定，辩方提供线索和证据只能说是一个权利而不是责任。

五、检察机关排除非法证据

关于检察机关在审查批捕和审查起诉中排除非法证据的问题。在《关于办理刑事案件排除非法证据若干问题的规定》第3条规定："人民检察院在审查批准逮捕、审查起诉中，对于非法言词证据应当依法予以排除，不能作为批准逮捕、提起公诉的根据。"这一规定体现了我国在非法证据排除上的中国特色。因为，"国外非法证据排除规则中的'排除'指用非法的方法所采集到的证据不能够在刑事诉讼中用做指控犯罪嫌疑人、被告人的证据，即不能作为法院定罪的证据使用。这意味着国外非法证据排除规则主要是在法庭审理阶段进行的，通过审理结果影响侦查和起诉工作"。[1] 即使在审前程序中对非法证据的排除，也是通过司法审查程序，由法官主持进行。而我国关于非法证据排除，凸现了中国司法体制的特点，人民检察院既是国家的法律监督机关，虽然专司公诉权，但它也履行着一定的司法机关的职责，兼有司法机关的性质，所以把检察机关也作为排除非法证据的主持者，赋予其在审查批捕和审查起诉中排除非法证据之职责。但是，检察机关如何主持，按照什么程序排除非法证据，以及排除非法证据所适用的排除模式，适用的法律文书等等，已经形成贯彻的"两个规定"的难题，对此最高人民检察院应当作出司法解释，制定执行细则，给予回答。对于上述问题，笔者认为，从学习研究的角度，有如下看法：①关于检察机关主持排除非法证据的名称和模式，为了区别于法院的诉讼排除程序，即采用听证的方式方法，对非法证据进行排除，可取名为"听证排除"；②关于适用的程序，可以参照"两个规定"中所规定的法庭排除非法证据的程序进行，例如，启动程序也可交给被告人及其辩护人；由侦查机关负举证责任证明证据的合法性；证明方法也可由侦查机关提供讯问笔录、原始讯问的讯问过程录音录像或者其他证据，提请听证庭通知讯问时其他在场人员或者其他证人出席作证，仍不能排除刑讯逼供嫌疑的，提请听证庭通知讯问人员出庭作证，对该供述取得的合法性予以证明。侦查机关当庭不能举证的，可以决定延期听证。经依法通知，讯问人员或者其他人员应当作证。③听证后的处理程序，可以使用"决定"，以裁决本证据是否属于非法证据。总之，检察机关主持的非法证据排除程序，同样坚持"公开、透明"原则，坚持控辩双方平等参与原则，针对被告人的供述的合法性问题进行质证、辩论，据实裁决。

六、"非法证据"的科学界定问题

何谓非法证据？世界各国的答案及排除范围的大小，都是不一致的，它不仅涉及到"非法"手段的界定，还涉及到非法手段的严重程度，更关系到证据的内容与形式的关系等等。

关于"非法"手段的界定，我国《刑事诉讼法》第43条规定："严禁刑讯逼供和以威胁、引诱、欺骗以及其他非法的方法收集证据。"把刑讯逼供、威胁、引诱、欺骗，以及其他非法方法列为非法手段，这是一个非常广泛的界定。《关于办理刑事案件排除非法证据若干问题的规定》第1条规定："采用刑讯逼供等非法手段取得的

〔1〕 杨宇冠："执行《非法证据排除规定》应澄清两个问题"，载《检察日报》2010年8月11日，第3版。

犯罪嫌疑人、被告人供述和采用暴力、威胁等非法手段取得的证人证言、被害人陈述，属于非法言词证据"。把非法手段限制在刑讯逼供、暴力、威胁等。该规定发布以后，学界及实务工作者纷纷发表不同意见，有的认为非法手段越来越小了；有人认为只规定以上三种，那些精神折磨的手段，不人道的取证方法，虐待的方法等等是否属于非法手段。的确如此，看似新的规定比刑诉法的规定范围缩小了，另外，非法手段，就刑讯逼供而言，变相刑讯逼供的作法种种，形形色色，也很难用列举的方法——列出，基于此，只列出了比较明显又比较突出的三种习惯用语（刑讯逼供、暴力、威胁），在三种用语后又加上"等"字。我认为全部列出实属困难，其他的非法手段，可根据个案情况，由检察官和法官自由裁量。但是这种裁量必须掌握一个标准，区分两个界限，即以是否侵犯了公民的宪法所规定的基本权利为标准，认真区分与把握一般违法同严重违法的界限，以及瑕疵证据同非法证据的界限，不能施之过宽，也不能施之过窄。因为就非法证据排除规则，在人类历史上的产生与发展来看，其基本精神是围绕着人权保障的理念和精神而展开的，按照宪法修正案所规定的"国家要尊重和保障人权"的基本原则，来权衡违法取证的行为，以区分违法之程度，决定是否属于非法证据。

在区分证据瑕疵与非法证据的界限时，不能把一般违法行为所导致的形式不合法的证据，也当成非法证据加以排除。例如，《关于办理死刑案件审查判断证据若干问题的规定》第9条规定："物证、书证的收集程序、方式存在下列瑕疵，通过有关办案人员的补正或者作出合理解释的，可以采用：

（1）收集调取的物证、书证，在勘验、检查笔录，搜查笔录，提取笔录，扣押清单上没有侦查人员、物品持有人、见证人签名或者物品特征、数量、质量、名称等注明不详的；

（2）收集调取物证照片、录像或者复制品，书证的副本、复制件未注明与原件核对无异，无复制时间、无被收集、调取人（单位）签名（盖章）的；

（3）物证照片、录像或者复制品，书证的副本、复制件没有制作人关于制作过程及原物、原件存放于何处的说明或者说明中无签名的；

（4）物证、书证的收集程序、方式存在其他瑕疵的。"

这一规定就是要求必须区分瑕疵证据与非法证据的界限，有些形式不合法的证据，或者更一般的程序违法的证据，不一定都是非法证据。瑕疵证据可能采用退回补正的方法，或者要求办案人员作出合理解释，以消除瑕疵和疑问。当然，"对物证、书证的来源及收集过程有疑问，不能作出合理解释的，该物证、书证不能作为定案的根据"。再如，第7条规定："对在勘验、检查、搜查中发现与案件事实可能有关联的血迹、指纹、足迹、字迹、毛发、体液、人体组织等痕迹和物品应当提取而没有提取，应当检验而没有检验，导致案件事实存疑的，人民法院应当向人民检察院说明情况，人民检察院依法可以补充收集、调取证据，作出合理的说明或者退回侦查机关补充侦查，调取有关证据。"采用补正或退查的方法，解决瑕疵证据的问题，这是符合我国当前的实际情况的，因为我们还不能把一般的程序违法的证据，统统视为非法证据，全部排除。更重要的是大部分瑕疵证据是由于证据形式不合法，"形式不合法的证据可能是缺乏形式要件，没有达到法律对证据的形式要求，形式上不合法的证据取证过程中并没有侵犯被取证人的权利。非法证据通过排除规则解决，形式不合法的证据应当通过证据的可采性解决。"[1] 它和非法证据的排除是两种性质完全不同的范畴，我们不能混淆适用。

第三题　审查判断刑事证据规则问题研究

　　基于证据裁判主义的要求，对犯罪事实的认识必须依据证据，由此诉讼证明就成为一种运用证据推求已经发生之事实的认识活动，而证据制度就成为规范和调整证明活动的重要内容，因而证据制度成为诉讼制度的重要构成。有无一套完备系统的证据规则，对司法裁判的结果乃至司法的公正性影响甚大，这是证据规则独立价值的典型体现，也是法治化的内在要求。在刑事诉讼中，法庭处于诉讼的最后阶段，在此阶段对刑事证据审查判断的结果将对被告人是否构成犯罪具有实体性意义，因而对审查判断证据规则问题的研究就显得格外重要。随着刑事司法改革的不断深入，以及证据立法工作的逐步展开，如何完善审查判断刑事证据规则的问题已经成为我国诉讼法学界不可回避的重要课题，藉此机会笔者拟对构建我国审查判断刑事证据规则的问题发表浅知拙见。

一、审查判断刑事证据规则概述

　　任何证明活动都必须遵循一定的规则，否则就不能保障证明结果的公正性和正确性，而证据规则就是确认证据的范围和调整、约束证明行为的法律规范的总称，同时也是证据法的集中体现。[2]

　　（一）刑事证据规则的定位

　　许多学者对证据规则有着不同的界定，依据不同的标准，作了如下分类：①依

---

〔1〕 杨宇冠："执行《非法证据排除规定》应澄清两个问题"，载《检察日报》2010 年 8 月 11 日，第 3版。

〔2〕 樊崇义：《证据法学》，法律出版社 2004 年版，第 87 页。

据证据规则规范的证明活动的不同分为规范证据收集的规则、[1] 规范证据审查的规则和规范证据评价的规则;[2] ②依据证据规则调整内容的不同分为规范证明力的规则[3]和规范证据能力的规则;[4] ③根据证据规则规范对象的不同分为以规范审查判断证据的程序为内容的规则[5]和以规范审查判断证据的范围为内容的规则;[6] ④以诉讼的不同阶段为标准分为取证规则、采证规则、查证规则、认证规则。[7] 一般意义上的诉讼证明活动包括证据的收集、审查、评价等活动,因此,从广义上讲,证据规则是指规范证据的收集、审查和评价等诉讼证明活动的准则。由此,刑事证据规则是用来规范刑事诉讼中的证明活动,即在收集证据采用证据、核实证据、运用证据时必须遵守的一系列准则。刑事证据规则在现代刑事诉讼中具有发现事实,增强程序的可操作性,约束裁判者的自由裁量权,保障人权和增进特定社会利益,促进法治及提高效率的功能。从某种角度讲,刑事证据规则可以说是证据能力在法律上的预先设定,为了能够恰当地接受事实认定者审查,证据必须对案件中的实质性争议问题具有证明性而且依据证据规则在其他方面具有法律效力,每一项提交审判的证据都必须通过实质性、证明性和有效性的检验。[8] 而其中规范证据资格的准则

---

[1] 规范证据收集的规则,比较典型的是排除非任意自白规则。根据该排除规则,追诉一方向嫌疑人收集口供时,必须保障其陈述的自由意志。日本《刑事诉讼法》第 319 条规定,出于强制、拷问或者胁迫的自白,在经过不适当的长期扣留或者拘禁后的自白,以及其他可以怀疑为并非出于自由意志的自白,都不得作为证据。

[2] 规范证据审查和评价的规则,例如,在纠问式诉讼模式下,为了规范证明活动,法律设立了严格的规则,即所谓法定证据制度。

[3] 规范证据证明力的规则,其典型表现形式是法定证据制度中关于证据证明力的规定。现在各国的证据制度虽然不再采取极端的法定证据制度,但有些国家仍保留有规范证据证明力的规则,尤其是大陆法系国家。如在法国民事诉讼中,书证的证明力高于其他证据的证明力,即实行书证优先的法定证据原则。

[4] 规范证据能力的证据规则有很多,如关联性规则、传闻证据规则、自白任意性规则、意见规则、非法证据排除规则等等。规范证据能力的证据规则是英美证据法的重要内容,其目的是限制陪审团据以作出裁判的证据范围,防止陪审团受到不适当的证据的误导。

[5] 规范审查判断证据的程序的规则,其调整对象是审查判断证据的法定程序。依据此类证据规则,审查判断证据必须依法定程序进行,未经法定程序审查的材料不得采纳为定案的根据,其强调的重点不是证据,而是程序。一般而言,大陆法系的证据规则多属于此类,如直接原则、言词原则、公开原则等。在英美证据法中,交叉询问规则也属于此类规则。

[6] 规范审查判断证据的范围的规则,其调整对象是审查判断证据的法定范围。依据此类证据规则,只有对法律允许的证据才得予以审查判断,对于法律禁止的证据不但不得作为认定事实的依据,而且一般情况下也不允许在法庭上予以出示或进行调查,其强调的是证据本身而非程序。规范证据能力的规则即属于此类规则。

[7] 张月满:"刑事证据规则类型浅析",载《工会论坛》2005 年第 1 期。

[8] 乔恩·R. 华尔兹:《刑事证据大全》,何家弘译,中国人民公安大学出版社 2004 年版,第 18 页。

直接决定着诉讼证明中可资用作证据的材料范围，其对诉讼证明乃至诉讼公正均有十分重要的影响，因而这类准则在证据法规范中居于基础性地位，为此，本文所要研究的刑事证据规则将在"规范证据资格的规则"的意义上使用这一概念，相应的"审查判断刑事证据规则"也就侧重于探讨审查判断刑事证据资格的规则。

（二）审查判断刑事证据规则的概述

在任何一种刑事诉讼制度中，证据都需要具备一定的条件和资格才能够被法庭接受为合格和合法的证据，而证据规则的设置就是为了解决证据在何种条件下方能适格，并为法庭所接受。证据在认定事实中所能发挥作用的实质性价值评价即它的证明力，是由裁判者自由裁量的，很少进行限制规定。证据能力，也即证据的可容许性或者证据的法律资格，是允许证据出现在法庭上的资格和条件。而规范衡量与确定证据出现在法庭上的资格和条件的证据规则，其功能在很大程度上是确定证据的准入资格，即哪些证据被容许进入审判程序，以便证明案件中的待证事实。

证据之适法不是证据的天然属性，而是现代法律制度应有的一个内涵性要求，换句话说，证据的证据能力认定问题属于法律问题，它须由法律预先作出明确的规定，当然法律对以什么标准、什么规则以及什么方法设定证据的证据能力包含着人们的一系列价值判断与选择过程。而对证据能力与资格的法律预设是通过排除的方式进行的，即以排除的方式确定其可采性。美国的证据学专家华尔兹教授认为：大多数证据规则都是关于什么应被采纳为证据的问题——可采性问题。[1] 从这个层面上讲，证据的可采性是证据规则的实质之所在，而审查判断刑事证据的规则就可以理解为是考量证据可采性的一系列规则。需要指出的是，几乎所有旨在限制证据可采性的规则，都需要有相应的证据排除规则加以保障和实施。从这个角度讲，非法证据排除规则就是一个典型范例。非法证据排除规则旨在限制侦查人员以非法手段获取证据，对于侦查人员采用违反法律程序或者严重侵犯某一重要权益方式所获得的证据，法庭不仅有权将其宣告为"非法证据"，否定其证据能力，而且还有权作出将其排除出法庭之外的裁决，即进入法庭审判的资格。

综上所述，我们对于审查判断刑事证据的规则的研究就是从证据的资格入手研究其涉及可采性的相关规则问题。

二、我国刑事诉讼中审查判断证据规则的现状与问题

（一）立法概况

从立法上看，我国没有专门的证据法和明确的证据规则，但是在我国刑事诉讼法中对证据问题作了一些原则性的规定，并根据司法实践之需要颁布了一些涉及证据内容的司法解释，如简要规定了非法证据排除规则、补强证据规则等少量证据规

---

[1]　乔恩·R. 华尔兹：《刑事证据大全》，何家弘译，中国人民公安大学出版社 2004 年版，第 12 页。

则。但总的来说，并不存在系统完备的证据规则体系。并且，现行的证据规则多对证据证明力进行原则性规定，较少对证据资格做排除性规定，如没有明确规定传闻证据规则、自白任意性规则、意见证据规则、最佳证据规则等。不仅刑事证据规则种类较少，数量有限，而且相关法律对于证据规则立法角度的选取存在差异，这使得证据规则体系从整体上缺乏体系性、完整性，从而影响了证据规则的司法适用效果。具体来说，目前关于证据规则的立法大致有以下两类。

1. 规范证据资格的证据规则。规范证据资格的证据规则主要体现在诉讼法以及最高人民法院[1]、最高人民检察院的一系列司法解释等法律规范[2]中。从这些证据规则的发源来看，我国法律明文规定的规范证据资格的规则只有非法收集的言辞证据排除规则、秘密录音证据排除规则[3]、测谎鉴定结论排除规则[4]、与复印件的证据能力规则[5]，而且这四种证据规则的适用范围或效力都存在局限性，最为突出的表现是秘密录音证据排除规则与复印件的证据能力规则均系由最高人民法院在有关民事诉讼的司法解释中确定的，换句话说就是，严格的来讲这两条规则仅适用于民事诉讼中。以复印件的证据能力为例，相关法律中规定，"证据材料为复制件，提供人拒不提供原件或原件线索，没有其他材料可以印证，对方当事人又不予承认的，

---

〔1〕 最高人民法院颁行的《关于执行〈中华人民共和国刑事诉讼法〉若干问题的解释》第 61 条规定："严禁以非法的方法收集证据。凡经查证确实属于采用刑讯逼供或者威胁、引诱、欺骗等非法的方法取得的证人证言、被害人陈述、被告人供述，不能作为定案的根据。"

〔2〕 最高人民检察院颁行的《人民检察院刑事诉讼规则》第 265 条规定："严禁以非法的方法收集证据。以刑讯逼供或者威胁、引诱、欺骗等非法的方法收集的犯罪嫌疑人供述、被害人陈述、证人证言，不能作为指控犯罪的根据。人民检察院审查起诉部门在审查中发现侦查人员以非法方法收集犯罪嫌疑人供述、被害人陈述、证人证言的，应当提出纠正意见，同时应当要求侦查机关另行指派侦查人员重新调查取证，必要时人民检察院也可以自行调查取证。侦查机关未另行指派侦查人员重新调查取证的，可以依法退回侦查机关补充侦查。"

〔3〕 关于秘密录音证据排除规则，参见最高人民法院于 1995 年 3 月 6 日向河北省高级人民法院作出的批复："……证据的取得必须合法。只有经过合法途径取得的证据才能作为定案的根据。未经对方当事人同意私自录制其谈话，系不合法行为。以这种手段取得的录音资料，不能作为证据使用。"

〔4〕 《关于 CPS 多道心理测试鉴定结论能否作为诉讼证据使用问题的批复》，最高人民检察院于 1999 年 9 月 10 日向四川省人民检察院作出批复："……CPS 多道心理测试（俗称测谎）鉴定结论与刑事诉讼法规定的鉴定结论不同，不属于刑事诉讼法规定的证据种类。人民检察院办理案件，可以使用 CPS 多道心理测试鉴定结论帮助审查、判断证据，但不能将 CPS 多道心理测试鉴定结论作为证据使用。"

〔5〕 关于复印件的证据能力规则，参见最高人民法院 1998 年颁布实施的《关于执行〈中华人民共和国刑事诉讼法〉若干问题的解释》第 53 条的规定："收集、调取的书证应当是原件。只有在取得原件确有困难时，才可以是副本或者复制件。收集、调取的物证应当是原物。只有在原物不便搬运、不易保存或者依法应当返还被害人时，才可以拍摄足以反映原物外形或者内容的照片、录像。书证的副本、复制件，物证的照片、录像，只有经与原件、原物核实无误或者经鉴定证明真实的，才具有与原件、原物同等的证明力。"

在诉讼中不得作为认定事实的证据。"很显然这种情形在刑事诉讼中是很少发生的。

2. 规范证据证明力的证据规则[1]。近年来最高人民法院通过司法解释的形式确立了相当庞杂的规范证据证明力的证据规则体系。最高人民法院在 1998 年颁行《最高人民法院关于执行〈中华人民共和国刑事诉讼法〉若干问题的解释》,第 53 条对该规则规定:"书证的副本、复制件,物证的照片、录像,只有经与原件、原物核实无误或者经鉴定证明真实的,才具有与原件、原物同等的证明力。"关于仅凭口供不能定案的规则(或称口供补强规则)。《刑事诉讼法》第 46 条规定:"只有被告人供述,没有其他证据的,不能认定被告人有罪和处以刑罚;没有被告人供述,证据充分确实的,可以认定被告人有罪和处以刑罚。"

(二)存在的问题

我国目前还没有建立起完整、科学、系统的刑事诉讼证据规则,目前粗线条的证据规则难以对司法证明活动发挥应有的指导、调整和规范作用。至于具体的刑事证据规则,相关法律的规定不仅过于简单,而且质量普遍不高,立法上关于证据的粗疏规定直接导致证据规则在实践中缺乏可操作性。具体表现在以下几个方面:

1. 非法证据的排除规则在理论及实践中存在的问题。我国《刑事诉讼法》第 43 条及《人民检察院刑事诉讼规则》第 265 条规定,禁止刑讯逼供和以威胁、引诱、欺骗以及其他非法方法收集证据,非法取得的证人证言、被害人陈述、被告人供述,不能作为定案的依据。第五次全国刑事审判工作会议明确提出规范排除非法证据的程序、标准、举证责任的要求,强调对于采用刑讯逼供等非法方法取得的被告人供述、被害人陈述和证人证言不得作为定罪的根据,以保障犯罪嫌疑人、被告人供述等的任意性。2010 年 6 月 25 日,最高人民法院、最高人民检察院、公安部、国家安

---

[1] 这一类的证据规则在刑事诉讼中主要有:关于书证的副本、复制件与物证的照片、录像的证明力的规则和口供补强规则。其余的主要体现在民事诉讼中。1998 年,最高人民法院通过了《关于民事经济审判方式改革问题的若干规定》,其中用 10 条专门规定了"关于对证据的审核和认定问题",根据这一规范性法律文件,在中国民事诉讼中新增的规范证据证明力的规则很多,大致可分为三类:①关于仅凭当事人陈述不能定案规则(或称当事人陈述补强规则)。上述法律文件的第 21 条规定:"当事人对自己的主张,只有本人陈述而不能提出其他相关证据的,除对方当事人认可外,其主张不予支持。"②证据证明力如何的确认规则。即其中第 22 ~ 26 条所作规定。③证据证明力高低的规则。第 27 条规定:"①物证、历史档案、鉴定结论、勘验笔录或者经过公证、登记的书证,其证明力一般高于其他书证、视听资料和证人证言。②证人提供的对与其有亲属关系或者其他密切关系的一方当事人有利的证言,其证明力低于其他证人证言。③原始证据的证明力大于传来证据。……"④证据效力不完全的规则。依照第 28 条的规定,"下列证据,不能单独作为认定案件事实的依据:①未成年人所作的与其年龄和智力状况不相当的证言;②与一方当事人有亲属关系的证人出具的对该当事人有利的证言;③没有其他证据印证并有疑点的视听资料;④无法与原件、原物核对的复印件、复制品。"而上述这些规范证据证明力的证据规则在刑事诉讼中是不适用的。

全部、司法部联合印发的《关于办理死刑案件审查判断证据若干问题的规定》和《关于办理刑事案件排除非法证据若干问题的规定》的通知，从某种角度讲，"两个规定"在我国的刑事诉讼历史上，完成了一个从"严禁刑讯逼供"的说教，到"非法证据排除"规则的确定的历史进程，反映了我国民主法治的进程，尤其在刑事诉讼法制方面，实现了对违法诉讼行为实行程序制裁的最终目标。"两个规定"之一的《非法证据排除规定》，它不仅明文确立了"非法证据排除"规则，而且还对什么是"非法"、非法证据排除的范围和排除的程序——作了明确具体的规定，充分地彰显了诉讼程序的法律价值和功能，体现了程序公正。而《办理死刑案件证据规定》第2条规定的证据裁判原则，第3条规定的程序法定原则，第4条规定的证据质证原则都是对我国刑事诉讼法原有规定的深化与突破，进一步凸现了程序公正。

一般认为，上述法律和有关规定确立了非法证据排除规则，不难看出该规则大部分内容主要是针对非法言词证据的，对于非法实物证据的规定存在一定的欠缺，并且对于如何区别、利用或排除非法证据的实施程序及证明责任等问题还有待于进一步的明确。在实践中非法证据排除存在着诸多问题，主要集中表现在以下几个方面：

（1）对非法证据的确认存在问题。法律对于非法证据的定义、效力、种类等规定缺乏明确性与全面性。非法证据包括非法的言词证据和非法的实物证据。在我国的有关规定中，只界定了非法言词证据。[1] 非法言词证据概念的核心问题是如何界定"非法"问题，"非法"有一般违法和严重违法，所取得的证据有非法证据与瑕疵证据之分。我们认为，关键是要紧紧抓住是否侵犯了被讯（询）问人的宪法所规定的基本权利，不能把一般的程序违法的证据统统称之为非法证据加以排除。例如，《办理死刑案件证据规定》第14条就规定了证人证言的收集程序和方式有瑕疵的，通过有关办案人员的补正或者作出合理解释的，可以采信。此外，关于"非法手段"的内涵和表述问题，也是界定非法证据概念的一个关键问题。根据我国的相关法律规定，"采用刑讯逼供和以威胁、引诱、欺骗以及其他非法方法收集的证据"，我们习惯于把"非法手段"界定为"刑讯逼供"和暴力、威胁等。其实这种界定与我国参加并批准实施的一些国际条约的对"非法"所规定的内容相比，仍不够明确。其中对于何为"刑讯逼供"以及何为"其他非法方法"缺少应有的解释性规定，这不利于对非法获取证据尤其是言词证据的方法作出准确认定。

此外，就言词证据而言，以"威胁、引诱、欺骗"方法和以刑讯逼供方法取得的言词证据有所不同，且程度也不尽相同，所获取的口供未必都虚假，但是法律却没有做必要的分析。这些都在一定程度上为司法实践中变相刑讯逼供现象的滋生与屡

---

[1] 《非法证据排除规定》开宗明义，在第1条就规定："采用刑讯逼供等非法手段取得的犯罪嫌疑人、被告人供述和采用暴力、威胁等非法方法取得的证人证言、被害人陈述，属于非法言词证据"。

禁不止创造了法环境。对非法证据效力问题，我国刑事诉讼法中没有明确规定，公检法三机关对此问题的司法解释也不尽相同。最高人民法院、最高人民检察院对以非法的方法收集的证据均持否定态度。但公安部对此则只规定了公安机关应依法取证，严禁刑讯逼供和以威胁、引诱或其他非法方法收集证据，而对非法证据的效力没有涉及。以此观之，立法上的缺陷以及公、检、法三机关规定的不一致，导致了司法实践中的混乱，影响了公正执法和公诉水平的提高。此外，一般意义上的非法证据既包括非法言词证据也包括非法实物证据，但我国的相关法律只对非法言词证据做了粗疏的规定。

（2）非法证据排除的范围缺乏可操作性。根据《非法证据排除规定》，对于非法言词证据，包括犯罪嫌疑人、被告人的供述、证人证言、被害人的陈述，适用绝对排除的原则，该规定第2条明确指出："经依法确认的非法言词证据，应当予以排除，不能作为定案的根据。"对于非法实物证据，适用相对排除，即附条件排除的原则，该规定第14条指出："物证、书证的取得明显违反法律规定，可能影响公正审判的，应当予以补正或者作出合理解释，否则，该物证、书证不能作为定案的根据。"非法实物证据是否排除，以是否严重影响公正审判为条件。这样规定的初衷是由于实物证据不同于言词证据，当前我国取得实物证据的手段、条件尚不完备，我们对非法证据排除的范围还不能像英美各国那样，全部实行绝对排除，对非法实物证据只能实行有限排除，附条件地排除。但是，做出对于"可能影响公正审判"的实物证据进行排除的规定，还是过于笼统，过于原则，这在实践中把握起来还是有一定难度的。换句话说，对于实物证据的排除范围，法律没有做出相对明确的规定，因而缺乏可操作性。

（3）对非法证据的衍生证据是否采信的问题以及非法搜查、扣押取得的实物证据是否排除的问题。非法证据的衍生证据也就是通常所说的"毒树之果"，该问题在我国的相关法律中没有做出应有的规定。现实中经常存在这样的情形，公安机关对犯罪嫌疑人刑讯逼供，使得犯罪嫌疑人供出了犯罪事实，经公安机关调查，情况和犯罪嫌疑人供述一致，并收集到证明犯罪事实存在的相关证据，此类证据能否作为定案的依据，法律虽然没有做出明确的规定，但是在司法实践中普遍采取采信的态度。对于非法搜查、扣押取得的实物证据，法律中没有做出相关规定。对于该问题，理论界中大致有三种意见：第一种意见主张原则上不作排除，只有程序严重违法的，才予以排除；第二种意见主张原则上排除，同时确立一些例外情况；第三种意见主张对一切形式的非法实物证据都做当然性排除。但是实践中，一般是不做排除的。

2. 传闻证据规则在理论及实践中存在的问题。证人出庭作证问题一直是困扰我国刑事审判方式改革的"瓶颈"，在司法实践中，证人出庭作证者寥寥无几，在法庭上往往以宣读证人证言书面材料代替，被告人无法行使质证权，庭审缺乏对抗色彩，蜕变为仅仅对侦查过程进一步确认的形式化程序。这在很大程度上就是缘于对传闻证据规则的欠缺抑或不完善。我国《刑事诉讼法》及相关的司法解释都没有明确规定传闻证据规则，但是事实上传闻证据是在被广泛适用的。《刑事诉讼法》第157条规定可以在法庭上宣读未出庭证人的证言笔录，对具备什么特定条件的证人才许可不出庭也未作出明确界定，而实践中依据证人书面证言定案的现象也较为普遍。

3. 补强证据规则在理论及实践中存在的问题。一般意义上的补强证据规则是指，对某些证明力明显薄弱的证据，要求有其他证据证实才可以作为定案根据。根据我国《刑事诉讼法》第46条的规定，只有被告人供述，没有其他证据的，不能认定被告人有罪和处以刑罚。这一规定要求以其他证据作为对被告人有罪供述的补强证据，这在某种意义上确认了对口供的补强规则。但是，对于口供之外的其他言词证据是否需要补强，以及对于一项证据需要其他证据补强到什么程度时才达到证明标准，法律及相关的司法解释没有作出相关的规定。这在实践中就造成对于共同犯罪的被告人的言词证据的收集与使用缺乏必要的规范性。

4. 相关性规则。所谓的相关性规则，就是要求纳入诉讼过程的证据材料必须与案件事实有实质性联系并对案件事实有证明作用。《刑事诉讼法》第93条规定："犯罪嫌疑人对侦查人员的提问，应当如实回答。但是对与本案无关的问题，有拒绝回答的权利。"该法第156条规定："公诉人、当事人和辩护人、诉讼代理人经审判长许可，可以对证人、鉴定人发问，审判长认为发问的内容与案件无关的时候，应当制止"。这些法律规定，确立了我国刑事证据运用的相关性规则。

5. 最佳证据规则的规定与适用。我国刑事诉讼法的相关司法解释吸收了现代最佳证据规则的基本内涵，但与之又有所不同。①现代最佳证据规则通常只是一项关于文书证据的可采性规则，也就是说该规则在一般情况下仅适用于文字材料，如信件、电文等。但是我国则将最佳证据规则的适用范围由书证扩大到了物证。②没有法律明确规定副本、复制件、复制品不可采信。③对于在何种条件下可以使用副本或复制件，有关法律只作了原则性的规定，即"确有困难时"可适用，这种过于原则性的规定在实践中是不易掌握的。根据对原件、原物等的运用情况进行的一项问卷调查表明，43%的受访者反映，实践中运用的证据大多是原件、原物，但调查中也发现一些问题。如，对于物证的原件、原物运用不够理想，个别法官对最佳证据规则的理解与证据理论存在一定的偏差等。[1] 我国的相关法律没有规定副本、复制件、复制品不可采纳，且对副本、复制件、复制品的使用条件也未作严格限制，而且实践中有些法官对副本、复制件和照片等证据也未能尽到严格审查义务。

---

[1] 上海市第二中级人民法院课题组："构建我国刑事证据规则体系调研报告"，载《法律适用》2008年第5期。

三、建立、健全我国审查判断刑事证据规则的建议

证据规则是控辩双方适用证据平等对抗的标准和规范，是使诉讼公正的重要保障。[1] 建立健全证据规则应同时满足质和量两方面的要求。在质的方面，即具体证据规则必须在内容上具有完整性，在适用上具有可行性，否则就失去存在的意义。在量的方面，证据规则必须具有足够的覆盖面，解决诉讼证明活动中急需规范的问题。"由于规范证据资格的规则以证据为调整对象，直接决定着诉讼证明中可资运用的证据范围，因此，这类规则在证据法规范中居于基础性地位，对于诉讼证明乃至诉讼公正均具有十分重要的影响"。[2] 我们所要构建的审查判断刑事证据规则在内涵上要突出证据的特色，而非诉讼规则或者庭审规则。在构建审查判断刑事证据规则时既要充分尊重体现证据运用的一般规律，又要注意我国刑事诉讼制度及其运用调解和环境的特殊性，建立、健全的审查判断刑事证据的规则应当既反映诉讼规律又符合我国的实际国情。具体来说，可以考虑建立、健全以下几个证据规则：

（一）进一步健全传闻证据排除规则

传闻证据规则起初只是一项简单的排除性规则，即在诉讼中排除庭外陈述，以避免不可靠的传闻干扰诉讼。我国刑诉法规定证人证言必须在法庭上经过控辩双方的询问、质证并经过查实以后，才能作为定案的根据，同时该法还规定对未到庭的证人的证言笔录、鉴定人的鉴定结论、勘验笔录和其他作为证据的文书，应当当庭宣读。从这些规定中可以看出我国反对部分传闻证据，但司法实践中对传闻证据加以排除的情形并不多见。为此有必要进一步健全我国的传闻证据排除规则，使其更富于操作性。 ·

任何一项诉讼制度的确立都必须与本国国情、文化传统、诉讼模式相适应。诚然，在我国目前的司法状况下，传闻证据规则具有重要的借鉴意义，但是我国刑事诉讼制度运用的客观条件和环境尚待优化，过分严格的规则要求实际上将难以执行，如果强求确立和执行，将会在一定程度上损害刑事诉讼制度运行的整体效益。因此，对于传闻证据应该具有一定的灵活性，不能照搬国外的相关规定。国外的传闻证据规则是与刑事诉讼中的直接原则、言词原则和质证原则的要求相统一的。该原则不仅要求证人作证不能以道听途说无法验证的情况为根据进行陈述，还要求证人直接出庭，发表言词证据，通常不得以很难质证的庭前书面证言作为证据，换句话说，就是要求证人必须出庭。但是，我们注意到，随着法治的不断发展，即使在传闻证据规则起源地的英美法系国家，逐渐放宽传闻证据的采用标准也似乎是一种发展趋

---

〔1〕 马秀娟、尤林涛："刑事证据规则若干问题思考"，载《湖北警官学院学报》2008 年第 3 期。

〔2〕 樊崇义等："刑事证据前沿问题研究"，载《证据学论坛》（第 1 卷），中国检察出版社 2000 年版，第 156 页。

势，其表现之一就是传闻证据排除规则的例外越来越多[1]。况且，实践也在不断的证明，对传闻的证据价值不能一概地、绝对地予以否定，因此，对该规则的引进应该建立在理性的认识基础上。

建立传闻证据规则的意义在于，通过保障被告人的质证权以确保证据的可靠性和审判的公正性。但近年来，传闻证据规则建立的大量例外也表明了这一规则正日益受到严峻的挑战，反对者主要的理由在于，传闻证据的证明力低于原始证据只是一条盖然性法则，并不是必然规律，排除传闻证据往往有碍事实真相的查明，同时也增加了诉讼成本[2]。正反两种意见实则反映了打击犯罪和保障人权两种利益衡量的选择倾向。

我国目前的治安形势还比较严峻，司法资源较为稀缺，如果实行过于严格的传闻证据规则，则显然不符合我国的国情，排除的范围过大，无疑会影响到打击犯罪的力度。笔者认为在立法上引进这一规则时，应衡量打击犯罪和保障人权两种利益，在确立一般原则的基础上明确例外情况。

1. 规定传闻证据规则的一般性原则。根据刑事诉讼法及其司法解释的有关规定证人、鉴定人应当出庭，接受各方的发问和询问，该规定为确立传闻证据规则打下了一定的基础。我国可以以解决证人出庭难这一瓶颈现象为核心，先行确立一些基础性的、易于操作和贯彻执行的传闻证据规则，即先规定哪些证据不具有可采性，采取列举的办法，而不作笼统性规定，待条件成熟后再规定相对严格的的传闻证据规则。

2. 明确规定道听途说得来的信息不能作为证据使用。转述者向警察、检察官或法庭提供的证人、被害人、犯罪嫌疑人、被告人在法庭外所作的陈述不具有可采性。只有当原陈述者已经死亡或者在海外，有特别可信的情况证据支持其转述的可信性，且转述的环节不能过多的情况下，才能够使用传闻证据。

3. 证人、被害人的庭外陈述不能直接作为证据使用。一般情况下，证人、被害人的庭外陈述不能直接作为证据使用，但是存在以下情况时，可以例外处理，即明确刑事诉讼法及其相关司法解释中"有其他原因"的例外情形：①陈述人死亡或者下落不明的；②陈述人因身患严重疾病、在国外或者其他不可抗力，在庭审期间不能到庭的；③陈述人因路途十分遥远、交通极不方便的情形下不便出庭的；④控辩双方同意庭外陈述具有证据能力或对庭外陈述没有实质性争议的；⑤在先前审判程序中已经宣誓或具结并接受交叉询问的陈述笔录的。

4. 鉴定结论、侦查笔录等不能直接作为定案证据适用。规定除了特殊情况以外，

〔1〕 何家弘：《外国证据法》，法律出版社 2003 年版，第 54 页。
〔2〕 沈德咏、江显和："变革与借鉴：传闻证据规则引论"，载《中国法学》2005 年第 5 期。

证人、被害人、鉴定人、侦查人员都应当亲自出庭，以言词的方式在法庭上进行陈述，而不能直接将侦查机关在侦查程序中获取的询问笔录或讯问笔录作为起诉的根据和定罪的根据。[1]

(二) 补强证据规则

补强证据规则的确立旨在保护被告人的权利，防止案件事实的误认，对某些证明力显然薄弱的证据，要求有其他证据参与予以证实才可以作为定案根据。在我国的民事诉讼中有此规定，而在刑事诉讼中只有关于口供补强的规定，但事实上，这一规定在刑事诉讼中并非仅限于口供的补强。由于言词证据具有主观性，庭审中对证据的异议大部分集中在言词证据上，以及言词证据在诉讼中的重要地位，可以考虑将补强证据规则扩大适用到所有的言词证据，即规定对言词证据，必须有其他证据证实并达到一定程度，才可以认定其证明力。具体可以考虑做如下完善：

1. 扩大补强证据规则的适用范围。建议《刑事诉讼法》第46条规定不仅适用于单个被告人的口供，还适用于共同犯罪人、另案共同犯罪人以及不予追究刑事责任的共犯的口供。

2. 言词证据的补强程度。一般来说，对补强证据不要求其达到单独使法官确信犯罪事实的程度，但也不是仅仅要求对口供稍有支撑。在理论和司法实践中主要有两种主张：一种是要求补强证据大体上能独立证明犯罪事实的存在，这是较高的要求；一种是要求达到与供述一致，并能保证有罪供述的真实性，这是低限度要求。[2] 根据我国的现实国情，我国的补强规则，以第二种标准即可，即能够保证有罪供述的真实性即可。具体来说，就是言词证据与补强证据相结合能够证明案件事实的真实性即可，在这种标准下，即使口供的证明力大，补强证据的证明力小，也可以满足补强程度。根据实践经验，下列几种情况可以作为补强证据：①被告人自白与犯罪勘查、检查现场是否吻合；②是否有作案时间；③犯罪前后是否有反常迹象；④被告人或同案被告人的日记、笔记、备忘录、信笺以及商业帐簿等所记载的有关内容是否有涉及犯罪的记载；⑤在被告人身上或者住处搜获赃物，且被告人无法说明其合法来源；⑥知情人的证词，该人在被告人归案前曾倾听过被告人关于作案经过的陈述，且与被告人的供述相一致的证词；⑦已经死亡的被害人生前关于被害经过的书面陈述，或曾听其陈述过被害过程的人所作的与被告人供述相一致的证词；⑧综合考虑全案情况在逻辑上是否有矛盾，以及查明各共同犯罪人事前有没有攻守

---

[1] 刘广三：《刑事证据法学》，中国人民大学出版社2007年版，第161页。

[2] 沈德咏、宋随军主编：《刑事证据制度与理论——刑事诉讼证据》（中），人民法院出版社2006年版，第898～899页。

同盟、事后有没有串供、刑讯逼供和诱供等情况。[1] 需要注意的是，在共同犯罪案件中，同案被告人口供能否互相作为补强证据使用，要根据具体情况来定，如果在其他证据相互印证，能够证明同案被告人口供真实可靠的情况下，对同案被告人口供的证据能力应当予以承认。因为通常来说，被告人对同案其他被告人的犯罪情况会比较了解，如果供述经过查证属实，那么其提供的材料将具有证明力。但若仅靠同案被告人口供作为补强证据应当非常慎重，特别是只有单一共犯的口供，而没有其他证据补强的情况下，原则上不应认定。

（三）完善最佳证据规则的若干思考

最佳证据规则在现代主要是关于文书证据可采性的规则，起初它要求使用原始证据而不是复印件或者有关其内容的口头证据。但是随着社会的发展，该规则现在已经被允许使用经证实的拷贝的立法所推翻，而且即使当其适用时，目的也只是防止使用二手证据，除非存在不能出示原始证据的正当理由。从排除的意义上讲，最佳证据规则不适用于那些仅具有附属或表面意义的文字材料，即该规则仅适用于与案件中重大问题相关的文字材料。且从证明目的上看，该规则仅适用与将文书内容作为直接证据或者证明文书本身内容为真的情况，当举证方无意把文书内容作为直接证据加以证明，而是用于其它证明目的时，并不适用必须提供原始文书的证据规则。[2] 因此，可以对我国的最佳证据规则做如下完善：

1. 明确适用原始文书规则的例外情形。借鉴《美国联邦证据规则》第1004条的有关规定，可以规定适用原始文书规则的例外情形如下：①原件遗失或毁坏，所有原件均已遗失或毁坏，但是提供者出于不良动机遗失或毁坏的情况除外；②原件无法获得，即便是通过适当的法律程序或行为也依然无法获得原件的情形。在上述两种情形下，可以不要求必须适用原始文书。

2. 完善复制品等次佳证据的适用程序。《关于执行〈中华人民共和国刑事诉讼法〉若干问题的解释》第53条把"确有困难"作为不提出原件的条件，过于原则，这在某种意义上为实践中有的案件有条件可以取得原件也交复印件，甚至是即使有原件也不予以提供的现象提供了法环境。从最佳证据规则的目的来看，只要能够保证文书副本的准确性，副本也应该具有可采性，特别是当文书原本已经无法取得时，副本实际上就是可以获得的最佳证据。有鉴于此，我国可原则上承认复制品等次佳证据的可采性，但对于次佳证据的制作、提交程序与要求应作出明确规范：①与原件、原物核实无误或者经鉴定证明属实。②附证据制作过程的文字说明及原件、原

---

〔1〕 上海市第二中级人民法院课题组："构建我国刑事证据规则体系调研报告"，载《法律适用》2008
    年第5期。

〔2〕 参见郭志媛：《刑事证据可采性研究》，中国人民公安大学出版社2004年版，第254~259页。

物存放处所的说明。③制作人的签名或盖章。当满足上述条件时，副本、复制件、照片等次佳证据与原件、原物具有同等的证明力。

3. 明确规定拒不提供原物、原件等行为在诉讼中应承担的不利后果。为了平衡控辩双方之间的诉讼权利义务，规定两种情形下可以适用不利推定：一种情况是犯罪嫌疑人、被告人、被害人、自诉人以及他们的法定代理人采用积极方式故意实施毁坏、隐匿、改变原物、原件等妨碍举证的行为；另一种是上述人员采用消极的方式，即无正当理由拒不提供证据，实施妨碍举证的行为。在上述两种情况下，法庭可以作出对其不利的推断，或者直接认定对其不利的诉讼主张。

（四）违法收集证据的排除规则之完善

当前相关法律及司法解释以及有关会议中提出规范排除非法证据的程序、标准、举证责任的要求，强调对于采用刑讯逼供等非法方法取得的被告人供述、被害人陈述和证人证言不得作为定罪的根据，目的在于保障犯罪嫌疑人、被告人供述等的任意性，以及收集证据的合法性。确立并完善非法证据排除规则应注意把握好以下几个问题：

1. 对非法言词证据的正确理解问题。实践中认定非法言词证据应根据法治化精神和司法实践的需要做必要的限制，不能作过于宽泛的解释。有观点提出凡是"精神折磨"、"使人疲劳、饥渴、困乏"、"服用药物、催眠"、"变相刑讯逼供、变相威胁、引诱、欺骗"或"施加很强的心理压力"等不人道和有辱人格的取证方法都应当作为非法取证手段对待。诚然上述不人道和有辱人格的取证方法为我们所诟病，但是如果对所有可能不人道和有辱人格的取证方法都予以排除，那么就有可能导致诉讼中的证据材料减少，反而不利于查明案件事实。因此根据我国现阶段的国情，对于非法取证方式的确定应强调对公民基本权利的侵犯，以此为前提，对《刑事诉讼法》第43条的"严禁刑讯逼供和以威胁、引诱、欺骗以及其他非法的方法收集证据"的规定具体化，这对于实践中对非法获取言词证据的方法作出正确认定是十分必要的。

2. 对非法取得证据做有限度的排除。根据我国的现实国情，对违法获取的证据一概否定其证据能力是不适当的，但是不做必要的排除又是有违法治精神的。因此，对于非法证据的排除存在一个度的问题，也即对于非法证据的确定应该有一个尺度或标准。对那些整个证据材料或者其基本内容、或主要内容都是采用非法手段获得的证据，应当完全排除，尤其是适用于非法取得的言词证据。对于证人证言如果仅仅是某些调查询问方式欠妥，那么只需要排除通过不妥当询问方式获得的证言内容，而对于其他的部分，如果对方当事人无异议或者不能提出合理的反驳根据，则不做排除。

对于非法获取的物证，包括根据某些不合法、不妥当的讯问、询问所获得的物证，一律抹煞其证据能力是不妥当的。此外，对于因搜查、扣押手续或程序上存在瑕疵而排除所获取的物证也是不适当的。因为上述两种情况都有可能因放纵犯罪而不被社会所认可。更何况，我国刑事诉讼法中对于搜查扣押程序的规定并不是很严格，而且侦查机关的灵活性又很多，是否违法很难做出准确的界定。并且从另一个角度讲，非法搜查、扣押取得的实物证据不因取证手段不合法而降低其证明价值。因此，综合来看，对于非法取得的实物证据原则上不能简单地因采证形式或者程序的违法性而过多排除，应由法庭根据取证行为的违法程度和个案的利益权衡裁量排除。具体在决定是否排除非法物证时应综合考量以下因素：①取证行为的违法程度。对于没有获得法定机关批准进行搜查、扣押而获得的证据并且事后没有履行相关补充程序的应予以排除，因为这涉及到公民的宪法权利问题；而对于只是搜查、扣押的程序、时间、方式等与法律规定有出入而获取的物证则可不予排除。②对公民基本权利的损害程度。对公民基本权利损害较大产生恶劣影响的应予以排除；对公民基本权利损害不大，未造成任何人身或财产损害的可不予排除。③案件所涉及犯罪行为的社会危害性。对于一般性刑事犯罪通常可予以排除，而在危害国家安全、黑社会性质等严重刑事犯罪案件中则可不予排除。这种设计主要是起于利弊权衡的基础上做出的选择，同时这种选择也较易为社会和公众所接受与认同。

3. 非法证据的举证责任和证明标准问题。《关于办理刑事案件排除非法证据若干问题的规定》对如何排除非法证据规定了具体的操作规程，这些具体的程序对于避免因为采纳非法证据而导致冤假错案的发生将起到非常重要的作用。这些程序包括：①程序的启动。《非法证据排除规定》的第4、5、6条规定了比较详细的启动程序，启动的主体由被告人及其辩护人提出；启动的形式，可以是书面的，也可以是口头的，口头告诉的由人民法院工作人员或辩护律师作出笔录，并由被告人签名或者捺指印；启动的时间，可以在开庭前，也可以在起诉书副本送达后开庭前，或开庭中；启动的内容，包括涉嫌非法取证的人员、时间、地点、方式、内容等相关线索或者证据。对于由辩方启动说明以上各项内容，笔者认为这是当事人行使辩护权的一项重要的诉讼权利，不能混同为举证责任，更不能随意提什么"证明责任倒置"。②法庭审查和法庭调查。③控方负举证责任及证明方法。该规定不仅明确了非法证据证明责任由公诉方承担，而且还明确规定了证明的方法，如提供讯问笔录，提交原始的讯问录音录像，提请法庭使有关在场人员出庭作证，依法通知讯问人员（侦查人员）出庭作证等等。④双方质证程序。第7条的最后一款规定："控辩双方可以就被告人审判前供述取得的合法性问题进行质证、辩论。"⑤法庭处理程序。根据《关于办理刑事案件排除非法证据若干问题的规定》第11条："对被告人审判前供述的合法性，公诉人不提供证据加以证明，或者已提供的证据不够确实、充分的，该供述不能作为定案的根据。"根据这些规定，法庭对被告人审判前供述的合法性问题作出裁定：如公诉人的证明达到确实、充分的尺度，能够排除被告人审判前供述属非法取得的，法庭确认该供述的合法性，准许当庭宣读、质证；否则，法庭对该供述予以排除，不作为定案的根据。[1]

当被告人及其辩护人提出了排除"有罪供述"的申请，由被告方还是由公诉方承担证明责任，需要证明到什么程度，实践中有三种不同意见：第一种意见是公诉方承担举证责任。对证据合法性的证明与公诉方的最终证明责任相同，必须达到事实清楚、证据确实充分的程度。第二种意见是侦查机关承担举证责任。侦查机关应当提供确实、充分的证据证明其取证程序的合法性。同时，把排除非法证据的证明标准规定为"有合理根据"，并把裁量权交给公诉机关和法院，这就为实践中排除非法证据增加了可能性。第三种意见是辩护方承担举证责任。辩护方证明公诉方提出的证据非法只需达到明显优势程度，也即非法的可能性明显超过合法的可能性即可。第四种意见是由法院依职权调查证据。基于对被告人权利的特别保障，法院在被告人及辩护方未提出异议的情况下应主动排除非法证据。正确分配举证责任对于保障非法证据排除规则的实施具有十分重要的意义。在我国，由于被告人无权调查取证，辩护律师的调查取证权也有局限性，因此要求辩护方承担证明控诉证据合法性的责任十分困难。而检察机关依法承担公诉权和证明有罪的责任，因此一般情况下应由公诉方举证证明其取得证据的合法性。根据《关于办理刑事案件排除非法证据若干问题的规定》，不但证明责任的分担得到了合理的确定，而且对于证明标准也做了较高的要求，即证据确实、充分。

第四题　非法证据排除规则的发展及其在中国的前景

一、非法证据概念辨析

非法证据排除规则是针对"非法证据"而言的，对非法证据排除规则的研究必须建立在对"非法证据"进行正确界定的基础上。我国传统证据理论认为证据应具有客观性、关联性及合法性。其中证据的合法性是指对证据必须依法加以收集和运用，具体要求：证据收集及运用的主体合法，证据形式合法，收集、调取证据的程序合法，并且经法定程序查证属实。在这样的概念基础上，曾有观点认为凡不具有合法性的证据都是非法证据，因此应当适用非法证据排除规则。这种观点认为，只要是不符合法律规定，甚至是不符合法规、司法解释和规章的要求的证据，都是非

---

〔1〕 樊崇义："只有程序公正，才能实现实体公正——评'两高三部'、'两个规定'所体现的程序价值"，载《检察日报》2010 年 6 月 30 日，第 3 版。

法证据，具体包括证据形式不合法、取证主体不合法、取证程序不合法和证据未经法定程序查证属实四个方面。[1]

我们认为这种观点实际上混淆了我国对证据"合法性"的要求与国外的非法证据排除规则。我国证据理论所谓的"合法性"不仅关系到证据的可采性，也关系到证据的证明力。在形式上存在缺陷的证据不具备合法性，但是不一定导致"排除"的最终结果，而可能通过补正的方式完善其合法性。

非法证据排除规则，是来自中国证据法理论体系之外的舶来品。1984年12月10日，第39届联合国大会第93次全体会议通过了《禁止酷刑和其他残忍、不人道或有辱人格的待遇或处罚公约》（简称《禁止酷刑公约》），其中第15条要求："每一缔约国应确保在任何诉讼程序中不得援引任何业经确定系依酷刑取得的口供为证据，但这类口供可用作被控施行酷刑者刑求逼供的证据。"2003年美国《乔治敦大学法律杂志》第32版刑事诉讼年度评论认为，排除规则的要求是：通过直接或者间接违反第四、第五或者第六修正案而获得的证据，控方不得在审理中用来证明被告人有罪。当法庭不恰当的采纳了违反排除规则的证据，将会导致判决的撤销，除非能够排除合理怀疑的证明该错误属于无害错误。可见，非法证据排除规则中所谓的"非法证据"特指取证程序违法的非法证据，并且只涉及证据的可采性。至于取证主体违法、缺乏证据形式要件以及查证属实的问题，都不属于非法证据排除规则所涉及的范畴。

近年来，我国学者对这一规则的研究日益深入，逐渐对其概念达成共识，认为非法证据排除规则，是指违反法定程序，以非法方法获取的证据，不具有证据能力，不能为法庭所采纳。[2]其中所谓"非法方法"大致包括：刑讯或其他使人在肉体上剧烈疼痛的方法；威胁、诱骗；以非法拘禁为手段进行强迫的方法；使人疲劳、饥渴；服用药物、催眠、麻醉；以及其他残忍、不人道或有辱人格的方法。

二、非法证据排除规则在中国的现状

《禁止酷刑公约》明确要求各缔约国排除非法证据，这表明非法证据排除规则已经成为国际刑事司法准则，获得现代法治国家的普遍认同。我国已于1988年9月批准加入这一公约，这意味着排除非法证据已经成为我国的国际法义务。事实上，我国对非法取证行为始终持否定态度。

首先，我国在宪法中规定了公民的基本权利，为认定非法取证行为提供了宪法基础。如我国《宪法》第37条规定："中华人民共和国公民的人身自由不受侵犯。任何公民，非经人民检察院批准或者决定或者人民法院决定，并由公安机关执行，不受逮捕。禁止非法拘禁和以其他方法非法剥夺或者限制公民的人身自由，禁止非

---

〔1〕 郑旭：《非法证据排除规则》，中国法制出版社2009年版，第199页。
〔2〕 卞建林主编：《证据法学》，中国政法大学出版社2005年版，第100页。

法搜查公民的身体。"保障了公民的人身自由权。第 39 条规定："中华人民共和国公民的住宅不受侵犯。禁止非法搜查或者非法侵入公民的住宅。"确认了公民的住宅权免受非法搜查。第 40 条规定："中华人民共和国公民的通信自由和通信秘密受法律的保护。除因国家安全或者追查刑事犯罪的需要，由公安机关或者检察机关依照法律规定的程序对通信进行检查外，任何组织或者个人不得以任何理由侵犯公民的通信自由和通信秘密。"保障了公民的通信自由权。以上规定表明在我国，公民的人身自由权、住宅权以及通信自由权属于宪法基本权利，即使是国家机关，未经法定程序不得侵犯公民的合法权益。

其次，我国的刑事诉讼立法也对非法取证行为持否定态度。我国 1979 年刑事诉讼法第 32 条规定：严禁刑讯逼供和以威胁、引诱、欺骗以及其他非法的方法收集证据。1996 年刑事诉讼法修改后在第 43 条规定："审判人员、检察人员、侦查人员必须依照法定程序，收集能够证实犯罪嫌疑人、被告人有罪或者无罪、犯罪情节轻重的各种证据。严禁刑讯逼供和以威胁、引诱、欺骗以及其他非法的方法收集证据。"虽然没有直接规定排除非法取得的证据，但是体现了这样的要求。在《最高人民法院关于执行〈中华人民共和国刑事诉讼法〉若干问题的解释》第 61 条中明确了排除非法证据的要求："严禁以非法的方法收集证据。凡经查证确实属于采用刑讯逼供或者威胁、引诱、欺骗等非法的方法取得的证人证言、被害人陈述、被告人供述，不能作为定案的根据。"人民检察院不仅在《人民检察院刑事诉讼规则》中对讯问方法做出了规定，并且针对这一问题于 2001 年发布了《中华人民共和国最高人民检察院关于严禁将刑讯逼供获取的犯罪嫌疑人供述作为定案依据的通知》，其中指出："……各级人民检察院要严格贯彻执行有关法律关于严禁刑讯逼供的规定，明确非法证据的排除规则。《刑事诉讼法》第 43 规定，严禁刑讯逼供和以威胁、引诱、欺骗以及其他非法的方法收集证据。《人民检察院刑事诉讼规则》第 140 条也再次重申了这一原则，并在第 265 条明确指出，以刑讯逼供或者威胁、引诱、欺骗等非法的方法收集的犯罪嫌疑人供述、被害人陈述、证人证言，不能作为指控犯罪的根据。各级人民检察院必须严格贯彻执行这些规定，发现犯罪嫌疑人供述、被害人陈述、证人证言是侦查人员以非法方法收集的，应当坚决予以排除，不能给刑讯逼供等非法取证行为留下任何余地……刑讯逼供是一种严重的司法腐败行为，必须进行严厉打击，这是遏制和预防其发生的重要措施。"公安机关作为主要的侦查机关，也对讯问方法加以限制。《公安机关办理刑事案件程序规定》第 8 条规定：公安机关办理刑事案件，必须重证据，重调查研究，不轻信口供，严禁刑讯逼供。第 51 条规定："公安机关必须依照法定程序，收集能够证实犯罪嫌疑人有罪或者无罪、犯罪情节轻重的各种证据。严禁刑讯逼供和以威胁、引诱、欺骗或者其他非法的方法收集证据。"并就讯问、搜查、扣押等侦查行为都做出了程序规定，禁止非法取证行为。

　　最后，我国其他法律也针对国家机关工作人员在刑事诉讼中非法取证行为规定了处罚措施。我国《刑法》第 245 条规定："非法搜查他人身体、住宅，或者非法侵入他人住宅的，处 3 年以下有期徒刑或者拘役。司法工作人员滥用职权，犯前款罪的，从重处罚。"第 247 条规定："司法工作人员对犯罪嫌疑人、被告人实行刑讯逼供或者使用暴力逼取证人证言的，处 3 年以下有期徒刑或者拘役。致人伤残、死亡的，依照本法第 234 条（故意伤害罪）、第 232 条（故意杀人罪）的规定定罪从重处罚。"刑讯逼供罪、非法搜查罪、非法侵入住宅罪在刑事实体法上对非法取证的官员进行惩罚，以期震慑此类违法行为。我国还通过《国家赔偿法》规定了国家对刑讯逼供和非法搜查扣押行为受害者的赔偿义务，以及向实施非法取证行为的官员的追偿机制。《国家赔偿法》在刑事赔偿部分第 17 条规定："行使侦查、检察、审判职权的机在以及看守所、监狱管理机关及其工作人员在行使职权时有下列侵犯人身权情形之一的，受害人有取得赔偿的权利：……④刑讯逼供或者以殴打、虐待等行为或者唆使他人以殴打、虐待等行为造成公民身体伤害或者死亡的；……"第 18 条规定："行使侦查、检察、审判职权的机关以及看守所、监狱管理机关及其工作人员在行使职权时有下列侵犯财产权情形之一的，受害人有取得赔偿的权利：①违法对财产采取查封、扣押、冻结、追缴等措施的；……"

　　2010 年 6 月 24 日，最高人民法院正式对外公布了由最高人民法院、最高人民检察院、公安部、国家安全部、司法部联合制定的《关于办理刑事案件排除非法证据若干问题的规定》（以下简称《非法证据排除规定》），自 2010 年 7 月 1 日起施行。《非法证据排除规定》共 15 条，主要包括两个方面的内容：一是实体性规则，主要是对非法证据特别是非法言词证据的内涵和外延进行界定，即"采用刑讯逼供等非法手段取得的犯罪嫌疑人、被告人供述和采用暴力、威胁等非法手段取得的证人证言、被害人陈述"。二是程序性规则，主要是对排除非法证据问题规定了具体的操作规程，明确了辩方对启动证据合法性调查程序的初步责任[1]，由控方对被告人审判前供述的合法性负举证责任，通过向法庭提供讯问笔录、原始的讯问过程录音录像或者其他证据，提请法庭通知讯问时其他在场人员或者其他证人出庭作证，以及提请法庭通知讯问人员出庭作证，对该供述取得的合法性予以证明[2]。如果控方对此举证不能或者未能达到"证据确实、充分"的证明标准，该供述则不能作为定案的根据[3]。这一规定填补了我国刑事诉讼活动中排除非法证据的具体程序、证据规则

―――――――――――

[1]《非法证据排除规定》第 6 条规定："被告人及其辩护人提出被告人审判前供述是非法取得的，法庭应当要求其提供涉嫌非法取证的人员、时间、地点、方式、内容等相关线索或者证据。"

[2]《非法证据排除规定》第 7 条。

[3]《非法证据排除规定》第 11 条。

在制度设计上的空白，使之在实践中具有了操作性，是我国健全证据规则方面的飞跃性进步，也是刑事司法改革的重大成果。但毋庸讳言，这一规定是构建我国非法证据排除规则的阶段性成果，尚有完善空间，有待学人探寻，以期回馈实务。

第一，"规定"并未对"非法证据"做出明确定义，排除范围过于狭窄。规定就"非法言词证据"做出了开宗明义的概念界定，但对非法实物证据可谓语焉不详，仅在最后"暗示"非法实物证据为：明显违反法律规定取得的、可能影响公正审判，且无法予以补正或者作出合理解释的物证、书证，排除的结果是"不能作为定案的根据"。这样的规定无疑有很大的局限性，使得非法搜查、非法扣押、非法窃听、非法查询冻结等行为难以受到必要的程序性制裁，导致非法证据排除规则适用范围过于狭窄，在私权面对公权最为弱势的刑事诉讼程序中，我国宪法所规定的公民人身自由权、住宅权以及通信自由权无法落实。实际上，对"非法言词证据"采取较为明确的排除态度是为了防止刑讯逼供而导致的冤假错案，但对于非法言词证据的排除恰恰是为了改变"以口供为中心"的刑事侦查模式，加强办案人员对于物证的重视。在这样的趋势下，应该有预见性的对物证的非法取证行为进行规范，否则永远在执法中出现问题后才在立法上有所反应，法律便丧失了预防性和导向性，始终体现出滞后性。此外，对于以非法证据为线索取得的证据的效力也未曾涉及。诚然，我国并不应盲从于美国的"毒树之果"。但若对非法言词证据的衍生证据不加规范，就无法解决实务中的"二次口供"问题。

第二，规定对非法言词证据定义主体范围过宽、取证方式限制过窄。规定将非法言词证据定义为"采用刑讯逼供等非法手段取得的犯罪嫌疑人、被告人供述"和"采用暴力、威胁等非法手段取得的证人证言、被害人陈述"。非法证据排除规则旨在限制政府之公权，维护司法之正洁，因此约束对象应为执法人员或以其授权行事之人，保障对象应为刑事被告人，规定中使用的定义显然缺乏此种限定。在美国，非法证据排除规则的根本目的在于限制警察权力，如果是私人的非法取证行为，并不属于非法证据排除规则调整的范围，而由民事侵权诉讼等其他方式解决。而且，提出排除证据的人必须具备主体资格（即具有 standing），一般要求必须是权利受侵犯者本人，如果是对其他证人而非被告人的非法取证，则被告人不具有提出排除证据的主体资格。另外，就被追诉人的保护而言，在取证手段上仅就刑讯逼供行为做出了禁止性规定，对于威胁、引诱、欺骗等讯问手段毫无设计。其实，威胁、引诱、欺骗的讯问手段即使在国外也没有完全禁止，而可能成为讯问策略的运用。有些威胁、引诱和欺骗手段，在一定范围内可能是合乎法律规定的，但必须符合比例原则等，仍需在立法上做出规定。

第三，权利告知程序的缺失。行使权利的前提是知晓权利。对于复杂的刑事诉讼程序，我国公民可能大都不甚了解。在目前的情况下，我国也不能保障每个案件中的被告人都能得到律师的帮助。因此，被告人知情权的保障和权利告知程序的设置显得尤为重要。[1] 检察机关和人民法院应当在受理案件后告知被告人有权提出排除非法证据，这在规定中未曾提及，恐为遗漏。

第四，规定模糊了控辩双方的举证责任。规定要求提出有违法取证行为的被告人及其辩护人应当提供相关线索或者证据，这似乎对辩方科以举证责任。实际上，辩方的证据收集能力明显弱于控方。辩方对于非法取证行为的说明在本质上是行使辩护权的表现，是其权利而非义务。在美国，虽然辩方在名义上承担启动听证程序的举证责任，但这种所谓的举证责任实际上仅仅是"提出证据的责任"而非"说服责任"。也就是说，只要被告人主张政府有违法取证行为，且由律师向法庭提出排除证据的动议，就可以启动听证程序。反观我国规定，不仅要求被告人"提供涉嫌非法取证的人员、时间、地点、方式、内容等相关线索或者证据"，辩方还必须举证至使"法庭对被告人审判前供述取得的合法性有疑问"的程度。[2] 在非法证据排除问题上，应该明确举证责任倒置的原则，由控方承担证明取证行为合法的举证责任。

第五，对于控辩双方举证所应达到的证明标准语焉不详。从措辞推测，辩方承担提出线索的责任，似乎只需要达到美国证明标准中的最低要求的"合理怀疑（Reasonable Suspicion）"的程度即可，而控方对所承担的倒置的举证责任需要达到"确实、充分"的程度，否则就要承担相应举证不能的风险。而这里的"确实、充分"是指达到优势证据的标准？高度盖然性的标准？还是排除合理怀疑的标准？诚然，我国并不一定要在证明标准上采取与美国一致的概念，但在刑诉法上对于起诉和定案的标准都表述为"证据确实、充分"，那么证据排除中的"确实、充分"究竟意指何种标准，似以进一步阐明为宜。

第六，证据排除的后果不甚明了。在规定中，不论是言词证据还是物证、书证，排除后的结果都是"不得作为定案的根据"，那么是否可以作为量刑的根据？还是完全不得使用？抑或需区分违法情况酌定是否在量刑中加以考虑？尚需立法者释疑解惑。

第七，规定在法律效力和对公民权利的保护力度上仍未达到应有的高度。该规定在性质上仍然属于司法解释，并未在法律层面上正式确立非法证据排除规则，更没有上升到宪法层面。在美国，排除非法证据就是为了保障宪法第四、第五和第六修正案所保障的公民基本权利。在德国，侵犯公民宪法权利所取得的证据，属于"独立性的证据使用之禁止"，最著名的就是"日记案"。在"日记案"中警察虽无

---

〔1〕 参见杨宇冠、甘雨来："探索构建中国特色非法证据排除规则的实践——江苏盐城法院试点情况之实证分析"，载《人民法院报》2010年6月9日，第6版。
〔2〕 参见《非法证据排除规定》第6、7条。

违法行为而取得被告人的日记，法院却认定这侵犯了公民宪法权利隐私权的最核心内容，而予以排除。我国宪法规定了公民的人身自由权、住宅权以及通信自由权，对于这些宪法基本权利，即使是国家机关，未经法定程序也不得侵犯。这为非法证据排除规则提供了宪法基础。刑事诉讼法修改在即，届时可以此规定为基础，将非法证据排除规则正式纳入刑事诉讼体系，并为刑事诉讼权利的宪法化奠定基础。

随着人权观念的普及，非法证据排除规则作为震慑警察违法、维护司法正洁的司法制度，不仅在世界各国得以确立，也已经成为联合国刑事司法准则。我国也在积极探索适合我国国情的非法证据排除之路。在这样的探索之路上，我们需要保持世界眼光、立足中国现实，通过考察域外非法证据排除规则，借鉴各国的有益经验，探寻规则本身在世界范围内的发展趋势，并针对中国刑事司法体系构建符合世界法治发展规律、兼具中国特色的非法证据排除规则。

三、域外非法证据排除规则及其发展趋势

从历史上看，非法证据排除规则是美国首先倡导并确立起来的。美国联邦宪法第四修正案规定："人民的人身、住宅、文件和财产不受无理搜查和扣押的权利，不得侵犯。除依据可能成立的理由，以宣誓或代誓宣言保证，并详细说明搜查地点和扣押的人或物，不得发出搜查和扣押状。"基于这一要求，凡是公民具有合理的隐私利益（legitimate privacy interests）[1] 的人身、物品、地点，原则上要求警察持令状才能进行搜查，并且该令状需要有合理的理由（probable cause）的支持，列明搜查的地点和扣押的人或物，并由中立的治安法官（Magistrate）[2] 签发。

非法证据排除规则并非普通法传统，事实上在英国普通法上证据的可采性并不受取得方式的影响。最经常被引用的案例就是丈夫偷来了证明妻子有通奸行为的信件，虽然丈夫因偷窃而被起诉并定罪，法庭仍允许使用该信件作为不利于妻子的证据。法官认为，不论证据是如何得到的，即使是偷来的，并没有在任何方面改变证据本身。[3] 非法证据排除规则在美国的确立也经历了长期的过程。美国联邦最高法院在1886年的博伊德诉美国案[4] 中首次宣布：强迫被告人出示用于对其定罪的文件违反了美国联邦宪法第四修正案，所以该文件不可采。但是非法证据排除规则并未

---

〔1〕 开放场地（open field）及其中物品 Hester v. United States, 265 U. S. 57 (1924)、抛弃物 California v. Greenwood, 486 U. S. 35 (1988) 以及公共信息 Smith v. Maryland, 442 U. S. 735 (1979)，都不具有合理的隐私利益。只可能发现非法物品的搜查也不算侵犯合理的隐私利益。United States v. Place, 462 U. S. 696 (1983)。

〔2〕 但并不要求该治安法官须受过法学专业训练，Shadwick v. City of Tampa, 407 U. S. 345 (1972)。

〔3〕 郑旭：《非法证据排除规则》，中国法制出版社 2009 年版，第103页。

〔4〕 Boyd v. United States, 116 U. S. 616 (1886)。

就此建立。在 1904 年阿丹姆诉纽约案[1]中，最高法院又退了一步，主张法庭在刑事诉讼中不审查取得证据的方式。最高法院在 1914 年威克斯案[2]中正式在联邦司法体系中确立非法证据排除规则，认为通过违反第四修正案的不合理搜查扣押所取得证据不能在联邦法庭上使用以反对被告人。但众所周知，美国的联邦制导致司法体系的双轨制，联邦层面确立的规则并不必然适用于各州，威克斯案所确立的非法证据排除规则最初并不适用于州司法系统，而绝大多数刑事案件恰恰是由各州管辖的[3]，州警察违法搜查扣押得到的证据实际上仍然可以在联邦法庭上使用，这一银盘理论导致这一时期的非法证据排除规则软弱无力。20 世纪 60 年代，随着民权运动的风起云涌，沃伦法院[4]在刑事司法领域锐意改革，做出了一系列重要判决，全面确立了独具特色的美国式非法证据排除规则。首先，最高法院在马普案[5]中将违反宪法第四修正案而导致的证据排除规则全面适用于联邦和各州；继而，在马修案[6]中明确基于宪法第六修正案的证据排除规则；最终，在米兰达案[7]中确立基于宪法第五修正案的证据排除规则。

因此，美国非法证据排除规则最初根据宪法第四修正案建立起来，用于排除非法取得的物证，后来又扩展适用到第五和第六修正案，即用于排除非法取得的口供。其适用范围仅限于刑事诉讼，不适用于民事税收程序、移民驱逐程序等，即使在刑事程序中，也不适用于大陪审团程序、人身保护令程序、量刑程序、假释及撤销缓刑程序。并且在刑事诉讼中也只是"不得在审理中"作为"用来证明被告人有罪"的实体证据，而允许将之用作弹劾证据，证明证人不可信。这一规则也存在若干例外，主要包括第四修正案的善意的例外以及第五修正案的公共安全的例外。

不过，美国的非法证据排除规则不仅适用于非法取证行为直接获得的证据，也适用于由此间接取得的证据，而这种证据被称为毒树之果。其具体要求是，由于非法搜查或非法讯问所直接获得的证据以及派生证据，由于最初的污染而不得用作不利于被告人的证据。[8] 美国这种被其他国家视作"疯狂"的规则在加强对警察执法行为的规范之外，也必然导致执法成本增大，由此排除证据而逃避法律制裁的被告

---

〔1〕 Adams v. New York, 192 U. S. 585 (1904).

〔2〕 Weeks v. United States, 232 U. S. 383 (1914).

〔3〕 实际上美国并无联邦警察，联邦政府有自己的执法部门，也会处理其职权范围内的刑事案件，但大多数犯罪由各州法律规定，由州警察进行侦查。

〔4〕 厄尔·沃伦担任首席大法官时期，以其命名的美国联邦最高法院。

〔5〕 Mapp v. Ohio, 367 U. S. 643 (1961).

〔6〕 Massiah v. United States, 377 U. S. 201 (1964).

〔7〕 Miranda v. Arizona, 384 U. S. 436 (1966).

〔8〕 Black's Law Dictionary (8th ed. 2004), fruit – of – the – poisonous – tree doctrine.

人也对社会安定构成重大威胁。为此，最高法院也对毒树之果的适用设定了若干例外：

1. 渐减弱规则或稀释原则（attenuated connection）[1]：在有些情况下，毒树之果的毒素已经大为减弱从而可以使用。直接违反宪法权利的行为取得的证据当然应该排除，但是如果是通过间接违反宪法的行为得到了一些线索，随后根据这些线索又取得其他证据，那么这些证据则是间接又间接地违反了宪法权利。根据"毒素逐渐减弱原则"，这种间接又间接的违法证据不再作为非法证据加以排除。

2. 污染中断（Purged Taint Exception）[2]：并非所有毒树的果实都会被排除，而是要判断非法行为与所获的非法证据之间的因果关系。如果存在独立的能够打破这种因果关系联系的行为，那么非法行为的影响也就会中断，由其产生证据的因污染得到清洗而可以被采纳。在本案中，被告人王森被非法逮捕后，又被假释，在这以后他又主动到警察机关投案，在被告知权利后，仍做了有罪供述。联邦最高法院以5比4的结果裁决认定王森是在保释后，自愿供述自己的罪行，其非法逮捕与口供之间的因果联系已经被削弱，以至于消除了供述的污点，因此其口供应当被采纳。

3. 必然发现的例外（Inevitable Discovery）[3]：如果通过与违法行为无关的合法调查途径"必然"会发现这类证据，那么该证据就具有可采性。在本案中，虽然警方发现路坑旁被害人的尸体是通过非法口供获得的，但是一群200人的志愿者已经根据已有的安排朝尸体方向搜索，而且尸体的埋藏地已经包含在搜索的范围之内，在警方根据非法口供找到尸体时，搜寻队伍已经距此很近，因此被害人的尸体属于"必然发现"之列。

4. 独立来源的例外（Independent Source）[4]：政府方所得到的信息是从另一个独立的来源所获得的，而不是依靠非法取得的证据为线索得到的，这种情况不适用证据排除规则。如果后来通过与最初非法行为无关的来源能够得到某一证据，那即使这一证据最初是在非法搜查中取得的，独立来源的例外仍允许使用该证据。在本案中，虽然存在非法搜查，但申请令状时并没有使用非法取得的证据，对最终发现毒品的仓库的搜查是依据合法签发的令状正当进行的。

在程序上，对证据是否需要排除的争议需要在审前以动议（Motion）的方式提出，在控辩双方举证的基础上由专业法官作出裁决。在举证责任上，就实物证据而言，主要看执法者是否持有令状；就言词证据而言，主要看执法者是否给予了米兰

---

〔1〕 Nardone v. United States, 308 U. S. 338 (1939).

〔2〕 Wong Sun v. United States, 371 U. S. 471 (1963).

〔3〕 Nix v. Williams, 467 U. S. 431 (1984).

〔4〕 Murray v. United States, 487 U. S. 533 (1988).

达警告。如果辩方能够证明令状或警告的缺失，控方则需要证明存在排除规则适用的例外，而控方所需要达到的证明标准是优势证据[1]。证据排除的结果不能作为实质证据被事实的审理者（即陪审团）看到或听到。

我国学者对美国非法证据排除规则的研究由来已久，而美国以宪法为基础、强制排除的非法证据排除规则也成为其区别于其他国家的"美国特色"制度。但 2006 年的哈德森诉密歇根州案[2]却导致美国学者对非法证据排除规则未来的质疑，认为这一判决预示着非法证据排除规则在美国已经走向穷途末路。哈德森案的案情并不复杂，警察持有合法的令状，按照令状的内容对被告人的住宅进行了搜查，也如期查获了枪支和毒品。被告人哈德森之所以对这些证据提出质疑，要求排除，是因为警察在抵达其住宅进行搜查前，虽然宣布了他们的存在，却只等待了大约 3~5 秒便自行打开了未锁的前门，进入了哈德森的住宅。哈德森主张，警察这一行为违反了"敲门并宣告"的规则，应当对其违法行为取得的证据予以排除。事实上，执法官员必须宣布他们的存在，以便给居民留有开门的机会，这一普通法原则古已有之，并且已经规定在《美国联邦法典》第 18 卷第 3109 条，成为美国制定法的要求。在威尔逊案[3]中，最高法院一致认定"敲门并宣告"规则是第四修正案的要求。而且，在本案中，从初审开始，控方一直承认该次进入是违反敲门并宣告规则的。然而，虽然警察的行为已经违反了第四修正案，最高法院却认定证据无需排除。因此，很多美国学者认为这预示着美国联邦最高法院已经准备废除第四修正案基础上的非法证据排除规则。如果这一预言成真，其结果是：强制排除非法言词证据，对非法实物证据则不强制排除；就毒树之果而言，如果非法言词证据所衍生的是言词证据，则予以排除[4]；如果非法言词证据所衍生的是实物证据，则倾向于不排除[5]。接着，最高法院又在 2009 年扩大了善意的例外[6]。在此案中，逮捕被告人所依据的令状本应该已经取消，而且这并不是由于治安法官的错误而是警察的错误，但最高法院仍然裁决由于警察不具有故意违法的主观恶性，因此而排除证据所付出的代价过大，所以善意的例外仍然适用，证据不予排除。

2010 年最高法院连续做出三个判决大幅度限制米兰达规则的适用。2010 年 2 月 23 日，最高法院就佛罗里达州诉鲍威尔案[7]作出裁决。在本案中警察向被告人宣读

---

[1] Colorado v. Connelly, 479 U. S. 157 (1986).

[2] Hudson v. Michigan, 547 U. S. 586 (2006).

[3] Wilson v. Arkansas, 514 U. S. 927 (1995).

[4] 如密苏里州诉塞伯特案。

[5] 如俄勒冈州诉埃尔斯达德案、美国诉帕坦案。

[6] Herring v. United States, 129 S. Ct. 695 (2009).

[7] Florida v. Powell, 559 U. S. _ (2010) (docket 08-1175)

的米兰达警告并不准确，警察没有告知被告人在"讯问时有权要求律师在场"，而是说"在讯问前有权与律师交谈，并且随时可以行使此权利"。虽然史蒂文斯大法官和布莱耶大法官极力反对，认为这样的米兰达警告缺失了被告人权利中的重要因素，但法院还是以 7:2 的多数认定警察并未违反米兰达规则，代表多数派撰写法院意见的金斯伯格大法官认为只要传达了米兰达警告中的权利内容即可，无需一字不差。2010 年 2 月 24 日，最高法院再次就米兰达规则的适用作出裁决。根据 1981 年爱德华案[1]的先例，一旦被告人在讯问中要求律师在场，随后对该权利的放弃则推定为非自愿，由此得到的证词也不可采。最高法院再次以 7:2 推翻了先例，认为在被告人脱离羁押状态两周之后，即使之前主张了权利，警察也可以再次对被告人进行讯问了，爱德华案中确立的推定不成立。[2] 2010 年 6 月 1 日，最高法院以 5:4 裁决，在警察告知权利后，被告人必须明确说明自己要行使沉默权，如果没有做出这样的明示而与警察交谈则视为他已经放弃了沉默权。[3]

可以看出，最高法院限制非法证据排除规则的意图非常明显，但尚不至于走到废除这一规则的地步。我们认为，随着史蒂文斯大法官的退休，美国非法证据排除规则"限制而不废除"的趋势可能会更加明显，这也将与世界其他国家的做法基本一致。

同属英美法系的英国，对于非法取得的供述要求强制排除，而对供述以外的证据自由裁量排除。《1984 年警察与刑事证据法》第 76 条第 2 款要求强制排除非法供述："在任何公诉方计划将被告人供述作为本方证据提出的诉讼中，如果有证据证明供述是或者可能是通过以下方式取得的——（a）对被告人采取压迫的手段；或者（b）实施在当时情况下可能导致被告人的供述不可靠的任何语言或行为，则法庭应当不得将该供述作为对被告人不利的证据被提出，除非检察官能向法庭证明该供述（尽管它可能是真实的）并非以上述方式取得，并且要将此证明打破排除任何合理怀疑的程度。"[4] 对于其他证据，在第 78 条第 1 款做出了规定："在任何程序中，法庭可以拒绝将审查官据以做出指控的证据予以采纳，如果它在考虑到包括收集证据情况在内的所有情况以后，认为采纳这种证据将会对诉讼的公正性造成不利的影响，因此不应将它采纳为证据。"[5] 在这里，法律要求的是法庭对证据进行综合考虑，"可以拒绝采纳"，但并不强制排除。对于毒树之果，第 76 条第 4 款规定："被告人

---

〔1〕　Edwards v. Arizona, 451 U. S. 477（1981）.

〔2〕　Maryland v. Shatzer, No. 08 - 680

〔3〕　Berghuis v. Thompkins, 560 U. S. _ （2010）（docket 08 - 1470）

〔4〕　中国政法大学刑事法律研究中心组织编译：《英国刑事诉讼法（选编）》，中国政法大学出版社 2001 年版，第 318 ~ 319 页。

〔5〕　同上，第 320 页。

供述根据本条的规定被全部或部分的排除，这一事实不应影响以下事实作为证据的可采性——（a）根据被告人供述所发现的事实；或者（b）如果供述存在相关性是因为它能够说明被告人以某一特定方式说过、写过或表达过，则为说明他曾这样做过所必需的供述部分。"[1] 即根据所排除的证据所发现的证据也可能具有可采性；同时，按照 b 款的规定，非法证据本身也可以作为弹劾证据使用。

德国刑事诉讼法规定了很多执法要求，但明确规定证据排除的只有第 136 条 a，即对非法供述的强制排除："①不得用虐待、疲劳战术、伤害身体、施用药物、折磨、欺诈或催眠等方法损害被指控人意思决定和意思确认之自由。强制只能在刑事诉讼法允许的范围内。禁止以刑事诉讼法的不准许的措施相威胁，禁止以法律未规定的利益相许诺。②损害被指控人记忆力或理解力的措施，禁止使用。③不论被指控人同意与否，第一款和第二款的禁止规定一律适用。违反这些禁止获得的陈述，即使被指控人同意，亦不得使用。"除此之外，法院和大多数作者都反对"自动"排除规则。他们采取个案处理的态度，认为不能因为在取得证据的过程中产生错误就自动的排除证据，而且排除证据并不会必然的减少违法取证行为所造成的损害[2]。在考虑是否排除非法证据时，法院必须对各种因素进行"平衡"，包括被告人被侵犯的权利、取证手段是否具有可替代性、被损害的程序规则的目标以及对查明真相的作用等。基于这样的分析，德国法院在"平衡"的基础上仍然倾向于采纳派生证据，他们认为如果排除这些证据则会对查明事实真相造成巨大的损害[3]。

美国对实物证据以及毒树之果的排除，常常被其他国家谓之"疯狂"。如果美国联邦最高法院近年来的一系列判决真的意味着对"美国式"非法证据排除规则的摒弃，那么非法证据排除规则在世界范围内的总体趋势将归于一致，即对沉默权进行限制，对非法言词证据强制排除，对非法实物证据裁量排除；对毒树之果中的言词证据，原则上予以排除；对毒树之果中的实物证据，原则上不予以排除。这一发展趋势将对中国的刑诉法再修改及证据立法起到示范及启示作用。

四、我国非法证据排除规则的构建

（一）排除的范围

正如本文开篇所述，非法证据排除规则中所指的"非法证据"仅仅限于取证程序违法的情形。这并不是说不具有其他合法性要求的证据材料可以作为定案依据，

[1] 同上，第319页。
[2] 联邦上诉法院判决 BGHSt. 19, 325 at 331 (1964)；24, 125 at 128 (1971)；Roxin, Strafverfahrensrecht, §24 notes 20, 23. 转引自［德］托马斯·魏根特：《德国刑事诉讼程序》，岳礼玲、温小洁译，中国政法大学出版社2004年版，第193页。
[3] BGHSt. 27, 355 at 358 (1978)；34, 362 at 364 (1987)；35. 32 at 34 (1987). 转引自［德］托马斯·魏根特：《德国刑事诉讼程序》，岳礼玲、温小洁译，中国政法大学出版社2004年版，第199页。

只是属于诉讼法或证据法中其他领域的问题，而不属于非法证据排除的问题。

就取证主体而言，《禁止酷刑公约》第1条对"酷刑"做出解释时指出：酷刑是指为了向某人或第三者获得情报或供状，为了他或第三者所做的或涉嫌的行为对他加以处罚；为了恐吓他或第三者；为了基于任何一种歧视的任何理由，蓄意使某人在肉体或精神上遭受剧烈疼痛或痛苦的任何行为，而这种疼痛或痛苦是由公职人员或官方身份行使职权的其他人所造成或在其唆使、同意或默许下造成的。单纯因法律制裁而引起、法律制裁所固有或附带的疼痛或痛苦不包括在内。因为非法证据排除规则的目的在于震慑警察违法、维护司法正洁，所以其规范的主体只包括国家公职人员以及经其授权或以其名义行使职权的人，至于公民平等主体之间的非法取证行为可以通过民事侵权诉讼解决，不是非法证据排除规则所涉及的范畴。

就证据形式而言，我国刑事诉讼法规定了7种证据形式，作为定案依据的证据也应当具备法定形式。像测谎结果这种证据并不属于我国法律所认可的证据形式，不能在诉讼中作为证据使用，但这属于证人证言可采性的问题（具体而言属于专家证人证言），不是非法证据排除的问题。此外，我国法律也要求鉴定结论和勘验、检查笔录等证据具备一定的形式要件，如见证人签名等。这类证据如果取证程序合法，只是存在形式要件瑕疵，同样不属于非法证据，不能适用非法证据排除规则直接予以排除，而应当允许通过对其形式要件进行补正或对其证明力进行评估的方式解决。

就证据类型而言，言词证据原则上应该强制性的绝对排除，实物证据以及毒树之果可以裁量性的相对排除。这是因为使用刑讯逼供、非法拘禁、催眠、麻醉等方法通常是为了获取言词证据，而这些方法具有本质的恶性，会对肉体造成极度痛苦，是严重侵犯人权的不人道的行为，是为现代法治所不能容忍的。除此之外，由此得到的言词证据具有不可靠性、不稳定性，如果不予以排除，必然会影响判决的正确性以及诉讼效率。因此，不论案件性质如何，不论该证据在案件中的作用如何，一旦明确是以上述方法获取的言词证据，都应当排除。但是威胁、诱骗有时属于侦查讯问策略的范畴，对于某些讯问方法的容忍实际上是讯问谋略的必然要求。与刑讯逼供不同，对于威胁、引诱、欺骗的讯问手段，联合国相关文件并没有作出规定，而纵观各国的立法与实践，也多采取一定限度内的容忍态度。如《德国刑事诉讼法典》规定，对于被指控人决定和确认自己意志的自由，禁止以刑事诉讼法的不准许的措施相威胁，禁止以法律没有规定的利益相许诺。[1] 也就是说，以法律规定范围内的措施相威胁或以法律所规定的利益作出许诺是允许的。英国《1984年警察与刑事证据法》也没有禁止以威胁、引诱、欺骗的手段讯问犯罪嫌疑人的明确规定。在实务中，许多英国法官认为只有当警察采取性质严重的威胁、引诱等手段，继而侵

---

〔1〕《德国刑事诉讼法》第136条a。

犯犯罪嫌疑人供述的自愿性时，才构成讯问的非法。[1] 因此，对通过威胁、诱骗得到的言词证据应当根据合法性、可接受性、成比例性、正当性等做综合考量。与言词证据不同，实物证据的取得方式通常不会造成对人肉体和精神的直接伤害，其可靠性、稳定性也比较高，且具有不可替代性，如果一律要求强制排除会损失很多具有很高价值的证据，大大影响判决的正确性。而毒树之果属于违法行为间接得到的证据，违法性已经大大降低，全部强制排除也有失公允。因此，对于实物证据和毒树之果，应当综合考虑取证行为的违法程序、该证据在案件中的重要性以及案件性质和严重程度等因素，根据案件具体情况通过裁量做出排除或者不排除的决定。同时，这种证据不能作为唯一的定案根据，必须适用补强规则，结合全案其他证据才能定案。

（二）排除非法证据的程序设计

在美国，非法证据的排除是在正式审判开始前由诉讼双方通过提出审前动议的方式启动的，在这一听证程序中也是由诉讼双方各自承担举证责任，法官不做职权调查，仅就是否排除证据做出裁决。在审判中，事实的审理者并非法官，而是陪审团。也就是说，被排除的非法证据不能被事实的审理者听见或看见。但在大陆法系的德国，职业法官同时解决事实和法律问题，不存在单独的证据排除的听证程序，原则上也不需要一方当事人提出动议，对于违法证据，法官应依职权排除。

在我国更接近大陆法系的法律制度下，职业法官应当而且能够区分非法证据与合法证据。在司法资源非常紧缺的今天，没有必要设置单独的听证程序裁决是否排除证据。允许控辩双方在庭审中提出排除非法证据的意见，将证据排除问题作为法庭调查和法庭辩论的内容之一，同样能够保障不以非法证据作为定案依据。基于诉讼效率的考虑，我国不宜设置单独的证据排除听证程序。

（三）非法证据排除中的证明规则

美国的证据排除由诉讼双方承担举证责任，要求排除证据的被告方必须提出有合理根据的证据，而检察官对证据合法性的证明无需达到排除合理怀疑的程度，只要不低于优势证据的程度即可。虽然在德国刑事诉讼程序中没有正式的证明责任的规定，但联邦上诉法院在判例中的态度是，对于如果被告人反对就无法使用的证据，被告人在一些情况下可以同意使用这些证据，如果被告人和其律师没有提出反对，就推定他们同意对该证据的使用。在证明标准上，假定刑事诉讼过程是符合规则的，

---

[1] 参见牟军："英国非法证据的处理与我国非法证据取舍的理性思考"，载《法律科学》2000 年第 3 期。

要求只有发生违法行为在可能性上占优势时才排除证据。[1] 可见，在排除非法证据问题上，基本上辩方都要提出初步的证据，控方对证据合法性的证明也无需达到做出实体判决所要求的程度。因此，我国可以规定在庭审中，被告人有权提出排除证据的主张，但必须提供一定的线索，公诉人应当证明证据是合法取得的，但不要求对所有问题都达到证据确实、充分的证明标准，一般达到高度盖然性的标准即可。

在证明方法上，对证据合法性的证明属于程序形式的证明，可以采取自由证明的方法。根据我国的具体情况和近年来的试点经验，可以采用以下具体方法：查看讯问笔录，核查讯问犯罪嫌疑人时的录音、录像，传唤讯问犯罪嫌疑人时在场的律师出庭作证，传唤看守所监管人员或者办案的侦查人员出庭作证等。这同时也说明非法证据排除规则的建立不是"头痛医头脚痛医脚"能够解决的，这一规则必须在配套措施的辅助下才能发挥其作用，其中就包括讯问犯罪嫌疑人时录音、录像及律师在场制度，以及办案人员出庭作证制度。

第五题　量刑程序与证据

定罪与量刑是我国刑事审判中的两大基本活动，实现定罪的准确性与量刑的合理性是整个刑事审判活动最基本的要求。定罪在于确定被告人的刑事责任，而量刑则是在定罪的基础上对被告人适用相应的刑罚，因此从某种角度讲量刑公正是衡量刑事审判工作质量的重要标准。从我国现有的制度、规范及操作来看，人们通常是重定罪轻量刑。这使得司法公正的实现存在一定的制度性障碍。在国际社会中，以美国为代表的一些国家采用定罪程序与量刑程序相分离的做法，目的在于实现量刑公正、司法公正同时实现一定的良好的社会目的。在我国，刑事诉讼法中没有规定单独的量刑程序，是定罪量刑合一的模式，这种模式不利于量刑公正的实现。但若实行定罪量刑分而治之的量刑模式，则必然要求解决与之相关的诸多问题，其中最为重要也是最为关键的问题是在量刑程序中证据运用的问题。本文拟对定罪量刑分而治之的背景进行分析，并在此基础上对其所带来的证据运用问题中所涉及的证明对象、证明标准和证明方法这三个基本问题进行研究，以期对量刑程序改革中的证据运用问题有一个相对明晰的观点阐释。

---

〔1〕 联邦上诉法院判决 BGHSt. 38, 214 at 225–226 (1992)；BGHSt. 16, 164 (1961)；转引自〔德〕托马斯·魏根特：《德国刑事诉讼程序》，岳礼玲、温小洁译，中国政法大学出版社 2004 年版，第 201～202 页。

一、确立独立的量刑程序的背景

建立独立的量刑程序是保证量刑公正的重要措施，量刑是定罪之后的诉讼活动，从程序进行的连续性的角度讲，在解决定罪问题之后再通过诉讼方式解决量刑的问题是符合诉讼认识规律的。我国长期以来重定罪轻量刑，人们在刑事诉讼中把精力和时间主要集中于刑事实体法的实施，比较关注定罪和罪名的适用，没有或者很少从诉讼程序的角度来对量刑进行思考。事实上，在刑事诉讼程序的全过程中量刑问题并不仅仅局限于实体问题的处理，在一定程度上，量刑相对于定罪而言具有更强的法律和社会效果，因此，对于量刑程序的科学设置已经成为司法公正的重要体现。

(一) 定罪量刑分而治之的代表：英美法系国家

当前世界上各个国家在处理定罪与量刑程序的关系问题上大致存在两种模式，其中之一是以英美法系国家为代表的定罪与量刑程序相分离的模式，即定罪与量刑有各自独立的程序性裁判性程序，具体的做法一般是由陪审团或者治安法官对被指控的事实进行裁判后，再由法官举行独立的量刑听证程序来决定被告人的刑罚。这种分离对于诉讼效率与诉讼成本的消极影响是毋庸置疑的，毕竟在这种模式下，一个案件通常要经历两次司法裁判。虽然诉讼效率在降低，诉讼成本在增加，但是定罪量刑的程序能够得到有效地区别对待，这使得控辩双方都有机会充分参与到量刑程序中，在一定程度上使量刑更加透明化与公开化，这对于促进量刑的合理化与公正性具有积极的意义。

另一种模式是普遍存在于大陆法系国家的定罪量刑合一的程序模式。在这种模式中，不明确区分定罪程序与量刑程序，定罪问题与量刑问题通常是在同一个程序中解决的，即既解决是否构成犯罪的问题，又解决刑罚的适用问题。在这种模式中，因为定罪与量刑程序无明显界限，处于相互混同的状态中，这使得在法庭调查和法庭辩论中，既要对案件的事实进行认定，又要对涉及量刑的犯罪情节进行调查，同时在这种模式中对于与定罪量刑相关的证据规则也没有做明显的区分。

从历史的角度讲，英美法系国家采取定罪程序与量刑程序相分离的模式是有其历史渊源的。在 20 世纪尽管以美国为代表的英美法系国家的刑罚政策摇摆于报应、威慑和改造之间，但总的方向是从强调惩罚应切合犯罪向惩罚应切合犯罪人转变，摒弃向后看的采取消极对待的理论转而向采取积极的可以影响犯罪人未来的行为的目标前进。[1] 在这个理念的影响下，社会复归理论颇受重视，如美国于 1963 年公布的《模范量刑法》第 1 条第 1 款第 1 项规定："刑法与量刑之目的在于保护公众，量刑不应以复仇与应报为基础。"由此，不难看出，在美国量刑首先考虑的并非是惩罚与报应理论，而是保障公共安全的社会防卫思想。明确这一量刑理念，就不难理解

---

〔1〕　参见胡学相：《量刑的基本理论研究》，武汉大学出版社 1998 年版，第 8～9 页。

确立与定罪程序相分离的独立的量刑程序的这种量刑模式的指导思想了。[1] 毕竟社会量刑理论的特征是强调刑罚的总体水准，而不仅仅是个案量刑的公正。[2] 20 世纪 80 年代，英美法系国家刑事司法的重要发展之一就是犯罪受害人的权利和诉求得到越来越多的重视，主要表现是出现了很多恢复性司法的理论，其主要观点是对受害人的公正是刑事司法和量刑追求的首要目标，因此首先要保证犯罪人给予受害人和相应的社区足够的赔偿，尽量减少监禁，使犯罪人能够通过自己的努力进行赔偿；其次是，量刑时要尽可能清楚地说明犯罪行为造成的损害，并建设性地寻找修复损害的途径和办法。这些主流观念逐渐影响着英美法系以外的许多国家，主要的表现就是对量刑程序的改革。就目前的发展趋势而言，定罪量刑程序合一的模式日益受到质疑，一些国家改革的方向朝着构建独立的量刑程序的方向发展。

（二）我国的量刑模式之分析

我国的刑事诉讼法中没有规定单独的量刑程序，而是将定罪量刑统一于庭审程序，在一个程序中解决定罪和量刑的问题。具体来说，从立法规定体现的量刑程序的运作模式可以概括为：关于量刑的事实、证据与定罪的事实、证据均在法庭调查阶段，由公诉机关出示，辩护人也可以在此阶段提出有利于被告人的事实证据，之后控辩双方在法庭辩论阶段可以就量刑问题发表意见并展开辩论。法庭审理后，合议庭对被告人的量刑进行评议，重大疑难案件经审判委员会讨论决定，之后就定罪量刑问题一并形成判决并向当事人公开宣判。这种定罪量刑程序合一的量刑运作模式从庭审公开的角度涵盖了量刑公开的要求，但事实上这种公开仅仅是从形态上公开，难以真正实现量刑公开的内在价值，因而存在很大的局限性。

我国的这种定罪与量刑合一的量刑模式的确立与存在是与我国的刑罚观念分不开的。根据我国《刑法》第 2 条的规定，我国刑罚的根本目的是：保护广大公民的合法权益和社会秩序，保障有中国特色的社会主义建设的顺利进行。我国刑罚的直接目的是预防犯罪，包括特殊预防和一般预防两个方面。特殊预防与一般预防在刑罚的制定、适用和执行的不同阶段主次作用并不一致。[3] 在刑罚的制定阶段以一般预防为主兼顾特殊预防；在刑罚的适用阶段，特殊预防与一般预防同样重要，但可根据社会形势的不同而对某一方面有所侧重；在刑罚的执行阶段，则以特殊预防为主，兼顾一般预防。在我国的司法实践中，在刑罚的适用阶段通常更加注重刑罚的

---

〔1〕 参见 ［美］利奥·卡次、迈克尔·穆尔、史蒂芬·莫尔斯：《刑法基础》，法律出版社 2005 年版（英文影印本），第 373～374 页。

〔2〕 参见 ［美］利奥·卡次、迈克尔·穆尔、史蒂芬·莫尔斯：《刑法基础》，法律出版社 2005 年版（英文影印本），第 374～376 页。

〔3〕 参见马克昌主编：《刑罚通论》，武汉大学出版社 1999 年版，第 58～67 页。

特殊预防效果，而较少地强调刑罚的社会效果。

由此我们不难认识到，我国与英美法系国家在量刑与刑罚理念上的不同必然会导致量刑程序上的巨大不同。英美法系国家在量刑方面更多地注重对行为人的矫治，对犯罪人的回归社会给予更多的关注；而我国的量刑指导思想基本上仍属于报应刑罚观位居主位，注重以犯罪行为和犯罪后果对犯罪人进行惩罚，但在刑罚执行过程中，则注重对犯罪人的改造。量刑在报应刑罚观占据主导地位的指导下，忽略被告人的合法权益成为一种必然，由于长期以来，在我国重定罪轻量刑，没有一个独立的量刑程序，所以在量刑过程中缺少当事人的有效参与，这为客观定罪和准确量刑的实现形成了制度或曰程序上的障碍。因此在我国是否确立独立于定罪的量刑程序，值得人们思考和研究。

二、确立相对独立的量刑程序的必要性分析

量刑，又称为刑罚的量定，量刑所要解决的问题是对犯罪人适用刑罚的问题。确切地说，量刑是人民法院在查清犯罪事实的基础上，依法决定对犯罪人是否判处刑罚，判处什么样的刑罚以及判处多重的刑罚。量刑就是围绕着这一系列的问题展开的。这些问题的核心是解决罚当其罪的问题。这些问题的正确解决，直接关系到维护社会主义法制、保障国家和人民的利益，实现我国刑法的任务。因此量刑适当与否是检验刑事审判工作质量的重要标准之一。通常人们对量刑问题的关注多局限于实体法领域，很少从诉讼程序的角度对量刑问题进行考察。殊不知，作为刑事诉讼程序重要构成内容的量刑问题并不仅限于实体上的问题，我们还应该关注量刑程序，因为它直接体现着实体的公正性。为了保证量刑的公正，实现刑法的目的，将量刑作为一个相对独立的程序，即量刑程序，是有其必要性的。

第一，提高量刑的法律地位，增强量刑重要性的意识，有必要确立相对独立的量刑程序。目前定罪量刑合一的模式，刑事庭审通常是围绕定罪展开的，以正确定罪为核心，量刑的法律地位和程序位置无从体现。从诉讼程序的角度看，只有将量刑程序相对独立出来，赋予量刑专门的法律地位，才有利于促使人们对量刑的重视，使量刑公正成为可能。例如，我国刑罚关于死刑的适用，我国《刑法》第48条规定，"死刑只适用于罪行极其严重的犯罪分子。对于应当判处死刑的犯罪分子，如果不是必须立即执行的，可以判处死刑同时宣告缓期二年执行。"对可能判处死刑案件的处理，在查清案件事实的基础上，怎样确定其"罪行是极其严重的"，是适用立即执行死刑还是适用"死缓"，这些重要的量刑事实和情节，必须有相对独立的的裁判程序，必须有控、辩、审甚至被害人的参与，才能加以确定，并作出公正的裁判。

第二，确立相对独立的量刑程序是落实人权保障原则的需要。量刑是对被告人适用刑罚的裁量，不但关系到被告人的生命和自由，也关系到被害人的利益，确立一个相对独立的程序专门性地解决量刑问题，促使各方在庭审中就量刑问题展开充分地论辩，这有利于法官做到"兼听则明"，为法官合理行使自由裁量权，准确合理地裁定刑罚创造条件，最终达到有利于保障当事人的合法权益的目的，实现司法公正。

第三，从程序设计的角度讲，确立相对独立的量刑程序有助于法官客观公正地行使自由裁量权。刑事审判中，对于事实证据的运用，不仅在定性定罪的实体方面，法官有个自由裁量的问题，而且在量刑的轻重方面也有个自由裁量的问题。如果有一个相对独立的量刑程序，对于影响量刑的事实、情节、证据、控辩双方可以充分地举证辩论，为法官自由裁量提供了一个程序平台和客观依据，以防止其主观臆断，尤其是在量刑程序中充分地听取了被害一方的意见，更有利于促进自由裁量的合理性和充分性。

第四，确立相对独立的量刑程序，有助于在刑事审判中贯彻宽严相济的刑事政策。刑事犯罪形形色色，错综复杂，在刑事裁判中如何贯彻区别对待宽严相济的刑事政策，改变我们近年来的传统做法，即重定罪轻量刑，重打击轻保护的高压、从重、满贯（即就高不就低）的量刑倾向。对于具有法定的从轻或从重处罚情节，法定的减轻处罚情节，法定的免除刑罚处罚的，包括自首立功、胁迫从犯、未成年人犯罪、刑事和解的等等，都应当在量刑程序中，明确证明对象，证明方法和证明的标准，实实在在地做到当宽则宽，该严则严，宽严相济，罚当其罪，从而化解矛盾，实现司法的和谐。一改过去那种一锅烩，一律严惩，忽视轻与重的错误做法。

当然我们不能否认确立相对独立的量刑程序可能会在一定程度上影响审判效率，但是从有利于实现司法公正的目的出发，确立相对独立的量刑程序是趋利避害的。正确评价量刑程序在实现刑事司法公正，尤其是在量刑公正中的价值与功用是我们在讨论确立相对独立的量刑程序这个问题时必须给予关注的。相对独立的量刑程序对于量刑公正的实现在某种程度上具有促进作用，这是一种有利于实现实体正义和程序正义的积极价值。

三、相对独立的量刑程序中证据的运用

所谓相对独立的程序，就是结合我国的实际情况，我们还不能一步到位，实行像美国那样，陪审团进行定罪审，法官听证进行量刑审。我们还是在同一审判组织，同一审判程序中，把定罪量刑加以区分，进而确定量刑的证明对象，量刑的证明标准，量刑的证明程序和方法，得出量刑的证明结论，反对把量刑与定罪混合进行，给量刑程序一个相对独立的位置。

（一）证明对象的区分

证明对象是诉讼证明的一个主要构成环节。所谓的证明对象（亦称证明客体），

是指证明主体运用一定的证明方法所欲证明的系争要件事实。[1] 一方面，证明对象是证明的最初环节或者出发点，只有明确了证明对象，才能进一步明确由谁负证明责任（证明主体和证明责任），证明到何种程度为止（证明标准），以及如何进行证明（证明方法）等问题。另一方面，证明对象标示了证明主体的行为指向，在诉讼的证明阶段中又居于终点的位置，构成了证明活动的目标和归宿。证明对象既是证明的出发点，又是证明的落脚点，因而在整个诉讼证明活动中居于核心地位。所以对量刑程序及定罪程序中证明对象的区分是证据运用问题中首要解决的问题。

1. 量刑程序中的证明对象。我们知道量刑主要包括三个方面的内容，即：决定是否判处刑罚，决定判处何种刑罚和决定判处多重的刑罚。在我国，量刑的原则是"以事实为根据，以法律为准绳"，其中"以事实为根据"主要包括作为量刑根据的四项内容，即：犯罪的事实，犯罪的性质，犯罪情节和对社会的危害程度。其中的"犯罪情节"既包括定罪情节也包括量刑情节。[2] 定罪情节，是指影响犯罪性质的情节，它是情节犯构成犯罪的必备要素；量刑情节是指构成犯罪基本事实以外的其他影响和说明犯罪的法益侵害程度的各种事实情况，例如犯罪的动机、手段、环境和条件，以及犯罪人的一贯表现，犯罪后的态度、直接或间接的损害后果等等。这些事实情况虽然不影响定罪，但它决定着量刑。换句话说，量刑情节就是指刑法明文规定或者司法机关酌情确定的定罪事实以外的，体现犯罪严重程度，据以决定对犯罪人是否处刑以及处刑轻重的各种事实情况。[3] 量刑情节是与犯罪有关的各种事实情况，量刑情节是对量刑发生一定影响的要素，这些要素应当是与犯罪有关的各种事实情况。值得一提的是，这里的与犯罪有关的各种事实情况，既可以是罪中情节，也可以是罪前情节和罪后情节。罪中情节在犯罪进程中表现出来的影响是量刑的事实要素，它在量刑过程中起着直接的决定作用。而事前情节和罪后情节也能在一定程度上影响量刑。例如，犯罪后的态度，是坦白交代还是拒不认罪，对于量刑都具有重要的影响。量刑情节又可分为法定情节和酌定情节，法定的量刑情节是指刑法明文规定，在量刑时应当予以考虑的各种事实要素；酌定的量刑情节是指人民法院从审判经验中总结出来的，在刑罚的裁量时应当灵活掌握酌情适用的情节。酌定情节不是法律规定的，但是根据立法精神和有关刑事政策，从审判经验中总结出来的，因而对于刑罚的裁量也具有十分重要的意义。通常酌定情节表现在以下七个方面：犯罪的动机、犯罪的手段、犯罪的时间和地点、犯罪结果、犯罪客体、犯罪

〔1〕 参见宋随军、沈德咏主编：《刑事证据制度与理论》（下），人民法院出版社 2006 年版，第 1224 页。
〔2〕 参见陈兴良：《规范刑法学》（上册），中国人民大学出版社 2008 年版，第 337～338 页。
〔3〕 参见陈兴良：《规范刑法学》（上册），中国人民大学出版社 2008 年版，第 338～342 页。

前的表现、犯罪后的态度。[1]

在量刑程序中，所有影响量刑的量刑情节，既包括法定情节又包括酌定情节均为证明对象，都属于诉讼活动中的待证事实或者要证事实，是司法人员和诉讼当事人及其律师在诉讼中必须用相应的证据加以证明的事实。

2. 定罪程序中的证明对象。在定罪程序中，主要解决的是三个问题，即对罪与非罪的认定；此罪与彼罪的认定；轻罪与重罪的认定。具体来说在定罪程序中，要根据行为的性质、程度来确定罪与非罪；根据每一种犯罪的特定违法蕴含来确定此罪与彼罪；要根据犯罪情节和数额来确定轻罪与重罪。[2] 也就是说在定罪程序中，证明对象具有相对较强的客观性，概括起来，定罪程序中证明对象大致可以分为三类：一是有无法益侵害性行为；二是行为人主观上是否有责；三是是否具有可罚性。

通过上述分析我们可以得出结论，相对于定罪程序中的证明对象而言，量刑程序中的证明对象具有以下特点：一是证明对象的多样性，既包括法定情节又包括酌定情节；二是证明对象贯穿于整个刑事诉讼程序的始终，甚至案件发生的始终，既有罪前、罪中情节又有罪后情节；三是证明对象的主观性相对于定罪程序中的证明对象而言具有较强的主观性。鉴于量刑程序中证明对象所具有的特点，对证据在量刑程序中适用的证明标准也应具有相应的特点。

（二）量刑程序中证明标准的特殊性

所谓证明标准又称证明要求、证明任务，是指承担证明责任的人提供证据对案件事实加以证明所要达到的程度。[3] 当当事人提供的证据达到了证明标准，就意味着当事人完成了证明责任，他提出的主张就会成立，也就是不会因为待证事实的证明问题受到诉讼中的不利益；相反，如果当事人提供的证据未能达到证明标准，就意味着他没有完成证明责任，他的主张将不会成立，也就是会因为待证事实的证明问题受到诉讼中的不利益。法律对证明标准的设定，对诉讼各方均有约束力，即证明标准既作用于当事人的举证行为，也作用于审判者的裁判行为。具体而言，法官以证明标准为依据对当事人的证明活动进行法律评价，如果当事人履行证明责任达到了法定的证明标准，法官就认定该当事人的诉讼主张成立。反之，法官则应判定其诉讼主张不成立。对当事人来说，负担证明责任者依循证明标准确定和组织用于证明的证据，并努力按照证明标准来履行自己的举证行为；不负担证明责任的当事人则依循证明标准来抨击或者质疑对方的举证行为，并选择己方是否有必要提供用

〔1〕　参见陈兴良：《规范刑法学》（上册），中国人民大学出版社 2008 年版，第 338～342 页。
〔2〕　参见陈兴良：《规范刑法学》（上册），中国人民大学出版社 2008 年版，第 75～85 页。
〔3〕　参见樊崇义主编：《证据法学》，法律出版社 2003 年版，第 304 页。

来反驳的证据。[1] 控辩审三方诉讼主体均可以借助证明标准预测相互之间的行为动向和即将采取的程序步骤，同时决定自己所将采取的诉讼措施。

关于刑事诉讼证明标准的设定，英美法上的表述是"排除合理怀疑"，大陆法系国家的立法表述是"内心确信"、"高度的盖然性"。通常认为，两大法系国家分别从正反两方面表述同一个证明标准，换句话说就是其基本内容是一致的。不过他们之间也存在着一些微妙的区别。正因为这些微妙的区别使我们在定罪程序和量刑程序中分别适用不同的证明标准。

1. 定罪程序中的证明标准——排除合理怀疑规则。排除合理怀疑是英美法系国家一致公认的有罪判决的证明标准。所谓的"排除合理怀疑"根据《布莱克法律辞典》的相关解释可以理解为"是指全面的证实、完全的确信或者一种道德上的确定性；这一词汇与清楚、准确、无可置疑这些词相当。在刑事案件中，被告人的罪行必须被证明到排除合理怀疑的程度方能成立，意思是，被证明的事实必须通过他们的证明力使罪行成立。'排除合理怀疑'的证明，并不排除轻微可能的或者想象的怀疑，而是排除每一个合理的假设，除非这些假设已经有了根据；它是'达到道德上的确信'的证明，是符合陪审团的判断和确信的证明，作为理性的人的陪审团成员在根据有关指控犯罪是被告人的证据进行推理时，是如此确信，以至于不可能做出其他合理的推论。"[2]

不难看出，"怀疑"、"合理怀疑"以及"道德上的确定性"是说明排除合理怀疑标准的关键所在。而对此，可以说"合理怀疑"就其质而言，合理是"有理由的，受理由影响的，与理由一致的"，那么"合理怀疑"就是指有证据支持的怀疑，没有证据支持的怀疑即是不合理的怀疑，就要被排除。换句话说，排除合理怀疑，并非要求排除一切可能的怀疑，而仅要求此种被排除的怀疑，必须能够说出理由，摆出道理，经得起理性的论证，而不是无故质疑。

定罪是人民法院根据案件事实和依照刑事法律，特别是法定犯罪构成，确定被告的行为是否构成犯罪或构成何种罪，以准确惩罚犯罪和保障无罪的人不受刑事追究。[3] 定罪的内容是确定被告的行为是否构成犯罪或者构成何种罪，定罪的根据是案件事实，依据是有关的刑事法律，原则是以事实为根据，以法律为准绳。在处理刑事案件时必须以被证据所证实的案件事实真相作为适用法律的根据。其中的案件事实，是指在刑事诉讼中与定罪有关的事实，这些事实，或者与是否构成犯罪有关，或者与构成何种罪有关，或者与罪的轻重有关。定罪必须以被证据所证实了的这些

---

〔1〕 参见宋随军、沈德咏主编：《刑事证据制度与理论》（下），人民法院出版社 2006 年版，第 1242 页。

〔2〕 参见：《布莱克法律词典》，1979 年英文版，第 1073～1088 页。

〔3〕 参见何秉松主编：《刑法教科书》（上卷），中国法制出版社 2000 年版，第 464 页。

案件事实为根据，严格依照法律的规定来衡量被告人的行为是否构成犯罪，构成何种犯罪等。对案件事实的认定是定罪程序中最为基本的任务也是定罪程序中所要解决的问题。要确定罪与非罪，此罪与彼罪和罪的轻重的问题就必须达到排除合理怀疑的程度。换句话说，要对罪与非罪、此罪与彼罪、轻罪与重罪的认定只需要排除合理怀疑。这是从客观的角度以试错法和反证法表述的刑事证明标准。对于与定罪相关的定罪情节的证明只要达到排除合理怀疑的程度即可。之所以在定罪程序中确定排除合理怀疑的证明标准，考虑有三：①从定罪的目的上讲，在定罪程序中确立排除合理怀疑的证明标准具有一定的必要性。定罪的目的是为了准确惩罚犯罪分子和保障无罪的人不受刑事追究。为了实现打击犯罪同时又要保障无辜的定罪目的，只要存在没有证据支持的怀疑就应当予以排除，相反的，有证据支持的怀疑则不应予以排除。②从定罪的原则来讲，在定罪程序中确立排除合理怀疑的证明标准是定罪程序本身的内在要求。"以事实为根据，以法律为准绳"这是我国刑事诉讼的一项基本原则，也是定罪的基本原则。该原则要求最大限度地查明真实，要排除每一个不存在根据的合理的假设，达到道德上的确信。③从定罪的内容上讲，在定罪程序中确立排除合理怀疑的证明标准具有一定的合理性。从定罪的内容讲，要实现正确定罪，则应当具有相对较高的证明标准。布莱克认为，排除合理怀疑这一证明标准中所蕴含的"道德上的确定性"是一种高度的可能性，是"促使理智的人毫不犹豫地根据做出的结论采取行动的信念；是一种有关事实真实性的高度的认识，虽然缺少绝对的确定性，但足以证实一个有罪判决。这种确定性实现了一种据之采取正确行动的足够强大的可能性；是一种高度的可能性，即使不可论证，这个术语用于形容得到排除合理怀疑证明的认定结论。"[1]

2. 量刑程序中的证明标准——高度的盖然性规则。盖然性（probability, likely, possible）的一般含义是指掺杂不确定因素的事物发生的可能性[2]，是指事物发生的相对可能性的程度[3]。在证据法上，盖然性是指根据情理或者经验的一致性，或者以现在最好证据或者理由所做出的推断或者推测的真实可靠性；是指证明特定案件事实成立的本证多于反证所产生的常态[4]。根据上述定义，证据法上的盖然性是指由特定证据证明的案件事实成立的可能性程度。所谓盖然性规则，是调整盖然性的法律意义及其应用的证据法规范。盖然性原本不是一个法律概念，具有相当大的弹性。相对而言，盖然性的要求是对证明程度最低限度的要求。盖然性是分等级的，

〔1〕 参见《布莱克法律词典》，1979 年英文版，第 1074~1088 页。

〔2〕 参见薛波主编：《元照英美法词典》，第 1097 页。

〔3〕 参见布莱恩·A．加纳：《牛津现代法律用语词典》，法律出版社 2003 年版，第 693 页。

〔4〕 参见《布莱克法律词典》，1979 年英文版，第 1081 页。

不同的等级，证明也相应地要求达到不同的证明程度。由此便有了高度的盖然性的证明标准。德国历史上形成的"高度盖然性"的公式，即有罪认定除要求法官的诚实、良心和基于此而产生的有罪的内心确信外，还要求通过证据在量和质上的积累而使待证事实达到客观的"高度盖然性"。[1] 所谓高度的盖然性，一方面是指在公开的法庭上，通过证据的提出和调查以及当事人双方的辩论而逐渐形成的证据在质和量上的客观状态，以及这种客观状态所反映出来的要证事实的明白性和清晰性；另一方面，高度盖然性也指法官对这种客观状态的认识，即证据的客观状态作用于法官的心里过程而使其达到的确信境地。从某种角度讲，高度盖然性规则不仅约束当事人，更重要的是约束法官的心证。只有从实质意义上理解的高度盖然性规则才能将当事人履行举证责任和法官形成心证统一起来。

通过上述分析，我们不难发现高度的盖然性的证明标准具有以下两个个特点：①高度盖然性是一个形式真实与实质真实相统一的证明标准。"高度"要求盖然性必须达到一定的幅度，足以使法官形成有利于举证方的确信。一方当事人的举证仅仅优于对方当事人的反证，并不足以促使法官形成有利于举证方的内心确信。也就是说高度盖然性规则对于证据既有质的要求，又有量的要求。②高度盖然性规则具有一定的弹性。"高度"并非对双方证据的盖然性进行机械比较的结果，而是根据案件的性质以及诉讼结果的社会效果不同而有所不同。相对而言，案件性质越严重，社会效果越大，"高度"要求的幅度就越大。也就是说，在适用高度盖然性规则时，诉讼主张的性质、案件事实发生的可能性以及做出某种认定可能产生的社会效果都是确定高度盖然性时应予以考虑的。

在量刑程序中，所要解决的问题是决定是否判处刑罚，判处何种刑罚以及判处多重的刑罚。所坚持的原则依然是以犯罪事实为根据，以法律为准绳。这里的作为量刑根据的犯罪事实包括以下四个方面：犯罪的事实、犯罪的性质、量刑情节和对于社会的危害程度。其中犯罪的事实和犯罪的性质在定罪程序中就已经加以确认、认定与证明，并且已经适用了定罪程序中的证明标准。因此在量刑程序中更多地关注量刑情节和对于社会的危害程度的证明。

对于量刑程序中的量刑情节所要达到的证明标准根据其证明对象可以确定为高度盖然性。之所以在量刑程序中确定该证明标准主要基于以下几点考虑：

第一，在量刑程序中确定高度盖然性的证明标准，是量刑程序自身的要求所致。量刑情节中的酌定情节，是指人民法院从审判经验中总结出来的啊，在刑罚裁量时应当灵活掌握酌情适用的情节。酌定情节虽然不是法律规定的，但是根据立法精神和有关刑事政策，从审判实践中总结出来的，因而对于刑罚的裁量具有重要意义。

---

〔1〕 参见樊崇义主编：《证据法学》，法律出版社 2003 年版，第 308 页。

酌定情节中所包含的犯罪动机、犯罪前的表现以及犯罪后的态度等都需要由法官来综合判断。也就是说酌定情节的适用与判断需要一定的弹性，这种弹性就要求其证明标准不能整齐划一，要给法官足够的空间与机会让这种弹性有生存空间。所以，在量刑程序中确立高度盖然性规则正好满足了酌定情节的弹性需求。

第二，在量刑程序中确立盖然性证明标准是实现司法公正的必然选择。刑罚报应体现了刑罚的公正性，量刑应以犯罪事实及情节为根据，对犯罪行为做出恰当的法律评价，从而使裁量的刑罚成为一种公正的刑罚。量刑以刑罚正义为指导，它对于实现司法公正具有重要意义。在量刑中，量刑情节反映着犯罪的严重性程度，根据不同程度的严重性做出相应的量刑决定是司法公正在量刑程序的体现。司法公正的内在要求包含着对量刑情节与定罪情节的区分，禁止重复评价，已经用于定罪的犯罪构成事实要素不能作为量刑情节再次使用。证明对象的不同要求证明标准也应有所调整，这是司法公正的必然选择。而高度盖然性规则满足了这一需求。

第三，对犯罪行为给社会造成的危害程度进行评定时需要确立高度盖然性证明标准。对作为量刑根据的内容之一的"对社会的危害程度"进行评定时，无法用相对具体的证明标准加以评价。对于社会的危害程度是指犯罪行为对社会造成或者可能造成损害的程度。对社会的危害性程度大小是区分罪与非罪，罪轻与罪重以及由此而决定对犯罪分子是否适用刑罚以及如何适用刑罚的重要根据。"对社会的危害程度"相对而言是一个有些抽象的概念，无法用相对具体的标准加以固定证明。高度盖然性规则则可以有效回避这种相对具体的证明标准，满足对社会危害程度的证明程度的要求。

第四，诉讼经济的原则客观上要求在量刑程序中确立高度盖然性的证明标准。在量刑程序中，犯罪前的表现、犯罪后的态度和表现对于量刑都具有很大的影响。而对这些问题的证明无需达到很高的证明标准，只要法官对客观情况的认识能够形成心证即可，无需花费更高的诉讼成本达到确定无疑的证明程度。

相对而言，我国定罪量刑合一的程序模式中适用的证明标准为：案件事实清楚，证据确实充分。这是我国刑事诉讼法规定的证明标准，具体来讲该证明标准要求：①定案证据具备合法性、相关性和客观性；②所有的要件事实均要得到证明；③证据之间、案件事实、证据与案件事实之间的矛盾得到合理的排除；④全案事实认定的结论具有唯一性。以上四个要求，第四点是关键，这要求对案件事实的认定应达到法律真实，无论是定罪情节还是量刑情节都要达到这一标准。客观上讲，这种划一的证明标准是缺乏科学性的。既不能满足定罪量刑的实际需求，也不符合诉讼经济的原则，不利于准确定罪合理量刑目的的实现。

定罪程序和量刑程序中证明标准的不同必然会产生证明方法的不同。

（三）量刑程序中证明方法的特殊性

证明有严格证明和自由证明的区分。严格证明与自由证明这一对概念本由德意志诉讼法上的理论而来，二者是从其立证曾否设有严格的客观法则之限制加以区别。关于诉讼客体（即犯罪事实存否之问题及关于刑罚权范围之问题）之立证，应适用严格客观法则，关于其他事实之立证，则委诸裁判官之裁量。基于客观的立证法则（证据法）之证明，为严格的证明；而关于程序形式之立证，并未直接设其客观法则，即委诸于裁判官之裁量，则对此之立证，为自由的证明。因之，严格事实，故应经严格的证明；而自由事实，则以经自由的证明为已足。严格的证明与自由的证明，不特因其证明事实之不同而异其证明方法，且其性质及机能，亦有若干差异。[1]

一般认为，严格证明与自由证明的差别，主要表现在证据方法和调查程序两个方面。

（1）证据方法。严格证明必须以法律规定的证据方法进行，该项要求又包括两个层面上的要求：①用以严格证明的证明方法在形式上必须合乎法律规定；②该证据方法依法必须具有证据能力。自由证明可以"以一般实务之惯例"选择适当的证明手段，"亦即可不拘任何方式来获取可信性（如以查阅案卷或电话询问之方式）。"[2]

（2）证明过程（即证据调查程序）。严格证明必须以法律规定的法庭调查程序进行。对于自由证明，立法则没有明文规定必须适用的调查程序，而委诸法院根据具体情况裁量而定。

通过上述对严格证明与自由证明的介绍，对于定罪程序和量刑程序中的证明，根据相关的法律规定以及证明对象和证明标准的确定，可以明确在定罪程序中适用严格证明，而在量刑程序中适用自由证明。不难理解在定罪程序中适用严格证明，因为定罪中的证据方法以及证据的调查过程使然。定罪的客体是侵害法益的行为，对该行为的证明必须严格按照相关的法律规定进行且必须以法律规定的法庭调查程序进行。而在量刑程序中，量刑的客体是犯罪人。量刑是在构成犯罪的基础上，进一步解决是否判处刑罚、判处何种刑罚以及判处多重刑罚的问题。因此，只有行为已经构成犯罪的人才是量刑的客体。自由证明则可以满足量刑程序中的证明需要。在量刑程序中以一般实务之惯例选择适当的证明手段，，可以不拘于任何方式来获取可信性。在量刑程序中，对于量刑情节的证明，立法无须明文规定必须适用的调查程序，而是授权法院根据具体的情况或者惯例进行裁量决定。根据日本有关学者的认识，能成为严格证明对象的事实，是关于刑罚权是否存在及其范围的事实，具体

---

〔1〕 参见陈朴生：《刑事证据法》，海天印刷厂有限公司1979年版，第125页。

〔2〕 参见［德］克劳思·罗科信：《德国刑事诉讼法》，吴丽琪译，法律出版社2003年版，第208页。

包括公诉犯罪事实、处罚条件及处罚阻却事由、刑罚的加重及减免事由；自由证明的事项具体包括犯罪的相关情况、诉讼法上的事实。[1] 因此从证明对象的角度讲，在量刑程序中适用自由证明是符合从证明对象的要求的；从证明标准的角度讲，在量刑程序中适用自由证明是能够满足证明程度的要求的。

第六题　量刑事实证明初论

统计结果显示，自 2003 年以来，在人民法院每年审结的刑事案件中，被告人有罪率均高达 99% 以上。这意味着我国平均每年有超过 85 万以上的刑事被告人面临着量刑问题。[2] 也意味着在人民法院审结的 99% 以上的刑事案件中，量刑事实的证明问题是继定罪之后、控辩双方以及审判法官必须面对的重要问题。遗憾的是，无论是理论界还是在实践部门，对于量刑事实的研究及关注度都远远不及定罪事实，由此使得包括量刑事实的特点及其构成、量刑事实证明责任的分担、量刑证据与定罪证据的异同、量刑事实的证明标准以及量刑事实的运用等问题在内的理论和实证研究几乎处于空白状态。基于此，我们尝试对量刑事实的证明问题进行探讨，以期抛砖引玉。

一、量刑事实

在刑事诉讼中，待证的实体法事实由定罪事实和量刑事实两大部分组成。虽然定罪事实与量刑事实的性质不同，作用各异，但是都对案件的处理尤其是对被告人产生决定性的影响，并直接关系到司法公正能否实现。[3] 因此，无论在理论研究还是在审判实务中，都不能也不应人为地将定罪事实认定为主要事实，而将包括量刑事实在内的其他事实归为非主要事实甚至次要事实，[4] 而应当密切关注量刑事实与定罪事实之间的关系，并认真探讨量刑事实的特点及其构成。

（一）量刑事实的相对独立性

量刑事实的相对独立性是指，在诉讼过程中，量刑事实的构成要素、调查方式和方法等相对独立于定罪事实。量刑事实相对独立于定罪事实既是量刑活动相对独立于定罪活动的表现，也是有关量刑事实的证明相对独立于定罪事实的基础和前提。

---

[1]　[日] 松尾浩也：《日本刑事诉讼法》，丁相顺译，中国人民大学出版社 2005 年版，第 190 页。

[2]　参见最高人民法院公报每年度第 4 期中的"最高人民法院工作报告"。

[3]　定罪事实决定被告人的罪与非罪、此罪与彼罪问题，并进一步决定着对被告人应适用的基础刑，量刑事实则决定对被告人应否适用刑罚、适用何种刑罚及其刑罚的量刑或幅度等。

[4]　如有人就将量刑事实归为"非主要事实"，参见罗治华："证明案件非主要事实的疑点证据如何认定？"，载《中国审判》2007 年第 10 期。

在刑事审判中，定罪活动与量刑活动在目的、任务以及所应遵循的理念和基本原则等方面的不同决定了量刑事实与定罪事实的相对独立性。[1] 这种相对独立性主要表现在以下方面：

1. 定罪事实与量刑事实的构成要素不同。定罪事实是控诉方所指控的犯罪构成要件事实，属于罪中事实，包括犯罪主体要件、犯罪主观要件和犯罪客观要件方面的事实。[2] 量刑事实则是控辩双方所提出的罪重、罪轻主张所依据的事实，包括罪前事实（如累犯、前科或一贯品行良好）、罪中事实（如手段极为残忍、犯罪对象是老弱病残者）、罪后事实（如自首、立功或逃跑、毁灭罪证等）等反映犯罪行为社会危害性以及被告人人身危险性方面的事实。

2. 定罪事实与量刑事实的调查程序相对分离。在审判过程中，定罪活动与量刑活动在逻辑上的先后性决定了，只有在查明定罪事实，确认被告人的行为构成犯罪后，才有必要查明量刑事实，以解决对被告人的刑罚适用问题。如果经过法庭审理发现被告人的行为不构成犯罪，则没有必要进一步调查量刑事实。

应该注意的是，强调量刑事实"相对独立"于定罪事实这一特点具有以下两方面的含义：

第一，强调定罪事实与量刑事实相对分离这一特点，既有助于审判法官在调查被告人是否有罪时不受无关证据（如前科证据、累犯证据）的影响，从而做到准确定罪，也有利于被告人能够充分、有效地行使量刑辩护权，避免被告方在否认有罪的案件中没有机会就量刑问题发表意见或者出现做无罪辩护的同时就量刑问题发表意见的尴尬局面。因此，无论是在理论研究上还是在司法实务中，都应当既重视定罪事实，也重视量刑事实，而不能顾此失彼。尤其应当警惕那种认为只要查明定罪事实，保障案件定性准确就万事大吉，量刑事实是否得到全面、准确查明问题不大的观点或做法。

第二，量刑事实与定罪事实之间具有千丝万缕的联系，因此，不应也不能过分地强调两者间的区别而将其机械地割裂开来。这是因为，在审判实践中，在有些情形下，定罪事实与量刑事实是难以区分的。例如，在"情节严重型"犯罪中，"情节

---

[1] 例如，现代社会基于保护公民免受不当追究的需要，要求在定罪问题上严格依照法律的规定进行，即严格遵循"罪刑法定原则"，并在此基础上实现法律面前人人平等，做到任何人的相同行为，只要符合犯罪构成要件，都应该得出相同的结论，定相同的罪，而无需考虑其他因素；而量刑所依据的理念与基本原则除了依法刑原则外，还要综合考虑实现刑罚目的（如刑罚个别化）的需要以及一国在当前阶段执行刑罚的可能性（如监狱的容纳量）和有效性（如刑事政策）等问题。

[2] 具体而言，犯罪主体要件事实包括责任能力和特殊主体身份（选择要件）等事实，犯罪主观要件事实包括故意、过失和特定目的（选择要件）等事实，犯罪客观要件事实包括危害行为、危害结果（选择要件）和特定时间、地点、方法（选择要件）等事实。

严重"本身就是犯罪构成的一个要件，因此会被作为定罪事实予以考虑。而在量刑过程中，"情节严重的程度"又会被作为量刑事实予以考虑。此外，在有些情形下，将定罪事实与量刑事实分开调查也不符合诉讼经济原则和审判规律。例如，在故意杀人罪中，在调查被告人实施故意杀人行为——系定罪事实的过程中，有关作案的手段、动机、后果等内容虽然属于量刑事实，但是却与犯罪问题密切相关，应当一并调查。又如，我国关于盗窃罪的有罪标准是"数额较大"，按照我国各地的做法，"数额较大"的标准有"1000 元 ~ 10000 元"和"2000 元 ~ 20000 元"，那么超过1000 元或 2000 元以后的数额就与量刑有关，但是将其放在量刑部分调查显然既无助于提高诉讼效率，也无助于实现准确定罪与适当量刑的诉讼公正目标。

（二）量刑事实的构成要素

关于量刑事实的构成要素，因采用的分类方法不同而在表述上有所差异。例如，根据对量刑结果的影响不同，可以将量刑事实分为罪重事实、罪轻事实[1]或从轻、减轻、免除处罚与从重处罚事实；[2]根据是否由法律明确加以规定，可以将量刑事实分为法定量刑事实（情节）和酌定量刑事实（情节）；根据量刑事实属性的不同，可以将量刑事实分为社会危害性事实和人身危险性（可罚性）事实，等等。我们拟参照世界主要国家刑事审判中的通例，首先以对量刑结果的影响不同，将量刑事实区分为罪重事实和罪轻事实，并在此基础上，将量刑事实区分为社会危害性事实和人身危险性事实。

1. 罪重事实。罪重事实包括表明犯罪行为社会危害性严重的事实和被告人人身危险性较大的事实。罪重事实主要包括但不限于以下情形：

第一，表明犯罪行为社会危害性严重的事实：①对被害人造成的身体或者精神伤害极其严重；②犯罪行为针对多个被害人；③被害人是老、弱、病、残、孕等易受伤害者；④针对公共部门工作人员或提供公共服务的工作人员的犯罪；⑤犯罪对象是救灾、抢险、防汛、优抚、扶贫、救济、移民、医疗等款物；⑥犯罪的时间、地点；⑦有他人在场时实施犯罪（尤其是当着被害人的孩子、伴侣或其他近亲属的面实施犯罪）；⑧对被害人名声的额外毁坏（如在实施性犯罪时，对被害人拍照）；⑨在财产犯罪中，被害人因犯罪遭受巨大（包括情感价值）损失，或者因犯罪而导致巨大的物质损失（如盗走设备导致被害人死亡等），等等。

第二，表明被告人人身危险性较大的事实：①取保候审或监视居住期间犯罪；②累犯；③前科；④教唆犯；⑤意图实施比实际造成的危害结果更严重的犯罪；

---

〔1〕　我国刑事诉讼法中采用此种分类法，《刑事诉讼法》第 89 条规定：公安机关……应当……收集、调取犯罪嫌疑人……罪轻或者罪重的证据材料。

〔2〕　我国刑法采用此种分类方法。

⑥团伙犯罪或者集团犯罪；⑦职业犯罪；⑧企图隐瞒、伪造或者销毁证据；⑨故意针对弱者的犯罪；⑩使用武器威胁或伤害被害人；⑪故意、无必要地超过犯罪所需实施暴力或者毁坏财物；⑫滥用权力或信任；⑬基于种族、宗教原因或性别歧视等原因而实施犯罪，等等。

2. 罪轻事实。罪轻事实包括犯罪行为社会危害性较小或者被告人的人身危险性较小等事实。罪轻事实主要包括但不限于以下情形：

第一，犯罪社会危害性较小的事实。如犯罪预备、犯罪未遂或犯罪中止、避险过当、防卫过当、被教唆人没有实施被教唆的犯罪、被害人属于特殊体质等。

第二，罪犯人身危险性明显较小的事实：①偶犯、初犯、一贯品行良好；②被害人有过错、被告人出于义愤或者大义灭亲而实施犯罪；③（被告人是）精神疾病或聋哑盲人、残疾人；④（被告人是）未成年人、老年人或者怀孕的妇女；⑤（被告人）在犯罪中承担次要的责任如从犯、胁从犯；⑥犯罪动机（如为生活所迫而实施盗窃[1]）；⑦自首、立功、自愿认罪、如实供述司法机关尚未掌握的罪行、揭发同案犯等；⑧悔罪（包括退赃、主动赔偿损失、积极采取措施消除或者减轻危害后果等）；⑨被告人与被害人有特殊关系的，[2] 等等。

应当注意的是，以上划分并不是绝对的，同一事实从不同的视角，得出的结论可能有所不同，如"品行良好"这一事实在一般情况下可以作为有利于被告人的量刑事实，表明被告人的人身危险性较小，但是在诈骗罪中，具有良好品行则被视为是被告人进行欺骗的有效手段，因此可能被视为从重处罚的事实。此外，有些量刑事实既可归于社会危害性事实，也可归为人身危险性事实，如被告人故意选择年老体弱者实施抢劫犯罪就属于此种情形：从犯罪对象的角度看，该事实表明被告人犯罪行为的社会危害性较大；从选择犯罪对象的角度看，该事实则表明被告人的人身危险性较大。[3]

二、量刑事实证明责任的分担

在定罪程序中，根据无罪推定原则，证明被告人有罪的责任由控诉方负担，被告人无需承担证明自己有罪或者无罪的责任，但是可以提出有利于自己的证据。在紧随定罪程序而来的量刑程序中，无罪推定原则可否作为量刑事实证明责任分担的依据，控诉方应否对包括罪轻事实在内的所有量刑事实承担证明责任以及被告人对

---

〔1〕 参见最高人民法院 1999 年 10 月 27 日《全国法院维护农村稳定刑事审判工作座谈会议纪要》第二部分第 2 条。

〔2〕 如偷拿自家的财物或者近亲属的财物构成犯罪——参见最高人民法院 1998 年 3 月 17 日《关于审理盗窃案件具体应用法律若干问题的解释》，因婚姻家庭、邻里纠纷等民间矛盾激化而引发的犯罪——参见最高人民法院 1999 年 10 月 27 日《全国法院维护农村稳定刑事审判工作座谈会议纪要》。

〔3〕 对于这类事实，法官在量刑时，应注意避免做重复评价。

于自己主张的罪轻事实应否承担证明责任等就成为理论和实践中必须解决的重要问题。

（一）无罪推定原则与量刑事实证明责任的分担

关于无罪推定原则是否适用于对量刑事实的证明，争议的焦点实际上在于，对于被告方提出的罪轻事实，一旦发生争议，是由控诉方负担还是被告方负担证明责任。对此，各国的实践并不一致。例如，在英国，根据"金线法则"的要求（即证明被告人有罪是控诉方的责任——笔者注），检控方必须对任何与犯罪以及罪犯在犯罪中地位相反的事实（这些事实很可能是被告方作为答辩提出的罪轻事实）负反驳责任。但是，在 R v. Broderick（1994）一案中，判例确立了例外情形，即对于被告方主张的某些事实，检控方毋庸承担证明责任。[1] 这些事实被称为"（与定罪）无关的事实"，包括：①与犯罪以及罪犯在犯罪中的地位无直接关系且与控诉方声称的事实不抵触的事实；②控诉方不知道或无能力反驳的事实。[2] 而在澳大利亚，在 R v. Storey（1998）一案中，多数法官认为检控方不应当反证其所反对的罪轻事实，他们强调检控方在量刑程序中无须对所有的量刑事实负证明责任，被告人的有罪问题已经通过定罪程序或者认罪程序解决，无罪推定原则已经不再适用，并指出：要求检控方反证罪轻事实即使不是荒谬的，也将导致不可接受的后果。[3] 我们同意澳大利亚判例中关于无罪推定原则不宜适用于量刑事实的证明这一观点，不主张由控诉方对包括罪轻事实在内的所有量刑事实承担证明责任。这是因为，从理论上讲，定罪与量刑问题在逻辑上的先后性决定了进入量刑程序的被告人已经被证明为"有罪之人"，因此，显然不宜将无罪推定原则直接适用于量刑程序。[4] 但是，另一方面，我们认为，无罪推定原则中所蕴含的保护公民权益（当然包括被告人）、防止不当司法的诉讼理念在量刑程序中仍然适用。公正的量刑结果应当与犯罪的严重性、罪犯在犯罪中的地位以及罪犯本身的人身危险性相适应，任何超越犯罪之外的处罚都是不公正的。因此，正如在定罪程序中，被告人享有无罪推定原则的保护，从而得以尽量避免因错误定罪可能导致的风险一样，在量刑程序中，被告人仍然应当受到特殊保护，应当尽量避免因错误量刑给被告人带来的不利影响。有利被告人原则在量

---

〔1〕　R v. Broderick（1994）15Cr App R（S）476，479（CA）.

〔2〕　在该案中，一名叫 Broderick 的妇女被指控从牙买加运输可卡因到英国。对检察官的指控，被告人没有提出抗辩，但是却指出，自己以为运输的是大麻，且自己是在牙买加受到胁迫才进行运输的。上诉法院维持了原判，并指出，原审法院以被告人关于不知情的辩解明显不可信、检控方无需对其受到胁迫的声明进行反驳的做法是对的。Law Commission of New Zealand：Proof of disputed facts on sentence，available at http：//www. lawcom. govt. nz，2008 年 5 月 20 日最后访问。

〔3〕　R v. Storey（1998）1VR359（CA）.

〔4〕　也正是基于此，在英国，量刑阶段的"被告人"被称为"罪犯"。

刑事实的证明过程中表现为以下方面：其一，只要任何有关罪重的事实存在争议，应当做有利被告人的认定；其二，在被告方对罪轻事实进行证明时，可以适用较低的证明标准。

（二）"谁主张，谁举证"与量刑事实证明责任的分担

在量刑程序中，罪重和罪轻作为两种截然不同的诉讼主张，可以由控辩双方分别提出。从各国的司法实践来看，在采用对抗制诉讼模式的国家，关于量刑事实证明责任的分担，多奉行"谁主张，谁举证"原则。例如，根据英国普通法以及相关法律的规定，应被告请求而引出的减轻责任问题，由被告方负担证明责任。[1] 在澳大利亚，在 R v. Olbrich（1999）一案中，关于量刑事实证明责任的分担，多数法官的表述为：如果检控方希望某些事实能够引起量刑法官的注意并在量刑时予以考虑，则其在必要时，应负证明责任，同样，如果被告方希望某些事实引起量刑法官的注意并在量刑时予以考虑，则其在必要时应负证明责任。[2] 在美国，在 United States v. Urrego - Linares（1989）一案中，第四巡回法院指出，在被告人提出从轻量刑事实时，对这一事实的证明责任由被告方负担。[3] 其他巡回法院在判例中也确立了这一观点。目前，在美国的司法实践中多奉行这样的做法，即量刑事实的证明责任由可能因这一事实获益的一方当事人负担——罪重事实的证明责任由控诉方负担，关于罪轻事实的证明责任由被告方负担。[4] 而在印度，立法明确规定，凡控方主张的罪重事实，由控方负证明责任，被告方主张减免原因的存在，由被告方负证明责任。[5]

我们认为，当罪重事实或罪轻事实的真实性发生争议时，原则上应根据"谁主张，谁举证"规则来分担证明责任，即对于罪重事实，由控诉方负证明责任，对于罪轻事实，由被告方负证明责任。如此分配证明责任的主要理由有：

第一，要求诉讼双方对于各自主张的量刑事实提供证据予以证明，可以促使控辩双方审慎地提出量刑主张，积极寻找和收集证据，避免出现不利的诉讼结果。同时，也可以避免因控辩双方提出无谓的量刑主张而拖延诉讼时间，浪费诉讼资源；

第二，在量刑事实的证明能力方面，公诉机关与被告人之间的力量对比不存在

---

〔1〕 ［英］罗纳德·沃克：《英国证据法概述》，王莹文等译，转引自樊崇义：《迈向理性刑事诉讼法学》，中国人民公安大学出版社 2006 年版，第 544 页。

〔2〕 R v. Olbrich（1999）108 A Crim R 464（HCA）.

〔3〕 United States v. Urrego - Linares 879 F. 2d（4th Cir. 1989）.

〔4〕 "Special hearing to determine whether a sentence of death is justified", available at http://www. law. cornell. edu/uscode/18/3593. html，2008 年 6 月 2 日最后访问。

〔5〕 The Indian Evidence Act，101，102，103，105，106，and illustrations.

悬殊问题，由被告人承担其所主张的量刑事实的证明责任不会产生诉讼不公的问题。[1] 如果说在定罪阶段，关于被告人是否实施了被指控的犯罪这一事实，代表国家的检察机关在证据的收集和运用方面具有绝对优势的话，那么在量刑阶段，对于罪轻事实，有的因与定罪事实有关（如犯罪中止、预备、未遂、犯罪动机、手段、方法、危害后果、被害人是否有过错、被告人与被害人的关系、犯罪的地点、时间等），已经由侦查机关在侦查阶段予以查明，因而不会产生认定方面的困难，有的则属于被告人自己掌握或独有的信息（如精神障碍、悔罪表现、自首、立功、赔偿损失等），因而其较容易举证证明。

应当注意的是，由于量刑被视为是"法官自己的事"，因此，为了保障量刑的适当性，法官在必要时，可以主动依职权查明有关的量刑事实，从而准确地把握犯罪行为所造成的危害以及犯罪人的人身危险程度。基于此，在量刑程序中，法官既可以要求诉辩双方提供可能影响量刑的事实或证据，也有权主动查明有关的量刑情节。[2] 但是，法官主动查明量刑事实只是出于适当量刑的需要而不意味着法官在量刑程序中负有证明责任。另一方面，根据我国法律规定，刑事诉讼中的检察机关有权力也有义务全面查明案件事实（当然包括量刑事实），[3] 实践中检察机关也常常主动提出各种有利或不利于被告人的量刑主张。在检察机关提出有利于被告人的量刑建议的情况下，检察机关应当提出相关证据，否则，其所提出的罪轻主张也不会被法院采纳。

三、量刑事实的证明及其运用

量刑事实的证明及其运用问题之所以值得关注的主要原因在于：①量刑证据与

---

〔1〕　在 United States v. Urrego - Linares（4th Cir. 1989）一案中，第四巡回法院指出，由被告方对罪轻事实负证明责任的理由在于，这些事实多是在被告方的掌控范围内，由被告举证比由检控方举证更为便利，而且，罪轻事实很可能需要有被告人作证，而检控方并没有强迫被告人作证的权利。

〔2〕　国外的"量刑前调查报告"或"被告人人格调查"就是由法官委托进行的，近年来我国在未成年人犯罪案件中推行的"社会调查员制度"也属于这方面的尝试。此外六机关《关于刑事诉讼法实施中若干问题的规定》中第41条规定，人民法院可以向人民检察院调取需要调查核实的证据材料；人民法院也可以根据辩护人、被告人的申请，向人民检察院调取在侦查、审查起诉中收集的有关被告人无罪或者罪轻的证据材料。我国《刑事诉讼法》第43条规定：审判人员、检察人员、侦查人员必须依照法定程序，收集能够证实犯罪嫌疑人、被告人有罪或者无罪、犯罪情节轻重的各种证据；六机关《关于刑事诉讼法实施中若干问题的规定》第36第3款规定，人民检察院提起公诉的案件，应当向人民法院移送的主要证据包括：作为法定量刑情节的自首、立功、累犯、中止、未遂、正当防卫的证据。

〔3〕　我国《刑事诉讼法》第43条规定：审判人员、检察人员、侦查人员必须依照法定程序，收集能够证实犯罪嫌疑人、被告人有罪或者无罪、犯罪情节轻重的各种证据；六机关《关于刑事诉讼法实施中若干问题的规定》第36第3款规定，人民检察院提起公诉的案件，应当向人民法院移送的主要证据包括：作为法定量刑情节的自首、立功、累犯、中止、未遂、正当防卫的证据。

定罪证据的来源、内容以及证据的查证方式、方法不同于定罪证据；②无论是在理论上还是在司法实践中，关于量刑事实的证明及其运用，从难度上讲都不亚于定罪事实，甚至有过之而无不及。这主要表现在：一是从事实认定的角度讲，根据无罪推定以及由此延伸出的疑罪从无原则，定罪事实只存在有、无两种情形，如果控诉方未能证明有罪事实存在，那么就应当认定不存在犯罪事实。但是就量刑事实而言，一起案件中可能同时存在罪轻和罪重这两种逆向的量刑情节，也可能同时存在罪重、罪轻的同向量刑情节，还有可能存在从轻、减轻处罚、免除处罚等同向不同质的量刑情节，而上述情节又可能分别属于法定量刑情节和酌定量刑情节。在上述事实同时存在的情形下，审判人员如何裁量刑罚，就不仅仅是一个技术问题，更是一个对刑罚理念、刑事政策的把握和运用问题。二是相对于定罪事实认定的单一性而言，对于同一量刑事实，不同的认识主体可能得出截然不同的结论，而这无疑也增加了运用量刑事实的难度。例如，在"光天化日之下"与"夜深人静之时"实施的"抢劫行为"哪一个更应该从重处罚就属此类问题。又如，罪犯在释放"一年后犯罪"与"三年后犯罪"哪一个反映出的被告人主观恶性更深、人身危险性更大也是一个见仁见智的问题。

（一）量刑证据

相对于定罪事实而言，量刑事实内容构成的多元性决定了量刑证据表现形式的多样性和量刑证据材料来源的广泛性。例如，量刑事实的材料来源包括以下方面：①在定罪阶段查明的有关资料，如作案手段、动机、危害后果等；②被害人影响陈述，即被害人关于犯罪行为给自己造成的身体或精神伤害、物质损失等；③社会调查报告及其他报告，主要反映被告人个人情况、家庭以及受教育的背景、经济状况、先前犯罪记录、吸毒及酗酒等；④被告人的陈述及其在法庭上的表现等。在量刑过程中，为了全面、客观地了解被告人犯罪行为的社会危害性以及人身危险性，审判法官需要尽量不受限制地接触各种量刑事实及相关的证据材料，由此决定了关于量刑证据的要求没有定罪程序严格。[1] 其主要表现为：

第一，有关证据能力的要求没有定罪程序严格。在量刑程序中，允许使用传闻证据和意见证据，如社会调查报告中很可能隐含着许多传闻证据或意见证据。而在定罪程序中，原则上是禁止使用上述证据的。

第二，在量刑阶段允许使用品格证据。在定罪事实的查明过程中，一般认为，品格证据与被告人是否是犯罪行为的实施者没有直接关系，且可能误导审判人员，

---

〔1〕 这一方面是基于诉讼效率的考虑，另一方面是因为量刑事实一般不会引起争议或者没有必要进行质证或无法进行质证，如关于被告人的认罪态度问题，法官可以通过庭审直接得出结论，即使被告方主张认罪态度好，而控诉方表示反对，也没有必要进行质证。

因此禁止使用。而在量刑程序中，被告人的品格等恰恰能够反映被告人的人身危险性，因此允许使用。

第三，量刑事实的证明过程没有定罪事实的证明严格。[1] 在定罪程序中，所有据以定案的证据必须在法庭上出示，并接受对方的质证；而在量刑事实的证明问题上，一般认为，倾向于加重被告人刑罚的情节事实需要严格的证明，[2] 而倾向于证明对被告人从轻处罚的量刑事实，只需要自由的证明即可，即只要相对方不提出反对意见或者审判法官认为没有必要，就可以不对证据进行质证。

（二）量刑事实的证明标准

在确定量刑事实的证明标准时，应当至少考虑以下两个基本因素：一是量刑事实的性质及其适用的结果。在这一问题上，应当坚持的原则是，如果量刑事实的性质及其适用的结果可能剥夺被告人的财产、自由乃至生命，则应适用较高的证明标准；二是证明责任主体证明能力的强弱。在确定争议事实的证明标准时，法律不应要求当事人做其力所不能及的事，即法律不应赋予当事人不能实现的权利，也不能强加其所不能履行的义务。据此，当案件中的证明责任由被告人负担时，不宜设定太高的证明标准。基于上述分析，我们认为，在量刑事实的证明问题上，应当至少适用以下两种证明标准。

1. 罪重事实的证明标准。在定罪问题上，无罪推定原则决定了对被告人有罪事实的证明应达到推翻"无罪推定"的程度，即在被告人有罪问题上适用排除合理怀疑标准。到了量刑阶段，虽然不宜过分强调无罪推定原则的影响，但是，由于罪重量刑事实的存在与否直接影响到被告人的财产、自由乃至生命，因此，必须慎重适用。

关于罪重事实的证明标准，各国的做法不尽一致，其中绝大多数国家要求使用排除合理怀疑标准。例如，在英国，检察官被要求必须排除合理怀疑地证明任何与犯罪、罪犯在犯罪中的地位有关的事实——包括罪重事实，只要被告人对这些事实提出质疑。澳大利亚的法律和英国一样，要求检控方对罪重事实的证明要达到排除合理怀疑标准。对于适用这一证明标准的理由，布雷法官在 Weave v. Samuels (1971) 一案中做了如下解释：[3] 如同在罪与非罪问题上一样，在刑罚问题上，被告人必须得到排除合理怀疑的利益，除非立法有例外规定。在加拿大，在 R v. Gardiner

---

[1] ［日］田口守一：《刑事诉讼法》，刘迪等译，法律出版社 2000 年版，第 220～221 页。

[2] 所谓严格的证明是指拥有证据能力的证据并且经过正式的证据调查程序作出的证明；其他的证明则为自由的证明。

[3] Weave v. Samuels (1971) SASR116, 120.

(1983) 一案中,[1] 多数法官主张对罪重事实适用排除合理怀疑标准。在该案中,迪克逊代表多数法官作了如下陈述:如果事实存在争议,应适用刑事诉讼中的一般法律原则解决,包括有利于被告人原则。我认为,证明刑罚具有正当性的事实与证明定罪具有正当性的事实具有同等重要性,两者应适用同一证明标准。迪克逊法官进一步解释道,在罪重问题上适用定罪标准尤为必要,这是因为,在量刑问题上,与定罪程序相比,听证程序不是很严格、正式,法官享有较大的自由裁量权。而在美国,判例显示,在不同案件中,对罪重事实的证明要求有所不同,可以适用的证明标准从最低确定性标准(如初级法院认为量刑前报告中记载的信息已经符合最低的准确性要求,就可以认定有关事实)到优势证据标准(如检控方对于被害人的挑拨行为确实不存在的证明只须达到此标准即可)及至排除合理怀疑标准(如在死刑案件中适用此标准)。[2]

我们认为,对于罪重事实的证明应适用排除合理怀疑标准,理由如下:其一,在量刑程序中,基于维护人权的需要,应尽量避免因罪重事实不清而导致对被告人从重处罚的危险。因此,只要罪重事实存在争议,就应当由控诉方证明至排除合理怀疑标准。同样,对于检控方赖以反驳被告方罪轻主张的事实,检控方的证明也应达到排除合理怀疑标准。其二,从证明能力上看,公诉机关在罪重事实方面的证明能力与定罪事实的证明能力并无不同,强调并提高罪重事实的证明标准,可以促使公诉机关乃至侦查机关在侦查以及审查起诉的过程中,注意收集和查明案件中的罪重事实和相关证据,从而保障指控的准确性和法院量刑的适当性。因此,对罪重事实的证明应当适用较高的证明标准,即适用排除合理怀疑标准。

2. 罪轻事实的证明标准。根据"谁主张 谁举证"规则的要求,被告人对自己所主张的罪轻事实负有提供证据予以证明的责任。在考虑罪轻情节的证明标准时,应当考虑被告方发现、收集和运用证据的能力,特别是在我国的司法实践中,被告人往往已经被限制或剥夺了人身自由,其发现、收集证据的能力无疑受到很大限制。而且,受各种因素的影响,我国刑事被告人委托律师的情形并不普遍,大部分被告人实际上失去了由律师代为发现和收集证据的机会。即使在被告人委托了辩护人的情况下,根据我国现有的立法与实践,辩护人在收集证据方面的能力也是非常有限的。因此,对罪轻情节的证明,不宜设置太高的证明标准,只需达到优势证据标准即可。

对罪轻事实的证明适用优势证据标准已被各国广泛接受。例如,在英国,判例

---

[1] R v. Gardiner (1983) 140 DLR (3d) 612.

[2] [美] 伟恩·R. 拉费弗等:《刑事诉讼法》(下),卞建林等译,中国政法大学出版社 2003 年版,第 1362~1363 页。

要求，被告方必须对自己所主张的罪轻事实举证并证明至优势证据标准；在美国Walton v. Arizona（1990）一案中，多数法官认为州可以要求被科处死刑的被告人运用优势证据证明与科刑相关的减轻情节存在，只要检察官首先证明犯罪的构成要素和加重情节的存在。

（三）在运用量刑事实时应当注意的两个问题

1. 禁止重复评价规则。禁止重复评价原则的基本含义是指，对于已经作为犯罪构成要件进行评价的事实，不得再作为该案中的量刑事实予以评价。[1] 禁止重复评价原则不仅是刑事立法的基本原则，也是在司法实践中必须坚持的一项量刑原则。反映在量刑过程中，就是要求，如果某种加重或者减轻情节已经在定罪中作为犯罪构成要件（或其要素）进行了评价，那么在量刑中就不能再作为量刑情节使用，以避免量刑过重或过轻。例如，在以"情节严重"作为构成犯罪必要条件的犯罪中，不能在量刑中把情节严重再次作为从重处罚的根据。又如，对于国家工作人员收受贿赂的，由于"国家工作人员"这一事实是构成受贿罪的构成要件事实，因此，在量刑时不得再以被告人系"国家工作人员，其收受贿赂的行为破坏了国家工作人员的形象"为由从重处罚。又如，故意杀人罪中的"故意"是该罪的构成要件事实，因而不能再以被告人系"故意剥夺他人生命"为由从重适用刑罚。

2. 多种量刑事实并存时的量刑方法和技巧。在刑事审判实践中，可能出现两种以上量刑事实并存的情形。当个案中出现种类不同、性质各异、作用有别而又交叉并存的量刑事实时，如何做到规范有序地裁量，保障量刑的适当性，就成为审判法官面临的一个棘手问题。

从理论上讲，只要控辩双方主张的量刑事实存在，审判法官就应当采纳其所提出的量刑主张，并在量刑中有所体现。但是，如前所述，当案内存在多种同向或逆向量刑事实时，法官不再可能直接依据法律进行裁量，而是必须采取适当的方法裁量刑罚。为解决这一难题，实务和理论部门提出了各种方案，其中包括"抵消法"（适用于存在逆向情节的情形）、"吸收法"（适用于同向不同类量刑事实或者逆向不同类情节）、"累加法"（适用于同向同类从轻、从重量刑事实）、"相加升格法"、"拔高或者降低刑度法"等。[2] 而在这些方案中，针对某些量刑事实的运用，也存在争议。如对于法定情节和酌定情节的适用，就出现两种截然不同的主张，有的主

---

〔1〕 禁止重复评价原则是德国刑法第 46 条第 3 款中明确规定的一项量刑原则，徐久生等译：《德国刑法典》，中国法制出版社 2000 年版，第 57 页。

〔2〕 参见马克昌主编：《刑罚通论》，武汉大学出版社 1999 年版，第 296~326 页。

张"法定情节优于酌定情节",有的则主张"酌定情节和法定情节具有相同的效力。"[1]

我们认为,量刑事实的复杂多样性决定了在运用量刑事实决定对被告人如何适用刑罚时必须慎重,不仅要考虑刑罚的目的以及刑事政策的要求,还要根据案内存在的量刑事实,选择适当的量刑方法。具体而言,当个案中存在多个量刑事实时,应当在确定各种量刑事实的属性和种类的基础上,先考虑行为的社会危害性事实对量刑的影响,确定个罪的刑罚幅度,以实现罪责刑相适应原则,然后考虑被告人的人身危险性事实,确定对个案被告人最终适用的刑罚种类和数量,以实现刑罚个体化原则。在此基础上,如果在上述两个阶段,分别存在多种逆向量刑情节(如在行为的社会危害性事实中,既有罪重事实如手段残忍、也有罪轻事实如犯罪未遂),则可以考虑选择适当的量刑技巧和方法,如先重后轻或者先轻后重等,[2] 而不宜将各种量刑事实简单地放在一起,按加减法机械地得出量刑结果,更不应采用传统的"估堆法"进行估堆量刑。

第七题　特殊侦查措施获取证据的法律适用问题

特殊侦查措施是区别于一般的常规性侦查措施而言的,一般认为,特殊侦查措施是就技术侦查或秘密侦查而言的。传统观念认为,"技术侦查"与"秘密侦查"是一个语义下的两种表达,但是伴随着社会经济、文化、科技的发展,社会对法律精细化的要求,以及执法者与普通民众对法律明晰性与相对确定性的期待,连同法治化的一般原理要求使得这种认识无论是在理论界还是实务界都遭遇了挑战。事实上,我们不能否认,随着社会科技的发展,技术侦查这一概念的开放性逐渐显现出来,与开放性伴生的是其内涵的进一步丰富、科学与合理。我们将要研究的特殊侦查并非技术侦查与秘密侦查的简单相加而形成的集合,因为技术侦查虽与秘密侦查相互区别,但是在内容上却又存在一定的竞合。特殊侦查手段的特殊性使之具有不同于普通侦查手段的法律适用要求与情形,而这种要求与情形最为直接的表现就是使用特殊侦查手段所获取的证据在刑事诉讼中发挥的作用、发挥作用的方式、适用的证据规则及其他具体的法律适用情况是有所不同的。在我国进行新一轮的刑事司法改

---

[1]　黄祥青:《刑法适用疑难破解》,法律出版社 2007 年版,第 100 页;汤建国主编:《量刑均衡办法》,人民法院出版社 2005 年版,第 18 页。

[2]　关于存在多种量刑情节时的量刑技巧和方法,参见黄祥青:《刑法适用疑难破解》,法律出版社 2007 年版,第 89~101 页。

革之际，我们从理论与实务相结合的角度对侦查程序中的特殊侦查手段的使用及其获取证据的法律适用情况进行探讨，以期厘清当前存在的对特殊侦查的模糊认识。

一、特殊侦查措施概述

特殊侦查措施主要包括技术侦查和秘密侦查两种措施。为了对特殊侦查的法律适用问题进行研究，下面首先对这两种侦查措施进行介绍。

（一）技术侦查

1. 技术侦查的定义选择。技术侦查的传统定义是："它是指国家安全机关和公安机关为了侦查犯罪而采取的特殊侦查措施，包括电子侦听、电话监听、电子监控、秘密拍照和录像、秘密获取某些证据、邮件检查等秘密侦查的专门技术手段。"[1] 随着社会科技与法制的与时俱进，时代赋予技术侦查新的内容，由此产生了新的定义："所谓的技术侦查，是指利用现代科学知识、方法和技术的各种侦查手段的总称。"[2] 我们发现，根据传统的定义，技术侦查不过是秘密侦查中的一种侦查行为方式，而根据新的定义，技术侦查则并非完全隶属于秘密侦查。这是两种相互矛盾的观点，在刑事司法改革的今天，究竟应该取哪种释义？这不仅关系到技术侦查与秘密侦查的立法与定位问题，而且对于实务部门适用的影响也是巨大的。

我们赞成的是技术侦查的新定义。因为对技术侦查进行定义时，必须考量中国侦查的实践现状，中国侦查实践发展的现实情况，不能仅仅根据字面的含义，以及若干年前的行业内的法律进行简单而任意的理解。

传统的定义是根据以下的法律规定作出的：①我国 1993 年通过的《国家安全法》第 10 条明确规定："国家安全机关因侦察危害国家安全行为的需要，根据国家有关规定，经过严格的批准手续，可以采取技术侦察措施。"②1995 年通过的《人民警察法》第 16 条也规定："公安机关因侦查犯罪的需要，根据国家有关规定，经过严格的批准手续，可以采取技术侦察措施。"根据这些法律规定，我们发现中国的"技术侦查"最大的一个特点就是该行为只能由单一的部门来实施。在我国，公安机关通常在其内部都设有"行动技术部门"或类似的机构专门具体负责"技术侦查"的实施。因此，在传统意义上，"技术侦查"就被很自然地归入秘密侦查中。

与传统的定义相比，技术侦查的新定义被一部分学者认为适用的范围太广，而

---

〔1〕　朗胜、王尚新主编：《〈中华人民共和国国家安全法〉释义》，法律出版社 1993 年版，第 72 页。

〔2〕　宋英辉："刑事程序中的技术侦查研究"，载《法学研究》2000 年第 3 期。

且有将"刑事技术"与"技术侦查"混淆的嫌疑，[1] 因此是不科学、欠合理、不周延、且不符合中国的侦查实践的。从某种角度讲，传统的技术侦查的定义在一定意义上是忽略了技术侦查本身所具有的与时俱进的品质，因而难免有失偏颇。事实上，随着科技的发展，传统意义上的技术侦查早已被突破，时代与科技赋予了技术侦查新的内涵，使其开放性的品质得到充分的彰显。由此，技术侦查也不再仅仅局限于秘密的范畴，而是更加强调科学技术的依托性，更加强调其作为侦查行为的适格性。因此技术侦查并不必然的归属于秘密侦查，两者只是存在交叉或者竞合的一对概念。

2. 技术侦查的分类。对于技术侦查的分类可以选取不同的角度进行划分：

（1）"三分法"，这种方法是将技术侦查分为三类：①是基于传统定义的技术侦查，侧重于借助侦查机关自身的设备和力量，独立完成的；②是利用通信信息传递的某些特点，借助类似"时空论证法"等特有的侦查思维方法，在电信部门的协助下进行的侦查；③是前两者的结合。[2] 这种分类方法是基于技术侦查的实施主体所做的划分。

（2）"两分法"，这种方法是将技术侦查划分为两类：①是技术手段的使用对当事人公开，甚至需要征得其同意，如进行测谎检查；②是技术手段的采用在一定范围内秘密进行，如电话监听、秘密拍照或录像等。[3] 这种分类方法是基于是否对当事人公开所做的划分，或者说是基于技术侦查手段的使用是否保密所做的划分。

鉴于对技术侦查进行研究的角度不同，因而相应的选取的分类角度亦有所不同。我们在这里主要研究的是技术侦查及其获取证据的法律适用问题，因而在此对技术侦查的分类可以基于获取证据的适用情况进行分类。在研究此分类方法之前，我们引入一个概念"科技证据"。

"科技证据"一词在法学中的应用是近二三十年的事。较早对科技证据进行系统研究的是美国的豪森斯、英博和斯塔斯所著的《刑事案件中的科学证据》一书。[4] 该书将科技证据界定在 13 个领域内：精神病学和心理学，毒物学和化学，法医病理学，照相、电影和录像，显微分析，中子活化分析，指纹鉴定，枪弹证据和比较显

---

〔1〕 在谢佑平、邓立的《秘密侦查的解读与诠释》一文中，对宋英辉在 2000 年第 3 期的《法学研究》上面发表的《刑事程序中的技术侦查研究》中所提出的"技术侦查"的概念进行质疑。文章认为宋英辉所提出的"技术侦查"的概念：首先，从理论层面上看，它混淆了"刑事技术"与"技术侦查"的界限，并从法律依据、适用范围、审批权限、法律效力这四个方面对二者进行比较；其次，从实践层面上讲，我国的法律实务工作者也会对技术侦查的新解释莫名其妙，难以理解，也就是从所谓的"隐形法"的角度加以辨析。

〔2〕 艾明：《秘密侦查制度研究》，中国检察出版社 2006 年版，第 28～29 页。

〔3〕 宋英辉："刑事程序中的技术侦查研究"，载《法学研究》2000 年第 3 期。

〔4〕 陈兴良：《刑法适用总论》，法律出版社 1999 年版。

微检验，摄谱声音鉴定，可疑文书，测谎技术，车速的科学测定，麻醉分析和催眠术。美国著名的证据法学家乔恩·R·华尔兹在其所著的《刑事证据大全》一书中将包括精神病学和心理学、毒物学和化学、法医病理学、照相证据、动作照片和录像、显微分析、中子活化分析、指纹法、DNA 检验法、枪弹证据、声纹、可疑文书证据、多电图仪测谎审查、车速检测在内的 13 种依靠科学技术形成的证据通称为科学证据。[1] 在我国，从何家弘教授在 1993 年译著的《刑事证据大全》中第一次将科技证据一词引入开始，学者们开始了对科技证据的探索，对科技证据的认识也是各有千秋。[2] 虽然在对科学证据的研究中很多问题难以达成共识，但有一点是共识，即，科学技术方法的运用，是科技证据的核心要素和基本特征。而科学技术方法又具有多样性和发展性的内在品质，其中科学技术方法的多样性使得科技证据成为一个包含众多证据形式的证据种类，而科学技术方法的发展性则使得科技证据的内涵随着时代和科技的发展不断延展。一般的观点是，根据科技证据获取时对个人权利限制程度的不同，可以将科技证据分为两类：第一类，是通过一般性科学技术侦查措施即可获取的科技证据，如通过司法精神病鉴定、指纹鉴定、DNA 基因数据分析等一般性的技术侦查手段获取的证据。这一类科技证据，在收集时对当事人的影响不大，对其权利或权利的行使没有进行过多限制或干预，因此，法律对此类科技证据的适用没有特别的规定，只做一般性要求。第二类，是在证据收集的过程中，必须对当事人的个人权利进行必要的限制才能获取的科技证据。这类科技证据由于其在获取过程中必须对相对人的人身、财产、隐私、意志乃至尊严进行限制和剥夺，因而，许多国家的立法都对其适用条件进行了严格的限制。

　　鉴于技术侦查是以科学技术为依托的侦查行为，因此通过技术侦查所获取的证据可以称为科技证据或者说属于科技证据。根据对科技证据的分类与内容，我们可以将技术侦查分为三类：第一类，对当事人的利益不存在必然的侵犯性，获取的证据可以在诉讼中直接使用的技术侦查。这一类技术侦查行为的实施，不需要经过当

---

[1]　马克昌：《刑罚通论》，武汉大学出版社 1999 年版。

[2]　比较有代表性的概括主要有：徐静村在《刑事诉讼法学》一书中将科技证据作为与人证、物证、书证和司法检验并列的一种证据形式加以介绍。他认为，所有通过科学技术方法所获得的证据都是科技证据，主要包括鉴定结论和视听资料，其中鉴定结论主要有：法医鉴定、司法精神病鉴定、痕迹鉴定、笔迹鉴定、司法会计鉴定、毒物和司法化学鉴定及一般技术鉴定。王传道在《科技证据在未来司法活动中将大显身手》中提到，科学证据是指运用科学技术手段发现、收集和揭示出来的证据，其内涵是运用科学技术获取的证据，其外延包括所有用科学技术手段获取的证据，既包括过去，也包括现在和将来运用科学技术手段获取的一切证据。郭金明在《科学证据的概念和法律性质分析》中这样表达，"科学证据是指在诉讼程序中，通过运用科学原理或技术方法而发现、揭示或者保全的事实材料。"

事人的同意，且不会对当事人的个人权利和法益进行限制或侵害，这种技术侦查行为的实施只须遵守一般性的程序规则，因而亦可以称之为常规性侦查行为。第二类，对当事人的个人权利和利益存在潜在的侵犯性可能，能否使用技术侦查获取证据由当事人的意愿决定，且获取的证据并不具有当然的证明力。第三类，对当事人的个人权利和利益存在必然的侵犯性，这一类技术侦查的使用不需要经过当事人的同意，且对当事人的个人权利和法益根据案件侦查的需要进行必要的限制和侵害。这种技术侦查行为的实施，因为其对当事人的个人权利和利益造成较大影响，所以它的使用通常都有严格的适用条件，需要经过特殊的程序进行审核批准。

（二）秘密侦查

1. 秘密侦查的定位选择。对于秘密侦查的概念，我国学者进行了充分的解读，在此就不再赘述。从刑事侦查技术的角度讲，秘密侦查是实现刑事侦查揭露犯罪、证实犯罪这两大目的的重要手段，但是诸如现场勘查、搜查、通缉、侦查辨认等在实现侦查目的方面也具有相当重要的手段意义。因此，不能将秘密侦查简单地从侦查技术层面中的手段性角度进行认识，而是应当从诉讼行为的视角，在刑事诉讼的层面上研究它的法律适用问题。

从某种意义上讲，我国目前对秘密侦查的定位认识是存在缺陷的，这种缺陷的突出表现就是对于秘密侦查法律行为属性的不确定，常规性的认识是将秘密侦查从侦查手段的层面上进行理解与定位。这样的定位认识在很大程度上影响着立法，突出表现在以下两个方面：①在刑事诉讼法中只对公开侦查行为做了必要的规定，至于秘密侦查只在《中华人民共和国国家安全法》和《中华人民共和国人民警察法》中做了极其原则性的规定。我们知道，国家安全法在性质上属于行政措施法，其规范对象和范围仅限于危害国家安全的犯罪，而人民警察法则属于公安机关的内部组织法，只限于协调、规范公安机关工作人员的职业行为。以这样两部法律中的相关规定作为秘密侦查的法律依据不仅与程序法定原则不契合，而且对于通过秘密侦查行为获取的证据的法律地位的确定也是没有依据性的。②秘密侦查作为一种极易侵犯人权的侦查行为，却没有对其适用条件、实施程序和权利救济等做出明确的规定。在侦查实务中，对于秘密侦查行为的规制则多以"隐形法律"[1]的形式进行。从根

---

[1] 参见卞建林：《刑事诉讼的现代化》，中国法制出版社2003年版，第26~27页。所谓的"隐形法律"就是指，没有向外界公布的在司法机关内部施行的办案规则和程序。之所以称之为"隐形"，是因为它未经有权机关正式制定颁布，未向社会公布，看不见、摸不着，其渊源为种种内部文件、解释、通知、批示、讲话、工作报告、经验总结、惯例、习惯等等；而之所以称之为"法律"，是因为它与正式法律、法规几乎具有同等的效力和功能，有的甚至比法律、法规还管用。我国的秘密侦查，事实上在很大程度上就是依照公安机关内部的不公开的规定进行的，是接受"隐形法律"规则和程序所调整的一种侦查行为。

本上讲这不仅是有违法律公开的法治基本要求的，而且对于发挥秘密侦查的积极作用，抑制其消极作用是十分不利的。

伴随着现代刑事诉讼行为理论的延展，侦查行为已经被纳入到刑事诉讼行为的范畴，况且侦查程序是刑事诉讼程序中的重要组成部分，而且侦查程序的顺利与否在很大程度上影响着后续诉讼程序的进行。而要弱化秘密侦查接受"隐形法律"规制的现实，强化其法治性，就必须对秘密侦查的诉讼性加以认可并落实，将秘密侦查的性质真实的定位为诉讼行为、侦查行为，而非简单的侦查手段，并将这种认识落实在相关的立法中，贯穿于秘密侦查的法律适用中。

2. 秘密侦查的分类。有学者将秘密侦查分为以下三类：一是技术类侦查措施（电子侦听、电话监听、电子监控、秘密拍照或录像、邮件检查等）；二是诱惑侦查措施（如机会提供型引诱、虚示购买、控制交付等）；三是派遣秘密调查人员类侦查措施（包括线人、特情、卧底侦察员等）。[1] 也有学者认为，秘密侦查可以根据其内容及其实施方式的不同，划分为外线侦查、内线侦查和技术侦查三类。[2] 还有学者认为，秘密侦查行为本身是一个多层次的系统构造，不能用单一的概念或标准或者秘密侦查行为系统中的某一行为的属性对其进行划分，并据此观念对秘密侦查进行划分：依据秘密侦查在实施时借助的方式分为以欺骗式方式实施的秘密侦查和以监控式方式实施的秘密侦查；依据秘密侦查行为在实施过程中依靠的主要力量的不同，分为依靠人力实施的秘密侦查和依靠现代科学仪器实施的秘密侦查等。[3]

对于上述关于秘密侦查的分类，我们暂且不论其科学与否，合理与否，抑或周延与否。仔细观察我们会发现，根本上讲，任何一种秘密侦查行为都可以归属于以下两类中的一类：一类是以科学技术为依托的秘密侦查行为，如监听、密拍密录、电子监控等；一类是不完全以科学技术为依托的秘密侦查行为，如卧底、耳目、特情等。[4] 据此分类，我们对于通过秘密侦查获取的证据亦可以分为两类，即科技证据与非科技证据。

（三）技术侦查与秘密侦查的关系

对于技术侦查与秘密侦查之间的关系，通过上述的解析我们的观点已经十分清晰。技术侦查与秘密侦查是存在交叉的两个概念。秘密侦查的内涵已不能囊括现代意义上的技术侦查。根据秘密侦查的一般性概念理解，我们知道秘密侦查的界定基

〔1〕　唐磊、赵爱华："论刑事司法中的秘密侦查措施"，载《社会科学研究》2004年第1期。
〔2〕　谢佑平、邓立："秘密侦查的解读与诠释"，载《中国刑事法杂志》2005年第6期。
〔3〕　艾明：《秘密侦查制度研究》，中国检察出版社2006年版，第35~36页。
〔4〕　不完全以科学技术为依托，并非完全排除使用必要的科学技术，而是在此类秘密侦查中，科学技术并非充要条件。

准主要是从秘密侦查行为的"秘密性"这一形式要件上加以界定的。当然，这里的"秘密性"是相对于一般侦查行为的公开性而言的，这种相对性表现在实施秘密侦查的行为人主观上认为其行为是在当事人不知晓的情况下进行的，而客观上则不问是否被当事人察觉。因此秘密侦查是侦查机关单方知道的诉讼行为。而技术侦查的基本要求是以科学技术为依托，科学技术在侦查中的使用是其基本的形式要件，简单地说，只要使用科学技术进行侦查的就是技术侦查。这种侦查行为可以是公开进行的，也可以是秘密进行的。公开进行的归属于一般性侦查行为，秘密进行的则可以归入秘密侦查中。结合对技术侦查所作的分类进行综合考量，技术侦查中的第三类，即在当事人不知晓的情况下实施的侦查行为，且对当事人的个人权利和法益根据案件侦查的需要进行必要的限制和侵害，是与秘密侦查的部分内容相重合的——都是秘密进行的，且对当事人的个人权利和利益存在必然的侵犯性，因而这一类的技术侦查行为在法律适用上应当是与秘密侦查的法律适用情况相同的。

（四）我们所研究的特殊侦查措施的范围界定

现代意义上的技术侦查所涵盖的内容较为丰富，因而技术侦查使用的情形不同、环境不同致使其适用的法律情况有所差别。为了防止国家公权力的异化，必须对国家公权力的运行进行合理规范和有效制约，诚如西方有学者所言："国家只是一种手段，因而是相对的、派生的，国家的一切权力都要受到限制。"[1] 国家公权力的运行在刑事侦查程序内的最直接的体现就是侦查行为的实施，因此对技术侦查行为合法性问题的探讨成为技术侦查可适用的前提条件。根据前文中对技术侦查的分类，鉴于第一类技术侦查行为对当事人的个人权利和利益不存在必然的侵犯性，因而不需要对其进行特别的法律规制，只要接受一般性的法律规范即可。第二类技术侦查行为是公开进行的，但鉴于其对当事人的个人权利和利益存在潜在的侵犯性可能，因而这种侦查行为的实施需要经过当事人的许可方能进行。第三类技术侦查行为是秘密进行的，且对当事人的个人权利和利益必然存在侵犯性，因而它的适用必然有其不同于第一和第二类技术侦查行为之处。

我们所研究的特殊侦查措施事实上是秘密侦查的整体和技术侦查中的第三类，即秘密进行的技术侦查。换言之，"特殊侦查措施"之"特殊"就是有别于一般侦查措施所具有的公开性，是在当事人不知情的前提下实施的侦查行为。

二、特殊侦查措施的法律适用问题

特殊侦查措施作为一种特殊的诉讼性侦查行为，适用它的目的就是实现侦查程序的两大目的，但是鉴于其对于诉讼行为相对人权益的影响较大，因而对其法律适用问题的探讨成为必须。目前，我国关于特殊侦查措施适用的法律规定还是较为单

---

〔1〕 ［德］卡尔·施米特：《宪法学说》，刘锋译，上海人民出版社2005年版，第175页。

薄，只是在《国家安全法》和《人民警察法》中做了极为原则性的规定，这在一定程度上为特殊侦查行为接受"隐形法律"的调整创造了一定的条件。尽管"隐形法律"在刑事侦查中发挥了一定的积极作用，但是我们不可忽视因缺乏必要的适用原则、基础的适用程序、必要的救济保障等基本的法律规定而使得特殊侦查不仅违反了现代诉讼中侦查法治化的基本要求，而且在很大程度上浪费诉讼资源、侵犯当事人的合法权益。因此，对于特殊侦查的法律适用问题应当尽快加以明晰。

（一）适用特殊侦查措施的基本原则

1. 必要性原则（合合理性与公共性之要求）。必要性原则是指立法机关或行政机关在能够相同有效地实现目标的诸多手段中，应该选择对个人权利最小侵害的措施。故对必要性精神的把握，就转化为对"相同有效"、"个人权利"和"最小侵害"等相关概念的正确理解。而合理性和公共性之要求则为必要性之最低限度之内容。必要性原则要求，只有在采用常规侦查手段无法查清案件事实的情况下，方能考虑适用特殊侦查措施。也就是说，在选择适用侦查措施时，特殊侦查措施是具有补充性的一种措施，是不具主导性的。特殊侦查措施必须是在采用常规侦查手段无法查清案件事实时才能采用，即只有在采用一般侦查措施收效甚微或无效时，才可考虑使用特殊侦查措施。这是合合理性与公共性之要求的表现，国家权力的行使，以仅达目的为足已，不可过度侵害个人的自由权利，当国家权力机关为达同一目的有多种适合的手段可供选择时，应选择对当事人损害最少的手段。特殊侦查措施是非公开进行的，难以受到有效监控，且直接触及到公民隐私，较之常规侦查手段对公民自由权利侵害较大。因而，在采用特殊侦查措施和常规侦查手段均能达到同样的侦查目的的情况下，必须选择对公民自由权利侵害较小的常规侦查手段；只有在常规性侦查措施难以达到预期侦查目的时才能考虑采用特殊侦查措施。综合来说，必要性是启动特殊侦查措施的先决原则。

2. 比例性原则。比例原则又称"禁止过度原则"，其主要功能在于防止国家一切措施（包括立法、司法及行政）的过度干预，确保基本人权的实现，因此是最足以保障人民基本权利之制度，是公法里的帝王条款[1]。国外关于比例原则的规定最初就是从警察法中孕育起来的，主要是控制警察在执法过程中的自由裁量权的使用。根据这个原则，刑事侦查措施，特别是涉及到侵犯基本权利的措施在选择适用时，其种类、轻重必须要与所追究的行为的危害性大小相适应。具体来说就是要求对于轻微犯罪，不能适用可能造成公民权益重大侵害的侦查手段．即使是在特殊侦查手段适用的过程中，也应当对当事人的公民权益给予合理的注意，在侦查措施适用的过程中不能给当事人的权益造成不必要的侵害，这实质上是要求侦查手段与侦查目

---

[1]　陈新民：《德国公法学基础理论》，山东人民出版社 2003 年版，第 389 页。

的具有一定的比例关系。

3. 相关性原则。相关性原则也即关联性原则，这一原则要求因特殊侦查方法之采用而涉及之对象与事实均须与要查明的犯罪具有关联性。这一原则事实上在很大程度上限定了特殊侦查措施适用的范围。具体说包括两个方面的内容：一是人的相关性原则，即指一般情况下，特殊侦查措施只能针对被指控人及其相关人员；二是物的相关性原则，即指特殊侦查的范围应尽量限制在与侦查目的有关的内容上。根据相关性原则的要求，特殊侦查措施的适用应当具有特定性，即应当限于与所侦查案件有关的人或物，且一般要求有相当或合理的理由和证据来证明适用对象与案件有关。这在一定程度上有效地弱化了侦查机关适用特殊侦查手段的随意性，使特殊侦查手段的适用与侦查目的保持一致。各国在关于特殊侦查的立法中都在不同程度上遵循了此原则，如在监听中做如下要求：一是监听只能针对犯罪嫌疑人及其犯罪事实而采用；二是监听的事项应当限制在与犯罪事实有关的内容上，应尽量减少对与侦查无关的一般通讯内容的监听；三是对监听的内容必须保密。侦查人员以及其他可能获悉监听内容的有关人员，对于监听所获材料的内容应当进行保密，以防止当事人的隐私向外泄露和扩散。[1] 这事实上是要求侦查人员在运用监听这一特殊侦查措施进行侦查时，仍然要注意不能过度侵犯当事人的隐私权，应当尽量照顾和尊重当事人以及相关人员的隐私权。

（二）特殊侦查措施的适用对象

特殊侦查措施的适用对象应具有特定性，即主要针对犯罪嫌疑人。犯罪嫌疑人被认为是犯罪行为的实施者，是特殊侦查措施的主要适用对象，且此类犯罪嫌疑人应该是具有合理的根据或迹象表明其正在实施犯罪或有重大犯罪倾向的人。在有些国家，特殊侦查措施的适用对象延展至与犯罪嫌疑人相关的人。如在《德国刑事诉讼法典》第100条a5规定："命令监视、录制往来时，只允许针对被指控人，或者针对基于一定事实可以推断他们在为被指控人代收或者转送他人所发出的信息的人员，或者针对被指控人在使用的电话线的人员作出命令。"[2] 同法第100条c第2款规定："对前款措施只允许用来针对被指控人。针对其他人员，在采取其他方式侦查案情、被指控人居所只能取得微小成效或者难以进行的前提下，准许采取第1款第1项字母a的措施。对于第1款第1项字母b和第2项的措施，只有在基于一定事实可以推断其他人员与行为人有联系或者可以建立这种联系，使得措施将导致查清案情、侦查出被指控人居所，并且采取其他方式很难或者不可能取得这种成果的时候，才

---

〔1〕 谢佑平、万毅："刑事诉讼相应性原则的法理探析"，载《政治与法律》2001 年第 5 期。

〔2〕 李昌珂译：《德国刑事诉讼法典》，中国政法大学出版社 1995 年版，第 33 页。

允许针对其他人员采用。"[1] 因此，在德国不仅可以对犯罪嫌疑人适用特殊侦查措施，而且根据侦查需要也可以对犯罪嫌疑人以外的其他相关人员适用特殊侦查措施，但是对犯罪嫌疑人以外的人适用特殊侦查措施时，从适用对象的范围到特殊侦查措施的种类、强度等都有严格的限制。就我国的现实法治环境来说，我们认为特殊侦查措施的适用对象应仅限于犯罪嫌疑人，而不能扩及到其他相关人员。特殊侦查措施极易侵犯公民隐私权，不能任意扩大它的适用范围，扩大适用范围则增加了这一权力被滥用的可能性。

（三）特殊侦查措施的案件适用范围

由于特殊侦查措施直接涉及到对公民个人隐私权的干预，因而各国都对特殊侦查措施的案件适用范围作了严格的限制。如，美国1968年《综合犯罪控制与街道安全法》规定，秘密监听这一技术侦查措施只能适用于以下犯罪：间谍罪、叛国罪、谋杀罪、绑架罪、抢劫罪、敲诈勒索罪、贿赂政府官员罪、赌博罪、贩毒罪、脱逃罪、伪造罪共12种犯罪。[2]《法国刑事诉讼法典》第100条规定："在重罪或轻罪案件中，如果可能判处的刑罚为2年或2年以上监禁，预审法官为了侦查的需要，可以截留、登记和抄录邮电通讯。"[3]《德国刑事诉讼法典》第100条a规定，允许对反和平罪、叛逆罪、危害民主宪政罪或叛国罪、危害外部安全罪、危害国防罪、谋杀罪、非预谋杀人罪或者灭绝种族罪等犯罪命令监视、录制电讯往来。[4]《意大利刑事诉讼法典》第266条第1款规定："在与下列犯罪相关的刑事诉讼中，允许对谈话、电话和其他形式的电讯联系进行窃听：依法应判处无期徒刑或者5年以上有期徒刑的非过失犯罪；依法应判处5年以上有期徒刑的妨害公共管理的犯罪；涉及麻醉品和精神刺激药物的犯罪；涉及武器和爆炸物的犯罪；走私犯罪；利用电话实施的侵辱、威胁、骚扰或干扰他人的犯罪。"[5]《俄罗斯联邦刑事诉讼法典》第186条第1款规定"在严重犯罪和特别严重犯罪案件中允许监听和录音"。[6]

综合上述相关法律的规定，不难发现特殊侦查措施一般适用于以下两类犯罪：一是危害性重大的犯罪，反映出被侵害权益的重大性，针对这类犯罪采用技术侦查措施足以抵消因侵害公民隐私权而带来的负面影响，而对于一般性的危害不大的刑事案件则不宜采用特殊侦查措施；二是有组织犯罪、犯罪技术含量高、隐蔽性强的特殊类型的犯罪。这种犯罪自身所具有的复杂性特点给侦查机关的侦查带来相当难

---

[1] 李昌珂译：《德国刑事诉讼法典》，中国政法大学出版社1995年版，第34~35页。

[2] 陈光中：《刑事诉讼法实施问题研究》，中国法制出版社2000年版，第126页。

[3] 余叔通、谢朝华译：《法国刑事诉讼法典》，中国政法大学出版社1997年版，第51页。

[4] 李昌珂译：《德国刑事诉讼法典》，中国政法大学出版社1995年版，第31页。

[5] 黄风译：《意大利刑事诉讼法典》，中国政法大学出版社1994年版，第89~90页。

[6] 黄道秀译：《俄罗斯联邦刑事诉讼法典》，中国政法大学出版社2003年版，第145页。

度，侦查机关采用常规侦查措施不足以应对案件侦查的需要，若不采用特殊侦查措施，则难以侦破。因此，一般来说诸如以下案件：危害国家安全的犯罪案件，危害国防利益的犯罪案件，组织、领导、参加恐怖组织、黑社会性质组织犯罪案件，涉枪、涉爆类犯罪案件，假币类犯罪案件，毒品犯罪案件，走私犯罪案件，国家工作人员的渎职、贪污贿赂类职务犯罪案件，以及其他法定最低刑在 3 年以上有期徒刑的严重刑事犯罪，确有必要时也可以采取秘密侦查措施。

（四）适用特殊侦查措施的应有程序

1. 申请与批准。对特殊侦查权的批准，实践中一般由侦查机关负责人批准决定，即侦查活动由其存在直接利害关系的部门领导和指挥，这在一定程度上强化了其行政性，弱化了其作为侦查行为本身所具有的诉讼性。要强化特殊侦查手段适用的诉讼性，首先要保证特殊侦查手段的申请与批准为非同一部门。

对于有权申请适用特殊侦查措施的主体，有人认为应确定较高级别的机关主体，如有观点认为，"鉴于技术侦查只适用重大案件，因而对其申请主体应限于地市级以上的人民检察院侦查部门"[1]。但是，目前基层公安机关承担着大量的办案任务，特殊侦查手段全部由级别较高的公安机关承担，这在人力上确实难以保障。因此，有必要赋予基层公安机关侦查部门特殊侦查措施的使用申请权，审查批准权归属于上级人民检察院侦查监督部门，至于检察机关侦查部门关于适用特殊侦查手段的申请亦应由上级检察机关的侦查监督部门进行审批。

2. 实施的相关程序。要对特殊侦查措施的适用做严格的规定，对于实施的程序要有具体的要求，如在审批授权时明确特殊侦查措施所针对的当事人的姓名、地址、所采取措施的种类、范围和持续时间。在适用特殊侦查措施结束时，要向审批机关进行报告。

（五）违法特殊侦查的制裁与救济

由于特殊侦查获取的信息资料会涉及到侦查对象的个人隐私与秘密，违法特殊侦查造成公民个人名誉权、隐私权受侵害的应有权进行民事求偿。因违法特殊侦查构成民事侵权的，应对民事求偿权的行使作出相应规定。

1. 违法适用特殊侦查措施的制裁。对于违法适用特殊侦查措施的可以从两个方面来制裁：①对违法实施特殊侦查措施的行为主体进行制裁。对违法实施特殊侦查行为的人进行刑事处罚或者内部行政处分。对侦查人员滥用侦查权的，我国刑法已经规定了相应的刑事责任，滥用特殊侦查权，也应当承担相同的刑事责任。这方面涉及的罪名包括滥用职权罪、侵犯通信自由罪、非法搜查罪、非法侵入他人住宅罪等。侦查人员违法实施特殊侦查，情节较轻，不构成犯罪的，侦查机关应当给予相

〔1〕 宁新建："职务犯罪案件技术侦查适用的制度构建"，载《中国检察官》2007 年第 4 期。

关责任人以行政处分。②对违法适用特殊侦查措施获取的证据适用非法证据排除规则。即在案件审理过程中，如果有证据证明侦查机关在适用特殊侦查措施的过程中，违反了法律规定的使用程序和要求，那么对于所获取的犯罪信息，即使是能够证明犯罪行为发生的事实，法院在审理中应予以排除，不予采信。同样，如果当事人及其辩护人认为侦查机关使用特殊侦查手段所获得的证据是违反法定程序的，也可以在庭审中提出排除非法证据的请求，以维护自己的合法权益。

2. 违法适用特殊侦查措施的救济。侦查对象如果认为侦查机关在特殊侦查措施实施过程中有侵犯其合法权益的行为，有权提出赔偿。特殊侦查措施的执行机关是赔偿义务机关，赔偿程序应当参照适用《国家赔偿法》。

三、特殊侦查手段获取证据的法律效力

使用特殊侦查手段获取的证据材料通常情况下是作为案件侦查的线索使用，一般不在刑事程序中作为诉讼证据公开使用。但是，随着特殊侦查手段在侦办团伙犯罪、毒品犯罪、经济犯罪案件方面使用日益增多，特别是当使用特殊侦查手段获取的证据材料是必不可少的定案根据时，如何使用通过特殊侦查手段获取的证据将是刑事诉讼程序中亟待解决的实际问题。这些问题主要涉及使用特殊侦查手段获取证据的合法性问题、获取证据信息的使用限制。

(一) 使用特殊侦查手段获取证据的合法性问题

特殊侦查手段的合法性，决定了通过特殊侦查手段获取的证据材料是具有合法性的。合法性解决证据材料的证据能力问题，关于证据合法性的问题，我国的相关法律中做了如下要求：证据应由法定人员依法定程序收集；证据必须具备法定形式、具有合法的来源；证据必须经过法定程序出示和查证。有些人认为，《国家安全法》和《人民警察法》只规定了特殊侦查手段，但是对特殊侦查主体、对象、适用程序及所获材料能否作为证据使用都没有规定，这使得使用特殊侦查手段收集的材料在实践中可能作为非法证据而被排除。[1] 该认识是基于"法律上没有肯定的就是违法的"之逻辑，从法理上分析是存在瑕疵的。如果说合法仅限于合乎法律的明确规定，且人们只能在这一界限内活动，那么这就要求立法者对一切合法行为在法律上必须做穷尽列举。然而现实是，立法涵盖一切合法行为是不现实也不可能的。事实上，评定行为是否合法的标准应当是法律原则与法律精神，且不可仅仅局限于法条，即一切行为只要符合法律原则的规定都可以推定为合法。根据《国家安全法》和《人民警察法》的授权规定以及相关的立法精神和原则，侦查机关只要严格按照国家的有关规定，经过严格的审批程序，在侦查过程中使用特殊侦查手段获取的证据材料，在不违反有关保密规定的前提下，是可以在刑事诉讼中公开使用的，也即是说使用

---

〔1〕 章海珠、阮大元："秘密侦查手段研析及其立法规制"，载《法治与社会》2007 年第 1 期。

特殊侦查手段获取的证据是具有合法性的。以通过特殊手段获取的视听资料为例，视听资料符合法定的证据形式，由法定人员依照法定程序收集，其内容具有客观性，且与案件具有关联性，因而它是符合我国对证据的合法性之基本要求的。

（二）使用特殊侦查手段获取证据信息的使用限制

对于使用特殊侦查手段获取的证据应有一定的使用限制，这主要是考虑到由于特殊侦查获取的信息资料可能会涉及到侦查对象的个人隐私与秘密，同时还可能涉及到国家秘密、商业秘密等。对于此类证据信息的使用限制主要涉及到以下几个方面的问题：特殊侦查手段获取的信息资料的保存、使用和销毁。对于使用特殊侦查手段所获知的国家秘密、商业秘密和个人隐私，侦查机关和相关侦查人员具有保密的义务。对特殊侦查所获取的证据、信息线索只能在本案件中使用，对于与案件无关的信息应该在有关机关的监督下及时予以销毁，对于作为证据使用的材料在案件完结之后应该交由法院予以封存。

第六章　律师制度

第一题　我国新律师法与刑事诉讼法的冲突及其衔接

在法治国家，法律与法律之间应该是协调统一的，不应该出现相互冲突的现象。在出现了相互冲突之后，也应及时加以解决。在我国，法律与法律之间的冲突时有发生，新律师法与我国刑事诉讼法的冲突可以说就是最新的法律与法律之间相互冲突的例证。2007 年 10 月 28 日，第十届全国人民代表大会常务委员会第三十次会议修订通过了《中华人民共和国律师法》（以下简称新律师法），该法已于 2008 年 6 月 1 日正式施行。新律师法对 1996 年律师法做了重大修改，其内容更多的涉及到了刑事诉讼。分析表明，新律师法涉及刑事诉讼部分内容的修改，与我国刑事诉讼法之间存在明显的冲突，这些冲突必须加以解决，否则必然影响新律师法的全面贯彻和实施。因此，研究新律师法与刑事诉讼法的冲突及其衔接问题就显得十分必要。

一、新律师法与刑事诉讼法冲突的具体表现

长期以来，我国律师在刑事诉讼执业过程中遇到的最大困境就是会见难、阅卷难和调查取证难，这三个难题直接阻碍了我国律师刑事诉讼业务的发展。新律师法专门针对这三个难题进行了修正，可以说是基本上破解了律师刑事诉讼中执业的三难问题。但在这三个问题上，新律师法的规定却与刑事诉讼法的规定不协调、不一致，存在明显冲突。这些冲突主要表现在律师的会见权、阅卷权和调查取证权三个方面。

（一）关于律师会见权相关规定的冲突

律师会见权是刑事诉讼中律师从事辩护业务必不可少的一项重要权利。它是指律师在接受辩护委托后，依法同犯罪嫌疑人、被告人见面交流的权利。它对于强化律师的辩护职能、维护犯罪嫌疑人和被告人的合法权利、监督侦查权力都具有重要的意义。"从被追诉人，尤其是在押的犯罪嫌疑人的辩护权实质化的观点来看，被追诉人与辩护人的会见通信权的保障不可或缺。没有这一权利，辩护律师介入审前程序的作用会大打折扣。"[1] 犯罪嫌疑人有被羁押和未被羁押之别，会见未被羁押的

---

[1]　宋英辉、吴宏耀：《刑事审判前程序研究》，中国政法大学出版社 2002 年出版，第 400 页。

犯罪嫌疑人和被告人，一般都没有多大障碍，律师的会见权一般能够得到充分地保障。所谓会见难，主要是指会见已被羁押的犯罪嫌疑人和被告人较难，而不是指会见未被羁押的犯罪嫌疑人和被告人较难。因此，这里探讨的关于会见权相关规定的冲突，也是针对会见在押的犯罪嫌疑人和被告人而展开的。

我国新律师法第 33 条规定："犯罪嫌疑人被侦查机关第一次讯问或者采取强制措施之日起，受委托的律师凭律师执业证书、律师事务所证明和委托书或者法律援助公函，有权会见犯罪嫌疑人、被告人并了解有关案件情况。律师会见犯罪嫌疑人、被告人，不被监听。"但是，在司法实践中，律师"会见难是实践中存在的典型有碍辩护权行使的表现之一。律师会见犯罪嫌疑人被设置了重重障碍，令辩护律师也感到无奈。"[1] 新律师法正是为了解决这一问题而作了重大修改。通过分析新律师法与我国刑事诉讼法及其相关司法解释、部门规章关于律师阅卷权的规定，我们就可以发现它们之间所存在的明显冲突。这些冲突具体表现以下几个方面：

1. 与刑事诉讼法关于律师阅卷权的规定的冲突。我国《刑事诉讼法》第 96 条规定："犯罪嫌疑人在被侦查机关第一次讯问后或者采取强制措施之日起，可以聘请律师为其提供法律咨询、代理申诉、控告。犯罪嫌疑人被逮捕的，聘请的律师可以为其申请取保候审。涉及国家秘密的案件，犯罪嫌疑人聘请律师，应当经侦查机关批准。受委托的律师有权向侦查机关了解犯罪嫌疑人涉嫌的罪名，可以会见在押的犯罪嫌疑人，向犯罪嫌疑人了解有关案件情况。律师会见在押的犯罪嫌疑人，侦查机关根据案件情况和需要可以派员在场。涉及国家秘密的案件，律师会见在押的犯罪嫌疑人，应当经侦查机关批准。"该条即是我国刑事诉讼法关于律师会见权的规定。比较分析该规定与新律师法的规定，我们不难发现其冲突所在：①刑事诉讼法规定"律师会见在押的犯罪嫌疑人，侦查机关根据案件情况和需要可以派员在场"，而新律师法规定"律师会见犯罪嫌疑人、被告人，不被监听"。②刑事诉讼法规定"涉及国家秘密的案件，律师会见在押的犯罪嫌疑人，应当经侦查机关批准"，而新律师法规定无论是否涉及国家秘密的案件，都不需要经过侦查机关的批准，在"犯罪嫌疑人被侦查机关第一次讯问或者采取强制措施之日起，受委托的律师凭律师执业证书、律师事务所证明和委托书或者法律援助公函，有权会见犯罪嫌疑人、被告人并了解有关案件情况"。

2. 与六部委[2]《关于刑事诉讼法实施中若干问题的规定》关于律师阅卷权的规定的冲突。六部委规定第 11 条明确规定："刑事诉讼法第 96 条规定，涉及国家秘密

---

〔1〕 樊崇义：《刑事诉讼法修改专题研究报告》，中国人民公安大学出版社 2004 年版，第 198 页。

〔2〕 六部委系指最高人民法院、最高人民检察院、公安部、国家安全部、司法部、全国人大常委会法制工作委员会，下同。

的案件，律师会见在押的犯罪嫌疑人，应当经侦查机关批准。对于不涉及国家秘密的案件，律师会见犯罪嫌疑人不需要经过批准。不能以侦查过程需要保密作为涉及国家秘密的案件不予批准。律师提出会见犯罪嫌疑人的，应当在 48 小时内安排会见，对于组织、领导、参加黑社会性质组织罪、组织、领导、参加恐怖活动组织罪或者走私犯罪、毒品犯罪、贪污贿赂犯罪等重大复杂的两人以上的共同犯罪案件，律师提出会见犯罪嫌疑人的，应当在 5 日内安排会见。"第 12 条规定："刑事诉讼法第 96 条规定，在侦查阶段，律师会见在押的犯罪嫌疑人，侦查机关根据案件情况和需要可以派员在场。审查起诉阶段和审判阶段，案件已经侦查终结，辩护律师和其他辩护人会见在押的犯罪嫌疑人、被告人时，人民检察院、人民法院不派员在场。"显然，这两条规定都是与新律师法的上述规定相冲突的。具体表现为：在律师会见在押的犯罪嫌疑人是否应当经侦查机关批准问题上存在冲突；在具体安排会见的时间问题上有冲突，新律师法没有规定要在多少时间内安排会见；在律师会见犯罪嫌疑人时，侦查机关应否派员在场问题上存在冲突。

　　3. 与最高人民检察院《人民检察院刑事诉讼规则》关于律师会见权规定的冲突。该规则第 150 条规定："受委托的律师会见在押的犯罪嫌疑人，应当提前告知人民检察院，并且向人民检察院提供犯罪嫌疑人的授权委托书、律师执业证明和律师事务所介绍信。"第 151 条规定："对于不涉及国家秘密的案件，律师提出会见在押的犯罪嫌疑人的，人民检察院应当在 48 小时以内安排会见的具体时间；对于贪污贿赂犯罪等重大复杂的两人以上的共同犯罪案件，可以在 5 日以内安排会见的具体时间。""人民检察院安排会见时间时，应当根据案件的情况和需要决定是否派员在场。决定不派员在场的，应当出具同意会见证明。受委托的律师凭人民检察院的同意会见证明或者由人民检察院派员陪同会见在押的犯罪嫌疑人。"第 152 条规定："对于涉及国家秘密的案件，律师提出会见在押的犯罪嫌疑人的，人民检察院应当根据案件的情况和需要在 5 日以内作出是否批准受委托的律师会见在押犯罪嫌疑人的决定。批准受委托的律师会见在押犯罪嫌疑人的，依照本规则第 151 条的规定办理。"第153 条规定："受委托的律师会见在押犯罪嫌疑人时，在场的检察机关的工作人员应当告知其遵守监管场所和有关机关关于会见的规定。受委托的律师会见在押犯罪嫌疑人的情况，在场的检察机关的工作人员可以记明笔录。"第 154 条规定："律师询问在押犯罪嫌疑人的内容超越刑事诉讼法第 96 条规定的授权范围，或者违反监管场所和有关机关关于会见的规定的，在场的检察机关的工作人员有权制止，或者中止会见。"将该规则的上述规定与新律师法关于会见权的规定进行比较，不难发现其冲突所在：其一，在受委托的律师会见在押的犯罪嫌疑人应否提前告知人民检察院，并且向人民检察院提供犯罪嫌疑人的授权委托书、律师执业证明和律师事务所介绍信的问题上存在冲突；其二，在是否应当在 48 小时以内或者 5 日以内安排会见的时间限制上存在冲突；其三，在律师会见犯罪嫌疑人时，人民检察院是否派员在场的问题上存在冲突；其四，在是否应当凭人民检察院的同意会见证明或者由人民检察院派员陪同会见问题上存在冲突；其五，在律师提出会见涉及国家秘密的案件的在押的犯罪嫌疑人是否需要经过人民检察院批准问题上存在冲突；其六，在依规则在场的检察机关的工作人员对受委托的律师会见在押犯罪嫌疑人的情况可否记明笔录问题上存在冲突；其七，在律师询问在押犯罪嫌疑人的内容限制以及可否制止或者中止会见的问题上存在冲突。

4. 与公安部的部门规章《公安机关办理刑事案件程序规定》关于律师会见权规定的冲突。该规章第43条规定："对于不涉及国家秘密的案件，律师会见犯罪嫌疑人不需要经过批准，公安机关不应以侦查过程需要保守秘密作为涉及国家秘密的案件不予批准。对于涉及国家秘密的案件，律师要求会见犯罪嫌疑人的，应当填写《会见犯罪嫌疑人申请表》，经县级以上公安机关批准。公安机关不批准会见的，应当向律师说明理由。"第44条规定："律师提出会见犯罪嫌疑人的，公安机关应当在48小时内安排会见；对于组织、领导、参加黑社会性质组织罪、组织、领导、参加恐怖活动组织罪或者走私犯罪、毒品犯罪、贪污贿赂犯罪等重大复杂的共同犯罪案件，律师提出会见犯罪嫌疑人的，应当在5日内安排会见。"第46条规定："律师会见在押的犯罪嫌疑人时，公安机关根据案件情况和需要可以派员在场。"第47条规定："律师会见在押的犯罪嫌疑人，公安机关应当查验律师执业证、律师事务所介绍信、聘请书、公安机关会见通知和准许翻译人员参加会见的证明。对于涉及国家秘密的案件，还应当查验公安机关《批准会见犯罪嫌疑人决定书》。"第48条规定："律师会见在押犯罪嫌疑人，违反法律规定或者会见场所的规定时，在场民警应当制止，必要时，可以决定停止本次会见。"将公安部规章中的上述规定与新律师法关于会见权的规定进行比较，可以分析出二者存在冲突的具体表现：其一，在律师要求会见涉及国家秘密的案件的犯罪嫌疑人时，应否填写《会见犯罪嫌疑人申请表》并经公安机关批准问题上存在冲突；其二，在是否应当在48小时以内或者5日以内安排会见的时间限制上存在冲突；其三，在律师会见在押的犯罪嫌疑人时，公安机关是否可以派员在场问题上存在冲突；其四，在律师会见在押的犯罪嫌疑人是否应当持公安机关会见通知和准许翻译人员参加会见的证明问题上存在冲突，在对于涉及国家秘密的案件，是否应当持有公安机关《批准会见犯罪嫌疑人决定书》问题上存在冲突；其五，在是否可以停止律师会见问题上存在冲突。

（二）关于律师阅卷权相关规定的冲突

阅卷权是指律师在接受辩护委托后依法查阅与犯罪嫌疑人或者被告人有关的案件材料的权利。律师的这一项权利是实现控辩平等和证据开示的有效措施，有利于律师充分了解案情，知己知彼，从而有效地为犯罪嫌疑人、被告人提供辩护。"完全可以认为，阅卷权是辩护律师充分行使辩护职能的重要前提和保障。辩护律师没有阅卷权或者阅卷权不充分，没有切实的保障，律师的辩护职能就不能得到充分的行使，进而律师辩护制度乃至刑事辩护制度就将会受到很大的削弱。"〔1〕"但我国从刑事诉讼的立法到司法实务，辩护律师的这一重要权利并未落到实处。"〔2〕关于律师的阅卷权，新律师法第34条规定："受委托的律师自案件审查起诉之日起，有权查阅、摘抄和复制与案件有关的诉讼文书及案卷材料。受委托的律师自案件被人民法院受理之日起，有权查阅、摘抄和复制与案件有关的所有材料。"该规定与刑事诉讼法的规定同样存在冲突。这种冲突不仅体现在刑事诉讼法条文的规定中，也体现在相关司法解释的规定之中。由于律师在侦查阶段没有阅卷权，所以，关于阅卷权的冲突，只存在于新律师法与刑事诉讼法以及六部委、最高人民法院和最高人民检察院的司法解释之中。

1. 新律师法关于阅卷权的规定与刑事诉讼法条文规定的冲突。《刑事诉讼法》第36条规定："辩护律师自人民检察院对案件审查起诉之日起，可以查阅、摘抄、复制本案的诉讼文书、技术性鉴定材料"，"辩护律师自人民法院受理案件之日起，可以查阅、摘抄、复制本案所指控的犯罪事实的材料"。该条规定即是我国刑事诉讼法关于律师阅卷权的具体规定，律师在过去只能根据该规定行使阅卷权。由于刑事诉讼法将"辩护律师的阅卷范围仅限于几份诉讼文书和技术性鉴定材料，律师将其戏称为'五张纸'（即拘留决定书、逮捕决定书、移送审查起诉意见书、起诉书、鉴定书）"〔3〕。将新律师法对律师的阅卷权的规定与刑事诉讼法条文的规定进行比较，我们可以发现其冲突具体表现在：其一，在审查起诉阶段，刑事诉讼法规定辩护律师可以查阅、摘抄、复制本案的诉讼文书、技术性鉴定材料，而新律师法规定，律师有权查阅、摘抄和复制与案件有关的诉讼文书及案卷材料。在用词上前者用"可以"，后者用"有权"，明显存在不一致；在查阅的内容上，前者规定仅仅限于"诉讼文书、技术性鉴定材料"，而后者则包括"诉讼文书及案卷材料"，阅卷范围上存在明显差异。其二，在审判阶段，刑事诉讼法规定辩护律师"查阅、摘抄、复制本案所指控的犯罪事实的材料"，而新律师法规定，辩护律师"有权查阅、摘抄和复制与案件有关的所有材料"。显然，二者在用词上同样存在"可以"与"有权"的差异，在阅卷的范围上则存在是查阅、摘抄、复制"本案所指控的犯罪事实的材料"还是"与案件有关的所有材料"的冲突。

2. 与六部委《关于刑事诉讼法实施中若干问题的规定》关于律师阅卷权规定的

〔1〕 甄贞：《刑事诉讼法学研究综述》，法律出版社2002年版，第93页。
〔2〕 樊崇义：《刑事诉讼法实施问题与对策研究》，中国人民公安大学出版社2001年版，第99页。
〔3〕 熊秋红：《转变中的中国刑事诉讼法学》，北京大学出版社2004年版，第89页。

冲突。六部委规定第13条明确："在审判阶段，辩护律师和其他辩护人依照刑事诉讼法第36条规定的程序可以到人民法院查阅、摘抄、复制本案所指控的犯罪事实的材料。"显然，该规定其实是《刑事诉讼法》第36条规定的翻版，与新律师法的规定存在冲突，其表现如上所述，这里不再赘述。

3. 与《最高人民法院关于执行〈中华人民共和国刑事诉讼法〉若干问题的解释》关于律师阅卷权规定的冲突。该解释第40条只是规定"人民法院应当为辩护律师查阅、摘抄、复制本案所指控的犯罪事实的材料提供方便，并保证必要的时间"，这就将律师的阅卷范围限定在"本案所指控的犯罪事实的材料"，显然与新律师法规定的"受委托的律师自案件被人民法院受理之日起，有权查阅、摘抄和复制与案件有关的所有材料"存在冲突。

4. 与最高人民检察院《人民检察院刑事诉讼规则》关于律师阅卷权规定的冲突。该规则第319条规定："在审查起诉中，人民检察院应当允许被委托的辩护律师查阅、摘抄、复制本案的诉讼文书、技术性鉴定材料。诉讼文书包括立案决定书、拘留证、批准逮捕决定书、逮捕决定书、逮捕证、搜查证、起诉意见书等为立案、采取强制措施和侦查措施以及提请审查起诉而制作的程序性文书。技术性鉴定材料包括法医鉴定、司法精神病鉴定、物证技术鉴定等由有鉴定资格的人员对人身、物品及其他有关证据材料进行鉴定所形成的记载鉴定情况和鉴定结论的文书。"这一规定明确限定了律师的阅卷范围为"本案的诉讼文书、技术性鉴定材料"，同时对诉讼文书和技术性鉴定材料的范围做了界定。毫无疑问，该规定是与新律师法规定的"受委托的律师自案件审查起诉之日起，有权查阅、摘抄和复制与案件有关的诉讼文书及案卷材料"存在冲突。

（三）关于律师调查取证权相关规定的冲突

律师的调查取证权是指律师依法就有关案件事实进行调查，收集证据以证实自己辩护主张的权利。律师的调查取证权是其切实有效地履行辩护职责所必需，也是其与控方积极对抗的重要权利，它"在律师所有的执业权利中处于核心的地位"[1]。我国现行刑事诉讼法虽然对律师的调查取证权作出了相应的规定，"但由于法律在有关调查取证权的行使阶段、条件、内容、方式上仍然存在规定的非科学与非合理性，使得我国辩护律师的调查取证权步履维艰，往往流于形式，很难获得实现"[2]。对律师的调查取证权，新律师法第35条规定："受委托的律师根据案情的需要，可以申请人民检察院、人民法院收集、调取证据或者申请人民法院通知证人出庭作证。律师自行调查取证的，凭律师执业证书和律师事务所证明，可以向有关单位或者个

〔1〕 李本森：《中国律师业发展问题研究》，吉林人民出版社2001年版，第60页。
〔2〕 樊崇义：《刑事诉讼实施问题与对策研究》，中国人民公安大学出版社2001年版，第99页。

人调查与承办法律事务有关的情况。"在律师的调查取证权方面，新律师法的规定与刑事诉讼法的规定同样存在诸多不一致的地方，相互之间存在明显冲突。这种冲突同样不仅体现在刑事诉讼法条文的规定中，也体现在相关司法解释的规定之中。

1. 与刑事诉讼法条文关于律师调查取证权规定的冲突。对于律师的调查取证权，刑事诉讼法第37条明确规定："辩护律师经证人或者其他有关单位和个人同意，可以向他们收集与本案有关的材料，也可以申请人民检察院、人民法院收集、调取证据，或者申请人民法院通知证人出庭作证。辩护律师经人民检察院或者人民法院许可，并且经被害人或者其近亲属、被害人提供的证人同意，可以向他们收集与本案有关的材料。"将该规定与新律师法关于律师调查取证权的规定进行比较，可以发现其冲突具体表现在于：其一，在律师调查取证是否需要经过有关单位或者个人同意问题上存在冲突，刑事诉讼法规定应当经过有关单位或者个人同意，新律师法则规定只需要凭律师执业证和律师事务所证明即可；其二，在向被害人或者其近亲属、被害人提供的证人收集与本案有关的材料是否需要经过双重许可问题上存在冲突。刑事诉讼法规定除了需经人民检察院或者人民法院许可外，还必须经被害人或者其近亲属、被害人提供的证人同意，而新律师法没有做这样的限制性规定。

2. 与《最高人民法院关于执行〈中华人民共和国刑事诉讼法〉若干问题的解释》关于律师调查取证权规定的冲突。该解释第43条规定："辩护律师申请向被害人及其近亲属、被害人提供的证人收集与本案有关的材料，人民法院认为确有必要的，应当准许，并签发准许调查书。"该规定表明，辩护律师向被害人及其近亲属、被害人提供的证人收集与本案有关的材料必须经过人民法院许可，并由人民法院签发许可调查书，否则，不得向他们收集与本案有关的材料。这显然与新律师法对此不做限制性规定相冲突。

3. 与《最高人民检察院人民检察院刑事诉讼规则》关于律师调查取证权规定的冲突。该规则第324条规定："辩护律师向人民检察院提出申请要求向被害人或者其近亲属、被害人提供的证人收集与本案有关的材料的，人民检察院应当在接到申请后7日内作出是否许可的决定，通知申请人。"该规定表明，辩护律师向被害人或者其近亲属、被害人提供的证人收集与本案有关的材料，要向人民检察院提出申请，并由人民检察院在接到申请后7日内作出是否许可的决定。这也明显地与新律师法对此不做限制性规定相冲突。

二、新律师法与刑事诉讼法的衔接

（一）新律师法与刑事诉讼法衔接的必要性

法律一经颁布生效就必须得到切实的执行，新律师法已于2008年6月1日正式生效，就必须全面贯彻实施，否则，法律的权威性和严肃性就会荡然无存，不符合法治国家的要求。但是，由于新律师法与刑事诉讼法之间存在上述明显冲突，这就要求注重二者之间的衔接，其必要性已经彰显无疑。

1. 对新律师法与刑事诉讼法进行衔接，是切实保障法律与法律之间的协调统一所必需。法律与法律之间必须协调统一，这是法治国家的基本要求。我国正在建设社会主义法治国家，首先必须保证法律与法律之间的协调统一。现在新律师法颁布生效后，刑事诉讼法的相关规定并没有被废除和修改，这就是二者冲突的根源所在。出现了冲突，就必须解决冲突，消除冲突，不能让冲突放任自流，听之任之，而应当设法使这种冲突得以解决，或者是将这种冲突降低到最小限度。因此，加强新律师法与刑事诉讼法的衔接，就显得十分必要。

2. 对新律师法与刑事诉讼法进行衔接，是保证新律师法的贯彻实施所必需。"有法可依、有法必依、执法必严、违法必究"是我国社会主义法治的基本原则。新律师法颁布生效后，不能不予以实施。但由于新律师法与刑事诉讼法之间存在上述冲突，新律师法的实施也遇到了困难和阻力，这就必需尽快协调其与刑事诉讼法之间的关系，及时解决二者之间的冲突，使二者能够顺利得以衔接。如果不加以衔接，就必然导致司法实际部门可以用刑事诉讼法的规定对抗新律师法的规定的实施。

3. 对新律师法与刑事诉讼法进行衔接是切实保障辩护律师行使辩护权、保障犯罪嫌疑人和被告人合法权益所必需。众所周知，我国律师过去在刑事诉讼业务实施过程中，遭遇着会见难、阅卷难和调查取证难等三难。新律师法正是为了解决这三难问题，而就律师的会见权、阅卷权和调查取证权作出了与刑事诉讼法不同的规定，突破了现有刑事诉讼法及其相关司法解释的规定。如果新律师法得不到切实执行，那么，新律师法的上述规定将成为一纸空文，律师的会见权、阅卷权和调查取证权将仍然得不到保障，其辩护职责就难以得到有效的履行，犯罪嫌疑人和被告人的合法权利也难以得到有效的维护，控辩平等的理想就不能得到实现。

（二）新律师法的规定超越刑事诉讼法的规定之正当合理性分析

前文的分析表明，新律师法在对辩护律师的会见权、阅卷权和调查取证权等方面的规定已经明显突破了刑事诉讼法及其相关司法解释的规定。我们认为，这种突破是一种立法的进步，是一种观念的更新。相比而言，刑事诉讼法的规定已经落后于律师制度的发展现实，有必要做再一次修改，以适应形势发展的需要。新律师法的规定超越刑事诉讼法的规定有其正当合理性。这种正当合理性决定了新律师法的进步性。

1. 新律师法的上述规定，基本上解决了辩护律师的会见难、阅卷难和调查取证难的问题，解除了辩护律师在行使这些权利时所遇到的困境。在刑事诉讼中，我们虽然强调控辩平等，但辩护律师始终是处于一种劣势地位或者弱势地位。辩护律师作为辩护职责的履行者，相对于侦查机关和检察机关等控诉职责的履行者而言，在许多方面都处于不利地位。在律师法修改前，会见难、阅卷难和调查取证难等三难问题，直接束缚着辩护律师辩护权的有效行使，严重阻碍了我国辩护制度的健康快速发展。新律师法基本解决了辩护律师的三难问题，有利于控辩平等的实现，有利于辩护律师辩护职责的有效行使。

2. 新律师法的上述规定符合律师权利保障的国际标准，体现了我国新律师法与国际条约和惯例的正式接轨。辩护权是犯罪嫌疑人和被告人的一项最为重要的诉讼权利，而该项权利的行使，离不开辩护律师的帮助。在国际社会，刑事辩护权的保障一直受到普遍的关注和重视，一些具有共同性、普遍性的刑事辩护权保障的国际标准得以形成，并被规定在相关的国际性文件之中，其中不乏大量关于辩护律师辩护权保障的规定。"但是，同刑事辩护的国际标准比较起来，我国现行法律有关辩护原则的规定仍有相当大的差距。"[1] 新律师法则明显缩小了这种差距。在这些国际标准中，涉及辩护律师会见权的规定主要有：《公民权利和政治权利国际公约》第14条第3款第2项明确规定，被指控的人应当"有相当的时间和便利准备他的辩护并与自己选择的律师联络"。第八届联合国预防犯罪和罪犯待遇大会通过的《关于律师作用的基本原则》第7条规定："各国政府还应确保，被逮捕或拘留的所有的人，不论是否受到刑事指控，均应迅速得到机会与一名律师联系，不管在何种情况下至迟不得超过自逮捕或拘留之时起的48小时。"第8条规定："遭逮捕、拘留或监禁的所有的人应有充分机会、时间和便利条件，毫无迟延地、在不被窃听、不经检查和完全保密情况下接受律师来访和与律师联系协商。这种协商可在执法人员能看得见但听不见的范围内进行。"《世界刑法协会第十五届代表大会关于刑事诉讼法中的人权问题的决议》第19条规定："羁押中的被告人有权与其律师秘密交谈。"《囚犯待遇最低限度标准规则》第93条规定："未经审讯的囚犯为了准备辩护、而社会上又有义务法律援助，应准申请此项援助，并准会见律师，以便商讨辩护，写出机密指示，交给律师。为此，囚犯如需文具，应照数供应。警察或监所官员对于囚犯和律师间的会谈，可用目光监视，但不得在可以听见谈话的距离以内。"《保护所有遭受任何形式拘留或监禁人的原则》第18条规定："①被拘留人或被监禁人应有权与其法律顾问联络和磋商；②应允许被拘留人或被监禁人有充分的时间和便利与其法律顾问进行磋商；③除司法当局或其他当局为维持安全和良好秩序认为必要并在法律或合法条例具体规定的特别情况外，不得终止或限制被拘留人或被监禁人授受其法律顾问来访和在既不被搁延又不受检查以及在充分保密的情形下与其法律顾问联络的权利；④被拘留人或被监禁人与其法律顾问的会见可在执法人员视线范围内但听力范围外进行；⑤本原则所述的被拘留人或被监禁人与其法律顾问之间的联络不得用作对被拘留人或被监禁人不利的证据，除非这种联络与继续进行或图谋进行的罪行有

---

〔1〕 谢佑平：《刑事诉讼国际准则研究》，法律出版社2002年版，第353页。

关。"所有这些规定都与辩护律师的会见权相关，是对辩护律师会见权的国际性保障措施。关于辩护律师的阅卷权的保障，也有相应的国际标准。《关于律师作用的基本原则》第21条规定："主管当局有义务确保律师能有充分的时间查阅当局所拥有或管理的有关数据、档案和文件，以便使律师能向其委托人提供有效的法律协助，应该尽早在适当时机提供这种查阅的机会。"可见，我国新律师法的关于辩护律师会见权和阅卷权的规定是符合联合国关于律师权利保障的国际标准的，实现了与国际标准的顺利接轨。

3. 新律师法的上述规定符合诉讼经济的基本理念，有利于提高诉讼效率。刑事诉讼的价值不仅体现在司法公正上，它也要求诉讼经济和诉讼效率。可以说，诉讼经济和诉讼效率也是刑事诉讼所追求的价值目标。首先，新律师法关于辩护律师会见权的规定，提高了诉讼效率，是诉讼经济原则的充分体现。因为根据新律师法的规定，辩护律师会见犯罪嫌疑人和被告人，不需要再办理相关的审批手续，直接凭律师执业证书、律师事务所证明和委托书或者法律援助公函，就可以会见，这样既节约了律师的时间，也节约了审批机关的时间，提高了律师会见的速度和效率，节约了诉讼成本。其次，新律师法关于辩护律师阅卷权的规定，强调辩护律师可以查阅、摘抄和复制全部案卷材料，这就减少了律师就某些有利于犯罪嫌疑人和被告人的证据再次进行调查的可能性，因为有些对犯罪嫌疑人和被告人有利的证据就隐藏在这些案卷材料之中，律师通过阅卷就可以发现并利用。如果不能全面查阅案卷材料，就难以发现其中对犯罪嫌疑人和被告人有利的证据，就会浪费时间、精力和财力自行调查。显然有违诉讼经济原则，不利于诉讼效率的提高。最后，新律师法关于辩护律师调查取证权的规定，取消了过去的限制性规定，简化了相关手续，同样有利于诉讼效率的实现和诉讼经济原则的实施。

（三）新律师法与刑事诉讼法的衔接方案

新律师法与刑事诉讼法存在冲突并不可怕，可怕的是不设法解决二者的冲突，使二者得以衔接。那么，既然存在冲突，又应当如何解决二者的冲突呢？或者说如何使新律师法和刑事诉讼法相互衔接呢？这里涉及到新律师法与刑事诉讼法的效力谁大谁小的问题。宪法学家韩大元教授在《法学》2008年第10期发表了《全国人大常委会新法能否优于全国人大旧法》一文，将学术界就该问题的争论归纳为"刑事诉讼法优先适用说"、"新律师法优先适用说"和"全国人大常委会裁决说"三种学说。[1]

他认为，这些"学术争论涉及全国人大与常委会的关系、基本法律与非基本法

---

〔1〕 参见韩大元："全国人大常委会新法能否优于全国人大旧法"，载《法学》2008年第10期。

律的关系等重大宪法问题。"〔1〕 在韩教授看来，刑事诉讼法属于国家的基本法律，律师法属于非基本法律，对于它们之间的冲突，"可以根据基本法律与非基本法律效力关系中的不抵触原则和特别效力原则来加以解决"，而且最有效的方式就是"尽快修改《刑事诉讼法》的相关内容。"〔2〕 我认为，韩教授主张的解决方案可以作为解决二者冲突的最终方案，在最终方案没有出台之前，还必须分步解决二者的冲突。因此，我们主张采取以下几个方案来分步解决二者的冲突，使新律师法与刑事诉讼法顺利地衔接起来。

1. 适用新法方案。新律师法与刑事诉讼法的关系实际上是新法与旧法的关系。相对于刑事诉讼法而言，最新实施的律师法是新法。至于新法与旧法的关系，一般是新法优于旧法，新法的效力高于旧法，在新法与旧法相冲突时，应当适用新法的相关规定而停用旧法的相关规定，以解决冲突。但在律师法与刑事诉讼法的关系问题上，具有代表性的一种观点认为，刑事诉讼法与律师法不是同一位阶的法律，刑事诉讼法是上位法，而律师法是下位法，刑事诉讼法的效力要高于一般法。而且两个法律的宪政基础不一样，刑事诉讼法是由近三千名人大代表表决产生的，律师法是由一百多个常委会委员表决产生的。那么，刑事诉讼法真的是律师法的上位法么？中国政法大学陈光中教授认为："不能说律师法是下位法，它和刑诉法同属于法律这一位阶。"〔3〕 中国政法大学樊崇义教授在中国人民大学诉讼制度与司法改革研究中心主办的"新律师法与刑事诉讼法再修改的衔接与互动"专题研讨会上发言认为："宪法是最高法律，其他法律是否有效，只要看其是不是违宪即可。宪法规定被告人有权获得辩护，那么新律师法关于律师阅卷权、会见权、调查取证权的规定并不违宪，应当是有效的。而对于新法与旧法的关系，在全国人民代表大会闭会期间，全国人大常委会行使最高权力机关的职权，二者应该视为同一个机关，其通过的法律应具有同样的效力。按照立法法新法优于旧法的规定，新律师法的规定优于刑事诉讼法。"〔4〕 汪建成教授在该专题研讨会上发言认为："立法法中只有宪法、法律、行政法规等层次的区分，没有基本法律与一般法律的区分，二者都是法律，在法律的层面上，应当按照新法优于旧法的原则处理。"〔5〕 汪教授的意思就是说，刑事诉讼法与律师法之间不存在上位法和下位法之分，二者都是法律，具有同等地位，在新

---

〔1〕 参见韩大元："全国人大常委会新法能否优于全国人大旧法"，载《法学》2008年第10期。
〔2〕 参见韩大元："全国人大常委会新法能否优于全国人大旧法"，载《法学》2008年第10期。
〔3〕 陈光中："律师法不是刑诉法的下位法"，载《法制日报》2008年8月3日。
〔4〕 参见樊崇义教授在中国人民大学诉讼制度与司法改革研究中心主办的"新律师法与刑事诉讼法再修改的衔接与互动"专题研讨会上发言。
〔5〕 参见汪建成教授在中国人民大学诉讼制度与司法改革研究中心主办的"新律师法与刑事诉讼法再修改的衔接与互动"专题研讨会上发言。

律师法与刑事诉讼法的规定出现冲突时，应当是新律师法优于刑事诉讼法。我们赞成上述三位教授的观点，这是因为，一方面，全国人民代表大会和全国人民代表大会常务委员会之间不是上下级的关系，而是常设机构与非常设机构的关系，事实上应当视为同一机关，其制定的法律具有同等效力；另一方面，根据新法优于旧法的原则，在新律师法与刑事诉讼法发生冲突时，应当采用适用新法方案，直接适用新律师法的规定，刑事诉讼法与之相冲突的规定自然失效。再者，新律师法是对律师执业及律师管理等与律师有关的特别事项所作的具体规定，可以视为特别法规范，按照《立法法》第83条规定，"特别规定与一般规定不一致的，适用特别规定。"因此，对新律师法与刑事诉讼法的冲突，应当直接适用新律师法的特别规定。这个方案应该是解决新律师法与刑事诉讼法的冲突，使二者相互衔接的最自然的方案。

2. 立法解释确认方案。对于上述适用新法的方案，也许会存在一些不同意见，基于认识上存在的差异，可能难以被各方面全面接受。在这种情况下，为了消除各方面的认识分歧，可以采取立法解释确认方案。这种方案可以说是一个过渡方案，并不是最终方案。有效的法律解释包括立法解释和司法解释。对于法律与法律之间的冲突，应该通过立法解释来加以解决。立法解释是国家立法机关对相关法律问题所进行的解释，具有与法律同等的效力。新律师法与刑事诉讼法的冲突，是法律与法律之间的冲突，只有国家立法机关才有权就二者的冲突问题如何解决作出解释。司法解释是国家最高司法机关就某一法律的具体适用与实施问题所进行的解释，一般只涉及某一具体的法律问题。如果用司法解释来解决新律师法与刑事诉讼法的冲突，显然已经超出司法解释的范围，超越了最高司法机关的解释权限。因此，对新律师法与刑事诉讼法之间存在的前述冲突，可以由全国人大常委会作出立法解释，明确解决二者之间的冲突。

3. 修改刑事诉讼法方案。造成新律师法与刑事诉讼法冲突的主要原因在于刑事诉讼法的现有规定已经明显落后，不能适应形势发展的需要。那么，解决这种问题的最佳方案就是对刑事诉讼法及其相关司法解释和部门规章进行修改，使之与新律师法的规定相互协调一致。这也是解决二者冲突的最终方案。刑事诉讼法的修改问题，学界已经呼吁多时。上述与新律师法相冲突的规定，也是学者们呼吁的对刑事诉讼法进行修改的重要内容之一。但刑事诉讼法的修改似乎还没有提上议事日程，这就会导致新律师法与刑事诉讼法的上述冲突还将在一定时间内存在。法律条文本身存在的冲突，不应该影响新律师法的贯彻实施。在刑事诉讼法未修改之前，可以按照我们所主张的第一或者第二方案解决二者的冲突，实现二者的衔接。

第二题　律师阅卷权及其立法完善

刑事诉讼中辩护律师的阅卷权是指律师在接受辩护委托后依法查阅、摘抄、复制与犯罪嫌疑人或者被告人有关的案卷材料的权利。辩护律师通过对案卷材料的查阅,可以全面了解案情,从而探知控方所拥有的控诉证据,为充分地为犯罪嫌疑人或者被告人进行辩护打下坚实的基础。我国新律师法第34条规定:"受委托的律师自案件审查起诉之日起,有权查阅、摘抄和复制与案件有关的诉讼文书及案卷材料。受委托的律师自案件被人民法院受理之日起,有权查阅、摘抄和复制与案件有关的所有材料。"这是我国律师阅卷权的最新法律规定。但该规定在实际执行中存在种种障碍。为了切实保障律师阅卷权的正常行使,有必要对之展开深入研究,从而为律师阅卷权的保障提供理论基石。

一、保障辩护律师阅卷权的必要性

（一）保障辩护律师阅卷权有利于保证其履行辩护职责、进行有效辩护

《中华人民共和国律师法》第31条明确规定:"律师担任辩护人的,应当根据事实和法律,提出犯罪嫌疑人、被告人无罪、罪轻或者减轻、免除其刑事责任的材料和意见,维护犯罪嫌疑人、被告人的合法权益。"在我国刑事诉讼中,刑事案件的主要证据由侦查机关收集并形成相应的卷宗,大量案件证据都能在卷宗中得到体现,因此,律师要充分履行其辩护职责,要提出有利于犯罪嫌疑人、被告人的"材料和意见",就必须进行阅卷。如果没有阅卷权,要想切实履行辩护职责是难以想像的。另外,法律之所以赋予律师阅卷权,是因为律师作为辩方,相对于以国家强制力为后盾的公诉方而言处于一种劣势地位。这种劣势地位决定辩护律师不可能像侦诉机关那样全面查明案情,而且,被追诉人出于保护自己的本能,往往只将对自己有利的信息告诉律师,再加上律师会见权和调查取证权对知悉案件情况的局限性,决定了阅卷是律师要全面了解案情、全面掌握证据的主要途径之一。显然,只有在充分阅卷的基础上,辩护律师才能深入发现案件中的疑点,并有针对性的调查取证,才能真正做到有效辩护。

（二）保障辩护律师阅卷权有利于真正实现控辩平衡

控辩平衡是刑事诉讼的一项重要原则,是指在刑事诉讼中控辩双方的诉讼权利和诉讼义务基本相当,诉讼地位平等。"当事人各方地位平等是公正程序的核心内容,是衡量程序公正的重要标尺。它要求纠纷当事人各方在诉讼中的法律地位完全平等,都拥有平等或相应的诉讼权利义务,不能实行差别对待,当事人双方提出的

主张、证据都要受到相同程度的重视和关注。"[1] 要真正实现控辩平衡，一个最重要的措施就是使控辩双方都要全面了解案情。在司法实践中，作为控诉方的检察机关以国家强制力为后盾，不仅可以调阅侦查机关的全部案卷材料，而且具有自行收集一切证据的能力，既能够收集有利证据，也能够收集不利证据。而作为辩方的犯罪嫌疑人、被告人，在案件知悉权上往往处于劣势。因此，"获得律师帮助的权利实际上是通过加强被告方防御的力量而平衡控告方力量过大"。[2] 法律通过保障律师的阅卷权，让其能全面、真实地了解案情，使控辩双方失衡的现象在一定程度上得到平衡，进而实现程序正义的诉讼价值。

（三）保障辩护律师阅卷权有利于切实保障犯罪嫌疑人和被告人的人权

我国 2004 年《宪法修正案》增加了"国家尊重和保障人权"的规定。对于一个人来说，"人权是基本的，在任何条件下都不能剥夺人权，即使是为了大多数人的利益，即使是为了所有人的总体利益，也不能轻率地牺牲人权"[3]。在刑事诉讼中，犯罪嫌疑人、被告人一般都被采取了强制措施，而这些强制措施的采取往往涉及犯罪嫌疑人和被告人的人权，采取不当就可能侵犯其人权。在司法实践中，被采取了强制措施的犯罪嫌疑人和被告人本身处于一种极为不利的状态，侦诉人员有可能对其人权加以侵犯，而他们大多不具有专业的法律知识，不懂得怎样去维护自己的合法权益，因此，必须由律师来帮助其维护。律师通过阅卷权的行使，可以及时了解案件的基本情况及侦诉机关掌握的证据，发现侦诉程序是否合法，并且在违法行为出现后及时寻找救济途径，充分保障犯罪嫌疑人、被告人的人权不受侦诉机关的侵犯，即使出现了侵犯的现象，也可以及时得到救济。

（四）保障辩护律师阅卷权有利于追求诉讼经济和诉讼效益目标的实现

现代刑事诉讼既追求司法公正、正义，也注重诉讼经济、诉讼效益[4]。诉讼经济要求以较小的诉讼投入获得较大的诉讼效益。如果控方收集的证据以及由此形成的案卷材料不让辩护律师阅览，控辩双方不相互交流，必然会使双方投入更多的人力、物力去收集证据，其中就不免会有许多重复的证据出现，显然这是不符合诉讼经济、诉讼效益的价值目标的，故而是不可取的。解决这一问题的最好方法就是让控辩双方收集的证据共享，实行证据开示。首先应当由控方开示其全部证据，控方开示证据的最好途径就是让辩护律师享有完整、全面的阅卷权。通过阅卷，辩护律

[1] 申君贵、伍光红："我国刑事诉讼法应有的十大理念"，载《湘潭大学学报（哲学社会科学版）》2006 年第 3 期。
[2] 易延友：《刑事诉讼法》，法律出版社 2004 年版。
[3] ［美］路易斯·亨金：《权利的时代》，吴玉章、李林译，知识产权出版社 1997 年版。
[4] 樊崇义：《刑事诉讼法实施问题与对策研究》，中国人民公安大学出版社 2001 年版。

师可以及时发现错误，及时报告或请求处理，使得侦诉机关在侦诉中及时纠正错误，降低损失，节约诉讼成本。

（五）保障辩护律师阅卷权有利于对侦诉机关的侦诉活动实行有效监督

侦查机关的侦查活动和公诉机关的审查起诉活动是否合法，除了人民检察院的法律监督以及侦诉机关之间相互制约以外，辩护律师可以通过阅卷发现侦诉机关的违法行为，特别是侵犯犯罪嫌疑人和被告人合法权利的行为，从而提出自己的纠正意见，提示侦诉机关引起高度重视，及时纠正违法现象，确保侦诉机关侦查起诉活动严格按照法定程序进行。因为通过阅卷，辩护律师可以发现侦诉机关在询问证人、鉴定人以及讯问犯罪嫌疑人和被告人时，是否存在暴力取证或者威胁、引诱取证等违法行为；通过阅卷，辩护律师可以发现侦诉机关在采取拘留、逮捕、搜查、扣押、辨认等侦查行为时是否合符法定程序。

二、新律师法关于辩护律师阅卷权规定的合理性及其缺陷

（一）新律师法关于辩护律师阅卷权规定的合理性

新律师法关于辩护律师阅卷权的规定可以说是一个大的进步，其规定的内容已经超越刑事诉讼法的相关规定。这种超越不是无缘无故的，而是具有其本身的合理性。

1. 新律师法有关辩护律师阅卷权的规定从立法上初步解决了律师阅卷难的问题。在新律师法颁布实施之前，由于刑事诉讼法和旧律师法对辩护律师阅卷权所做的种种限制，使得律师阅卷难的问题成为辩护律师遇到的主要难题之一。按照以前的法律规定，律师看到的材料非常有限，阅卷权几乎得不到切实保障。然而，新律师法的及时颁布，在一定程度上缓解了这一问题，基本上从法律上解决了律师阅卷难这一问题。尽管新律师法关于辩护律师阅卷权的规定在司法实务中落实起来存在一定的难度，但至少辩护律师的阅卷权在法律上得到了进一步确认和完善，至少从立法层面解决了辩护律师阅卷难的问题。问题在于如何具体落实新律师法的相关规定，只要新律师法的相关规定能够得到具体的实现，律师的阅卷权也就基本有了保障。

2. 新律师法有关辩护律师阅卷权的规定符合国际公约和国际标准。辩护律师的阅卷权是律师履行刑事辩护职责的重要保证，是进行有效辩护的基础，是控辩平衡的必需，是司法公正的要求。联合国《关于律师作用的基本原则》第21条规定："主管当局有义务确保律师能有充分的时间查阅当局所拥有或管理的有关数据、档案和文件，以便使律师能向其委托人提供有效的法律协助，应该迟早在适当时机提供这种查阅的机会。"可见，我国新律师法中关于辩护律师阅卷权的规定基本上符合联合国关于律师阅卷权利保障的国际标准，实现了辩护律师阅卷权与国际标准的初步接轨。

3. 新律师法有关阅卷权的规定符合控辩平衡的诉讼原则。新律师法赋予的辩护律师较为全面的阅卷权，使得律师能够在行使辩护职责之前即较为全面地掌握案件的证据和材料，发现案件真实，增强有效辩护，从而避免了控辩双方力量的过分悬殊，可以使辩护律师全面分析控方的控诉证据，寻找有利于犯罪嫌疑人和被告人的相关辩护证据，知己知彼，基本上实现平等武装。

4. 新律师法有关辩护律师阅卷权的规定符合诉讼经济原则的要求。诉讼经济和诉讼效率，是现代刑事诉讼所追求的目标之一，强调辩护律师有权查阅、摘抄和复制与案件有关的所有案卷材料，这就避免了律师对同一证据再次进行调查而耗费大量的时间、金钱。律师通过阅卷就可以利用司法机关已经发现的证据，显然符合诉讼经济的原则，利于诉讼效率的提高。

（二）新律师法关于律师阅卷权规定的立法缺陷

虽然新律师法颁布后，在一定程度上为辩护律师行使阅卷权提供了便利，但其在立法上仍存在一定的缺陷。主要表现在：

1. 与刑事诉讼法及其相关司法解释存在冲突。关于律师的阅卷权，新律师法的规定与刑事诉讼法及相关司法解释的规定还存在明显的冲突，使得新律师法关于辩护律师阅卷权的规定得不到真正的落实。主要表现在：①与刑事诉讼法第36条的规定存在冲突。②与《最高人民法院关于执行〈中华人民共和国刑事诉讼法〉若干问题的解释》第40条的规定存在冲突。③与最高人民检察院《人民检察院刑事诉讼规则》第319条的规定存在冲突。④与六部委《关于刑事诉讼法实施中若干问题的规定》第13条的规定存在冲突。新律师法关于辩护律师阅卷权的规定与刑事诉讼法及其相关司法解释的冲突，严重阻碍了辩护律师阅卷权的充分行使，削弱了新律师法的应有效力，因此，必须尽快加以解决。如果问题得不到解决，司法实际部门往往以刑事诉讼法的规定来对抗新律师法的规定，使得新律师法关于辩护律师阅卷权的规定成为一纸空文。

2. 在阅卷的诉讼阶段的规定上存在缺陷。在辩护律师可以阅卷的诉讼阶段上，新律师法只是规定辩护律师可以在审查起诉和审判阶段行使阅卷权，而没有规定其在侦查阶段可以行使阅卷权。但在侦查阶段，我国刑事诉讼法已经明确规定在犯罪嫌疑人被采取强制措施之日起或者被侦查机关第一次讯问后就可以委托律师介入，但其身份还不是辩护律师，没有阅卷权。侦查阶段是证据材料形成和收集的重要阶段，对案件的审查起诉和审判具有极为重要的作用，是犯罪嫌疑人权利的重要保护时期，是整个刑事诉讼过程的基础。而且大量的证据都是在侦查阶段收集到的，并形成了相应的卷宗。在侦查阶段赋予辩护律师阅卷权，使其充分、全面了解案情，可以有效地保障犯罪嫌疑人的合法权益。而新律师法却没有赋予律师在此阶段的阅卷权，这不能不说是立法上的一大缺陷。

3. 关于阅卷地点的规定上存在缺陷。辩护律师行使阅卷权，可以在哪里阅卷，新律师法未明确规定。在审查起诉阶段，所有的案卷材料都在人民检察院，毫无疑问，辩护律师应到人民检察院阅卷；而在审判阶段，受委托的律师有权查阅与案件有关的所有材料，因此，辩护律师在这一阶段应当既可到检察院阅卷，也可到法院阅卷。因为人民检察院移送给法院的材料并不是与案件有关的所有材料，而是仅限于证据目录、证人名单和主要证据复印件或者照片，大量的案件材料还留在人民检察院。但刑事诉讼法和新律师法对此都未作规定。不过，六部委在《关于〈刑事诉讼法〉实施中若干问题的规定》中对辩护律师的阅卷地点作了相关规定："在审判阶段，辩护律师依法可以到人民法院查阅、摘抄、复制本案所指控的犯罪事实材料。"这里，六部委的规定也只是将审判阶段辩护律师的阅卷地点限定在了法院。依前面的分析，阅卷地点限定在法院以后，律师就只能看到部分案卷了。

4. 在阅卷的具体范围的规定上存在缺陷。在辩护律师阅卷的范围上，新律师法的规定含糊不清，没有明确化、具体化。新律师法虽然规定辩护律师在审查起诉阶段，有权查阅案件的范围不仅包括诉讼文书，还包括案卷材料；在审判阶段，律师有权查阅、摘抄和复制与案件有关的所有材料。但没有对"诉讼文书"、"案卷材料"和"所有材料"的范围作出明确界定，从而导致律师的阅卷权得不到全面切实的行使。

5. 在阅卷权的保障问题上的规定存在缺陷。权利的充分行使必须有相应的保障措施，没有保障的权利，只是一种不切实际的权利。辩护律师要充分行使其阅卷权，也必须有相应的保障，这种保障既要有立法保障，也应有实践保障。但我国刑事诉讼法及相关解释和新律师法都未规定辩护律师阅卷权的保障措施。只有《最高人民法院关于执行〈中华人民共和国刑事诉讼法〉若干问题的解释》第40条作了原则性的规定："人民法院应当为辩护律师查阅、摘抄、复制本案所指控的犯罪事实的材料提供方便，并保证必要的时间。"这里只是规定了人民法院应尽的保障义务，那么，侦查机关、人民检察院应否保证律师充分行使阅卷权，法律没有任何规定。而且，法律也没有规定违反该义务所应采取的制裁措施及其所产生的程序性后果，必然会导致对律师阅卷权保障的不足。

三、辩护律师阅卷权的立法完善

对于如何完善我国辩护律师阅卷权的立法规定，国外有许多可以借鉴的立法先例。如在美国，联邦法院制定了一条"先悉权"原则。根据此项原则，被告人及其律师可以查阅被告人向警察官员或大陪审团所作的供词或陈述。尤其是被告人声称他不能准确地记住他对警察官员说了些什么，而且自从作出陈述以来已经过了相当长的时间，在这种情况下，这样做是允许的。[1] 美国《联邦刑事诉讼规则》第5.1

---

[1] 李心鉴：《刑事诉讼构造论》，中国政法大学出版社1992年版。

条（c）（1）规定：在刑事案件中，被告人的律师可以得到预审时听证的有关记录，以便该律师为进一步的听证或者审判做准备。根据地方规则，地方（县）法院可以为律师阅卷指定地点或者确定提供律师阅卷的条件。[1] 法国刑诉法典第 114 条规定："每次在讯问受审查人之前，或者在听取民事当事人陈述之前，最迟 4 个工作日，即应将案卷提交律师查用。受审查人第一次到案之后，或者第一次听取民事当事人的陈述之后，案卷亦应在所有工作日随时提交律师查用，但应保证预审室的正常运作……在当事人第一次到案之后，或者第一次听取陈述之后，各当事人的律师得请求提供案卷材料和文书的全部或一部的副本并自付费用。"[2] 《德国刑事诉讼法》第 147 条规定："①辩护人有权查阅移送法院的，或者在提起公诉情况中应当移送法院的案卷，有权查看官方保管的证据……③在程序的任何一个阶段，都不允许拒绝辩护人查阅对被告人的讯问笔录，查阅准许他或者假如提出要求时必须准许他在场的法院调查活动笔录，查阅鉴定人的鉴定。④只要无重要原因与此相抵触的，依声请应当许可辩护人将除证据之外的案卷带回他的办公地点或者住宅查阅。对决定不得要求撤销。⑤是否准许查阅案卷，在侦查程序期间由检察院，除此之外由受理案件法院决定。⑥拒绝辩护人查阅案卷的理由如果没有先前消除的时候，检察院至迟应当在侦查终结时撤销拒绝查阅的决定。不受限制地查阅案卷权一旦重新产生时，应当通知辩护人。"[3] 《韩国刑事诉讼法》第 35 条规定："辩护人可以阅览或抄录诉讼系属中的相关文书或证物。"[4] 其他相关国家的刑事诉讼法也都对律师的阅卷权作了具体规定。外国刑事诉讼法的这些规定，对于完善我国辩护律师的阅卷权的法律规定具有重要的参考价值。

既然我国刑事诉讼法及其相关解释与新律师法在辩护律师阅卷权的规定上都存在立法缺陷，加之司法实践中辩护律师阅卷权的行使存在这样那样的困境，那么，我们究竟应该怎样进一步完善和保障辩护律师的阅卷权呢？我们认为应该从以下几个方面来完善立法：

1. 及时解决新律师法与刑事诉讼法及其相关解释在律师阅卷权问题上存在的冲突。为避免新律师法与刑事诉讼法及其相关解释在同一问题上的不同规定导致律师无法履行职责，我们认为，在现行刑事诉讼法修改之前，可以由全国人大常委会明确解释新律师法的规定所具有的法律效力，明确应当适用新律师法，或者由六部委就上述两法的衔接问题制定规范文件，联合下发到各相关部门，使新律师法关于辩

---

〔1〕《美国联邦刑事诉讼规则和证据规则》，卞建林译，中国政法大学出版社 1996 年版。
〔2〕《法国刑事诉讼法典》，罗结珍译，中国法制出版社 2006 年版。
〔3〕《德国刑事诉讼法典》，李昌珂译，中国政法大学出版社 1995 年版。
〔4〕《韩国刑事诉讼法》，马相哲译，中国政法大学出版社 2004 年版。

护律师阅卷权的规定能够落到实处；在将来修订刑事诉讼法时，增加上述律师法的新内容，使两法的相关规定相统一，同时及时修改与辩护律师阅卷权相关的司法解释，使之与新律师法协调一致。

2. 赋予辩护律师在侦查阶段的阅卷权。侦查阶段是整个刑事诉讼过程的基础，是收集犯罪嫌疑人、被告人有罪证据的关键阶段，主要的控诉证据都在这一阶段收集并形成相应的卷宗，许多证据都能在卷宗中得到反映。因此，在侦查阶段赋予辩护律师相应的阅卷权具有十分重要的作用。但我国辩护律师在侦查阶段没有阅卷权，严重阻碍了辩护律师辩护职责的履行。只有赋予其相应的阅卷权，律师才能了解案件的基本情况及侦查机关掌握的证据，及时提出对犯罪嫌疑人有利的法律帮助意见，如发现指控错误可以及时要求释放，发现程序违法可要求有关部门排除适用或寻求其他救济措施，最大限度地维护犯罪嫌疑人的合法权益。

3. 明确辩护律师阅卷地点。针对辩护律师阅卷地点不明确的缺陷，应当在法律中明确规定：在侦查阶段，如果案件是由公安机关立案侦查的，律师阅卷的地点应该在公安机关，辩护律师有权到公安机关阅卷；如果是由检察院自行侦查的，阅卷地点就在检察院，辩护律师有权到人民检察院阅卷。在审查起诉阶段，公安机关已经将案卷材料都移送到了检察院，所以阅卷地点也就可以明确限定在人民检察院。而在审判阶段，相关法律并未明确规定辩护律师的阅卷地点，这就使得律师可否到人民检察院阅卷存在疑问。我们认为，法律上应当明确规定在审判阶段，辩护律师既可到检察院阅卷，也可到法院阅卷，因为阅卷地点的不同会直接影响到阅卷的范围，律师到法院阅卷就只能查阅证据目录、证人名单和主要证据复印件或者照片，而不能看到所有案卷材料，因此，只有立法规定在审判阶段辩护律师也可以到人民检察院阅卷，才能使新律师法第34条的规定真正地富有意义的得到落实。

4. 明确辩护律师阅卷的具体范围。虽然法律规定辩护律师自案件审查起诉之日起，有权查阅、摘抄和复制与案件有关的诉讼文书及案卷材料，自案件被人民法院受理之日起，有权查阅、摘抄和复制与案件有关的所有材料。但没有对"诉讼文书"、"案卷材料"和"所有材料"的范围作出明确界定。我们认为有必要在立法上加以明确。具体而言，所谓诉讼文书，可以沿用最高人民检察院《人民检察院刑事诉讼规则》的解释，并将其上升为法律规定，即"诉讼文书"包括立案决定书、拘留证、批准逮捕决定书、逮捕决定书、逮捕证、搜查证、起诉意见书等为立案、采取强制措施和侦查措施以及提请审查起诉而制作的程序性文书。对审查起诉阶段的"案卷材料"，我们认为应该包括两个部分：①侦查机关侦查终结移送人民检察院审查起诉的卷宗材料，包括退回补充侦查后移送的补充侦查材料；②检察机关自行补充侦查并且作为提起公诉案件的案卷材料。对"所有材料"的理解，我们认为应当是与定罪量刑有关的所有证据材料以及其他所有相关的案卷材料。

5. 在相关法律中明确规定侵犯辩护律师阅卷权应负的法律责任以及应当承担的程序性法律后果。公检法机关如果不准律师阅卷或者不允许律师全面阅卷，都是对律师阅卷权的一种侵犯，违反了其应当承担的保障义务，因此应当承担相应的法律责任，这种法律责任可以是行政责任或者民事责任。同时，法律应当明确规定相应的程序性法律后果，即未经律师查阅的案内证据不许在法庭上出示，人民法院不组织质证。此外，对于公安机关不允许辩护律师阅卷的行为，应当视为行政不作为，应当允许辩护律师提起行政诉讼，同时向上级公安机关或者人民检察院提出控告，要求对相关责任人员作出必要的行政处分；对人民检察院不允许辩护律师阅卷的行为，应当允许辩护律师向上级人民检察院提出申诉或者复议，同时可以要求上级人民检察院对相关责任人员作出必要的行政处分；对人民法院不允许辩护律师阅卷的行为，辩护律师可以向人民检察院提出申诉，请求人民检察院予以监督，同时，可以要求人民法院对责任人员给予必要的行政处分。

6. 建立证据开示制度，解决控方因为辩方不开示证据而拒绝全面开示己方证据的问题。为保障诉讼的有序性、有效性和公正性，解决辩护律师"阅卷难"的状况，建立证据开示制度已成为我国刑事诉讼法面临的一个突出和迫切的问题。证据开示制度，又称证据展示（或译成证据开示、证据先悉）制度，是指控辩双方在审判前互相交换证据材料和信息的一种制度[1]。该制度要求控辩双方都应当出示自己所掌握的全部证据，而且要在开庭前让对方知晓，以防止任何一方在法庭上搞证据突袭。建立证据开示制度，对于保障辩护律师的阅卷权具有十分重大的意义。因为在刑事诉讼中，毕竟绝大多数证据材料掌握在控方手中，开示证据只会对辩护律师带来便利。同时，由于辩方的证据也全部开示，控方也能找到心里平衡，不至于隐瞒相关证据，从而可以确保完整、全面地实现辩护律师的阅卷权。

第三题 律师会见权的完善

对于律师的会见权，我国《律师法》第 33 条规定："犯罪嫌疑人被侦查机关第一次讯问或者采取强制措施之日起，受委托的律师凭律师执业证书、律师事务所证明和委托书或者法律援助公函，有权会见犯罪嫌疑人、被告人并了解有关案件情况。律师会见犯罪嫌疑人、被告人，不被监听。"该规定较之修改前的相关条文有了很大变化，而且比刑事诉讼法关于律师会见权的规定有了很大的进步，这为切实保障律师的有效辩护提供了相应的法律基础。由此而来，刑事诉讼法关于律师会见权的修

---

〔1〕 樊崇义：《刑事诉讼法实施问题与对策研究》，中国人民公安大学出版社 2001 年版。

改也将势在必行。

一、律师会见权的法益分析

律师会见权是律师在刑事诉讼中从事业务活动必不可少的一项重要权利，它是指律师在接受犯罪嫌疑人或者被告人的委托后，依法同在押的犯罪嫌疑人、被告人见面交流、了解案情的权利。它对于强化律师的服务职能、维护被追诉人的合法权利、监督侦查权力等都具有重要的意义。从被追诉人，尤其是在押的犯罪嫌疑人的辩护权实质化的观点来看，被追诉人与辩护人的会见交流权的保障不可或缺。没有这一权利，辩护律师介入审前程序的作用会大打折扣。对犯罪嫌疑人来说，律师的会见权是最重要的防御权之一，它"是在押犯罪嫌疑人接受辩护人援助的、刑事程序法上最重要的基本权利，同时从辩护人来看，会见权也是他的一个最重要的固有权利。"由此可见律师与被追诉者的会见具有多方面的意义，可以实现多层次的目的和法益。

首先，律师会见权的实现有助于维护控辩审三方结构。现代刑事诉讼的结构是一种控辩平等对抗、裁判者居中裁判的三方结构，律师参与刑事诉讼的一个重要使命就是维护这种结构。在整个刑事诉讼中，被追诉人受到自身能力、被追诉地位以及法律知识水平等因素的影响，根本无法与以强大国家机器为后盾的国家追诉机关相抗衡，控辩平等无从实现，难以真正维持控辩审三方结构。这种情况下，辩护律师就"成为平衡国家追诉权与被追诉人权利的因素……在犯罪嫌疑人的人身自由受到暂时剥夺的情况下，辩护律师通过行使会见权，可以发挥监督警察等司法机关依法进行诉讼的功能"。他协助被追诉人行使辩护权，增强被追诉人与控方的对抗能力。律师与被追诉人的会见问题主要发生在侦查和审查起诉阶段，而在侦查阶段，侦查机关享有广泛的、高自由度的侦查权，在审查起诉阶段，作为控方的检察机关同样具有犯罪嫌疑人所无法比拟的各种权力，如果律师会见权得不到保障，犯罪嫌疑人得不到律师及时的帮助，那么所谓的控辩平衡在侦查阶段也就根本不存在，刑事诉讼结构则从诉讼的一开始就发生了倾斜。

其次，律师会见权的实现有助于充分体现辩护律师的应有价值。我们认为辩护律师的首要责任或者最重要的责任在于维护被追诉人的合法权益，同时还肩负探知案件真实、维护司法公正和促进社会正义的责任。通过会见，律师可以从被追诉人那里了解案件有关案件情况，了解被控人是否受到追诉机关的不当对待并能为被追诉人提供法律咨询，这是律师在诉讼过程中发挥其辩护职能的基础。德国的传统理论认为，"辩护人并非单方面为被告利益之代理人，其也是一类似'辅佐人'，立于被告之侧的独立的司法机关，其亦有义务来促成一运作完备的刑事司法"。赋予律师充分的会见权，使之与被追诉人进行必要的交流，使律师充分深刻的掌握案情，能够更好的发挥律师辩护职能。

再次，律师会见权的实现有助于保障人权。有人认为"现代律师辩护制度的功能主要是保障人权"。尊重和保障人权是我国一贯遵循和坚持的原则，在宪法修正案中已有明确的体现。在刑事诉讼领域，尊重和保障人权是当代刑事诉讼的基本目标之一，保障律师的会见权有助于这一目标的实现。现代人权是所有人平等地、普遍地享有道义上的权利，并应由法律予以确认，不分贫贱贵富，不分阶级、种族、性别，不论其是否曾对社会作过贡献，只因为他是人，有人的尊严和无上的价值。在刑事诉讼中，作为个体的被追诉人与作为承担追诉职能的国家机关力量悬殊，人身自由有可能随时被限制或者剥夺，加之法律专业知识的欠缺和对刑事诉讼程序的陌生，都导致了其作为诉讼程序弱者的地位，其合法权益更容易被侵害。律师与被追诉者的会见首先是人与人的交流，实现的是最基本的人权，另外，通过会见，被追诉人因为律师的法律帮助而对自身命运有了确切的了解，从而可以缓解焦虑的内心心理。

最后，律师会见权的实现有助于维护程序正义。"我国刑事诉讼程序的设计，曾经存在片面追求发现案件真实而对程序正义重视不够的问题，立法的指导思想过分强调程序的手段作用和工具价值，忽视程序的独立价值。司法实践中，重实体轻程序现象十分严重。"现代刑事诉讼已日益从重实体轻程序转向实体与程序并重，其中一个重要的体现即是保障诉讼参与人的程序性权利。作为程序性权利的会见权，既是律师的权利也是被追诉者的权利，通过会见，双方交流案件情节，为律师在法庭上辩论做好充分准备，更利于实现控辩平等，从而维护程序正义。

二、新律师法关于律师会见权规定存在的缺陷

我国新律师法关于律师会见权的规定，可以说基本上从立法层面解决了律师会见难的问题，但其仍然存在不少缺陷，主要表现在以下几个方面：

1. 与刑事诉讼法的规定不一致导致律师会见受限制，且缺乏救济途径。我国刑事诉讼法第96条规定："犯罪嫌疑人在被侦查机关第一次讯问后或者采取强制措施之日起，可以聘请律师为其提供法律咨询、代理申诉、控告。犯罪嫌疑人被逮捕的，聘请的律师可以为其申请取保候审。涉及国家秘密的案件，犯罪嫌疑人聘请律师，应当经侦查机关批准。受委托的律师有权向侦查机关了解犯罪嫌疑人涉嫌的罪名，可以会见在押的犯罪嫌疑人，向犯罪嫌疑人了解有关案件情况。律师会见在押的犯罪嫌疑人，侦查机关根据案件情况和需要可以派员在场。涉及国家秘密的案件，律师会见在押的犯罪嫌疑人，应当经侦查机关批准。"比较分析该规定与新律师法的规定，我们不难发现其冲突所在：①刑事诉讼法规定"律师会见在押的犯罪嫌疑人，侦查机关根据案件情况和需要可以派员在场"，而新律师法规定"律师会见犯罪嫌疑人、被告人，不被监听"。②刑事诉讼法规定"涉及国家秘密的案件，律师会见在押的犯罪嫌疑人，应当经侦查机关批准"，而新律师法规定无论是否涉及国家秘密的案件，都不需要经过侦查机关的批准，在"犯罪嫌疑人被侦查机关第一次讯问或者采取强制措施之日起，受委托的律师凭律师执业证书、律师事务所证明和委托书或者法律援助公函，有权会见犯罪嫌疑人、被告人并了解有关案件情况"。上述冲突不仅仅存在于新律师法与刑事诉讼法条文之间，也存在于新律师法与刑事诉讼法的相关司法解释之中。这些冲突的存在，致使实践中问题层出不穷，最为关键的是当权利受到侵害时得不到救济。

2. 未明确规定侦查机关的告知义务。被追诉者和律师都是会见权的主体，同样享有会见权。但由于犯罪嫌疑人在侦查阶段大多被采取羁押措施，导致会见权不能及时正确实现。更为重要的是因为其对法律知识不同程度的不了解，大多数犯罪嫌疑人不知道自己享有委托律师帮助的权利以及可以要求会见律师的权利，而新律师法并未规定侦查机关有义务明确告知被追诉者享有委托律师并与其律师会见的权利。

3. "监听"词意不明确。新修订的《律师法》第33条规定了律师会见不被监听，此处的监听是指《现代汉语词典》中解释的"利用无线电等设备对别人的谈话或者发出的无线电信号进行监督"还是泛指广义上的会见保密，即侦查机关不仅不能进行狭义上的监听，而且不得派人在场？对于监听一词的不同理解导致了各部门不同的做法，给个别侦查机关和人员限制律师与被追诉人会见的正常进行提供了制度间隙和操作空间，阻碍了律师职能的正常发挥，易于侵害被追诉人合法权益。

4. 未规定律师是否有权会见在押的同案其他犯罪嫌疑人与被告人。会见同案的其他犯罪嫌疑人和被告人对于律师全面了解案情有着相当重要的意义。但现阶段，律师通过法律程序会见在押的同案犯是很难的，因为找不到相应的法律依据。

5. 新律师法没有明确规定会见的次数、时间。现有的刑事诉讼法和新律师法都没有规定律师会见被追诉人的次数和每次会见的时间，于是侦查机关各自从部门的需要出发，对法律条文的字义和逻辑结构，作出有利于自己的解释。这种司法解释部门化，与保障律师的诉讼权利的法律要求是背道而驰的。司法解释部门化，是有法不依，执法不严的表现，而其本质则是司法不公、司法腐败，从而导致更为严重的后果。

三、律师会见权的保障与完善

为了律师与被追诉人双方会见权的及时、充分实现，需要完善相关法律制度、健全司法规范、设置相应救济措施等途径。

1. 统一立法，合理衔接相关制度，设置权利救济渠道。新律师法颁布实施以来，关于其与刑事诉讼法衔接的讨论一直不断，上位法与下位法、普通法与特别法之争仍不能解决实践中实实在在存在的问题。解决实际中各部门不同做法最根本的方法是统一新律师法与刑事诉讼法，改变刑事诉讼法中相冲突的规定，但一部法律的出台并不是轻而易举的，需要考虑诸多因素，现在能够解燃眉之急的做法是出台相关司法解释作为过渡性方法来确定冲突规定的适用。如全国人民代表大会常务委员会法制工作委员会对政协十一届全国委员会第一次会议第 1524 号（政治法律类 137 号）提案的答复"中说："依照宪法规定，全国人大常委会对于全国人民代表大会制定的法律，在不与其基本原则相抵触的情况下，可以进行修改和补充。新修订的律师法，总结实践经验，对刑事诉讼法有关律师在刑事诉讼中执业权利的有些具体问题作了补充完善，实际上是以新的法律规定修改了刑事诉讼法的有关规定，对此应按修订后的《律师法》的规定执行。"

众所周知，没有救济就没有权利，没有救济的权利只是一纸空文、空中楼阁。律师与被追诉人的会见权及时有效的实现有赖于确实可行的救济途径。当律师与被追诉人一方或双方的会见权被侵害时，双方均应当有权对公安机关的行政不作为提起行政诉讼。此外，最高人民法院的《解释》第 61 条和最高人民检察院的《规则》第 265 条都确立了"非法言词证据排除"规则，那么，我们也可以此设定这样的规则对侦查、司法机关非法限制、剥夺律师会见权的行为进行程序性制裁：以非法剥夺、限制律师与被追诉人会见的方式取得的犯罪嫌疑人、被告人有罪供述，不得作为定案的依据。此外，可以为侵害会见权的救济设定听证程序，允许律师作为听证的一方当事人，发表意见，进行举证、质证，主张自己的权利。通过如此的途径或许能够真正有效地制止侵犯律师会见权的行为，为会见权的有效实现提供制度保障。

2. 确保被追诉人的知悉权。在刑事诉讼中知悉权是指诉讼参与人根据法律的规定知晓自身诉讼权利义务及与案件有关信息的权利。"在被告人的诸多诉讼权利中，知悉权还是最能体现对被告人的人权保障的宪政意义之一的诉讼权利。"为保障被追诉者的知悉权，应该建立告知制度，告知被追诉人依法享有的权利和应尽的义务以及实现权利和义务的程序、法律后果及救济措施等。法律应当将此作为侦查机关的一项义务明确加以规定。会见权是律师与被追诉人极为重要的诉讼权利，应当属于告知的范围，侦查机关应告知被追诉人享有会见权，其不履行告知义务之前所得到的证据不得作为合法证据使用。

3. 明示立法用意，确定监听含义。许多国际司法准则都明确规定了监听的内涵，如联合国《囚犯待遇最低限度标准规则》规定："受到刑事控告而被逮捕或监禁，由警察拘留或监狱监禁但尚未审讯和判刑的人在会见律师时，警察或监所官员对于囚犯和律师的会谈，可以用目光监视，但不得在可以听见谈话的距离以内。"联合国《关于律师作用的基本原则》明确规定：遭逮捕、拘留或监禁的所有的人，应有充分机会、时间和便利条件"，"接受律师来访与律师联系协商"。根据国际准则的要求，通常情况下执法人员不能听取律师会见当事人时的谈话，目的在于维护律师与其当事人之间谈话的秘密性。基于这一精神，我们认为新律师法"监听"应该包括不被设备监听及不被侦查人员在场监听，这样做有利于被追诉人毫无顾忌的全面反映案件事实，有利于律师全面、系统了解案情，为辩护做好充分准备，最大限度地维护被追诉人的合法权益，解决实践中存在的律师会见时侦查人员在场干预律师与当事人交流案情的弊端，推动我国刑事司法实践与律师执业保障的国际准则进一步衔接。

4. 规定律师会见同案其他人员的权限。与同案其他人员的会见能够使律师了解更多的案件信息，更加充实辩护律师的辩护准备，而这些都关系着被追诉人的人身自由甚至是生命安危，因为律师在法庭上的辩论很大程度上决定着被追诉人是否有罪、罪轻罪重。律师法应当对律师的会见权做出全面的规定，应该明确律师会见在押同案犯、被告人和服刑犯人的权利，对于在押同案犯和服刑人员，只要不是特殊案件不需经过安排，律师凭三证即可会见。

5. 规定律师会见被追诉人的时间、次数不受限制。会见的时间、次数应该由律师和被追诉人双方自主决定，因为犯罪嫌疑人作为被羁押者，承受着生理和心理的双重压力，心理状态不稳定，随时需要律师的帮助；而律师为被追诉人提供法律帮助和进行辩护时，也必须以了解一定的案件情况为基础，若将律师会见犯罪嫌疑人的次数限制为一、二次，时间限制为 30 分钟，将使律师难以全面了解案情，及时有效的展开辩护；同时，被追诉人处于被羁押状态，其合法权益最容易被侵犯，这时如果将会见次数、时间加以限制，则难以发挥律师对办案机关的制约作用，难以及时了解刑讯逼供等情形的发生，难以切实维护被羁押者的合法权益。

第四题　律师调查取证权存在的困境与完善

在刑事辩护中，律师的调查取证权是指律师在刑事诉讼过程中，向有关单位和个人进行调查、收集证据材料的权利。广义的律师取证权还包括律师向侦查、起诉、审判机关了解案件情况的权利，但这种权利实际上已被阅卷权所吸收，因此律师的调查取证权仅仅指其向国家司法机关以外的单位和个人进行调查收集证据材料的权利。我国的刑事诉讼法及其司法解释明确规定了律师的调查取证权，但同时也作了诸多的限制性规定，律师的调查取证难已经成为制约律师从事刑事辩护业务的重大难题之一，辩护律师在进行辩护过程的调查取证已沦落为一种"偶然"和"例外"现象的境地。尽管新律师法对辩护律师的调查取证权作了新的规定，但其关于律师调查取证权的规定与刑事诉讼法及其相关规定存在着冲突且缺少相关的保障机制，辩护律师调查取证时所遭遇的困境并未得到彻底改善，因此必要建立一套能够切实保障辩护律师调查取证权行使的有效机制。

一、辩护律师调查取证权存在的困境

律师的调查取证权是律师切实有效地履行辩护职责所必需，也是其与控方积极对抗的重要权利，它在律师所有的执业权利中处于核心的地位。对律师的调查取证权，《律师法》第35条规定："受委托的律师根据案情的需要，可以申请人民检察院、人民法院收集、调取证据或者申请人民法院通知证人出庭作证。律师自行调查取证的，凭律师执业证书和律师事务所证明，可以向有关单位或者个人调查与承办法律事务有关的情况。"虽然新律师法的规定大大改善了辩护律师调查取证权行使的处境，但辩护律师调查取证权要落实到实处，仍然存在着许多困境，具体表现在以下几个方面：

（一）侦查阶段辩护律师调查取证难以展开

《刑事诉讼法》第96条规定，律师在侦查阶段仅限于提供法律咨询、代理申诉、控告、申请取保候审以及会见犯罪嫌疑人、了解案情。同时，从身份上来讲，立法倾向把律师在侦查阶段的身份定性为法律帮助人而不是辩护人。《刑事诉讼法》第37条规定，律师的调查取证权仅仅是辩护律师享有的权利，调查取证权是辩护权的延伸，是辩护权的重要内容，因此学界一般认为律师在侦查阶段没有调查取证权，律师在侦查阶段的调查取证没有法律依据。在实践中，律师在此阶段取得的证据效力无法得到法院肯定和认同。

所幸的是，新修订的律师法并没有排除律师在侦查阶段的调查取证权，律师对其承办的法律事务进行调查取证没有诉讼阶段方面因素的限制。但是否意味着在侦查阶段律师仅凭"两证"即可畅通无阻地任意向有关的单位或个人调取有关证据和材料了呢？侦查机关是否能够容忍甚至积极帮助律师取证呢？由于新律师法与刑事诉讼法的规定存在冲突，实践中，侦查机关自然愿意适用有利其开展工作的规则，加之司法"潜规则"大行其道、长驱直入，必然致使新律师法的规定遭受"归避"，在侦查阶段律师的调查取证工作难于开展。

（二）辩护律师自行调查取证权受制于人

《刑事诉讼法》第37条规定，辩护律师向证人或者其他有关单位和个人收集有关材料应经其同意；而向被害人及其近亲属、被害人提供的证人收集有关材料，除了要征得询问对象的同意，还必须经过检察院、人民法院的许可。律师能否取得证据完全取决于被调查人，如果被调查人不配合、不同意甚至故意刁难，律师也是无可奈何矣。而且对特殊对象被害人及其提供的证人的询问，要征得作为对立方人民检察院的许可，以及作为被害者及其近亲属的同意，无异于取消了律师的调查取证权。尽管新律师法删去了"同意"和"许可"等不合理限制，从立法上为辩护律师的自行调查取证权扫除了障碍，但并不能保证辩护律师调查取证工作的顺利进行，使得律师自行调查仍然受制于人。

（三）辩护律师调查取证申请权的基本"虚置"

《刑事诉讼法》及司法解释、律师法均明确规定律师可以申请人民检察院、人民法院收集调取证据或者申请人民法院通知证人出庭作证。这一规定弥补了律师自行调查取证能力的不足，是对律师直接取证的有力补充。然而，我们注意到如若以下几个问题没能解决，律师的调查取证申请权必遭"虚置"：①法律规定只有人民检察院、人民法院在认为"确有必要""有必要"时，才同意或应准许。"确有必要"是彻头彻尾的主观性标准，给司法机关拒绝律师的申请预留空间、创造借口。②调查取证申请权被设置为律师权利的同时，法律却没有相应规定人民检察院、人民法院的义务以及相关的法律责任。"无义务则无权利，无责任则无权利"，没有对应的义务和责任的规定的法条注定要遭到"抛弃"。难道我们把义务的履行寄托于检察官和法官的个人素质与修养和道德自我约束之上吗？③西方的法谚曰"无救济，则无权利"，我国刑诉法和律师法对律师的申请权遭受侵害时没有设置救济条款。当律师的申请权遭受侵害，他们常常投诉无门得不到应有的法律救济。

（四）辩护律师头上的"紧箍咒"悬而不去

《刑法》第 306 条规定，在刑事诉讼中，辩护人、诉讼代理人毁灭、伪造证据，帮助当事人毁灭、伪造证据，威胁、引诱证人违背事实改变证言或作伪证的……这是以刑事辩护律师为特定犯罪主体的罪名，它被形象地称为悬在刑辩律师头上的一把"达摩克利斯之剑"，或说是套在辩护律师头上的"紧箍咒"。由于该条对律师违法行为和违纪行为尚未作明晰的界定，而且对"威胁""引诱"如何认定没有统一的标准。尤其是，"威胁、引诱证人违背事实改变证言或作伪证"中的"事实"由谁来认定呢？在实践中，控方往往会以自己掌握的实物证据及证人陈述的内容作为事实，律师一旦介入后，其收集的证据与公检法不一致或证人改变证言的，他们就会认为律师"作了手脚"，行为符合律师辩护人伪造证据、妨害作证罪，而追究律师的刑事责任。事实上，许多情况下往往是证人本人改变了证言，为了逃避伪证罪的责任而"嫁祸"于律师而声称是律师的指使或胁迫。毋容置疑，这一规定不可避免地成为律师调查取证过程的"人为陷阱"，一不小心就得陷进去。辩护律师的人身自由权是其行使各项权利的基础，如果辩护律师人身自由权得不到保障，又如何去行使调查取证权。人身自由权毫无保障是阻碍辩护律师调查取证权行使的一个重要因素，而辩护律师执业的风险主要源于调查取证。因此，在我国还没有健全的辩护律师豁免权制度的境况下，律师往往不敢取证、怠于取证，从而阻碍其充分行使辩护权、不利于被告人合法权益的保护。

二、辩护律师调查取证权的完善

针对辩护律师调查权行使所存在的问题，必须有一个适当的解决机制，否则，辩护律师调查取证的改善仍将是一句空话，不可能得到真正实现。我们认为，应当针对问题，采取相应的解决措施，改变辩护律师调查取证的困境，切实保障其调查取证权得以充分行使。

（一）确立律师在侦查阶段的辩护人地位，并明确赋予其调查取证权

犯罪嫌疑人、被告人有权获得辩护原则作为我国刑事诉讼的一项基本原则，不仅存在于审判阶段，应贯穿于整个刑事诉讼的过程，侦查阶段也不例外。在现阶段，我国的犯罪嫌疑人在侦查阶段的律师法律帮助权并不完整，并欠缺有丰富经验的律师为其提供辩护的权利。从诉讼的平衡对抗来看，在侦查阶段，控方明显处于强势，而辩方处于弱势，侦查机关可以凭借职权展开侦查活动，而处于弱势的辩方却没有调查权，这与削弱甚至取消犯罪嫌疑人的辩护权何异？而且，"我国律师在侦查阶段身份不明，决定了律师在这个阶段的工作步步艰难，处处受阻，因而明确赋予律师在侦查阶段辩护人的法律地位是十分必要的。"确立律师在侦查阶段的辩护人的地位，增强追诉方与被追诉方的对抗更加有利于保障犯罪嫌疑人的合法利益的实现。同时我们认为，刑事诉讼立法还应响应《律师法》的精神更加明确地规定律师在侦查阶段的调查取证。理由如下：①证据是刑事诉讼的核心和关键，拥有证据的质和量，往往决定诉讼的成败和被告人的命运。而侦查阶段是证据收集的关键阶段，如果让律师在起诉或审判阶段才介入刑事案件而后去寻找证人、收集其他物证等事实材料。时过境迁，证人的记忆已模糊不清，重要的物证、书证也可能灭失，有利的证据线索已错过等都会给律师的事后调查带来一系列的困难。②由于侦查机关与律师取证的角度和取向不同，加上职业利益和胜诉心理的影响，侦查人员更倾向于收集有罪和罪重的证据，往往容易忽视对犯罪嫌疑人有利的证据收集。如果赋予律师调查取证权，及时地收集无罪、罪轻的证据，从另一方面而言，能避免法官"偏听偏信"。控辩双方收集的证据综合起来，能更加客观、真实、全面地反映案件情况，帮助法官作出客观公正的判决。③我国的庭审方式理论上已变为对抗式，律师在法官查明案件真相方面应当具有更大、更重要的作用；在法庭上律师要实现与检察官真正对抗，应以熟悉案情为前提。那么律师就应该与侦查机关一样，应该在侦查阶段有自己的调查取证权。

（二）辩护律师调查取证申请权的实质化

在刑事诉讼中辩护律师为被告人辩护主要从证据方面进行，并从两个方向防御：消极防御和积极防御。所谓"消极防御"就是律师不直接提供证据证明自己的主张，而是对控方的证据"吹毛求疵"进行证伪，从而使法官对控方指控的事实产生动摇降低其可信度。"积极防御"则是被告人及辩护律师直接向法院提出有利于被告人的证据和主张并积极证明，正面地富有意义地影响法官制作判决的过程。两种防御策略各有千秋，但相比而言积极防御能产生更加积极有效的结果。在我国辩方自行调查取证处于普遍羸弱的境况下，如何使"积极防御"能得以有效实施，很大程度上

取决于公权力对它的协助程度,即律师的调查取证的申请权能否得到有效保障。

在刑事诉讼中,辩护律师虽然有权申请人民检察院、人民法院收集、调取证据,也有权申请人民法院通知证人出庭。但在何种情况下申请检察院、法院调查取证应予准许?如果检、法拒绝该申请承担怎样的法律后果呢?又通过什么途径加以救济呢?我国刑事诉讼法要么没有规定,要么规定模糊,而导致律师申请调查取证权"虚化"。对于如何完善申请调查取证权而使其实质化,我们认为未来的立法应作如下调整:①取消向检察院申请调查取证的有关规定。任何竞技场合的竞技双方都不会愚蠢到为对手制造攻击自己的"武器",有学者很形象地称之为"与虎谋皮"。原因简单明了,现行这些规定既违背法理又与人性不合,立法者不能一厢情愿还要认真考量司法实践。②明确调查取证的申请启动调查程序的条件,并对可以拒绝调查取证的申请的情形列明。这种规定可以敦促法院能依法、及时地批准申请并启动调查程序,要比现有的"确有必要"等主观标准更具有可操作性。③明确拒绝申请的法律责任和设置申请的救济程序。如果法院对律师申请消极不作为或者无理拒绝,律师有权请求上一级法院对其取证进行审查,对上一级法院的决定下级法院必须执行。而对于如果由于一审法院的不作为导致证据灭失或难以取得的,辩方可以作为上诉的理由,二审法院可以依据我国刑诉法第 191 条第 5 项,裁定撤销原判发回重审;对于证据不足的,可以宣告被告人无罪,以突出程序性制裁的效果。

(三)建立辩护律师豁免权制度

辩护律师豁免权,是指律师从事刑事辩护时,发表的言论不受法律追究;律师在刑事诉讼中向法庭提供或出示的文件失实时,只要不是故意伪造就不应追究其刑事责任;律师在刑事诉讼过程中人身自由权利受法律保护,不受非法拘传、拘留和逮捕。辩护律师豁免权的赋予是宪法中言论自由的体现,是对特殊行业进行保护的需要,也是辩护律师顺利行使调查取证权的保障器。

1990 年联合国通过的《关于律师作用的基本原则》第 20 条规定了辩护律师的豁免权:"律师对于其书面或口头辩护时发表有关言论或作为职责任务出现某一法院、法庭或其他法律或行政当局之前所发表的言论,享有民事和刑事豁免权。"我国已经在该《基本原则》签字,那么就有义务在立法中规定与该《基本原则》相关的内容。遗憾的是,在新律师法出台之前,我国法律中并没有辩护律师豁免权的具体规定。相反,在刑法第 306 条为辩护律师专门设立了颇具中国特色的律师辩护人、诉讼代理人、毁灭、伪造证据、妨害作证罪。这一规定大大增加了辩护律师的执业风险,成为了辩护律师调查取证的致命阻碍。为了扫清建立我国辩护律师豁免权制度前进道路中的阻碍,确保辩护律师能顺利行使调查取证权,《律师法》第 37 条规定:"律师在执业活动中的人身权利不受侵犯。律师在法庭上发表的代理、辩护意见不受法律追究。但是,发表危害国家安全、恶意诽谤他人、严重扰乱法庭秩序的言论除外。"

该条文首次明确规定辩护律师言论豁免权，但只有一个简约条文还远远不够完善。因此，我们认为应进一步完善辩护律师豁免权相关法律规则，建立我国完整、系统的辩护律师豁免权制度。首先，要废除《刑法》第306条。《刑法》第306条出台的初衷是为了打击律师干扰、破坏刑事诉讼活动的行为以规范律师的取证活动。但客观上为一些素质不高的司法人员打击、报复与自己意见相左的律师打开方便之门，以致律师对调查取证权的行使如履薄冰、如临深渊，大大抑制其辩护权的行使，不利于被告人人权的保障。事实上，对在司法实践中存在的律师毁灭、伪造证据，帮助当事人毁灭、伪造证据等行为，可以按照普通的伪证罪或者妨害司法罪追究其刑事责任，而完全没有必要特设"律师伪证罪"。其次，要加大对律师人身权的特殊保护，完善对律师的刑事责任追究程序。我们建议立法可以规定，除现行犯外，非经特别许可，正在履行辩护职责的律师享有不受拘留、逮捕以及其他限制人身自由的强制措施的权利。需要拘留、逮捕正在履行辩护职责的律师时，应报上一级公安机关或检察院批准，并通知其所在律所及律协有权提出意见，作出批准拘留、逮捕的机关给予答复。一方面，防止提起公诉的检察院滥用权力报复辩护律师；另一方面，强化了律所及律协对律师的保护作用。最后，赋予辩护律师因过失而向法院提交失实材料的豁免权。尽管我国现行《刑法》第306条第2款规定，辩护人、诉讼代理人提供、出示、引用的证人证言或其他证据失实，不是有意伪造的，不属于伪造证据。但在实践上，辩护律师办理刑事案件很少向法院提交证据，除了因自行取证能力有限外，更重要是律师害怕因提供失实或瑕疵证据而身陷囹圄。因此，刑事诉讼法及相关法律应对辩护律师因过失而向法院提交失实材料的豁免权进行更为详细的规定。

（四）设置并落实其他相关的配套措施和制度

1. 健全我国的证人出庭作证制度。目前，我国诉讼领域尤其是刑事诉讼中还没有健全的证人出庭作证制度。为了保障律师调查取证权的实现，我们认为有必要健全我国的证人出庭作证制度。一方面，明确证人不作为的法律责任。我国刑事诉讼法第48条规定，凡是知道案件情况的人都有作证的义务，但没有规定不作证的不利后果，缺乏起码的约束力。因此，立法应明确地对拒绝作证的后果作强制规定，如规定法院对两次传票传唤无故不到庭的证人可以根据情节轻重对证人作出拘传强制到庭、罚款、拘留等强制性惩罚措施。另一方面，要相对应地完善证人保护制度。我国《刑事诉讼法》第49条规定，人民法院、人民检察院和公安机关应当保障证人及其近亲属的安全。分析上述法条我们可以清晰看出：我国对证人保护的主体的规定过于笼统，在具体阶段履行保护责任的主体不明确；在证人保护的方法上缺乏预防性措施的规定；在具体的程序上缺少可操作的详细规定。一言以蔽之，我国对证据保护的规定只是宣示性而不具可操作特性的口号，无法有效地保障证人的人身、财产等合法权益。若有健全的证人保护制度，切实保护证人、鉴定人及亲属的人身和财产安全，证人在无后顾之忧的情况下，相信也必然会在律师面前、在法庭之上吐肺腑之言。另外，证人经济补偿问题尤其是经济补偿的标准也应当在该制度中予以明确。

2. 构建刑事证据保全制度。我国民事诉讼法和行政诉讼法专门规定了证据保全制度。但刑事诉讼法没有此类规定，究其原因无非是认为，对于刑事公诉案件而言，主要由公安、检察机关主动根据权限和法律，在收集证据时就已采取保全措施，而无需规定独立的保全程序。尽管收集证据是侦查程序的首要任务，司法机关可以依职权取得证据，但犯罪嫌疑人及辩护人由于没有这种权利往往错失良机，难以获得对自己有利的证据，不利于自身利益的维护。从"平等武装"理念出发，当今许多国家和地区都将这一制度纳入到刑事诉讼当中。例如，《日本刑事诉讼法》第179条第1款规定，"被告人、被疑人或者辩护人，在不预先保全证据将会使该证据的使用发生困难时，以在第一次公审期日前为限，可以请求法官作出扣押、搜查、勘验、询问证人或者鉴定的处分"。我国台湾地区"刑事诉讼法"第12章"证据"的第5节规定了"证据保全"。依据台湾地区"刑事诉讼法"第219条1～8的规定，在刑事侦查过程中，如果证据存在湮灭、伪造、变造、隐匿或有妨碍使用等情况时，可以由检察机关或法院保全证据。上述这些规定对我国的立法很有借鉴意义，因此我们认为增设刑事证据保全制度将使辩护律师的调查取证权进一步得以落实。刑事诉讼立法可以作如下规定：诉讼程序尤其刑事侦查过程中，当符合证据或证据线索可能灭失或以后难以取得，或者可能变得不真实等条件下，自诉人、告诉人、犯罪嫌疑人、被告人或辩护人可以向法官申请证据保全。法官应当在24小时以内进行审查，并做出裁定。一旦做出裁定，必须立即予以收集、固定证据；如果法官不支持，应作出书面的裁定，并载明理由。如果申请人不服的，可以申请上级法院复议。

图书在版编目（CIP）数据

走向正义——刑事司法改革与刑事诉讼法的修改 / 樊崇义主编. —北京：中国政法大学出版社，2011.6

ISBN 978-7-5620-3965-5

Ⅰ.走… Ⅱ.樊… Ⅲ.①刑事诉讼-司法制度-体制改革-研究-中国 ②刑事诉讼法-研究-中国 Ⅳ.D925.204

中国版本图书馆CIP数据核字(2011)第107464号

书　　名	走向正义——刑事司法改革与刑事诉讼法的修改
	ZOUXIANG ZHENGYI XINGSHI SIFA GAIGE YU XINGSHI SUSONGFA DE XIUGAI
出版发行	中国政法大学出版社
经　　销	全国各地新华书店
承　　印	固安华明印刷厂

787mm×960mm　　16开本　　31.5印张　　610千字

2011年8月第1版　　2011年8月第1次印刷

ISBN 978-7-5620-3965-5/D · 3925

印　数：0001-2000　　定　价：49.00元

社　　址	北京市海淀区西土城路25号
电　　话	(010)58908435(编辑部)　58908325(发行)　58908334(邮购)
通信地址	北京100088信箱8034分箱　　邮政编码 100088
电子信箱	fada.jc@sohu.com(编辑部)
网　　址	http://www.cuplpress.com (网络实名：中国政法大学出版社)